Wirtschafts- und Steuerrecht

Herausgegeben von

Prof. Dr. Christian Jahndorf, HLB Schumacher, Universität Münster

Prof. Dr. Marc Desens, Universität Leipzig

Prof. Dr. Rolf Eckhoff, Universität Regensburg

RA u. StB Michael Wendt, VRiBFH a.D., Köln

Band 28

Fabienne Gieshoidt

Die Besteuerung der Kommanditgesellschaft auf Aktien und ihrer Gesellschafter im internationalen Steuerrecht

Nomos

HLB

Onlineversion
Nomos eLibrary

Die Deutsche Nationalbibliothek verzeichnet diese Publikation in der Deutschen Nationalbibliografie; detaillierte bibliographische Daten sind im Internet über http://dnb.d-nb.de abrufbar.

Zugl.: Münster (Westf.), Univ., Diss. der Rechtswissenschaftlichen Fakultät, 2021

ISBN 978-3-7560-0434-8 (Print)
ISBN 978-3-7489-3795-1 (ePDF)

D 6

1. Auflage 2023

Meinen Eltern

Vorwort

Die vorliegende Arbeit wurde im Sommersemester 2021 als Dissertation von der Rechtswissenschaftlichen Fakultät der Westfälischen Wilhelms-Universität Münster angenommen. Rechtsprechung und Literatur befinden sich auf dem Stand April 2021 mit Ausnahme der letzten beiden Kapitel. Diese wurden aufgrund des jüngsten Urteils des Bundesfinanzhofs zur Besteuerung der Kommanditgesellschaft auf Aktien kurz vor der Veröffentlichung dieser Arbeit eingefügt bzw. umgestaltet und befinden sich nunmehr auf dem Stand Dezember 2022.

Ein besonderer Dank gilt meinem Doktorvater Prof. Dr. Marcel Krumm, der mich bereits in einem frühen Stadium meines Studiums für das Steuerrecht begeisterte und mir die Möglichkeit gab, als Studentin und später promotionsbegleitend als wissenschaftliche Mitarbeiterin an seinem Lehrstuhl zu arbeiten. Ihm und Prof. Dr. Joachim Englisch danke ich für die Erstellung der Gutachten.

Den Herausgebern Prof. Dr. Christian Jahndorf, Prof. Dr. Rolf Eckhoff, Michael Wendt und Prof. Dr. Marc Desens danke ich für die Aufnahme in ihre Schriftenreihe.

Ich danke meinen ehemaligen Kolleginnen und Kollegen am Institut für Steuerrecht und an der Universität Münster. Über die Jahre sind enge Freundschaften entstanden, die ich sehr schätze und die gemeinsame Zeit wird mir immer in Erinnerung bleiben.

Meinem Lebenspartner Benjamin Irle danke ich für die stetige Aufmunterung insbesondere in der Schlussphase dieses Projektes.

Mein größter Dank gilt jedoch meinen Eltern Andrea und Frank Gieshoidt, die mir immer mit Liebe und Unterstützung zur Seite stehen und in jeder Lebenslage Rückhalt geben.

In tiefster Dankbarkeit ist Ihnen diese Arbeit gewidmet.

Hamburg, im Dezember 2022

Inhaltsverzeichnis

Einleitung

Die Besteuerung deutscher Gesellschaften ist geprägt von einer Zweiteilung: Personengesellschaften werden nach dem Transparenzprinzip und Körperschaften nach dem Trennungsprinzip besteuert.[1] Während Körperschaften selbständige Steuersubjekte sind, ist bei Personengesellschaften auf die einzelnen Gesellschafter abzustellen. Die Besteuerung der jeweiligen Tätigkeiten findet nicht auf Ebene der Personengesellschaft statt, sondern auf Ebene der Gesellschafter. Diesen wird für Zwecke der Besteuerung der jeweilige Anteil am Gewinn der Personengesellschaft unmittelbar zugerechnet.[2] Während für die weit verbreiteten Gesellschaftsformen der Personen(handels)gesellschaften (offene Handelsgesellschaft und Kommanditgesellschaft als auch die Gesellschaft bürgerlichen Rechts) sowie für die klassischen Formen der Kapitalgesellschaften (Gesellschaft mit beschränkter Haftung und Aktiengesellschaft) eine Einordnung in diesen rechtsformabhängigen Dualismus unproblematisch möglich ist, existiert eine Rechtsform, die bereits gesellschaftsrechtlich solche Besonderheiten aufzeigt, dass eine eindeutige Zuordnung nicht zweifelsfrei möglich erscheint: Die Kommanditgesellschaft auf Aktien.

Die Kommanditgesellschaft auf Aktien (KGaA) wird auch als „Zwitter"[3] der deutschen Gesellschaftsformen bezeichnet. Ursprung dieser Bezeichnung ist zum einen ihr Status als juristische Person gem. § 278 Abs. 1 AktG und zum anderen § 278 Abs. 2 AktG, nach dem für das Rechtsverhältnis der persönlich haftenden Gesellschafter einer KGaA untereinander und gegenüber der Gesamtheit der Kommanditaktionäre die Vorschriften des Handelsgesetzbuchs über die Kommanditgesellschaft Anwendung finden. Ein solcher Verweis für eine Kapitalgesellschaft ist im deutschen Gesellschafts-

---

1 *Engel*, in: Die Kommanditgesellschaft auf Aktien, § 9 Rn. 1; *Hey*, in: Tipke/Lang, § 11 Rn. 2, 3.

2 *Hey*, in: Tipke/Lang, § 11 Rn. 2, 3; *Kahle*, in: Beck'sches Handbuch der Personengesellschaften, § 7 Rn. 1.

3 So etwa *Sterner*, in: Prinz, Umwandlungen im Internationalen Steuerrecht, Rn. 17.17; *Krämer*, in: Dötsch/Pung/Möhlenbrock, § 9 KStG Rn. 42 (Stand 02/2020) „Zwittergebilde". Bereits der Reichsfinanzhof bezeichnete die KGaA als „Mittelding" zwischen der Kommanditgesellschaft und der Aktiengesellschaft, RFH v. 20.02.1936, RStBl. 1936, 231 (232).

recht einmalig. Die KGaA ist zweifelsfrei eine Kapitalgesellschaft. Dennoch gelten teilweise Vorschriften des Personengesellschaftsrechts. Diese für die KGaA geltende Besonderheit führt auf Ebene des Unternehmensteuerrechts zu erheblichen Schwierigkeiten und lässt eine eindeutige Einordnung der KGaA in den Dualismus der Unternehmensbesteuerung unmöglich erscheinen. Da das gesamte Unternehmensteuerrecht von dieser Zweiteilung geprägt ist, stellt sich die Frage nach der richtigen steuerlichen Behandlung der KGaA an zahlreichen Stellen. Die sich auf nationaler Ebene ergebenen Diskrepanzen sind seit Jahren Gegenstand zahlreicher Untersuchungen.[4] Dabei lassen sich grob zwei Richtungen unterscheiden: Zum einen wird auf den Charakter der KGaA als Kapitalgesellschaft verwiesen und eine strikte Behandlung nach dem Intransparenzprinzip gefordert.[5] Zum anderen wird der zivilrechtlichen Anordnung aus § 278 Abs. 2 AktG Wirkung auch für das Steuerrecht zugesprochen und die KGaA teilweise nach dem Transparenzprinzip behandelt.[6]

Die steuerliche Einordnung der KGaA und ihrer Komplementäre bereitet nicht nur auf nationaler Ebene erhebliche Probleme. In Anbetracht der sich stetig steigernden Auslandstätigkeiten deutscher Gesellschaften und der zahlreichen Normen, die versuchen, eben diese Auslandstätigkeiten steuerrechtlich zu erfassen, liegt es auf der Hand, dass sich auch hier Unstimmigkeiten in Bezug auf die KGaA auftun. Im Schrifttum finden sich hingegen bisher

4 *Frankenheim*, Die Ertrags- und Substanzbesteuerung der KGaA; *Hölzl*, Die Besteuerung der KGaA; *Renz*, Die Besteuerung der GmbH & Co. KGaA; *Schimpfle*, Die Besteuerung der KGaA; *Hageböke*, Das KGaA-Modell; *Bielinis*, Die Besteuerung der KGaA; *Hoppe*, Die Besteuerung der KGaA; *Krebbers-van Heek*, Die mitunternehmerische Besteuerung der Komplementäre der Kommanditgesellschaft auf Aktien. Daneben ist auch die allgemeine rechtswissenschaftliche sowie betriebswirtschaftliche Behandlung der KGaA in den vergangenen Jahren Gegenstand zahlreicher Arbeiten gewesen: *Sethe*, Die personalistische KGaA mit Börsenzugang; *Ammenwerth*, Die KGaA; *Arnold*, Die GmbH & Co. KGaA; *Philbert*, Die KGaA zwischen Personengesellschaftsrecht und Aktienrecht; *Gehrke*, Die Stiftung & Co. KGaA; *Sauter*, Die Gewinnverwendung in der kapitalistischen KGaA; *Otte*, Die AG & Co. KGaA; *Nagel/Wittkowski*, Die Kommanditgesellschaft auf Aktien (KGaA).

5 *Ebling*, in: FS Jakob, S. 67 (68); *Mahlow*, DB 2003, 1540; *Kramer*, IStR 2010, 57 (58); *Kopec/Kudert*, IStR 2013, 498 (501).

6 BFH v. 21.06.1989 – X R 14/88, BStBl. II 1989, 881; *Ammenwerth*, Die KGaA, S. 125; *Schaumburg/Schulte*, Die KGaA, Rn. 146; *Halasz/Kloster/Kloster*, GmbHR 2002, 77 (88); *Hageböke/Koetz*, DStR 2006, 293 (294); *Sauter*, Gewinnverwendung in der kapitalistischen Kommanditgesellschaft auf Aktien (KGaA), S. 40; *Krebbers-van Heek*, Die mitunternehmerische Besteuerung der Komplementäre der Kommanditgesellschaft auf Aktien, S. 186. So nunmehr auch *Märtens*, in: Gosch, KStG, § 9 Rn. 14, der in der Vorauflage (3. Auflage 2015) noch die intransparente Sichtweise vertrat, in der jüngsten Rechtsprechung des BFH jedoch eine Bestätigung der transparenten Betrachtung sieht.

nur vereinzelt Ausführungen zur KGaA im internationalen Steuerrecht.[7] Die abkommensrechtliche Behandlung der KGaA wird sogar als „terra incognita" bezeichnet.[8] Ihrer zahlenmäßig geringen Verbreitung in Deutschland mag das zwar gerecht werden, ihrer wirtschaftlichen Bedeutung jedoch in keinem Fall.[9] Die rudimentären Regelungen zur KGaA im nationalen Steuerrecht und der Dualismus zwischen Trennungs- und Transparenzprinzip führen im internationalen Steuerrecht im besonderen Maße zu Konflikten. Verstärkt wird dieser Zustand zusätzlich durch den Einfluss der Besteuerungssysteme anderer Länder im internationalen Steuerrecht. In einigen Ländern existiert eine strikte Unterscheidung zwischen der Besteuerung von Personengesellschaften und der von Kapitalgesellschaften, wie sie das deutsche Steuerrecht kennt, nicht.[10] Auch eine Gesellschaftsform wie die KGaA ist in vielen Rechtsordnungen weitgehend unbekannt.[11] Die Unterschiede zwischen der deutschen Rechtsordnung und den ausländischen Rechtsordnungen wirken sich bei grenzüberschreitenden Tätigkeiten von Unternehmen (insbesondere bei grenzüberschreitend tätigen Personengesellschaften) auf steuerrechtli-

7 Zum Beispiel *Hoppe*, Die Besteuerung der Kommanditgesellschaft auf Aktien zwischen Trennungs- und Transparenzprinzip, S. 136 ff., die der KGaA im internationalen Steuerrecht einen verhältnismäßig ausführlichen Teil ihrer Arbeit widmet. Anders hingegen *Krebbers-van Heek*, Die mitunternehmerische Besteuerung der Komplementäre der Kommanditgesellschaft auf Aktien, S. 107 ff., 152 ff., 265 ff., die die Ausführung zum internationalen Steuerrecht auf ein Mindestmaß beschränkt. Auf das internationale Steuerrecht gehen hingegen *Hageböke*, Das „KGaA-Modell" und *Bielinis*, Die Besteuerung der KGaA nicht ein. In der Aufsatzliteratur finden sich ebenfalls nur wenige umfassende Ausführungen zu einer generellen Besteuerungssystematik auf internationaler Ebene: *Wassermeyer*, Ubg 2011, 47; *Fischer*, in: FS Gosch, S. 69; *Fischer*, in: FS Crezelius, S. 117; *Kollruss*, IStR 2018, 224; *Hagemann*, StuW 2019, 280; s. auch *Wassermeyer*, in: FS Streck, S. 259 ff. mit einigen Ausführungen zum internationalen Steuerrecht.

8 *Kollruss*, IStR 2018, 224.

9 Alleine im DAX sind vier der derzeit 30 Unternehmen in der Rechtsform der KGaA organisiert: Fresenius Medical Care KGaA, Fresenius SE & Co. KGaA, Henkel AG & Co. KGaA, Merck KGaA.

10 Zum Beispiel sehen Belgien, Bulgarien, Estland, Griechenland, Litauen, Portugal, Rumänien, Slowenien, Spanien und Ungarn auch für Personengesellschaften eine intransparente Besteuerung vor. S. *Höppel*, in: Urtz/Züger, Personengesellschaften im Internationalen Steuerrecht, S. 39.

11 Hingegen verfügen zum Beispiel Frankreich (*société en commandite par actions*), Italien (*società in accomandita per azioni*), Polen (*spóka komandytowo-akyjna*), Rumänien (*societate in comandita pe actiuni*) und Spanien (*sociedad commanditaria por acciones*) über eine mit der deutschen KGaA vergleichbare Gesellschaftsform.

cher Ebene aus.[12] Ist eine KGaA involviert, stellt sich immer die Frage nach ihrer steuerrechtlichen Einordnung auf nationaler Ebene. Im internationalen Kontext muss man sich darüber hinaus zusätzlich die Frage stellen, wie das Ausland die KGaA einordnet. Es liegt auf der Hand, dass sich hierdurch die Probleme vervielfältigen.[13]

Aus diesem Grund sind Gegenstand dieser Untersuchung die Auswirkungen grenzüberschreitender Tätigkeiten einer KGaA und ihrer Gesellschafter. Dabei werden in einem ersten Teil die im nationalen Recht von der Rechtsprechung und Literatur gefundenen Ergebnisse wiedergegeben sowie kritisch beleuchtet. Schließlich wird – soweit möglich – die KGaA als Hybrid der Gesellschaftsformen in das duale System der Unternehmensbesteuerung eingeordnet. In einem zweiten Teil werden sowohl unilaterale als auch bilaterale Methoden zur Vermeidung einer sich aus grenzüberschreitender Tätigkeit ergebenen Doppelbesteuerung und ihre Anwendung auf die KGaA dargestellt und erprobt. Letztlich wird gezeigt, dass sich bei konsequenter Befolgung der im nationalen und internationalen Steuerrecht geltenden Prinzipien grundsätzlich ein „roter Faden“ im Hinblick auf die steuerrechtliche Behandlung der KGaA und ihrer Gesellschafter ergibt. Gleichsam existieren jedoch weiterhin Lücken in Bezug auf die Besteuerung der KGaA, die *de lege lata* nicht zu schließen sind. Die Art und Weise, wie sich der Gesetzgeber bislang dieser Lücken angenommen hat, gleicht mehr einem Flickenteppich als einer durchdachten systemgerechten Lösung. Zumal es der Gesetzgeber vermeidet, sich explizit für eines der Besteuerungskonzepte für die KGaA auszusprechen. Die Untersuchung wird zeigen, dass die bereits rein innerstaatlich bestehenden Rechtsunsicherheiten in Bezug auf die Besteuerung der KGaA durch deren grenzüberschreitende Tätigkeit erheblich verstärkt werden. Ein Agieren ohne Abstimmung mit der Finanzverwaltung ist kaum mehr möglich.

Der dritte und letzte Teil wurde nach Fertigstellung der Arbeit aufgrund der jüngsten Entwicklung in der Rechtsprechung ergänzt. In einem eigenen Kapitel wird das Urteil des BFH vom 01.06.2022[14] aufgrund seiner Bedeutung für die Rechtsfortbildung dargestellt und die Ergebnisse des BFH in den Kontext der Untersuchung gesetzt. Es wird gezeigt, dass das Urteil ein

12 Ausführlich zu grenzüberschreitenden Tätigkeiten von Personengesellschaften: *Marquardsen*, Hybride Gesellschaften im Internationalen Steuerrecht der Bundesrepublik Deutschland.

13 Ebenso *Krebbers-van Heek*, Die mitunternehmerische Besteuerung der Komplementäre der Kommanditgesellschaft auf Aktien, S. 265.

14 BFH v. 01.06.2022 – I R 44/18, DStR 2022, 2047.

Meilenstein hin zu einem rechtssichereren Umgang mit der Besteuerung der KGaA auf nationaler Ebene ist. Die bestehenden Lücken auf internationaler Ebene vermag das Urteil allerdings nicht zu schließen. Es ist weiterhin gesetzgeberischer Handlungsbedarf angezeigt.

Teil 1: Die KGaA im deutschen (Steuer-)Recht

§ 1 Die KGaA – Eine Gesellschaftsform eigener Art

I. Historie der KGaA als Gesellschaftsform

Die KGaA als wirtschaftliches Konstrukt bestand bereits vor ihrer Einführung als gesetzlich kodifizierte Rechtsform.[15] Im 15. und 16. Jahrhundert existierten mit der St. Georgs Bank in Genua (1407) und der Ambrosius Bank in Mailand (1593) Gesellschaften, bei denen geschäftsführende und nicht geschäftsführende Gesellschafter tätig waren. Diese können als Vorläufer der KGaA angesehen werden.[16] Als erste der heutigen KGaA als Rechtsform entsprechende Gesellschaft wird die am 02.05.1716 in Frankreich gegründete „Banque Général" bezeichnet.[17] Erst Mitte des folgenden Jahrhunderts wurde auch in Deutschland mit der „Disconto-Gesellschaft" erstmals eine KGaA gegründet.[18]

Eine Kodifizierung der KGaA als Rechtsform erfolgte in beiden Ländern hingegen erst, nachdem diese bereits als wirtschaftliche Gebilde entstanden waren. In Frankreich wurde 1807 – fast hundert Jahre nach Gründung der ersten französischen KGaA – die Gesellschaftsform der *société en commandite*

---

15 *Elschenbroich*, Die Kommanditgesellschaft auf Aktien, S. 23; *Bielinis*, Die Besteuerung der KGaA, S. 7.

16 S. *Elschenbroich*, Die Kommanditgesellschaft auf Aktien, S. 20; *Perlitt*, in: Münchener Kommentar zum Aktiengesetz, Vor § 278 Rn. 7. Kritisch hingegen *Sethe*, Die personalistische Kapitalgesellschaft mit Börsenzugang, S. 13, Fn. 11, der keine vergleichbaren Züge erkennen kann.

17 *Sauter*, Gewinnverwendung in der kapitalistischen Kommanditgesellschaft auf Aktien (KGaA), S. 3; *Hageböke*, Das „KGaA-Modell", S. 39, Fn. 247; *Krebbers-van Heek*, Die mitunternehmerische Besteuerung der Komplementäre der Kommanditgesellschaft auf Aktien, S. 7; *Sethe*, in: Aktiengesetz Großkommentar, Vor § 278 Rn. 8.

18 *Elschenbroich*, Die Kommanditgesellschaft auf Aktien, S. 23; *Niederlag*, Juristische Person als persönlich haftender Gesellschafter, S. 17; *Bielinis*, Die Besteuerung der KGaA, S. 7; *Krebbers-van Heek*, Die mitunternehmerische Besteuerung der Komplementäre der Kommanditgesellschaft auf Aktien, S. 7 f.; *Perlitt*, in: Münchener Kommentar zum Aktiengesetz, Vor § 278 Rn. 9.

par action gesetzlich durch Art. 38 des *Code de Commerce* geregelt.[19] In Deutschland erfolgte die Kodifizierung der KGaA bereits zehn Jahre nach Gründung der „Disconto-Gesellschaft" 1861 in Art. 173–206 ADHGB.[20] Der Einfluss des *Code de Commerce* auf das deutsche Handelsrecht führte dazu, dass auch in Deutschland die KGaA als Sonderform der KG und somit als Personengesellschaft galt.[21] Attraktiv machte die KGaA zu dieser Zeit insbesondere die im Gegensatz zur AG fehlende Konzessionspflicht.[22] Diese wurde zwar mit Inkrafttreten des ADHGB grundsätzlich auch für die KGaA eingeführt, jedoch konnten die einzelnen Länder hiervon abweichen.[23] Bei der KGaA schloss man aufgrund der unbeschränkten Haftung der Geschäftsführer auf eine zuverlässige Geschäftsführung. In der Regel wurde daher vom Konzessionszwang für die KGaA abgesehen.[24] Mit der Einführung der GmbH als Rechtsform im Jahre 1892 verlor die KGaA an Attraktivität. Es gab nun eine Rechtsform, welche die beschränkte Außenhaftung mit einer flexiblen Ausgestaltung des Innenverhältnisses der Gesellschaft kombinierte.[25] Die mangelnde wirtschaftliche Bedeutung der KGaA[26] verdeutlichte der Gesetzgeber im HGB von 1897, indem er die bis dato als Sonderform der KG vor der AG geregelte KGaA nunmehr im Anschluss an die Regeln über die AG

---

19 *Krebbers-van Heek*, Die mitunternehmerische Besteuerung der Komplementäre der Kommanditgesellschaft auf Aktien, S. 7; *Sethe*, in: Aktiengesetz Großkommentar, Vor. § 278 Rn. 11 f.

20 *Niederlag*, Juristische Person als persönlich haftender Gesellschafter, S. 19 f.; *Krebbers-van Heek*, Die mitunternehmerische Besteuerung der Komplementäre der Kommanditgesellschaft auf Aktien, S. 8; *Perlitt*, in: Münchener Kommentar zum Aktiengesetz, Vor § 278 Rn. 10; *Sethe*, in: Aktiengesetz Großkommentar, Vor § 278 Rn. 17.

21 *Sauter*, Gewinnverwendung in der kapitalistischen Kommanditgesellschaft auf Aktien (KGaA), S. 51 Note 73; *Fett*, in: Die Kommanditgesellschaft auf Aktien, § 1 Rn. 2; *Krebbers-van Heek*, Die mitunternehmerische Besteuerung der Komplementäre der Kommanditgesellschaft auf Aktien, S. 8.

22 *Perlitt*, in: Münchener Kommentar zum Aktiengesetz, Vor § 278 Rn. 9.

23 *Niederlag*, Juristische Person als persönlich haftender Gesellschafter, S. 20 Fn. 5; *Perlitt*, in: Münchener Kommentar zum Aktiengesetz, Vor § 278 Rn. 11.

24 So zum Beispiel Preußen. S. auch *Fett*, in: Die Kommanditgesellschaft auf Aktien, § 1 Rn. 2; *Perlitt*, in: Münchener Kommentar zum Aktiengesetz, Vor § 278 Rn. 11.

25 *Sethe*, Die personalistische Kapitalgesellschaft mit Börsenzugang, S. 68 f., der die sinkende Bedeutung der KGaA ab Einführung der GmbH auch darauf zurückführt, dass die GmbH anders als die KGaA und die AG zunächst der Einkommensteuer unterworfen wurde, eine doppelte Besteuerung bei Gesellschaft und Gesellschaftern also nicht stattfand. Ferner *Fett*, in: Die Kommanditgesellschaft auf Aktien, § 1 Rn. 4.

26 Im Jahre 1895 – nur drei Jahre nach Einführung der GmbH als Rechtsform – existierten 1.898 GmbH, 4.749 AG und lediglich 150 KGaA. So *Sethe*, Die personalistische Kapitalgesellschaft mit Börsenzugang, S. 69.

normierte (§§ 320–334 HGB 1897).[27] Erst 1937 legte das – jetzt aus dem HGB ausgegliederte – Aktiengesetz in § 219 fest, dass die KGaA eine Gesellschaft mit eigener Rechtspersönlichkeit – eine juristische Person – ist.[28] Der wirtschaftlichen Bedeutung der KGaA verhalf dies jedoch nicht zu einem Aufschwung. Vielmehr führte der zweite Weltkrieg annähernd zu einem Stillstand der KGaA-Neugründungen. 1950 gab es nur noch zwischen 20 und 30 KGaA.[29] Bloß marginale Auswirkungen auf die KGaA hatten die Aktienrechtsnovelle von 1959 und das Aktiengesetz von 1965 zur Folge.[30]

Mit seinem Beschluss vom 24.02.1997[31] sorgte der BGH für eine weitere Klärung der – bis dato umstrittenen – Rechtslage und schürte im Schrifttum die Hoffnung nach einer „Initialzündung für eine mögliche Renaissance" der KGaA.[32] Der BGH erklärte in seinem Beschluss die Kapitalgesellschaft & Co. KGaA für zulässig.[33] Zwar entspreche das Aktiengesetz den Vorstellungen des historischen Gesetzgebers insoweit, als dass es in den §§ 278 ff. AktG von der natürlichen Person als persönlich haftendem Gesellschafter ausgehe. Ein solches Leitbild könne hingegen nicht zur Unzulässigkeit der Kapitalgesellschaft & Co. KGaA führen. Vielmehr gelte innerhalb der gesetzlichen Grenzen der Grundsatz der Freiheit zu privatautonomer Gestaltung. Auch vom Gesetz nicht vorgesehene Mischformen und atypische Lösungen müssten danach zulässig sein. Insbesondere gelte aber für den Komplementär nach § 278

27 *Fett*, in: Die Kommanditgesellschaft auf Aktien, § 1 Rn. 5.

28 Bis dahin war die Frage der Rechtspersönlichkeit der KGaA umstritten. So *Sethe*, Die personalistische Kapitalgesellschaft mit Börsenzugang, S. 78. S. auch *Perlitt*, in: Münchener Kommentar zum Aktiengesetz, Vor § 278 Rn. 17.

29 *Raiser/Veil*, Recht der Kapitalgesellschaften, § 28 Rn. 4; *Krebbers-van Heek*, Die mitunternehmerische Besteuerung der Komplementäre der Kommanditgesellschaft auf Aktien, S. 14; *Perlitt*, in: Münchener Kommentar zum Aktiengesetz, Vor § 278 Rn. 18 spricht sogar nur von zwölf Unternehmen, die nach Ende des Krieges als KGaA existierten.

30 *Fett*, in: Die Kommanditgesellschaft auf Aktien, § 1 Rn. 8; *Krebbers-van Heek*, Die mitunternehmerische Besteuerung der Komplementäre der Kommanditgesellschaft auf Aktien, S. 9; *Perlitt*, in: Münchener Kommentar zum Aktiengesetz, Vor § 278 Rn. 19. Eine Darstellung der wesentlichen Änderungen findet sich bei *Sethe*, Die personalistische Kapitalgesellschaft mit Börsenzugang S. 80 ff.

31 BGH v. 24.02.1997 – II ZB 11/96, BGHZ 134, 392.

32 *Fett*, in: Die Kommanditgesellschaft auf Aktien, § 1 Rn. 10. Hoffnungsvoll äußerten sich auch *Schaumburg/Schulte*, Die KGaA, Rn. 2.

33 BGH v. 24.02.1997 – II ZB 11/96, BGHZ 134, 392.

Abs. 2 AktG das Recht der KG. Für diese sei ebenfalls anerkannt, dass eine juristische Person Komplementär sein könne.[34]

Der Versuch der Bundesregierung 1977, den § 278 Abs. 1 AktG durch einen Satz 2 zu ergänzen, der für die KGaA eine natürliche Person als Komplementär vorschrieb, scheiterte.[35] Ebenso zeigt die Untätigkeit des Gesetzgebers bei den Aktienrechtsreformen 1937 als auch 1965, dass es offenbar nicht Wille des Gesetzgebers ist, die Kapitalgesellschaft & Co. KGaA für unzulässig zu erklären.[36] Dem BGH folgend hat sich schließlich auch der Gesetzgeber 1998 in § 279 Abs. 2 AktG indirekt für die Zulässigkeit eines Komplementärs, der keine natürliche Person ist, ausgesprochen.[37]

Als letzte Neuerung im Hinblick auf die KGaA sei noch die Zulassung der Einmanngründung durch das Gesetz zur Unternehmensintegrität und Modernisierung des Anfechtungsrechts (UMAG) vom 22.09.2005 erwähnt.[38] Seither ist es im Gesellschaftsrecht ruhig geworden um die Rechtsform der KGaA. Die streitigen Fragen scheinen geklärt.

Im Steuerrecht hingegen besteht weiterhin große Unsicherheit, wie die KGaA und ihr persönlich haftendender Gesellschafter in das geltende System der Unternehmensbesteuerung einzuordnen sind. Vielfach hängt die jeweilige steuerliche Behandlung vom zuständigen Finanzamt des persönlich haftenden Gesellschafters ab mit der Folge, dass es für die persönlich haftenden Gesellschafter ein und derselben KGaA zu unterschiedlichen Rechtsfolgen kommen kann.[39]

---

34 BGH v. 24.02.1997 – II ZB 11/96, BGHZ 134, 392. Zur Zulässigkeit der GmbH & Co. KG als persönlich haftende Gesellschafterin einer KGaA s. Hanseatisches OLG v. 05.12.1968 – 2 W 34/68, NJW 1969, 1030.

35 BT-Drs. 8/1347, S. 23.

36 So BGH v. 24.02.1997 – II ZB 11/96, BGHZ 134, 392.

37 *Fett*, in: Die Kommanditgesellschaft auf Aktien, § 1 Rn. 10.

38 Gesetz zur Unternehmensintegrität und Modernisierung des Anfechtungsrechts (UMAG) v. 22.09.2005, BGBl. I 2005, S. 2802 (2807).

39 So verhielt es sich jüngst auch in dem Sachverhalt, der dem Urteil des FG München v. 25.10.2018 – 13 K 1241/17, EFG 2019, 267 zugrunde lag. Die Wohnsitzfinanzämter zweier persönlich haftender Gesellschafter übernahmen die steuerrechtliche Qualifikation, die das Betriebsfinanzamt der KGaA zugrunde gelegt hatte. Bei zwei weiteren persönlich haftenden Gesellschaftern wurde die Qualifikation von den Finanzämtern allerdings nicht übernommen und ein weiteres Finanzamt, bei dem zwei weitere persönlich haftende Gesellschafter einkommensteuerveranlagt wurden, qualifizierte in einem Fall wie die KGaA, im anderen Fall wurde eine Berücksichtigung der begehrten Steuerminderungen abgelehnt; s. FG München v. 25.10.2018 – 13 K 1241/17, EFG 2019, 267, juris Rn. 9.

II. Bedeutung der KGaA in der Wirtschaft

Die Klärung steuerrechtlicher Fragen betreffend die KGaA scheint angesichts der in Deutschland zahlenmäßig geringen Verbreitung dieser Rechtsform (im Jahr 2019 existierten in Deutschland lediglich 344 Unternehmen, die in der Rechtsform der KGaA organisiert waren[40]) eher ein Randthema des Unternehmensteuerrechts zu sein. Der Blick auf die absoluten Zahlen täuscht jedoch.[41] Die KGaA ist die Rechtsform mit dem höchsten durchschnittlichen Grundkapital. 2001 lag das durchschnittliche Grundkapital bei 40 Millionen Euro und war damit um die Hälfte größer als bei einer durchschnittlichen AG und 180mal so hoch wie bei einer durchschnittlichen GmbH.[42] Das dürfte sich auch durch die hohe Anzahl prominenter Vertreter unter der im Vergleich zu anderen Gesellschaften geringen Anzahl von Unternehmen in der Rechtsform der KGaA erklären. Von den 30 im Leitindex DAX geführten Unternehmen sind alleine vier in der Rechtsform der KGaA organisiert: Die Fresenius Medical Care KGaA, die Fresenius SE & Co. KGaA, die Henkel AG & Co. KGaA sowie die Merck KGaA. Aber auch außerhalb des DAX finden sich bekannte Unternehmen in der Rechtsform der KGaA: die CTS Eventim AG & Co. KGaA, die HELLA GmbH & Co. KGaA, die Ströer SE & Co. KGaA (alle M-Dax), die Cewe Stiftung & Co. KGaA, die DWS Group GmbH & Co. KGaA, die KWS SAAT SE & Co. KGaA (alle S-Dax) sowie die OBI Group Holding SE & Co. KGaA und die Bertelsmann SE & Co. KGaA.[43] Ferner organisieren immer mehr Fußball-Bundesligavereine ihre Lizenzspielerabteilungen in Form der KGaA. Für den Profi-Spielbetrieb ist die KGaA deshalb interessant, weil die Vereine mit der KGaA als Rechtsform die Vorgabe der Deutschen Fußball Liga erfüllen können, wonach auch bei Beteiligung Dritter ein herrschender Einfluss gewahrt werden muss.[44] Allein

40 Vgl. *Sethe*, in: Aktiengesetz Großkommentar, Vor §§ 278 ff Rn. 44.

41 So auch *Krebbers-van Heek*, Die mitunternehmerische Besteuerung der Komplementäre der Kommanditgesellschaft auf Aktien, S. 18.

42 *Meyer*, GmbHR 2002, 177 (187); *Fett*, in: Die Kommanditgesellschaft auf Aktien, § 1 Rn. 12; *Krebbers-van Heek*, Die mitunternehmerische Besteuerung der Komplementäre der Kommanditgesellschaft auf Aktien, S. 17. *Fett* weist darauf hin, dass diese Zahlen noch aktuell sein dürften, denn mit den DAX-Konzernen Fresenius SE & Co. KGaA und Fresenius Medical Care AG und Co. KGaA sind zwei Vertreter der KGaA mit einem Grundkapital von mehreren hundert Millionen Euro hinzugekommen; *Fett*, in: Die Kommanditgesellschaft auf Aktien, § 1 Rn. 12.

43 Stand 12.03.2021.

44 *Weber*, GmbHR 2013, 631 (632); *Fett*, in: Die Kommanditgesellschaft auf Aktien, § 1 Rn. 11.

in der ersten Bundesliga hatten in der Saison 2020/2021 ein Drittel der Vereine ihr Fußballunternehmen in der Rechtsform der KGaA organisiert.[45]

Die zahlenmäßig geringe Verbreitung der KGaA täuscht im Hinblick auf ihre wirtschaftliche Bedeutung unter den Gesellschaftsformen in Deutschland. Aus der Körperschaftsteuerstatistik 2015 ergibt sich, dass die in Deutschland körperschaftsteuerpflichtigen KGaA (249 Unternehmen) einen Gesamtbetrag der Einkünfte von 2.072.799.000 Euro erwirtschaftet haben. Im Vergleich dazu lag der Gesamtbetrag der Einkünfte der in Deutschland körperschaftsteuerpflichtigen AG (12.549 Unternehmen) bei 34.235.700.000 Euro.[46] Auf 50 Aktiengesellschaften entfällt ungefähr eine KGaA (Verhältnis 50 : 1). Das Verhältnis der Einkünfte liegt hingegen bei 16 : 1. Damit wird auch die Bedeutung der KGaA als Besteuerungssubjekt offensichtlich.

Der Aufschwung, der mit dem Urteil des BGH zur Zulässigkeit der Kapitalgesellschaft & Co. KGaA 1997 erwartet wurde, war nur von kurzer Dauer.[47] Danach verlangsamte sich der Anstieg merklich. Die Ursache hierfür dürfte auch in der von Rechtsunsicherheit geprägten steuerlichen Behandlung der KGaA liegen. Ihre Gesellschaftsstruktur wird dagegen nicht der Grund für ihre geringe Verbreitung sein, denn die ist in höchstem Maße flexibel und sowohl für Großunternehmen als auch mittelständische Unternehmen interessant.[48]

---

45 Dazu gehören die Fußball-Club Augsburg 1907 GmbH & Co. KGaA, die Hertha BSC GmbH & Co. KGaA, die SV Werder Bremen GmbH & Co. KGaA, die Borussia Dortmund GmbH & Co. KGaA, die 1. FC Köln GmbH & Co. KGaA und die DSC Arminia Bielefeld GmbH & Co. KGaA.

46 https://www.destatis.de/DE/Themen/Staat/Steuern/Unternehmenssteuern/Publikationen/Downloads-Koerperschaftsteuern/koerperschaftsteuerstatistik-2140720157004.pdf?__blob=publicationFile (zuletzt aufgerufen am 12.03.2021).

47 Die Zahl der KGaA stieg sprunghaft an. Im Jahr 1999 konnten etwa 100 KGaA verzeichnet werden. Im Jahr 2001 hatte sich die Zahl sogar verdoppelt (203). Danach verlangsamte sich der Anstieg. Bis zum Jahr 2003 waren bloß weitere 30 KGaA hinzugekommen. Im Jahr 2019 waren es dann 344 KGaA. Eine Übersicht der Anzahl der KGaA in Deutschland findet sich bis zum Jahr 2019 bei *Sethe*, in: Aktiengesetz Großkommentar, Vor §§ 278 ff Rn. 44. Dieser Übersicht sind auch die vorliegenden Zahlen entnommen.

48 Ausführlich zu den Vor- und Nachteilen der Rechtsform der KGaA: *Bürgers/Fett*, in: Die Kommanditgesellschaft auf Aktien, § 2 Rn. 1 ff.; *Krebbers-van Heek*, Die mitunternehmerische Besteuerung der Komplementäre der Kommanditgesellschaft auf Aktien, S. 43 ff. S. auch *Sethe*, in: Aktiengesetz Großkommentar, Vor §§ 278 ff Rn. 51 f.

III. Gesellschaftsrechtliche Struktur der KGaA

1. Wesen der KGaA als hybride Rechtsform

Die KGaA ist eine hybride Rechtsform.[49] Sie ist sowohl durch kapitalgesellschaftsrechtliche als auch personengesellschaftsrechtliche Wesenselemente geprägt.[50] Trotz ihrer Vergleichbarkeit mit der AG und der KG ist die KGaA eine selbständige Gesellschaftsform und keine bloße „Abart" einer dieser Rechtsformen.[51] Sie ist auf der einen Seite „mit eigener Rechtspersönlichkeit" ausgestattet (§ 278 Abs. 1 AktG) und somit als juristische Person wie auch die AG rechtsfähig. Auf der anderen Seite kennt sie wie die KG zwei Arten von Gesellschaftern.[52] Sie verfügt einerseits über Kommanditaktionäre[53] und andererseits über Komplementäre[54], die typisch für eine Personengesellschaft den Gläubigern gegenüber persönlich haften.[55]

Diese hybride Gestaltung der KGaA zeigt sich auch an den für sie geltenden Normen. Es gelten die §§ 278 ff. AktG und, soweit sich hieraus oder aus dem Fehlen eines Vorstands nichts anderes ergibt, die Vorschriften des Ersten Buchs über die Aktiengesellschaft sinngemäß (§ 278 Abs. 3 AktG). Indes gelten für das Rechtsverhältnis der persönlich haftenden Gesellschafter untereinander und gegenüber der Gesamtheit der Kommanditaktionäre sowie gegenüber Dritten die Vorschriften des Handelsgesetzbuchs über die KG (§ 278 Abs. 2 AktG). Die duale Rechtsstruktur der KGaA zeigt sich letztlich darin,

49 *Ammenwerth*, Die KGaA, S. 17, 23; *Arnold*, Die GmbH & Co. KGaA, S. 1; *Hageböke*, Das „KGaA-Modell", S. 40; *Deutschländer*, StBp 2013, 283; *Fett*, in: Die Kommanditgesellschaft auf Aktien, § 3 Rn. 2; *Martini*, Der persönliche Körperschaftsteuertatbestand, S. 65; *Krebbers-van Heek*, Die mitunternehmerische Besteuerung der Komplementäre der Kommanditgesellschaft auf Aktien, S. 19; *Brandl*, in: Blümich, § 9 KStG Rn. 10 (Stand 05/2020).

50 *Krebbers-van Heek*, Die mitunternehmerische Besteuerung der Komplementäre der Kommanditgesellschaft auf Aktien, S. 19.

51 *Schaumburg/Schulte*, Die KGaA, Rn. 3.

52 *Krebbers-van Heek*, Die mitunternehmerische Besteuerung der Komplementäre der Kommanditgesellschaft auf Aktien, S. 19.

53 Auf die Verhältnisse unter diesen Gesellschaftern finden die Vorschriften des AktG Anwendung.

54 Die Rechtsverhältnisse unter den Komplementären bzw. zwischen den Komplementären und der Gesamtheit der Kommanditaktionäre richten sich gem. § 278 Abs. 2 AktG nach Personengesellschaftsrecht.

55 *Fett*, in: Die Kommanditgesellschaft auf Aktien, § 3 Rn. 3; *Raiser/Veil*, Recht der Kapitalgesellschaften, § 28 Rn. 1; *Perlitt*, in: Münchener Kommentar zum Aktiengesetz, § 278 Rn. 7.

dass sich die Regeln über die Unternehmensführung an den für die KG geltenden Normen orientieren, die Kapitalstruktur der KGaA hingegen richtet sich nach den Vorschriften des Aktiengesetzes.[56]

2. Gesellschafter der KGaA

a. Kommanditaktionäre

aa. Rechtsstellung der Kommanditaktionäre

Die Kommanditaktionäre sind die Gesellschafter einer KGaA, die ebenso wie die Aktionäre einer AG am Grundkapital der Gesellschaft beteiligt sind, jedoch nicht persönlich für die Gesellschaftsschulden haften.[57] Für die Rechtsstellung der Kommanditaktionäre gelten die Vorschriften des ersten Buches des Aktiengesetzes sinngemäß (§ 278 Abs. 3 AktG). Demnach haben die Kommanditaktionäre dieselben Rechte und Pflichten wie die Aktionäre einer AG. Dazu gehören der Anspruch auf Dividenden nach §§ 58 Abs. 4, 60 AktG sowie im Rahmen der Hauptversammlung Teilnahmerecht, Rederecht und Stimmrecht. Außerdem verfügen die Kommanditaktionäre über Minderheitenrechte nach §§ 122, 142, 147, 148 und 258 AktG sowie über Auskunftsrechte. Dabei geht das Auskunftsrecht aus § 131 AktG sogar über das der Aktionäre einer AG hinaus. Auch ein Klagerecht gegen Beschlüsse der Hauptversammlung (Anfechtungs- und Nichtigkeitsklage) steht ihnen zu.[58] Die Kommanditaktionäre unterliegen bei der Ausübung ihrer Rechte der Treuepflicht gegenüber der Gesellschaft und gegenüber den Mitaktionären.[59] Für die Kommanditaktionäre besteht kein Kündigungsrecht ihrer Mitgliedschaft in der Gesellschaft, sondern stattdessen die Möglichkeit, die Aktien zu veräußern.[60]

Anders als bei den Aktionären einer AG besteht bei den Kommanditaktionären die Besonderheit, dass manche Rechte und Pflichten teilweise nicht

---

56 *Schaumburg/Schulte*, Die KGaA, Rn. 3.

57 *Perlitt*, in: Münchener Kommentar zum Aktiengesetz, § 278 Rn. 96; *Koch*, in: Hüffer/Koch, Aktiengesetz, § 278 Rn. 4; *Sethe*, in: Aktiengesetz Großkommentar, Vor §§ 278 ff Rn. 63.

58 *Raiser/Veil*, Recht der Kapitalgesellschaften, § 31 Rn. 1.

59 *Fett*, in: Die Kommanditgesellschaft auf Aktien, § 3 Rn. 22 mit Hinweis darauf, dass sich die Ausgestaltung der Treuepflicht für die einzelnen Gesellschaftergruppen unterschiedlich bestimmt; *Raiser/Veil*, Recht der Kapitalgesellschaften, § 31 Rn. 1; *Bachmann*, in: Spindler/Stilz, Aktiengesetz, § 278 Rn. 34.

60 *Raiser/Veil*, Recht der Kapitalgesellschaften, § 31 Rn. 2.

jedem Kommanditaktionär individuell, sondern nur der „Gesamtheit der Kommanditaktionäre" zustehen.[61] In erster Linie trifft dies auf Fälle zu, die das innergesellschaftsrechtliche Verhältnis zum Komplementär betreffen, insbesondere Fragen der Geschäftsführung (§ 278 Abs. 2 AktG) sowie Rechtsstreitigkeiten mit dem Komplementär (§ 287 Abs. 2 AktG). Hier gilt dann im Wesentlichen das Recht der KG. Daraus folgt, dass erst die Gesamtheit der Kommanditaktionäre den „Kommanditisten" im Sinne des Handelsgesetzbuches darstellt.[62]

bb. Haftung der Kommanditaktionäre

Im Gegensatz zu den Komplementären haften die Kommanditaktionäre gerade nicht persönlich für Gesellschaftsschulden. Das folgt aus der Geltung der Vorschriften des Aktiengesetzes, die – mangels besonderer Regelungen für die KGaA – zur Anwendung gelangen. Hier zeigt sich der kapitalgesellschaftsrechtliche Aspekt der KGaA auf Seiten der Kommanditaktionäre: Für Verbindlichkeiten der Gesellschaft haftet den Gläubiger gegenüber nur das Gesellschaftsvermögen (§ 278 Abs. 3 i.V.m. § 1 Abs. 1 S. 2 AktG).

Im Unterschied zu der Haftung der Kommanditisten einer KG (§§ 171 Abs. 1, 172 Abs. 4 HGB) haften die Kommanditaktionäre auch dann nicht persönlich, wenn die Einlagen nicht geleistet oder ungedeckte Ausschüttungen vorgenommen werden.[63] Allenfalls können sich Ansprüche der Gesellschaft gegen den Kommanditaktionär im Innenverhältnis ergeben.[64]

61 *Bielinis*, Die Besteuerung der KGaA, S. 23; *Reger*, in: Die Kommanditgesellschaft auf Aktien, § 5 Rn. 354.

62 *Bielinis*, Die Besteuerung der KGaA, S. 23; *Bachmann*, in: Spindler/Stilz, Aktiengesetz, § 278 Rn. 19.

63 *Bielinis*, Die Besteuerung der KGaA, S. 23; *Perlitt*, in: Münchener Kommentar zum Aktiengesetz, § 278 Rn. 96; *Schmidt, K.*, in: Schmidt/Lutter, Aktiengesetz, § 278 Rn. 6.

64 *Bielinis*, Die Besteuerung der KGaA, S. 23; *Schmidt, K.*, in: Schmidt/Lutter, Aktiengesetz, § 278 Rn. 6.

b. Komplementäre

aa. Voraussetzungen

Persönlich haftender Gesellschafter der KGaA ist ihr Komplementär bzw. sind ihre Komplementäre. Eine KGaA muss mindestens einen persönlich haftenden Gesellschafter haben (§ 278 Abs. 1 AktG). Das kann sowohl eine natürliche Person, eine Personengesellschaft (OHG und KG) als auch eine Kapitalgesellschaft (dann in Form der Kapitalgesellschaft & Co. KGaA)[65] sein. Im letzteren Fall einer Kapitalgesellschaft & Co. KGaA muss allerdings die Firma eine Bezeichnung enthalten, welche die Haftungsbeschränkung kennzeichnet (§ 279 Abs. 2 AktG).[66] Auch für die (Außen-)GbR ist die Möglichkeit, sie als Komplementärin einer KGaA einzusetzen, mittlerweile anerkannt.[67]

bb. Rechtsstellung

Sofern sich aus den §§ 278 ff. AktG keine Besonderheiten ergeben, leiten sich die Rechte und Pflichten der persönlich haftenden Gesellschafter gem. § 278 Abs. 2 AktG aus den Regeln über die KG (§§ 161 ff. HGB) ab.

Der Komplementär ist „geborener Geschäftsführer"[68]; er hat die Befugnis zur Geschäftsführung (§ 278 Abs. 2 AktG i.V.m. §§ 161 Abs. 2, 114 ff. HGB). Grundsätzlich gilt, sofern die Satzung keine abweichende Regelung enthält, dass alle Komplementäre einzeln zur Geschäftsführung befugt sind (§ 115 Abs. 1 HGB). Diese Befugnis zur Einzelgeschäftsführung erstreckt sich auf alle Handlungen, die der gewöhnliche Betrieb des Unternehmens mit sich bringt (§ 116 Abs. 1 HGB). Darüber hinausgehende Maßnahmen bedürfen zum einen gem. § 116 Abs. 2 HGB der Zustimmung der übrigen geschäftsführungsbefugten Gesellschafter sowie zum anderen gem. § 278 Abs. 2 AktG

---

65 *Bielinis*, Die Besteuerung der KGaA, S. 17; *Perlitt*, in: Münchener Kommentar zum Aktiengesetz, § 278 Rn. 19; *Koch*, in: Hüffer/Koch, Aktiengesetz, § 278 Rn. 8 mit Verweis auf die hierzu ergangene Leitentscheidung des BGH v. 24.02.1997 – II ZB 11/96, BGHZ 1997, 392; *Sethe*, in: Aktiengesetz Großkommentar, § 278 Rn. 42.

66 S. zur geschichtlichen Entwicklung der Kapitalgesellschaft & Co. KGaA oben § 1 I.

67 *Bürgers*, in: Die Kommanditgesellschaft auf Aktien, § 4 Rn. 9; *Koch*, in: Hüffer/Koch, Aktiengesetz, § 278 Rn. 8.

68 *Bielinis*, Die Besteuerung der KGaA, S. 19; *Bachmann*, in: Spindler/Stilz, Aktiengesetz, § 278 Rn. 53.

i.V.m. § 164 HGB der Zustimmung der Hauptversammlung.[69] Ferner sind die Komplementäre gem. § 278 Abs. 2 AktG i.V.m. §§ 161 Abs. 2, 125 HGB je einzeln zur Vertretung der Gesellschaft berechtigt. Eine Beschränkung der Vertretungsmacht im Außenverhältnis ist nicht möglich (§ 126 Abs. 2 HGB). Allerdings kann auch bei der KGaA in der Satzung echte oder unechte Gesamtvertretung vorgesehen werden (§ 125 Abs. 2 und 3 HGB). Bei der Geschäftsführungs- sowie der Vertretungsbefugnis des Komplementärs handelt es sich um sog. organschaftliche Rechte.[70]

Dem gegenüber stehen die mitgliedschaftlichen Rechte des Komplementärs. Dazu gehören das Stimmrecht nach § 278 Abs. 2 AktG i.V.m. §§ 161 Abs. 2, 119 HGB sowie Informations- und Kontrollrechte gegenüber der Gesellschaft nach § 278 Abs. 2 AktG i.V.m. §§ 161 Abs. 2, 118 Abs. 1 HGB.[71] Zudem existiert ein Zustimmungsvorbehalt des persönlich haftenden Gesellschafters für Angelegenheiten, für die bei einer KG das Einverständnis der Komplementäre und der Kommanditisten erforderlich ist (§ 285 Abs. 2 S. 1 AktG). Ferner besteht ein solcher bei der Feststellung des Jahresabschlusses durch die Hauptversammlung (§ 286 Abs. 1 S. 2 AktG).[72] Untrennbarer Teil der mitgliedschaftlichen Stellung des Komplementärs ist die allgemeine Treuepflicht gegenüber der Gesellschaft und den Mitgesellschaftern (Gesamtheit der Kommanditaktionäre sowie gegebenenfalls weiteren Komplementären).[73] Der persönlich haftende Gesellschafter ist demnach verpflichtet, bei der Ausübung seiner Rechte und Pflichten die Belange der Gesellschaft und die der Mitgesellschafter zu berücksichtigen.

Zudem besteht gem. § 284 AktG für den Komplementär ein ausdrückliches Wettbewerbsverbot, welches die §§ 165, 112, 113 HGB (allgemeines Wettbewerbsverbot für Komplementäre einer KG) ersetzt.

---

69 § 164 HGB regelt seinem Wortlaut nach lediglich ein Widerspruchsrecht der Kommanditaktionäre. Einigkeit besteht aber darin, dass die Zustimmung der Kommanditaktionäre entgegen dem Wortlaut erforderlich ist; so *Bielinis*, Die Besteuerung der KGaA, S. 19; *Raiser/Veil*, Recht der Kapitalgesellschaften, § 30 Rn. 11.

70 *Bürgers*, in: Die Kommanditgesellschaft auf Aktien, § 5 Rn. 75 ff.; *Sethe*, in: Aktiengesetz Großkommentar, Vor §§ 278 ff Rn. 65.

71 *Bürgers*, in: Die Kommanditgesellschaft auf Aktien, § 5 Rn. 43 ff.

72 *Bielinis*, Die Besteuerung der KGaA, S. 21; *Perlitt*, in: Münchener Kommentar zum Aktiengesetz, § 286 Rn. 63.

73 *Bielinis*, Die Besteuerung der KGaA, S. 21; *Merthens/Cahn*, in: Kölner Kommentar zum Aktiengesetz, § 278, Rn. 30, 33, 54; *Bachmann*, in: Spindler/Stilz, Aktiengesetz, § 278 Rn. 46.

cc. Haftung

Der Komplementär einer KGaA haftet deren Gläubigern gegenüber unmittelbar, unbeschränkt und persönlich für Gesellschaftsverbindlichkeiten (§ 278 Abs. 2 AktG i.V.m. §§ 161 Abs. 2, 128 HGB). Es gilt sowohl § 130 Abs. 1 HGB, der eine Haftung für vor dem Eintritt des Komplementärs begründete Verbindlichkeiten vorsieht, als auch § 160 HGB, der die Nachhaftung ab dem Ausscheiden des Komplementärs regelt.[74]

3. Organschaftliche Ausgestaltung der KGaA

a. Leitungsorgan

Die KGaA verfügt ebenso wie die AG über Pflichtorgane. Zu diesen Pflichtorganen zählt das Leitungsorgan. Leitungsorgan der KGaA ist als „geborener Geschäftsführer" der Komplementär.[75] Dies ergibt sich aus den oben dargestellten Geschäftsführungs- und Vertretungsbefugnissen. Ihm obliegt die Leitung der Gesellschaft. Damit gilt für die KGaA – wie für andere Personengesellschaften auch – das Prinzip der Selbstorganschaft.[76]

b. Aufsichtsrat

Ein weiteres Pflichtorgan der KGaA ist der Aufsichtsrat. Die KGaA muss zwingend über einen Aufsichtsrat verfügen (§ 278 Abs. 3 i.V.m. §§ 95 ff. AktG). Dessen Mitglieder werden gem. § 285 Abs. 1 Nr. 1 AktG von der Hauptversammlung gewählt und auch wieder abberufen. Dem Aufsichtsrat können

---

74 *Raiser/Veil*, Recht der Kapitalgesellschaften, § 30 Rn. 15. Die Nachhaftung des Komplementärs einer KGaA wird zum Teil bestritten. Der Gläubiger habe angesichts der aktienrechtlichen Sicherung durch das Grundkapital kein berechtigtes Interesse an einer Nachhaftung des persönlich haftenden Gesellschafters; so *Wiesner*, ZHR 1984, 56 (67 ff.). Allerdings ist auch der Kapitalanteil eines Komplementärs, der an diesen bei Ausscheiden aus der Gesellschaft zurückfließt und nicht in gleicher Weise geschützt ist wie das Grundkapital, Haftungsgrundlage für die Gläubiger; so *Raiser/Veil*, Recht der Kapitalgesellschaften, § 30 Rn. 15.

75 Vgl. *Krebbers-van Heek*, Die mitunternehmerische Besteuerung der Komplementäre der Kommanditgesellschaft auf Aktien, S. 29.

76 *Schaumburg*, DStZ 1998, 525 (527 f.); *Frotscher*, Der Konzern 2005, 139; *Philbert*, Die KGaA zwischen Personengesellschaftsrecht und Aktienrecht, S. 41 f.; *Weipert*, in: Ebenroth/Boujong/Joost/Strohn, Handelsgesetzbuch, § 164 HGB Rn. 1.

Kommanditaktionäre, gegebenenfalls Arbeitnehmer der KGaA sowie fremde Dritte angehören. Komplementäre dürfen hingegen nach § 287 Abs. 3 AktG aufgrund der „Machtbalance“ keine Mitglieder des Aufsichtsrates sein.[77]

Der Aufsichtsrat ist Aufsichts- bzw. Überwachungsorgan.[78] Diese Funktion ergibt sich aus §§ 278 Abs. 3, 111 Abs. 1 bis 3 AktG und umfasst insbesondere die Überwachung der Komplementäre bei der Leitung der Gesellschaft.[79] Die erforderlichen Informationen zur Ausführung seiner Überwachungstätigkeit erhält der Aufsichtsrat aus den gesetzlich vorgeschriebenen Berichten (§ 90 Abs. 1 AktG). Die geschäftsführenden Komplementäre sind zur Berichterstattung verpflichtet.[80]

Der Aufsichtsrat repräsentiert zudem die Gesamtheit der Kommanditaktionäre und nimmt ihre Rechte wahr (Repräsentationsfunktion).[81] In dieser Funktion führt er die in der Hauptversammlung als Versammlung der Gesamtheit der Kommanditaktionäre gefassten Beschlüsse in deren Interesse aus (Ausführungskompetenz).[82] Neben der Ausführungskompetenz steht dem Aufsichtsrat die Vertretungskompetenz zu. Er vertritt die Gesellschaft gem. § 112 AktG sowie die Gesamtheit der Kommanditaktionäre gem. § 287 Abs. 2 AktG gegenüber den Komplementären. Ist Komplementär der KGaA eine Gesellschaft, gilt die Vertretungsbefugnis sowohl gegenüber der Geschäftsführung dieser Komplementärgesellschaft als auch gegenüber dem die Gesellschaft beherrschenden Gesellschafter.[83]

---

77 *Schaumburg*, DStZ 1998, 525 (528); *Schaumburg/Schulte*, Die KGaA, Rn. 18; *Hölzl*, Die Besteuerung der KGaA, S. 17; *Krebbers-van Heek*, Die mitunternehmerische Besteuerung der Komplementäre der Kommanditgesellschaft auf Aktien, S. 34.

78 *Sethe*, AG 1996, 289 (290); *Bielinis*, Die Besteuerung der KGaA, S. 25; *Schmidt, K.*, in: Schmidt/Lutter, Aktiengesetz, § 278 Rn. 8, § 287 Rn. 13.

79 *Herfs*, in: Münchener Handbuch des Gesellschaftsrechts, Band 4, Aktiengesellschaft, § 79 Rn. 68.

80 *Perlitt*, in: Münchener Kommentar zum Aktiengesetz, § 287 Rn. 40.

81 *Sethe*, AG 1996, 289 (290); *Bielinis*, Die Besteuerung der KGaA, S. 26 f.; *Schmidt, K.*, in: Schmidt/Lutter, Aktiengesetz, § 287 Rn. 16.

82 *Bielinis*, Die Besteuerung der KGaA, S. 27; *Perlitt*, in: Münchener Kommentar zum Aktiengesetz, § 287 Rn. 58.

83 *Perlitt*, in: Münchener Kommentar zum Aktiengesetz, § 287 Rn. 65.

c. Hauptversammlung

Die Hauptversammlung der KGaA ist die Versammlung der Kommanditaktionäre und als solche das dritte Pflichtorgan der KGaA.[84] Sie ist Gesellschaftsorgan der gesamten Gesellschaft. Ihr kommt sowohl eine aktienrechtliche als auch eine personengesellschaftsrechtliche Funktion zu. Die Vorschriften des Aktiengesetzes regeln Einberufung und Abwicklung einer Hauptversammlung, wohingegen für die Einladung der Komplementäre zur Hauptversammlung das Personengesellschaftsrecht gilt.[85]

Die Gesamtheit der Kommanditaktionäre bildet in der Hauptversammlung ihren gemeinsamen Willen und drückt diesen in Beschlussform aus.[86] Grundsätzlich entscheidet die Gesamtheit der Kommanditaktionäre in der Hauptversammlung über die Themen, die das Verhältnis zum Komplementär betreffen und die auch bei einer KG der Mitwirkung der Kommanditisten bedürfen (Zustimmung zu Grundlagengeschäften sowie zu außergewöhnlichen Geschäftsführungsmaßnahmen nach § 278 Abs. 2 AktG i.V.m. § 164 S. 1, 2. Halbsatz HGB).[87] Zudem beschließt die Hauptversammlung gem. § 286 Abs. 1 AktG mit Zustimmung der persönlich haftenden Gesellschafter über die Feststellung des Jahresabschlusses.[88] Ferner werden Beschlüsse getroffen über die Bestellung und Abberufung der Aufsichtsratsmitglieder, Entlastung der Komplementäre sowie über die Bestellung der Abschluss- und Sonderprüfer (§ 278 Abs. 3 i.V.m. § 119 Abs. 1 AktG).

Die Kommanditaktionäre können ebenso wie die Aktionäre einer AG ihr Stimmrecht nach den §§ 134 bis 137 AktG ausüben. Tatsächlich haben die Kommanditaktionäre weitreichendere Informationsrechte als die Aktionäre einer AG, da die Hauptversammlung der KGaA anders als bei der AG den Jahresabschluss feststellt.[89] Soweit der Komplementär Kommanditaktien besitzt, darf auch er abstimmen. Allerdings gelten hier die Einschränkungen

---

84 Vgl. *Krebbers-van Heek*, Die mitunternehmerische Besteuerung der Komplementäre der Kommanditgesellschaft auf Aktien, S. 31.

85 *Perlitt*, in: Münchener Kommentar zum Aktiengesetz, § 285 Rn. 3; *Sethe*, in: Aktiengesetz Großkommentar, Vor §§ 278 ff Rn. 66.

86 *Koch*, in: Hüffer/Koch, Aktiengesetz, § 278 Rn. 17.

87 *Perlitt*, in: Münchener Kommentar zum Aktiengesetz, § 278 Rn. 199; *Sethe*, in: Aktiengesetz Großkommentar, Vor §§ 278 ff Rn. 66.

88 *Bielinis*, Die Besteuerung der KGaA, S. 26.

89 *Sethe*, in: Aktiengesetz Großkommentar, Vor §§ 278 ff Rn. 66.

des § 285 Abs. 1 S. 2 AktG in Fällen, in denen die Gefahr einer Interessenkollision droht.[90]

Insgesamt sind die Einflussmöglichkeiten der Hauptversammlung auf das Alltagsgeschäft der KGaA stark beschränkt.[91] Primär dienen die Kommanditaktionäre der Finanzierung der Gesellschaft. Sie können nur wenig auf die Geschäftsführung der Komplementäre einwirken.[92] Durch die Satzung können diese Einflussmöglichkeiten aufgrund des § 278 Abs. 2 AktG i.V.m. § 163 HGB und der daraus folgenden Vertragsfreiheit auf ein Minimum beschränkt werden.[93] Sogar das Zustimmungserfordernis der Hauptversammlung zu außergewöhnlichen Geschäftsführungsmaßnahmen und bestimmten Grundlagengeschäften der Komplementäre kann auf diesem Wege ausgeschlossen werden.[94]

4. Gesellschaftskapital der KGaA

a. Gesamtkapital der KGaA

Der hybride Charakter der KGaA schlägt sich in ihrer Vermögensstruktur durch eine Zweiteilung des Gesellschaftskapitals nieder.[95] Das Gesamtkapital der Gesellschaft setzt sich aus dem Grundkapital und den Vermögenseinlagen der persönlich haftenden Gesellschafter zusammen.[96] Es dient den Gläubigern der Gesellschaft einheitlich als Haftungsmasse.[97]

---

90 *Bielinis*, Die Besteuerung der KGaA, S. 28; *Koch*, in: Hüffer/Koch, Aktiengesetz, § 278 Rn. 17.

91 *Claussen*, in: FS Heinsius, S. 61 (66); *Claussen*, GmbHR 1996, 73 (76); *Renz*, Die Besteuerung der GmbH & Co. KGaA, S. 46, 48; *Krebbers-van Heek*, Die mitunternehmerische Besteuerung der Komplementäre der Kommanditgesellschaft auf Aktien, S. 32 f.

92 *Schürmann/Groh*, BB 1995, 684 (685); *Schaumburg*, DStZ 1998, 525 (528); *Arnold*, Die GmbH & Co. KGaA, S. 1 f.; *Krebbers-van Heek*, Die mitunternehmerische Besteuerung der Komplementäre der Kommanditgesellschaft auf Aktien, S. 33.

93 *Reger*, in: Die Kommanditgesellschaft auf Aktien, § 5 Rn. 389 ff.; *Krebbers-van Heek*, Die mitunternehmerische Besteuerung der Komplementäre der Kommanditgesellschaft auf Aktien, S. 33.

94 *Reger*, in: Die Kommanditgesellschaft auf Aktien, § 5 Rn. 392; *Perlitt*, in: Münchener Kommentar zum Aktiengesetz, Vor § 278 Rn. 31; *Sethe*, in: Aktiengesetz Großkommentar, § 285 Rn. 85.

95 *Bielinis*, Die Besteuerung der KGaA, S. 31.

96 *Perlitt*, in: Münchener Kommentar zum Aktiengesetz, Vor § 278 Rn. 67; *Sethe*, in: Aktiengesetz Großkommentar, Vor §§ 278 ff Rn. 68.

97 *Sethe*, in: Aktiengesetz Großkommentar, Vor §§ 278 ff Rn. 68.

b. Grundkapital der KGaA

Das von der KGaA zu ihrer Gründung benötigte Eigenkapital wird voll oder ganz überwiegend durch die Kommanditaktionäre zur Verfügung gestellt. Dieser Kapitalanteil wird als Grundkapital bezeichnet.[98] Für dessen Bereitstellung, Erhaltung, Erhöhung bzw. Herabsetzung gelten die strengen Vorschriften des Aktienrechts.[99] Gem. § 278 Abs. 3 i.V.m. § 7 AktG muss das Grundkapital ebenso wie bei der AG mindestens 50.000 Euro betragen. Kommanditaktien können wie Aktien einer AG an einem der börslichen Marktsegmente gehandelt werden.[100] Für die Kommanditaktien, deren Ausgabe und Ausstattung und die mit ihnen zusammenhängenden Rechte und Pflichten gelten ebenfalls die aktienrechtlichen Vorschriften.[101]

Die Komplementäre können sich auf zwei Arten kapitalmäßig an der KGaA beteiligen.[102] Sie haben zum einen die Möglichkeit, Einlagen auf das Grundkapital zu leisten und somit ebenfalls zu Kommanditaktionären zu werden.[103] Solche, auf das Grundkapital geleistete Einlagen, können nicht zurückgefordert werden (§ 278 Abs. 3 i.V.m. § 57 Abs. 1 AktG).

c. Sondereinlage des Komplementärs

Zum anderen können die Komplementäre nach § 281 Abs. 2 AktG eine Vermögenseinlage erbringen, die nicht auf das Grundkapital geleistet wird (sogenannte Sondereinlage).[104] Die Höhe und Art der Sondereinlage eines Komplementärs sind in der Satzung festzusetzen (§ 281 Abs. 2 AktG). Der persön-

---

98 *Wichert*, Die Finanzen der Kommanditgesellschaft auf Aktien, S. 79 ff.; *Perlitt*, in: Münchener Kommentar zum Aktiengesetz, Vor § 278 Rn. 67.

99 *Bielinis*, Die Besteuerung der KGaA, S. 31; *Perlitt*, in: Münchener Kommentar zum Aktiengesetz, Vor § 278 Rn. 68; *Wichert*, in: Heidel, Aktienrecht und Kapitalmarktrecht, § 278 Rn. 60.

100 *Sethe*, in: Aktiengesetz Großkommentar, Vor §§ 278 ff Rn. 68.

101 *Bielinis*, Die Besteuerung der KGaA, S. 31.

102 *Perlitt*, in: Münchener Kommentar zum Aktiengesetz, Vor § 278 Rn. 67.

103 *Perlitt*, in: Münchener Kommentar zum Aktiengesetz, Vor § 278 Rn. 67; *Raiser/Veil*, Recht der Kapitalgesellschaften, § 29 Rn. 5 mit Verweis darauf, dass dies der Grund für die Zulässigkeit der Einpersonen-KGaA ist.

104 *Hageböke*, Das KGaA-Modell, S. 45; *Bielinis*, Die Besteuerung der KGaA, S. 31; *Reger*, in: Die Kommanditgesellschaft auf Aktien, § 5 Rn. 232. Das Gesetz schreibt das indes nicht zwingend vor. Es gilt für die Komplementäre das Recht der KG und somit Satzungsfreiheit (Beteiligung zu 0 % möglich); vgl. *Raiser/Veil*, Recht der Kapitalgesellschaften, § 29 Rn. 6.

lich haftende Gesellschafter soll nicht in der Lage sein, durch einseitiges Verhalten seine Rechte in der Gesellschaft zu verändern.[105] Ferner bestimmt die Satzung, ob die Einlage in das Eigentum der Gesellschaft übergeht, ihr nur zur Nutzung überlassen werden soll oder eine Einbringung dem Werte nach beabsichtigt ist.[106] Eine Eintragung ins Handelsregister ist nicht erforderlich.[107] Sondereinlagen sind Teil des Rechtsverhältnisses der Komplementäre untereinander sowie ihres Verhältnisses gegenüber der Gesamtheit der Kommanditaktionäre.[108] Die anwendbaren Vorschriften sind mithin nicht die strengen aktienrechtlichen, sondern die des Personengesellschaftsrechts.[109] Für Sacheinlagen gilt mithin nicht die Einschränkung des § 27 Abs. 2 AktG, sondern es gilt § 706 BGB, sodass alle nach dem Personengesellschaftsrecht zulässigen Vermögenswerte einlagefähig sind.[110]

Der Wert der Sondereinlage spiegelt sich im Kapitalkonto des persönlich haftenden Gesellschafters wider und beeinflusst damit unmittelbar den Kapitalanteil des Komplementärs.[111] Mithilfe des Kapitalanteils wird die Verteilung der Vorausdividenden zwischen den Komplementären und der Gesamtheit der Kommanditaktionäre bestimmt (§ 278 Abs. 2 AktG i.V.m. §§ 161 Abs. 2, 121 Abs. 1 HGB). Die Höhe des Kapitalanteils entscheidet über die

---

105 *Bielinis*, Die Besteuerung der KGaA, S. 32; *Perlitt*, in: Münchener Kommentar zum Aktiengesetz, § 281 Rn. 20. Vgl auch *Roth*, in: Baumbach/Hopt, HGB, § 109 Rn. 13.

106 *Reger*, in: Die Kommanditgesellschaft auf Aktien, § 5 Rn. 236.

107 *Schaumburg/Schulte*, Die KGaA, Rn. 25; *Sauter*, Gewinnverwendung in der kapitalistischen Kommanditgesellschaft auf Aktien (KGaA), S. 18; *Krebbers-van Heek*, Die mitunternehmerische Besteuerung der Komplementäre der Kommanditgesellschaft auf Aktien, S. 25.

108 *Perlitt*, in: Münchener Kommentar zum Aktiengesetz, § 281 Rn. 19; *Sethe*, in: Aktiengesetz Großkommentar, § 281 Rn. 15.

109 *Bielinis*, Die Besteuerung der KGaA, S. 32 f.; *Reger*, in: Die Kommanditgesellschaft auf Aktien, § 5 Rn. 235; *Perlitt*, in: Münchener Kommentar zum Aktiengesetz, § 281 Rn. 19; *Sethe*, in: Aktiengesetz Großkommentar, § 281 Rn. 15.

110 So *Perlitt*, in: Münchener Kommentar zum Aktiengesetz, § 281 Rn. 21 („alles [...], was nach den Vorschriften des BGB einlagefähig ist"); *Sethe*, in: Aktiengesetz Großkommentar, § 281 Rn. 15. Teilweise wird das jedoch enger gesehen, zum Beispiel *Wichert*, Die Finanzen der Kommanditgesellschaft auf Aktien, S. 102 ff., ähnlich den Kriterien der Kapitalaufbringung bei Kapitalgesellschaften, verlangt dieser einen greifbaren Vermögenswert sowie die freie Verfügungsmacht der Gesellschaft; vgl. zu dieser Ansicht auch *Mertens/Cahn*, Kölner Kommentar zum Aktiengesetz, § 281 Rn. 10; *Bachmann*, in: Spindler/Stilz, Aktiengesetz, § 281 Rn. 7: „[...] der Art nach [kommen] neben einer Bareinlage nur bilanzierungsfähige Güter in Betracht [...]"; s. auch *Schmidt, K.*, in: Schmidt/Lutter, AktG, § 281 Rn. 7.

111 *Bielinis*, Die Besteuerung der KGaA, S. 43; *Sethe*, in: Aktiengesetz Großkommentar, § 281 Rn. 22.

Höhe der zulässigen Entnahme (§ 278 Abs. 2 AktG i.V.m. §§ 161 Abs. 2, 122 Abs. 1 HGB). Ferner wird im Falle einer Auseinandersetzung anhand des Kapitalanteils die Höhe des Auseinandersetzungsanspruchs bestimmt (§ 278 Abs. 2 AktG i.V.m. §§ 161 Abs. 2, 155 HGB).[112] Aus dem Kapitalanteil lässt sich hingegen nicht ablesen, wie Gewinn und Verlust in der Gesellschaft zu verteilen sind. Dafür ist der Gewinn- und Verlustverteilungsschlüssel maßgeblich.[113]

Die Sondereinlagen werden als gesonderte Eigenkapitalposten behandelt und gem. § 286 Abs. 2 S. 1 AktG als „Gezeichnetes Kapital" in der Jahresbilanz gesondert ausgewiesen.[114] Nach dem sog. „Mehrkontenmodell"[115] bietet es sich an, für den persönlich haftenden Gesellschafter vier Konten einzurichten.[116] Die Unterteilung des Kapitalanteils in diese vier Konten berührt dessen Einheitlichkeit nicht.[117] Regelmäßig werden vier Konten gebildet: ein Kapitalkonto I für die Sondereinlage, ein Kapitalkonto II als Rücklagenkonto, ein Kapitalkonto III als Verlust(vortrags)konto sowie ein Verrechnungskonto (bewegliches Privat- bzw. Darlehenskonto).[118] Die Summe der Kapitalkonten I-III bildet den Kapitalanteil des persönlich haftenden Gesellschafters ab.[119] Das Kapitalkonto beziffert letztlich als „bloße Rechnungsziffer" den Stand der Einlage des Komplementärs und drückt dadurch im Verhältnis zu den Kapitalkonten der anderen Komplementäre und dem Grundkapital der Gesellschaft den jeweiligen Komplementäranteil am Vermögenswert der KGaA aus.[120]

---

112 *Wichert*, Die Finanzen der Kommanditgesellschaft auf Aktien, S. 94; *Bielinis*, Die Besteuerung der KGaA, S. 44.

113 *Huber*, ZGR 1988, 1 (43); *Bielinis*, Die Besteuerung der KGaA, S. 44.

114 *Reger*, in: Die Kommanditgesellschaft auf Aktien, § 5 Rn. 238; *Krebbers-van Heek*, Die mitunternehmerische Besteuerung der Komplementäre der Kommanditgesellschaft auf Aktien, S. 26.

115 *Hageböke/Koetz*, DStR 2006, 293 (295).

116 *Hartel*, DB 1992, 2329 (2335); *Hageböke*, Das KGaA-Modell, S. 48 f.; *Raiser/Veil*, Recht der Kapitalgesellschaften, § 30 Rn. 8; *Schließer*, in: Die Kommanditgesellschaft auf Aktien, § 6 Rn. 64; *Krebbers-van Heek*, Die mitunternehmerische Besteuerung der Komplementäre der Kommanditgesellschaft auf Aktien, S. 27.

117 *Hageböke*, Das KGaA-Modell, S. 50; *Krebbers-van Heek*, Die mitunternehmerische Besteuerung der Komplementäre der Kommanditgesellschaft auf Aktien, S. 27. Vgl. auch *Roth*, in: Baumbach/Hopt, HGB, § 120 Rn. 19.

118 *Hartel*, DB 1992, 2329 (2335); *Schließer*, in: Die Kommanditgesellschaft auf Aktien, § 6 Rn. 64.

119 *Hageböke*, Das KGaA-Modell, S. 50; *Schließer*, in: Die Kommanditgesellschaft auf Aktien, § 6 Rn. 64.

120 *Reger*, in: Die Kommanditgesellschaft auf Aktien, § 5 Rn. 239.

Der persönlich haftende Gesellschafter muss nicht zwingend eine Sondereinlage erbringen. Tut er dies nicht, liegt eine sog. „Nullbeteiligung" vor.[121] In der Regel ist das der Fall bei einer Kapitalgesellschaft & Co. KGaA.[122] In der Praxis soll eine KGaA mit einer wesentlichen Vermögenseinlage des persönlich haftenden Gesellschafters mittlerweile so selten geworden sein, dass sie als „atypische" KGaA gilt.[123]

5. Ergebnisermittlung und -verteilung bei der KGaA

a. Buchführungspflicht

Die KGaA gilt als Handelsgesellschaft (§ 278 Abs. 3 i.V.m. § 3 AktG) und ist damit stets Formkaufmann im Sinne des § 6 Abs. 1 HGB. Als solcher unterliegt sie der Buchführungspflicht nach § 238 Abs. 1 S. 1 HGB. Im Rahmen dieser Pflicht sind zum einen die allgemeinen, kodifizierten und nicht kodifizierten Grundsätze ordnungsgemäßer Buchführung sowie die allgemeinen Bilanzierungsgrundsätze zu beachten und zum anderen gelten die speziellen Rechnungslegungsvorschriften für Kapitalgesellschaften gem. §§ 264 ff. HGB, § 286 AktG sowie nach § 278 Abs. 3 AktG subsidiär auch die §§ 150 ff. AktG. Die KGaA ist als Kaufmann gem. § 242 Abs. 1 S. 1, Abs. 2 und 3 HGB zur Aufstellung eines Jahresabschlusses verpflichtet. Dieser besteht aus einer Bilanz sowie einer Gewinn- und Verlustrechnung. Auch hier sind die Grundsätze ordnungsgemäßer Buchführung sowie die für die KGaA geltenden Sonderregelungen (§§ 278–290 AktG) zu beachten.[124]

---

121 *Drüen*, in: Hermann/Heuer/Raupach, § 9 KStG Rn. 22 (Stand 01/2019).

122 *Krebbers-van Heek*, Die mitunternehmerische Besteuerung der Komplementäre der Kommanditgesellschaft auf Aktien, S. 28; *Drüen*, in: Hermann/Heuer/Raupach, § 9 KStG Rn. 22 (Stand 01/2019).

123 *Kusterer*, DStR 1999, 1681; *Kusterer*, FR 2003, 502; *Krebbers-van Heek*, Die mitunternehmerische Besteuerung der Komplementäre der Kommanditgesellschaft auf Aktien, S. 28.

124 *Bielinis*, Die Besteuerung der KGaA, S. 47; *Sethe*, in: Aktiengesetz Großkommentar, § 286 Rn. 2.

b. Jahresabschluss

Zuständig für die Aufstellung des Jahresabschlusses ist der persönlich haftende Gesellschafter (§ 283 Nr. 9 AktG).[125] Diese Verpflichtung entspricht der des Vorstands einer AG.[126] Grundsätzlich ist der Jahresabschluss binnen drei Monaten zu erstellen (§ 264 Abs. 1 S. 3 HGB). Dem Aufsichtsrat sind der aufgestellte Jahresabschluss sowie der dazugehörige Lagebericht (§ 264 Abs. 1 S. 1 AktG) unverzüglich vom persönlich haftenden Gesellschafter vorzulegen (§ 283 Nr. 9, 10 i.V.m. § 170 Abs. 1 S. 1 AktG). Im Gegensatz zur AG bewirkt die Billigung des Jahresabschlusses durch den Aufsichtsrat nicht zugleich dessen Feststellung.[127] Die Feststellung des Jahresabschlusses erfolgt vielmehr gem. § 286 Abs. 1 S. 1 AktG durch die Kommanditaktionäre in der Hauptversammlung. Der Beschluss bedarf gem. § 286 Abs. 1 S. 2 AktG dabei jedoch zwingend der Zustimmung des persönlich haftenden Gesellschafters.[128] Diese für die KGaA geltenden Feststellungskompetenzen können nicht durch anderweitige Regelungen in der Satzung abbedungen werden.[129]

Hier wird die Stellung der Kommanditaktionäre deutlich. Diese ist wesentlich stärker als die der Aktionäre in einer AG, bei der eine Feststellung des Jahresabschlusses durch die Hauptversammlung nicht zwingend ist (§ 173 Abs. 1 S. 1 AktG). Die Stellung der Kommanditaktionäre in Bezug auf die Feststellung des Jahresabschlusses ist damit eher vergleichbar mit der

125 Hier besteht eine Diskrepanz zwischen dem aktien- und bilanzrechtlichen Schrifttum. Die Vertreter des Bilanzrechts sehen sämtliche persönlich haftende Gesellschafter als zur Aufstellung des Jahresabschlusses verpflichtet an, während die Vertreter des Aktienrechts nur die geschäftsführungs- und vertretungsbefugten Komplementäre für verpflichtet halten. Vgl. zur Ansicht der bilanzrechtlichen Vertreter *Grottel/Hoffmann,* in: Beck'scher Bilanz-Kommentar, Vor § 325 HGB Rn. 85; *Baetge/Commandeur/Hippel,* in: Handbuch der Rechnungslegung, § 264 HGB Rn. 7 f. (Stand 12/2013). Vgl. zur Ansicht der aktienrechtlichen Vertreter *Schließer*, in: Die Kommanditgesellschaft auf Aktien, § 6 Rn. 6; *Perlitt,* in: Münchener Kommentar zum Aktiengesetz, § 286 Rn. 48; *Koch,* in: Hüffer/Koch, Aktiengesetz, § 286 Rn. 1.

126 *Bielinis*, Die Besteuerung der KGaA, S. 48.

127 So aber bei der AG gem. § 172 S. 1 AktG.

128 *Perlitt,* in: Münchener Kommentar zum Aktiengesetz, § 286 Rn. 44, der darauf verweist, dass die Formulierung des § 286 Abs. 1 S. 1 AktG irreführend sei. Der Jahresabschluss werde nicht durch Beschluss der Hauptversammlung festgestellt, sondern vielmehr „durch übereinstimmende Beschlüsse der Hauptversammlung und Zustimmung aller persönlich haftenden Gesellschafter".

129 *Sethe*, DB 1998, 1044 (1045); *Bielinis*, Die Besteuerung der KGaA, S. 49 f.; *Mertens/Cahn*, Kölner Kommentar zum Aktiengesetz, § 286 Rn. 21; *Bachmann*, in: Spindler/Stilz, Aktiengesetz, § 286 Rn. 2; *Sethe*, in: Aktiengesetz Großkommentar, § 286 Rn. 8.

Stellung der Kommanditisten einer KG. Die Feststellung eines Jahresabschlusses stellt bei der KG ein Grundlagengeschäft dar. An diesem wirken die sonst von der Geschäftsführung ausgeschlossenen Kommanditisten (§ 164 HGB) durch Beschlussfassung mit.[130] Aufgrund des Wortlautes des § 286 Abs. 1 S. 2 AktG („Zustimmung“) ist es nicht notwendig, dass der persönlich haftende Gesellschafter erst nach Beschlussfassung der Hauptversammlung dem Jahresabschluss zustimmt. Der Begriff „Zustimmung“ umfasst sowohl die Einwilligung (vorherige Zustimmung) als auch die Genehmigung (nachträgliche Zustimmung).[131] Dementsprechend kann bereits in der Aufstellung und Vorlage des Jahresabschlusses durch den persönlich haftenden Gesellschafter die konkludente Zustimmung gesehen werden, sofern die Hauptversammlung den Jahresabschluss ohne Änderungen billigt und kein persönlich haftender Gesellschafter eine erneute Beschlussfassung verlangt.[132]

Die Feststellung des Jahresabschlusses ist wirksam, sobald ein Beschluss der Hauptversammlung sowie eine Zustimmung des persönlich haftenden Gesellschafters erteilt ist.[133] Folge der Feststellung des Jahresabschlusses ist seine rechtliche Verbindlichkeit für alle Beteiligten, d.h. für die Gesellschafter und die Gesellschaft.[134]

---

130 *Bielinis*, Die Besteuerung der KGaA, S. 50; *Hopt*, in: Baumbach/Hopt, HGB, § 164 Rn. 3; *Grunewald*, in: Münchener Kommentar zum HGB, Band 3, § 164 Rn. 17.

131 *Bayreuther*, in: Münchener Kommentar zum BGB, Vor § 182 BGB Rn. 2.

132 *Bielinis*, Die Besteuerung der KGaA, S. 50 f.; *Mertens/Cahn*, Kölner Kommentar zum Aktiengesetz, § 286 Rn. 28; *Bachmann*, in: Spindler/Stilz, Aktiengesetz, § 286 Rn. 2; *Perlitt*, in: Münchener Kommentar zum Aktiengesetz, § 286 Rn. 46 („im Regelfall“) mit Verweis darauf, dass der persönlich haftende Gesellschafter seine Sorgfaltspflicht (§§ 283 Nr. 3, 93 AktG) verletzen würde, wenn der Hauptversammlung ein Abschluss vorgelegt würde, der nicht von der erforderlichen Mehrheit der persönlich haftenden Gesellschafter gebilligt wurde.

133 *Bielinis*, Die Besteuerung der KGaA, S. 51.

134 *Bielinis*, Die Besteuerung der KGaA, S. 51; *Perlitt*, in: Münchener Kommentar zum Aktiengesetz, § 286 Rn. 45 („Die Feststellung des Jahresabschlusses bedeutet Endgültigkeit“, allerdings „nicht in allen denkbaren Fällen“).

c. Ermittlung des Jahresergebnisses

aa. Besonderheit der KGaA bei der Ergebnisermittlung

(1) Trennung von Ergebnisermittlung und -verteilung

Die Ermittlung des Jahresergebnisses ist Grundlage für die Ergebnisverteilung unter den Gesellschaftern.[135] Grundsätzlich ist dabei die Eigenschaft der KGaA als Kapitalgesellschaft in den Vordergrund zu stellen und die Ermittlung des Jahresergebnisses nach den aktienrechtlichen Vorgaben vorzunehmen[136], denn die handelsrechtliche Buchführungspflicht trifft allein die KGaA. Dem persönlich haftenden Gesellschafter sowie den Kommanditaktionären fehlt es an der erforderlichen Kaufmannseigenschaft für eine eigenständige Buchführungspflicht.[137] Aufgrund der hybriden Ausgestaltung der KGaA kommt die Anwendung der aktienrechtlichen Vorschriften aber nur insoweit in Betracht, als nicht das Rechtsverhältnis der Komplementäre untereinander oder gegenüber der Gesamtheit der Kommanditaktionäre der KGaA betroffen ist (§ 278 Abs. 2 AktG), denn nur dann gilt § 278 Abs. 3 AktG.

Von der Ergebnisermittlung ist die Ergebnisverteilung strikt zu trennen.[138] Die Ergebnisermittlung ist der der Ergebnisverteilung vorgelagerte Schritt. Unzweifelhaft unterfällt die Frage der Verteilung des Jahresergebnisses der KGaA zwischen der Gesamtheit der Kommanditaktionäre und den persönlich haftenden Gesellschaftern dem § 278 Abs. 2 AktG, sodass hierauf die Vorschriften des HGB Anwendung finden.[139] Voraussetzung ist freilich, dass in der Satzung der KGaA eine Beteiligung des persönlich haftenden Gesellschafters überhaupt vorgesehen ist.[140]

Die Höhe des Jahresüberschusses wird bei einer Gesellschaft ermittelt und sodann auf Grundlage der Beteiligungsverhältnisse den jeweiligen

---

135 Vgl. *Perlitt*, in: Münchener Kommentar zum Aktiengesetz, § 286 Rn. 5.

136 *Bachmann*, in: Spindler/Stilz, Aktiengesetz, § 286 Rn. 5.

137 Jedenfalls ergibt sich diese nicht schon allein aus ihrer Gesellschafterstellung heraus. Vielmehr ist im Einzelfall zu prüfen, ob eine Kaufmannseigenschaft besteht. So auch *Perlitt*, in: Münchener Kommentar zum Aktiengesetz, § 278 AktG Rn. 41. Vgl. auch *Schließer*, in: Die Kommanditgesellschaft auf Aktien, § 6 Rn. 49.

138 Vgl. *Schließer*, in: Die Kommanditgesellschaft auf Aktien, § 6 Rn. 51.

139 *Bielinis*, Die Besteuerung der KGaA, S. 61, 75; *Schließer*, in: Die Kommanditgesellschaft auf Aktien, § 6 Rn. 13; *Koch*, in: Hüffer/Koch, Aktiengesetz, § 288 Rn. 3.

140 Näheres hierzu unten § 1 III. 5. d.

Gesellschaftern zugeordnet.[141] Während das im Grundsatz für jede Form von Gesellschaften gilt, divergiert die konkrete Vorgehensweise bei Kapitalgesellschaften und Personengesellschaften erheblich. Bei Kapitalgesellschaften werden Gewinne, die nicht ausgeschüttet oder als Rücklagen dotiert wurden, sowie nicht ausgeglichene Verluste in das Folgejahr vorgetragen und in der Ermittlung des handelsrechtlichen Bilanzergebnisses dieses Jahres berücksichtigt und gegebenenfalls erst in den Folgejahren ausgeschüttet. Bei Personengesellschaften werden hingegen die Gewinne und Verluste am Schluss eines jeden Geschäftsjahres ermittelt und die Anteile der Gesellschafter daran berechnet. Der Gewinn bzw. Verlust wird unmittelbar im Jahr seiner Entstehung auf die Kapitalanteile der Gesellschafter verteilt.[142]

(2) Ergebnisermittlung der verschiedenen Gesellschaftergruppen und gerechte Beteiligung des Komplementärs am Jahresergebnis

Die KGaA ermittelt als Kapitalgesellschaft ihr Jahresergebnis grundsätzlich – wie eine AG – nach den aktienrechtlichen Vorgaben. Der Ergebnisanteil, der auf die Gesamtheit der Kommanditaktionäre entfällt, ist unstreitig nach aktienrechtlichen Vorgaben zu ermitteln und zu verteilen. Grundlage für die Ermittlung dieses Ergebnisanteils ist die Handelsbilanz der KGaA und der hieraus ermittelte handelsbilanzielle Gewinn. Bereits bei Aufstellung des Jahresabschlusses ist jedoch auch der Ergebnisanteil, der auf die persönlich haftenden Gesellschafter entfällt, zu ermitteln.[143] Dieser ist sodann nach personengesellschaftlichen Grundsätzen zu verteilen und erhöht/mindert den Kapitalanteil des Gesellschafters noch im Jahr der Entstehung (§ 278 Abs. 2 AktG i.V.m. § 120 Abs. 2 HGB).[144] Insbesondere ist der auf den Kapitalanteil eines persönlich haftenden Gesellschafters entfallende Verlust für das Geschäftsjahr von dem Kapitalanteil abzuschreiben (§ 286 Abs. 2 S. 2 AktG). Die Regelung entspricht den für die KG geltenden §§ 120 Abs. 2, 2. Halbsatz und 264c Abs. 2 S. 3 HGB. Wird für die KGaA in der Handelsbilanz ein Jahresfehlbetrag ermittelt, so führt das zu einer unmittelbaren Auswirkung dieses

141 *Hennrichs*, in: Tipke/Lang, Steuerrecht, § 10 Rn. 14.
142 *Hennrichs*, in: Tipke/Lang, Steuerrecht, § 13 Rn. 6.
143 *Bachmann*, in: Spindler/Stilz, Aktiengesetz, § 286 Rn. 5.
144 Vgl. *Bielinis*, Die Besteuerung der KGaA, S. 68; *Bachmann*, in: Spindler/Stilz, Aktiengesetz, § 286 Rn. 6.

Verlustes auf den Kapitalanteil des persönlich haftenden Gesellschafters im Jahr seiner Entstehung.[145]

Anders als die Gesamtheit der Kommanditaktionäre partizipieren die persönlich haftenden Gesellschafter also bereits im Jahr der Entstehung am Ergebnis der KGaA. Die Kommanditaktionäre werden erst durch Ausschüttung am Ergebnis der Gesellschaft beteiligt. Ein Jahresfehlbetrag der KGaA wirkt sich auf Ebene der Kommanditaktionäre nicht unmittelbar aus.[146] Das ist Folge der hybriden Struktur der KGaA und der daraus resultierenden unterschiedlichen Behandlung der beiden Gesellschaftergruppen. Diese hybride Struktur ist Kern des Problems, welches sich bei der Ergebnisermittlung stellt: Der persönlich haftende Gesellschafter partizipiert bereits im Jahr der Entstehung an einem Jahresüberschuss/-fehlbetrag.[147] Als Kapitalgesellschaft hat die KGaA jedoch die Möglichkeit, Gewinne zu thesaurieren (z.B. durch Einstellung in Rücklagen) und Verluste in die Folgejahre vorzutragen. Wäre Grundlage für die Ermittlung des Ergebnisanteils des persönlich haftenden Gesellschafters der handelsrechtliche Bilanzgewinn der KGaA, wären in diesem auch aus dem Vorjahr vorgetragene Verluste bzw. thesaurierte Gewinne enthalten. Diese wurden dem Komplementär jedoch bereits im Jahr ihrer Entstehung zugerechnet. Er würde mehrfach an demselben Gewinn partizipieren.[148]

Beispiel: Der Jahresfehlbetrag einer KGaA im Jahr 01 beträgt 100.000 Euro. Der persönlich haftende Gesellschafter der KGaA ist zu 50% beteiligt (Sondereinlage). Der auf den persönlich haftenden Gesellschafter in Höhe von 50.000 Euro entfallende Verlust ist von seinem Kapitalanteil im Jahr der Entstehung abzuschreiben (§ 286 Abs. 2 S. 2 AktG). Der restliche Verlust in Höhe von 50.000 Euro kann in das Jahr 02 vorgetragen werden. Im Jahr 02 erwirtschaftet die KGaA einen Jahresüberschuss in Höhe von 200.000 Euro. Der Handelsbilanzgewinn des Jahres 02 berücksichtigt auch den Verlustvortrag aus 01 und beträgt damit lediglich 150.000 Euro. Wäre Grundlage der Ermittlung des Ergebnisanteils des Komplementärs nun

145 *Perlitt*, in: Münchener Kommentar zum Aktiengesetz, § 286 Rn. 32.

146 Aus dem Umkehrschluss von § 286 Abs. 2 S. 1 AktG, der lediglich ein Kapitalkonto für den persönlich haftenden Gesellschafter fordert, wird gefolgert, dass ein Kapitalkonto der „Gesamtheit der Kommanditaktionäre" nicht Bestandteil der Bilanz einer KGaA sein könne. Vgl. *Bielinis*, Die Besteuerung der KGaA, S. 67 f.; *Schmidt, K.*, in: Aktienrecht im Wandel, Bd. II, S. 1188 (1204).

147 *Perlitt*, in: Münchener Kommentar zum Aktiengesetz, § 286 Rn. 32.

148 Vgl. *Bielinis*, Die Besteuerung der KGaA, S. 69; s. auch *Perlitt*, in: Münchener Kommentar zum Aktiengesetz, § 286 Rn. 32.

der Handelsbilanzgewinn, wäre dem Kapitalanteil des Komplementärs ein Gewinn in Höhe von 75.000 Euro zuzuschreiben. Der Komplementär würde folglich erneut am Verlust aus dem Jahr 01 partizipieren.

Die Bemessungsgrundlage für den Anteil der Gesamtheit der Kommanditaktionäre am Jahresergebnis der KGaA kann demnach nicht identisch sein mit der Bemessungsgrundlage, die für den Ergebnisanteil der persönlich haftenden Gesellschafter maßgebend ist. Der handelsrechtliche Bilanzgewinn, der für die Gesamtheit der Kommanditaktionäre entscheidend ist, ist als Bemessungsgrundlage für den Ergebnisanteil der Komplementäre untauglich. Die Komplementäre haben gegebenenfalls bereits an im Bilanzgewinn enthaltenen Gewinnen oder Verlusten aus den Vorjahren partizipiert. Grundlage für die Bemessung des Ergebnisanteils des persönlich haftenden Gesellschafters kann daher nicht der Handelsbilanzgewinn der KGaA sein, sondern nur ihr Jahresüberschuss/-fehlbetrag.[149] Dieser berücksichtigt allein die in dem entsprechenden Jahr erwirtschafteten Gewinne bzw. Verluste.[150] Unklar ist hingegen, nach welchen Vorschriften der Jahresüberschuss, der als Bemessungsgrundlage für den Gewinnanteil der persönlich haftenden Gesellschafter dienen soll, zu ermitteln ist.

149 Vgl. *Perlitt*, in: Münchener Kommentar zum Aktiengesetz, § 286 Rn. 32.
150 Vgl. *Bielinis*, Die Besteuerung der KGaA, S. 69.

bb. Lösungsansätze für die Gewinnermittlung der KGaA

(1) Dualistischer Ansatz

Die Vertreter der sog. „Dualistischen Gewinnermittlung“[151] plädieren für einen eigenen, gesonderten[152] nach dem Recht der Personengesellschaften aufzustellenden Jahresabschluss. Neben den Rechnungslegungsgrundsätzen für die AG seien auch bereits diejenigen für die KG zu beachten.[153] Die Ermittlung des Ergebnisanteils der Komplementäre richte sich nach den relevanten Normen des Personengesellschaftsrechts (§§ 167, 120, 242 ff. HGB), denn für die Gewinnermittlung sei § 278 Abs. 2 AktG einschlägig. Es sei eine Frage, die das Rechtsverhältnis zwischen der Gesamtheit der Kommanditaktionäre und den persönlich haftenden Gesellschaftern betreffe.[154] Folge dieses dualistischen Ansatzes wäre eine zweistufige Gewinnermittlung. Auf der ersten Stufe würde ein Jahresabschluss nach Personengesellschaftsrecht erstellt, der wiederum der Berechnung des Komplementäranteils am Gewinn zu Grunde gelegt werde.[155] Auf der zweiten Stufe würde ein zweiter Jahresabschluss nach den für Kapitalgesellschaften geltenden Grundsätzen (§§ 264 ff. HGB) erstellt. Dieser wäre sodann Grundlage sowohl für den Jah-

151 Bezeichnung nach *Perlitt*, in: Münchener Kommentar zum Aktiengesetz, § 286 Rn. 23. Vertreter der dualistischen Ansicht: *Elschenbroich*, Die Kommanditgesellschaft auf Aktien, S. 90 ff.; *Mathiak*, DStR 1989, 661 (667); *Schaumburg*, DStZ 1998, 525 (529); *Bode*, in: Blümich, § 15 EStG Rn. 561 (Stand 07/2020); *Sethe*, in: Aktiengesetz Großkommentar, § 288 Rn. 15 ff. Innerhalb dieser Ansicht ist weiter umstritten, ob der gesonderte Abschluss nach personengesellschaftsrechtlichen (§§ 242 ff. HGB) oder kapitalgesellschaftsrechtlichen Regeln (§§ 264 ff. HGB) aufzustellen ist. *Perlitt* hält die Bedenken, die gegen eine Anwendung der §§ 242 ff. HGB und für die strengeren Regelungen der §§ 264 ff. HGB sprechen für überholt. Ein höherer Ansatz sei mit den für Personengesellschaften anwendbaren Bewertungsvorschriften nicht vereinbar; so *Perlitt*, in: Münchener Kommentar zum Aktiengesetz, § 286 Rn. 24.

152 *Sethe* spricht diesbezüglich von einer sogenannten „fiktiven Ergebnisrechnung nach Personengesellschaftsrecht“, *Sethe*, DB 1998, 1044 (1045).

153 *Bacher*, DB 1985, 2117; *Mathiak*, DStR 1989, 661 (667); *Schaumburg*, DStZ 1998, 525 (529); *Schaumburg/Schulte*, Die KGaA, Rn. 27, 134; *Malzahn*, in: Forum Steuerrecht (2012), S. 151 (157); *Krebbers-van Heek*, Die mitunternehmerische Besteuerung der Komplementäre der Kommanditgesellschaft auf Aktien, S. 40; *Sethe*, in: Aktiengesetz Großkommentar, § 288 Rn. 15 ff.

154 *Perlitt*, in: Münchener Kommentar zum Aktiengesetz, § 286 Rn. 22.

155 *Schaumburg/Schulte*, Die KGaA, Rn. 27; *Krebbers-van Heek*, Die mitunternehmerische Besteuerung der Komplementäre der Kommanditgesellschaft auf Aktien, S. 40.

resüberschuss der KGaA als auch für den Ausschüttungsanspruch der Kommanditaktionäre.[156]

(2) Monistischer Ansatz

Nach der sog. „Monistischen Gewinnermittlung"[157] findet allein das Aktienrecht Anwendung. Die Ermittlung des Gewinns sei nicht Teil des Verhältnisses zwischen den persönlich haftenden Gesellschaftern und der Gesamtheit der Kommanditaktionäre. Eine Anwendung des Personengesellschaftsrechts widerspreche der Systematik der Rechnungslegungsvorschriften.[158] Demnach sei ein einheitlicher Jahresabschluss nach den Vorschriften über Kapitalgesellschaften zu erstellen. Durch entsprechende Korrekturen sei der auf den Komplementär entfallende Ergebnisanteil zu ermitteln.[159] Durch diese punktuellen Korrekturen, die die Gesellschaftervergütungen, Steuerbeträge und Steuererstattungen sowie Rücklagen betreffen, werde gewährleistet, dass der persönlich haftende Gesellschafter nicht mehrfach an ein- und demselben Gewinn bzw. Verlust partizipiere.[160]

(3) Jährliche Ermittlung des Ergebnisanteils des Komplementärs als gemeinsames Ziel der Ansätze

Gemeinsames Ziel beider Ansätze ist es, den auf den persönlich haftenden Gesellschafter entfallenden Gewinn oder Verlust jedes Jahr neu zu ermitteln. Ein auf die Gesellschaftergruppen zu verteilendes Jahresergebnis und dabei insbesondere ein auf die Komplementäre entfallender Anteil am Jahresüber-

156 *Krebbers-van Heek*, Die mitunternehmerische Besteuerung der Komplementäre der Kommanditgesellschaft auf Aktien, S. 40.

157 So *Perlitt*, in: Münchener Kommentar zum Aktiengesetz, § 286 Rn. 21. Vertreter dieser monistischen Ansicht sind *Bachmann*, in: Spindler/Stilz, Aktiengesetz, § 286 Rn. 5; *Schließer*, in: Die Kommanditgesellschaft auf Aktien, § 6 Rn. 52; *Herfs*, in: Münchener Handbuch des Gesellschaftsrechts, Band 4, Aktiengesellschaft, § 81 Rn. 11; *Koch*, in: Hüffer/Koch, Aktiengesetz, § 288 Rn. 2.

158 *Merthens/Cahn*, in: Kölner Kommentar zum Aktiengesetz, § 286 Rn. 13 mit Verweis auf die amtliche Überschrift des Zweiten Abschnittes des Dritten Buches des HGB „Ergänzende Vorschriften für Kapitalgesellschaften (Aktiengesellschaften, Kommanditgesellschaften auf Aktien und Gesellschaften mit beschränkter Haftung)".

159 *Adler/Düring/Schmaltz*, Rechnungslegung und Prüfung der Unternehmen, § 286 AktG Rn. 58.

160 Vgl. darstellend *Bielinis*, Die Besteuerung der KGaA, S. 65 ff.

schuss kann gerade auch dann vorhanden sein, wenn ein Bilanzgewinn in der aktienrechtlichen Bilanz zum Beispiel aufgrund eines Verlustvortrags aus dem Vorjahr nicht entstanden ist.[161] Zudem sollen Zuweisungen zu Gewinnrücklagen, die in der aktienrechtlichen Bilanz vorgenommen werden, nicht zu einer Minderung des für die Komplementäre maßgeblichen Ergebnisses führen.[162] Nach der Vorstellung des Gesetzgebers sollen die Komplementäre eben nicht an den Rücklagen partizipieren.[163]

Die vorgelagerte Ermittlung der Bemessungsgrundlage[164] zur Berechnung des Ergebnisanteils des Komplementärs würde sich ebenso wie die Gewinnverteilung nach personengesellschaftsrechtlichen Vorgaben richten, wenn für die Gewinnermittlung § 278 Abs. 2 AktG einschlägig wäre; es sich also um eine Frage handelt, die das Rechtsverhältnis zwischen der Gesamtheit der Kommanditaktionäre und den persönlich haftenden Gesellschaftern betrifft.[165] In Anbetracht des speziell für die KGaA geregelten § 286 Abs. 2 S. 2 AktG dürfte das indes nicht die Intention des Gesetzgebers gewesen sein. Denn § 286 Abs. 2 S. 2 AktG, der die bilanzielle Behandlung eines Verlustes der KGaA sowie dessen Auswirkung auf den Kapitalanteil des persönlich haftenden Gesellschafters regelt, entspricht im Wortlaut den für die KG geltenden §§ 120 Abs. 2, 2. Halbsatz und 264c Abs. 2 S. 3 HGB. Wäre § 278 Abs. 2 AktG bei der Ermittlung der für den Gewinn des Komplementärs relevanten Bemessungsgrundlage anwendbar, bedürfte es der Regelung des § 286 Abs. 2 S. 2 AktG nicht, da ohnehin die für die KG geltenden Regelungen der §§ 120 Abs. 2, 2. Halbsatz und 264c Abs. 2 S. 3 HGB gelten würden.[166] Die Rege-

---

161 Im obigen Beispiel wäre das der Fall, wenn beispielsweise im Jahr 02 nur ein Gewinn in Höhe von 20.000 Euro entsteht. Der Verlustvortrag aus dem Jahr 01 in Höhe von 50.000 Euro würde dazu führen, dass (handelsbilanziell betrachtet) kein Gewinn verbliebe. Dennoch wäre dem Kapitalanteil des Komplementärs handelsbilanziell ein Gewinn in Höhe von 10.000 Euro zuzuschreiben. S. auch *Perlitt*, in: Münchener Kommentar zum Aktiengesetz, § 286 Rn. 23.

162 *Perlitt*, in: Münchener Kommentar zum Aktiengesetz, § 286 Rn. 23; *Sethe*, in: Aktiengesetz Großkommentar, § 288 Rn. 29.

163 Freilich kann eine Beteiligung an den Rücklagen durch ausdrückliche Satzungsvorschrift vorgesehen werden. So *Perlitt*, in: Münchener Kommentar zum Aktiengesetz, § 286 Rn. 31; *Sethe*, in: Aktiengesetz Großkommentar, § 288 Rn. 29.

164 Zu Recht kritisiert Bielinis, dass Kern des Problems nicht die Frage nach der Ermittlung des Gewinnanteils des Komplementärs ist, sondern die Frage nach der Bemessungsgrundlage; *Bielinis*, Die Besteuerung der KGaA, S. 62.

165 Vgl. *Koch*, in: Hüffer/Koch, Aktiengesetz, § 288 Rn. 2, der § 278 III AktG für anwendbar hält.

166 Ähnlich auch *Bielinis*, Die Besteuerung der KGaA, S. 79 f. Vgl. auch *Schmidt, K.*, in: Aktienrecht im Wandel, Bd. II, S. 1188 (1204).

lungssystematik der Vorschriften über die KGaA spricht damit für die Erstellung eines Jahresabschlusses nach aktienrechtlichen Vorschriften.

Dem entspricht auch die Funktion des Jahresabschlusses einer KGaA. Bei der Gewinnermittlung werden – wie auch bei der AG – öffentliche Interessen und Rechtsverhältnisse zu Dritten berührt. Der Ermittlung des Jahresergebnisses einer Gesellschaft kommt wesentliche Informationsfunktion für extern Beteiligte zu.[167] Damit betrifft die Ermittlung des Jahresergebnisses nicht nur das Verhältnis zwischen den Gesellschaftern der KGaA selbst.[168]

Letztlich ist die praktische Bedeutung der „richtigen" Gewinnermittlungsmethode jedoch gering, da sich kaum Unterschiede zwischen den Ansätzen ergeben.[169] Zudem ermöglicht der dualistische Ansatz eine entsprechende Satzungsregelung zur Wahl eines Ermittlungsansatzes, denn die Vorschriften des Handelsgesetzbuchs für die KG sind – im Gegensatz zu den strengen aktienrechtlichen Vorschriften – dispositiv.[170] Dennoch zeigt sich bereits hier das Grundproblem der KGaA: Die Einordnung eines Hybrids in ein System, welches auf den ersten Blick auf die Einordnung als Personengesellschaft *oder* als Kapitalgesellschaft angelegt ist.

d. Verteilung des Jahresergebnisses

Bei der Verteilung des Jahresergebnisses schlägt sich der hybride Charakter der KGaA im Gegensatz zur Gewinnermittlung unstreitig nieder. Es handelt sich um eine Frage des Rechtsverhältnisses der persönlich haftenden Gesellschafter untereinander sowie auch gegenüber der Gesamtheit der Kommanditaktionäre. Das Personengesellschaftsrecht findet über § 278 Abs. 2 AktG Anwendung.[171] Maßgeblich ist daher in erster Linie die Satzung der KGaA, denn es gilt das Prinzip der Satzungsautonomie (§ 278 Abs. 2 AktG i.V.m.

---

167 *Bielinis*, Die Besteuerung der KGaA, S. 75.

168 *Merthens/Cahn*, in: Kölner Kommentar zum Aktiengesetz, § 286 Rn. 13.

169 *Bachmann*, in: Spindler/Stilz, Aktiengesetz, § 286 Rn. 5; *Perlitt*, in: Münchener Kommentar zum Aktiengesetz, § 286 Rn. 25.

170 Vgl. *Fischer*, DStR 1997, 1519 (1521). In der Praxis wird dabei i.d.R. eine monistische Gewinnermittlung empfohlen, da diese weniger aufwendig ist. So *Krebbers-van Heek*, Die mitunternehmerische Besteuerung der Komplementäre der Kommanditgesellschaft auf Aktien, S. 41.

171 *Merthens/Cahn*, in: Kölner Kommentar zum Aktiengesetz, § 288 Rn. 6; *Koch*, in: Hüffer/Koch, Aktiengesetz, § 288 Rn. 3; *Perlitt*, in: Münchener Kommentar zum Aktiengesetz, § 288 Rn. 6; *Sethe*, in: Aktiengesetz Großkommentar, § 288 Rn. 31.

§§ 161 Abs. 2, 109 HGB). Entscheidend ist zunächst ob und in welcher Höhe die persönlich haftenden Gesellschafter an der KGaA beteiligt sind. In der Satzung kann festgelegt werden, dass die Komplementäre am Gewinn zu beteiligen sind oder dass sie gänzlich von der Gewinnbeteiligung ausgeschlossen werden.[172] Der in der Satzung gem. § 281 Abs. 2 AktG festgelegte Gewinnanteil stellt eine Höchstgrenze dar. Den Komplementären steht es frei, sich einen unter dem Höchstsatz liegenden Gewinnanteil auszahlen zu lassen.[173]

Fehlt es an einer Satzungsregelung, gelten über den Verweis des § 278 Abs. 2 AktG die §§ 168, 121 Abs. 1 und 2 HGB. Die Kapitalanteile der persönlich haftenden Gesellschafter sowie der Gesamtheit der Kommanditaktionäre sind demnach zunächst in Höhe von 4 % zu verzinsen (§ 278 Abs. 2 AktG i.V.m. § 168 Abs. 1, § 121 Abs. 1 HGB). Der hiernach verbleibende Gewinn ist gem. § 278 Abs. 2 AktG i.V.m. § 168 Abs. 2 HGB in einem „angemessenen Verhältnis der Anteile“ unter den persönlich haftenden Gesellschaftern und der Gesamtheit der Kommanditaktionäre aufzuteilen. Bei der Bestimmung des „angemessenen Verhältnisses“ können insbesondere die unbeschränkte, persönliche Außenhaftung des Komplementärs sowie dessen Geschäftsführertätigkeit berücksichtigt werden.[174]

Im Rahmen der Zuweisung des Gewinns an die Komplementäre ist zu beachten, dass es sich hier nur um die Gewinnanteile handelt, die dem persönlich haftenden Gesellschafter aufgrund einer Einlage zustehen, die nicht auf das Grundkapital geleistet wird. Sobald der persönlich haftende Gesellschafter eine Einlage auf das Grundkapital leistet, ist er insoweit wie ein Kommanditaktionär zu behandeln, sodass sich sowohl die Gewinnermittlung als auch die Gewinnverteilung hinsichtlich dieses Anteils nach aktienrechtlichen Vorgaben richtet.[175] Werden Vermögenseinlagen, die nicht auf das Grundkapital entfallen, erbracht, ist für die Gewinnverteilung das

172 *Sethe*, in: Aktiengesetz Großkommentar, § 288 Rn. 37; *Perlitt*, in: Münchener Kommentar zum Aktiengesetz, § 288 Rn. 25; *Merthens/Cahn*, in: Kölner Kommentar zum Aktiengesetz, § 288 Rn. 17.

173 *Perlitt*, in: Münchener Kommentar zum Aktiengesetz, § 288 Rn. 23.

174 Vgl. *Bielinis*, Die Besteuerung der KGaA, S. 85; *Merthens/Cahn*, in: Kölner Kommentar zum Aktiengesetz, § 288 Rn. 16; *Sethe*, in: Aktiengesetz Großkommentar, § 288 AktG Rn. 32.

175 Vgl. *Hageböke*, Das „KGaA-Modell“, S. 48; *Reger*, in: Die Kommanditgesellschaft auf Aktien, § 5 Rn. 234.

Verhältnis von Grundkapital zu Komplementärkapital maßgebend.[176] Zu dem Komplementäranteil zählen auch die erbrachten Sondereinlagen.[177]

Der auf die Gesamtheit der Kommanditaktionäre entfallende Gewinnanteil wird in Form von Dividenden ausgeschüttet.[178] Die Ausschüttung muss durch einen entsprechenden Gewinnverwendungsbeschluss gem. § 174 AktG beschlossen werden.[179]

IV. Fazit

Die Sonderstellung der KGaA im Gefüge der Zweiteilung der Gesellschaftsformen wird anhand der partiellen Anwendung einerseits der für die AG geltenden Vorschriften und andererseits der für die KG geltenden Vorschriften verwirklicht. Eine solche Sonderstellung ist im deutschen Gesellschaftsrecht einmalig. Der persönlich haftende Gesellschafter der KGaA ist dabei das prägende Merkmal dieser Sonderstellung. Die für Kapitalgesellschaften untypische persönliche Haftung des Komplementärs macht die abweichenden Regelungen nach Personengesellschaftsrecht erst notwendig. Die im Grunde sorgsam austarierten Vorschriften der §§ 278 ff. AktG lassen auf rein gesellschaftsrechtlicher Ebene mittlerweile kaum noch Fragen offen. Lediglich im Detail lassen sich noch einzelne Ungereimtheiten finden.[180] Aufgrund der für die KGaA geltenden Satzungsautonomie ist eine Lösung aus praktischer Sicht jedoch nicht erforderlich.

Die Krux der KGaA ist letztlich nicht im Gesellschaftsrecht zu finden. Ihre Sonderstellung ist dort anerkannt und folgerichtig umgesetzt. Schwierigkeiten entstehen vielmehr, wenn ein anderes Rechtsgebiet versucht, an die gesellschaftsrechtliche Sonderstellung der KGaA anzuknüpfen. Es ist das deutsche Steuerrecht, welches im Rahmen des geltenden Dualismus der Unternehmensbesteuerung als Grundlage für die Besteuerung an die Zweiteilung der Gesellschaftsformen anknüpft. Bei der KGaA als gesellschaftsrecht-

176 *Hageböke*, Das „KGaA-Modell“, S. 48.

177 *Hageböke*, Das „KGaA-Modell“, S. 48; *Sethe*, in: Aktiengesetz Großkommentar, Vor § 278 Rn. 68.

178 *Bielinis*, Die Besteuerung der KGaA, S. 86.

179 *Perlitt*, in: Münchener Kommentar zum Aktiengesetz, § 278 Rn. 109.

180 Eine ausführliche Darstellung der Binnenverfassung sowie der Rechnungslegung der KGaA findet sich bei *Reger u.a.* sowie *Schließer*, in: Die Kommanditgesellschaft auf Aktien, § 5 und § 6.

lich hybride Rechtsform stellt sich die Frage, wie sich diese Sonderform der Gesellschaften in ein solches System einfügen lässt.

§ 2 Die KGaA im Steuerrecht – zwischen Trennungs- und Transparenzprinzip

I. Der Dualismus im Unternehmensteuerrecht – Versuch einer Einordnung der KGaA

Der Dualismus im Unternehmensteuerrecht führt bei der KGaA wie bei keiner anderen Gesellschaft zu Fragen und Unstimmigkeiten.[181] Diese werden durch die rudimentären und lückenhaften Regelungen[182], die der Gesetzgeber für die Besteuerung der KGaA vorgesehen hat, noch verstärkt. Im Gegensatz zu den vorhandenen Vorschriften im Aktiengesetz (§§ 278–290 AktG), die eine weitgehend klare, in sich abgeschlossene und stimmige Regelung der gesellschaftsrechtlichen Behandlung der KGaA vorsehen, besteht für die steuerrechtliche Behandlung der KGaA kein abgeschlossener Regelungskomplex.

Die KGaA ist gem. § 278 Abs. 1 AktG eine Kapitalgesellschaft. Nach dem Trennungsprinzip bestehen zwischen Kapitalgesellschaften und ihren Gesellschaftern steuerlich betrachtet zwei verschiedene Vermögenssphären, die unabhängig voneinander zu besteuern sind.[183] Kapitalgesellschaften sind gem. § 1 Abs. 1 Nr. 1 KStG unbeschränkt körperschaftsteuerpflichtig, sofern sie ihre Geschäftsleitung (§ 10 AO) oder ihren Sitz (§ 11 AO) im Inland haben. Sie haben ihr nach § 8 Abs. 1 KStG ermitteltes Einkommen zu versteuern. Hierzu gehören auch die Teile des Gewinns, die letztlich im Rahmen der Gewinnverwendung durch Gewinnausschüttung an die Gesellschafter verteilt werden (§ 8 Abs. 3 S. 1 KStG). Bei den Gesellschaftern einer Kapitalgesellschaft – und damit im Grunde auch bei den Gesellschaftern einer KGaA – findet eine Besteuerung nach dem Trennungsprinzip erst im Zeitpunkt der Ausschüttung statt.[184] Die KGaA verfügt allerdings auch über personengesellschaftsrechtliche Elemente. Die Besteuerung dieser Sphäre der KGaA ist im Steuerrecht nicht in Gestalt eines in sich geschlossenen Regelungskom-

---

181 Vgl. *Engel*, in: Die Kommanditgesellschaft auf Aktien, § 9 Rn. 1.

182 *Märtens*, in: Gosch, KStG, § 9 Rn. 12.

183 *Hey*, in: Tipke/Lang, Steuerrecht, § 11 Rn. 2; *Rengers*, in: Blümich, § 1 KStG Rn. 10 (Stand: 10/2018); *Hummel*, in: Gosch, KStG, § 1 Rn. 1.

184 *Hummel*, in: Gosch, KStG, § 1 Rn. 1. Der Gewinn, der als Dividenden an die Gesellschafter ausgeschüttet wird, unterfällt auf Ebene der Kapitalgesellschaft bereits einem Körperschaftsteuersatz von 15 % (§ 23 Abs. 1 KStG). Um die doppelte Steuerbelastung auf Ebene der Anteilseigner abzumildern, wird – bei natürlichen Personen – im Falle der Ausschüttung die Abgeltungsteuer i.H.v. 25 % erhoben oder das Teileinkünfteverfahren gem. § 3 Nr. 40 S. 1 Buchst. d) EStG angewandt. Bei Kapitalgesellschaften als Anteilseigner sind die Dividenden gem. § 8b Abs. 1 und 5 KStG zu 95 % steuerfrei.

plexes geregelt. Vielmehr finden sich mehrere Vorschriften in unterschiedlichen Gesetzen, auf denen die Besteuerungssystematik der personengesellschaftsrechtlichen Ebene der KGaA beruht: § 9 Abs. 1 Nr. 1 KStG, der einen Aufwandsabzug bei der KGaA in Höhe des Gewinnanteils des Komplementärs vorsieht und § 15 Abs. 1 S. 1 Nr. 3 EStG, der die Gewinnanteile des Komplementärs einer KGaA als Einkünfte aus Gewerbebetrieb qualifiziert sowie die §§ 8 Nr. 4, 9 Nr. 2b GewStG, die die gewerbesteuerliche Erfassung des Komplementär-Gewinnanteils auf Ebene der KGaA regeln.

Die Besteuerung der KGaA und ihrer Gesellschafter auf rein nationaler Ebene bewegt sich dabei stetig zwischen der Unterscheidung zwischen Trennungs- und Transparenzprinzip. Eine zweifelsfreie Einordnung der KGaA in diesen Dualismus der Unternehmensbesteuerung erscheint unmöglich. Stets sind bei der Anwendung der geltenden Regeln die Besonderheiten der hybriden Struktur der KGaA zu beachten.

II. Besteuerung der KGaA und ihrer Aktionäre

1. Besteuerung der KGaA auf körperschaftsteuerlicher Ebene

Die Vermögenssphäre einer Kapitalgesellschaft ist nach dem geltenden Trennungsprinzip von der ihrer Anteilseigner „abgeschirmt“.[185] Auf der kapitalistischen Ebene der Besteuerung der KGaA wirkt sich dieser Grundsatz vollumfänglich aus.[186] Die KGaA ist gem. § 1 Abs. 1 Nr. 1, Abs. 2 KStG als Kapitalgesellschaft Körperschaftsteuersubjekt und unterfällt als solches mit sämtlichen Einkünften der unbeschränkten Körperschaftsteuerpflicht in Deutschland, soweit sie ihre Geschäftsleitung oder ihren Sitz im Inland hat.[187] Gem. § 7 Abs. 1 KStG bemisst sich die Körperschaftsteuer nach dem zu versteuernden Einkommen, welches gem. §§ 7 Abs. 2, 8 Abs. 1 KStG nach den Vorschriften des EStG und des KStG zu ermitteln ist. Sämtliche Einkünfte der KGaA

---

185 *Rengers*, in: Blümich, § 1 KStG Rn. 10 (Stand: 10/2018); *Hummel*, in: Gosch, KStG, § 1 Rn. 1.

186 *Kessler*, in: FS Korn, S. 307 (314); *Wehrheim/Gehrke*, StuW 2005, 234 (241); *Göz*, in: Die Kommanditgesellschaft auf Aktien, § 2 Rn. 12; *Krebbers-van Heek*, Die mitunternehmerische Besteuerung der Komplementäre der Kommanditgesellschaft auf Aktien, S. 67; *Ellerbeck*, in: Schnitger/Fehrenbacher, KStG, § 9 Rn. 33.

187 Auf im Ausland tätige KGaA kommt es im Rahmen dieser Darstellung noch nicht an. Unter § 4 III. 3. wird zudem auf die beschränkt steuerpflichtige KGaA näher eingegangen.

stellen gem. § 8 Abs. 2 KStG Einkünfte aus Gewerbebetrieb dar. Die Körperschaftsteuer wird als Jahressteuer erhoben (§ 7 Abs. 3 S. 1 KStG).

Die KGaA hat als Formkaufmann[188] (§ 6 HGB) einen den §§ 238 bis 263, 264 bis 289a HGB entsprechenden Jahresabschluss zu erstellen, weshalb der steuerliche Gewinn durch Betriebsvermögensvergleich nach § 5 Abs. 1 i.V.m. § 4 Abs. 1 S. 1 EStG ermittelt wird. Als Grundlage der Ermittlung des zu versteuernden Einkommens dient der Gewinn aus der Steuerbilanz.[189] Bei der Gewinnermittlung sind spezielle körperschaftsteuerrechtliche Normen zu beachten: zum Beispiel § 8 Abs. 3 S. 2 KStG (Hinzurechnung verdeckter Gewinnausschüttungen), § 8b KStG (Steuerfreistellung von Dividendenerträgen), § 9 Abs. 1 Nr. 1 KStG (Aufwandsabzug des Gewinnanteils des Komplementärs), § 10 KStG (Hinzurechnungen).[190] Auf der Besteuerungsebene der KGaA wirkt sich die Unterscheidung zwischen den beiden Gesellschafterebenen insoweit aus, dass die Dividenden der Kommanditaktionäre das zu versteuernde Einkommen nicht mindern (§ 8 Abs. 3 S. 1 KStG). Sie sind aus Sicht der KGaA als Einkommensverwendung zu charakterisieren.[191] Die Gewinnanteile der Komplementäre hingegen mindern das zu versteuernde Einkommen nach § 9 Abs. 1 Nr. 1 KStG.

2. Besteuerung der Kommanditaktionäre als Anteilseigner der KGaA

Die Besteuerung der Kommanditaktionäre einer KGaA entspricht der Besteuerung der Aktionäre einer AG.[192] Bei den Kommanditaktionären einer KGaA handelt es sich aus steuerlicher Sicht um Anteilseigner, die Dividenden

188 *Biagosch*, NWB 1996, 1073 (1074); *Krebbers-van Heek*, Die mitunternehmerische Besteuerung der Komplementäre der Kommanditgesellschaft auf Aktien, S. 59; *Schmidt, K.*, in: Schmidt/Lutter, Aktiengesetz, § 278 Rn. 3.

189 *Bielinis*, Die Besteuerung der KGaA, S. 170 ff.; *Krebbers-van Heek*, Die mitunternehmerische Besteuerung der Komplementäre der Kommanditgesellschaft auf Aktien, S. 59 f.

190 *Bielinis*, Die Besteuerung der KGaA, S. 172; *Krebbers-van Heek*, Die mitunternehmerische Besteuerung der Komplementäre der Kommanditgesellschaft auf Aktien, S. 60. S. auch KStR R 7.1 zur Ermittlung des zu versteuernden Einkommens bei Körperschaften.

191 *Engel*, in: Die Kommanditgesellschaft auf Aktien, § 9 Rn. 17.

192 *Ladwig/Motte*, DStR 1996, 800 (806); *Schaumburg*, DStZ 1998, 525 (535); *Bödefeld*, in: FS Rädler, S. 33 (58); *Halasz/Kloster/Kloster*, GmbHR 2002, 77 (87); *Bauschatz*, DStZ 2007, 39 (40); *Nagel/Wittkowski*, Die Kommanditgesellschaft auf Aktien (KGaA), § 4 Rn. 164; *Engel*, in: Die Kommanditgesellschaft auf Aktien, § 9 Rn. 3; *Krebbers-van Heek*, Die mitunternehmerische Besteuerung der Komplementäre der Kommanditgesellschaft auf Aktien, S. 67.

beziehen. Es liegen Dividendeneinkünfte nach § 20 Abs. 1 Nr. 1 S. 1 EStG vor. Handelt es sich um natürliche Personen als Anteilseigner, unterliegen die Einkünfte der Abgeltungsteuer (§ 43 Abs. 1 S. 1 Nr. 1, Abs. 5 EStG) oder, wenn die Einkünfte zu den gewerblichen Einkünften zählen (§ 20 Abs. 1 Nr. 1 S. 1, Abs. 8 i.V.m. § 15 Abs. 1 S. 1 Nr. 1 EStG), dem Teileinkünfteverfahren (§ 3 Nr. 40 S. 1 Buchst. d) EStG). Sind hingegen Körperschaften an der KGaA als Kommanditaktionäre beteiligt, gilt § 8b KStG. Letztlich bestehen insoweit keine Unterschiede zwischen der Besteuerung der Kommanditaktionäre einer KGaA und der Anteilseigner an nicht-hybriden Kapitalgesellschaften (zum Beispiel GmbH oder AG).

III. Besteuerung der KGaA und ihrer Komplementäre

1. Problemstellung: Die KGaA zwischen Tranzparenz und Intranzparenz

Während für die Kommanditaktionäre als Anteilseigner einer Kapitalgesellschaft mangels Sondervorschriften das Trennungsprinzip gilt, bestehen für die Gewinnanteile der persönlich haftenden Gesellschafter einer KGaA spezielle Regelungen. Diese Vorschriften sind nur rudimentär im Gesetz vorhanden.[193] Ein in sich geschlossenes Besteuerungsregime besteht jedenfalls auf den ersten Blick nicht.[194] Die Funktionsweise sowie das Zusammenspiel der vorhandenen Normen ergeben sich nicht unmittelbar aus deren Wortlaut. Folglich ist eine Auslegung der Vorschriften vor dem Hintergrund des geltenden Dualismus der Unternehmensbesteuerung erforderlich.

Dabei ist zum einen zu beachten, dass die KGaA eben eine Kapitalgesellschaft ist und ohne das Vorliegen spezieller Regelungen auch die Komplementäre der KGaA wie reguläre Anteilseigner einer Kapitalgesellschaft zu besteuern wären. Andererseits ist die gesellschaftsrechtliche Besonderheit der KGaA als Hybrid der Gesellschaftsformen zu berücksichtigen. Mit Blick auf das Leistungsfähigkeitsprinzip ist die besondere persönliche Stellung

193 *Kessler*, in: FS Korn, S. 307 (311); *Krebbers-van Heek*, Die mitunternehmerische Besteuerung der Komplementäre der Kommanditgesellschaft auf Aktien, S. 73.

194 So auch *Kessler*, in: FS Korn, S. 307 (331); *Krämer*, in: Dötsch/Pung/Möhlenbrock, § 9 KStG Rn. 42e (Stand 02/2019). Anders hingegen *Kollruss*, der ein *de lege lata* „einfaches und konsistentes“ Besteuerungskonzept der KGaA erkennen will, *Kollruss*, DStZ 2012, 650.

der Komplementäre in der KGaA nicht außer Acht zu lassen.[195] Wären die persönlich haftenden Gesellschafter wie „normale" Anteilseigner einer Kapitalgesellschaft zu besteuern, bestünde kein Unterschied zu der Besteuerung der Kommanditaktionäre. Betrachtet man die gesellschaftsrechtliche Struktur der KGaA, bestehen jedoch erhebliche Unterschiede zwischen den Komplementären und den Kommanditaktionären hinsichtlich des Einflusses auf und der Stellung in der KGaA.[196] In Schrifttum, Praxis und Lehre haben sich zwei Betrachtungsweisen herausgebildet, die jeweils in bestimmten Fällen zu unterschiedlichen Ergebnissen für das Steuersubstrat kommen: Die transparente und die intransparente Betrachtungsweise.

Beide Sichtweisen können bei der Auslegung der geltenden Vorschriften im Einkommensteuer-, Körperschaftsteuer- sowie Gewerbesteuergesetz als Auslegungstopos herangezogen werden. Die Einordnung sowie das Zusammenspiel der Normen unterscheiden sich dabei teils erheblich. Beide Auslegungsvarianten führen zudem zu verschiedenen Konsequenzen, die sich zum Teil auch in Belastungsunterschieden widerspiegeln.

Im Folgenden sollen zunächst die geltenden steuerlichen Vorschriften betreffend den Komplementär einer KGaA betrachtet und in die Gesamtsystematik der jeweiligen Gesetze eingeordnet werden. Im Anschluss werden das Transparenzprinzip und das Intransparenzprinzip als Auslegungstopos beleuchtet und entstehende Belastungsunterschiede in der Anwendung aufgezeigt. Schließlich werden die relevanten Vorschriften im Lichte des geltenden Dualismus der Unternehmensbesteuerung ausgelegt. Anhand dessen soll aufgezeigt werden, welches Grundprinzip der Gesetzgeber der Besteuerung des persönlich haftenden Gesellschafters einer KGaA zugrunde gelegt hat und ob und gegebenenfalls welche Ausnahmen von diesem Grundsatz zuzulassen sind.

2. Rechtslage unter den geltenden Vorschriften

a. Vorschrift des § 15 Abs. 1 S. 1 Nr. 3 EStG – Einkünfte aus Gewerbebetrieb

Die Einkünfte des persönlich haftenden Gesellschafters einer KGaA werden von § 15 Abs. 1 S. 1 Nr. 3 EStG als Einkünfte aus Gewerbebetrieb erfasst.

195 *Krebbers-van Heek*, Die mitunternehmerische Besteuerung der Komplementäre der Kommanditgesellschaft auf Aktien, S. 74.

196 *Bödefeld*, in: FS Rädler, S. 33 (48); *Bielinis*, DStR 2014, 769 (772); *Krebbers-van Heek*, Die mitunternehmerische Besteuerung der Komplementäre der Kommanditgesellschaft auf Aktien, S. 74.

Anders als bei regulären Gesellschaftern einer Kapitalgesellschaft unterfallen die Einkünfte nicht dem § 20 Abs. 1 Nr. 1 S. 1 EStG. § 15 Abs. 1 S. 1 Nr. 3 EStG ist Teil der Vorschriften über die Gewinneinkunftsarten des Einkommensteuergesetzes. Sie lautet:

> *„§ 15 (1) 1 Einkünfte aus Gewerbebetrieb sind [...]*
>
> *3. die Gewinnanteile der persönlich haftenden Gesellschafter einer Kommanditgesellschaft auf Aktien, soweit sie nicht auf Anteile am Grundkapital entfallen, und die Vergütungen, die der persönlich haftende Gesellschafter von der Gesellschaft für seine Tätigkeit im Dienst der Gesellschaft oder für die Hingabe von Darlehen oder für die Überlassung von Wirtschaftsgütern bezogen hat.*
>
> *[...]“.*

Kraft Gesetzes sind die Gewinnanteile des persönlich haftenden Gesellschafters damit gewerbliche Einkünfte.[197] Letztlich ergibt sich auf den ersten Blick kein Unterschied zu den Einkünften eines Mitunternehmers (§ 15 Abs. 1 S. 1 Nr. 2 EStG). Die Vorschriften gleichen sich vielmehr im Wortlaut. Das deckt sich mit der aktienrechtlichen Anordnung des § 278 Abs. 2 AktG, der die teilweise Behandlung nach Personengesellschaftsrecht anordnet. Auch hier wird der persönlich haftende Gesellschafter einer KGaA bereits allein durch die anwendbaren Vorschriften einem Gesellschafter einer Personengesellschaft näher gestellt als dem einer Kapitalgesellschaft. Allerdings ist zu beachten, dass auch die Dividendeneinkünfte des Gesellschafters einer Kapitalgesellschaft gem. § 20 Abs. 1 Nr. 1 S. 1, Abs. 8 i.V.m. § 15 Abs. 1 S. 1 Nr. 1 EStG zu den gewerblichen Einkünften zählen können, wenn die Beteiligung an der Kapitalgesellschaft zu einem Gewerbebetrieb des Steuerpflichtigen zählt. Bei dem persönlich haftenden Gesellschafter einer KGaA handelt es sich – wie bei einem Mitunternehmer – hingegen immer um gewerbliche Einkünfte.[198]

Zudem kann der Komplementär nach dem eindeutigen Wortlaut der Norm Empfänger von Sondervergütungen sein. Hier wird der Unterschied zu einem regulären Gesellschafter einer Kapitalgesellschaft besonders deutlich. Erzielt ein Gesellschafter einer Kapitalgesellschaft, der seine Beteiligung im Betriebsvermögen hält, wegen § 20 Abs. 1 Nr. 1 S. 1, Abs. 8 i.V.m. § 15 Abs. 1 S. 1 Nr. 1 EStG wie der Komplementär einer KGaA gewerbliche Einkünfte aus dieser Beteiligung, hat dies keinen Einfluss auf die Vergütungen,

197 *Bode*, in: Blümich, § 15 EStG Rn. 562 (Stand 12/2018).

198 *Krumm*, in: Kirchhof/Seer, § 15 EStG Rn. 401.

die er von der Gesellschaft für seine Tätigkeit im Dienst der Gesellschaft (zum Beispiel als Geschäftsführer einer GmbH) erhält oder für die Hingabe von Darlehen oder die Überlassung von Wirtschaftsgütern bezieht. Diese Einkünfte sind weiterhin als nicht-gewerbliche Einkünfte zu qualifizieren.[199] In keinem Fall aber können bei regulären Gesellschaftern einer Kapitalgesellschaft Sondervergütungen vorliegen. Bei dem persönlich haftenden Gesellschafter einer KGaA ist das anders. Er kann Empfänger von Sondervergütungen sein, die kraft Gesetzes zu seinen gewerblichen Einkünften gehören. Der Wortlaut des § 15 Abs. 1 S. 1 Nr. 3 EStG lässt insoweit keine Zweifel zu.

b. Vorschrift des § 9 Abs. 1 Nr. 1 – Abziehbare Aufwendungen

Was auf Ebene des Komplementärs vollständig mit Einkommen- bzw. Körperschaftsteuer belastet wird, ist zuvor auf Ebene der KGaA aus ihrem Einkommen herauszunehmen. Dafür sorgt die Norm des § 9 Abs. 1 Nr. 1 KStG. Die Vorschrift dient der Ermittlung des zu versteuernden körperschaftsteuerlichen Einkommens der KGaA im Sinne des § 7 Abs. 1 KStG.[200] Der für die KGaA relevante Teil des § 9 KStG lautet:

> *„§ 9 (1) Abziehbare Aufwendungen sind auch:*
>
> *1. bei Kommanditgesellschaften auf Aktien und bei vergleichbaren Kapitalgesellschaften der Teil des Gewinns, der an persönlich haftende Gesellschafter auf ihre nicht auf das Grundkapital gemachten Einlagen oder als Vergütung (Tantieme) für die Geschäftsführung verteilt wird;*
>
> *[…]“.*

§ 9 Abs. 1 Nr. 1 KStG ist im Zusammenhang mit § 8 Abs. 3 S. 1 KStG zu betrachten. Der Gewinnanteil des persönlich haftenden Gesellschafters ist handelsrechtlich zunächst als Aufwand in der Gewinn- und Verlustrechnung der Gesellschaft zu erfassen.[201] Daran knüpft das Steuerrecht an: Es kommt zu einer Betriebsvermögensminderung. Grundsätzlich darf aber die Verteilung

199 Freilich können – unabhängig von der Beteiligung – auch gewerbliche Einkünfte vorliegen, wenn die überlassenen Wirtschaftsgüter zu einem Betriebsvermögen gehören, sodass die Einkünfte nach § 15 Abs. 1 S. 1 Nr. 1 EStG im Sinne des Subsidiaritätsgrundsatzes vorgehen oder die Voraussetzungen einer Betriebsaufspaltung vorliegen.

200 *Drüen*, in: Hermann/Heuer/Raupach, § 9 KStG Rn. 5 (Stand: 01/2019).

201 *Jünger*, DB 1988, 1969 (1970); *Engel*, in: Die Kommanditgesellschaft auf Aktien, § 9 Rn. 21.

des Gewinns gem. § 8 Abs. 3 S. 1 KStG das zu versteuernde Einkommen der KGaA nicht mindern und muss daher außerbilanziell hinzugerechnet werden. Das würde allerdings zu einer steuerlichen Doppelbelastung des Gewinnanteils des persönlich haftenden Gesellschafters führen; zum einen mit Körperschaftsteuer auf Ebene der KGaA und zum anderen mit Einkommen- oder Körperschaftsteuer auf Ebene des Komplementärs.[202] Die Vorschrift des § 9 Abs. 1 Nr. 1 KStG führt daher ausnahmsweise dazu, dass bei der KGaA die Gewinnverteilung eine Gewinnminderung zur Folge hat. Nur der Anteil des Gewinns, der auf die Kommanditaktionäre entfällt, unterliegt letztlich der Körperschaftsteuer auf Ebene der KGaA.[203] Damit trägt die Norm der personengesellschaftlichen Komponente der KGaA Rechnung.[204] Anders als die Dividendeneinkünfte nach § 20 Abs. 1 Nr. 1 S. 1 EStG unterliegen die Einkünfte nach § 15 Abs. 1 S. 1 Nr. 3 EStG keinem besonderen Steuersatz zur Abmilderung der Doppelbelastung mit Körperschaft- und Einkommensteuer. Die entstehende steuerliche Doppelbelastung wird stattdessen bereits auf Ebene der KGaA durch Herausnahme des Gewinnanteils aus dem zu versteuernden körperschaftsteuerlichen Einkommen vermieden und sodann auf Ebene des Komplementärs dem regulären Steuersatz unterworfen.

Zudem erfasst der Wortlaut des § 9 Abs. 1 Nr. 1 KStG auch die Gewinnanteile, die als Vergütungen an den persönlich haftenden Gesellschafter für die Geschäftsführung verteilt werden. Umfasst werden davon alle Arten von Vergütungen, die der Komplementär als Gegenleistung für seine gegenwärtige oder vergangene Tätigkeit als Geschäftsführer erhält.[205] Anders als bei § 15 Abs. 1 S. 1 Nr. 3 EStG werden Vergütungen für anderweitige Tätigkeiten im Dienste der Gesellschaft sowie für die Darlehenshingabe oder Wirtschaftsgutüberlassung nicht erfasst. Solche Vergütungen werden in der Regel aufgrund schuldrechtlicher Vereinbarungen gezahlt und sind daher auf Ebene der KGaA bereits als Betriebsausgabe abziehbar (§ 8 Abs. 1 KStG i.V.m. § 4

202 *Engel*, in: Die Kommanditgesellschaft auf Aktien, § 9 Rn. 21.

203 *Knobbe-Keuk*, Bilanz- und Unternehmenssteuerrecht, § 16 V 2; *Krebbers-van Heek*, Die mitunternehmerische Besteuerung der Komplementäre der Kommanditgesellschaft auf Aktien, S. 75.

204 Vgl. *Bielinis*, Die Besteuerung der KGaA, S. 174.

205 BFH v. 04.05.1965 – I 186/64 U, BStBl. III 1965, 418 juris Rn. 9; v. 08.02.1984 – I R 11/80, BStBl. II 1984, 381 juris Rn. 17; v. 31.10.1990 – I R 32/86, BStBl. II 1991, 253; v. 06.10.2009 – I R 102/06, BFH/NV 2010, 462 juris Rn. 12; *Engel*, in: Die Kommanditgesellschaft auf Aktien, § 9 Rn. 26 f.

Abs. 4 EStG). Eines Abzuges nach § 9 Abs. 1 Nr. 1 KStG bedarf es insoweit dann nicht.[206]

c. Vorschriften des § 8 Nr. 4 GewStG und § 9 Nr. 2b GewStG – Hinzurechnungen und Kürzungen bei der Gewerbesteuer

Nahezu wortgleich mit § 9 Abs. 1 Nr. 1 KStG findet sich im Gewerbesteuergesetz als Hinzurechnungsvorschrift auf Ebene der KGaA § 8 Nr. 4 GewStG. Dieser lautet:

> *„§ 8 Dem Gewinn aus Gewerbebetrieb (§ 7) werden folgende Beträge wieder hinzugerechnet, soweit sie bei der Ermittlung des Gewinns abgesetzt worden sind:*
>
> *[...]*
>
> *4. die Gewinnanteile, die an persönlich haftende Gesellschafter einer Kommanditgesellschaft auf Aktien auf ihre nicht auf das Grundkapital gemachten Einlagen oder als Vergütung (Tantieme) für die Geschäftsführung verteilt worden sind; [...]*".

Die Vorschrift stimmt mit § 9 Abs. 1 Nr. 1 KStG bezüglich der Kennzeichnung der abziehbaren und wieder hinzuzurechnenden Gewinnanteile weitestgehend überein.[207] § 8 Nr. 4 GewStG ist das Spiegelbild zu § 9 Abs. 1 Nr. 1 KStG.[208] Der Gewinnanteil des persönlich haftenden Gesellschafters, der im Rahmen der Körperschaftsteuerermittlung von dem Einkommen der KGaA abgezogen wurde, soll im Rahmen der Gewerbesteuer Teil der Bemessungsgrundlage sein. Der Betrag, der nach § 9 Abs. 1 Nr. 1 KStG abgezogen wird, entspricht dem Betrag, der nach § 8 Nr. 4 GewStG wieder hinzugerechnet wird.[209] Auch erfasst § 8 Nr. 4 GewStG die Vergütungen, die an den persönlich

206 *Engel*, in: Die Kommanditgesellschaft auf Aktien, § 9 Rn. 29.

207 *Hofmeister*, in: Blümich, § 8 GewStG Rn. 530 (Stand 12/2018).

208 BFH v. 04.05.1965 – I 186/64 U, BStBl. III 1965, 418 juris Rn. 10; *Hofmeister*, in: Blümich, § 8 GewStG Rn. 530 (Stand 12/2018).

209 So die herrschende Meinung: BFH v. 04.05.1965 – I 186/64 U, BStBl. III 1965, 418; v. 28.11.2007 – X R 6/05, BFH/NV 2008, 459 (460) juris Rn. 17; *Schnädter*, FR 1985, 659 (661); *Knobbe-Keuk*, Bilanz- und Unternehmenssteuerrecht, § 21 II 3 d; *Rohrer/Orth*, BB 2007, 2266 (2267); *Hageböke*, Das „KGaA-Modell", S. 84; *Krämer*, in: Dötsch/Pung/Möhlenbrock, § 9 KStG Rn. 74 (Stand 02/2019); *Bielinis*, Die Besteuerung der KGaA, S. 220 f.; *Deutschländer*, StBp 2013, 307; *Engel*, in: Die Kommanditgesellschaft auf Aktien, § 9 Rn. 78; *Krebbers-van Heek*, Die mitunternehmerische Besteuerung der

haftenden Gesellschafter für die Geschäftsführung verteilt werden und ist insoweit ebenfalls spiegelbildlich zu § 9 Abs. 1 Nr. 1 KStG.

Durch die Vorschrift des § 8 Nr. 4 GewStG soll erreicht werden, dass die Gewinnanteile der persönlich haftenden Gesellschafter der KGaA wenigstens einmal der Gewerbesteuer unterliegen.[210] Zwar sind die Einkünfte beim persönlich haftenden Gesellschafter nach § 15 Abs. 1 S. 1 Nr. 3 EStG solche aus Gewerbebetrieb im Sinne des Einkommensteuergesetzes. Damit ist er jedoch nicht zugleich gewerbesteuerpflichtig.[211] Nach wohl allgemeiner Auffassung reicht allein das Halten der Komplementärbeteiligung nicht aus, um ihm einen stehenden Gewerbebetrieb zu vermitteln.[212] Der Gesetzgeber ging erkennbar davon aus, dass die Komplementäre einer KGaA im Regelfall nicht gewerbesteuerpflichtig sind.[213] Für die Fälle, in denen der Komplementär die KGaA-Anteile im Betriebsvermögen hält oder es sich um eine Komplementär-GmbH handelt – also auch gewerbesteuerpflichtige Einkünfte vorliegen –, sieht § 9 Nr. 2b GewStG eine weitere Kürzungsvorschrift vor, um eine systemfremde Doppelbesteuerung mit Gewerbesteuer zu vermeiden.[214] Korrespondierend zu § 8 Nr. 4 GewStG heißt es daher in § 9 Nr. 2b GewStG:

> *„§ 9 Die Summe des Gewinns und der Hinzurechnungen wird gekürzt um*
>
> *[...]*
>
> *2b. die nach § 8 Nr. 4 dem Gewerbeertrag einer Kommanditgesellschaft auf Aktien hinzugerechneten Gewinnanteile, wenn sie bei der Ermittlung des Gewinns (§ 7) angesetzt worden sind; [...]“.*

Komplementäre der Kommanditgesellschaft auf Aktien, S. 210; *Brandl*, in: Blümich, § 9 KStG Rn. 35 (Stand 08/2019); *Märtens*, in: Gosch, KStG, § 9 Rn. 5a. *Rohrer/Orth*, BB 2007, 1594 (1595) verweisen hingegen darauf, dass dies die „noch“ herrschende Auffassung sei.

210 *Gosch*, FR 1991, 345.

211 *Gosch*, FR 1991, 345.

212 BFH v. 04.05.1965 – I 186/64 U, BStBl. III 1965, 418 juris Rn. 10; v. 23.10.1985 – I R 235/81, BStBl. II 1986, 72 juris Rn. 12; *Graf*, DStR 1991, 1374 (1376); *Fischer*, DStR 1997, 1519 (1522); *Schaumburg*, DStZ 1998, 525 (536); *Schaumburg/Schulte*, Die KGaA, Rn. 126, 148; *Renz*, Die Besteuerung der GmbH & Co. KGaA, S. 122; *Gehrke*, Die Stiftung & Co. KGaA, S. 33; *Rohrer/Orth*, BB 2007, 1594 (1595); *Hageböke*, Das „KGaA-Modell“, S. 94; *Sauter*, Die Gewinnverwendung in der kapitalistischen KGaA, S. 43; *Göz*, in: Die Kommanditgesellschaft auf Aktien, § 2 Rn. 15; *Krebbers-van Heek*, Die mitunternehmerische Besteuerung der Komplementäre der Kommanditgesellschaft auf Aktien, S. 207.

213 BFH v. 23.10.1985 – I R 235/81, BStBl. II 1986, 72 Rn. 12; *Gosch*, FR 1991, 345.

214 *Gosch*, FR 1991, 345 (346).

Adressat der Vorschrift ist der persönlich haftende Gesellschafter. Die Gewinnanteile unterliegen damit im Ergebnis – trotz Gewerbesteuerpflicht des Komplementärs – nur auf Ebene der KGaA einer Gewerbesteuerbelastung.[215]

d. Zwischenfazit

Dem Wortlaut der dargestellten Normen lässt sich nicht zweifelsfrei entnehmen, wie genau das Zusammenspiel dieser Normen untereinander und vor allem auch mit den allgemeinen Normen des Körperschaftsteuer-, Einkommensteuer- und Gewerbesteuergesetzes funktionieren soll, um zu einem systemgerechten und konsequenten Besteuerungsregime für die KGaA und ihren persönlich haftenden Gesellschafter zu gelangen. Erschwert wird dieses Ergebnis zudem durch die Verortung der Regelungen in unterschiedlichen Gesetzeswerken. Bei der Auslegung der Normen gelten grundsätzlich jeweils auch die Prinzipien der zugrunde liegenden Gesetze (Einkommensteuergesetz, Körperschaftsteuergesetz, Gewerbesteuergesetz). Ob das Zusammenspiel der Normen nun eher im Sinne einer intransparenten Besteuerung oder im Sinne einer transparenten Besteuerung zu verstehen ist, ist anhand der Auslegung dieser steuerrechtlichen Normen sowie der der Rechtsform der KGaA zugrunde liegenden gesellschaftsrechtlichen Regelungen zu bestimmen. In einem ersten Schritt sollen hierzu die Grundgedanken der sich in Literatur und Rechtsprechung verfestigten Sichtweisen hinsichtlich der Besteuerung der KGaA dargestellt und Belastungsunterschiede aufgezeigt werden. Dass sowohl eine intransparente als auch eine transparente Besteuerung der KGaA zumindest „möglich und plausibel" erscheint, zeigt die uneinheitliche Beurteilung in Rechtsprechung und Literatur seit Jahrzehnten – eigentlich seit Bestehen der KGaA.

3. Die intransparente Sichtweise als Auslegungstopos

Das Verständnis der intransparenten Betrachtungsweise basiert auf der gesellschaftsrechtlichen Einordnung der KGaA als Kapitalgesellschaft. Stellt man diese Einordnung in den Vordergrund, so ist die KGaA auch als solche nach dem Trennungsprinzip zu besteuern.[216] Die KGaA allein erzielt die Ein-

215 Vgl. *Güroff*, in: Glanegger/Güroff, GewStG, § 9 Nr. 2b Rn. 1.
216 Vgl. FG Hamburg v. 14.11.2002 – V 231/99, EFG 2003, 711 juris Rn. 35.

künfte. Die Gesellschafter der KGaA – Kommanditaktionäre und Komplementäre – partizipieren nicht an der Einkünfteerzielung der KGaA.[217] Folge dieser Betrachtung nach dem Trennungsprinzip ist, dass sich Geschäftsvorfälle bei der KGaA nicht in der Sphäre der Gesellschafter – Kommanditaktionäre wie Komplementäre – auswirken. Die Gesellschafter sind durch die Trennungsanordnung „abgeschirmt"[218]. Erst im Zeitpunkt des Zuflusses der Einkünfte haben die Gesellschafter ihre Einkünfte selbst zu versteuern. Der Unterschied zwischen den beiden Gesellschaftergruppen einer KGaA spiegelt sich nach dieser Betrachtungsweise in der „Qualifizierung" der Ausschüttungen und in der Art und Weise der Vermeidung einer Doppelbesteuerung wider. Bei den Kommanditaktionären werden die Ausschüttungen als normale Dividenden besteuert. Um die Doppelbelastung auf Ebene der Körperschaft und auf Ebene der Anteilseigner abzumildern, unterliegen die Ausschüttungen entweder einem niedrigen Körperschaftsteuer- oder Abgeltungsteuersatz oder werden (teilweise) von der Ertragsteuer im Rahmen des Teileinkünfteverfahrens (§ 3 Nr. 40 S. 1 Buchst. d) EStG) oder gem. § 8b KStG freigestellt.

Die Gewinnverteilung an die Komplementäre wird nach der intransparenten Betrachtungsweise ebenfalls als Ausschüttung behandelt. Die steuerliche Doppelbelastung wird dadurch vermieden, dass § 9 Abs. 1 Nr. 1 KStG Aufwendungen der KGaA fingiert, diese also bereits den Gewinn der KGaA mindern.[219] Die Vorschrift wird als körperschaftsteuerliche Gewinnermittlungsvorschrift interpretiert, die den handelsbilanziellen Gewinnanteil des persönlich haftendenden Gesellschafters als fiktive Betriebsausgabe für abzugsfähig erklärt.[220] Obwohl es sich aus Sicht der KGaA um Teile des Gesamtgewinns handle, hätten die Abzugsbeträge in diesem Zusammenhang Ausgabencharakter.[221] Alleiniger Zweck der Vorschrift sei die Vermeidung der Doppelbesteuerung. Eine Zurechnungsfunktion komme der Norm nicht zu.[222] Die Ausschüttungen an den Komplementär würden sodann auf dessen Ebene gem. § 15 Abs. 1 S. 1 Nr. 3 EStG „umqualifiziert"[223] in gewerbliche Einkünfte und in voller Höhe mit dem regulären (Einkommen-)Steuertarif be-

---

217 *Mahlow*, DB 2003, 1540 (1544).

218 *Kramer*, IStR 2010, 57 (59). Vgl. auch *Kessler*, in: FS Korn, S. 307 (318 f.).

219 *Hoppe*, Die Besteuerung der Kommanditgesellschaft auf Aktien zwischen Trennungs- und Transparenzprinzip, S. 52.

220 *Mahlow*, DB 2003, 1540 (1542); *Kessler*, in: FS Korn, S. 307 (319).

221 *Ebling*, in: FS Jakob, S. 67 (69) „(nur) in diesem Zusammenhang".

222 *Ebling*, in: FS Jakob, S. 67 (69); *Hoppe*, Die Besteuerung der Kommanditgesellschaft auf Aktien zwischen Trennungs- und Transparenzprinzip, S. 52 f.

223 FG München v. 16.01.2003 – 7 K 5340/01, EFG 2003, 670 juris Rn. 32.

steuert. Die Gewinnanteile des persönlich haftenden Gesellschafters würden letztlich qualifiziert als Einkünfte aus Gewerbebetrieb.[224] Ebenfalls umzuqualifizieren in gewerbliche Einkünfte seien die sonstigen Vergütungen, die ein Komplementär zum Beispiel im Rahmen seiner Geschäftsführertätigkeit erhalte.[225]

Bei der Auslegung der gewerbesteuerlichen Normen sei insbesondere der Zusammenhang zwischen § 8 Nr. 4 GewStG und § 9 Abs. 1 Nr. 1 KStG zu beachten. Die Auslegung des § 8 Nr. 4 GewStG hänge von der Auslegung des § 9 Abs. 1 Nr. 1 KStG entscheidend ab.[226] Folgerichtig seien die Gewinnanteile des persönlich haftenden Gesellschafters dem Gewinn aus Gewerbebetrieb im Sinne des § 7 GewStG wieder hinzuzurechnen.[227] Dieser Gesetzeszusammenhang spreche für die Intransparenz der KGaA und gegen die Trennung der Besteuerung der KGaA einerseits und ihres Komplementärs andererseits.[228] § 8 Nr. 4 GewStG sei das rechtstechnische Mittel, um die notwendige Erfassung der Gewinnanteile der persönlich haftenden Gesellschafter im Gewerbeertrag der Gesellschaft sicherzustellen.[229] Ohne die Vorschrift, unterläge der Gewinnanteil des Komplementärs, sofern dieser nicht selbst gewerbesteuerpflichtig sei, nicht der Gewerbesteuer.[230]

4. Die transparente Sichtweise als Auslegungstopos

Im Gegensatz zu der intransparenten Sichtweise liegt den transparenten Besteuerungskonzepten[231] der Gedanke zugrunde, dass sich die gesellschaftsrechtliche Zweiteilung der KGaA auch in der steuerlichen Sphäre niederschlägt.[232] Der persönlich haftende Gesellschafter einer KGaA sei *wie* ein

224 *Ebling*, in: FS Jakob, S. 67 (69).
225 FG München v. 16.01.2003 – 7 K 5340/01, EFG 2003, 670 juris Rn. 19.
226 *Hofmeister*, in: Blümich, § 8 GewStG Rn. 530 (Stand 12/2018).
227 *Ebling*, in: FS Jakob, S. 67 (70).
228 *Ebling*, in: FS Jakob, S. 67 (70).
229 *Ebling*, in: FS Jakob, S. 67 (70).
230 *Ebling*, in: FS Jakob, S. 67 (70).
231 Es gibt in der Literatur nicht „das transparente Besteuerungskonzept". Vielmehr besteht eine Fülle von Ansichten, die jedoch alle einen transparenten Grundgedanken verfolgen: Der persönlich haftende Gesellschafter einer KGaA ist *wie* ein Mitunternehmer einer KG zu besteuern.
232 *Ammenwerth*, Die KGaA, S. 125; *Hageböke*, Das „KGaA-Modell", S. 110; *Krebbers-van Heek*, Die mitunternehmerische Besteuerung der Komplementäre der Kommanditgesellschaft auf Aktien, S. 113.

Mitunternehmer einer KG zu besteuern.[233] Die Gesamtheit der Kommanditaktionäre stelle demgegenüber in technischer Hinsicht den Kommanditisten dar.[234] Im Grunde werden die für die Besteuerung von Mitunternehmern einer Personengesellschaft geltenden Grundsätze „qua gesetzlicher Fiktion" angewendet.[235] Dabei kommt es zu einer „doppelten Fiktion"[236]: Der Komplementär soll *wie* ein Mitunternehmer behandelt werden.[237] Dies folge aus seiner Organstellung sowie seiner Außenhaftung, die vergleichbar mit denen eines atypisch stillen Gesellschafters seien.[238] Die zweite Fiktion betrifft das zivilrechtlich betrachtet im Eigentum der KGaA stehende Vermögen. Dieses soll *wie* gesamthänderisches Gesellschaftsvermögen anteilig dem Komplementär zugeordnet werden.[239] Eine Mitunternehmerschaft soll allerdings zwischen der KGaA und ihren persönlich haftenden Gesellschaftern nicht bestehen.[240] Im Ergebnis folge aus der transparenten Betrachtungsweise

233 BFH v. 21.06.1989 – X R 14/88, BStBl. II 1989, 881 (883) juris Rn. 22; *Ammenwerth*, Die KGaA, S. 126; *Schaumburg/Schulte*, Die KGaA, Rn. 146; *Halasz/Kloster/Kloster*, GmbHR 2002, 77 (88); *Hageböke/Koetz*, DStR 2006, 293 (294); *Sauter*, Gewinnverwendung in der kapitalistischen Kommanditgesellschaft auf Aktien (KGaA), S. 40.

234 BFH v. 08.11.1974 – III R 76/73, BStBl. II 1975, 470 juris Rn. 12; v. 13.04.1994 – II R 57/90, BStBl. II 1994, 505 juris Rn. 22; *Ammenwerth*, Die KGaA, S. 22. Teilweise werden die Kommanditaktionäre sogar als Kommanditisten bezeichnet; so etwa *Bauschatz*, DStZ 2007, 39 (41).

235 *Engel*, in: Die Kommanditgesellschaft auf Aktien, § 9 Rn. 3; *Mai*, in: Frotscher/Drüen, § 9 KStG Rn. 15 (Stand 09/2018); *Drüen*, in: Hermann/Heuer/Raupach, § 9 KStG Rn. 25 (Stand 01/2019); *Wacker*, in: Schmidt, § 15 EStG Rn. 891; wohl auch *Witt*, in: Hermann/Heuer/Raupach, § 15 EStG Rn. 901 (Stand 08/2017); *Kessler*, in: FS Korn, S. 307 (331 f.); *Rohrer/Orth*, BB 2007, 1594 ff.; *Kusterer*, DStR 2008, 484 (486 f.); *Wassermeyer*, in: FS Streck, S. 259 ff.

236 *Fischer*, DStR 1997, 1519 (1521); *Schaumburg*, DStZ 1998, 525 (535). Ist der Komplementär bereits kraft Tätigkeit Mitunternehmer der KGaA, bleibt es bei einer einfachen Fiktion, s. hierzu *Krebbers-van Heek*, Die mitunternehmerische Besteuerung der Komplementäre der Kommanditgesellschaft auf Aktien, S. 114 Fn. 562 sowie ausführlich zu einer originären Mitunternehmerstellung des persönlich haftenden Gesellschafters der KGaA: S. 177 ff.

237 *Schaumburg*, DStZ 1998, 525 (535).

238 *Maurer*, Die Besteuerung von Anleger-Kommanditgesellschaften, S. 152 Fn. 389; *Schaumburg/Schulte*, Die KGaA, Rn. 146. Zu Problemen bei der Besteuerung der atypisch stillen Gesellschaft s. *Döllerer*, DStR 1985, 295.

239 BFH v. 13.04.1994 – II R 57/90, BStBl. II 1994, 505 juris Rn. 22; *Maurer*, Die Besteuerung von Anleger-Kommanditgesellschaften, S. 152; *Schaumburg/Schulte*, Die KGaA, Rn. 146; *Krebbers-van Heek*, Die mitunternehmerische Besteuerung der Komplementäre der Kommanditgesellschaft auf Aktien, S. 114 f.

240 *Engel*, in: Die Kommanditgesellschaft auf Aktien, § 9 Rn. 3. Vgl. auch BFH v. 23.10.1985 – I R 235/81, BStBl. II 1986, 72 juris Rn. 11; v. 28.11.2007 – X R 6/05, BStBl. II 2008, 363 juris Rn. 26; *Mai*, in: Frotscher/Drüen, § 9 KStG Rn. 9a (Stand 09/2018); *Drüen*, in:

daher die Anwendung des Systems der Besteuerung von Mitunternehmern – mit all seinen Besonderheiten – auf die Besteuerung des persönlich haftenden Gesellschafters einer KGaA. Hierunter falle insbesondere auch die steuerrechtliche Behandlung von Sonderbetriebsvermögen, Sonderbetriebseinnahmen und Sonderbetriebsausgaben.[241]

Entscheidend zur Popularität der transparenten Sichtweise hat das sogenannte *Herstatt-Urteil* des BFH vom 21.06.1989 beigetragen.[242] Der BFH prägte mit diesem Urteil die sogenannte Wurzeltheorie.[243] Es ist das erste und bisher letzte grundlegende Urteil des BFH zur Besteuerung der KGaA.[244] Nach der Wurzeltheorie ist die KGaA nicht das alleinige Einkünfteerzielungssubjekt. Vielmehr ist der Komplementär einer KGaA in jeder Beziehung als Gewerbetreibender zu behandeln. Ihm ist der im Rahmen der KGaA er-

---

Hermann/Heuer/Raupach, § 9 KStG Rn. 25 (Stand 01/2019); *Wassermeyer*, in: FS Streck, S. 259 (267). Für das Vorliegen einer Mitunternehmerschaft vgl. *Roser*, in: Lenski/Steinberg, § 8 Nr. 4 GewStG Rn. 7 (Stand 02/2019).

241 *Mathiak*, DStR 1989, 661 (667); *Fischer*, DStR 1997, 1519 (1522); *Crezelius*, JbFfStR 1998/1999, 318 (320); *Schaumburg/Schulte*, Die KGaA, Rn. 146; *Hageböke/Koetz*, DStR 2006, 293 ff.; *Engel*, in: Die Kommanditgesellschaft auf Aktien, § 9 Rn. 100.

242 BFH v. 21.06.1989 – X R 14/88, BStBl. II 1989, 881.

243 *Ebling*, in: FS Jakob, S. 67 (70 f.) kommt hingegen zu dem Ergebnis, dass das Urteil des BFH nicht der intransparenten Sichtweise widerspreche. Der BFH habe selber die Worte „an der Wurzel" lediglich in Anführungszeichen gesetzt. Der Begriff der Abspaltung „an der Wurzel" habe nur bildhafte Bedeutung. Umgangssprachlich sei dieser anschaulich und griffig, als rechtssystematischer Maßstab jedoch völlig ungeeignet. Vielmehr setze eine Abspaltung „an der Wurzel" zunächst eine „einheitliche Wurzel" voraus. Zudem erscheine es bereits fraglich, ob eine Besteuerung überhaupt abgespalten werden könne. Im Ergebnis sei die Formulierung des BFH jedenfalls nicht dahingehend zu verstehen, dass die Körperschaftsbesteuerung der KGaA hinsichtlich der fraglichen Gewinnanteile von vornherein gleichsam in die Einkommensbesteuerung der persönlich haftenden Gesellschafter umgewandelt wird. Die KGaA hätte dann zwei Besteuerungskomponenten. Dies widerspreche jedoch der gesetzgeberischen uneingeschränkten Einordnung der KGaA als Körperschaftsteuersubjekt gem. § 1 Abs. 1 Nr. 1 KStG.

244 So auch *Krebbers-van Heek*, Die mitunternehmerische Besteuerung der Komplementäre der Kommanditgesellschaft auf Aktien, S. 115. Zu Einzelfragen sind hingegen Urteile des BFH ergangen: BFH v. 17.10.1990 – I R 16/89, BStBl. II 1991, 211 (zu Einkünften nach dem DBA-Schweiz a.F.); v. 19.05.2010 – I R 62/09, BFH/NV 2010, 1919 (zum Schachtelprivileg nach dem DBA-Frankreich a.F.); v. 15.03.2017 – I R 41/16, BFH/NV 2017, 1548 (zu Ergänzungsbilanzen beim persönlich haftenden Gesellschafter einer KGaA). Offen gelassen hat der BFH jedoch bisher die Frage nach einer einheitlichen und gesonderten Gewinnfeststellung: BFH v. 29.06.2016 – I B 32/16, BFH/NV 2016, 1679. Das grundlegende Besteuerungskonzept der KGaA hat der BFH bisher nicht erneut aufgegriffen. Das galt zumindest bis zu dem jüngsten Urteil des BFH v. 01.06.2022 – I R 44/18, DStR 2022, 2047; s. hierzu unten § 8.

zielte Gewinn einkommensteuerrechtlich unmittelbar zuzurechnen. Er ist mithin neben der KGaA selbst Einkünfteerzielungssubjekt. Die Einkommensbesteuerung des persönlich haftenden Gesellschafters wird, sofern er nicht auch Kommanditaktionär ist, „an der Wurzel" von der Körperschaftsbesteuerung der KGaA abgespalten. Der abgespaltene Teil wird uneingeschränkt gem. § 15 Abs. 1 S. 1 Nr. 3 EStG dem gewerblichen Bereich zugewiesen.[245] Die gewerblichen Einkünfte werden dem persönlich haftenden Gesellschafter einer KGaA damit ebenso wie einem Einzelunternehmer oder Mitunternehmer unmittelbar zugerechnet. Im Gegensatz zu einer Mitunternehmerschaft müsse bei der KGaA bei jedem Geschäftsvorfall eine genaue Aufteilung erfolgen.[246] Der BFH stellt in seinem Urteil fest, dass für eine etwaige „Umqualifizierung" von Einkünften im Gesetz keine Anhaltspunkte bestünden.[247] Auch sei unerheblich, dass die handelsrechtliche Buchführungs- und Abschlusspflicht die KGaA als juristische Person treffe; der Gewinn einkommensteuerrechtlich aber dem persönlich haftenden Gesellschafter zuzurechnen sei (§§ 5, 15 Abs. 1 S. 1 Nr. 3 EStG). Dies sei Folge der gesetzgeberischen Entscheidung, den Komplementär im Rahmen der KGaA nicht mit Körperschaftsteuer zu belasten.[248]

Folgt man der transparenten Betrachtungsweise muss demnach jeder Geschäftsvorfall aufgeteilt werden in einen KGaA- und einen Komplementäranteil. Um den Abzugsbetrag nach § 9 Abs. 1 Nr. 1 KStG zu bestimmen, ist die Summe der anteiligen, auf den Komplementäranteil entfallende Geschäftsvorfälle zu bilden.[249] § 9 Abs. 1 Nr. 1 KStG kommt damit die Funktion einer Ausgliederungsnorm bzw. Zurechnungsnorm zu.[250] Sie stellt sicher, dass die steuerrechtlichen Bemessungsgrundlagen getrennt werden.[251] Der aus dem Einkommen der KGaA ausgegliederte Teil des Gewinns unterliegt in der

245 BFH v. 21.06.1989 – X R 14/88, BStBl. II 1989, 881 juris Rn. 26. Die vom BFH entwickelte „Wurzeltheorie" basiert auf einem Beitrag von *Becker* aus dem Jahre 1936; s. *Becker*, StuW 1936, 79.

246 *Krebbers-van Heek*, Die mitunternehmerische Besteuerung der Komplementäre der Kommanditgesellschaft auf Aktien, S. 115 mit Verweis darauf, dass das für Mitunternehmerschaften seit Aufgabe der sogenannten Bilanzbündeltheorie nicht mehr gilt, der Mitunternehmer vielmehr nur an einem Gewinn bzw. Verlust beteiligt ist.

247 BFH v. 21.06.1989 – X R 14/88, BStBl. II 1989, 881 juris Rn. 26.

248 BFH v. 21.06.1989 – X R 14/88, BStBl. II 1989, 881 juris Rn. 38.

249 *Krebbers-van Heek*, Die mitunternehmerische Besteuerung der Komplementäre der Kommanditgesellschaft auf Aktien, S. 118.

250 *Engel*, in: Die Kommanditgesellschaft auf Aktien, § 9 Rn. 5. Vgl. auch *Ammenwerth*, Die KGaA, S. 127 f., 134.

251 *Engel*, in: Die Kommanditgesellschaft auf Aktien, § 9 Rn. 5.

Folge auf Ebene des Komplementärs als Einkünfte aus Gewerbebetrieb der Besteuerung.[252]

5. Anwendung der Sichtweisen am Beispiel des Betriebsausgabenabzugs

Sowohl die intransparente als auch die transparente Sichtweise legen ihren Besteuerungskonzepten die KGaA-spezifischen, geltenden Normen zugrunde. Auf den ersten Blick scheinen sich die Sichtweisen im Ergebnis nicht zu unterscheiden. Die Gewinnanteile des Komplementärs sind jeweils auf Ebene der KGaA herauszunehmen und auf Ebene des Komplementärs als Einkünfte aus Gewerbebetrieb zu erfassen. Die Annahme eines rein dogmatischen Streits geht indessen fehl. Bei Anwendung der Sichtweisen ergeben sich teils erhebliche Belastungsunterschiede. Das ist vor allem dann der Fall, wenn Normen bei der KGaA zur Anwendung kommen, die nicht speziell auf diese zugeschnitten sind, sondern entweder allgemein Geltung für jegliche Steuerpflichtige beanspruchen oder aber aus dem Dualismus des Unternehmensteuerrechts folgen und speziell entweder auf Personen- oder aber Kapitalgesellschaften zugeschnitten sind. Das gilt für die rein nationale Ebene sowie auch für die internationale Ebene gleichermaßen. Die spezifischen, sich bei Anwendung solcher Normen ergebenen Belastungsunterschiede sollen im Laufe dieser Untersuchung anhand von Beispielen dargestellt und erläutert werden. Das Beispiel des Betriebsausgabenabzuges soll an dieser Stelle die praktische Relevanz der Unterscheidung zwischen intransparenter und transparenter Sichtweise verdeutlichen.

> *Beispiel:*[253] Die KGaA hat einen Jahresüberschuss in Höhe von 1.000.000 Euro erwirtschaftet. Als Aufwand hat die KGaA nicht abziehbare Betriebsausgaben in Höhe von 300.000 Euro verbucht. Der Komplementär ist über seine Sondereinlage zu 50 % an der KGaA gewinnbeteiligt.

Legt man eine intransparente Sichtweise zugrunde, stellt sich die Lösung wie folgt dar:[254] Die nicht abziehbaren Betriebsausgaben in Höhe von 300.000 Euro haben den Jahresüberschuss der KGaA gemindert. Sie sind daher für steuerliche Zwecke außerbilanziell in Höhe von 300.000 Euro dem Steuerbilanzgewinn der KGaA hinzuzurechnen (§ 4 Abs. 5 EStG, § 8

252 BFH v. 21.06.1989 – X R 14/88, BStBl. II 1989, 881 juris Rn. 30.

253 Fallbeispiel angelehnt an *Drüen/van Heek*, DStR 2012, 541 (544).

254 Die Lösung orientiert sich an der Darstellung der intransparenten Sichtweise in *Krebbers-van Heek*, Die mitunternehmerische Besteuerung der Komplementäre der Kommanditgesellschaft auf Aktien, S. 86 f.

Abs. 1 KStG). Auf den persönlich haftenden Gesellschafter der KGaA entfällt sein Gewinnanteil in Höhe von 500.000 Euro. Dieser Gewinnanteil wird nach § 15 Abs. 1 S. 1 Nr. 3 EStG als gewerbliche Einkünfte qualifiziert. Der Komplementär hat damit Einkünfte aus Gewerbebetrieb in Höhe von 500.000 Euro zu versteuern.

Jahresüberschuss	1.000.000 €
Nicht abziehbare Betriebsausgaben § 4 Abs. 5 EStG, § 8 Abs. 1 KStG	+ 300.000 €
Gewinnanteil des Komplementärs § 9 Abs. 1 Nr. 1 KStG	./. 500.000 €
Zu versteuerndes Einkommen der KGaA	800.000 €

Gewinnanteil des Komplementärs § 15 Abs. 1 S. 1 Nr. 3 EStG	500.000 €
Zu versteuerndes Einkommen des Komplementärs	500.000 €

Bei der Lösung nach der intransparenten Sichtweise fällt auf, dass die Nicht-Abziehbarkeit der Betriebsausgaben in vollem Umfang die KGaA trifft. Auf das zu versteuernde Einkommen des persönlich haftenden Gesellschafters hat dies keine Auswirkungen. Die Steuerbelastung trägt allein die KGaA. Im Falle der Gewinnverteilung an den Komplementär könnte dies zu einer mangelnden Liquidität der KGaA zur Zahlung ihrer Steuerlast führen.[255] Im Hinblick auf solche Ergebnisse wird der intransparenten Betrachtungsweise ein Verstoß gegen das Leistungsfähigkeitsprinzip vorgeworfen, denn die nichtabziehbaren Betriebsausgaben wirken sich vollständig auf Ebene der KGaA aus und erhöhen deren zu versteuerndes Einkommen, während dem Komplementär der auf Grundlage des Jahresüberschusses der KGaA berechnete Gewinnanteil zugewiesen wird.[256]

Nach der transparenten Betrachtungsweise stellt sich die Lösung folgendermaßen dar:[257] Jede Einnahme und jede Ausgabe ist an der Wurzel aufzuspalten und anteilig dem Komplementär und der Gesamtheit der Komman-

255 *Drüen/van Heek*, DStR 2012, 541 (544).

256 Vgl. *Kusterer*, DStR 2008, 484 (486).

257 Die Lösung orientiert sich an der Darstellung der transparenten Sichtweise in *Krebbers-van Heek*, Die mitunternehmerische Besteuerung der Komplementäre der Kommanditgesellschaft auf Aktien, S. 121 f.

ditaktionäre zuzuweisen.[258] Die Betriebsausgaben haben in einem ersten Schritt den Jahresüberschuss der KGaA in voller Höhe gemindert. Letztlich ist aber die Betriebsausgabe bereits anteilig (entsprechend seinem Gewinnanteil) dem Komplementär zuzurechnen (hier 50 %). Die außerbilanziell erfolgende Hinzurechnung der im Ergebnis nicht abziehbaren Betriebsausgaben erfolgt daher jeweils anteilig in Höhe von 150.000 Euro zum einen auf Ebene der KGaA und zum anderen auf Ebene des persönlich haftenden Gesellschafters. Für die KGaA ergibt sich damit ein zu versteuerndes Einkommen in Höhe von 650.000 Euro. Der persönlich haftende Gesellschafter hat Einkünfte aus Gewerbebetrieb in Höhe von 650.000 Euro.

Jahresüberschuss	1.000.000 €
Nicht abziehbare Betriebsausgaben § 4 Abs. 5 EStG, § 8 Abs. 1 KStG	+ 150.000 €
Gewinnanteil des Komplementärs § 9 Abs. 1 Nr. 1 KStG	./. 500.000 €
Zu versteuerndes Einkommen der KGaA	650.000 €

Gewinnanteil des Komplementärs § 15 Abs. 1 S. 1 Nr. 3 EStG	500.000 €
Nicht abziehbare Betriebsausgaben § 4 Abs. 5 EStG	+ 150.000 €
Zu versteuerndes Einkommen des Komplementärs	650.000 €

Es zeigt sich, dass im Ergebnis die Betriebsausgaben jeweils vollständig nicht zum Abzug kommen, was vom Gesetz auch so vorgegeben ist. Die Frage ist nur, auf wessen Ebene die Hinzurechnung vorzunehmen ist. Die intransparente Besteuerung von Kapitalgesellschaften basiert auf der angenommenen Abschirmwirkung von Kapitalgesellschaften gegenüber ihren Anteilseignern. Letztere erhalten lediglich Ausschüttungen. Vorgänge auf Ebene der Kapitalgesellschaft wirken sich nicht auf Ebene der Anteilseigner aus. Konsequenterweise hat dann jedoch die volle Hinzurechnung der nicht abziehbaren Betriebsausgaben auf Ebene der KGaA zu erfolgen. Bei Personengesellschaften wirken sich die nicht abziehbaren Betriebsausgaben im Sinne einer transparenten Besteuerung anteilig bei den Mitunternehmern aus. Die Belastungs-

258 Vgl. BFH v. 21.06.1989 – X R 14/88, BStBl. II 1989, 881 juris Rn. 26; *Drüen/van Heek*, DStR 2012, 541 (545).

unterschiede, die sich bei Kapitalgesellschaften und Personengesellschaften und ihren jeweiligen Gesellschaftern ergeben, sind Ausfluss des Dualismus der Unternehmensbesteuerung. Dass sich diese Belastungsunterschiede nach Anwendung der intransparenten und transparenten Sichtweise bei der KGaA widerspiegeln, liegt auf der Hand. Wird die KGaA steuerlich im Verhältnis zu ihrem persönlich haftenden Gesellschafter teils transparent behandelt, muss sie im Gegensatz zu anderen Kapitalgesellschaften nur anteilig die nicht abziehbaren Betriebsausgaben ihrem Jahresüberschuss hinzurechnen. Im Gegensatz zu anderen Kapitalgesellschaften ist sie damit weniger belastet. Hingegen wird bei Befolgung des intransparenten Konzepts die Sonderstellung des persönlich haftenden Gesellschafters und dessen steuerliche Behandlung „*wie ein Mitunternehmer*" außer Acht gelassen. Der persönlich haftende Gesellschafter wird nach der intransparenten Sichtweise gegenüber Mitunternehmern einer Personengesellschaft begünstigt, da er nicht anteilig die nicht abziehbaren Betriebsausgaben zu tragen hat. Die unterschiedlichen Sichtweisen wirken sich in Form von Belastungsunterschieden aus. Welche Sichtweise letztlich die systemkonforme Umsetzung des Dualismus der Unternehmensbesteuerung darstellt, ist anhand der Auslegung des geltenden Rechts zu bestimmen.

6. Transparentes Besteuerungskonzept als systemkonforme Grundlage

a. Prüfungsmaßstab

aa. Zulässigkeit der rechtsformabhängigen Besteuerung

Der Gesetzgeber hat sich im derzeit geltenden deutschen Steuerrecht für einen Dualismus von transparenter Besteuerung bei Personengesellschaften und intransparenter Besteuerung bei Kapitalgesellschaften entschieden. Ebenso alt wie diese Grundsatzentscheidung ist die Debatte um ein verfassungsrechtliches Gebot einer rechtsformneutralen Unternehmensbesteuerung.[259] Bestünde ein solches Gebot, wäre das geltende Unternehmensteuerrecht verfassungswidrig. Eine Einordnung der KGaA in dieses dann verfassungswidrige System würde sich erübrigen. Für Personengesellschaften, Kapitalgesellschaften und eben auch die KGaA müsste der Gesetzgeber neue

259 S. zum historischen Hintergrund *Drüen*, GmbHR 2008, 393 f.; s. auch *Hey*, DStJG 2001, 155 (156).

Regelungen schaffen, die eine rechtsformunabhängige Besteuerung ermöglichen.

Die Entscheidung für ein dualistisches Unternehmensteuerrecht muss sich am Maßstab der Verfassung und dabei insbesondere an den im Steuerrecht geltenden Prinzipien der Leistungsfähigkeit und Folgerichtigkeit messen lassen. Dabei ist dem Gesetzgeber im Rahmen der Auswahl einer Steuerquelle grundsätzlich ein weiter Gestaltungs- und Entscheidungsspielraum zuzusprechen.[260] Der Gesetzgeber kann frei entscheiden, was er als Steuerobjekt besteuert. Hat er jedoch einmal festgelegt, was als Steuerobjekt zu erfassen ist, hat er diese Belastungsentscheidung konsequent im Sinne des Folgerichtigkeitsgebots umzusetzen.[261]

Der Steuergesetzgeber hat sich im Rahmen des Unternehmensteuerrechts dazu entschieden, an die zivilrechtliche Grundentscheidung einer Differenzierung zwischen Kapital- und Personengesellschaften anzuknüpfen. Damit folgt er der zivilrechtlichen Grundlegung, das Gesellschaftsvermögen einer Kapitalgesellschaft von dem Vermögen ihrer Gesellschafter zu trennen und zugleich die Haftung der Gesellschafter auf das Gesellschaftsvermögen zu beschränken (§ 1 AktG, § 13 Abs. 1 und 2 GmbHG). Auf der anderen Seite ordnet das Zivilrecht bei der Personengesellschaft – ungeachtet der rechtlichen Selbständigkeit dieser (§§ 124 HGB, 161 Abs. 2 HGB) – das Gesellschaftsvermögen den Gesellschaftern als gemeinschaftliches Vermögen zu (§§ 718 Abs. 1 BGB i.V.m. 105 Abs. 3, 161 Abs. 2 HGB). Die Gesellschafter haften dementsprechend für Verbindlichkeiten der Gesellschaft grundsätzlich persönlich auch mit ihrem sonstigen Vermögen (§§ 128, 161 Abs. 2, 171 Abs. 1 HGB).[262]

Eine Differenzierung der Besteuerung nach der Rechtsform – wie sie der Gesetzgeber im geltenden System umgesetzt hat – ist nach dem Grundgesetz in keinem Fall zwingend.[263] Das Grundgesetz enthält keine materiellen Vorgaben für ein bestimmtes System der Unternehmensbesteuerung.[264] Auch eine Anknüpfung des Steuerrechts an die im Zivilrecht vorgenommene

---

260 *Drüen*, GmbHR 2008, 393 (399).

261 BVerfG v. 22.06.1995 – 2 BvL 37/91, BVerfGE 93, 121, juris Rn. 46; v. 04.12.2002 – 2 BvR 400/98 u. 1735/00, BVerfGE 107, 27, juris Rn. 51; v. 07.11.2006 – 1 BvL 10/02, BVerfGE 117, 1, juris Rn. 97; vgl. auch *Drüen*, GmbHR 2008, 393 (400).

262 BVerfG v. 29.03.2017 – 2 BvL 6/11, BVerfGE 145, 106 juris Rn. 113.

263 So auch *Drüen*, Ubg 2009, 23 f. Allgemein zum Verhältnis des Steuerrechts zum Verfassungsrecht s. *Friauf*, DStJG 1989, 3.

264 *Drüen*, Ubg 2009, 23; *Krebbers-van Heek*, Die mitunternehmerische Besteuerung der Komplementäre der Kommanditgesellschaft auf Aktien, S. 164.

Unterscheidung zwischen Kapitalgesellschaften und Personengesellschaften ist nicht zwangsläufig. Das Steuerrecht ist kein „unselbständiges Folgerecht" des Zivilrechts, sondern vielmehr ein eigenständiges Rechtsgebiet.[265]

Gleichwohl ist auch eine rechtsformneutrale Besteuerung nicht durch die Verfassung vorgegeben, auch wenn die Forderungen hiernach seit Einführung des Dualismus der Unternehmensbesteuerung nicht zu verstummen scheinen.[266] Das BVerfG hält hierzu fest:

> *„Art. 3 Abs. 1 GG zwingt nicht zu einer materiellen Betrachtung, nach der wirtschaftliche Leistungsfähigkeit unabhängig von der jeweiligen Rechtsform entsteht, die als Instrument zur Erzielung der Einkünfte eingesetzt wird. Von Verfassungs wegen ist entscheidend, ob es einen hinreichenden sachlichen Grund für die unterschiedliche steuerliche Behandlung von unternehmerischen Tätigkeiten gibt. Einen solchen liefert die Abschirmung der Vermögenssphäre einer Kapitalgesellschaft gegenüber ihren Anteilseignern. […] Die auf diese Weise bewirkte stärkere Abschirmung der Vermögenssphäre einer Kapitalgesellschaft gegenüber ihren Anteilseignern hat zur Folge, dass in der abgeschirmten Vermögenssphäre eine eigenständige Leistungsfähigkeit entsteht, die getrennt von der individuellen Leistungsfähigkeit der hinter der Kapitalgesellschaft stehenden Personen besteuert werden darf."*[267]

---

265 Früher ging das BVerfG davon aus, dass das Steuerrecht bloß ein unselbständiges Folgerecht des Zivilrechts sei; BVerfG v. 24.01.1962 – BvR 845/58, BVerfGE 13, 331 juris Rn. 24. Mittlerweile liegt den Urteilen des BVerfG aber auch die Vorstellung zugrunde, dass es sich bei dem Zivilrecht und dem Steuerrecht um zwei voneinander unabhängige Rechtsgebiete handelt; vgl. BVerfG v. 27.12.1991 – 2 BvR 72/90, BStBl. II 1992, 212 juris Rn. 9. Vgl. hierzu auch *Hey*, DStJG 2001, 155 (163 f.).

266 Mit Beschluss vom 5.11.2019 hat die CDU/CSU-Fraktion im Deutschen Bundestag ein Positionspapier zur Modernisierung der Unternehmensbesteuerung in Deutschland vorgelegt. Bestandteil dieses Positionspapiers ist auch ein Optionsmodell für Personengesellschaften, um für diese „die Möglichkeit einer rechtsformneutralen Besteuerung" zu schaffen. Demnach soll den „Gesellschaftern von Personengesellschaften […] das optionale Recht eingeräumt werden, ihre Personengesellschaft wie eine Kapitalgesellschaft besteuern zu lassen." (https://www.cducsu.de/sites/default/files/2019-11/Positionspapier%20zur%20Modernisierung%20der%20Unternehmensbesteuerung_17102019…..pdf). Die Regierungsparteien CDU/CSU und SPD haben sich am 08.03.2020 mit Beschluss im Koalitionsausschuss auf die Einführung eines solchen Optionsmodells geeinigt (https://www.cdu.de/system/tdf/media/dokumente/die_ergebnisse_des_koalitionsausschusses_vom_8.pdf?file=1&type=field_collection_item&id=20350).

267 BVerfG v. 29.03.2017 – 2 BvL 6/11, BVerfGE 145, 106 juris Rn. 112, 114.

Zudem führt das BVerfG weiter aus, zum Wesen einer juristischen Person wie der GmbH oder der AG gehöre, dass diese Kapitalgesellschaften mit ihrer Verselbständigung gegen „Durchgriffe" auf Tatbestände im Kreis oder in der Person ihrer Gesellschafter grundsätzlich abgeschirmt seien.[268] Bei Personengesellschaften würden die Gesellschafter dagegen in der Regel persönlich mit ihrem privaten Vermögen haften.[269] Allerdings könne den persönlichen Verhältnissen des Gesellschafters in größerem Umfang Rechnung getragen werden als bei juristischen Personen.[270]

Die kapitalistische Ausgestaltung als Leitbild einer Kapitalgesellschaft sowie der „Persönlichkeitsaspekt" der Personengesellschaft mögen heute nicht mehr aktuell sein (siehe Einmann-GmbH oder die Publikums-GmbH & Co. KG als Gegenstück zur „persönlichen" Personengesellschaft).[271] Dennoch ist die Entscheidung für eine Differenzierung nach der Rechtsform zunächst nicht per se verfassungswidrig. Vielmehr unterfällt die Ausgangsentscheidung für diesen Dualismus der grundsätzlichen Gestaltungsfreiheit des Gesetzgebers. In der Ausgestaltung des Dualismus unterliegt die Anknüpfung an die Rechtsform dann aber verfassungsrechtlichen Grenzen.[272] Das Unternehmensteuerrecht ist damit zwar nicht durch die Verfassung determiniert, es wird durch sie aber limitiert.[273] Solange der Gesetzgeber allerdings keinen vollständigen Systemwechsel vornimmt, besteht der Dualismus der Unternehmensbesteuerung fort. Die KGaA muss sich in dieses System einordnen.

bb. Grenzziehungsfunktion des Art. 3 Abs. 1 GG

Trotz der grundsätzlichen Verfassungsmäßigkeit der dualistischen Ausgestaltung des Unternehmensteuerrechts sind konkrete rechtsformabhängige Steuerfolgen im Mikrobereich strikt am Gleichheitssatz zu messen.[274] Art. 3 Abs. 1 GG kommt hier eine Grenzziehungsfunktion zu. Durch die dualistische

268 BVerfG v. 24.01.1962 – 1 BvR 845/58, BVerfGE 13, 331 juris Rn. 25.

269 BVerfG v. 29.03.2017 – 2 BvL 6/11, BVerfGE 145, 106 juris Rn. 113.

270 BVerfG v. 18.06.1975 – 1 BvR 528/72, BVerfGE 40, 109 juris Rn. 21 (Gewerbesteuerliches Schachtelprivileg).

271 *Drüen*, GmbHR 2008, 393 (401).

272 *Drüen*, GmbHR 2008, 393 (403).

273 So auch *Drüen*, GmbHR 2008, 393 (403); *Krebbers-van Heek*, Die mitunternehmerische Besteuerung der Komplementäre der Kommanditgesellschaft auf Aktien, S. 164; a.A. *Rau*, Verfassungsdirigierte Prinzipien für das Unternehmensteuerrecht, S. 79 ff.

274 *Drüen*, GmbHR 2008, 393 (400).

Ausgestaltung entstehen zwischen der Besteuerung von Personengesellschaften und Körperschaften sowie ihrer jeweiligen Gesellschafter teils erhebliche Belastungsunterschiede.[275] Diese Belastungsunterschiede sind der Grund für die Forderung nach einer rechtsformneutralen Besteuerung. Während die Grundentscheidung für eine rechtsformabhängige Unternehmensbesteuerung nicht gegen die Verfassung verstößt, können die sich ergebenden Belastungsunterschiede mit Art. 3 Abs. 1 GG in Widerspruch stehen. Allerdings ist zu beachten, dass sich auch Belastungsunterschiede in gewissem Maße durch die unterschiedliche zivilrechtliche Ausgestaltung der Gesellschaftsformen rechtfertigen lassen, zumal die zivilrechtliche Gestaltung eines Unternehmens immer auch durch die freie Wahl der Rechtsformen beeinflussbar ist.[276]

Entscheidendes Kriterium bei der Wahl der Rechtsform ist die jeweilige Haftungsstruktur. Personengesellschaften zeichnen sich gerade dadurch aus, dass ihre Gesellschafter in der Regel persönlich, unbeschränkt, unmittelbar und primär haften. Etwaige Verluste treffen den Gesellschafter selbst und sind ihnen unmittelbar steuerlich zuzurechnen. Die Gesellschafter stehen – anders als bei Kapitalgesellschaften – selbst für die Verluste ein. Dieses Kriterium rechtfertigt auch die unterschiedliche steuerliche Behandlung nach der Rechtsform.[277]

Festzuhalten bleibt, dass aus dem Dualismus der Unternehmensbesteuerung zwar teils erhebliche Belastungsunterschiede resultieren, diese jedoch durch die unterschiedliche zivilrechtliche Ausgestaltung und die Möglichkeit der Rechtsformwahl gerechtfertigt sein können. Ein Gebot der rechtsformneutralen Besteuerung lässt sich der Verfassung jedenfalls nicht entnehmen. Die Besteuerung der KGaA muss sich als Konsequenz der gesetzgeberischen Entscheidung für ein duales Besteuerungssystem grundsätzlich in dieses einordnen. Damit ist die Frage nach der richtigen Besteuerung der KGaA und ihrer persönlich haftenden Gesellschafter keine, die sich auf verfassungsrechtlicher Ebene lösen lässt. Vielmehr ist die KGaA in das geltende – vom Gesetzgeber im Rahmen seiner Entscheidungsprärogative geschaffene – einfach-gesetzliche, dualistische Unternehmensteuerrecht einzuordnen. Die

275 S. hierzu: *Hennrichs*, in: Tipke/Lang, Steuerrecht, § 13 Rn. 1 ff.; *Krebbers-van Heek*, Die mitunternehmerische Besteuerung der Komplementäre der Kommanditgesellschaft auf Aktien, S. 159 ff.

276 Vgl. *Balmes*, Sonderband DStJG (2001), 25 (35); *Lauterbach*, Ein neues Unternehmenssteuerrecht für Deutschland?, S. 72; *Krebbers-van Heek*, Die mitunternehmerische Besteuerung der Komplementäre der Kommanditgesellschaft auf Aktien, S. 163.

277 So auch *Hey*, DStJG 2001, 155 (193); *Drüen*, GmbHR 2008, 393 (398).

Antwort auf die Frage nach der „richtigen" Besteuerung der KGaA und ihrer Gesellschafter ist also zunächst auf einfach-gesetzlicher Ebene zu suchen. Konkrete Steuerfolgen, die im Detail zu nicht mehr angemessenen Belastungsunterschieden führen, sind hingegen an Art. 3 Abs. 1 GG zu messen. Dieser entfaltet insoweit eine Grenzziehungsfunktion.

b. Versuch der Einordnung der KGaA in das bestehende System des Dualismus anhand der Kriterien für die Differenzierung nach der Rechtsform

aa. Zivilrechtliche Ausgestaltung der KGaA

(1) Aktienrechtliche Anordnung – § 278 AktG

Der Dualismus der Unternehmensbesteuerung knüpft für die Art und Weise der Besteuerung gerade an die Rechtsform an. Daher ist es folgerichtig, als ersten Anhaltspunkt für die Besteuerungssystematik der KGaA deren zivilrechtliche Ausgestaltung und Rechtsform zu betrachten. Zunächst fällt auf, dass § 278 Abs. 1 AktG der KGaA eine eigene Rechtspersönlichkeit zuspricht. Die Vertreter der intransparenten Sichtweise machen diese Anordnung der Rechtspersönlichkeit für beide Gesellschaftersphären der KGaA fruchtbar. Die KGaA sei im Außen- wie im Innenverhältnis grundsätzlich in vollem Umfang gegenüber ihren Gesellschaftern verselbständigt.[278]

Allerdings ist neben § 278 Abs. 1 AktG auch § 278 Abs. 2 AktG in den Blick zu nehmen, der für das Zivilrecht eine strikte Trennung zwischen der Sphäre der Kommanditaktionäre und der Sphäre der persönlich haftenden Gesellschafter enthält, dessen Folge die hybride Struktur der KGaA ist. In Bezug auf das Verhältnis der persönlich haftenden Gesellschafter untereinander und gegenüber der Gesamtheit der Kommanditaktionäre gelten die Vorschriften des Handelsgesetzbuchs über die Kommanditgesellschaft. Ein solches Rechtsverhältnis läge bei der Besteuerung des Komplementärs durch den

278 Vgl. FG Hamburg v. 14.11.2002 – V 231/99, EFG 2003, 711 juris Rn. 35; FG München v. 16.01.2003 – 7 K 5340/01, EFG 2003, 670 juris Rn. 19. S. auch *Ebling*, in: FS Jakob, S. 67 (70 f.).

Staat vor. Die Vertreter der transparenten Sichtweise wollen daher die Trennungsanordnung des § 278 Abs. 2 AktG in das Steuerrecht übertragen.[279]

Dass aus der bloßen Ausgestaltung der KGaA als Gesellschaft mit eigener Rechtspersönlichkeit gem. § 278 Abs. 1 AktG folgen soll, die persönlich haftenden Gesellschafter ebenso wie die Kommanditaktionäre nach dem Trennungsprinzip zu behandeln, erscheint wenig plausibel. Wenn § 278 Abs. 1 AktG betrachtet wird, muss zwingend auch § 278 Abs. 2 AktG hinzugezogen werden, der eben für das Verhältnis der persönlich haftenden Gesellschafter zur KGaA eine Besonderheit anordnet: Die Anwendung der Vorschriften des Handelsgesetzbuchs über die Kommanditgesellschaft. Diese zivilrechtliche Zweiteilung und unterschiedliche Behandlung der beiden Gruppen von Gesellschaftern einer KGaA spricht dafür, dass auch eine unterschiedliche steuerliche Behandlung möglich ist.

(2) Vermögensstruktur der KGaA

Die Vermögensstruktur der KGaA könnte ebenfalls als Anhaltspunkt für eine steuerliche Behandlung nach der einen oder anderen Sichtweise dienen, denn die Unterschiede in den Vermögensstrukturen von Kapital- und Personengesellschaften dienen als Rechtfertigungsgrund für den Dualismus der Unternehmensbesteuerung. Daher sollte auch die Vermögensstruktur der KGaA näher betrachtet werden.

Gegen die weitgehend steuerliche Gleichstellung des persönlich haftenden Gesellschafters einer KGaA mit einem Mitunternehmer spricht auf den ersten Blick, dass die KGaA über kein Gesamthandsvermögen verfügt.[280] Die Vertreter der intransparenten Sichtweise verweisen darauf, dass auch Einlagen des persönlich haftenden Gesellschafters in das Vermögen der KGaA als unabhängige Rechtspersönlichkeit übergingen.[281] Zudem gehörten bewertungsrechtlich die Einlagen zum Betriebsvermögen der KGaA und nicht zum Vermögen des Gesellschafters (vgl. §§ 95, 97 BewG).[282] Einlagen seien weder

279 Darstellend *Krebbers-van Heek*, Die mitunternehmerische Besteuerung der Komplementäre der Kommanditgesellschaft auf Aktien, S. 116.

280 Vgl. *Bacher*, DB 1985, 2117; *Mahlow*, DB 2003, 1540.

281 BFH v. 27.04.2005 – II B 76/04, BFH/NV 2005, 1627 juris Rn. 15; *Jünger*, DB 1988, 1969 (1970); *Mahlow*, DB 2003, 1540: nur bedingter Auseinandersetzungsanspruch. Hierzu auch *Fischer*, DStR 1997, 1519 (1521).

282 *Ebling*, in: FS Jakob, S. 67 (70).

beim Betriebsvermögen der KGaA abziehbar noch beim Gesellschafter anzusetzen.[283]

Die zivilrechtliche Trennung der Vermögenssphären von KGaA und Anteilseignern ist nicht von der Hand zu weisen. Dennoch überzeugt der Verweis auf das fehlende Gesamthandsvermögen in Bezug auf die Frage nach der „richtigen" Besteuerung nicht. Der Vergleich mit einem atypisch stillen Gesellschafter zeigt, dass ein Gesamthandsvermögen für die Besteuerung nach mitunternehmerischen Grundsätzen nicht zwingend notwendig ist.[284] Bei der atypisch stillen Gesellschaft besteht ebenso wie bei der KGaA kein Gesamthandsvermögen. Dennoch wird dem atypisch Stillen die Einkunftsquelle der Gesellschaft zugerechnet,[285] so wie es die transparenten Sichtweisen auch für den persönlich haftenden Gesellschafter fordern. Im Gegensatz zur KGaA besteht zwar zwischen dem atypisch Stillen und dem Unternehmer, an dessen Handelsgewerbe der atypisch Stille sich beteiligt, eine Mitunternehmerschaft. Die Parallelen zwischen dem persönlich haftenden Gesellschafter einer KGaA und dem atypisch still Beteiligten sind jedoch offenkundig. Das, was den atypisch Stillen zum Mitunternehmer macht (Mitunternehmerinitiative und -risiko), ist beim persönlich haftenden Gesellschafter sogar in noch höherem Maße ausgeprägt. Durch die unbeschränkte persönliche Außenhaftung gem. § 278 Abs. 1 AktG[286] sowie durch die rechtlichen Befugnisse als „geborener Geschäftsführer"[287] erfüllt der Komplementär einer KGaA die Voraussetzungen eines Mitunternehmers unproblematisch. Wenn der atypisch Stille aufgrund seiner Eigenschaften und der dadurch bedingten Entfaltung von Mitunternehmerinitiative und -risiko bereits einem Mitunternehmer gleichgestellt wird, muss dies für einen persönlich haftenden Gesellschafter, der die Voraussetzungen in höherem Maße erfüllt, erst recht gelten. Das fehlende

283 Vgl. RFH v. 20.02.1936, RStBl. 1936, 231 (233); *Ebling*, in: FS Jakob, S. 67 (70).

284 Vgl. auch *Krebbers-van Heek*, Die mitunternehmerische Besteuerung der Komplementäre der Kommanditgesellschaft auf Aktien, S. 181.

285 BFH v. 26.11.1996 – VIII R 42/94, BStBl. II 1998, 328 juris Rn. 18; v. 19.02.2009 – II R 8/06, BFH/NV 2009, 1092 juris Rn. 37; v. 12.05.2015 – IV R 48/11, BFH/NV 2015, 1075 juris Rn. 31 f.

286 Eine unbeschränkte persönliche Außenhaftung soll immer ein Mitunternehmerrisiko begründen. Vgl. BFH v. 11.06.1985 – VIII R 252/80, BStBl. II 1987, 33 juris Rn. 15; v. 25.04.2006 – VIII R 74/03, BStBl. II 2006, 595 juris Rn. 20 (falls Ausgleich durch starke Initiativbefugnisse); v. 03.02.2010 – IV R 26/07, BStBl. II 2010, 751 juris Rn. 27; v. 10.10.2012 – VIII R 42/10, BStBl. II 2013, 79 juris Rn. 25.

287 *Bielinis*, Die Besteuerung der KGaA, S. 19; *Krebbers-van Heek*, Die mitunternehmerische Besteuerung der Komplementäre der Kommanditgesellschaft auf Aktien, S. 29; *Bachmann*, in: Spindler/Stilz, Aktiengesetz, § 278 Rn. 53.

Gesamthandsvermögen darf mithin keinen Hinderungsgrund für eine Besteuerung nach mitunternehmerischen Grundsätzen darstellen.

(3) Haftung des Komplementärs

Die unbeschränkte Außenhaftung des Komplementärs könnte für sich genommen ebenfalls einen Anhaltspunkt bieten. Die steuerliche Unterscheidung nach der Rechtsform ist nach Aussage des BVerfG insbesondere durch die Abschirmwirkung der Kapitalgesellschaft gegenüber ihren Anteilseignern gerechtfertigt.[288] Die dem gegenüberstehende in der Regel persönliche, unbeschränkte Haftung von Gesellschaftern einer Personengesellschaft stelle einen hinreichend, sachlichen Grund für die steuerliche Andersbehandlung dar.[289] Genau diese persönliche, unbeschränkte Haftung ist Wesensmerkmal des Komplementärs einer KGaA. Der Komplementär haftet für Gesellschaftsverbindlichkeiten und das vollumfänglich. Wie bei dem Gesellschafter einer Personengesellschaft besteht für ihn damit ein erhöhtes Risiko für Schulden der Gesellschaft in Anspruch genommen zu werden. Ertragsteuerlich im Sinne der Voraussetzung einer Mitunternehmerschaft gedacht, trägt er in hohem Maße Mitunternehmerrisiko.

(4) Geschäftsleitungskompetenz

Wie bei Personengesellschaften gilt zudem auch für die KGaA das Prinzip der Selbstorganschaft.[290] Im Gegensatz zu Kapitalgesellschaften können die Geschäfte der KGaA nicht durch fremde Dritte, die nicht auch Gesellschafter der KGaA sind, geführt werden. Bei der KGaA geht dieser Grundsatz sogar noch weiter: Die Geschäfte können nur durch den Komplementär geführt werden. Die anderen Gesellschafter (Kommanditaktionäre) sind von der Geschäftsführung ausgeschlossen. Der Komplementär ist der „geborene" Geschäftsführer. Auch insoweit ist der persönlich haftende Gesellschafter einer KGaA eher mit dem Gesellschafter einer Personengesellschaft zu vergleichen, als mit dem Anteilseigner einer Kapitalgesellschaft. Ertragsteuerlich folgt aus dieser Geschäftsleitungskompetenz das Vorliegen von Mitunternehmerinitiative.

---

288 BVerfG v. 29.03.2017 – 2 BvL 6/11, BVerfGE 145, 106 juris Rn. 112.

289 BVerfG v. 29.03.2017 – 2 BvL 6/11, BVerfGE 145, 106 juris Rn. 113.

290 S. hierzu bereits oben § 1 III 3. a.

Damit mag zwar das Vorliegen von Mitunternehmerrisiko als auch Mitunternehmerinitiative für die Besteuerung des persönlich haftenden Gesellschafters als Mitunternehmer sprechen. Allerdings besteht ein wesentlicher Unterschied: Bei der KGaA besteht keine Mitunternehmerschaft.[291] Ihr Komplementär kann daher auch nicht unter § 15 Abs. 1 S. 1 Nr. 2 EStG gefasst werden. Es fehlt in der Regel an einem zweiten Mitunternehmer. Aber auch bei einem zweiten persönlich haftenden Gesellschafter, der ebenfalls die Voraussetzungen eines Mitunternehmers erfüllt, wäre § 15 Abs. 1 S. 1 Nr. 2 EStG aufgrund der Nr. 3 als *lex specialis* nicht anwendbar. Es ist nicht ersichtlich, dass der Gesetzgeber den § 15 Abs. 1 S. 1 Nr. 3 EStG nur für den Fall in das Gesetz eingefügt hat, in dem an der KGaA nur ein Gesellschafter als persönlich Haftender beteiligt ist.[292] Jedenfalls zeigt aber der Vergleich mit dem atypisch Stillen[293], dass die zivilrechtliche Ausgestaltung der Gesellschafterstellung und Haftung für eine steuerliche Gleichstellung mit einem Mitunternehmer spricht. Der zivilrechtlichen Anordnung in § 278 Abs. 2 AktG und den damit einhergehenden Rechten und Pflichten des Komplementärs vermag das Intransparenzprinzip hingegen nicht gerecht zu werden.

(5) Zwischenfazit

Damit sprechen rein zivilrechtlich betrachtet die überwiegenden Argumente für eine mitunternehmerähnliche und damit transparente Besteuerung der KGaA in Bezug auf ihren persönlich haftenden Gesellschafter. Das Steuerrecht ist jedoch ein eigenständiges Rechtsgebiet und kein unselbständiges Folgerecht des Zivilrechts. Es könnte daher abweichend von der zivilrechtlichen Stellung des Komplementärs diesen nicht wie einen Gesellschafter einer Personengesellschaft behandeln, sondern wie einen Anteilseigner einer Kapitalgesellschaft. Denn die KGaA ist gerade eine solche. Dem Dualismus der Unternehmensbesteuerung würde diese Behandlung letztlich nicht widersprechen.

---

291 *Bode*, in: Blümich, § 15 EStG Rn. 561 (Stand 07/2020).

292 A. A. *Krebbers-van Heek*, Die mitunternehmerische Besteuerung der Komplementäre der Kommanditgesellschaft auf Aktien, S. 184, die dem § 15 Abs. 1 S. 1 Nr. 3 EStG in diesen Fällen rein deklaratorische Bedeutung beimisst.

293 S. oben § 2 III. 6. b. aa. (2).

bb. Steuerrechtliche Ausgestaltung der KGaA

(1) Körperschaftsteuergesetz

Ausgehend von der Eigenschaft der KGaA als Kapitalgesellschaft ist daher zunächst auch ihre körperschaftsteuerrechtliche Stellung zu betrachten. Nach dem eindeutigen Wortlaut des § 1 Abs. 1 Nr. 1 KStG ist die KGaA unbeschränkt körperschaftsteuerpflichtig, wenn sie Sitz oder Geschäftsleitung im Inland hat. Diese zweifelsfreie Einordnung der KGaA als Subjekt der Körperschaftsteuer veranlasst die Vertreter der intransparenten Sichtweise zu der Annahme, dass die fehlende Differenzierung zwischen den Gesellschaftersphären der KGaA in § 1 Abs. 1 Nr. 1 KStG dafür spreche, die KGaA gänzlich als Körperschaft und damit intransparent zu besteuern.[294]

Eine Norm, die die Eigenschaft der KGaA als Kapitalgesellschaft ebenfalls unterstreicht, ist § 14 Abs. 1 S. 1 KStG.[295] Die KGaA kann Organgesellschaft sein. Personengesellschaften hingegen können keine Organgesellschaften sein.[296] Die Fähigkeit, Organgesellschaft zu sein, ist grundsätzlich auf intransparente Besteuerungssubjekte beschränkt. Der Wortlaut des § 14 Abs. 1 S. 1 KStG ist insoweit eindeutig. Es zeigt sich erneut die Eigenschaft der KGaA als Kapitalgesellschaft.

Freilich ist die Einordnung der KGaA als Kapitalgesellschaft und die damit einhergehende unbeschränkte Körperschaftsteuerpflicht ein starkes Indiz für eine Besteuerung nach der intransparenten Sichtweise. Allerdings soll die Eigenschaft der KGaA als Kapitalgesellschaft auch gar nicht bestritten werden. Die KGaA ist Kapitalgesellschaft und als solche unbeschränkt körperschaftsteuerpflichtig. Hierin sind sich die Sichtweisen wohl einig. Aus dem Wortlaut des § 1 Abs. 1 Nr. 1 KStG und der Eigenschaft der KGaA als unbeschränktes Körperschaftsteuersubjekt lässt sich jedoch nicht die weitere Behandlung des Gewinnanteils des Komplementärs entnehmen. Diesbezüglich trifft § 1 Abs. 1 Nr. 1 KStG keine Aussage.

Das Körperschaftsteuergesetz geht damit durchweg von der Eigenschaft der KGaA als uneingeschränktes Körperschaftsteuersubjekt aus. Einziger Anhaltspunkt für eine abweichende Behandlung ist § 9 Abs. 1 Nr. 1 KStG. Eine Beschränkung der Körperschaftsteuersubjektfähigkeit lässt sich dieser Norm allerdings ebenfalls nicht entnehmen.

---

294 *Ebling*, in: FS Jakob, S. 67 (68); *Mahlow*, DB 2003, 1540 (1542).

295 Ebenso unterstreicht § 17 KStG diese Auffassung.

296 *Krumm*, in: Blümich, § 14 Rn. 46 f. (Stand: 08/2018).

(2) Einkommensteuergesetz

Im Gegensatz zum Körperschaftsteuergesetz scheint das Einkommensteuergesetz durchweg die Gleichstellung von Mitunternehmer und persönlich haftenden Gesellschafter einer KGaA zu verfolgen. Ausgangspunkt ist dabei vor allem der Wortlaut des § 15 Abs. 1 S. 1 Nr. 3 EStG. Dieser ist nahezu deckungsgleich mit § 15 Abs. 1 S. 1 Nr. 2 EStG, der die Gewinnanteile der Gesellschafter einer OHG, KG oder einer anderen Gesellschaft, bei der der Gesellschafter als Unternehmer (Mitunternehmer) des Betriebs anzusehen ist, und die Vergütungen, die der Gesellschafter von der Gesellschaft für seine Tätigkeit im Dienst der Gesellschaft oder für die Hingabe von Darlehen oder für die Überlassung von Wirtschaftsgütern bezogen hat, der Einkommensbesteuerung beim Gesellschafter als Einkünfte aus Gewerbebetrieb unterwirft. Der letzte Teil der Norm findet sich wortgleich in § 15 Abs. 1 S. 1 Nr. 3 EStG wieder. Zudem folgen die Vorschriften unmittelbar aufeinander und gleichen sich im Aufbau.[297] Hieraus wird geschlossen, dass beim Mitunternehmer ebenso wie bei dem KGaA-Komplementär eine Ein-Ebenen-Einkommensbesteuerung stattfinde.[298]

Ferner stellt auch § 16 Abs. 1 S. 1 Nr. 3 EStG den persönlich haftenden Gesellschafter einer KGaA im Hinblick auf die Besteuerung eines etwaigen Gewinns aus der Veräußerung seines gesamten Anteils dem Wortlaut nach dem Mitunternehmer gleich.[299] Die Formulierung des § 16 Abs. 1 S. 1 Nr. 2 EStG, der den Mitunternehmer betrifft, entspricht der des § 16 Abs. 1 S. 1 Nr. 3 EStG.[300] Im Zuge dessen beruft sich die transparente Sichtweise auf § 3 Nr. 40 S. 1 Buchst. b) EStG.[301] Dieser stelle einen Beleg dafür dar, dass dem persönlich haftenden Gesellschafter einer KGaA – anders als gewöhnlichen Anteilseignern einer Kapitalgesellschaft – ein Anteil an einzelnen im Betriebsvermögen liegenden Wirtschaftsgütern zugeordnet werde. Gemäß § 16 Abs. 2 EStG i.V.m. § 3 Nr. 40 S. 1 Buchst. b) EStG sind ebenso wie bei Mitunternehmern die Grundsätze des Teileinkünfteverfahrens auf die im Veräußerungspreis enthaltenen Anteile für die Veräußerung von Anteilen an Kapitalgesellschaften anzuwenden.[302] Bei einer Veräußerung des gesamten Anteils

297 BFH v. 21.06.1989 – X R 14/88, BStBl. II 1989, 881 juris Rn. 30.

298 *Krebbers-van Heek*, Die mitunternehmerische Besteuerung der Komplementäre der Kommanditgesellschaft auf Aktien, S. 117.

299 S. auch BFH v. 21.06.1989 – X R 14/88, BStBl. II 1989, 881 juris Rn. 26.

300 *Hageböke*, in: Rödder/Herlinghaus/Neumann, § 9 KStG Rn. 100 ff.

301 So z.B. *Hageböke*, in: Rödder/Herlinghaus/Neumann, § 9 KStG Rn. 89.

302 *Hageböke*, in: Rödder/Herlinghaus/Neumann, § 9 KStG Rn. 89 f.

eines persönlich haftenden Gesellschafters an einer KGaA ist demnach – anders als bei der Veräußerung von gewöhnlichen Anteilen an Kapitalgesellschaften – die Herkunft der Gewinnanteile auch auf Ebene des Komplementärs relevant. Ist die KGaA also an anderen Kapitalgesellschaften beteiligt und veräußert der Komplementär seinen Anteil, ist für die Ermittlung des steuerbaren Veräußerungsgewinns die Herkunft der einzelnen Wirtschaftsgüter entscheidend. Handelt es sich bei den anteiligen Wirtschaftsgütern um Beteiligungen an Kapitalgesellschaften, ist insoweit auf den Veräußerungspreis das Teileinkünfteverfahren anwendbar.[303] Die Veräußerung des Komplementäranteils an einer KGaA wird damit wie die Veräußerung eines Mitunternehmeranteils erfasst. Auch § 35 Abs. 1 S. 1 Nr. 2 EStG stellt den Komplementär einer KGaA mit einem Mitunternehmer gleich. Die Einkommensteuer ermäßigt sich demnach für den Komplementär einer KGaA um das 3,8-fache des Gewerbesteuer-Messbetrages, soweit im zu versteuernden Einkommen Einkünfte aus Gewerbebetrieb enthalten sind. Für den Mitunternehmer gelten dieselben Rechtsfolgen.[304]

(3) Gewerbesteuergesetz

Die Normen des Gewerbesteuergesetzes, die für die KGaA gelten, scheinen auf den ersten Blick für die intransparente Betrachtungsweise zu sprechen.[305] Alleiniger Unternehmer des Gewerbebetriebs ist die KGaA und nicht auch der persönlich haftende Gesellschafter.[306] Dabei stützt die intransparente Sichtweise ihre Argumentation vorwiegend auf § 8 Nr. 4 GewStG. Dessen Auslegung hänge von der Auslegung des § 9 Abs. 1 Nr. 1 KStG entscheidend ab.[307] Folgerichtig seien die Gewinnanteile des persönlich haftenden Gesellschafters dem Gewinn aus Gewerbebetrieb im Sinne des § 7 GewStG wieder hinzuzurechnen.[308] Dieser Gesetzeszusammenhang spreche für die Intransparenz der KGaA und gegen die Trennung der Besteuerung der KGaA einer-

303 Darstellend *Krebbers-van Heek*, Die mitunternehmerische Besteuerung der Komplementäre der Kommanditgesellschaft auf Aktien, S. 117.

304 *Hölzl*, Die Besteuerung der KGaA, S. 44; *Kollruss*, WPg 2005, 1040 (1041); *Renz*, Die Besteuerung der GmbH & Co. KGaA, S. 74; *Krebbers-van Heek*, Die mitunternehmerische Besteuerung der Komplementäre der Kommanditgesellschaft auf Aktien, S. 117.

305 *Kessler*, in: FS Korn, S. 307 (326).

306 *Kessler*, in: FS Korn, S. 307 (327).

307 *Hofmeister*, in: Blümich, § 8 GewStG Rn. 530 (Stand 12/2018).

308 *Ebling*, in: FS Jakob, S. 67 (70).

seits und ihres Komplementärs andererseits.[309] § 8 Nr. 4 GewStG sei als rechtstechnisches Mittel notwendig, um die Erfassung der Gewinnanteile der persönlich haftenden Gesellschafter im Gewerbeertrag der Gesellschaft sicherzustellen.[310] Der Gewinnanteil des Komplementärs unterläge ansonsten nicht der Gewerbesteuer, sofern dieser nicht selbst gewerbesteuerpflichtig sei.[311]

Zwar mag die Konzeption der Sonderregelungen des Gewerbesteuerrechts für die KGaA dafür sprechen, dass nur die KGaA und nicht auch die persönlich haftenden Gesellschafter Unternehmer sind und damit die KGaA als intransparente Gesellschaft anzusehen ist. Jedoch liegt dieser Umstand in der Eigenart der Gewerbesteuer als Real- bzw. Objektsteuer[312], die das gewerbliche Unternehmen an sich besteuert, begründet.[313] Das Gewerbesteuergesetz weicht selbst von der klassischen Einordnung der Personengesellschaft als transparente Gesellschaft ab, wenn es gem. § 5 Abs. 1 S. 3 GewStG die Personengesellschaft und nicht ihre Gesellschafter als Steuerschuldner der Gewerbesteuer benennt. Ferner ist zu beachten, dass die Gewerbesteuer nach dem Willen des Gesetzgebers ein von der Einkommen- und Körperschaftsteuer zu trennendes Rechtsgebiet mit eigenständiger Anknüpfung und unterschiedlicher Zielsetzung ist.[314] Rückschlüsse von den gewerbesteuerlichen Entscheidungen auf die einkommen- und körperschaftsteuerlichen Sichtweisen sollten nicht gezogen werden.[315]

(4) Zwischenergebnis

Sowohl die aktienrechtlichen als auch die körperschaftsteuerrechtlichen Vorschriften heben die Eigenschaft der KGaA als Kapitalgesellschaft und damit auch steuerrechtlich als Körperschaftsteuersubjekt hervor. Diese Eigenschaft ist auch uneingeschränkt anzuerkennen. Zudem verfügt die KGaA anders als Personengesellschaften nicht über ein Gesamthandsvermögen. Eine Mitunternehmerschaft liegt ebenfalls nicht vor. Dennoch darf nicht verkannt werden, dass sowohl die teilweise anwendbaren Vorschriften des

309 *Ebling*, in: FS Jakob, S. 67 (70).
310 *Ebling*, in: FS Jakob, S. 67 (70).
311 *Ebling*, in: FS Jakob, S. 67 (70).
312 BFH v. 16.10.2012 – I B 128/12, BStBl. II 2013, 30 juris Rn. 10 ff.
313 S. zur Steuerschuldnerschaft der Personengesellschaft bei der Gewerbesteuer: *Sarrazin*, in: Lenski/Steinberg, § 5 GewStG Rn. 18 (Stand 06/2018).
314 Vgl. *Knobbe-Keuk*, Bilanz- und Unternehmenssteuerrecht, § 21 II 6. b).
315 *Kessler*, in: FS Korn, S. 307 (327).

Personengesellschaftsrechts als auch die haftungsrechtliche Stellung und die Geschäftsleitungskompetenz aus zivilrechtlicher Warte für die (jedenfalls annähernd) gleiche steuerliche Behandlung des persönlich haftenden Gesellschafters einer KGaA und eines Mitunternehmers sprechen. Dem entsprechen auch die Vorschriften des Einkommensteuergesetzes. Letztlich sprechen die vorliegend dargestellten Regelungen zwar überwiegend für eine teiltransparente Besteuerung der KGaA und ihres persönlich haftenden Gesellschafters im Sinne des transparenten Ansatzes, eine eindeutige Aussage für oder gegen eine der beiden Sichtweisen lässt sich dem Gesetz jedoch nicht entnehmen.

Auch der Gesetzgeber selbst scheint sich nicht auf eine der beiden Sichtweisen festlegen zu wollen. Er hätte hierzu die Möglichkeit gehabt. Mit Schaffung des § 50d Abs. 11 EStG wurde 2012 erneut eine Norm in den Flickenteppich der KGaA-Besteuerung aufgenommen. Die den Änderungsantrag einbringenden Koalitionsfraktionen (CDU/CSU und FDP) wiesen selbst darauf hin, dass es bisher noch keine einheitliche Auffassung zu dem Besteuerungskonzept der KGaA und ihres persönlich haftenden Gesellschafters gebe.[316] Auch von der Opposition (BÜNDNIS 90/Die Grünen) wurde das Defizit eines einheitlichen Besteuerungskonzeptes aufgegriffen.[317] Der Gesetzgeber hat die Chance, sich auf eine Sichtweise festzulegen, verstreichen lassen. Stattdessen wollte er die Frage von einer Bund-Länder-Arbeitsgruppe näher aufgearbeitet und eine Reform erarbeitet wissen.[318] Bis heute steht ein Ergebnis dieser Arbeitsgruppe aus.[319] Auch der Bundesrat stellt im Rahmen des vorgenannten Gesetzgebungsverfahrens ausdrücklich klar, dass die Einführung des § 50d Abs. 11 EStG lediglich eine Zwischenlösung auf dem Weg zur grundlegenden Klärung der Besteuerung hybrider Rechtsformen sei und eben keine Vorabfestlegung eines intransparenten oder teiltransparenten Besteuerungssystems bezüglich der KGaA darstelle.[320]

Aus den derzeit geltenden gesetzlichen Regelungen lässt sich eine eindeutige Festlegung auf eines der beiden Besteuerungskonzepte letztlich nicht ablesen.

316 BT-Drs. 17/8867, S. 9.
317 BT-Drs. 17/8867, S. 9.
318 BT-Drs. 17/8867, S. 9.
319 Stand 12.03.2021.
320 BR-Drs. 114/12 (B), S. 2.

d. Die teiltransparente Besteuerung als im Grunde systemkonforme Einbindung der KGaA in das geltende Unternehmensteuerrecht

aa. Einordnung der KGaA als Zwitter der Gesellschaftsformen in den Dualismus des Unternehmensteuerrechts

Die KGaA muss sich dennoch in das geltende System des Dualismus der Unternehmensbesteuerung einordnen lassen. Da dieses System grundsätzlich an die zivilrechtliche Einteilung einer Gesellschaftsform anknüpft, ist es zunächst einmal richtig, den Status der KGaA als Kapitalgesellschaft uneingeschränkt anzuerkennen und sie als Steuersubjekt der Körperschaftsteuer einzuordnen. Ferner müsste grundsätzlich die Zurechnung des Gesellschaftsvermögens nach Zivilrecht entscheidend und damit das Intransparenzprinzip insgesamt vorrangig sein, denn die Vermögenssphäre der KGaA ist von der ihrer Gesellschafter grundsätzlich abgeschirmt. Es existiert kein Gesamthandsvermögen.

Allerdings ist ebenfalls die Anordnung des § 278 Abs. 2 AktG zu beachten, die zivilrechtlich das Verhältnis von persönlich haftenden Gesellschafter und KGaA den Vorschriften des Handelsgesetzbuchs unterwirft. Der Komplementär ist aufgrund seiner unbeschränkten, persönlichen Außenhaftung nicht vollständig von der Vermögenssphäre der KGaA abgeschirmt. Er haftet vielmehr für Gesellschaftsschulden auch mit seinem eigenen Vermögen. Insoweit ist er einem Gesellschafter einer (Handels-)Personengesellschaft zivilrechtlich gleichgestellt.

Die KGaA vereint damit Eigenschaften von Kapital- und Personengesellschaften. Einerseits hat sie eine von den Gesellschaftern abgeschirmte Vermögenssphäre. Das Gesellschaftsvermögen ist bei ihr kein Gesamthandsvermögen. Andererseits haftet der Komplementär grundsätzlich persönlich mit seinem sonstigen Vermögen (§§ 278 Abs. 2 AktG i.V.m. 128, 161 Abs. 2, 171 Abs. 1 HGB). Es ist gerade dieses Zusammenspiel, das eine Einordnung der KGaA in den Dualismus der Unternehmensbesteuerung so schwierig gestaltet.

Letztlich ist aber diese zivilrechtliche Grundentscheidung für die hybride Ausgestaltung der KGaA bei der Einordnung derselben in das Unternehmensteuersystem zu beachten und systemkonform umzusetzen. Die Anordnung des § 278 Abs. 2 AktG und damit die partielle Behandlung der KGaA nach Personengesellschaftsrecht findet im Intransparenzprinzip nicht hinreichend ihren Ausdruck. Das Transparenzprinzip stellt daher im Grunde die konsequente Umsetzung der zivilrechtlichen Anordnung im Steuerrecht dar.

Allerdings müssen auch dem Grenzen gesetzt werden. Denn auch die zivilrechtliche Ausgestaltung der KGaA als Körperschaft ist zu berücksichtigen. Das gilt selbstverständlich für die Sphäre der Kommanditaktionäre. Aber auch im Verhältnis der KGaA zu ihren persönlich haftenden Gesellschaftern ist dieser Unterschied zu „reinen" Personengesellschaften zu beachten. Mithin ist es keinesfalls geboten, die steuerliche Behandlung des Verhältnisses des persönlich haftenden Gesellschafters und der KGaA in jeder Einzelheit der Besteuerung einer Mitunternehmerschaft gleichzustellen. Vielmehr sind Unterschiede durch die verschiedenen zivilrechtlichen Ausgestaltungen der KGaA und Personengesellschaften zu beachten und systemkonform in das Unternehmensteuerrecht einzubinden. Belastungsunterschiede können entstehen. Dem Gesetzgeber steht es frei, im Rahmen der systemkonformen Umsetzung des geschaffenen Dualismus der Unternehmensbesteuerung einen Zwitter wie die KGaA stellenweise aufgrund ihrer zivilrechtlichen Ausgestaltung besonders zu behandeln.

Die KGaA als Hybrid lässt sich im dualen System der Unternehmensbesteuerung nicht einheitlich einordnen. Im Grunde stellt zwar die Anwendung des Personengesellschaftssteuerrechts auf das Verhältnis des persönlich haftenden Gesellschafters und der KGaA die konsequente Umsetzung der Anordnung des § 278 Abs. 2 AktG dar. In bestimmten Fällen ist hiervon jedoch abzuweichen. Das FG München hat daher jüngst zu Recht erkannt, dass „im Wesentlichen von einer Gleichstellung des [persönlich haftenden Gesellschafters] mit einem Mitunternehmer auszugehen ist, eine solche aber dann nicht zum Tragen kommen kann, wenn methodische gesetzgeberische Grundentscheidungen dem entgegenstehen [...]."[321]

bb. Grundkonzeption eines Besteuerungsregimes für die KGaA vor dem Hintergrund einer (teil-)transparenten Auslegung der Normen

(1) Konzeptionelle Vorfragen mit Relevanz für die weitergehende Untersuchung

Für die folgende Untersuchung der Besteuerung der KGaA und ihres persönlich haftenden Gesellschafters auf internationaler Ebene ist es essentiell, die konzeptionellen Grundzüge des Besteuerungsregimes auf nationaler Ebene

321 FG München v. 25.10.2018 – 13 K 1241/17, EFG 2019, 267 juris Rn. 57.

vor dem Hintergrund der hier vertretenen (teil-)transparenten Sichtweise aufzuzeigen. Auf diese wird im Verlauf der Untersuchung immer wieder zurückgegriffen werden. Dabei soll nicht auf Einzel- bzw. Detailfragen auf rein nationaler Ebene eingegangen werden (wie zum Beispiel die Frage der einheitlichen und gesonderten Gewinnfeststellung[322] oder der Bildung von Ergänzungsbilanzen[323]). Vielmehr wird im Folgenden dargelegt, welche Entscheidungen bezüglich der Besteuerung der KGaA und ihres persönlich haftenden Gesellschafters das Gesetz getroffen hat. Dabei wird eine (teil-)transparente Betrachtung als Auslegungstopos herangezogen.

(2) Verhältnis der KGaA zu ihrem persönlich haftenden Gesellschafter im Lichte des Einkommensteuergesetzes und Tragfähigkeit der Gleichstellungsthese

Das steuerliche Verhältnis der KGaA zu ihrem persönlich haftenden Gesellschafter lässt sich weder vollständig dem Verhältnis einer Kapitalgesellschaft zu ihren Anteilseignern noch einer Personengesellschaft zu ihren Mitunternehmern gleichstellen. Das ergibt sich bereits aus den in besonderen steuerlichen Tatbeständen geregelten Normen, die auf die Besteuerung der KGaA und ihres persönlich haftenden Gesellschafters Anwendung finden. Hätte der Gesetzgeber eine vollständige Gleichstellung mit einer der beiden Arten gewollt, hätte er lediglich auf die Anwendung der entsprechenden Vorschriften verweisen müssen. Stattdessen hat er punktuell besondere Vorschriften allein für die KGaA bzw. ihren persönlich haftenden Gesellschafter geschaffen. Die Mehrzahl dieser Normen spricht dabei für eine – zumindest annähernde – Gleichstellung der persönlich haftenden Gesellschafter mit den Mitunternehmern einer Personengesellschaft. Eine (echte) Mitunternehmerschaft zwischen der KGaA und ihrem persönlich haftenden Gesellschafter besteht hingegen nicht.[324] Der persönlich haftende Gesellschafter ist lediglich *wie* ein Mitunternehmer zu besteuern. Es fragt sich jedoch, wie tragfähig die Gleichstellungsthese im Einzelfall ist. Eine Gleichstellung ist nämlich nur dort angezeigt, wo vergleichbare Verhältnisse vorliegen.

---

322 S. hierzu *Hageböke*, Ubg 2015, 295; *Hageböke*, Der Konzern 2017, 28.

323 Hierzu ausführlich *Reiß*, in: FS Crezelius, S. 371. S. auch *Hageböke*, Der Konzern 2018, 136.

324 S. oben § 2 III. 6. b. aa. (4).

(3) Einkunftsquelle des persönlich haftenden Gesellschafters als konzeptionelle Vorfrage

(a) Differenzierung nach der Art der Einkünfte

Ebenso wie ein Mitunternehmer (vgl. § 15 Abs. 1 S. 1 Nr. 2 EStG) kann der persönlich haftende Gesellschafter einer KGaA dem Wortlaut des § 15 Abs. 1 S. 1 Nr. 3 EStG nach zwei Arten von Einkünften erzielen: Die Gewinnanteile, soweit sie nicht auf Anteile am Grundkapital entfallen und die Sondervergütungen, die er von der Gesellschaft erhält. Beide Arten stellen für den persönlich haftenden Gesellschafter einer KGaA Einkünfte aus Gewerbebetrieb dar. Insoweit liegen auf den ersten Blick bei einem Mitunternehmer und dem persönlich haftenden Gesellschafter einer KGaA vergleichbare Verhältnisse vor. Die Qualifikation der Einkünfe als solche sagt letztlich jedoch noch nichts über deren Herkunft aus.

Bei einer Mitunternehmerschaft üben die Mitunternehmer die gewerbliche Tätigkeit in gesamthänderischer Verbundenheit aus.[325] Die Sondervergütungen beruhen hingegen grundsätzlich auf eigenständigen schuldrechtlichen Beziehungen des einzelnen Gesellschafters zur Gesellschaft selbst. Ob diese für § 15 Abs. 1 S. 1 Nr. 2 EStG geltenden Grundsätze uneingeschränkt auf den persönlich haftenden Gesellschafter zu übertragen sind, wird im Folgenden untersucht werden. Bielinis hat dabei im Kern bereits herausgearbeitet, dass konzeptionelle Vorfrage der Klärung eines Besteuerungsregimes der KGaA die Herkunft der Einkünfte des persönlich haftenden Gesellschafters ist.[326] An diese Erkenntnisse wird im Folgenden angeknüpft.

(b) Einkünfte aufgrund eigener Tätigkeit

(aa) Gewinnanteile

Die Qualifikation der Einkünfte aus Gewinnanteilen als gewerbliche Einkünfte legt es nahe, als Quelle der Einkünfte einen eigenen Gewerbebetrieb und damit eine eigene gewerbliche Tätigkeit des persönlich haftenden Gesellschafters der KGaA anzunehmen. Dazu müsste die Tätigkeit als persönlich

---

325 BFH v. 03.05.1993 – GrS 3/92, BStBl. II 1993, 616 juris Rn. 61; v. 03.02.2010 – IV R 26/07, BStBl. II 2010, 751 juris Rn. 24; *Bode*, in: Blümich, § 15 EStG Rn. 202 (Stand 07/2020).

326 *Bielinis*, Die Besteuerung der KGaA, S. 105 ff.

haftender Gesellschafter eine originär gewerbliche Tätigkeit im Sinne des § 15 Abs. 2 S. 1 EStG sein. Es müsste sich folglich um eine selbständige nachhaltige Betätigung handeln, die mit der Absicht, Gewinn zu erzielen, ausgeübt wird und sich als Beteiligung am allgemeinen wirtschaftlichen Verkehr darstellt und zudem weder als Ausübung von Land- und Forstwirtschaft noch als Ausübung eines freien Berufs noch als eine andere selbständige Arbeit anzusehen ist. Als weiteres negatives, ungeschriebenes Tatbestandsmerkmal des § 15 Abs. 2 S. 1 EStG dürfte es sich überdies nicht um Vermögensverwaltung handeln.[327]

Bielinis hat in diesem Kontext bereits überzeugend dargelegt, dass das problematische Merkmal der Gewerbebetriebsdefinition nicht – wie teilweise in der Literatur angenommen[328] – die Selbständigkeit der Tätigkeit ist.[329] Diese erfordert eine Tätigkeit auf eigene Rechnung und Gefahr und korrespondiert damit mit den Erfordernissen Unternehmerinitiative und -risiko.[330] Der persönlich haftende Gesellschafter einer KGaA erfüllt – zumindest nach der gesetzlichen Konzeption – diese Eigenschaften.[331] Er ist mithin grundsätzlich selbständig tätig. Seine Leistungen bietet er indes nicht jedermann, sondern nur der KGaA gegenüber an. Zur Teilnahme am allgemeinen wirtschaftlichen Verkehr ist es jedoch notwendig, dass die Tätigkeit gegen Entgelt am Markt erbracht und für Dritte äußerlich erkennbar angeboten wird.[332] Der persönlich haftende Gesellschafter einer KGaA bietet seine Leistung nicht am Markt an. Vielmehr kann er schon aufgrund seiner Organstellung nur gegenüber der KGaA tätig werden.[333] Zwar kann selbige Überlegung im Grunde auch auf die Mitunternehmerschaft übertragen werden, denn auch hier erfüllen die Gesellschafter ihre Leistungsverpflichtungen aus dem Gesellschaftsvertrag grundsätzlich gegenüber der Personengesellschaft. Allerdings üben bei einer Personengesellschaft die Gesellschafter in gesamthänderischer Verbunden-

327 BFH v. 25.06.1984 – GrS 4/82, BStBl. II 1984, 751 juris Rn. 145; v. 03.07.1995 – GrS 1/93, BStBl. II 1995, 617 juris Rn. 29.

328 *Menzel*, StuW 1971, 204 (213); *Graf*, DStR 1991, 1374 (1376).

329 *Bielinis*, Die Besteuerung der KGaA, S. 120.

330 Vgl. BFH v. 13.02.1980 – I R 17/78, BStBl. II 1980, 303 juris Rn. 7; v. 31.07.1990 – I R 173/83, BStBl. II 1991, 66 juris Rn. 20; v. 24.09.1991 – VIII R 349/83, BStBl. II 1992, 330 juris Rn. 36; *Bode*, in: Blümich, § 15 EStG Rn. 19 (Stand 07/2020).

331 S. oben § 2 III. 6. b. aa. (4).

332 BFH v. 19.02.2009 – IV R 10/06, BStBl. II 2009, 533 juris Rn. 23; *Bode*, in: Blümich, § 15 EStG Rn. 52 (Stand 07/2020).

333 S. ausführlich hierzu *Bielinis*, Die Besteuerung der KGaA, S. 121.

heit die gewerbliche Tätigkeit aus.[334] Das ist bei einer KGaA nicht der Fall. Persönlich haftender Gesellschafter und KGaA werden nicht „gemeinsam" tätig. Vielmehr übt die KGaA als juristische Person ihre gewerbliche Tätigkeit selbständig aus und tritt als solche auf dem Markt in Erscheinung.

Auch ein Vergleich des Wortlauts des § 15 Abs. 1 S. 1 Nr. 2 EStG mit dem Wortlaut des § 15 Abs. 1 S. 1 Nr. 3 EStG bestätigt diesen Unterschied zwischen Mitunternehmern und persönlich haftenden Gesellschaftern. In Nr. 2 heißt es: „die Gewinnanteile der Gesellschafter einer Offenen Handelsgesellschaft, einer Kommanditgesellschaft und einer anderen Gesellschaft, bei der der Gesellschafter als Unternehmer (Mitunternehmer) des Betriebs anzusehen ist". Der Relativsatz „bei der der Gesellschafter als Unternehmer [...] anzusehen ist" bezieht sich nach überwiegender Meinung auch auf die OHG und die KG.[335] In Nr. 3 findet sich – trotz des im Übrigen gleichen Wortlauts – diesbezüglich keine Entsprechung. Wäre der persönlich haftende Gesellschafter ebenfalls unternehmerisch tätig, müsste der Wortlaut der Nr. 3 heißen: „die Gewinnanteile der persönlich haftenden Gesellschafter einer Kommanditgesellschaft auf Aktien, *die als Unternehmer des Betriebs anzusehen sind*, soweit sie nicht auf Anteile am Grundkapital entfallen". Dieser Zusatz fehlt. Es ergeben sich zwei Interpretationmöglichkeiten. Zum einen besteht die Möglichkeit, dass der Zusatz fehlt, weil der persönlich haftende Gesellschafter *immer* die Unternehmereigenschaften erfüllt, sodass es der Formulierung schlichtweg nicht bedurfte. Zum anderen könnte eine unternehmerische Tätigkeit des persönlich haftenden Gesellschafters für die Erzielung gewerblicher Einkünfte im Sinne des § 15 Abs. 1 S. 1 Nr. 3, 1. Halbsatz EStG nicht erforderlich sein. Wäre Ersteres der Fall, wäre der Zusatz für die OHG und die GbR allerdings ebenfalls obsolet. Denn auch hier haften die Gesellschafter wie der Komplementär einer KGaA persönlich und unbeschränkt und sind zudem zur Geschäftsführung befugt. Eine eigene unternehmerische Tätigkeit ist folglich beim Komplementär der KGaA nicht erforderlich. Dem entsprechen auch die gewerbesteuerlichen Regelungen, die eine Gewerbe-

---

334 BFH v. 03.05.1993 – GrS 3/92, BStBl. II 1993, 616 juris Rn. 61; v. 03.02.2010 – IV R 26/07, BStBl. II 2010, 751 juris Rn. 24; *Bode*, in: Blümich, § 15 EStG Rn. 202 (Stand 07/2020).

335 So der BFH in ständiger Rechtsprechung: BFH v. 22.11.1955 – I 139/54 S, BStBl. III 1956, 4 juris Rn. 7; v. 25.06.1984 – GrS 4/82, BStBl. II 1984, 751 juris Rn. 128; v. 03.05.1993 – GrS 3/92, BStBl. II 1993, 616 juris Rn. 61. S. auch *Bode*, in: Blümich, § 15 EStG Rn. 342 (Stand 07/2020); *Krumm*, in: Kirchhof/Seer, § 15 EStG Rn. 176; *Wacker*, in: Schmidt, § 15 EStG Rn. 170; a.A. *Paus*, DStZ 1989, 162 (164).

steuerpflicht des persönlich haftenden Gesellschafters bloß aufgrund seiner Stellung als solcher nicht vorsehen.[336]

Der persönlich haftende Gesellschafter übt mithin allein durch die Beteiligung an der KGaA keine eigene originäre gewerbliche Tätigkeit aus. Freilich kann er daneben einer eigenständigen gewerblichen Tätigkeit nachgehen und die Beteiligung auch im Betriebsvermögen halten. Die Tätigkeit als persönlich haftender Gesellschafter als solche ist jedoch keine gewerbliche Tätigkeit im Sinne des § 15 Abs. 2 S. 1 EStG.

(bb) Sondervergütungen

Anders verhält es sich bei den Sondervergütungen gem. § 15 Abs. 1 S. 1 Nr. 3, 2. Halbsatz EStG. Die KGaA kann mit ihrem Komplementär ohne Weiteres in ein Leistungsaustauschverhältnis treten, denn es handelt sich um rechtlich eigenständige Personen. An den Komplementär aufgrund eines solchen Leistungsaustauschverhältnisses gezahlte Vergütungen wirken sich auf Ebene der KGaA als Betriebsausgabe aus (§ 4 Abs. 4 EStG i.V.m. § 8 Abs. 1 KStG).[337] Zuwendungen, die auf einer schuldrechtlichen Leistungsbeziehung beruhen, fallen nicht unter den Betriebsausgabenabzug nach § 9 Abs. 1 Nr. 1 KStG. Denn diese Zuwendungen erhält der persönlich haftende Gesellschafter nicht aufgrund seiner gesellschaftsrechtlichen Stellung zur KGaA („Gewinnverteilung"), sondern eben aufgrund einer schuldrechtlichen Beziehung zur KGaA, die dergestalt auch jeder fremde Dritte mit der KGaA eingehen könnte. Die Aufwendungen der KGaA stellen dabei Betriebsausgaben dar. Beim persönlich haftenden Gesellschafter sind sie in der Sonderbilanz als Betriebseinnahmen zu erfassen. Dass diese Zuwendungen nicht unter § 9 Abs. 1 Nr. 1 KStG fallen, ergibt sich auch aus einem Vergleich der Norm mit § 15 Abs. 1 S. 1 Nr. 3 EStG. Dort werden anders als in § 9 Abs. 1 Nr. 1 KStG die Vergütungen, die der persönlich haftende Gesellschafter von der Gesellschaft für seine Tätigkeit im Dienst der Gesellschaft erhält sowie die Vergütungen, die der Gesellschafter für die Hingabe von Darlehen oder für die Überlassung von Wirtschaftsgütern bezogen hat, erfasst.

Auf Ebene des persönlich haftenden Gesellschafters qualifiziert § 15 Abs. 1 S. 1 Nr. 3 EStG diese Einkünfte als gewerbliche Einkünfte. Grundsätzlich

---

336 S. oben unter § 2 III. 6. b. bb. (3).

337 Halten sie indes einem Fremdvergleich nicht stand, könnte es sich ggfs. um verdeckte Gewinnausschüttungen handeln.

würden die aus einer schuldrechtlichen Leistungsbeziehung zur KGaA resultierenden Einkünfte des persönlich haftenden Gesellschafters wie bei fremden Dritten der jeweiligen Einkunftsart zugeordnet. Bei einer Vermietung eines Grundstücks durch den Gesellschafter an die KGaA lägen zum Beispiel Einkünfte aus Vermietung und Verpachtung vor. Aufgrund des Vorrangs der gewerblichen Einkünfte aus § 15 EStG und der direkten Anordnung in § 15 Abs. 1 S. 1 Nr. 3 EStG werden diese Vermietungseinkünfte in gewerbliche Einkünfte umqualifiziert.[338]

(cc) Vergütung für die Geschätsführung

Neben dem Gewinnanteil des persönlich haftenden Gesellschafters und seinen Sondervergütungen legt es der Wortlaut des § 9 Abs. 1 Nr. 1 KStG nahe, dass bei der KGaA für den persönlich haftenden Gesellschafter noch eine dritte Kategorie von Einkünften existiert. § 9 Abs. 1 Nr. 1 KStG erfasst neben dem „Teil des Gewinns, der an persönlich haftende Gesellschafter auf ihre nicht auf das Grundkapital gemachten Einlagen" verteilt wird, auch den „Teil des Gewinns, der an persönlich haftende Gesellschafter [...] als Vergütung (Tantieme) für die Geschäftsführung verteilt wird". Dabei fällt auf, dass sich dieser Teil des § 9 Abs. 1 Nr. 1 KStG nicht in § 15 Abs. 1 S. 1 Nr. 3 EStG widerspiegelt.

§ 15 Abs. 1 S. 1 Nr. 3 EStG erfasst hingegen „die Vergütungen, die der persönlich haftende Gesellschafter von der Gesellschaft für seine Tätigkeit im Dienst der Gesellschaft oder für die Hingabe von Darlehen oder für die Überlassung von Wirtschaftsgütern bezogen hat". Während schuldrechtliche Sondervergütungen auf Ebene der KGaA als Betriebsausgabe abzuziehen sind, kann das für die Vergütungen für die Geschäftsführung im Ergebnis nicht gelten, denn diese sind nach § 9 Abs. 1 Nr. 1 KStG abzuziehen. Ein doppelter Abzug wäre systemwidrig.[339] Auf Ebene der Körperschaftsteuer mag es irrelevant sein, ob die Vergütungen für die Geschäftsführung das Einkommen der KGaA als Betriebsausgabe nach § 4 Abs. 4 EStG i.V.m. § 8 Abs. 1 KStG mindern oder aber über einen Abzug nach § 9 Abs. 1 Nr. 1 KStG. Für die Ge-

338 Vgl. zu § 15 Abs. 1 S. 1 Nr. 2 EStG: *Bode*, in: Blümich, § 15 EStG Rn. 243 (Stand 12/2018); *Krumm*, in: Kirchhof/Seer, § 15 EStG Rn. 309. Gleiches gilt im Übrigen auch für die Mitunternehmerschaft. § 15 Abs. 1 S. 1 Nr. 2 EStG kommt in Bezug auf die Sondervergütungen eines Mitunternehmers eine Qualifikationsfunktion zu; s. *Hennrichs*, in: Tipke/Lang, § 10 Rn. 103.

339 S. hierzu *Drüen/van Heek*, DB 2012, 2184 (2185).

werbesteuer hat diese Frage jedoch erhebliche Bedeutung. Nur wenn die Vergütungen das Einkommen der KGaA nach § 9 Abs. 1 Nr. 1 KStG mindern, kann eine Hinzurechnung über die insoweit spiegelbildliche Vorschrift des § 8 Nr. 4 GewStG und damit eine Besteuerung mit Gewerbesteuer auf Ebene der KGaA erfolgen. § 8 Nr. 4 GewStG erfasst wortlautidentisch zu § 9 Abs. 1 Nr. 1 KStG die „Vergütung (Tantieme) für die Geschäftsführung". Andernfalls unterlägen die Vergütungen für die Geschäftsführung nur dann der Gewerbesteuer, wenn der persönlich haftende Gesellschafter selbst gewerbesteuerpflichtig ist.[340]

Für die nachfolgende Untersuchung ist insbesondere die Herkunft dieser Vergütungen entscheidend. Der persönlich haftende Gesellschafter ist der geborene Geschäftsführer der KGaA und als solcher verpflichtet, für diese tätig zu werden.[341] Er erbringt seine Geschäftsführerleistung gegenüber der KGaA und wird für diese vergütet.[342] Damit handelt es sich um Vergütungen, die ihm aufgrund eigener Tätigkeit zufließen. Im Gegensatz zu den Sondervergütungen sind die Geschäftsführungsvergütungen jedoch im Grunde gesellschaftsrechtlich und nicht schuldrechtlich veranlasst.[343] Unabhängig von etwaigen schuldrechtlichen Geschäftsführungsverträgen ist der persönlich haftende Gesellschafter ohnehin zur Geschäftsführung kraft Gesellschafterstellung verpflichtet.[344] Zur Feststellung einer gesellschaftsrechtlichen Veranlassung bedient sich der BFH des Fremdvergleichsgrundsatzes.[345] Es werden also die Beziehungen zum Gesellschafter mit den gleichartigen Beziehungen zu außenstehenden Dritten verglichen.[346] Gleichartige Beziehungen sind bei der KGaA aufgrund des geltenden Prinzips der Selbstorganschaft jedoch nicht möglich. Eine Fremdorganschaft ist bei der KGaA unzulässig.[347]

340 So schon BFH v. 08.02.1984 – I R 11/80, BStBl. II 1984, 381 juris Rn. 17.

341 S. oben § 1 III. 3. a.

342 Ob § 9 Abs. 1 Nr. 1 KStG dabei nur die gewinnabhängigen Vergütungen erfasst oder aber auch vereinbarte gewinnunabhängige Vergütungen, ist umstritten. S. zur ausführlichen Darstellung dieses Meinungsstreits *Bielinis*, Die Besteuerung der KGaA, S. 175 ff.

343 *Hageböke*, in: Rödder/Herlinghaus/Neumann, § 9 KStG Rn. 181.

344 *Hageböke*, DB 2012, 2709 (2712). Vgl. auch *Rehfeld*, in: Deloitte Gewerbesteuergesetz, § 8 Nr. 4 GewStG Rn. 11.

345 BFH v. 24.08.2011 – I R 5/10, BFH/NV 2012, 271 juris Rn. 27; v. 31.01.2012 – I R 1/11, BStBl. II 2012, 694, juris Rn. 10; v. 30.01.2013 – II R 6/12, BStBl. 2013, 930 juris Rn. 22; s. auch *Lang*, in: Dötsch/Pung/Möhlenbrock, § 8 Abs. 3 KStG Teil C Rn. 102 (Stand 01/2017).

346 *Lang*, in: Dötsch/Pung/Möhlenbrock, § 8 Abs. 3 KStG Teil C Rn. 102 (Stand 01/2017).

347 Vgl. *Bielinis*, Die Besteuerung der KGaA, S. 188.

Eine Übertragung der Geschäftsführung auf Dritte ist ausgeschlossen.[348] Allein aufgrund seiner gesellschaftsrechtlichen Stellung ist der persönlich haftende Gesellschafter daher zur Geschäftsführung verpflichtet; die Vergütung mithin gesellschaftsrechtlich veranlasst. Demzufolge darf die gezahlte Vergütung an den persönlich haftenden Gesellschafter das Einkommen der Gesellschaft nicht mindern, § 8 Abs. 3 S. 1 KStG. Sie stellt daher keine abzugsfähige Betriebsausgabe dar (bzw. ist nach § 8 Abs. 3 S. 1 KStG dem Gewinn der KGaA wieder hinzuzurechnen). Erst im Rahmen des § 9 Abs. 1 Nr. 1 KStG ist die Vergütung dem Komplementär zuzuordnen. Es handelt sich insoweit der Sache nach um einen „Gewinnanteil in Form von Sondervergütungen".[349] Dennoch stammen diese aus einer eigenen Tätigkeit und damit einer eigenen Einkunftsquelle des persönlich haftenden Gesellschafters.

(c) Einkünfte aufgrund fremder Tätigkeit

Die Einkunftsquelle, aus der der Komplementär einer KGaA seine Gewinnanteile bezieht, kann im Gegensatz zu den Sondervergütungen und den Geschäftsführungsvergütungen letztlich nur eine fremde Einkunftsquelle sein. In Betracht kommt dabei nur der Gewerbebetrieb der KGaA. Dabei werden alle Einkünfte der KGaA als Einkünfte aus Gewerbebetrieb erfasst (§ 8 Abs. 2 KStG). Der persönlich haftende Gesellschafter partizipiert aufgrund seiner handelsrechtlichen Gewinnbeteiligung unmittelbar an den Einkünften der KGaA aus Gewerbebetrieb.[350] Der Schluss, er partizipiere damit an fremden Einkünften, liegt mithin nahe.

Betrachtet man die Normen des § 9 Abs. 1 Nr. 1 KStG und § 15 Abs. 1 S. 1 Nr. 3 EStG, dann zeigt sich, dass ein solches Ergebnis auch durch deren Auslegung gestützt wird. Der persönlich haftende Gesellschafter hat dem Wortlaut des § 15 Abs. 1 S. 1 Nr. 3 EStG nach seine „Gewinnanteile" zu versteuern. Dabei handelt es sich um den Anteil am Gewinn der KGaA, der nicht auf das Grundkapital entfällt. Dieser „Teil des Gewinns" wird auf Ebene der KGaA korrespondierend hierzu aus der Bemessungsgrundlage der KGaA herausgenommen. Er wird gewissermaßen an den persönlich haftenden Gesellschafter „weitergeleitet".[351]

---

348 *Bielinis*, Die Besteuerung der KGaA, S. 188.

349 BFH v. 07.12.2011 – I R 5/11, BFH/NV 2012, 556 juris Rn. 15; *Hageböke*, in: Rödder/Herlinghaus/Neumann, § 9 KStG Rn. 95.

350 *Bielinis*, Die Besteuerung der KGaA, S. 128.

351 *Bielinis*, Die Besteuerung der KGaA, S. 130.

Schließlich spricht auch die systematische Anordnung der Nr. 3 hinter § 15 Abs. 1 S. 1 Nr. 2 EStG für die Zurechnungsfunktion der Norm. Steuerdogmatisch ist zwar auch bei Nr. 2 umstritten, ob es sich um die Zurechnung eines fremden Gewinns handelt, der durch die gewerbliche Tätigkeit der Gesellschaft erwirtschaftet wird oder ob ein – zwar auf Grundlage gemeinsamer Tätigkeit – aber dennoch eigener Gewinn zugerechnet wird.[352] Mit der immer weitergehenden Anerkennung der partiellen Steuerrechtsfähigkeit von Personengesellschaften (Subjekt der Gewinnerzielung, Gewinnermittlung und Einkünftequalifikation[353]) kann § 15 Abs 1 S. 1 Nr. 2 EStG letztlich nur noch dahingehend ausgelegt werden, dass eine Zurechnung fremden Gewinns erfolgt – nämlich der der Personengesellschaft selbst.[354] Letztlich kann dann – dogmatisch betrachtet – für die KGaA, die eigenständiges, uneingeschränktes Steuersubjekt ist, im Zusammenhang mit § 15 Abs. 1 S. 1 Nr. 3 EStG nichts anderes gelten. Auch hier wird ein fremder Gewinn – und zwar der der KGaA – zugerechnet.

Die Zurechnung fremder Gewinne für Zwecke der Besteuerung ist zudem dem Ertragsteuerrecht auch nicht fremd. Das belegen die Normen betreffend die Organschaft (§ 14 Abs. 1 S. 1 KStG) sowie die Zurechnung des Vermögens einer Familienstiftung an den unbeschränkt steuerpflichtigen Stifter nach § 15 Abs. 1 S. 1 AStG. Auch hier erfolgt eine Beteiligung an einer fremden Einkunftsquelle mit der Folge der Zurechnung fremder Gewinne.[355]

---

352 S. hierzu ausführlich *Krumm*, in: Kirchhof/Seer, § 15 EStG Rn. 162. Für die Zurechnung eines eigenen Gewinns: *Pinkernell*, Einkünftezurechnung bei Personengesellschaften, S. 85 ff.; *Bodden*, Einkünftequalifikation bei Mitunternehmern, S. 57 f.; *Bareis*, FR 2011, 153 (155). Für die Zurechnung eines fremden Gewinns andererseits: *Schön*, StuW 1996, 275 (285); *Raupach*, in: FS Beisse, S. 403 (404 f.); *Hennrichs*, FR 2010, 721 ff.; *Hennrichs*, in: Tipke/Lang, § 10 Rn. 14. Vermittelnd: *Desens/Blischke*, in: Kirchhof/Söhn/Mellinghoff, § 15 EStG Rn. A 50, C 24 f. (Stand 07/2016): Zwar würden den Mitunternehmern durch § 15 Abs. 1 S. 1 Nr. 2 S. 1, 1. Halbsatz EStG im Ergebnis keine fremden, sondern eigene Einkünfte zugerechnet, jedoch ergäbe sich das nicht aus einer eigenen, originären gewerblichen Tätigkeit der Mitunternehmer, sondern aus einer vorgelagerten Zurechnung auch der gewerblichen Betätigung der Gesellschaft.

353 BFH v. 26.04.2012 – IV R 44/09, BStBl. II 2013, 142 juris Rn. 18; v. 25.02.1991 – GrS 7/89, BStBl. II 1991, 691 juris Rn. 89.

354 *Fischer*, in: FS Crezelius, S. 117 (130); *Krumm*, in: Kirchhof/Seer, § 15 EStG Rn. 162. Vgl. auch BFH v. 25.06.1984 – GrS 4/82, BStBl. II 1984, 751 juris Rn. 114: „Diese Gewinnanteile [im Sinne des § 15 Abs. 1 S. 1 Nr. 2 Alt. 1 EStG] sind „Einkommen" der Personenvereinigung, das nicht bei ihr, sondern bei den Gesellschaftern unmittelbar zu versteuern ist."

355 *Wassermeyer*, Ubg 2011, 47 (51); *Wassermeyer*, in: FS Streck, 259 (261).

cc. Fazit

Letztlich hat der Gesetzgeber es offen gelassen, sich ausdrücklich für ein Besteuerungskonzept zu entscheiden. Vielmehr gestaltet er Normen, die sich ins System einfügen. Ob deren Zusammenspiel als transparent oder intransparent anzusehen ist, überlasst er dem Rechtsanwender. Die Entscheidung des Gesetzgebers, die KGaA als Zwitter zu konzipieren und eben eine Gesellschaftsform zwischen die beiden Besteuerungsregime zu stellen, die sich nicht zweifelsfrei einordnen lässt, ist angesichts der bereits zivilrechtlich bestehenden Besonderheiten bewusst getroffen worden. Hinsichtlich des persönlich haftenden Gesellschafters darf bzw. muss eine von der klassischen intransparenten Besteuerungsweise bei Kapitalgesellschaften teilweise abweichende Besteuerung stattfinden, da ansonsten ungerechtfertigte Belastungsunterschiede entstünden. Insoweit ist der persönlich haftende Gesellschafter *wie* ein Mitunternehmer zu besteuern.

Bei der Anwendung des geltenden Rechts ist zum einen die sich unter dem Blickwinkel einer transparenten Betrachtung ergebende Grundkonzeption der Besteuerung des persönlich haftenden Gesellschafters zu berücksichtigen. Ihm wird ein fremder Gewinn und zwar der der KGaA zugerechnet. Diese übt die originär gewerbliche Tätigkeit aus, denn sie tritt am Markt in Erscheinung. Anderes gilt nur für die Sondervergütungen, die der persönlich haftende Gesellschafter aufgrund einer eigenen schuldrechtlichen Beziehung zu der KGaA erhält. Diese erwirtschaftet er selbst *in persona*. Zum anderen muss stets und im Einzelfall die Tragfähigkeit der Gleichstellungsthese („Besteuerung des persönlich haftenden Gesellschafters *wie* einen Mitunternehmer") überprüft werden. Denn nur dort, wo das Gesetz eine Annäherung dieser beiden Gesellschaftergruppen vorgesehen hat, entspricht es dem geltenden Dualismus der Unternehmensbesteuerung, einen Gesellschafter einer Kapitalgesellschaft *wie* einen Gesellschafter einer Personengesellschaft zu behandeln. Die jeweils anwendbaren Normen sind unter diesen Aspekten zu prüfen und anzuwenden.

7. Tragfähigkeit der Gleichstellungsthese im Einzelfall

a. Besteuerung der KGaA als Hybrid bedarf einer regelungskontextabhängigen Auslegung der Normen

Eine regelungskontextabhängige Auslegung der Normen betreffend die Besteuerung der KGaA führt auch zu sachgerechten Ergebnissen. Eine im Grunde teiltransparente Besteuerungssystematik für die KGaA muss die Möglichkeit offen halten, dort, wo es das Gesetz erfordert, von der im Kern transparenten zu einer mehr intransparenten Besteuerung abzuweichen.[356] Dass eine solche Lösung dem Sonderfall der hybriden KGaA gerecht wird, soll im Folgenden anhand zweier – auch in der Literatur viel diskutierter – Problemfelder bei der Besteuerung der KGaA aufgezeigt werden. Die Fragestellungen betreffen jeweils den Kernbereich dessen, das als Ausfluss des Dualismus der Unternehmensbesteuerung bezeichnet werden kann. Die Hybridität der KGaA führt hier auf den ersten Blick zu innerstaatlich unauflösbaren Widersprüchen. Es stellt sich die Frage, inwiefern Normen, die auf Kapitalgesellschaften oder Personengesellschaften zugeschnitten wurden, auf den Sonderfall der hybriden KGaA anwendbar sind.

Eine eindimensionale Handhabung der Besteuerung der KGaA und ihres Komplementärs rein nach der transparenten oder rein nach der intransparenten Sichtweise stößt hier an ihre Grenzen. Sie vermag es nicht, regelungskontextabhängig die Normen betreffend die KGaA auszulegen. Vielmehr führen die rein eindimensionalen Sichtweisen teilweise schlichtweg zu Ergebnissen *contra legem.* Sie ignorieren die Tatsache, dass die KGaA zum einen „teiltransparent" nach dem Gesetz zu behandeln ist (§ 278 Abs. 2 AktG) und zum anderen steuerrechtlich vor allem eins ist: ein uneingeschränktes Körperschaftsteuersubjekt. Am Beispiel der körperschaftsteuerrechtlichen Normen des § 8b KStG (Dividenden) und des § 8 Abs. 3 S. 2 KStG (verdeckte Gewinnausschüttungen) soll im Folgenden gezeigt werden, dass dieser Umstand bei der Anwendung vorstehender Normen zum einen nicht einfach entgegen des Gesetzeswortlautes außer Acht gelassen werden kann und zum anderen aber eine strikte Anwendung der Vorschriften nach dem Wortlaut des Gesetzes bei der KGaA nicht immer ohne Widersprüche möglich ist.

Letztlich ist das Gesetz maßgebend. Weicht dieses von der im Grunde systemkonformen teiltransparenten Besteuerung der KGaA im Verhältnis zu

356 So auch *Krumm*, in: Kirchhof/Seer, § 15 EStG Rn. 405; *Drüen*, in: Hermann/Heuer/Raupach, § 9 KStG Rn. 25 (Stand 01/2019).

ihrem persönlich haftenden Gesellschafter hin zu einer mehr intransparenten Sichtweise ab, spiegelt das die Entscheidung des Gesetzgebers wider, die KGaA auch steuerrechtlich als Hybrid auszugestalten und ihr damit eine Sonderstellung in dem System der dualen Unternehmensbesteuerung zuzugestehen.[357]

b. Dividendeneinkünfte bei der KGaA und ihre Behandlung beim persönlich haftenden Gesellschafter

aa. Ausgangsfall – Teilweise Anwendung des § 8b Abs. 1 KStG auf Ebene der KGaA und Anwendung des Teileinkünfteverfahrens auf Ebene des Komplementärs

Eine speziell für Dividendenausschüttungen zwischen zwei Körperschaften zugeschnittene Norm ist der § 8b Abs. 1 KStG (sogenanntes Schachtelprivileg), der als Vorschrift des Körperschaftsteuergesetzes im Grunde vollumfänglich auf die Ermittlung des steuerpflichtigen Einkommens der KGaA als uneingeschränktes Körperschaftsteuersubjekt Anwendung findet. Bezieht eine Kapitalgesellschaft Dividenden von einer anderen Kapitalgesellschaft, so werden diese auf Ebene der die Dividenden ausschüttenden Kapitalgesellschaft mit Körperschaftsteuer belastet. Damit es nicht zu einer Doppelbelastung bzw. erneuten Belastung mit Körperschaftsteuer auf Ebene der die Dividenden empfangenen Kapitalgesellschaft kommt, werden die Dividendeneinkünfte gem. §§ 8b Abs. 1, Abs. 5 S. 1 KStG nur in Höhe von 5 % (sogenannte Schachtelstrafe) besteuert. Ist die KGaA Empfängerin einer Dividende (zum Beispiel bei Beteiligung an einer GmbH), gilt für sie als Kapitalgesellschaft im Grunde ebenfalls § 8b Abs. 1, Abs. 5 S. 1 KStG, sodass die Dividendeneinkünfte bei ihr grundsätzlich nur in Höhe von 5 % der Besteuerung mit Körperschaftsteuer unterliegen. Die Frage, die sich angesichts der hybriden Ausgestaltung der KGaA stellt, ist, ob diese Steuerbefreiung vollständig oder nur teilweise, ohne den auf den persönlich haftenden Gesellschafter entfal-

---

357 Es handelt sich hier nur um ausgewählte Problembereiche. Weitere Problemfelder betreffen die Qualität der KGaA als Organgesellschaft, die Behandlung der KGaA bei der Zinsschranke sowie das auch die Rechtsprechung in erheblichem Maße beschäftigende verfahrensrechtliche Thema der einheitlichen und gesonderten Gewinnfeststellung bei der KGaA. S. hierzu die intransparente und transparente Ansicht in Bezug auf die jeweiligen Probleme gegenüberstellend *Krebbers-van Heek*, Die mitunternehmerische Besteuerung der Komplementäre der Kommanditgesellschaft auf Aktien, S. 79 ff., 113 ff.

lenden Dividendenanteil, zu gewähren ist. Auf Ebene des persönlich haftenden Gesellschafters könnte sodann für die „weitergeleiteten" Dividendeneinkünfte, die in seinen gewerblichen Einkünften nach § 15 Abs. 1 S. 1 Nr. 3 EStG enthalten sind, das Teileinkünfteverfahren Anwendung finden (sofern es sich um eine natürliche Person handelt, ansonsten käme bei einer Kapitalgesellschaft als Komplementär erneut § 8b Abs. 1, Abs. 5 S. 1 KStG in Betracht). Im Rahmen einer regelungskontextabhängigen Auslegung der Vorschrift ist auch deren Sinn und Zweck einzubeziehen. Sinn und Zweck des § 8b Abs. 1 KStG ist es, eine Doppelbesteuerung zu vermeiden. Im Sinne dieses Zweckes gewährt eine teiltransparente Sichtweise das Schachtelprivileg bei der KGaA nur anteilig. Der auf den Komplementär entfallende Dividendenanteil ist vielmehr auf Ebene des Komplementärs selbst steuerfrei zu stellen (bei natürlichen Personen im Rahmen des Teileinkünfteverfahrens und bei Kapitalgesellschaften unter Anwendung des § 8b Abs. 1, Abs. 5 S. 1 KStG).

Die Auswirkungen einer teiltransparenten Sichtweise bei der KGaA sollen an folgendem Beispiel dargestellt werden:

> *Beispiel:*[358] Die KGaA hat einen Jahresüberschuss in Höhe von 1.000.000 Euro erwirtschaftet. Darin enthalten ist eine Dividende in Höhe von 300.000 Euro. Der Komplementär ist über seine Sondereinlage zu 50 % an der KGaA beteiligt.

Folgt man einer teiltransparenten Betrachtungsweise[359] ist jede Einnahme und jede Ausgabe an der Wurzel aufzuspalten und anteilig dem Komplementär und der Gesamtheit der Kommanditaktionäre zuzuweisen.[360] Die Dividendeneinkünfte in Höhe von 300.000 Euro sind demnach anteilig dem persönlich haftenden Gesellschafter als auch der Gesamtheit der Kommanditaktionäre zuzurechnen. Gem. § 8b Abs. 1 KStG sind damit 150.000 Euro vom Jahresüberschuss der KGaA abzuziehen. Die weiteren 150.000 Euro werden dem Komplementär als Einkünfte aus Gewerbebetrieb zugerechnet. Diese unterliegen wiederum auf Ebene des Komplementärs dem Teileinkünfteverfahren nach § 3 Nr. 40 S. 1 Buchst. d) EStG und sind zu 40 % steuerfrei. Mithin werden beim Komplementär Dividendeneinkünfte in Höhe von 60.000 Euro vom Gewinnanteil abgezogen. Auf Ebene der KGaA sind

358 Fallbeispiel angelehnt an *Drüen/van Heek*, DStR 2012, 541 (544).

359 Zum Vergleich der Lösung nach einer intransparenten Sichtweise s. *Krebbers-van Heek*, Die mitunternehmerische Besteuerung der Komplementäre der Kommanditgesellschaft auf Aktien, S. 83 ff.

360 S. oben unter § 2 III. 4.

hingegen 95 % der Dividendeneinkünfte steuerfrei (§ 8b Abs. 5 S. 1 KStG). Dementsprechend werden hier Dividendeneinkünfte in Höhe von 7.500 Euro dem Jahresüberschuss wieder hinzugerechnet. Für die KGaA ergibt sich damit ein zu versteuerndes Einkommen in Höhe von 357.500 Euro. Der persönlich haftende Gesellschafter hat Einkünfte aus Gewerbebetrieb in Höhe von 440.000 Euro.

Jahresüberschuss	1.000.000 €
Dividendeneinkünfte § 8b Abs. 1 KStG	./. 150.000 €
Nicht abziehbarer Anteil der Dividendeneinkünfte § 8b Abs. 5 S. 1 KStG	+ 7.500 €
Gewinnanteil des Komplementärs § 9 Abs. 1 Nr. 1 KStG	./. 500.000 €
Zu versteuerndes Einkommen der KGaA	357.500 €

Gewinnanteil des Komplementärs § 15 Abs. 1 S. 1 Nr. 3 EStG	500.000 €
Dividendeneinkünfte § 3 Nr. 40 S. 1 Buchst. d) EStG	./. 60.000 €
Zu versteuerndes Einkommen des Komplementärs	440.000 €

Dieses Ergebnis wirft zunächst die Frage auf, woraus sich die bloß anteilige Gewährung der Steuerfreistellung auf Ebene der KGaA gem. § 8b Abs. 1 KStG ergeben soll. Dem Wortlaut ist diese freilich nicht zu entnehmen. Ließe man jedoch eine vollständige Freistellung der Dividendeneinkünfte auf Ebene der KGaA zu und würde man gleichzeitig auf Ebene des persönlich haftenden Gesellschafters (aufgrund einer teiltransparenten Betrachtung) die Anwendung des Teileinkünfteverfahrens befürworten, käme es zu einer doppelten Steuerfreistellung derselben Dividendeneinkünfte. Eine solche doppelte Steuerfreistellung kann vom Gesetzgeber nicht intendiert sein. § 8b Abs. 1 KStG ist mit Blick auf die KGaA dahingehend auszulegen, dass nur der Anteil der Dividenden, der letztlich auf Ebene der KGaA verbleibt und besteuert wird, steuerfrei gestellt wird.[361] Die folgende Anwendung des Teileinkünfte-

361 So zum Beispiel *Hageböke*, in: Rödder/Herlinghaus/Neumann, § 9 KStG Rn. 78; im Ergebnis wohl auch *Drüen/van Heek*, DStR 2012, 541 (545 f.).

verfahrens beim persönlich haftenden Gesellschafter ist ebenfalls sachgerecht. Erzielt die KGaA Dividendeneinkünfte, gilt diese Einkünftequalifikation auch auf Ebene des persönlich haftenden Gesellschafters. Da die ihm zuzurechnenden Gewinnanteile letztlich vollständig zu gewerblichen Einkünften führen, ist wie bei Mitunternehmerschaften das Teileinkünfteverfahren anzuwenden.[362]

So hat es auch das FG München jüngst in einer Entscheidung zur Anwendung des Halbeinkünfteverfahrens (heute Teileinkünfteverfahren) beim persönlich haftenden Gesellschafter einer KGaA gesehen.[363] § 9 Abs. 1 Nr. 1 KStG sei als Zuordnungs- und Aufteilungsnorm auszulegen und anzuwenden. Daraus folge eine einheitliche Qualifikation des steuerrechtlichen Geschäftsvorfalls bezogen auf das gesamte Betriebsvermögen.[364] Dividenden bleiben mithin Dividenden, auch wenn sie an den persönlich haftenden Gesellschafter weitergeleitet werden. Die Möglichkeit, gegebenenfalls unterschiedliche steuerrechtliche Wirkungen auf Ebene des jeweiligen Anteilsberechtigten zu ziehen, stünde weiterhin offen.[365] Insoweit ist dem FG München uneingeschränkt zuzustimmen. In zwei Punkten überzeugt die Argumentation des FG München allerdings nicht.

Zum einen bezieht sich das FG München auf den Begriff des Anteilseigners gem. § 20 Abs. 5 EStG. Dies sei auch anteilig der Komplementär. Anteilseigner ist gem. § 20 Abs. 5 S. 2 EStG, wem nach § 39 AO die Anteile an dem Kapitalvermögen im Zeitpunkt des Gewinnverteilungsbeschlusses zuzurechnen sind. § 39 Abs. 1 AO stellt grundsätzlich auf den zivilrechtlichen Eigentümer ab. Überlagert wird dieses zivilrechtliche Eigentum allerdings von dem wirtschaftlichen Eigentum gem. § 39 Abs. 2 Nr. 1 AO.[366] Zudem besteht eine Sonderregelung für Gesamthandsgemeinschaften in § 39 Abs. 2 Nr. 2 AO.

Zunächst ist festzuhalten, dass zivilrechtliche Eigentümerin der Beteiligung ausschließlich die KGaA selbst ist. Grundsätzlich ist die KGaA damit Anteilseignerin der die Dividenden ausschüttenden Kapitalgesellschaft gem. § 20 Abs. 5 S. 2 EStG i.V.m. § 39 Abs. 1 AO. Zudem verfügen die KGaA und der persönlich haftende Gesellschafter nicht über ein Gesamthandsvermögen, in dem sich die Beteiligung befinden könnte. Eine Zurechnung der Beteiligung an den persönlich haftenden Gesellschafter über § 39 Abs. 2

362 S. hierzu ausführlich *Gieshoidt*, FR 2019, 543.

363 FG München v. 25.10.2018 – 13 K 1241/17, EFG 2019, 267.

364 FG München v. 25.10.2018 – 13 K 1241/17, EFG 2019, 267 juris Rn. 66.

365 FG München v. 25.10.2018 – 13 K 1241/17, EFG 2019, 267 juris Rn. 66.

366 *Koenig*, in: Koenig, AO, § 39 AO Rn. 13.

Nr. 2 AO scheidet mithin aus. Der persönlich haftende Gesellschafter könnte damit nur Anteilseigner im Sinne des § 20 Abs. 5 S. 2 EStG sein, wenn ihm das wirtschaftliche Eigentum zustehen würde. Das wirtschaftliche Eigentum weicht vom zivilrechtlichen Eigentum ab, wenn die mit dem Vollrecht verbundenen rechtlichen Befugnisse auf Dauer einem anderen zustehen oder tatsächlich von einem anderen wahrgenommen werden können. Zudem müssen diese rechtlichen Befugnisse wirtschaftlich wertvoll sein.[367] Bei Anteilen an einer Kapitalgesellschaft ist das der Fall, wenn alle mit der Beteiligung wesentliche Rechte wie Gewinnbezugsrechte und Stimmrechte ausgeübt werden können.[368] Der persönlich haftende Gesellschafter der KGaA ist zwar deren Geschäftsführer, aber er handelt in dieser Stellung eben mit Wirkung für die KGaA. Die Stimmrechte übt damit nicht er selbst, sondern die KGaA aus. Er übt sie insbesondere nicht teilweise für die KGaA und teilweise für sich selbst aus.[369] Auch bei den Gewinnbezugsrechten ist fraglich, ob diese dem persönlich haftenden Gesellschafter zustehen. Der persönlich haftende Gesellschafter ist gerade nicht selbst an der ausschüttenden Gesellschaft beteiligt sondern vielmehr an der die Beteiligung haltenden KGaA. Die Regelungen der § 9 Abs. 1 Nr. 1 KStG und § 15 Abs. 1 S. 1 Nr. 3 EStG bewirken keine Zurechnung von Wirtschaftsgütern sondern eine steuerliche Zurechnung von Einkünften. Der persönlich haftende Gesellschafter erzielt nicht selbst die Dividendeneinkünfte, sondern ist vielmehr an der Einkunftsquelle der KGaA beteiligt. Er ist damit nicht als wirtschaftlicher Eigentümer im Sinne des § 39 Abs. 2 Nr. 1 AO anzusehen. Damit ist er auch nicht Anteilseigner der die Dividenden ausschüttenden Kapitalgesellschaft im Sinne des § 20 Abs. 5 S. 2 EStG.

Zudem geht die Einkünftezurechnung nach § 15 Abs. 1 S. 1 Nr. 3 EStG der Zurechnung des wirtschaftlichen Eigentums vor. Das zeigt ein Vergleich mit den Personengesellschaften. Bei vermögensverwaltenden Personengesellschaften, die die Anteile an einer Kapitalgesellschaft im Privatvermögen halten, sind die Gesellschafter aufgrund des § 20 Abs. 5 S. 2 EStG als Anteilseigner anzusehen (wirtschaftliches Eigentum nach § 39 Abs. 2 Nr. 2 AO). Bei Mitunternehmerschaften nach § 15 Abs. 1 S. 1 Nr. 2 EStG ist die An-

---

367 *Ratschow*, in: Klein, AO, § 39 AO Rn. 16.

368 Zu Anteilen an einer GmbH: BFH v. 17.02.2004 – VIII R 26/01, BStBl. 2004, 651 juris Rn. 28; v. 17.02. 2004 – VIII R 28/02, BStBl. II 2005, 46 juris Rn. 22; v. 26.01.2011 – IX R 7/09, BStBl. 2011, 540 juris Rn. 22; zu Anteilen an einer AG: BFH v. 07.07.2011 – IX R 2/10, BStBl. II 2012, 20 juris Rn. 16. S. auch *Koenig*, in: Koenig, AO, § 39 AO Rn. 28.

369 Die KGaA kann als juristische Person ihr Stimmrecht nur durch ihr Vertretungsorgan ausüben. Vgl. *Zöllner/Noak*, in: Baumbach/Hueck, GmbH-Gesetz, § 47 Rn. 37.

wendung des § 39 AO nicht erforderlich, da den Mitunternehmern unabhängig vom wirtschaftlichen Eigentum die Einkünfte der Personengesellschaft zugerechnet werden. Vielmehr geht § 15 Abs. 1 S. 1 Nr. 2 EStG dem § 39 Abs. 2 Nr. 2 AO vor, denn er erfasst nicht bloß Gesamthandsgemeinschaften, sondern auch Personengesellschaften ohne zivilrechtliches Gesamthandsvermögen (z.B. atypisch stille Gesellschaft).[370] Es kann mithin bei der KGaA erst recht nicht auf das wirtschaftliche Eigentum gem. § 39 Abs. 2 Nr. 1 AO ankommen. Vielmehr ist die Zurechnung der Einkünfte entscheidend.

Der zweite Punkt, der im Rahmen der Argumentation des FG München nicht überzeugt, ist dessen Abstellen auf das aus Art. 3 Abs. 1 GG folgende Gebot, gleiche Sachverhalte gleich zu regeln. Das FG München ist der Ansicht, dass der Umstand, dass der persönlich haftende Gesellschafter sein Endbezugsrecht auf einen Dividendenertrag aus einer mitunternehmerischen Gewinnbeteiligung als persönlich haftender Gesellschafter ableitet, keinen sachlichen Differenzierungsgrund darstellen könne, eine gegenüber „gewöhnlichen Anteilseignern" höhere steuerliche Belastung zu rechtfertigen.[371] Die Anwendung des Teileinkünfteverfahrens aus Art. 3 Abs. 1 GG herzuleiten und als Vergleichsgruppe die Anteilseigner an einer Personengesellschaft heranzuziehen, erscheint zumindest fraglich. Der persönlich haftende Gesellschafter einer KGaA ist ein im Konzept des Dualismus der Unternehmensbesteuerung atypischer Fall. Eine vollständige, strikte Gleichbehandlung mit einer der regeltypischen Gesellschaftergruppen (Gesellschafter einer Personengesellschaft bzw. Gesellschafter einer Kapitalgesellschaft) kann aufgrund der hybriden Stellung der KGaA nicht erfolgen. Im Ergebnis hat das FG München den richtigen Schluss jedoch gezogen: Vom Gesetzgeber getroffene, methodisch andere Grundentscheidungen sind auch bei der Besteuerung des persönlich haftenden Gesellschafters einer KGaA zu beachten.[372]

Im Fall des § 8b Abs. 1 KStG bedeutet das, dass dieser auf Ebene der KGaA nur den Teil der Dividendeneinkünfte erfassen kann, der letztlich auch der doppelten Belastung mit Körperschaftsteuer einerseits auf Ebene der ausschüttenden Kapitalgesellschaft und andererseits auf Ebene der KGaA un-

---

370 BFH v. 10.07.1980 – IV R 136/77, BStBl. II 1981, 84 juris Rn. 29; v. 25.02.1991 – GrS 7/89, BStBl. II 1991, 691 juris Rn. 89; *Tiede*, in: Hermann/Heuer/Raupach, § 15 EStG Rn. 456 (Stand 08/2017).

371 FG München v. 25.10.2018 – 13 K 1241/17, EFG 2019, 267 juris Rn. 74.

372 S. ausführlich zu dem Urteil des FG München sowie insbesondere zu der Argumentation zu Art. 3 Abs. 1 GG: *Gieshoidt*, FR 2019, 543.

terliegt. Die Anwendung einer intransparenten Sichtweise würde vielmehr dazu führen, dass der auf den Komplementär entfallende Dividendenanteil auf Ebene der KGaA zweifach steuerfrei gestellt würde: Einmal durch die vollständige Anwendung des § 8b Abs. 1 KStG und ein zweites Mal über § 9 Abs. 1 Nr. 1 KStG.[373] Dieses Ergebnis dürfte nicht im Sinne des Gesetzgebers sein.

bb. Der Extremfall – Steuerlicher Verlust der KGaA durch Anwendung des intransparenten Besteuerungskonzepts

Das bestätigt auch die Betrachtung des folgenden Beispiels, in dessen spezifischer Konstellation die intransparente Sichtweise zu einer Doppelbegünstigung auf Ebene der KGaA führen würde.[374]

> *Beispiel:* Die KGaA hat einen Jahresüberschuss in Höhe von 1.000.000 Euro erwirtschaftet. Teil dieses Jahresüberschusses ist eine Dividende in Höhe von 800.000 Euro. Der Komplementär ist über seine Sondereinlage zu 50 % an der KGaA beteiligt.

Nach der intransparenten Sichtweise müsste auf Ebene der KGaA die Steuerbefreiung nach § 8b Abs. 1 KStG vollständig gewährt werden. Es wären zunächst 95 % der Dividenden bei der KGaA nach § 8b Abs. 1 und Abs. 5 S. 1 KStG steuerfrei zu stellen. Anschließend käme § 9 Abs. 1 Nr. 1 KStG zur Anwendung. Der Gewinnanteil des persönlich haftenden Gesellschafters wäre als Betriebsausgabe abzuziehen. Das führt in bestimmten Konstellationen wie der Vorliegenden dazu, dass bei der KGaA ein steuerlicher Verlust entsteht.[375]

373 S. zu diesem Beispiel ausführlich *Krebbers-van Heek*, Die mitunternehmerische Besteuerung der Komplementäre der Kommanditgesellschaft auf Aktien, S. 83 ff.

374 *Drüen/van Heek*, DStR 2012, 541 (544).

375 *Kessler*, in: FS Korn, S. 307 (320); *Drüen/van Heek*, DStR 2012, 541 (544).

Jahresüberschuss	1.000.000 €
Dividendeneinkünfte § 8b Abs. 1 KStG	./. 800.000 €
Nicht abziehbarer Anteil der Dividendeneinkünfte § 8b Abs. 5 S. 1 KStG	+ 40.000 €
Gewinnanteil des Komplementärs § 9 Abs. 1 Nr. 1 KStG	./. 500.000 €
Zu versteuerndes Einkommen der KGaA	./. 260.000 €

Gewinnanteil des Komplementärs § 15 Abs. 1 S. 1 Nr. 3 EStG	500.000 €
Zu versteuerndes Einkommen des Komplementärs	500.000 €

Letztendlich stellt dieses Ergebnis zwar einen Extremfall dar, der durch die Höhe der Dividendeneinkünfte der KGaA sowie durch die Höhe des Gewinnanteils des Komplementärs bedingt ist. Dennoch kann es dadurch – wie gezeigt – zu einem Fall kommen, in dem der KGaA ein steuerlicher Verlust entsteht, der letztlich nur den Kommanditaktionären zugutekommt. Die Steuerlast der KGaA wird reduziert, was ein erhöhtes Ausschüttungsvolumen zur Folge hat.[376] Dem Komplementär hingegen wird weiterhin sein voller Gewinnanteil in Höhe von 500.000 Euro als Einkünfte aus Gewerbebetrieb zugerechnet. Eine teilweise Einordnung als Dividendeneinkünfte findet nicht statt.[377] Das Teileinkünfteverfahren kommt nach der intransparenten Sichtweise ebenfalls nicht zur Anwendung.[378]

Bei Anwendung einer teiltransparenten Betrachtungsweise würde indes kein steuerlicher Verlust bei der KGaA entstehen. Die Dividendeneinkünfte wären anteilig in Höhe von 400.000 Euro vom Jahresüberschuss abzuziehen und sodann in Höhe von 20.000 Euro (5 %) nach § 8b Abs. 5 S. 1 KStG wieder hinzuzurechnen. Der Gewinnanteil des Komplementärs wäre weiterhin in Höhe von 500.000 Euro abzuziehen (§ 9 Abs. 1 S. 1 KStG). Die KGaA hätte ein zu versteuerndes Einkommen von 120.000 Euro. Beim Komplementär

376 S. auch *Hölzl*, Die Besteuerung der KGaA, S. 109; *Kessler*, in: FS Korn, S. 307 (320); *Rohrer/Orth*, BB 2007, 1594 (1597).

377 Vgl. *Rohrer/Orth*, BB 2007, 1594 (1597).

378 *Mahlzahn*, in: Forum Steuerrecht (2012), S. 151 (161). Darstellend auch *Krebbers-van Heek*, Die mitunternehmerische Besteuerung der Komplementäre der Kommanditgesellschaft auf Aktien, S. 92.

würde sich zudem die Steuerfreistellung der Dividenden nach dem Teileinkünfteverfahren gem. § 3 Nr. 40 S. 1 Buchst. d) EStG in Höhe von 40 % niederschlagen, sodass der Komplementär Einkünfte aus Gewerbebetrieb in Höhe von 340.000 Euro zu versteuern hätte. Die Dividendeneinkünfte schlagen sich hier auf beiden Ebenen nieder. Der Vorteil kommt somit nicht lediglich der Gesamtheit der Kommanditaktionäre zugute.[379] Im Gegensatz zu der systemwidrigen Doppelbegünstigung der intransparenten Sichtweise, erscheint dieses Ergebnis sachgerecht.

cc. Ergebnis

Die bloß anteilige Anwendung des § 8b Abs. 1 KStG und die darauf folgende Anwendung des Teileinkünfteverfahrens auf den Anteil an den Dividenden des persönlich haftenden Gesellschafters (im Falle einer natürlichen Person) ist nach hier vertretener im Grunde transparenter Sichtweise konsequent. Die (Teil-)Transparenz der KGaA gebietet es, den persönlich haftenden Gesellschafter *wie* einen Mitunternehmer zu behandeln. Ihm werden die Einkünfte der KGaA anteilig samt Qualifikation zugerechnet. Sofern die KGaA Dividendeneinkünfte erzielt, erzielt auch der Komplementär Dividendeneinkünfte, die bei ihm als natürliche Person zu seinen gewerblichen Einkünften gem. § 15 Abs. 1 S. 1 Nr. 3 EStG zählen. Auf diese ist sodann das Teileinkünfteverfahren gem. § 3 Nr. 40 S. 1 Buchst. d) EStG anzuwenden.

c. Unangemessene Zahlungen der KGaA an den persönlich haftenden Gesellschafter

aa. Das Rechtsinstitut der verdeckten Gewinnausschüttung

Bei einer Körperschaft kann die Verteilung der Einkünfte an ihre Gesellschafter offen nach gesellschaftsrechtlichen Regelungen oder in verdeckter Form erfolgen.[380] Dabei führt die Verteilung in verdeckter Form dazu, dass die Zuwendungen an die Anteilseigner zu Unrecht als Betriebsausgabe behandelt werden oder die Gesellschaft zugunsten ihrer Anteilseigner auf Be-

379 Vgl. *Rohrer/Orth*, BB 2007, 1594 (1597).

380 *Hey*, in: Tipke/Lang, Steuerrecht, § 11 Rn. 70.

triebseinnahmen verzichtet.[381] Eine solche nicht betriebsbedingte Minderung des körperschaftsteuerlichen Gewinns soll vermieden werden. Eine Sondervorschrift für Kapitalgesellschaften und deren Gewinnermittlung stellt daher § 8 Abs. 3 S. 2 KStG dar, nach der sogenannte verdeckte Gewinnausschüttungen das Einkommen der Gesellschaft nicht mindern. Verdeckte Gewinnausschüttungen sind jegliche Vermögensminderungen bzw. verhinderte Vermögensmehrungen, die durch das Gesellschaftsverhältnis veranlasst sind, sich auf die Höhe des Unterschiedsbetrages im Sinne des § 4 Abs. 1 S. 1 EStG auswirken und nicht auf einem den gesellschaftsrechtlichen Vorschriften entsprechenden Gewinnverteilungsbeschluss beruhen.[382]

Bei der KGaA stellt sich aufgrund ihrer hybriden Ausgestaltung nunmehr die Frage, ob diese Vorschrift uneingeschränkt anzuwenden ist. Eine verdeckte Gewinnausschüttung ist der steuerlichen Behandlung von Personengesellschaften im Grunde fremd.[383] Hinsichtlich verdeckter Gewinnausschüttungen an die Kommanditaktionäre einer KGaA bestehen folglich keine Zweifel. Die Kommanditaktionäre sind steuerlich ebenso zu behandeln wie Aktionäre einer AG. Ihnen gegenüber ist die KGaA steuerlich als uneingeschränkt intransparent anzusehen.[384] Die steuerliche Behandlung der persönlich haftenden Gesellschafter wirft jedoch die Frage auf, ob auch in diesem Verhältnis verdeckte Gewinnausschüttungen möglich sind. Für den persönlich haftenden Gesellschafter als Anteilseigner einer Kapitalgesellschaft erscheint es auf den ersten Blick folgerichtig, auf Ebene der KGaA die Norm des § 8 Abs. 3 S. 2 KStG auch auf Vermögensminderungen bzw. verhinderte Vermögensmehrungen anzuwenden, die durch sein gesellschaftsrechtliches Verhältnis zur KGaA veranlasst sind. Andererseits ist der reine Komplementär, der nicht zugleich Kommanditaktionär ist, nicht dividendenbezugsberechtigter Anteilseigner an der KGaA. Er ist als solcher hinsichtlich des Gewinns der KGaA nicht bezugsberechtigt, kann also schon nicht Empfänger einer offenen Gewinnausschüttung sein.[385] Dennoch ist er der geborene Geschäftsführer der KGaA und kann als solcher den Anteilseignern Vermö-

---

381 *Hey*, in: Tipke/Lang, Steuerrecht, § 11 Rn. 70.

382 BFH v. 14.03.1989 – I R 8/85, BStBl. II 1989, 633 juris Rn. 11; v. 28.06.1989 – I R 89/85, BStBl. II 1989, 854 (855) juris Rn. 20; v. 02.12.1992 – I R 54/91, BStBl. II 1993, 311 juris Rn. 11; v. 19.03.1997 – I R 75/96, BStBl. II 1997, 577 juris Rn. 9; v. 16.12.1998 – I R 96/95, BFH/NV 1999, 1125 juris Rn. 12; v. 10.04.2013 – I R 45/11, BStBl. II 2013, 771 juris Rn. 30. Vgl. auch 8.5 KStR.

383 *Krebbers-van Heek*, Die mitunternehmerische Besteuerung der Komplementäre der Kommanditgesellschaft auf Aktien, S. 122.

384 S. oben unter § 2 II. 2.

385 *Mahlow*, DB 2003, 1540 (1543).

gensvorteile zuwenden. Dies darf er nicht, sofern diese Vermögensvorteile nicht betrieblich veranlasst sind. Eine Vorteilsgewährung durch die KGaA an einen Kommanditaktionär würde die Folgen einer verdeckten Gewinnausschüttung nach sich ziehen. Gleiches müsste im Grunde auch für den Komplementär gelten. Denn es ist nicht ersichtlich, warum dieser in der Lage sein sollte, sich ohne steuerliche Folgen Vermögensvorteile aus dem Vermögen der KGaA zukommen zu lassen. Der hybride Charakter der KGaA lässt in diesem Fall allerdings in Anbetracht der Definition der verdeckten Gewinnausschüttung die Anwendung des § 8 Abs. 3 S. 2 KStG zumindest zweifelhaft erscheinen.

bb. Notwendigkeit einer teiltransparenten Betrachtung im Fall der verdeckten Gewinnausschüttung

(1) Vermeidung der Folgen nach transparenter Sicht

Diese Zweifel werden von den transparenten Sichtweisen aufgegriffen und münden letztlich in einer Nicht-Anwendung des § 8 Abs. 3 S. 2 KStG bei der KGaA, wenn es um eine Vorteilsgewährung an ihren persönlich haftenden Gesellschafter geht.[386] Dabei kann eine solche Vorteilsgewährung in Form von zwei Varianten auftreten. Zum einen kann eine nicht betriebsbedingte Vermögensminderung der Gesellschaft vorliegen und zum anderen kann eine aus nicht betriebsbedingten Gründen verhinderte Vermögensmehrung gegeben sein. Anhand eines Beispiels und dessen Abwandlung sollen die Varianten im Fall der KGaA näher dargestellt werden.

---

386 FG Köln v. 17.08.2006 – 6 K 6170/03, EFG 2006, 1923 juris Rn. 33; *Jünger*, DB 1988, 1969 (1971); *Schaumburg*, DStZ 1998, 525 (533); *Maurer*, Die Besteuerung von Anleger-Kommanditgesellschaften, S. 175 f.; *Wassermeyer*, GmbHR 1999, 18 (23); *Schaumburg/Schulte*, Die KGaA, Rn. 109; *Janssen*, NWB 2001, 2189 (2198), Fach 18, 3811 (3820); *Renz*, Die Besteuerung der GmbH & Co. KGaA, S. 84; *Lang*, in: Dötsch/Pung/Möhlenbrock, § 8 Abs. 3 KStG Teil C Rn. 18 (Stand 01/2017); *Krebbers-van Heek*, Die mitunternehmerische Besteuerung der Komplementäre der Kommanditgesellschaft auf Aktien, S. 204; *Brandl*, in: Blümich, § 9 KStG Rn. 26, 38 (Stand 08/2019). Grundsätzlich Vertreter der transparenten Sichtweise aber in dieser Sache a.A. *Patt/Rasche*, DB 1993, 2400 (2403).

Beispiel (Vermögensminderung)[387]*:* G ist alleiniger Komplementär einer KGaA und an dieser über seine Sondereinlage zu 50 % gewinnbeteiligt. Seine an der KGaA nicht beteiligte Ehefrau F vermietet der KGaA ein Grundstück für 30.000 Euro jährlich. Vergleichbare Grundstücke in der Nachbarschaft werden zu einem Preis von 18.000 Euro jährlich vermietet. Die KGaA hat einen Jahresüberschuss in Höhe von 100.000 Euro. In diesem ist auch der Betriebsausgabenabzug in Höhe von 30.000 Euro für die jährliche Miete enthalten.

Abwandlung (Verhinderte Vermögensmehrung): Die Ehefrau des G erwirbt von der KGaA ein Grundstück für 300.000 Euro (= Buchwert). Vergleichbare Grundstücke in der Nachbarschaft wurden zu einem deutlich höheren Preis von 500.000 Euro veräußert.

Einigkeit besteht im Hinblick auf die Fälle der Vermögensminderung (Beispiel), dass die gesamte Sondervergütung eine einmalige Gewinnminderung auf Ebene der KGaA zur Folge haben muss und auf Ebene des persönlich haftenden Gesellschafters zu erfassen und zu versteuern ist.[388] Zum einen wird dazu angedacht, die gesamte Sondervergütung samt unangemessenem Teil zum Betriebsausgabenabzug nach § 4 Abs. 4 EStG i.V.m. § 8 Abs. 1 KStG zuzulassen. Der Betriebsausgabenabzug müsse nicht angemessen sein. Zudem sei die Vergütung dem persönlich haftenden Gesellschafter nach § 15 Abs. 1 S. 1 Nr. 3, 2. Halbsatz EStG sowieso zuzurechnen. Eine Korrektur auf Gesellschaftsebene sei daher nicht erforderlich.[389]Die Rechtsfolgen würden sich wie folgt darstellen:

Jahresüberschuss (hierin enthalten Betriebsausgabenabzug i.H.v. 30.000 €)	1.000.000 €
Gewinnanteil des Komplementärs § 9 Abs. 1 Nr. 1 KStG	./. 500.000 €
Zu versteuerndes Einkommen der KGaA	500.000 €

387 Beispiel und Lösung in Anlehnung an *Krebbers-van Heek*, Die mitunternehmerische Besteuerung der Komplementäre der Kommanditgesellschaft auf Aktien, S. 87 ff., 122 ff. mit einer ausführlichen Darstellung der intransparenten sowie der transparenten Sichtweise diesbezüglich.

388 *Krebbers-van Heek*, Die mitunternehmerische Besteuerung der Komplementäre der Kommanditgesellschaft auf Aktien, S. 123.

389 *Schaumburg*, DStZ 1998, 525 (533); *Renz*, Die Besteuerung der GmbH & Co. KGaA, S. 81; *Wacker*, in: Schmidt, § 15 EStG Rn. 890.

Gewinnanteil des Komplementärs § 15 Abs. 1 S. 1 Nr. 3, 1. Halbsatz EStG	500.000 €
Sondervergütung des Komplementärs § 15 Abs. 1 S. 1 Nr. 3, 2. Halbsatz EStG	+ 30.000 €
Zu versteuerndes Einkommen des Komplementärs	530.000 €

Eine weitere Möglichkeit besteht in der Annahme einer Entnahme des Komplementärs auf Gesellschaftsebene. Die Sondervergütung, die der Komplementär erhält, wäre demnach in einen angemessenen und einen unangemessenen Teil aufzuspalten. Der angemessene Teil wird zum Abzug als Betriebsausgabe nach § 4 Abs. 4 EStG i.V.m. § 8 Abs. 1 KStG zugelassen. Der unangemessene Teil wird hingegen gem. § 9 Abs. 1 Nr. 1 KStG als Betriebsausgabe abgezogen. Dieser unangemessene Teil muss jedoch zunächst als Entnahme des Komplementärs „neutralisiert" werden, bevor ein Abzug nach § 9 Abs. 1 Nr. 1 KStG möglich ist.[390] Eine Entnahme sei – wie aus § 288 AktG hervorgehe – für den Komplementär möglich.[391]

Im Beispiel würde das bedeutet, dass der angemessene Teil in Höhe von 18.000 Euro zum Betriebsausgabenabzug zugelassen wird. Der unangemessene Teil in Höhe von 12.000 Euro wird zunächst als Entnahme des Gesellschafters G hinzugerechnet (§ 4 Abs. 1 S. 1 und 2 EStG). Der gem. § 9 Abs. 1 Nr. 1 KStG abziehbare Gewinnanteil erhöht sich korrespondierend um 12.000 Euro.

Jahresüberschuss (hierin enthalten Betriebsausgaben-abzug i.H.v. 18.000€)	1.000.000 €
Entnahme § 4 Abs. 1 S. 1, 2 EStG	+ 12.000 €
Gewinnanteil des Komplementärs § 9 Abs. 1 Nr. 1 KStG	./. 512.000 €
Zu versteuerndes Einkommen der KGaA	500.000 €

390 *Drüen*, in: Hermann/Heuer/Raupach, § 9 KStG Rn. 30 (Stand 01/2019); *Krebbers-van Heek*, Die mitunternehmerische Besteuerung der Komplementäre der Kommanditgesellschaft auf Aktien, S. 203.

391 *Drüen*, in: Hermann/Heuer/Raupach, § 9 KStG Rn. 30 (Stand 01/2019).

Gewinnanteil des Komplementärs § 15 Abs. 1 S. 1 Nr. 3, 1. Halbsatz EStG	512.000 €
Sondervergütung des Komplementärs § 15 Abs. 1 S. 1 Nr. 3, 2. Halbsatz EStG	+ 18.000 €
Zu versteuerndes Einkommen des Komplementärs	530.000 €

Auf den ersten Blick ergibt sich weder auf Gesellschaftsebene noch auf Komplementärsebene ein Unterschied. Die Auswirkungen der Differenzierung zwischen einem angemessenen und einem unangemessenen Teil zeigen sich vielmehr erst auf gewerbesteuerlicher Ebene. Der Hinzurechnungsbetrag gem. § 8 Nr. 4 GewStG richtet sich nach dem abzugsfähigen Gewinnanteil gem. § 9 Abs. 1 Nr. 1 KStG.[392] Wird die gesamte Sondervergütung (samt unangemessenem Teil) jedoch über den Betriebsausgabenabzug erfasst, fehlt dieser Teil betragsmäßig bei § 9 Abs. 1 Nr. 1 KStG und in der Folge auch bei der gewerbesteuerlichen Hinzurechnung. Der Gewerbeertrag der KGaA wäre nach der Betriebsausgabenabzugslösung um 12.000 Euro geringer als im Fall des zweiten Lösungsansatzes. Wäre der Komplementär zudem nicht selbst gewerbesteuerpflichtig, unterläge der unangemessene Teil auf keiner Ebene der Gewerbesteuer, obwohl es sich um einen Teil des Gewinns der KGaA handelt. Mit Blick auf die Gewerbesteuer zeigt sich, dass der unangemessene Teil der Vergütung im Ergebnis über § 9 Abs. 1 Nr. 1 KStG erfasst werden muss.

Ferner vermag auch nur die Konstruktion einer Entnahme den Fall einer verhinderten Vermögensmehrung (Abwandlung) zu lösen, denn die Voraussetzungen für einen Betriebsausgabenabzug sind hier mangels Vermögensminderung nicht gegeben.[393] Die Rechtsfolgen würden sich nach der Lösung unter Annahme einer Entnahme wie folgt darstellen:

Eine Vermögensminderung im Sinne eines Betriebsausgabenabzuges liegt hier nicht vor. Die 200.000 Euro „entgangener Gewinn“ der KGaA werden grundsätzlich zunächst buchhalterisch nicht erfasst (es sei denn, das Grundstück wurde sogar unter dem Buchwert veräußert). Da letztlich die stillen Reserven auf den persönlich haftenden Gesellschafter übertragen werden, müssen diese grundsätzlich nach dem Realisationsprinzip auf Ebene der KGaA noch einmal erfasst und besteuert werden. Es wird eine Entnahme des

392 *Hofmeister*, in: Blümich, § 8 GewStG Rn. 530 (Stand 12/2018). Vgl. auch *Fischer*, DStR 1997, 1519, (1520).

393 Vgl. *Janssen*, NWB 2001, 2189 (2194), Fach 18, 3811 (3816).

persönlich haftenden Gesellschafters angenommen.[394] Schließlich mindert dieser Betrag in der Folge aber über § 9 Abs. 1 Nr. 1 KStG das Einkommen der KGaA und ist allein dem vorteilsempfangenden Komplementär zuzuweisen.

Jahresüberschuss	1.000.000 €
Entnahme § 4 Abs. 1 S. 2 EStG	+ 200.000 €
Gewinnanteil des Komplementärs § 9 Abs. 1 Nr. 1 KStG	./. 700.000 €
Zu versteuerndes Einkommen der KGaA	500.000 €

Gewinnanteil des Komplementärs § 15 Abs. 1 S. 1 Nr. 3 EStG	700.000 €
Zu versteuerndes Einkommen des Komplementärs	700.000 €

Den Ergebnissen der transparenten Sichtweisen, die eine Entnahme auf KGaA-Ebene annehmen, um sodann den unangemessenen Teil der Vergütung bzw. die verhinderte Vermögensmehrung über § 9 Abs. 1 Nr. 1 KStG zu erfassen, entspricht das Ergebnis unter Annahme einer verdeckten Gewinnausschüttung nach § 8 Abs. 3 S. 2 KStG:

Im Beispiel zahlt die KGaA einen Mietpreis, der 12.000 Euro über dem fremdüblichen Mietpreis liegt. Sie hat Betriebsausgaben gem. § 4 Abs. 4 EStG i.V.m. § 8 Abs. 1 KStG i.H.v. 30.000 Euro zu verzeichnen. Der erhöhte Mietpreis hat seinen Ursprung jedoch in dem Verhältnis des G zu der KGaA. In Höhe von 12.000 Euro liegt dementsprechend bei der KGaA eine Vermögensminderung vor, die durch das Gesellschaftsverhältnis veranlasst ist, sich auf die Höhe des Einkommens der Gesellschaft auswirkt und nicht auf dem gesellschaftsrechtlichen Vorschriften entsprechenden Gewinnverteilungsbeschluss beruht; d.h. es liegt eine verdeckte Gewinnausschüttung vor. Diese ist gem. § 8 Abs. 3 S. 2 KStG dem handelsrechtlichen Gewinn der KGaA außerbilanziell wieder hinzuzurechnen. Korrespondierend hierzu erhöht sich der gem. § 9 Abs. 1 Nr. 1 KStG steuerlich abziehbare Gewinnanteil des Komplementärs um 12.000 Euro. G hat als „tatsächlicher“ Empfänger der Zahlung diese voll zu versteuern.

394 *Wassermeyer* geht hingegen davon aus, dass jede Vorteilszuwendung an einen Nur-Komplementär unter den Ausdruck „der Teil des Gewinns“ gem. § 9 Abs. 1 Nr. 1 KStG fällt. Eine Entnahme könne der Komplementär nicht tätigen, weil er nicht am Vermögen beteiligt sei. S. *Wassermeyer*, GmbHR 1999, 18 (23).

Jahresüberschuss (hierin enthalten Betriebsausgabenabzug i.H.v. 18.000€)	1.000.000 €
verdeckte Gewinnausschüttung § 8 Abs. 3 S. 2 KStG	+ 12.000 €
Gewinnanteil des Komplementärs § 9 Abs. 1 Nr. 1 KStG	./. 512.000 €
Zu versteuerndes Einkommen der KGaA	500.000 €

Gewinnanteil des Komplementärs § 15 Abs. 1 S. 1 Nr. 3, 1. Halbsatz EStG	512.000 €
Sondervergütung des Komplementärs § 15 Abs. 1 S. 1 Nr. 3, 2. Halbsatz EStG	+ 18.000 €
Zu versteuerndes Einkommen des Komplementärs	530.000 €

Auch gewerbesteuerlich würden sich insofern keine Unterschiede zu der Annahme einer Entnahme ergeben, da auch hier der unangemessene Anteil betragsmäßig von § 9 Abs. 1 Nr. 1 KStG erfasst wird.

In der Abwandlung hätte die KGaA der F das Grundstück nicht für den gegenüber üblichen und vergleichbaren Immobilienverkäufen weitaus niedrigeren Preis von 300.000 Euro verkauft, wenn diese nicht die Ehefrau des G wäre. Die Gewährung des günstigen Preises ist mithin durch das Gesellschaftsverhältnis veranlasst. Die Differenz stellt bei der KGaA eine verdeckte Gewinnausschüttung dar, die das Einkommen der KGaA nicht mindern darf. Sie wird außerbilanziell bei der KGaA hinzugerechnet (§ 8 Abs. 3 S. 2 KStG).[395] Die Differenz in Höhe von 200.000 Euro wird dem handelsrechtlichen Gewinnanteil des G zugerechnet und gem. § 9 Abs. 1 Nr. 1 KStG vom Einkommen der KGaA abgezogen. G hat die Differenz nach § 15 Abs. 1 S. 1 Nr. 3 EStG als Einkünfte aus Gewerbebetrieb zu versteuern.

395 *Engel*, in: Die Kommanditgesellschaft auf Aktien, § 9 Rn. 39.

Jahresüberschuss	1.000.000 €
verdeckte Gewinnausschüttung § 8 Abs. 3 S. 2 KStG	+ 200.000 €
Gewinnanteil des Komplementärs § 9 Abs. 1 Nr. 1 KStG	./. 700.000 €
Zu versteuerndes Einkommen der KGaA	500.000 €

Gewinnanteil des Komplementärs § 15 Abs. 1 S. 1 Nr. 3 EStG	700.000 €
Zu versteuerndes Einkommen des Komplementärs	700.000 €

In Anbetracht der gefundenen Ergebnisse stellt sich daher die letztlich – zumindest auf innerstaatlicher Ebene – rein dogmatische Frage[396], ob die Konstruktion einer Entnahme in solchen Fällen notwendig ist oder nicht doch im Verhältnis zum persönlich haftenden Gesellschafter auf Ebene der KGaA eine verdeckte Gewinnausschüttung vorliegen kann.

(2) Die verdeckte Gewinnausschüttung als methodische Grundentscheidung des Gesetzgebers im Rahmen des Körperschaftsteuergesetzes

Am Beispiel der verdeckten Gewinnausschüttung zeigt sich, dass eine teiltransparente steuerliche Behandlung der KGaA über das Ziel hinausschießen kann. Und zwar dann, wenn trotz Vorhandenseins spezieller körperschaftsteuerlicher Normen, eine Anwendung der Mitunternehmergrundsätze auch auf KGaA-Ebene stattfindet. Insoweit liegt ein Missverständnis der im Grunde transparenten Besteuerung des persönlich haftenden Gesellschafters vor. Dieser soll *wie* ein Mitunternehmer besteuert werden. Die KGaA hingegen ist uneingeschränkt Körperschaftsteuersubjekt und nicht partiell eine Mitunternehmerschaft. Eine Besteuerung der KGaA *wie* eine Mitunternehmerschaft findet nicht statt und wird vom Gesetz auch nicht gefordert. Die KGaA ist eine Kapitalgesellschaft und als solche Körperschaftsteuersubjekt.[397] Die Normen des Körperschaftsteuergesetzes finden bei ihr Anwendung und (soweit der Wortlaut bzw. die Auslegung kein Anderweitiges vorgibt) das uneingeschränkt.

396 So auch *Bielinis*, Die Besteuerung der KGaA, S. 204.

397 S. oben § 2 II. 1.

In Bezug auf die Anwendbarkeit des § 8 Abs. 3 S. 2 KStG ist zwar anzuerkennen, dass die Definition der verdeckten Gewinnausschüttung nicht vollständig auf den Fall des Komplementärs passt, da dieser nicht bezugsberechtigt ist und damit nie Empfänger einer offenen Gewinnausschüttung sein kann. Allerdings handelt es sich bei dieser Definition nicht um eine gesetzliche Definition, sondern um eine Definition der Rechtsprechung des BFH.[398] Dass diese nicht uneingeschränkt starr zu verstehen ist, hat der BFH selbst in mehreren Entscheidungen aufgezeigt.[399] Das problematische Merkmal der „offenen Gewinnausschüttung“[400] hat der BFH in einem Urteil entwickelt, in dem es um eine GmbH ging. Es bleibt offen, ob er diesen Terminus auch gewählt hätte, wenn es sich in dem Fall um eine KGaA – die eine Art Sonderform unter den Kapitalgesellschaften darstellt – gehandelt hätte.[401]

Weiter ist ein systematisches Rangverhältnis zwischen § 8 Abs. 3 S. 2 KStG und § 9 Abs. 1 Nr. 1 KStG nicht zu erkennen.[402] Die Normen stehen gleichrangig nebeneinander.[403] Auch der teilweise angeführte „fehlende“ Vorbehalt der Anwendung des § 8 Abs. 3 S. 2 KStG in § 9 Abs. 1 Nr. 1 KStG vermag daran nichts zu ändern.[404] Allein der Umstand, dass im Gegensatz zu § 9 Abs. 1

398 BFH v. 22.02.1989 – I R 9/85, BStBl. II 1989, 631 juris Rn. 11; BFH v. 14.03.1989 – I R 8/85, BStBl. II 1989, 633 juris Rn. 11; v. 28.06.1989 – I R 89/85, BStBl. II 1989, 854 (855) juris Rn. 20; v. 02.12.1992 – I R 54/91, BStBl. II 1993, 311 juris Rn. 11; v. 19.03.1997 – I R 75/96, BStBl. II 1997, 577 juris Rn. 9; v. 16.12.1998 – I R 96/95, BFH/NV 1999, 1125 juris Rn. 12; v. 10.04.2013 – I R 45/11, BStBl. II 2013, 771 juris Rn. 30.

399 So hat der BFH zum Beispiel das Merkmal der „Einkommenshöhe“ in neueren Entscheidungen durch den Begriff „Unterschiedsbetrag gem. § 4 Abs. 1 S. 1 EStG“ ersetzt. S. BFH v. 17.10.2001 – I R 103/00, BStBl. II 2004, 171 (173) juris Rn. 37; v. 07.08.2002 – I R 2/02, BStBl. II 2004, 131 juris Rn. 7; v. 29.04.2008 – I R 67/06, BStBl. II 2011, 55 juris Rn. 30; v. 13.03.2019 – I R 18/19, BFH/NV 2019, 1440 juris Rn. 21. Vgl. auch *Bielinis*, Die Besteuerung der KGaA, S. 204 Fn. 943; *Gosch*, in: Gosch, KStG, § 8 Rn. 168 ff.

400 Eine ausführliche Darstellung der Problematik dieses Merkmals findet sich bei *Bielinis*, Die Besteuerung der KGaA, S. 204 f.

401 *Bielinis* schlägt eine Anpassung der Merkmale der verdeckten Gewinnausschüttung auf den persönlich haftenden Gesellschafter einer KGaA vor. Eine verdeckte Gewinnausschüttung läge dann vor, wenn die durch das Gesellschaftsverhältnis veranlasste Vermögensminderung oder verhinderte Vermögensmehrung, die sich auf das Einkommen der KGaA – namentlich den Unterschiedsbetrag im Sinne des § 4 Abs. 1 S. 1 EStG – ausgewirkt haben, nicht in einer *offenen Gewinnverteilung* erfolgt, die im Fall des persönlich haftenden Gesellschafters den satzungsmäßigen oder den gesetzlichen Gewinnverteilungsvorschriften zu entsprechen hat; *Bielinis*, Die Besteuerung der KGaA, S. 210.

402 So auch *Mahlow*, DB 2003, 1540 (1543); *Bielinis*, Die Besteuerung der KGaA, S. 208.

403 *Mahlow*, DB 2003, 1540 (1543).

404 So aber FG Köln v. 17.08.2006 – 6 K 6170/03, EFG 2006, 1923 juris Rn. 33.

Nr. 2 KStG ein solcher Vorbehalt nicht enthalten ist, mag nicht zu rechtfertigen, dass § 8 Abs. 3 S. 2 KStG nicht anwendbar ist.[405] Ein solcher Vorbehalt ist bei § 9 Abs. 1 Nr. 1 KStG schlichtweg nicht nötig, denn die körperschaftsteuerliche Abziehbarkeit der Vergütungen korrespondiert mit der einkommensteuerlichen Erfassung dieser Beträge.[406] Auf Ebene der KGaA wird der unangemessene Teil der Zuwendung letztlich abgezogen, um diesen Teil dem persönlich haftenden Gesellschafter zuzurechnen und ihn bei diesem der Besteuerung zu unterwerfen. Denn letztlich kommt der Vermögensvorteil dem Komplementär zugute. Anders verhält es sich bei dem körperschaftsteuerlichen Spendenabzug. Hier besteht die Gefahr, dass Zuwendungen, die eigentlich verdeckte Gewinnausschüttungen darstellen, das Einkommen mindern, indem sie gespendet werden.[407] Aus diesem Grund werden solche Zuwendungen aus dem Anwendungsbereich des § 9 Abs. 1 Nr. 2 KStG ausgenommen.[408]

Zudem wird das Fehlen des Vorbehaltes auch von den Vertretern der transparenten Sichtweise nicht dahingehend verstanden, dass der § 8 Abs. 3 KStG vollumfänglich (also auch § 8 Abs. 3 S. 1 KStG) bei der KGaA im Verhältnis zu ihrem persönlich haftenden Gesellschafter nicht anwendbar ist. Dem Wortlaut nach erstreckt sich der Vorbehalt des § 9 Abs. 1 Nr. 2 KStG auf den gesamten § 8 Abs. 3 KStG und nicht nur auf dessen zweiten Satz. Folgt man dem Vorbehalts-Argument allerdings konsequent, würde dies bedeuten, dass auch der gesamte § 8 Abs. 3 KStG nicht auf die KGaA anwendbar wäre, denn § 9 Abs. 1 Nr. 1 KStG enthält eben keinen solchen Vorbehalt. Indes wird auch von Vertretern der transparenten Sichtweise der § 8 Abs. 3 S. 1 KStG bei der KGaA angewendet.[409] Im Ergebnis ist § 8 Abs. 3 S. 1 KStG in Bezug auf den Gewinnanteil des Komplementärs zwar obsolet, denn § 9 Abs. 1 Nr. 1 KStG hebt dessen Wirkung wieder auf.[410] Dies erscheint zwar unnötig

---

405 Vgl. *Hageböke*, in: Rödder/Herlinghaus/Neumann, § 9 KStG Rn. 68, der die Begründung des FG Köln v. 17.08.2006 – 6 K 6170/03, EFG 2006, 1923 in diesem Punkt nicht für überzeugend hält.

406 *Mahlow*, DB 2003, 1540 (1543).

407 *Mahlow*, DB 2003, 1540 (1543).

408 Vgl. *Brandl*, in: Blümich, § 9 KStG Rn. 130 (Stand 08/2019).

409 *Frotscher*, Der Konzern 2005, 139 (140); *Hageböke*, DB 2012, 2709 (2713), bei Tätigkeitsvergütungen sei zunächst nach allgemeinen Grundsätzen eine außerbilanzielle Korrektur nach § 8 Abs. 3 S. 1 KStG vorzunehmen und dem folgend eine Kürzung nach § 9 Abs. 1 Nr. 1 KStG.

410 So ähnlich auch *Bielinis*, Die Besteuerung der KGaA, S. 208: „Der Hinzurechnung nach § 8 Abs. 3 S. 2 KStG im ersten Schritt steht eine Kürzung gem. § 9 Abs. 1 Nr. 1 KStG

umständlich, ist aber Folge der bestehenden Gesetzessystematik.[411] Es ist jedoch kein Grund ersichtlich, weshalb § 8 Abs. 3 S. 1 KStG für die KGaA keine Anwendung finden sollte. Der Vorbehalt des § 9 Abs. 1 Nr. 2 KStG soll sicherstellen, dass ein Abzug als Spende entfällt, sobald die Kriterien einer Gewinnverteilung erfüllt sind.[412] Das Vorliegen einer Gewinnverteilung schließt mithin das Vorliegen einer Spende aus. Anders verhält es sich bei der KGaA. § 9 Abs. 1 Nr. 1 KStG betrifft immer die Gewinnverteilung, da gerade der „Teil des Gewinns" zum Abzug zugelassen wird. Das Vorliegen einer Gewinnverteilung schließt mithin gerade nicht den Abzug nach § 9 Abs. 1 Nr. 1 KStG aus, sondern ist vielmehr Voraussetzung hierfür. Eines Vorbehaltes bedarf es daher nicht.

Auch Sinn und Zweck der Norm sprechen für eine Anwendung bei der KGaA. Ziel des § 8 Abs. 3 S. 2 KStG ist es, eine außerbetrieblich veranlasste Senkung der wirtschaftlichen Leistungsfähigkeit der Kapitalgesellschaft zu verhindern. Vorgänge, die als verdeckte Gewinnausschüttung qualifizieren, sollen das Einkommen nicht mindern. Die Gewinnverwendung einer Gesellschaft soll auf die Höhe des Einkommens keinen Einfluss haben. Nach dem objektiven Nettoprinzip sind allerdings Betriebsausgaben, also Aufwendungen, die durch den Betrieb veranlasst sind (§ 4 Abs. 4 EStG i.V.m. § 8 Abs. 1 S. 1 KStG), zum Abzug zuzulassen. Dementsprechend dürfen Aufwendungen, die nicht betrieblich veranlasst sind, den Gewinn nicht mindern.[413] Zu diesen Aufwendungen zählen als gesellschaftlich veranlasste Aufwendungen die verdeckten Gewinnausschüttungen. Auch der Gewinn einer KGaA kann durch erhöhte Vergütungen auf den persönlich haftenden Gesellschaf-

---

im zweiten Schritt gegenüber", dies erscheine zwar aus „gesetzestechnischer Sicht unökonomisch", stelle jedoch keinen Widerspruch dar.

411 Vgl. *Bielinis*, Die Besteuerung der KGaA, S. 208.

412 *Brandl*, in: Blümich, § 9 KStG Rn. 60 (Stand 08/2019).

413 Nach der ständigen Rechtsprechung des BFH verfügt eine Kapitalgesellschaft nur über einen betrieblichen Bereich. Eine außerbetriebliche Sphäre soll nicht existieren. Demnach können bei einer Kapitalgesellschaft entweder betrieblich oder gesellschaftlich veranlasste Aufwendungen vorliegen. S. BFH v. 04.12.1996 – I R 54/95, BFH/NV 1997, 190; v. 06.07.2000 – I B 34/00, BStBl. II 2002, 490 juris Rn. 10; v. 25.10.2006 – I B 120/05, BFH/NV 2007, 502 juris Rn. 13; v. 15.02.2012 – I B 97/11, BStBl. II 2012, 697 juris Rn. 6; v. 27.07.2016 – I R 12/15, BStBl. II 2017, 217 juris Rn. 12. S. zur Entwicklung der Rechtsprechung *Rengers*, in: Blümich, § 8 KStG Rn. 61 ff. (Stand 08/2017). Im Schrifttum wird das teilweise anders gesehen. Für eine private Sphäre von Kapitalgesellschaften: *Hüttemann*, in: FS Raupach, S. 495 ff.; *Weber-Grellet*, BB 2014, 2263 (2265); *Birk*, BB 2009, 860 ff.; *Schwedhelm*, in: Streck, § 8 KStG Rn. 55; *Roser*, in: Gosch, KStG § 8 Rn. 74ff.

ter „transferiert“ werden.[414] Zwar mindern diese Zahlungen an den Komplementär im Ergebnis wegen § 9 Abs. 1 Nr. 1 KStG den Gewinn der KGaA. Dennoch muss zunächst die wirtschaftliche Leistungsfähigkeit der KGaA erfasst werden. Nicht betrieblich veranlasste Aufwendungen dürfen diese zunächst nicht mindern und sind gem. § 8 Abs. 3 S. 2 KStG als verdeckte Gewinnausschüttung hinzuzurechnen.

Richtig ist zwar, dass der Fall, den § 8 Abs. 3 S. 2 KStG zu verhindern versucht, beim persönlich haftenden Gesellschafter nicht allein auf seine Veranlassung hin erfolgen kann. Denn die KGaA wird bei Rechtsgeschäften mit ihrem Komplementär durch ihren Aufsichtsrat vertreten, um einen Interessenkonflikt zwischen den Parteien zu vermeiden. Somit stehen sich im Grunde gegensätzliche Interessen gegenüber, sodass davon auszugehen ist, dass es nicht zu einer Vorteilsgewährung gegenüber dem persönlich haftenden Gesellschafter kommen wird.[415] Auch wenn dies der Regelfall sein mag, sind überhöhte Zahlungen an den persönlich haftenden Gesellschafter dennoch möglich. Denn zum einen ist es nicht primäre Aufgabe des Aufsichtsrates, verdeckte Gewinnausschüttungen zu verhindern, sondern vielmehr die gesellschaftsrechtliche Zulässigkeit von Rechtsgeschäften zu überwachen. Zum anderen ist auch immer ein Versagen des Aufsichtsrates bei der Wahrnehmung seiner Kontrollfunktion denkbar.[416] Gerade der Fall einer verhinderten Vermögensmehrung zeigt hier eindrücklich die Notwendigkeit der Erfassung als verdeckte Gewinnausschüttung. Kommt es bloß aufgrund einer mangelnden Kontrolle des Aufsichtsrates zu einem fremdunüblichen Geschäft mit dem Komplementär, kann Folge hiervon nicht die Nichtbesteuerung des Vermögensvorteils beim Komplementär sein. Vielmehr bedarf es der verdeckten Gewinnausschüttung, um die Vermögensverschiebung zwischen Gesellschaft und Gesellschafter steuerlich korrekt abzubilden.

Letztlich führt die Nichtanwendung des § 8 Abs. 3 S. 2 KStG zu Folgeproblemen, wenn der persönlich haftende Gesellschafter gleichzeitig Kommanditaktionär ist.[417] Eine verdeckte Gewinnausschüttung sei in diesem Fall auch nach den Vertretern einer streng transparenten Sichtweise freilich möglich. Entscheidend sei aber, wodurch die unangemessene Zahlung veranlasst wur-

---

414 *Bielinis*, Die Besteuerung der KGaA, S. 210.

415 Vgl. *Ammenwerth*, Die KGaA, S. 145; *Drüen*, in: Hermann/Heuer/Raupach, § 9 KStG Rn. 30 (Stand 01/2019).

416 So auch *Drüen*, in: Hermann/Heuer/Raupach, § 9 KStG Rn. 30 (Stand 01/2019).

417 *Schaumburg/Schulte*, Die KGaA, Rn. 112. Vgl. *Engel*, in: Die Kommanditgesellschaft auf Aktien, § 9 Rn. 41 f.

de. Wurde sie durch die Kommanditaktionärsstellung veranlasst, dann läge unstreitig eine verdeckte Gewinnausschüttung vor. Wurde sie hingegen durch seine Stellung als Komplementär veranlasst, sei eine verdeckte Gewinnausschüttung nicht möglich.[418] Wonach eine Aufteilung der verdeckten Gewinnausschüttung zu erfolgen hat, ist umstritten.[419] Letztlich erscheint die Aufteilung der unangemessenen Zahlung in eine Entnahme und eine verdeckte Gewinnausschüttung eher als künstliche Aufspaltung, da es sich um ein und dieselbe Zahlung handelt. Es handelt sich um an den Gesellschafter verteilten Gewinn. Die Frage nach der Aufteilung wird erst relevant, wenn es um die Höhe des nach § 9 Abs. 1 Nr. 1 KStG abziehbaren Gewinnanteils des persönlich haftenden Gesellschafters geht. Dieser sollte sich dann an der satzungsmäßigen Ergebnisverteilungsabrede zwischen der KGaA und dem persönlich haftenden Gesellschafter orientieren.[420]

cc. Ergebnis

Die Besteuerung der persönlich haftenden Gesellschafter und die Behandlung ihrer Gewinnanteile bei der KGaA mögen sich zwar im Grunde nach dem Transparenzprinzip richten, auf Ebene der KGaA ist aber grundsätzlich Körperschaftsteuerrecht anwendbar und zwar ohne Ausnahme einzelner Normen. Eine verdeckte Gewinnausschüttung ist mithin auch bei der KGaA an ihren persönlich haftenden Gesellschafter möglich und darf den Gewinn gem. § 8 Abs. 3 S. 2 KStG zunächst nicht mindern. Sie ist außerbilanziell hinzuzurechnen.

Die Behandlung von verdeckten Gewinnausschüttungen auf Ebene von Kapitalgesellschaften und somit auch auf Ebene der KGaA ist eine methodische Grundentscheidung des Gesetzgebers in Bezug auf die Besteuerung von Kapitalgesellschaften. Das Transparenzprinzip kann hiervon ohne gesetzliche Grundlage nicht abweichen. Die Entscheidung des Gesetzgebers darf auch bei der steuerlichen Betrachtung einer hybriden Gesellschaft wie der

---

418 Der Aufteilungsmaßstab ist jedoch ebenfalls umstritten. Vgl. *Wassermeyer*, GmbHR 1999, 18 (23); *Schaumburg/Schulte*, Die KGaA, Rn. 111 f.; *Engel*, in: Die Kommanditgesellschaft auf Aktien, § 9 Rn. 42.

419 S. hierzu *Engel*, in: Die Kommanditgesellschaft auf Aktien, § 9 Rn. 42. Eine Darstellung des Meinungsspektrums findet sich bei *Hoppe*, Die Besteuerung der Kommanditgesellschaft auf Aktien zwischen Trennungs- und Transparenzprinzip, S. 71.

420 So auch *Hoppe*, Die Besteuerung der Kommanditgesellschaft auf Aktien zwischen Trennungs- und Transparenzprinzip, S. 71; *Engel*, in: Die Kommanditgesellschaft auf Aktien, § 9 Rn. 42.

KGaA nicht übergangen werden. Zumal sich Belastungsunterschiede im Vergleich zur Annahme einer Entnahme überhaupt nicht ergeben. Die KGaA ist Körperschaftsteuersubjekt. Eine Vorschrift, die die Anwendung des § 8 Abs. 3 S. 2 KStG auf Gewinnausschüttungen an die Kommanditaktionäre einer KGaA begrenzt, ist dem Gesetz nicht zu entnehmen. Eine teleologische Reduktion ist ebenfalls nicht erforderlich. Auf Ebene der KGaA kann eine verdeckte Gewinnausschüttung an den Komplementär vorliegen. Dass diese sodann beim Komplementär als Teil seines Gewinnanteils im Rahmen des § 15 Abs. 1 S. 1 Nr. 3 EStG zu erfassen ist und nicht die für verdeckte Gewinnausschüttungen an Anteilseigner einer regulären Kapitalgesellschaft spezielle Norm des § 20 Abs. 1 Nr. 1 S. 2 EStG anwendbar ist, liegt nach einer transparenten Sichtweise auf der Hand. Denn § 15 Abs. 1 S. 1 Nr. 3 EStG erfasst sämtliche Gewinnanteile des persönlich haftenden Gesellschafters einer KGaA und somit auch die unangemessenen Zahlungen der KGaA, die im Gesellschafterverhältnis begründet liegen.

IV. Innerstaatliche Systematik der Besteuerung der KGaA (thesenförmige Zusammenfassung)

1. Die Rechtsform der KGaA ist ein Hybrid mit sowohl aktienrechtlichen als auch personengesellschaftsrechtlichen Zügen. Als Hybrid muss sie sich dennoch in den geltenden Dualismus der Unternehmensbesteuerung einordnen lassen.
2. Die KGaA ist Kapitalgesellschaft und damit gem. § 1 Abs. 1 Nr. 1 KStG unbeschränkt steuerpflichtig, sofern sie ihren Sitz oder ihre Geschäftsleitung im Inland hat. Sie ist damit uneingeschränkt Körperschaftsteuersubjekt. Die Normen des Körperschaftsteuergesetzes sind grundsätzlich vollumfänglich auf Ebene der KGaA anwendbar. Die Kommanditaktionäre beziehen von der KGaA Dividendeneinkünfte, die – wie bei regulären Kapitalgesellschaften auch – grundsätzlich zu Einkünften aus Kapitalvermögen gem. § 20 Abs. 1 Nr. 1 S. 1 EStG führen und der Abgeltungsteuer unterliegen.
3. Der persönlich haftende Gesellschafter der KGaA erzielt gem. § 15 Abs. 1 S. 1 Nr. 3 EStG mit seinem Gewinnanteil sowie von der KGaA gewährten Sondervergütungen Einkünfte aus Gewerbebetrieb.
4. Einkunftsquelle des persönlich haftenden Gesellschafters ist in Bezug auf seinen Gewinnanteil der Gewerbebetrieb der KGaA. Ihm wird ein fremder Gewinn zugerechnet. Die Abgeltungsteuer (bei natürlichen Personen) findet auf die ihm von der KGaA zugerechneten Gewinnanteile anders als bei

den Kommanditaktionären keine Anwendung. Die drohende Doppelbesteuerung des Gewinnanteils einerseits auf Ebene der KGaA und andererseits auf Ebene des Komplementärs wird durch § 9 Abs. 1 Nr. 1 KStG vermieden, indem die Gewinnanteile des Komplementärs aus dem steuerlichen Gewinn der KGaA herauszunehmen sind.

5. Die Sondervergütungen des persönlich haftenden Gesellschafters beruhen auf einer eigenständigen schuldrechtlichen Beziehung zur KGaA. Einkunftsquelle ist insoweit nicht der Gewerbebetrieb der KGaA, sondern die schuldrechtliche Leistungsbeziehung.
6. Die KGaA ist auf Gesellschaftsebene zwar als Kapitalgesellschaft nach dem Körperschaftsteuergesetz zu besteuern, auf Ebene des persönlich haftenden Gesellschafters findet hingegen im Grunde eine Besteuerung *wie* ein Mitunternehmer statt. Etwas anderes kann sich nur aus den geltenden gesetzlichen Vorschriften ergeben. Der Gesetzgeber ist nicht verpflichtet, die KGaA „eindimensional" nach dem Transparenz- oder nach dem Intransparenzprinzip zu besteuern. Vielmehr muss die hybride Gesellschaftsform im Rahmen des dualistisch ausgestalteten Unternehmensteuerrechts auch wie ein Hybrid behandelt werden. Im Grunde stellt jedoch die teiltransparente Besteuerung der KGaA auf rein nationaler Ebene die gesetzeskonforme Umsetzung des Dualismus der Unternehmensbesteuerung dar, allerdings nicht ohne Abweichungen zuzulassen. Je nach Sach- und Normzusammenhang kann dem gesetzgeberischen Konzept eine eher transparente Lösung oder eben auch eine eher intransparente Lösung der Sachfrage entsprechen. Maßgebend ist die Auslegung der im konkreten Einzelfall anwendbaren Normen.
7. Nicht abziehbare Betriebsausgaben der KGaA wirken sich sowohl anteilig auf Ebene der KGaA als auch auf Ebene des persönlich haftenden Gesellschafters (verteilt nach dem allgemeinen Beteiligungsschlüssel) aus.
8. Die Steuerfreistellung von Dividendeneinkünften auf Ebene der KGaA gem. § 8b Abs. 1 KStG erfolgt anteilig (in Höhe des Anteils der Kommanditaktionäre). Auf Ebene des persönlich haftenden Gesellschafters findet diesbezüglich – sofern es sich um eine natürliche Person handelt – das Teileinkünfteverfahren oder aber – bei einer Kapitalgesellschaft & Co. KGaA – ebenfalls § 8b Abs. 1 KStG Anwendung.
9. Auf Ebene der KGaA kann eine verdeckte Gewinnausschüttung an den persönlich haftenden Gesellschafter vorliegen, die grundsätzlich das Einkommen der KGaA nicht mindern darf (§ 8 Abs. 3 S. 2 KStG). Diese ist als Teil des an den persönlich haftenden Gesellschafter verteilten Gewinns einerseits auf Ebene der KGaA nach § 9 Abs. 1 Nr. 1 KStG abzuziehen und

andererseits auf Ebene des persönlich haftenden Gesellschafters als dessen Einkünfte aus Gewerbebetrieb gem. § 15 Abs. 1 S. 1 Nr. 3 EStG zu erfassen.

Teil 2: Die KGaA im internationalen Steuerrecht

§ 3 Grundlagen des internationalen Steuerrechts

I. Die KGaA als grenzüberschreitend tätiges Unternehmen

Die stetig zunehmende Anzahl grenzüberschreitend tätig werdender Unternehmen wirkt sich auch auf die Gesellschaftsform der KGaA aus. Die in dieser Rechtsform organisierten Unternehmen verschließen sich dem internationalen Markt gegenüber nicht, sondern werden vermehrt im Ausland tätig. Es stellt sich zunehmend die Frage nach der Besteuerung grenzüberschreitender Tätigkeiten einer KGaA und ihrer Gesellschafter.[421] Die Unsicherheiten sowie Planungsschwierigkeiten auf steuerrechtlicher Ebene, die mit der Gesellschaftsform der KGaA einhergehen, dürften sich auf internationaler Ebene noch vervielfältigen. Denn hier treffen zwei in der Regel – teils erheblich – unterschiedliche Rechtsordnungen aufeinander. Zur Lösung der sich ergebenden Konflikte bedarf es des internationalen Steuerrechts.

II. Begriff des internationalen Steuerrechts

Der Begriff des internationalen Steuerrechts wird nicht einheitlich verwendet. Teilweise werden hierunter Kollisionsnormen und Konfliktregeln gefasst[422], teils wird das internationale Steuerrecht als ausschließlich völkerrechtliche Normen umfassend verstanden[423]. Im Folgenden wird ein weites

---

421 Das belegen die jüngsten Urteile aus der Rechtsprechung: BFH v. 19.05.2010 – I R 62/09, BFH/NV 2010, 1919; FG Düsseldorf v. 17.12.2018 – 2 K 3874/15 F, EFG 2019, 505, Revision beim BFH anhängig unter BFH I R 8/19; BFH v. 01.06.2022 – I R 44/18, DStR 2022, 2047.

422 Vgl. *Isay*, Internationales Finanzrecht (1934), S. 3, 17 f.; *Spitaler*, Das Doppelbesteuerungsproblem bei den direkten Steuern, S. 551 f.; *Bühler*, Prinzipien des Internationalen Steuerrechts, S. 1 ff.

423 *Debatin*, in: Wassermeyer, DBA, Systematik I, Rn. 2 (2000). *Bühler* unterscheidet zwischen dem internationalen Steuerrecht im weiten und im engeren Sinne. Das internationale Steuerrecht im engeren Sinne umfasse nur die völkerrechtlich begründeten Normen des Kollisionsrechts. Letztlich legt aber auch *Bühler* seinen Ausführungen ein weites Verständnis zugrunde und erfasst damit sowohl völkerrechtliche Normen

Verständnis zugrunde gelegt. Erfasst werden alle Normen, die Anwendung auf auslandsbezogene Sachverhalte finden. Dazu gehören inländische Sachverhalte mit Auslandsbezug, grenzüberschreitende Sachverhalte sowie ausländische Sachverhalte mit Inlandsbezug.[424] Eine Einschränkung ist jedoch geboten. Wird der Begriff des internationalen Steuerrechts als Gesamtheit der Rechtsvorschriften verstanden, die sich auf Auslandssachverhalte beziehen, muss stets ein Bezug zu einer bestimmten Rechtsordnung hergestellt werden.[425] Behandelt wird vorliegend das deutsche internationale Steuerrecht. Unterteilen lassen sich die Regelungen des deutschen internationalen Steuerrechts in Normen, die eine internationale Doppelbesteuerung bzw. doppelte Nichtbesteuerung[426] vermeiden wollen und Normen, die gemeinhin als Außensteuerrecht bezeichnet werden.[427]

Die Normen, die eine Doppelbesteuerung bzw. doppelte Nichtbesteuerung zu vermeiden suchen, sind Gegenstand dieser Untersuchung. Sie sollen näher in den Fokus genommen und ihre Anwendung auf die KGaA überprüft werden. Dabei sind zunächst die Ursachen einer doppelten (Nicht-)Besteuerung auszumachen. Nur wenn die Ursachen einer steuerlich unerwünschten Situation offen liegen, können Maßnahmen entwickelt werden, diese zu vermeiden. Die bestehenden Methoden können sodann nur auf ihre Wirksamkeit hin überprüft werden, soweit ein Maßstab existiert. Daher muss zum einen festgelegt werden, was genau vermieden werden soll und zum anderen muss der Grund für das Bedürfnis nach Vermeidung der steuerlichen Rechtsfolgen ausgemacht werden.

---

als auch nationalrechtliche Regelungen, die das Kollisionsrecht normieren; s. *Bühler*, Prinzipien des Internationalen Steuerrechts, S. 3.

424 So auch *Schaumburg*, in: Internationales Steuerrecht, Rn. 1.4, der zudem die verschiedenen Ansätze zum Begriffsverständnis darstellt und kritisch beleuchtet, *Schaumburg*, in: Internationales Steuerrecht, Rn. 1.1 ff.

425 *Frotscher*, Internationales Steuerrecht, Rn. 27; *Schaumburg*, in: Internationales Steuerrecht, Rn. 1.5.

426 Im Folgenden werden die Begriffe der Doppelbesteuerung und der doppelten Nichtbesteuerung nicht mehr gesondert als „international" bezeichnet, sondern von einem solchen Begriffsverständnis ausgegangen. In Fällen, in denen es auf die rein nationale Doppelbelastung durch Steuern ankommt, wird dies ausdrücklich erwähnt.

427 *Schaumburg*, in: Internationales Steuerrecht, Rn. 1.4.

III. Entstehung von doppelter (Nicht-)Besteuerung

1. Doppelbesteuerung und doppelte Nichtbesteuerung

a. Begriff der Doppelbesteuerung

Um die Entstehung und Vermeidung von Doppelbesteuerung zu ergründen, ist zunächst der Begriff der Doppelbesteuerung für die vorliegende Untersuchung in Konturen zu gießen. Schon 1936 stellte Spitaler fest, eine in der Literatur feststehende Definition dieses Begriffes existiere nicht.[428] Diese Aussage trifft heute noch zu. Obwohl sich seit 1936 zahlreiche Autoren an der Definition dieses Begriffes versucht haben, konnte sich keiner der Vorschläge durchsetzen. Der Begriff der Doppelbesteuerung ist weiterhin kein *terminus technicus*.[429] Es hat sich mittlerweile allerdings ein allgemeines Verständnis herausgebildet, das nur noch in Detailfragen voneinander abweicht.[430] Im rechtlichen Sinn bedeutet Doppelbesteuerung danach die Erhebung vergleichbarer Steuern in zwei oder mehr Staaten von demselben Steuerpflichtigen für denselben Steuergegenstand und denselben Zeitraum.[431] Einer Doppelbesteuerung liegt immer ein grenzüberschreitender Sachverhalt zugrunde, bei dem es aufgrund der vielfachen Anknüpfungspunkte zu einer Mehrfachbelastung mit Steuern durch zwei oder mehr Staaten kommt.[432]

---

428 *Spitaler*, Das Doppelbesteuerungsproblem bei den direkten Steuern, S. 54.

429 *Wassermeyer*, in: Wassermeyer, DBA, Vor Art. 1 OECD-MA Rn. 1 (Stand 10/2016). Die Klärung des Begriffs habe keine weitere Funktion als diejenige, der Verständigung zu dienen; so *Mössner*, DStJG 1985, S. 135 (137).

430 *Jacobs*, Internationale Unternehmensbesteuerung, S. 3.

431 So letztlich auch schon *Spitaler* in 1936: *Spitaler*, Das Doppelbesteuerungsproblem bei den direkten Steuern, S. 132 f. Ebenfalls *Vogel*, DStZ 1997, 269 (276); *Kluge*, Das Internationale Steuerrecht, Abschn. B Rn. 22; *Schaumburg*, in: Internationales Steuerrecht, Rn. 15.1 ff.; *Wassermeyer*, in: Wassermeyer, DBA, Vor Art. 1 OECD-MA Rn. 2 (Stand 10/2016); *Lehner*, in: Vogel/Lehner, Grundlagen Rn. 7. Vgl. auch Einleitung Nr. 1 OECD-Musterkommentar. *Bühler* versteht hingegen hierunter die Internationale Doppelbesteuerung im engeren Sinn, verwendet allerdings dieselben Begrifflichkeiten, *Bühler*, Prinzipien des Internationalen Steuerrechts, S. 32.

432 Zumindest gilt das für die vorliegend zu untersuchenden Fälle der internationalen Doppelbesteuerung. Freilich kann Doppelbesteuerung auch rein innerstaatlich entstehen. Ein Beispiel dafür ist die Ausschüttung von Dividenden. Schüttet eine Tochtergesellschaft Dividenden an ihre Anteilseignerin, die Muttergesellschaft, aus, werden die bereits auf Ebene der Tochtergesellschaft mit Körperschaftsteuer belasteten Einkünfte auf Ebene der Muttergesellschaft erneut der Besteuerung unterworfen. Zur Vermeidung einer solchen doppelten Belastung dient § 8b Abs. 1 KStG. S. hierzu § 2 III. 7. b. aa.

Eine solche Mehrfachbelastung bildet die wirtschaftliche Leistungsfähigkeit des Steuersubjektes nicht korrekt ab. Ziel des Doppelbesteuerungsrechts ist es, die Mehrfachbelastung zu vermeiden bzw. abzumildern.

Von der rechtlichen Doppelbesteuerung ist die wirtschaftliche Doppelbesteuerung abzugrenzen. Diese liegt vor, wenn eine gleichartige Steuer wegen desselben Tatbestandes für denselben Zeitraum durch mehrere Staaten erhoben wird.[433] Im Unterschied zur rechtlichen Doppelbesteuerung fehlt die Voraussetzung der Subjektidentität.[434] Gerade bei grenzüberschreitend tätigen Gesellschaften kann es durch eine nicht unter den Staaten abgestimmte Steuererhebung bei der Gesellschaft und ihren Gesellschaftern zu wirtschaftlicher Mehrbelastung kommen, wenn die Staaten die Einkünfte unterschiedlichen Personen zurechnen.[435]

b. Begriff der doppelten Nichtbesteuerung

Während der Begriff der Doppelbesteuerung zwar nicht abschließend definiert ist, abgesehen von Detailfragen aber ein allgemeines Verständnis von dessen Bedeutung vorliegt, steht der Begriff der doppelten Nichtbesteuerung noch am Anfang der Konsensfindung.[436] Es besteht nicht einmal eine einheitliche Bezeichnung dieses Phänomens.[437] Teilweise wird die doppelte Nichtbesteuerung als bloße Folge der Vermeidung von Doppelbesteuerung erachtet.[438] Dieses Verständnis gerät angesichts der weiteren

433 *Bühler*, Prinzipien des Internationalen Steuerrechts, S. 32; *Lehner*, in: Vogel/Lehner, Grundlagen Rn. 9; *Jacobs*, Internationale Unternehmensbesteuerung, S. 3 f.; *Wassermeyer*, in: Wassermeyer, DBA, Vor Art. 1 OECD-MA Rn. 3 (Stand 10/2016); *Frotscher*, Internationales Steuerrecht, Rn. 11.

434 *Weber-Fas*, Staatsverträge im Internationalen Steuerrecht, S. 46; *Valta*, Das Internationale Steuerrecht zwischen Effizienz, Gerechtigkeit und Entwicklungshilfe, S. 222; *Frotscher*, Internationales Steuerrecht, Rn. 11.

435 Vgl. *Wassermeyer*, in: Wassermeyer/Richter/Schnittker, Personengesellschaften im Internationalen Steuerrecht, Rn. 4.5.

436 Zu den verschiedenen Versuchen einer Definition ausführlich *Jankowiak*, Doppelte Nichtbesteuerung im Internationalen Steuerrecht, S. 32 ff.

437 Die Bezeichnungen reichen von Doppelnichtbesteuerung, Doppelfreistellung, Keinmalbesteuerung, Nullbesteuerung, Minderbesteuerung über Steuerflucht, Steuervermeidung, Steuerumgehung bis hin zur Beschreibung der Einkünfte als weiß oder grau; s. hierzu *Burmester*, in: FS Debatin, S. 55 (56); *Jankowiak*, Doppelte Nichtbesteuerung im Internationalen Steuerrecht, S. 32.

438 Vgl. *Frotscher*, Internationales Steuerrecht, Rn. 19.

Ursachen einer doppelten Nichtbesteuerung zu eng.[439] BURMESTER will unter den Begriff der Minderbesteuerung jegliche international unangemessenen und wettbewerbsverzerrenden Steuervorteile, die ihre Ursache sowohl in den unterschiedlichen Steuerordnungen der Staaten als auch in grenzüberschreitenden Verlagerungsmaßnahmen der Steuerpflichtigen haben können, fassen.[440] Diese Beschreibung erscheint umfassend[441], bedarf jedoch der Modifizierung. Die Beschränkung auf entstehende „Steuer*vorteile*" kann nicht beibehalten werden. Eine doppelte Nichtbesteuerung kann für den Steuerpflichtigen auch zu Nachteilen führen und zwar dann, wenn er keinen grenzüberschreitenden Gewinn, sondern Verluste erzielt, diese aber in keinem Staat geltend machen kann.[442] BURMESTERS im Grunde sehr umfassende Definition gerät in diesem Punkt doch zu kurz. In seinem Nachbericht zum IFA-Kongress versucht sich WOLFF an folgender Definition: „Von einer doppelten Nichtbesteuerung wird gesprochen, wenn bestimmte Einkünfte (oder Vermögenswerte) auf Grund des Zusammenwirkens von Abkommensrecht und innerstaatlichem Recht in beiden Vertragsstaaten nicht besteuert werden, also völlig unbesteuert bleiben."[443] Wenn auch die Beschreibung recht einfach erscheint, erfasst sie wohl dennoch am besten, was unter einer doppelten Nichtbesteuerung zu verstehen ist: Die Nichtbesteuerung von Einkünften. Allerdings gerät auch in dieser Definition die Ursache zu kurz. Die Beschränkung auf das Zusammenwirken von Abkommensrecht und innerstaatlichem Recht ist angesichts der weiteren Ursachen nicht haltbar.

Diese Aspekte berücksichtigt JANKOWIAK. Für die vorliegende Untersuchung wird entsprechend die von ihm ausgemachte Definition der doppelten Nichtbesteuerung zugrunde gelegt: „Eine doppelte Nichtbesteuerung liegt vor, wenn grenzüberschreitend erzielte Einkünfte nicht oder nur begrenzt besteuert werden, weil es aufgrund des Aufeinandertreffens mehrerer eigenständiger Rechtsordnungen zu einer Freistellung oder sonstigen Befreiung

---

439 Die weiteren Ursachen doppelter Nichtbesteuerung werden im folgenden Abschnitt kurz dargestellt. Zu einer ausführlichen Darstellung mit anschaulichen Beispielen s. *Jankowiak*, Doppelte Nichtbesteuerung im Internationalen Steuerrecht, S. 34 ff.

440 *Burmester*, in: FS Debatin, S. 55 (56).

441 So auch *Jacobs*, Internationale Unternehmensbesteuerung, S. 4.

442 S. *Valta*, Das Internationale Steuerrecht zwischen Effizienz, Gerechtigkeit und Entwicklungshilfe, S. 226.

443 *Wolff*, IStR 2004, 542.

der Einkünfte in beiden Staaten kommt."[444] Damit ist die doppelte Nicht-Besteuerung nicht bloß die Kehrseite einer erfolgreichen Vermeidung der Doppelbesteuerung, sondern kann ihre Ursachen in weit mehr als dem Abkommensrecht haben.

2. Entstehung von doppelter (Nicht-)Besteuerung

a. Legitime Steueransprüche mehrerer Staaten

Bei der Umschreibung der Doppelbesteuerung und der doppelten Nicht-Besteuerung wird von zwei Phänomenen mit einheitlichen Wurzeln, aber gegenläufigen Wirkungen gesprochen.[445] Als gemeinsame Wurzel kann dabei die fehlende Abstimmung unter den Staaten bei der Gestaltung ihrer nationalen Steuerrechtsordnungen identifiziert werden.[446] Dem Souveränitätsprinzip folgend steht es jedem Staat frei, sein Steuerrecht nach seinen Vorstellungen zu formen.[447] In der Auswahl der Anknüpfungspunkte zur Begründung einer Steuerpflicht kann jeder Staat auf seinem Hoheitsgebiet autonom agieren.[448] Völkerrechtliche Voraussetzung für ein Besteuerungsrecht ist lediglich ein *genuine link* als Anknüpfungspunkt.[449] Dabei genügt bereits ein Bezug zur territorialen oder personalen Hoheitssphäre des hoheitsgewaltausübenden Staates.[450]

---

444 *Jankowiak*, Doppelte Nichtbesteuerung im Internationalen Steuerrecht, S. 273. Dieser Definition folgt auch *Schaumburg*, in: Internationales Steuerrecht, Rn. 15.10. Ähnlich auch schon *Lang, M.*, CDFI 89a (2004), S. 21 ff.

445 *Burmester*, in: FS Debatin, S. 55.

446 *Burmester*, in: FS Debatin, S. 55.

447 *Jacobs*, Internationale Unternehmensbesteuerung, S. 885; *Lehner/Waldhoff*, in: Kirchhof/Söhn/Mellinghoff, § 1 EStG Rn. A 224 (Stand 12/2018).

448 *Jankowiak*, Doppelte Nichtbesteuerung im Internationalen Steuerrecht, S. 23.

449 BFH v. 18.12.1963 – I 230/61 S, BStBl. III 1964, 253 juris Rn. 35 ff.; *v. Beckerath*, Der Durchgriff im Außensteuerrecht, S. 143; *Weber-Fas*, Grundzüge des allgemeinen Steuerrechts der Bundesrepublik Deutschland, S. 61 (64); *Zuber*, Anknüpfungsmerkmale und Reichweite der internationalen Besteuerung, S. 82 ff.; *Vogel*, DStZ 1997, 269 (272); *Kluge*, Das Internationale Steuerrecht, D 7; *Valta*, Das Internationale Steuerrecht zwischen Effizienz, Gerechtigkeit und Entwicklungshilfe, S. 46 f.; *Lehner*, in: Vogel/Lehner, Grundlagen Rn. 11; *Schaumburg*, in: Internationales Steuerrecht, Rn. 6.1; *Lehner/Waldhoff*, in: Kirchhof/Söhn/Mellinghoff, § 1 EStG Rn. A 225 ff. (Stand 12/2018).

450 Sogenannte Lotus-Entscheidung des Ständigen Internationalen Gerichtshofs vom 07.09.1927, StIGHE 5, 71 ff. Vgl. auch *Valta*, Das Internationale Steuerrecht zwischen Effizienz, Gerechtigkeit und Entwicklungshilfe, S. 47.

Aus dem Territorialitätsprinzip folgt, dass als Anknüpfungspunkt für die Besteuerung durch einen Staat jegliche wirtschaftliche Erscheinungen innerhalb dieses Staatsgebietes in Betracht kommen können.[451] Das Universalitätsprinzip erweitert die Besteuerungsmöglichkeiten eines Staates über die Grenzen hinaus: Auch auslandsbezogene Steuergüter können Anknüpfungspunkt einer Besteuerung sein.[452] Ausprägung des Universalitätsprinzips ist das Ansässigkeitsprinzip: Der Staat, in dem ein Steuerpflichtiger ansässig ist, besteuert das gesamte Welteinkommen dieses Steuerpflichtigen, unabhängig vom Belegenheitsort der Einkunftsquelle. Eine natürliche Person in Deutschland ist demnach gem. § 1 Abs. 1 EStG mit ihrem Welteinkommen in Deutschland steuerpflichtig, sofern sie ansässig ist, also ihren Wohnsitz (§ 8 AO) oder gewöhnlichen Aufenthalt (§ 9 AO) in Deutschland hat. Die Erstreckung des Besteuerungsrechts auf das Welteinkommen ist dabei völkerrechtlich zulässig. Der Wohnsitz oder der gewöhnliche Aufenthalt als Anknüpfungsmerkmal genügt. Stammen die Einkünfte dieses Steuerpflichtigen zum Beispiel aus einer Arbeitsstätte in einem anderen Staat, wird dieser Staat als Quellenstaat unter Berufung auf das Territorialitätsprinzip das Besteuerungsrecht ebenfalls für sich reklamieren.[453] Das Anknüpfungsmerkmal ist hierbei die sachliche bzw. räumliche Beziehung der Tätigkeit zum Inland.[454]

Beide Staaten verfügen letztlich isoliert betrachtet über ein legitimes Besteuerungsrecht.[455] Die Ausübung souveräner Staatsgewalt mehrerer Staaten führt dabei unweigerlich zu Kollisionen. Der in mehreren Staaten tätige Steuerpflichtige sieht sich dem Steuerzugriff jedes einzelnen Staates gegenüber.[456] Die Doppelbesteuerung entsteht dabei durch das Zusammenspiel des Territorialitäts- und des Universalitätsprinzips.[457] Würden beide Staaten ihr Besteuerungsrecht vollständig durchsetzen, würden ein- und dieselben Einkünfte bei dem Steuerpflichtigen zweifach besteuert. Durch das Nebeneinander von unbeschränkter und beschränkter Steuerpflicht

---

451 *Vogel*, DStZ 1997, 269 (272); *Schaumburg*, in: Internationales Steuerrecht, Rn. 16.1.

452 *Schaumburg*, in: Internationales Steuerrecht, Rn. 16.1.

453 Auch Deutschland würde in einem solchen Fall (Tätigkeit eines Ausländers im Inland) eine beschränkte Steuerpflicht annehmen (§ 49 EStG).

454 Vgl. *Jankowiak*, Doppelte Nichtbesteuerung im Internationalen Steuerrecht, S. 23; *Schaumburg*, in: Internationales Steuerrecht, Rn. 6.2.

455 Vgl. *Valta*, Das Internationale Steuerrecht zwischen Effizienz, Gerechtigkeit und Entwicklungshilfe, S. 221.

456 *Valta*, Das Internationale Steuerrecht zwischen Effizienz, Gerechtigkeit und Entwicklungshilfe, S. 221; vgl. auch *Lehner*, in: Vogel/Lehner, Grundlagen Rn. 11.

457 *Frotscher*, Internationales Steuerrecht, Rn. 14; *Schaumburg*, in: Internationales Steuerrecht, Rn. 16.3.

entstünde eine Doppelbesteuerung. Neben diesem – in der Praxis gängigsten – Fall kommt auch das Bestehen einer doppelten bzw. mehrfachen unbeschränkten Steuerpflicht in zwei bzw. mehreren Staaten in Betracht[458] (zum Beispiel aufgrund zweier Wohnsitze oder bei natürlichen Personen mit US-amerikanischer Staatsbürgerschaft[459] und Wohnsitz außerhalb der USA). Auch Fälle der doppelten bzw. mehrfachen beschränkten Steuerpflicht sind denkbar.[460] Schließlich kommt als Ursache einer Doppelbesteuerung auch eine nicht einheitliche Tätigkeitsqualifikation der Staaten in Betracht. Hier führt insbesondere die steuerliche Qualifikation von Gesellschaftsformen als transparent oder intransparent zu erheblichen Konflikten.[461]

Eine solche Doppelbesteuerung gilt es in der Regel zu vermeiden. Zum einen stimmt sie schon mit dem Gerechtigkeitsempfinden eines vernünftig Denkenden nicht überein: Einkünfte, die bereits besteuert wurden, sollten nicht ein weiteres Mal besteuert werden. Zum anderen kann ein doppelter Steuerzugriff konfiskatorisch wirken und das grenzüberschreitende Agieren aus ökonomischer Sicht für den einzelnen Steuerpflichtigen unzumutbar machen.[462] Bei dem Versuch, eine solche Doppelbesteuerung zu vermeiden, können die beteiligten Rechtssubjekte allerdings auch gewissermaßen über das Ziel hinausschießen und eine doppelte Nichtbesteuerung verursachen.

Eine doppelte Nichtbesteuerung hat ihren Ursprung gemeinhin in nicht korrespondieren bzw. nicht abgestimmten Besteuerungsnormen zweier Staaten.[463] Nach Jankowiak lassen sich die Ursachen für eine doppelte Nichtbesteuerung in vier Fallgruppen einteilen:[464]

---

458 Vgl. *Valta*, Das Internationale Steuerrecht zwischen Effizienz, Gerechtigkeit und Entwicklungshilfe, S. 221.

459 Die USA knüpfen ihr Besteuerungsrecht an die US-Staatsbürgerschaft ungeachtet des Wohnsitzes an; s. hierzu *Dendorfer*, in: Wassermeyer, DBA, Anhang Überblick über das Steuerrecht der USA Rn. 21 (Stand 12/2018).

460 *Jankowiak*, Doppelte Nichtbesteuerung im Internationalen Steuerrecht, S. 24.

461 Es entstehen sogenannte hybride Gesellschaften. Hierzu ausführlich *Marquardsen*, Hybride Gesellschaften im Internationalen Steuerrecht der Bundesrepublik Deutschland, S. 1 ff.

462 *Valta*, Das Internationale Steuerrecht zwischen Effizienz, Gerechtigkeit und Entwicklungshilfe, S. 222.

463 *Weber-Fas*, Staatsverträge im Internationalen Steuerrecht, S. 29; *Burmester*, in: FS Debatin, S. 55 ff.; *Lang, M.*, CDFI 89a (2004), S. 21 ff.; *Schaumburg*, in: Internationales Steuerrecht, Rn. 16.8.

464 *Jankowiak*, Doppelte Nichtbesteuerung im Internationalen Steuerrecht, S. 35 ff. Zur Zusammenfassung der Fallgruppen s. *Valta*, Das Internationale Steuerrecht zwischen Effizienz, Gerechtigkeit und Entwicklungshilfe, S. 223 f.

1. Negative Qualifikationskonflikte: Durch das Zusammentreffen unterschiedlicher Rechtsordnungen kann es auch zur unterschiedlichen Qualifikation desselben Sachverhaltes kommen. Folge dieser unterschiedlichen Qualifikation kann eine doppelte Nichtbesteuerung sein, wenn beide Staaten den Sachverhalt als jeweils für ihren Besteuerungsanspruch irrelevant einordnen. Als Paradebeispiel für negative Qualifikationskonflikte gelten – ebenso wie für positive Qualifikationskonflikte – die hybriden Gesellschaften.[465]
2. Einseitiger bewusster und gewollter Steuerverzicht eines Staates: Ein Staat nimmt bewusst sein Besteuerungsrecht nicht wahr und weist es stattdessen einem anderen Staat zu. In dem anderen Staat unterliegen die Einkünfte jedoch nicht der Besteuerung.[466]
3. Einseitiger bewusster Steuerverzicht eines Staates in Verbindung mit einer Steuerhinterziehung oder -verkürzung durch den Steuerpflichtigen: Der Steuerpflichtige hinterzieht bzw. verkürzt bewusst in dem Staat die Steuern, in dem diese steuerpflichtig wären und dem das Besteuerungsrecht vom anderen Staat auch durch Anwendung der Freistellungsmethode zugewiesen wurde.[467]
4. Vereinbarte doppelte Nichtbesteuerung durch zwei Staaten: Beide Staaten vereinbaren bewusst die Nichtbesteuerung der jeweiligen Einkünfte.[468]

Für grenzüberschreitend tätige Gesellschaften stellen Qualifikationskonflikte – positive wie negative – die größte steuerliche Unsicherheit dar. Da hier kein bewusster Verzicht einer der beiden Staaten vorliegt, sind Qualifikationskonflikte im höchsten Maße Ausdruck des Aufeinandertreffens zweier souveräner Staaten mit unterschiedlichen Rechtsordnungen. Die Entstehung von Qualifikationskonflikten als Ursache doppelter (Nicht-)Besteuerung soll im Folgenden näher beleuchtet werden.

---

465 So auch *Valta*, Das Internationale Steuerrecht zwischen Effizienz, Gerechtigkeit und Entwicklungshilfe, S. 223.

466 *Jankowiak*, Doppelte Nichtbesteuerung im Internationalen Steuerrecht, S. 58 ff.

467 *Jankowiak*, Doppelte Nichtbesteuerung im Internationalen Steuerrecht, S. 66 ff.

468 *Jankowiak*, Doppelte Nichtbesteuerung im Internationalen Steuerrecht, S. 69 ff.

b. Qualifikationskonflikte als Ursache doppelter (Nicht-)Besteuerung

aa. Entstehung von Qualifikationskonflikten

Für die Konflikte, die auf einer uneinheitlichen Qualifikation der Gesellschaftsformen beruhen, wurde bisher eine einheitliche Lösung nicht gefunden.[469] Ursprung dieser Konflikte sind die unterschiedlichen Rechtsordnungen der Staaten. Zum einen kennt jede Rechtsordnung ihre eigenen Gesellschaftsformen. Zum anderen gilt nicht in jedem Staat das gleiche System der Unternehmensbesteuerung. Erfolgt eine Grenzüberschreitung stellt sich jedenfalls die Frage nach der Qualifikation und steuerlichen Behandlung der jeweiligen Gesellschaft und ihrer Gesellschafter. Gesellschaften, die in ihrem Sitzstaat einer anderen Besteuerungssystematik unterliegen als in dem Staat, in dem sie tätig werden, werden als hybride Gesellschaften bezeichnet. Dabei ist zwischen hybriden und umgekehrt-hybriden Gesellschaften zu differenzieren.[470] Kapitalgesellschaften, die in ihrem Sitzstaat intransparent und im Gesellschafter-/Quellenstaat als Personengesellschaft qualifiziert transparent behandelt werden, werden als hybride Gesellschaften bezeichnet. Umgekehrt hybride Gesellschaften sind hingegen im Sitzstaat als Personengesellschaft transparent und im Gesellschafter-/Quellenstaat als Kapitalgesellschaft intransparent behandelte Gesellschaften.[471]

Eine unterschiedliche steuerliche Behandlung bei Kapitalgesellschaften stellt dabei den Sonderfall dar. In der Regel werden Kapitalgesellschaften auch im Ausland nach dem Trennungsprinzip besteuert.[472] Ausnahmen bestehen dort, wo sogenannte Optionsmodelle möglich sind. Hier können die Steuerpflichtigen wählen, ob sie ihre Einkünfte einer transparenten oder intransparenten Besteuerung unterwerfen möchten.[473] Bei den Personenge-

469 Hierzu ausführlich und mit im Grunde auch überzeugendem Lösungsansatz *Marquardsen*, Hybride Gesellschaften im Internationalen Steuerrecht der Bundesrepublik Deutschland, S. 1 ff.

470 *Marquardsen*, Hybride Gesellschaften im Internationalen Steuerrecht der Bundesrepublik Deutschland, S. 23.

471 *Prokisch*, in: Vogel/Lehner, Art. 1 OECD-MA Rn. 35 („reverse hybrid"); *Marquardsen*, Hybride Gesellschaften im Internationalen Steuerrecht der Bundesrepublik Deutschland, S. 23. S. auch *Valta*, IStR 2014, 249 (252).

472 *Marquardsen*, Hybride Gesellschaften im Internationalen Steuerrecht der Bundesrepublik Deutschland, S. 28.

473 Das wohl bekannteste Optionsmodell ist das sogenannte „check-the-box-system" der USA. Näher hierzu *Dendorfer*, in: Wassermeyer, DBA, Anhang Überlick über das Steuerrecht der USA Rn. 97 ff. (Stand 12/2018).

sellschaften hingegen bestehen weitestgehend Unterschiede zwischen den Besteuerungssystemen der Staaten. Sie werden teilweise als transparent und teilweise als intransparent behandelt.[474]

bb. Qualifikationskonflikte bei der KGaA

Die KGaA stellt insofern eine Besonderheit dar. Aufgrund ihrer hybriden Ausgestaltung nach deutschem Gesellschaftsrecht ist eine einheitliche Zuordnung zu einem transparenten oder intransparenten Besteuerungssystem bereits auf rein nationaler Ebene nicht möglich. Die KGaA erfüllt die Voraussetzungen sowohl für eine intransparente als auch teilweise für eine transparente Besteuerung. Tritt zu diesem rein innerstaatlichen Qualifikationskonflikt eine Grenzüberschreitung hinzu, ist fraglich, wie das Ausland die KGaA qualifiziert. Zwar kennen einige Rechtsordnungen die Rechtsform der KGaA, die steuerliche Einordnung kann sich jedoch ebenfalls unterscheiden.[475] Durch die Ausgestaltung der KGaA als innerstaatlicher Hybrid potenzieren sich die Qualifikationskonflikte bei Vorliegen eines Auslandsbezuges. Die möglichen Konfliktfälle reichen über die Konstellationen „Sitzstaat besteuert transparent, Quellenstaat besteuert intransparent" und umgekehrt hinaus. Vielmehr kann nunmehr zusätzlich eine unterschiedliche Behandlung der Gesellschaftersphären hinzutreten. Es ergeben sich folgende Konfliktfälle[476]:

- Fallgruppe 1: Sitzstaat qualifiziert die KGaA insgesamt als intransparent/transparent und Quellenstaat qualifiziert die KGaA insgesamt als intransparent/transparent (diese Fallgruppe entspricht den Qualifikationskonflikten bei Personengesellschaften)
- Fallgruppe 2: Sitzstaat qualifiziert die KGaA grundsätzlich als intransparent; im Verhältnis zum persönlich haftenden Gesellschafter aber als trans-

474 Entweder bereits durch die bestehenden Regelungen vorgegeben oder in Folge der Wahl im Rahmen eines Optionsmodells. S. hierzu ausführlich *Marquardsen*, Hybride Gesellschaften im Internationalen Steuerrecht der Bundesrepublik Deutschland, S. 29 ff.

475 S. zur beispielhaften Darstellung der steuerlichen Behandlung der KGaA in den Niederlanden, Polen, Italien und den USA unten § 3 III. 2. b. cc. (3).

476 Der Darstellung dieser Konfliktfälle liegt die Annahme zugrunde, dass eine inländische KGaA mit ebenfalls im Inland ansässigem persönlich haftenden Gesellschafter im Ausland tätig wird, zum Beispiel durch die Vermietung von Grundstücken oder aber der Beteiligung an ausländischen Gesellschaften. Der Sitzstaat ist damit das Inland und Quellenstaat das Ausland.

parent; Quellenstaat qualifiziert die KGaA insgesamt intransparent/transparent
- Fallgruppe 3: Sitzstaat qualifiziert die KGaA insgesamt als intransparent/transparent; Quellenstaat qualifiziert die KGaA grundsätzlich als intransparent; im Verhältnis zum persönlich haftenden Gesellschafter aber als transparent.

Aus diesen Fallgruppen lassen sich die möglichen Qualifikationskonflikte ableiten[477]:

	Sitzstaat	Quellenstaat
Fall 1a:		
KGaA	intransparent	transparent
Verhältnis zum phG	intransparent	transparent
Fall 1b:		
KGaA	transparent	intransparent
Verhältnis zum phG	transparent	intransparent
Fall 2a:		
KGaA	intransparent	intransparent
Verhältnis zum phG	transparent	intransparent
Fall 2b:		
KGaA	intransparent	transparent
Verhältnis zum phG	transparent	transparent
Fall 3a:		
KGaA	intransparent	intransparent
Verhältnis zum phG	intransparent	transparent
Fall 3b:		
KGaA	transparent	intransparent
Verhältnis zum phG	transparent	transparent

477 Die Qualifikation im Sitzstaat der Fallgruppen 2a und 2b entspricht der Qualifikation nach deutschem Recht.

Ausgeschlossen ist lediglich die Kombination, dass ein und derselbe Staat die KGaA als transparent erachtet, dann aber ihr Verhältnis zum persönlich haftenden Gesellschafter als intransparent behandelt. Das Vorliegen einer transparenten Gesellschaft schließt die intransparente Behandlung eines ihrer Gesellschafter bereits denklogisch aus. Eine transparente Gesellschaft ist deswegen transparent, weil ihre Einkünfte unmittelbar ihren Gesellschaftern zugerechnet werden und bei diesen besteuert werden. Diese Zurechnung liefe ins Leere, wenn der Gesellschafter nach intransparenten Grundsätzen besteuert würde, also erst im Zeitpunkt der Ausschüttung. Es handelt sich dann vielmehr um eine intransparente Gesellschaft. Liegen bei dieser zwei Arten von Gesellschaftergruppen vor, von denen eine die Einkünfte unmittelbar zugerechnet bekommt, ist ein Fall wie bei der Besteuerung der KGaA nach deutschem Recht gegeben. Es handelt sich dann um eine grundsätzlich intransparente Gesellschaft mit teilweiser Transparenz.

Qualifizieren Sitz- und Quellenstaat die KGaA und ihr Verhältnis zum persönlich haftenden Gesellschafter einheitlich, entsteht kein Qualifikationskonflikt. Das ist der Fall, wenn Sitz- und Quellenstaat die KGaA und ihr Verhältnis zum persönlich haftenden Gesellschafter einheitlich als insgesamt intransparent oder einheitlich als insgesamt transparent erachten. Zudem entsteht ebenfalls kein Qualifikationskonflikt, wenn die Staaten die KGaA als grundsätzlich intransparent betrachten, ihr Verhältnis zum persönlich haftenden Gesellschafter aber einheitlich als transparent ansehen.

Die Fallgruppen zeigen, dass bei der KGaA eine Vielzahl von möglichen Qualifikationskonflikten besteht. Eine Lösung dieser Konflikte ist demnach dringend notwendig, um Rechts- und Planungssicherheit im grenzüberschreitenden Kontext zu gewährleisten. Im Ansatz haben die Staaten jeweils Lösungsansätze entwickelt, wie sich ausländische Gesellschaften im Grunde in das nationale Besteuerungssystem einordnen lassen. Diese sollen im Folgenden näher erläutert und ihre Anwendung auf die KGaA dargestellt werden.

cc. Ansätze zur Qualifizierung ausländischer Gesellschaften

(1) Deutscher Ansatz: Rechtstypenvergleich

In Deutschland richtet sich die Einordnung von ausländischen Gesellschaften nach dem sogenannten Typenvergleich.[478] Organisation und Struktur der zu beurteilenden ausländischen Gesellschaftsform werden im Rahmen einer Gesamtwürdigung in einem zweistufigen Verfahren mit den deutschen Gesellschaftsformen verglichen.[479] Dabei ist zunächst auf ihre wirtschaftliche Stellung und die konkrete rechtliche Ausgestaltung im Gründungsstaat abzustellen.[480] Überwiegend wird auf die tatsächliche vertragliche Ausgestaltung und deren etwaigen Besonderheiten abgestellt.[481] Die ausländische Gesellschaft wird mit den inländischen Gesellschaftsformen verglichen und anhand eines Kriterienkatalogs wird eine Einordnung in den deutschen Dualismus der Unternehmensbesteuerung als transparent oder intransparent zu besteuernde Gesellschaftsform vorgenommen.[482] Der Kriterienkatalog

---

478 Dieser wurde bereits 1930 vom Reichsfinanzhof entwickelt, RFH v. 12.02.1930 – VI A 899/27, RFHE 27, 73. Vgl. auch BFH v. 03.02.1988 – I R 134/84, BStBl. II 1988, 588 juris Rn. 24; v. 23.06.1992 – IX R 182/87, BStBl. II 1992, 972 juris Rn. 21; v. 20.08.2008 – I R 34/08, BStBl. II 2009, 263 juris Rn. 19; v. 24.08.2011 – I R 46/10, BStBl. II 2014, 764 juris Rn. 13; v. 25.10.2016 – I R 54/14, BStBl. II 2017, 1216 juris Rn. 9 f.; v. 08.02.2017 – I R 55/14, BFH/NV 2017, 1588 juris Rn. 14 f. Näheres auch bei *Wassermeyer*, in: Wassermeyer/Richter/Schnittker, Personengesellschaften im Internationalen Steuerrecht, Rn. 2.22.

479 Vgl. BFH v. 23.06.1992 – IX R 182/87, BStBl. II 1992, 972 juris Rn. 21; v. 20.08.2008 – I R 34/08, BStBl. II 2009, 263 juris Rn. 19. S. auch *Kopec/Mroz*, Ubg 2014, 164 (165); *Schnittker*, in: Wassermeyer/Richter/Schnittker, Personengesellschaften im Internationalen Steuerrecht, Rn. 3.12.

480 Vgl. BFH v. 23.06.1992 – IX R 182/87, BStBl. II 1992, 972 juris Rn. 21; v. 20.08.2008 – I R 34/08, BStBl. II 2009, 263 juris Rn. 19; s. auch *Schnittker*, in: Wassermeyer/Richter/Schnittker, Personengesellschaften im Internationalen Steuerrecht, Rn. 3.13; *Marquardsen*, Hybride Gesellschaften im Internationalen Steuerrecht der Bundesrepublik Deutschland, S. 33.

481 *Piltz*, Die Personengesellschaften im internationalen Steuerrecht der Bundesrepublik Deutschland, S. 71 f.; *Ostendorf*, Behandlung von Sondervergütungen der Mitunternehmer im internationalen Steuerrecht, S. 92 f.; *Henke/Lang*, IStR 2001, 514 (515 f.); *Gündisch*, Personengesellschaften im DBA-Recht, S. 9; *Weggenmann*, Personengesellschaften im Lichte der Doppelbesteuerungsabkommen, S. 78; *Marquardsen*, Hybride Gesellschaften im Internationalen Steuerrecht der Bundesrepublik Deutschland, S. 33. Ausführlich hierzu *Martini*, Der persönliche Körperschaftsteuertatbestand, S. 167 ff.

482 S. ausführlich hierzu *Schnittker*, in: Wassermeyer/Richter/Schnittker, Personengesellschaften im Internationalen Steuerrecht, Rn. 3.14 ff.

für die Zuordnung zu einer der beiden Gesellschaftstypen wurde bereits durch den Reichsfinanzhof geschaffen und in ständiger Rechtsprechung weiterentwickelt.[483] Die demnach für Deutschland maßgeblichen Kriterien können sich jedoch wiederum von den im Ausland maßgeblichen Kriterien erheblich unterscheiden, sodass sich selbst bei Anwendung eines in systematischer Hinsicht dem deutschen Ansatz vergleichbaren ausländischen Ansatzes eine uneinheitliche Qualifikation ein und derselben Gesellschaft einstellen kann.[484]

(2) Internationale Ansätze

(a) Systematisierung der Ansätze

Der in Deutschland von der Rechtsprechung entwickelte Rechtstypenvergleich ist eine Methode zur Qualifizierung ausländischer Gesellschaften, die insbesondere in Europa weit verbreitet ist.[485] Auch wenn viele Staaten dem deutschen Modell folgen, existieren daneben im internationalen Vergleich zahlreiche weitere Ansätze. Grundsätzlich hat dabei jeder Staat seine eigene Vorgehensweise. Im Detail unterscheiden sich die Ansätze teils erheblich, selbst wenn der Grundgedanke zunächst einmal identisch anmutet. Die Ansätze in ihren Einzelheiten darzustellen würde freilich den Rahmen dieser Arbeit sprengen. Es soll daher systematisch vorgegangen werden. Zum einen lassen sich die Ansätze danach unterscheiden, ob sie der Qualifikation nach den Maßstäben des ausländischen Staats größere Bedeutung beimessen als der eigenen nationalen Einordnung. Zum anderen ist zu unterscheiden, auf welcher Stufe die Anknüpfung erfolgt. Der deutsche Dualismus des Unternehmensteuerrechts knüpft an die Rechtsform der Gesellschaft an,

483 RFH v. 12.02.1930 – VI A 899/27, RFHE 27, 73; BFH v. 20.08.2008 – I R 34/08, BStBl. II 2009, 263 juris Rn. 19. S. auch BMF v. 19.03.2004 – IV B 4 – S 1301 USA-22/04, BStBl. I 2004, 411.

484 S. hierzu *Marquardsen*, Hybride Gesellschaften im Internationalen Steuerrecht der Bundesrepublik Deutschland, S. 34 f. mit einem Beispiel zur Einordnung von Kapitalgesellschaften nach niederländischen Kriterien.

485 Neben Deutschland haben zum Beispiel auch die Niederlande, Österreich, Frankreich, Dänemark, Großbritannien, Spanien und Schweden Kriterien-Kataloge entwickelt, anhand derer die ausländischen Rechtsformen mit den inländischen verglichen und auf diese Weise entweder den Personen- oder Kapitalgesellschaften zugeordnet werden. Teilweise ist der Rechtstypenvergleich sogar gesetzlich kodifiziert; so zum Beispiel im spanischen *Ley del Impuesto sobre la Renta de las Personas Físicas* in Art. 87.1; s. *Kopec/Mroz*, Ubg 2014, 164 (165).

um sodann das Besteuerungsregime an dieser auszurichten. Bei der Frage nach der Qualifikation ausländischer Gesellschaften kann also bereits auf der ersten Stufe angeknüpft und die ausländische Gesellschaft auf ihre Rechtsform hin überprüft werden. Dabei kann das nationale oder aber das ausländische Recht als maßgebend erachtet werden. Andere Ansätze knüpfen hingegen erst auf der zweiten Stufe, dem Steuerrecht, an. Die Rechtsform wird hierbei außer Acht gelassen und entweder eine nationale Regelung als maßgebend erachtet oder aber die steuerliche Behandlung im Sitzstaat.

(b) Einordnung nach innerstaatlichem Recht

Die Einordnung nach innerstaatlichem Recht anhand bestimmter Kriterien ist die am weitesten verbreitete Methode zur steuerlichen Behandlung ausländischer Gesellschaften.[486] Die meisten Ansätze entsprechen von ihrer Idee her dem deutschen Ansatz des Rechtstypenvergleichs. Allerdings unterscheiden sich die Kriterien teils erheblich, je nach Ausgestaltung des nationalen Gesellschaftsrechts, denn jede Rechtsordnung kann die Qualifizierung als Personen- oder Kapitalgesellschaft an verschiedene Merkmale knüpfen und diese auch unterschiedlich gewichten.[487]

(c) Übernahme der nationalen Einordnung des Auslandes (Sitzstaat)

Bei der Übernahme der nationalen Einordnung des Auslandes, also des Sitzstaates der Gesellschaft, ist zu unterscheiden zwischen der Übernahme der gesellschaftsrechtlichen Einordnung und der Übernahme der steuerlichen Einordnung.[488] Wird die gesellschaftsrechtliche Einordnung des Sitzstaates übernommen, ist die Rechtsform entscheidend. Das nationale Recht richtet sich dann nach dem ausländischen Gesellschaftsrecht und innerhalb dessen nach der nach ausländischem Recht bestehenden Rechtsform. Wird eine ausländische Gesellschaft nach ausländischem Recht als Personengesellschaft qualifiziert, gilt diese Einordnung auch im nationalen Recht. Das nationale Recht übernimmt die Qualifikation als Personengesellschaft und knüpft hier-

---

486 *Kopec/Mroz*, Ubg 2014, 164 (165).

487 *Avery Jones*, BTR 2002, 375 (411 ff.); *Marquardsen*, Hybride Gesellschaften im Internationalen Steuerrecht der Bundesrepublik Deutschland, S. 36.

488 *Kopec/Mroz*, Ubg 2014, 164 (167).

an die nach nationalem Recht geltenden Besteuerungsfolgen an.[489] Besteuert das nationale Recht Personengesellschaften nach dem Transparenzprinzip, gilt dies auch für die ausländische Gesellschaft, die in ihrem Sitzstaat als Personengesellschaft eingeordnet wird und zwar unabhängig von der steuerlichen Behandlung in ihrem Sitzstaat. Das heißt, selbst wenn der Sitzstaat eine Differenzierung zwischen Transparenz- und Intransparenzprinzip nicht kennt, gilt die Personengesellschaft im Inland als transparent. Stimmen die Steuerrechtsordnungen der beiden Länder insoweit überein, dass Personengesellschaften nach dem Transparenzprinzip und Körperschaften nach dem Intransparenzprinzip besteuert werden, verhindert dieser Ansatz die Entstehung von Qualifikationskonflikten, weil die gesellschaftsrechtliche Einordnung des Sitzstaates maßgebend ist. Weichen die Steuerrechtsordnungen allerdings voneinander ab, weil zum Beispiel einer der Staaten eine Differenzierung zwischen transparenter und intransparenter Besteuerung nicht kennt, begünstigt dieser Ansatz das Entstehen eines Qualifikationskonfliktes.[490]

Der zweite Ansatz der Übernahme der nationalen Einordnung des Auslandes richtet sich nach der steuerlichen Behandlung der Gesellschaft im Ausland. Es wird das ausländische Grundkonzept der Besteuerung im Inland übernommen, unabhängig davon, wie das Inland selbst diese Rechtsform besteuern würde.[491] Entscheidend für die nationale Besteuerung ist mithin, ob der Sitzstaat die Gesellschaft nach transparenten oder intransparenten Grundsätzen besteuert. Das kann zu der Situation führen, dass selbst wenn die nationale Steuerrechtsordnung Gesellschaften insgesamt nach dem Intransparenzprinzip besteuert, sie für die ausländische Gesellschaft eine transparente Besteuerung vornehmen muss, weil im Sitzstaat für diese Rechtsform das Transparenzprinzip gilt. Diese Art der Übernahme der ausländischen Einordnung verhindert Qualifikationskonflikte.[492]

489 *Kopec/Mroz*, Ubg 2014, 164 (167 f.).
490 *Kopec/Mroz*, Ubg 2014, 164 (168).
491 *Kopec/Mroz*, Ubg 2014, 164 (167).
492 *Marquardsen*, Hybride Gesellschaften im Internationalen Steuerrecht der Bundesrepublik Deutschland, S. 40.

(d) Einheitlich intransparente Besteuerung ausländischer Gesellschaften

Ein Ansatz, der auf den ersten Blick recht unkompliziert erscheint, ist die einheitliche intransparente Besteuerung ausländischer Gesellschaften.[493] Bei diesem Ansatz werden ausländische Gesellschaften unabhängig von ihrer Rechtsform und nur aufgrund der Tatsache, dass es sich um nicht nach nationalem Recht gegründete Gesellschaften handelt, nach intransparenten Grundsätzen besteuert. Das heißt, selbst wenn die nationale Rechtsordnung eine Differenzierung zwischen transparenter und intransparenter Besteuerung kennt, wird diese Differenzierung auf ausländische Gesellschaften nicht angewendet.[494] Qualifikationskonflikte werden indes durch diesen Ansatz nicht vermieden.[495] Allerdings bietet der Ansatz den Vorteil der Planungs- und Rechtssicherheit. Wird eine ausländische Personengesellschaft, die nach dem Recht ihres Sitzstaates als transparent gilt, in einem Staat tätig, der ausländische Gesellschaften insgesamt nach intransparenten Grundsätzen besteuert, gerät diese Personengesellschaft „sehenden Auges" in einen Qualifikationskonflikt, denn die intransparente Besteuerung im Tätigkeitsstaat ist gesichert und hängt nicht von einer Vielzahl von Kriterien ab.

(e) Optionsmodell

Erhöhte Planungs- und Rechtssicherheit besteht auch bei sogenannten Optionsmodellen.[496] Das sind Modelle, bei denen die Gesellschaften selbst wählen können, ob sie nach intransparenten oder transparenten Grundsätzen besteuert werden.[497] Diese Optionsmodelle können völlig frei ausgestaltet werden, sodass jede Gesellschaftsform die freie Wahl hat. Im Hinblick auf die gezielte Nutzung von Optionen zur Vermeidung einer Besteuerung[498] kön-

---

493 Diesem Ansatz folgt Italien. S. hierzu *Avery Jones*, BTR 2002, 375 (409); *Mayr*, IStR 2013, 96; *Prokisch*, in: Vogel/Lehner, Art. 1 OECD-MA Rn. 22a.

494 So in Italien; s. *Mayr*, IStR 2013, 96 (97).

495 *Marquardsen*, Hybride Gesellschaften im Internationalen Steuerrecht der Bundesrepublik Deutschland, S. 37 f.

496 *Marquardsen*, Hybride Gesellschaften im Internationalen Steuerrecht der Bundesrepublik Deutschland, S. 36 f.

497 So zum Beispiel das sogenannte *Check-the-Box-Verfahren* der USA. Hierzu *Avery Jones*, BTR 2002, 375 (410 f.); *Dendorfer*, in: Wassermeyer, DBA, Anhang Überlick über das Steuerrecht der USA, Rn. 97 ff. (Stand 12/2018).

498 Zur Einführung des us-amerikanischen Check-the-box-Verfahrens s. *Flick*, IStR 1998, 110 f.

nen diese Optionsmodelle auch Einschränkungen vorsehen und bestimmte Gesellschaftsformen oder Tätigkeiten einer zwingenden Besteuerung nach transparenten oder intransparenten Grundsätzen unterwerfen. Eine Wahlmöglichkeit steht dann nicht allen Gesellschaftsformen offen.[499]

(3) Einordnung der KGaA nach den international gängigsten Ansätzen zur Lösung von Qualifikationskonflikten

(a) Einordnung nach niederländischem Recht

Die Niederlande folgen wie Deutschland dem Rechtstypenvergleich und vergleichen die ausländischen Gesellschaftsformen anhand eines Kriterienkataloges mit den inländischen Gesellschaftsformen, um so die Art der Besteuerung festzulegen.[500] Wie in Deutschland gibt es auch in den Niederlanden ein duales System der Unternehmensbesteuerung. Die niederländische Rechtsform der KGaA (*commanditaire vennootschap ad andelen*) wurde bereits in den 1970iger Jahren abgeschafft. Die Einordnung ausländischer Gesellschaften nach niederländischem Recht erfolgt anhand der folgenden vier Kriterien:

- Eigentum der Gesellschaft,
- beschränkte Haftung der Gesellschafter,
- in Aktien aufgeteiltes Kapital,
- freie Übertragbarkeit der Anteile.[501]

Besonderes Gewicht kommt nach der niederländischen Vorgehensweise dem Kriterium der freien Übertragbarkeit der Anteile zu. Sind die Anteile frei übertragbar, handelt es sich um eine Kapitalgesellschaft, auch wenn in einer Gesamtbetrachtung die personengesellschaftlichen Aspekte überwiegend.[502]

---

499 Vgl. *Prokisch*, in: Vogel/Lehner, Art. 1 OECD-MA Rn. 21a zum Check-the-box-Verfahren in den USA.

500 Besluit van 11 december 2009, nr. CPP2009/519, Staatcourant 2009, 19749. S. auch ausführlich zur Einordnung ausländischer Gesellschaften nach niederländischem Recht: *Müller*, The Netherlands in international tax planning, S. 36 ff.

501 Besluit van 11 december 2009, nr. CPP2009/519, Staatcourant 2009, 19749.

502 *Kopec/Mroz*, Ubg 2014, 164 (166); *Prokisch*, in: Vogel/Lehner, Art. 1 OECD-MA Rn. 23b; *Spierts/van Helvoirt*, in: Mennel/Förster, Steuern in Europa, Amerika und Asien, Niederlande Rn. 315; *Betten*, in: van Raad/Betten, The international Guide to Partnerships, Netherlands, 5.1.1., 5.3.1; *Jochum*, Grenzüberschreitende Unternehmen nach dem neuen DBA D-NL, S. 25 f.; *Martini*, Der persönliche Körperschaftsteuer-

Das niederländische Finanzministerium hat – ebenso wie das deutsche Bundesfinanzministerium – eine Liste veröffentlicht, die bereits für viele ausländische Gesellschaften die Qualifikation nach dem niederländischen Rechtstypenvergleich vornimmt. Demnach ist die deutsche KGaA als intransparent zu qualifizieren, da sie sowohl das erste als auch das dritte Kriterium erfüllt.[503]

(b) Einordnung nach polnischem Recht unter Anwendung der Übernahme der nationalen Einordnung des Auslandes

Das polnische Unternehmensteuerrecht folgt ebenfalls einem Dualismus der Rechtsformen.[504] Die polnische Variante der KGaA (*spóka komandytowo-akyjna*) ist in Polen eine Personengesellschaft und wird entsprechend transparent besteuert.[505] Bei der Einordnung ausländischer Gesellschaften übernimmt das polnische Steuerrecht allerdings die steuerliche Einordnung des Auslandes.[506] Die KGaA wäre demnach grundsätzlich als Kapitalgesellschaft intransparent zu besteuern. Für den persönlich haftenden Gesellschafter müsste hingegen eine mitunternehmerähnliche Besteuerung erfolgen. Ein Qualifikationskonflikt entsteht nicht.

(c) Einordnung nach italienischem Recht in Anwendung der einheitlich intransparenten Besteuerung ausländischer Gesellschaften

Das Äquivalent des italienischen Rechts zur deutschen Rechtsform der KGaA ist die *società in accomandita per azioni*.[507] Ebenso wie das deutsche Unternehmensteuerrecht ist auch das italienische Unternehmensteuerrecht

tatbestand, S. 273 f.; *Avery Jones*, BTR 2002, 375 (418); *Hey/Bauersfeld*, IStR 2005, 649 (652); *Rademakers/Swets*, ET 2005, 171 (172); *Marquardsen*, Hybride Gesellschaften im Internationalen Steuerrecht der Bundesrepublik Deutschland, S. 37.

503 Einsehbar unter: https://download.belastingdienst.nl/belastingdienst/docs/lijst_gekwalificeerde_buitenlandse_samenwerkingsverbanden_dv0301z3pl.pdf (zuletzt aufgerufen am 12.03.2021).

504 *Reith*, in: Wassermeyer, Anhang Überblick über das Steuerrecht Polens, Rn. 54, 56 (Stand 10/2006).

505 *Kopec/Nagel*, IStR 2013, 945; *Reith*, in: Wassermeyer, Anhang Überblick über das Steuerrecht Polens, Rn. 56 (Stand 10/2006).

506 *Kopec/Mroz*, Ubg 2014, 164 (167); *Marquardsen*, Hybride Gesellschaften im Internationalen Steuerrecht der Bundesrepublik Deutschland, S. 39 Fn. 86.

507 *Servatius*, in: Henssler/Strohn, Gesellschaftsrecht, Internationales Gesellschaftsrecht Rn. 13.

von einem Dualismus der Gesellschaftsformen gekennzeichnet. Personengesellschaften werden auch nach italienischem Steuerrecht transparent besteuert.[508] Die *società in accomandita per azioni* ist hingegen eine intransparent zu besteuernde Gesellschaftsform.[509]

Als ausländische Gesellschaft wird die KGaA unabhängig von ihrer Rechtsform in Italien als intransparent angesehen und dementsprechend besteuert. Das entspricht im Fall der KGaA auch der Besteuerung des italienischen Äquivalents. Eine Personengesellschaft wäre hingegen ebenfalls intransparent zu besteuern, auch wenn das italienische Recht für italienische Personengesellschaften eine transparente Besteuerung vorsieht. Letztlich führt das italienische Modell aber für die im Ausland tätige deutsche KGaA zu Rechtssicherheit. Denn eine intransparente Besteuerung ist nicht von weiteren Voraussetzungen (zum Beispiel der Erfüllung bestimmter Kriterien nach einem Rechtstypenvergleich) abhängig.

(d) Einordnung nach dem US-amerikanischen Optionsmodell

Nach dem US-amerikanischen Unternehmensteuerrecht (*Treasury Regulations,* Rg. § 301.7701) erfolgt die steuerliche Einordnung von Gesellschaften abhängig von ihrer gesellschaftsrechtlichen Einordnung.[510] Es wird steuerlich zwischen *Partnerships* (die einer transparenten Besteuerung unterliegen) und *Corporations* (die einer intransparenten Besteuerung unterliegen) differenziert. Bestimmten inländischen und ausländischen Rechtsformen steht ein Einordnungswahlrecht – das sogenannte *Check-the-Box-Verfahren* – zu (Reg. § 30.7701–3). Sie können selbst wählen, ob sie transparent oder intransparent besteuert werden. Einigen Gesellschaftsformen steht das Wahlrecht nicht zu (sogenannte *Per-se-Corporations*). Neben dem Einordnungswahlrecht kennt das US-amerikanische Steuerrecht aber ebenfalls Einordnungsregeln für Gesellschaftsformen, wenn diese das Wahlrecht nicht ausüben (sogenannte *Default Rules*).[511]

---

508 *Di Nunzio/Grandinetti/Muratore/Selicato*, in: EATLP 2013 Congress, Corporate income tax subjects ITALY, S. 329 (345).

509 Vgl. *Di Nunzio/Grandinetti/Muratore/Selicato*, in: EATLP 2013 Congress, Corporate income tax subjects ITALY, S. 329 (336 f., 341 f.).

510 S. hierzu *Avery Jones*, BTR 2002, 375 (410 f.).

511 *Dendorfer*, in: Wassermeyer, Anhang Überblick über das Steuerrecht der USA, Rn. 97 f. (Stand 12/2018).

Eine deutsche KGaA ist aus US-amerikanischer Sicht zur Inanspruchnahme des *Check-the-Box-Verfahrens* qualifiziert. Sie ist keine *Per-se-Corporation*. Übt sie ihr Wahlrecht hingegen nicht aus, wird sie nach den *Default Rules* als *Partnership* qualifiziert und damit transparent besteuert.[512]

3. Zwischenfazit

Die Ursache sowohl für eine Doppelbesteuerung als auch für eine doppelte Nichtbesteuerung liegt in der Nichtabstimmung zweier oder mehrerer Rechtsordnungen in der Besteuerung ein und desselben Steuerpflichtigen oder zumindest ein und desselben Vorgangs. Bei Gesellschaften wirkt sich diese Nichtabstimmung in besonderem Maße aus, da hier unterschiedlichste Besteuerungskonzepte für vergleichbare Gesellschaftsformen bestehen können und die Einkünfte je nach System unterschiedlichsten Personen zugerechnet werden. Es entstehen (umgekehrt) hybride Gesellschaften. Hinzu kommt, dass auch jede Zivilrechtsordnung ihre eigenen Gesellschaftsarten und -formen kennt, die in ihrer Ausgestaltung anderen Rechtsordnungen möglicherweise nicht bekannt sind. Werden diese Gesellschaften grenzüberschreitend tätig, stellt sich immer die Frage der Einordnung im Ausland. Diese Einordnung erfolgt allerdings ebenfalls anhand unterschiedlichster Ansätze. Der deutschen KGaA – wie auch anderen Gesellschaften – droht die Gefahr von Qualifikationskonflikten. Denn wird sie grenzüberschreitend tätig, wird der ausländische Staat ein Interesse an der Besteuerung der Einkünfte haben. Für die Besteuerung im Ausland reicht dabei als Anknüpfungspunkt schon das Vorhandensein eines *genuine link*. Ist dieser in mehreren Staaten vorhanden, ist das Problem offenkundig: Die Staaten haben jeweils einen legitimen Steueranspruch. Ohne entsprechenden Anreiz wird der einzelne Staat wohl nicht gewillt sein, auf seine Einnahmequelle zu verzichten.

---

512 Vgl. *Kroniger/Thies*, IStR 2002, 397 (405).

IV. Vermeidung von doppelter (Nicht-)Besteuerung

1. Methoden zur Vermeidung von Doppelbesteuerung

Ein allgemeines rechtliches Gebot, internationale Doppelbesteuerung zu vermeiden, besteht nicht.[513] Aus ökonomischer Sicht der Staaten ist es jedoch unverzichtbar, Regelungen zu schaffen, die den Steuerpflichtigen vor einem konfiskatorisch wirkenden Steuerzugriff mehrerer Staaten bewahren.[514] Grund hierfür dürfte sein, dass bei einem konfiskatorisch wirkenden mehrfachen Steuerzugriff ein Wirtschaften über die Grenze hinaus für den einzelnen Steuerpflichtigen praktisch unzumutbar wäre – im Ergebnis also dem ex- und importorientierten volkswirtschaftlichen Staat als Ganzem schaden würde.[515] Hierin sind sich die Staaten angesichts der Vielzahl bestehender uni- und bilateraler Regelungen offensichtlich einig. Es gibt wohl wenige wirtschaftliche, grenzüberschreitende Themenkomplexe, im Rahmen derer Staaten eine derart hohe Bereitschaft zeigen, auf Einkunftsquellen zu verzichten.

In der Regel existieren daher Maßnahmen, die eine Doppelbesteuerung zu vermeiden, aufzuheben oder abzumildern suchen. Die Art und Weise, dieses Ziel zu erreichen, bestimmt sich nach der jeweiligen im Rahmen dieser Maßnahmen umgesetzten Methode. Dabei wird zwischen der Freistellungs-, Anrechnungs-, Ermäßigungs-, Pauschalierungs- und Abzugsmethode differenziert.[516] Die verschiedenen Methoden unterscheiden sich jeweils in ihren systematischen Ansätzen.[517] Für die vorliegende Untersuchung sind die Freistellungs- und Anrechnungsmethode von besonderer Relevanz, da sie im nationalen wie auch im abkommensrechtlichen Rahmen die am häufigsten gewählten Methoden darstellen.

---

513 Ein solches Gebot lässt sich weder dem Völkerrecht, dem Unionsrecht noch dem Verfassungsrecht entnehmen. S. hierzu ausführlich *Marquardsen*, Hybride Gesellschaften im Internationalen Steuerrecht der Bundesrepublik Deutschland, S. 93 ff.

514 *Tipke*, Steuergerechtigkeit, S. 120; *Schaumburg*, in: Internationales Steuerrecht, Rn. 17.15, der die Vermeidung von Doppelbesteuerung als „Gebot wirtschaftlicher Vernunft“ bezeichnet.

515 S. auch *Schaumburg*, in: Internationales Steuerrecht, Rn. 17.13 mit Ausführungen zur internationalen betriebswirtschaftlichen Steuerlehre. Zu den ökonomischen Vorgaben für die Besteuerung s. *Valta*, Das Internationale Steuerrecht zwischen Effizienz, Gerechtigkeit und Entwicklungshilfe, S. 101 ff.

516 Zu den Methoden im Einzelnen: *Schaumburg*, in: Internationales Steuerrecht, Rn. 17.22 ff.

517 *Schaumburg*, in: Internationales Steuerrecht, Rn. 17.16.

Durch die Freistellungsmethode werden Einkünfte, die bereits einer anderen Besteuerung unterworfen werden, von der inländischen Steuer freigestellt.[518] Diese Methode wird überwiegend in kontinentaleuropäischen Staaten angewendet.[519] Sie dient vorwiegend der Verwirklichung des Territorialitätsprinzips, indem die Tätigkeit auch nur am Tätigkeitsort besteuert wird. Damit ist sie jedoch im Grunde mit dem Welteinkommensprinzip unvereinbar.[520] Die Freistellungsmethode sichert vielmehr die Wettbewerbsneutralität der Besteuerung im Sinne der Kapitalimportneutralität.[521] Inländische Unternehmen, die auf ausländischen Märkten tätig werden, werden im jeweiligen Ausland denselben Steuerbelastungen unterworfen, wie die dort heimischen Unternehmen.[522] Die Freistellung der Einkünfte wird regelmäßig an weitere Bedingungen geknüpft. Sogenannte *Subject-to-tax*-Klauseln knüpfen die Freistellung der Einkünfte an die Voraussetzung, dass die Einkünfte im Tätigkeitsstaat auch tatsächlich der Besteuerung unterworfen werden.[523] Gängig ist auch ein sogenannter Aktivitätsvorbehalt. Die Freistellung wird dann nur auf Einkünfte gewährt, die aus aktiven oder produktiven Tätigkeiten stammen.[524] In den meisten Fällen wird zudem ein Progressionsvorbehalt bestehen. Zur Berechnung des Steuersatzes dient das Welteinkommen, also einschließlich der freigestellten Einkünfte. Dieser so berechnete Steuersatz wird auf das inländische bzw. das keiner Freistellung unterliegende Einkommen angewendet.[525] Im deutschen Einkommensteuergesetz findet sich der

518 Vgl. *Wassermeyer*, in: Wassermeyer, DBA, Art. 23A OECD-MA, Rn. 2 (Stand 01/2015); *Haase*, in: Haase, Außensteuerrecht/Doppelbesteuerungsabkommen, II Einleitung Rn. 53.

519 *Ismer*, in: Vogel/Lehner, Art. 23A OECD-MA Rn. 32; *Schaumburg*, in: Internationales Steuerrecht, Rn. 17.22.

520 *Schaumburg*, in: Internationales Steuerrecht, Rn. 17.22. Weitere Defizite der Freistellungsmethode zeigt *Jacobs* ausführlich auf: *Jacobs*, Internationale Unternehmensbesteuerung, S. 27 ff.

521 *Lehner*, in: Vogel/Lehner, Grundlagen Rn. 26; *Jacobs*, Internationale Unternehmensbesteuerung, S. 21; *Schaumburg*, in: Internationales Steuerrecht, Rn. 17.26.

522 *Schaumburg*, in: Internationales Steuerrecht, Rn. 17.26.

523 *Dürrschmidt*, in: Vogel/Lehner, Vor Art. 6–22 OECD-MA Rn. 19a ff., 20a ff.; *Schaumburg*, in: Internationales Steuerrecht, Rn. 17.26; *Wassermeyer*, in: Wassermeyer, DBA, Art. 23A OECD-MA Rn. 161 (Stand 01/2015).

524 *Ismer*, in: Vogel/Lehner, Art. 23 OECD-MA Rn. 67 ff.; *Wassermeyer*, in: Wassermeyer, Art. 23A OECD-MA Rn. 156 ff. (Stand 01/2015); *Schaumburg*, in: Internationales Steuerrecht, Rn. 17.27.

525 *Schaumburg*, in: Internationales Steuerrecht, Rn. 17.27.

Progressionsvorbehalt in § 32b EStG. Er stellt die Besteuerung nach der Leistungsfähigkeit sicher.[526]

Die Anrechnungsmethode stammt aus dem angloamerikanischen Rechtskreis,[527] wird aber nunmehr auch auf kontinentaleuropäischer Ebene angewandt.[528] Wird eine vollständige Anrechnung der ausländischen Steuer auf die inländische gewährt, verwirklicht die Anrechnungsmethode im Gegensatz zur Freistellungmethode das Welteinkommensprinzip und dient damit der Durchsetzung der Kapitalexportneutralität.[529] In der Regel erfolgt die Anrechnung aber anteilig, beschränkt auf die Höhe der inländischen Steuer.[530] Eine solche anteilige Anrechnung ist hingegen im Grunde mit dem Welteinkommensprinzip ebenfalls nicht vereinbar.[531] Sowohl die Freistellungs- als auch die Anrechnungsmethode werden im Rahmen von nationalen wie internationalen Regelungen umgesetzt.

2. Unilaterale Maßnahmen zur Vermeidung von Doppelbesteuerung

Die Maßnahmen zur Vermeidung von internationaler Doppelbesteuerung lassen sich in unilaterale und bilaterale Maßnahmen unterteilen.[532] Unilaterale Maßnahmen werden allein durch nationale Regelungen umgesetzt.[533] Ihnen fehlt im Gegensatz zu bilateralen Maßnahmen die Möglichkeit, auf die

526 BFH v. 06.10.1982 – I R 121/79, BStBl. II 1983, 34 juris Rn. 8; v. 30.05.1990 – I R 179/86, BStBl. II 1990, 906 juris Rn. 11; *Voss/Voss*, DB 1992, 645 (648); *Wassermeyer*, in: Wassermeyer, Art. 23A OECD-MA, Rn. 121 (Stand 01/2015); *Kuhn*, in: Hermann/Heuer/Raupach, § 32b EStG Rn. 3 (Stand 05/2017); *Schaumburg*, in: Internationales Steuerrecht, Rn. 17.27.

527 *Jankowiak*, Doppelte Nichtbesteuerung im Internationalen Steuerrecht, S. 25.

528 Vgl. *Jacobs*, Internationale Unternehmensbesteuerung, S. 27.

529 *Schaumburg*, in: Internationales Steuerrecht, Rn. 17.29.

530 *Schaumburg*, in: Internationales Steuerrecht, Rn. 17.29. Vgl. auch *Jacobs*, Internationale Unternehmensbesteuerung, S. 23 f.

531 *Mössner*, DStJG 1985, S. 135 (160); *Schaumburg*, in: Internationales Steuerrecht, Rn. 17.29.

532 Daneben wird auch an multilateralen Abkommen gearbeitet, die dann von einer Vielzahl von Staaten unterzeichnet werden sollen. Bestes Beispiel hierfür ist die sogenannte BEPS-Initiative und das daraus hervorgegangene sogenannte Multilaterale Instrument (MLI). Ausführlich hierzu unten § 3 IV. 4. S. auch *Oppel*, ISR 2019, 321.

533 *Lehner*, in: Vogel/Lehner, Grundlagen Rn. 31a f.; *Haase*, in: Haase, Außensteuerrecht/Doppelbesteuerungsabkommen, II Einleitung Rn. 23; *Musil*, in: Hübschmann/Hepp/Spitaler, § 2 AO Rn. 51 (Stand 11/2017); *Schaumburg*, in: Internationales Steuerrecht, Rn. 17.40.

Besteuerung des anderen Staates Einfluss auszuüben.[534] Der die Vorschriften erlassene Staat ist bei der Vermeidung der Doppelbesteuerung auf sich alleine gestellt. Er hat keine Möglichkeit, den anderen Staat ebenfalls zum Erlass von eine Doppelbesteuerung verhindernden Maßnahmen anzuhalten.[535]

Unilaterale Maßnahmen im Bereich des deutschen Einkommensteuerrechts bedienen sich sowohl der Freistellungsmethode als auch der Anrechnungsmethode.[536] Dabei kommt die Freistellungsmethode insbesondere im Rahmen des Teileinkünfteverfahrens gem. § 3 Nr. 40 S. 1 Buchst. d) EStG (eben auch bei einer steuerlichen Vorbelastung auf ausländischer Gesellschaftsebene)[537] als auch bei Dividendeneinkünften gem. § 8b Abs. 1 S. 1 KStG zur Anwendung.[538] Durch diese Vorschriften wird auch bei ausländischen Gesellschaften, die in Deutschland entstehende wirtschaftliche Doppelbesteuerung einerseits auf Ebene der Kapitalgesellschaft und andererseits auf Ebene des Gesellschafters abgemildert.[539] Letztlich ist dies aber kein spezielles Problem des internationalen Steuerrechts sondern eines, welches sich auch auf rein nationaler Ebene stellt.

Zur Vermeidung internationaler juristischer Doppelbesteuerung dient hingegen auf rein unilateraler Ebene grundsätzlich die Anrechnungsmethode. Sie findet sich sowohl im Einkommensteuergesetz (§ 34c EStG) als auch im Körperschaftsteuergesetz (§ 26 KStG), wobei § 26 KStG weitestgehend auf § 34c Abs. 1 EStG verweist. § 34c Abs. 1 S. 1 EStG ordnet an, dass bei unbeschränkt Steuerpflichtigen, die mit ausländischen Einkünften in dem Staat, aus dem die Einkünfte stammen, zu einer der deutschen Einkommensteuer entsprechenden Steuer herangezogen werden, die ausländische Steuer auf die deutsche Einkommensteuer anzurechnen ist. Eine Doppelbesteuerung wird so durch die Anrechnung der ausländischen Steuer vermieden bzw. abgemildert. Da die Qualifikationsmerkmale für inländische Einkünfte nach § 49 Abs. 1 Nr. 1 bis 3 EStG auch ausländische Einkunftsquellen erfassen können, wird die Steueranrechnung nach § 34c Abs. 1 S. 1 EStG gem. § 50 Abs. 3 EStG auch auf bloß beschränkt Steuerpflichtige erweitert. § 50 Abs. 3 EStG hat

534 *Schaumburg*, in: Internationales Steuerrecht, Rn. 17.40. S. auch *Jacobs*, Internationale Unternehmensbesteuerung, S. 68.

535 *Schaumburg*, in: Internationales Steuerrecht, Rn. 17.40.

536 *Haase*, in: Haase, Außensteuerrecht/Doppelbesteuerungsabkommen, II Einleitung Rn. 53; *Schaumburg*, in: Internationales Steuerrecht, Rn. 18.1. Vgl. auch *Lehner*, in: Vogel/Lehner, Grundlagen Rn. 31a f.

537 *Schaumburg*, in: Internationales Steuerrecht, Rn. 18.2.

538 Zur Anwendung dieser Normen bei der KGaA s. oben § 2 III. 7. b.

539 *Schaumburg*, in: Internationales Steuerrecht, Rn. 18.2.

hierbei insbesondere Bedeutung für Beteiligungen beschränkt Steuerpflichtiger an inländischen Personengesellschaften[540] sowie für inländische Niederlassungen ausländischer Banken.[541] Für unbeschränkt steuerpflichtige Körperschaften verweist § 26 Abs. 1 S. 1 Nr. 1 KStG im Grunde auf § 34c Abs. 1 bis 3 und 5 bis 7 EStG. Auch für beschränkt steuerpflichtige Körperschaften findet sich ein Verweis auf die entsprechende Norm des § 50 Abs. 3 EStG (§ 26 Abs. 1 S. 1 Nr. 2 KStG). Die Steueranrechnung bei steuerpflichtigen Körperschaften verläuft damit grundsätzlich parallel zu der bei steuerpflichtigen natürlichen Personen. Liegen die Voraussetzungen für eine Steueranrechnung vor, ist die festgesetzte und tatsächlich gezahlte Steuer auf die deutsche Einkommensteuer anzurechnen. Dabei ist die Anrechnung insoweit beschränkt, als die ausländische Steuer auf die im Veranlagungszeitraum bezogenen Einkünfte entfällt (§ 34c Abs. 1 S. 5 EStG). Im Gegensatz zu natürlichen Personen verfügen Körperschaften jedoch nicht über eine Privatsphäre, sodass eine Berücksichtigung privater Verhältnisse nicht erforderlich ist.[542] Dementsprechend erfolgt die Ermittlung der anzurechnenden Steuer nicht nach § 34c Abs. 1 S. 2 EStG, sondern nach einem gesonderten Verfahren (§ 26 Abs. 2 S. 1 KStG): Die gesamte auf das zu versteuernde Einkommen entfallende Körperschaftsteuer wird in dem Verhältnis der ausländischen Einkünfte zur Summe der Einkünfte aufgeteilt. Hieraus ergibt sich der Höchstbetrag der Anrechnung.[543]

Schließlich ist bei Anwendung dieser Vorschriften stets das Ziel im Blick zu behalten, eine effektive Doppelbesteuerung zu vermeiden bzw. zu mildern.[544] Liegt eine Doppelbesteuerung nicht vor, scheidet eine Anrechnung aus.[545] Die Notwendigkeit eines Verzichts auf eine Einnahmequelle durch den Staat ist in einem solchen Fall nicht gegeben. Entsteht hingegen eine Doppelbelastung des Steuerpflichtigen, kommt die in einem globalisierten, marktwirtschaftsbasierten Staatsverständnis angelegte Notwendigkeit der Intervention zum Tragen: Der Staat verzichtet auf einen Teil seiner Einnahmequelle, um den Wirtschaftssubjekten das grenzüberschreitende Agieren zu ermöglichen und sie vor einem konfiskatorisch wirkenden Steuerzugriff zu schützen. Das gilt selbst dann, wenn der andere besteuernde Staat keine Zugeständnisse

540 *Reimer*, in: Blümich, § 50 EStG Rn. 117 (Stand: 08/2018).
541 *Schaumburg*, in: Internationales Steuerrecht, Rn. 18.51.
542 *Wagner*, in: Blümich, § 34c EStG Rn. 22 (Stand 08/2018).
543 Vgl. *Pohl*, in: Blümich, § 26 KStG Rn. 89 (Stand 08/2019).
544 Vgl. *Schaumburg*, in: Internationales Steuerrecht, Rn. 18.5.
545 S. BFH v. 16.12.1992 – I R 32/92, BStBl. II 1993, 399 juris Rn. 31; *Gosch*, in: Kirchhof/Seer, § 34c EStG Rn. 23.

in solcher Hinsicht macht. Unter den entwickelten Industriestaaten sind hingegen Maßnahmen, die sich auf beiderseitige Zugeständnisse stützen, der Regelfall.[546]

3. Bilaterale Maßnahmen zur Vermeidung von Doppelbesteuerung

a. Abschluss und Wirkungsweise von Doppelbesteuerungsabkommen

aa. Anwendungsvorrang von Doppelbesteuerungsabkommen im innerstaatlichen Recht

Zu den Maßnahmen, die durch Zusammenwirken mindestens zweier Staaten zur Vermeidung von Doppelbesteuerung entstehen, zählen die Doppelbesteuerungsabkommen.[547] Kern dieser bilateralen Maßnahmen ist der gegenseitige Verzicht der Staaten auf bestimmte Steuersubstrate. Auch hier ist Hauptzweck, wettbewerbsverzerrende Einflüsse aufgrund einer doppelten Besteuerung zu vermeiden.[548] Aufgabe der Abkommen ist neben der Vermeidung von Doppelbesteuerung auch die sachgerechte und konsequente Regelung der gerechten Zuordnung eines Steuergutes zu einem Staat oder dessen gerechte Verteilung unter mehreren Staaten.[549] Doppelbesteuerungsabkommen sind völkerrechtliche Verträge, an denen die Staaten als Völker-

546 Deutschland hat mit über 100 Nationen Doppelbesteuerungsabkommen abgeschlossen. Eine aktuelle Auflistung ist einsehbar unter https://www.bundesfinanzministerium.de/Web/DE/Themen/Steuern/Internationales_Steuerrecht/Staatenbezogene_Informationen/staatenbezogene_info.html (zuletzt aufgerufen am 12.03.2021).

547 *Haase*, in: Haase, Außensteuerrecht/Doppelbesteuerungsabkommen, II Einleitung Rn. 24. S. zur Geschichte der Doppelbesteuerungsabkommen *Lehner*, in: Vogel/Lehner, Grundlagen Rn. 32 ff. Deutschland hat mit allen wichtigen Industrienationen (mit Ausnahme von Brasilien) Doppelbesteuerungsabkommen abgeschlossen. Ein multilaterales Abkommen wurde im Rahmen der sogenannten BEPS-Initiative (Aktionspunkt 15) entwickelt. Dieses sogenannte Multilaterale Instrument (MLI) ist ein völkerrechtliches Übereinkommen mit zahlreichen Vertragsparteien, dessen Ziel es ist, die abkommensbezogenen BEPS-Ergebnisse in einem einheitlichen Rechtsrahmen in die bestehenden DBA zu überführen. S. unten § 3 IV. 4.

548 *Haase*, in: Haase, Außensteuerrecht/Doppelbesteuerungsabkommen, II Einleitung Rn. 13.

549 *Tipke*, Steuergerechtigkeit, S. 120; *Schaumburg*, in: FS Tipke, S. 125 (129 ff.); *Lang, J.*, in: FS Schaumburg, S. 45 ff.; *Rödder*, in: FS J. Lang, S. 1147 ff.; *Lehner*, in: Vogel/Lehner, Grundlagen Rn. 23; *Musil*, in: Hübschmann/Hepp/Spitaler, § 2 AO Rn. 58 (Stand 11/2017); *Schaumburg/Häck*, in: Internationales Steuerrecht, Rn. 19.33; *Schönfeld/Häck*, in: Schönfeld/Ditz, DBA, Systematik Rn. 11.

rechtssubjekte beteiligt sind.[550] Gem. § 2 Abs. 1 AO gehen sie als solche nach ihrer Umsetzung in nationales Recht den deutschen Steuergesetzen vor. Als völkerrechtlicher Vertrag entfaltet ein Doppelbesteuerungsabkommen allerdings erst nach seiner Umsetzung in nationales Recht unmittelbare Wirkung.[551] Neben den jeweiligen nationalen Gesetzen begründet es selbst keine Steuerpflichten, sondern unterwirft vielmehr die sich aus nationalem Recht ergebenen Steueransprüche der Vertragsstaaten gewissen Schranken.[552]

bb. Bedeutung des OECD-Musterabkommens und der deutschen Verhandlungsgrundlage

Das Problem der Doppelbesteuerung wurde frühzeitig erkannt.[553] Spätestens nach dem ersten Weltkrieg wurde es dann auch als internationales Problem verstanden.[554] Dementsprechend wird seit je her die Lösung auch auf internationaler Ebene gesucht.[555] Die OECD hat hierzu im Jahr 1956 einen Steuerausschuss mit dem Ziel gebildet, ein Musterabkommen zu entwerfen, welches als Grundlage für bilaterale Abkommen zwischen den Mitgliedstaa-

550 *Lehner*, in: Vogel/Lehner, Grundlagen Rn. 46; *Haase*, in: Haase, Außensteuerrecht/Doppelbesteuerungsabkommen, II Einleitung Rn. 56; *Schwenke*, in: Wassermeyer, DBA, Vor Art. 1 OECD-MA Rn. 9 (Stand 10/2016); *Schaumburg/Häck*, in: Internationales Steuerrecht, Rn. 19.19.

551 *Haase*, in: Haase, Außensteuerrecht/Doppelbesteuerungsabkommen, II Einleitung Rn. 57. In Deutschland werden die Doppelbesteuerungsabkommen gem. Art. 59 Abs. 2 GG durch ein Zustimmungsgesetz von Bundestag und Bundesrat in nationales Recht umgesetzt. S. hierzu ausführlich *Schwenke*, in: Wassermeyer, DBA, Vor Art. 1 OECD-MA Rn. 10 f. (Stand 10/2016). Zur Frage der Spezialität von Doppelbesteuerungsabkommen gegenüber dem nationalen Recht s. *Drüen*, in: Tipke/Kruse, § 2 AO Rn. 38a (Stand 04/2017).

552 *Musil*, in: Hübschmann/Hepp/Spitaler, § 2 AO Rn. 58 (Stand 11/2017); *Schaumburg/Häck*, in: Internationales Steuerrecht, Rn. 19.5; *Schönfeld/Häck*, in: Schönfeld/Ditz, DBA, Systematik Rn. 26.

553 Zur Entwicklung der Maßnahmen zur Vermeidung von Doppelbesteuerung in der Zeit vor dem ersten Weltkrieg s. *Wassermeyer/Schwenke*, in: Wassermeyer, DBA, Vor Art. 1 OECD-MA Rn. 71 f. (Stand 01/2008).

554 Vgl. *Schaumburg/Häck*, in: Internationales Steuerrecht, Rn. 19.14. S. zur Entwicklung nach dem ersten Weltkrieg *Vogel*, DStZ 1997, 269 (278).

555 S. hierzu *Bühler*, Prinzipien des Internationalen Steuerrechts, S. 1 ff. Vgl. auch *Wassermeyer/Schwenke*, in: Wassermeyer, DBA, Vor Art. 1 OECD-MA Rn. 75 ff. (Stand 01/2008).

ten dienen sollte.[556] Dadurch sollten die zwischen den Mitgliedstaaten der OECD bilateral ausgehandelten Abkommen weitestgehend harmonisiert werden.[557] Ziel war es insbesondere, eine Möglichkeit zu schaffen, auf Grundlage einheitlicher Grundsätze, Begriffsbestimmungen, Regeln und Verfahren zu einer einheitlichen Auslegung zu gelangen.[558] 1963 wurde das erste OECD-Musterabkommen veröffentlicht.[559] Dieses Musterabkommen wird seitdem in unregelmäßigen Abständen im Zusammenhang mit wirtschaftlichen Bewegungen und Neuerungen fortentwickelt. Zuletzt wurde Ende 2017 das OECD-Musterabkommen 2017 veröffentlicht.[560] Der Großteil der von den OECD-Mitgliedstaaten abgeschlossenen Abkommen orientiert sich am OECD-Musterabkommen.[561]

Seit dem 18.04.2013 existiert in Deutschland zudem eine eigens vom Bundesfinanzministerium herausgegebene deutsche Verhandlungsgrundlage, die als „deutsches Musterabkommen" dienen soll.[562] In den wesentlichen Kernpunkten stimmt diese Verhandlungsgrundlage mit dem OECD-Musterabkommen überein. Da Doppelbesteuerungsabkommen letztlich einen zwischen zwei Staaten zu verhandelnden Vertrag darstellen, kann davon ausgegangen werden, dass Deutschland nur dort den Wortlaut seiner Verhandlungsgrundlage uneingeschränkt durchsetzen kann, wo ein „Machtgefälle" zugunsten Deutschlands besteht.[563]

556 *Schaumburg/Häck*, in: Internationales Steuerrecht, Rn. 19.14; *Lehner*, in: Vogel/Lehner, Grundlagen Rn. 34.

557 *Schaumburg/Häck*, in: Internationales Steuerrecht, Rn. 19.14.

558 *OECD*, Model Tax Convention on Income and on Capital: Condensed Version 2017, Introduction Ziff. 5; *Schaumburg/Häck*, in: Internationales Steuerrecht, Rn. 19.14.

559 *OECD*, Draft Double Taxation Convention on Income and Capital 1963. S. zur Entwicklung der Musterabkommen der OECD: *Vogel*, DStZ 1997, 269 (278) und *Schaumburg/Häck*, in: Internationales Steuerrecht, Rn. 19.14.

560 *OECD*, Model Tax Convention on Income and on Capital: Condensed Version 2017.

561 *Ault*, Intertax 1994, 144; *Schaumburg/Häck*, in: Internationales Steuerrecht, Rn. 19.17.

562 Verhandlungsgrundlage für Doppelbesteuerungsabkommen im Bereich der Steuern vom Einkommen und Vermögen. S. hierzu ausführlich *Lüdicke*, IStR-Beihefter 2013, 26.

563 Anschaulich zeigt sich das an dem Beispiel Brasilien. Das ursprünglich 1975 geschlossene Doppelbesteuerungsabkommen zwischen Deutschland und Brasilien wurde auch unter dem Eindruck entwicklungspolitischer Zielsetzungen verfasst. Es sollten Investitionsanreize für deutsche Investoren in Entwicklungsländern geschaffen werden. Nachdem Deutschland Brasilien nicht mehr als Entwicklungsland einstufte, waren die früheren entwicklungspolitischen Zielsetzungen überholt. Brasilien weigerte sich jedoch, das Doppelbesteuerungsabkommen anzupassen, sodass Deutschland sich letztlich 2005 genötigt sah, das Doppelbesteuerungsabkommen zu kündigen. Ausführlich hierzu *Schaumburg/Schulz*, IStR 2005, 794.

Diese Untersuchung orientiert sich daher im Sinne der Einheitlichkeit der Ausführungen vorwiegend an dem OECD-Musterabkommen[564]. Dort, wo für die KGaA relevante Abweichungen in der deutschen Verhandlungsgrundlage aber auch in mit anderen Staaten abgeschlossenen Doppelbesteuerungsabkommen bestehen, werden diese gesondert hervorgehoben und ihre Auswirkungen erläutert.

cc. Wirkungsweise der Doppelbesteuerungsabkommen

(1) Anknüpfung an den innerstaatlichen Steueranspruch

Doppelbesteuerungsabkommen knüpfen an den nach dem jeweiligen innerstaatlichen Recht entstandenen Steueranspruch der Staaten an und begrenzen in der Folge den Anspruch eines der Staaten oder schließen ihn sogar gänzlich aus.[565] Dabei muss das Abkommen allerdings zunächst überhaupt anwendbar sein. Doppelbesteuerungsabkommen sind auf unmittelbare Anwendung im Verhältnis zwischen Staat und Bürger angelegt.[566] Inländische (deutsche) Steuerpflichtige können sich – freilich erst nach Umsetzung des Abkommens durch ein Zustimmungsgesetz – unmittelbar auf die den innerstaatlichen Steueranspruch begrenzende Schrankenwirkung des Abkommens berufen, sofern sie vom Anwendungsbereich eines Abkommens erfasst werden.[567] Das Doppelbesteuerungsabkommen knüpft dazu an die Abkommensberechtigung des Steuersubjekts an. Ist diese gegeben, ist der persönliche Anwendungsbereich des Abkommens eröffnet.[568] Den

564 Die Kommentarliteratur hat sich inzwischen weitestgehend an das OECD-Musterabkommen von 2017 angepasst. Stellenweise wird weiterhin das OECD-Musterabkommen von 2014 zugrunde gelegt. Ergeben sich Unterschiede, wird auf diese hingewiesen.

565 Vgl. *Wassermeyer*, in: Wassermeyer, DBA, Art. 1 OECD-MA Rn. 9 (Stand 01/2008).

566 *Lehner*, in: Vogel/Lehner, Grundlagen Rn. 56; *Schaumburg/Häck*, in: Internationales Steuerrecht, Rn. 19.169; *Musil*, in: Hübschmann/Hepp/Spitaler, § 2 AO Rn. 177 (Stand 11/2017); *Drüen*, in: Tipke/Kruse, § 2 AO Rn. 28 ff. (Stand 04/2017); *Schönfeld/Häck*, in: Schönfeld/Ditz, DBA, Systematik Rn. 28.

567 *Debatin*, DStZ 1987, 211; *Debatin*, DStR 1992, Beihefter zu Heft 23, 1 (2); *Schaumburg/Häck*, in: Internationales Steuerrecht, Rn. 19.169; *Schönfeld/Häck*, in: Schönfeld/Ditz, DBA, Systematik Rn. 26, 28. Zur Schrankenwirkung s. auch *Kluge*, Das Internationale Steuerrecht, R 22. Kritisch gegenüber dem Begriff „Schrankenrecht" *Wassermeyer*, in: Wassermeyer, DBA, Art. 1 OECD-MA Rn. 9 (Stand 01/2008). Zur „gerechten" Verteilung des Steueraufkommens zwischen den Staaten s. *Kleineidam*, in: FS Flick, S. 857 (865 ff.).

568 Vgl. *Wassermeyer*, in: Wassermeyer, DBA, Art. 1 OECD-MA Rn. 18 (Stand 10/2010).

sachlichen Anwendungsbereich eines Abkommens stecken die sogenannten Verteilungsnormen (zum Beispiel Artt. 6 bis 22 OECD-MA) ab.[569] Diese enthalten abkommensspezifische Einkunftsarten, unter die der innerstaatliche Steueranspruch zu subsumieren ist. Fällt der Steueranspruch unter eine der Einkunftsarten, enthält die Verteilungsnorm in der Regel bereits die Anordnung, welcher Vertragsstaat sein Besteuerungsrecht nach dem Abkommen ausüben darf und welcher auf seinen Steueranspruch durch Freistellung verzichtet oder ihn begrenzt.[570] Die Aufteilung des Besteuerungssubstrates zwischen Wohnsitz- und Quellenstaat wird nach den in den Verteilungsnormen enthaltenen Einkunftsarten vorgenommen.[571] Die abkommensrechtlichen Einkünfte- und Vermögensbegriffe unterscheiden sich dabei von den nationalrechtlichen Begriffen.[572] Ein Rückgriff auf nationale Einkunftsarten ist nicht bzw. nur sehr eingeschränkt möglich.[573] Die Abkommen verfolgen vielmehr eine abkommensspezifische, sogenannte isolierende Betrachtungsweise.[574] Daher können – anders als im nationalen Recht – Einkünfte, die einem Unternehmen zufließen, zum Beispiel auch als Dividenden, Lizenzen oder Zinsen zu qualifizieren sein.[575] Die nationalrechtliche Einordnung als gewerbliche Einkünfte ist in diesem Zusammenhang

---

569 *Schaumburg/Häck*, in: Internationales Steuerrecht, Rn. 19.194; *Drüen*, in: Wassermeyer, DBA, Vor Art. 6–22 OECD-MA Rn. 1d (Stand 10/2019).

570 Vgl. *Debatin*, DStR 1992, Beihefter zu Heft 23, 1 (2 f.); *Vogel*, DStZ 1997, 269 (279); *Lehner*, in: Vogel/Lehner, Grundlagen Rn. 82; *Drüen*, in: Wassermeyer, DBA, Vor Art. 6–22 OECD-MA Rn. 1d (Stand 10/2019).

571 Vgl. *Drüen*, in: Wassermeyer, DBA, Vor Art. 6–22 OECD-MA Rn. 1d (Stand 10/2019).

572 *Debatin*, DB 1985, Beilage 23, 1 (3); *Debatin*, DStR 1992, Beihefter zu Heft 23, 1 (5); *Schaumburg/Häck*, in: Internationales Steuerrecht, Rn. 19.214; *Drüen*, in: Wassermeyer, DBA, Vor Art. 6–22 OECD-MA Rn. 9 (Stand 10/2019).

573 *Schaumburg/Häck*, in: Internationales Steuerrecht, Rn. 19.214. S. auch *Debatin*, DStZA 1966, 369; ähnlich auch *Gosch*, ISR 2013, 87; *Kluge*, Das Internationale Steuerrecht, Rn. R 30 f., R 46 f.; *Wassermeyer*, StuW 1990, 404 (405). S. auch BFH v. 21.08.1985 – I R 63/80, BStBl. II 1986, 4 juris Rn. 16: „DBA haben ihre eigene Begriffssprache". S. hierzu ausführlicher und zur Auslegung von Doppelbesteuerungsabkommen im Allgemeinen unten § 3 IV. 3. b.

574 *Kempermann*, in: Wassermeyer/Richter/Schnittker, Personengesellschaften im Internationalen Steuerrecht, Rn. 2.69; *Schaumburg*, Internationales Steuerrecht, Rn. 19.214; *Schönfeld/Häck*, in: Schönfeld/Ditz, DBA, Systematik Rn. 47. Kritisch hierzu *Dürrschmidt*, in: Vogel/Lehner, Vor Art. 6–22 OECD-MA Rn. 3.

575 *Schaumburg/Häck*, in: Internationales Steuerrecht, Rn. 19.214; *Schönfeld/Häck*, in: Schönfeld/Ditz, DBA, Systematik Rn. 47; *Drüen*, in: Wassermeyer, DBA, Vor Art. 6–22 OECD-MA Rn. 21 f. (Stand 10/2019). Vgl. auch *Lehner*, in: Vogel/Lehner, Grundlagen Rn. 85.

grundsätzlich irrelevant.[576] Die abkommensrechtliche Einordnung der Einkünfte richtet sich nach sachlichen Kriterien, wobei entscheidend ist, auf welche Ursache die Entstehung der Einkünfte zurückgeht.[577] Im Gegensatz zu der Einkünftequalifikation, die sich grundsätzlich nach der abkommensrechtlichen, vom innerstaatlichen Recht unabhängigen Begriffswelt richtet, enthalten die Verteilungsnormen in der Regel keine Bestimmungen über die Einkünfteermittlung und -zurechnung. Beides ist dann nach dem innerstaatlichen Recht des Anwenderstaates zu bestimmen.[578]

Vorranging weisen die Doppelbesteuerungsabkommen dem Wohnsitzstaat das Besteuerungsrecht zu.[579] Dem Quellenstaat verbleibt in der Regel die Besteuerung von in seinem Gebiet belegenen Betriebsstätten und unbeweglichen Vermögen sowie die reduzierte Besteuerung von Dividenden, Zinsen und Lizenzgebühren.[580] In diesen Fällen verzichtet nach dem Doppelbesteuerungsabkommen dann der Wohnsitzstaat auf sein Besteuerungsrecht.[581]

(2) Steuerfreistellung oder -anrechnung nach dem Methodenartikel

Dabei ist den von Deutschland abgeschlossenen Doppelbesteuerungsabkommen wie auch dem OECD-Musterabkommen gemein, dass durch den

576 S. auch *Gosch*, ISR 2013, 87 (94).

577 *Schaumburg/Häck*, in: Internationales Steuerrecht, Rn. 19.215. Dabei ergeben sich Probleme bei der Anwendung der Verteilungsartikel, wenn periodenfremde Einkünfte zufließen (zum Beispiel Vorauseinkünfte oder nachträgliche Einkünfte). Teilweise wird auf den Zeitpunkt abgestellt, zu dem die Tatbestandsmerkmale verwirklicht wurden, also die Ursache gesetzt wurde. Der Zeitpunkt des Zuflusses sei insoweit nicht maßgebend. So *Dürrschmidt*, in: Vogel/Lehner, Vor Art. 6–22 OECD-MA Rn. 8 ff.; *Lang, M.*, SWI 1999, 282 (283). Andererseits wird darauf abgestellt, dass sich die Frage, ob auf einen Zeitraum oder einen bestimmten Zeitpunkt abzustellen ist, nach innerstaatlichem Recht richte. So etwa *Drüen*, in: Wassermeyer, DBA, Vor Art. 6–22 OECD-MA Rn. 17 (Stand 10/2019).

578 *Schaumburg/Häck*, in: Internationales Steuerrecht, Rn. 19.218; *Lehner*, in: Vogel/Lehner, Grundlagen Rn. 181b; *Drüen*, in: Wassermeyer, DBA, Vor Art. 6–22 OECD-MA Rn. 15 (Stand 10/2019); *Häck*, in: Flick/Wassermeyer/Kempermann, DBA Schweiz, Art. 24 DBA-Schweiz Rn. 57 (Stand 05/2015). Vgl. auch *Debatin*, in: FS Scherpf, 305 (316).

579 *Schaumburg/Häck*, in: Internationales Steuerrecht, Rn. 19.198. Vgl. auch *Drüen*, in: Wassermeyer, DBA, Vor Art. 6–22 OECD-MA Rn. 12 (Stand 10/2019). Kritisch hingegen *Lehner*, in: Vogel/Lehner, Grundlagen Rn. 94.

580 *Schaumburg/Häck*, in: Internationales Steuerrecht, Rn. 19.199.

581 Vgl. *Schönfeld/Häck*, in: Schönfeld/Ditz, DBA, Art. 23A OECD-MA Rn. 5; *Drüen*, in: Wassermeyer, DBA, Vor Art. 6–22 OECD-MA Rn. 12 (Stand 10/2019).

Methodenartikel der Wohnsitzstaat als dessen Adressat auf die Besteuerung verzichtet, sei es durch Freistellung oder Anrechnung.[582] Der Methodenartikel des jeweiligen Abkommens ist damit entscheidend für die Art der Vermeidung der Doppelbesteuerung. Im OECD-Musterabkommen findet sich die Methode der Vermeidung in Art. 23 A und B OECD-MA.

Art. 23 A OECD-MA enthält die sogenannte Freistellungsmethode. Hierbei verzichtet der Wohnsitzstaat zugunsten des anderen Staates auf die Besteuerung des Steuergutes.[583] Dies führt zu einer unmittelbaren Steuerbefreiung im nationalen Recht (sogenannte „*self-executing*-Normen").[584] Die Vorschrift lautet:

„*Art. 23 A OECD-MA*

(1) Bezieht eine in einem Vertragsstaat ansässige Person Einkünfte oder hat sie Vermögen, die in dem anderen Vertragsstaat nach diesem Abkommen besteuert werden können (es sei denn, die Bestimmungen dieses Abkommen ermöglichen dem anderen Staat eine Besteuerung nur deshalb, weil die Einkünfte als Einkünfte einer dort ansässigen Person erzielt werden oder weil das Vermögen auch einer dort ansässigen Person ist), so nimmt der erstgenannte Staat vorbehaltlich der Absätze 2 und 3 diese Einkünfte oder dieses Vermögen von der Besteuerung aus.

[…]".

Die Anrechnungsmethode ist hingegen in Art. 23 B OECD-MA enthalten:

„*Art. 23 B OECD-MA*

(1) Bezieht eine in einem Vertragsstaat ansässige Person Einkünfte oder hat sie Vermögen, die in dem anderen Vertragsstaat nach diesem Abkommen besteuert werden können […], so rechnet der erstgenannte Staat

(a) auf die vom Einkommen dieser Person zu erhebende Steuer den Betrag an, der der im anderen Staat gezahlten Steuer vom Einkommen entspricht;

[…]

582 *Wassermeyer*, in: Wassermeyer, DBA, Art. 23A OECD-MA Rn. 1 (Stand 01/2015); *Schaumburg/Häck*, in: Internationales Steuerrecht, Rn. 19.5; *Schönfeld/Häck*, in: Schönfeld/Ditz, DBA, Art. 23A OECD-MA Rn. 1.

583 *Ismer*, in: Vogel/Lehner, Art. 23A OECD-MA Rn. 3; *Schönfeld/Häck*, in: Schönfeld/Ditz, DBA, Art. 23A OECD-MA Rn. 5. Vgl. auch *Wassermeyer*, in: Wassermeyer, DBA, Art. 23A OECD-MA Rn. 50 (Stand 01/2015).

584 *Mössner*, DStJG 8 (1985), 135 (147); *Schaumburg*, in: Internationales Steuerrecht, Rn. 17.23; *Schönfeld/Häck*, in: Schönfeld/Ditz, DBA, Systematik Rn. 28.

Der anzurechnende Betrag darf jedoch in beiden Fällen den Teil der vor der Anrechnung ermittelten Steuer vom Einkommen oder vom Vermögen nicht übersteigen, der auf die Einkünfte, die im anderen Staat besteuert werden können oder auf das Vermögen, das dort besteuert werden kann, entfällt.

[...]".

Im Gegensatz zu der Befreiungsmethode stellt die Anrechnungsmethode damit nicht auf das Einkommen sondern auf die Steuer ab.[585] Dabei wird zwischen der uneingeschränkten und gewöhnlichen Anrechnung der im Ausland gezahlten Steuer unterschieden.[586]

Sowohl die Freistellungs- als auch die Anrechnungsmethode weisen den nicht besteuerungsberechtigten Staat letztlich an, wie er mit seinem Steueranspruch zu verfahren hat. Eine doppelte Besteuerung kann überhaupt nur dann vermieden werden, wenn dieser Staat die Anweisung des Abkommens im Hinblick auf das jeweilige Besteuerungssubstrat auch so versteht und sie dem Steuerpflichtigen gegenüber auch entsprechend umsetzt.

b. Auslegung von Doppelbesteuerungsabkommen

aa. Grundlagen der Abkommensauslegung

Entscheidend für die Anwendung eines Doppelbesteuerungsabkommens durch die Vertragsstaaten ist die Subsumtion des nach innerstaatlichem Recht steuerbaren Sachverhalts unter die abkommensrechtlichen Begrifflichkeiten. Dabei liegt es in der Natur der Doppelbesteuerungsabkommen als völkerrechtliche Verträge, dass zwei Rechtsordnungen aufeinander treffen, die sich in ihren Begriffsverständnissen und Regelungstatbeständen zum Teil erheblich unterscheiden. Primäres Ziel ist jedoch eine möglichst einheitliche Anwendung durch die beiden Vertragsstaaten.[587] Das kann zu Problemen führen, wenn das Doppelbesteuerungsabkommen die Begrenzung eines Steueranspruches hinsichtlich einer bestimmten Einkunftsart vorsieht, einer

---

585 *OECD*, Model Tax Convention on Income and on Capital: Condensed Version 2014, Kommentar zu Art. 23 A MA Ziff. 17.

586 *OECD*, Model Tax Convention on Income and on Capital: Condensed Version 2014, Kommentar zu Art. 23 A MA Ziff. 23.

587 *Debatin*, DB 1985, Beilage 23, 1 (3); *Debatin*, in: FS Scherpf, 305 (309); *Vogel/Prokisch*, CDFI LXXVIIIa (1993), 19 (25 f.); *Vogel*, IStR 2003, 523; *Reimer*, IStR 2008, 551; *Schaumburg/Häck*, in: Internationales Steuerrecht, Rn. 19.52.

der Vertragsstaaten oder sogar beide diese Einkunftsart unter dem im Doppelbesteuerungsabkommen verwendeten Begriff allerdings nicht kennen. Erforderlich wird dann eine möglichst einheitliche Auslegung des Abkommens, die von beiden Vertragsparteien akzeptiert wird.[588] Dabei ist das sogenannte Gebot der Entscheidungsharmonie zu beachten.[589] Bei der Auslegung eines Begriffes ist auf die Auslegung in dem jeweiligen Vertragspartnerstaat Rücksicht zu nehmen. Eine im Ausland bereits gefestigte Rechtsprechung soll daher im Grunde bei der Abkommensauslegung nicht außer Acht gelassen werden.[590] Letztlich sind die Behörden und Gerichte der Vertragsstaaten also gehalten, eine Auslegung anzustreben, die in beiden Vertragsstaaten akzeptiert wird.[591]

Daneben ist jedoch auch die „Regelungssouveränität“[592] der Abkommen selbst zu beachten. Der Auslegung von Doppelbesteuerungsabkommen liegt die Prämisse zugrunde, dass sowohl das innerstaatliche Recht als auch das Recht der Doppelbesteuerung in sich geschlossene Regelungskreise[593]

---

588 *Haase*, in: Haase, Außensteuerrecht/Doppelbesteuerungsabkommen, II Einleitung Rn. 69; *Schaumburg/Häck*, in: Internationales Steuerrecht, Rn. 19.52; *Lehner*, in: Vogel/Lehner, Grundlagen Rn. 96a („einvernehmliche Auslegung“); *Mössner*, in: FS Seidl-Hohenveldern, S. 403 (406); *Strobl*, in: FS Döllerer, S. 635 (645 f.); *Vogel/Prokisch*, CDFI LXXVIIIa (1993), 19 (28 f.).

589 BFH v. 02.09.2009 – I R 90/08, BStBl. II 2010, 304 juris Rn. 20 („Grundsatz der Entscheidungsharmonie“); *Strobl*, in: FS Döllerer, 635 (658); *Reimer*, IStR 2008, 551 (555); *Lehner*, in: FS Frotscher, S. 383 (388 f.); *Musil*, in: Hübschmann/Hepp/Spitaler, § 2 AO Rn. 97 (Stand 11/2017); *Lehner*, in: Vogel/Lehner, Grundlagen Rn. 115 ff. Hierzu grundlegend: *Vogel*, in: FS Flick, S. 1043 ff. Nach *Gosch*, ISR 2013, 87 (91) handelt es sich mangels Rechtsgrundlage nicht um einen allgemeingültigen Grundsatz oder ein Gebot, sondern um eine Zielvorgabe als weiterer Orientierungspunkt für die Auslegung. Ähnlich auch *Wassermeyer*, in: Wassermeyer, DBA, Art. 3 OECD-MA Rn. 78 (Stand 12/2018).

590 *Musil*, in: Hübschmann/Hepp/Spitaler, § 2 AO Rn. 97 (Stand 11/2017).

591 *Lehner*, in: Vogel/Lehner, Grundlagen Rn. 115; *Schönfeld/Häck*, in: Schönfeld/Ditz, DBA, Systematik Rn. 95. S. hierzu auch *Reimer*, IStR 2008, 551. Ausführlich zur deutschen und ausländischen Rechtsprechung diesbezüglich: *Lehner*, in: Vogel/Lehner, Grundlagen Rn. 115a und 115b.

592 *Schaumburg/Häck*, in: Internationales Steuerrecht, Rn. 19.49.

593 BFH v. 15.01.1971 – III R 125/69, BStBl. II 1971, 379 juris Rn. 18; v. 15.06.1973 – III R 118/70, BStBl. II 1973, 810 juris Rn. 13; v. 21.08.1985 – I R 63/80, BStBl. II 1986, 4 juris Rn. 16; BFH v. 20.07.2016 – I R 50/15, BStBl. II 2017, 230 juris Rn. 16 f.; *Spitaler*, Das Doppelbesteuerungsproblem bei den direkten Steuern, S. 562; *Debatin*, DB 1985, Beilage 23, 1 (3); *Debatin*, DStZ 1987, 211; *Debatin*, DStR 1992, Beihefter zu Heft 23, 1 (5); *Strobl*, in FS: Döllerer, 635 (642); *Wassermeyer*, in: Wassermeyer, DBA, Art. 1 OECD-MA Rn. 48 (Stand 03/2012); *Schaumburg/Häck*, in: Internationales Steuerrecht,

mit eigenen Abgrenzungen und Begriffsbestimmungen sind.[594] Andererseits besteht ein enger Bezug von Abkommensrecht und innerstaatlichem Recht, da die Abkommen mit ihren Verteilungsnormen an innerstaatliches Recht anknüpfen. Sie müssen in der Lage sein, zwei unterschiedliche Rechtsordnungen aufzugreifen.[595]

Um die abkommensrechtlichen Vorschriften mit den Rechtsordnungen der Vertragsstaaten in Einklang zu bringen, bedarf es in vielen Fällen der Auslegung der Normen des Abkommens. Da Doppelbesteuerungsabkommen völkerrechtliche Verträge sind, gelten für sie im Grunde auch die Grundsätze für die Auslegung völkerrechtlicher Verträge.[596]

bb. Auslegung völkerrechtlicher Verträge im Allgemeinen (insbesondere nach dem Wiener Übereinkommen über das Recht der Verträge)

Das Wiener Übereinkommen über das Recht der Verträge (auch Wiener Vertragsrechtskonvention) enthält Regeln zur Auslegung völkerrechtlicher Verträge. Größtenteils werden die normierten Auslegungsregeln als Wiedergabe des ohnehin geltenden Völkergewohnheitsrechts verstanden.[597] Daher gelten für Abkommen, die vor der Ratifizierung der Konvention 1989 geschlossen wurden, im Kern dieselben völkerrechtlichen Auslegungsmetho-

---

Rn. 19.49; *Wassermeyer/Drüen*, in: Wassermeyer, DBA, Art. 3 OECD-MA Rn. 71a (Stand 12/2018).

594 *Debatin*, DStZA 1966, 369. So auch BFH v 21.08.1985 – I R 63/80, BStBl. II 1986, 4 (5) juris Rn. 16: „DBA haben ihre eigene Begriffssprache". Ähnlich auch *Gosch*, ISR 2013, 87; *Kluge*, Das Internationale Steuerrecht, R 30 f., R 46 f.; *Wassermeyer*, StuW 1990, 404 (405); *Lehner*, in: Vogel/Lehner, Grundlagen Rn. 113b.

595 *Debatin*, in: FS Scherpf, 305 (306) spricht hier von einer „engen Verzahnung [der Doppelbesteuerungsabkommen] mit dem innerstaatlichen Steuerrecht". S. auch *Lehner*, in: FS Frotscher, S. 383 (384).

596 BFH v. 16.12.1998 – I R 40/97, BStBl. II 1999, 207 juris Rn. 15; vgl. auch v. 07.07.2015 – I R 38/14, BFH/NV 2016, 180, juris Rn. 22; *Debatin*, DB 1987, 1607; *Kluge*, Das Internationale Steuerrecht, R 34 f.; *Clausen*, DB 2001, 2515 (2518); *Vogel*, IStR 2003, 523 (525); *Lampert*, IStR 2012, 513 (514 f.); *Gosch*, ISR 2013, 87; *Leisner-Egensperger*, IStR 2014, 10 (11); *Drüen*, in: Tipke/Kruse, § 2 AO Rn. 39 (Stand 04/2017); *Musil*, in: Hübschmann/Hepp/Spitaler, § 2 AO Rn. 90 (Stand 11/2017); *Wassermeyer/Drüen*, in: Wassermeyer, DBA, Art. 3 OECD-MA Rn. 76 (Stand 12/2018).

597 BFH v. 06.08.1985 – VII R 41/83, BFHE 144, 483 (485) juris Rn. 11; v. 11.11.2009 – I R 83/08, BStBl. II 2010, 781 (782) juris Rn. 22; *Lehner*, in: Vogel/Lehner, Grundlagen Rn. 105; *Erhard*, in: Flick/Wassermeyer/Kempermann, DBA Schweiz, Art. 3 Rn. 153 (Stand 07/2017); *Wassermeyer/Drüen*, in: Wassermeyer, DBA, Art. 3 OECD-MA Rn. 77 (Stand 12/2018).

den.[598] Zu beachten ist, dass die Wiener Vertragsrechtskonvention generell für völkerrechtliche Verträge gilt und nicht speziell für Doppelbesteuerungsabkommen.[599] Dennoch lassen sich ihr die allgemeinen Auslegungsregeln entnehmen, die dann gegebenenfalls für die Besonderheiten der Doppelbesteuerungsabkommen anzupassen sind.[600]

Art. 31 WÜRV normiert die allgemeinen Auslegungsregeln. Hierzu gehören die auch aus dem innerstaatlichen Recht bekannten Regelungen der Auslegung nach Treu und Glauben, Wortlaut sowie Ziel und Zweck der Regelung. Zusätzlich sind Präambeln, Protokolle und Urkunden, die sich auf den Vertrag beziehen, von einem Vertragsstaat anlässlich des Vertragsabschlusses abgefasst und von dem anderen Staat entgegengenommen wurden, zu berücksichtigen (Art. 31 Abs. 2 WÜRV). Ebenfalls können spätere Übereinkünfte zwischen den Vertragsparteien sowie eine spätere Übung bei der Anwendung des Vertrages berücksichtigt werden (Art. 31 Abs. 3 WÜRV). Besondere Bedeutung kommt zudem Art. 33 WÜRV zu, der die Auslegung von Verträgen mit zwei oder mehr authentischen Sprachen regelt. Neben den allgemeingültigen Regeln der WÜRV bestehen für die Auslegung von Doppelbesteuerungsabkommen auch spezielle Regelungen.

cc. Auslegung von Doppelbesteuerungsabkommen im Speziellen

(1) Abkommensimmanente Auslegungsregeln

(a) Reihenfolge der abkommensrechtlichen Auslegungsmethoden

Vorrang vor den Auslegungsregeln der Wiener Vertragsrechtskonvention haben dem Doppelbesteuerungsabkommen immanente Auslegungsregeln.[601] Art. 3 Abs. 2 OECD-MA enthält solche Auslegungsklauseln.[602] Als

598 *Gosch*, ISR 2013, 87; *Wassermeyer/Drüen*, in: Wassermeyer, DBA, Art. 3 OECD-MA Rn. 77 (Stand 12/2018). Mit einer ausführlichen Darstellung der Rechtsprechung des BFH zur Auslegung und Anwendung von Doppelbesteuerungsabkommen: *Lang, M.*, in: FS BFH, S. 983.

599 *Wassermeyer/Drüen*, in: Wassermeyer, DBA, Art. 3 OECD-MA Rn. 77 (Stand 12/2018). Vgl. auch *Lehner*, in: Vogel/Lehner, Grundlagen Rn. 105.

600 Vgl. *Lampert*, IStR 2012, 513 (514 f.). S. auch *Lehner*, in: FS Frotscher, S. 383 (385).

601 Vgl. *Wassermeyer/Drüen*, in: Wassermeyer, DBA, Art. 3 OECD-MA Rn. 77 (Stand 12/2018) zum *lex-specialis*-Charakter des Art. 3 Abs. 2 OECD-MA gegenüber der WÜRV.

602 *Schaumburg/Häck*, in: Internationales Steuerrecht, Rn. 19.54.

Orientierungspunkte für die Auslegung lassen sich dem Art. 3 Abs. 2 OECD-MA entnehmen: Definitionen der Abkommen, Sinnzusammenhang der Abkommen, Begriffsbedeutung nach innerstaatlichem Recht.[603]

Nach der sogenannten völkerrechtlichen Theorie hat die Heranziehung dieser Orientierungspunkte in der genannten Reihenfolge zu erfolgen.[604] Demgegenüber befürwortet die sogenannte landesrechtliche Theorie den Vorrang des innerstaatlichen Rechts vor dem Abkommenszusammenhang.[605] Im Hinblick auf eine einheitliche Auslegung der Abkommen durch beide Vertragsstaaten sowie der grundsätzlichen Regelungssouveränität der Doppelbesteuerungsabkommen ist der völkerrechtlichen Theorie zu folgen. Die landesrechtliche Theorie ist mit dem Verständnis eines Doppelbesteuerungsabkommens als „eigener Regelungskreis“[606] schlichtweg nicht vereinbar.[607] Das innerstaatliche Recht sollte immer nur als *ultima ratio* zur Auslegung eines Doppelbesteuerungsabkommens herangezogen werden.[608] Vorrangig ist daher das Abkommen immer „aus sich heraus“ auszulegen.

603 *Debatin*, in: FS Scherpf, 305 (311); *Schaumburg/Häck*, in: Internationales Steuerrecht, Rn. 19.56.

604 BFH v. 15.01.1971 – III R 125/69, BStBl. II 1971, 379 juris Rn. 18; v. 21.08.1985 – I R 63/80, BStBl. II 1986, 4 juris Rn. 16 ff.; v. 30.05.1990 – I R 179/86, BStBl. II 1990, 906 juris Rn. 10; v. 11.12.2013 – I R 4/13, BStBl. II 2014, 791 juris Rn. 38; *Debatin*, DB 1985, Beilage 23, 1 (5); *Schaumburg/Häck*, in: Internationales Steuerrecht, Rn. 19.56; *Musil*, in: Hübschmann/Hepp/Spitaler, § 2 AO Rn. 93 (Stand 11/2017). Weitere Vertreter der völkerrechtlichen Theorie: *Gloria*, Das steuerliche Verständigungsverfahren und das Recht auf diplomatischen Schutz, S. 97 ff.; *Lehner*, in: FS Frotscher, S. 383 (386 ff.); *Debatin*, AWD 1969, 477 ff., 484 ff.; *Kluge*, RIW 1975, 90 (96); *Vogel, H.*, BB 1978, 1021; *Klebau*, RIW 1985, 125 (126); *Gloria*, RIW 1986, 970 (975 f.); *Strobl*, in: FS Döllerer, 635 (642, 644 f.); *Gosch*, ISR 2013, 87 (88 f.); *Schönfeld/Häck*, in: Schönfeld/Ditz, DBA, Systematik Rn. 102.

605 *Mössner*, in: FS Seidl-Hohenveldern, 403 (423 ff.); *Kluge*, Das Internationale Steuerrecht, Rn. 34 ff. Eine Übersicht zum Meinungsspektrum in Bezug auf die Bedeutung des Art. 3 Abs. 2 OECD-MA findet sich bei *Lehner*, in: FS Frotscher, S. 383 (392 ff.).

606 *Debatin*, DStZ 1987, 211; *Wassermeyer*, in: Wassermeyer, DBA, Art. 1 OECD-MA Rn. 48 (Stand 03/2012).

607 So auch *Musil*, in: Hübschmann/Hepp/Spitaler, § 2 AO Rn. 94 (Stand 11/2017).

608 So die völkerrechtliche Theorie. *Wassermeyer* verfolgt hingegen einen Mittelweg. Es bestehe weder ein Grundsatz der Ultima-ratio-Anwendung noch ein solcher der primären Anwendung innerstaatlichen Rechts. Vielmehr würden die Vertragsstaaten für bestimmte Ausdrücke typischerweise auf das innerstaatliche Recht des Anwenderstaates (zum Beispiel Einkünftebegriff, Einkünfteermittlung, Einkünftezurechnung) zurückgreifen, während für anderen Ausdrücke typischerweise das Abkommensrecht herangezogen werde (zum Beispiel das Stammen von Einkünften aus einem Vertragsstaat, Künstlerbegriff, Sportlerbegriff); *Wassermeyer*, in: Wassermeyer, DBA, Art. 1 OECD-MA Rn. 48 (Stand 03/2012).

Art. 3 Abs. 2 OECD-MA kommt *lex specialis*-Charakter gegenüber den Auslegungsregeln des Art. 31 WÜRV zu.[609] Für abkommensrechtliche Zwecke gilt die in Art. 3 Abs. 2 OECD-MA geregelte Reihenfolge der bestehenden Auslegungsmethoden. Art. 31 WÜRV gibt dagegen keine qualitative Reihung der Auslegungsmethoden vor.[610] Hinsichtlich der Verwendung von Auslegungsmaterialien gelten mangels spezieller Regelung im Abkommen auch für abkommensrechtliche Zwecke die Art. 31 ff. WÜRV.[611]

Schließlich richtet das Abkommensrecht aber auch an einigen Stellen bewusst die Auslegungsfrage an das innerstaatliche Recht (zum Beispiel Art. 10 Abs. 3 OECD-MA hinsichtlich des Begriffs der Dividenden). Ein Rückgriff auf Art. 3 Abs. 2 OECD-MA ist dann nicht mehr möglich.[612] Das Abkommen enthält dann den ausdrücklichen Verweis, dass sich ein bestimmter Ausdruck nach innerstaatlichem Recht definiert.[613] Bei Vorliegen eines solchen ausdrücklichen Verweises, sind die Bestimmungen grundsätzlich nach innerstaatlichem Recht auszulegen.[614] In der Regel spricht die Abkommensnorm dabei eine der Rechtsordnungen der beiden Vertragsstaaten explizit an und bezieht sich auf diese als Ganzes.[615] Es handelt sich um einen dynamischen Verweis, d.h., der Verweis bezieht sich auf das jeweils geltende Recht im maßgeblichen Staat.[616] Durch den abkommensrechtlichen Verweis auf das innerstaatliche Recht eines der beiden Vertragsstaaten, wird die innerstaatliche Definition zur Abkommensdefinition und ist damit für beide Vertragsstaaten verbindlich.[617] Entscheidend ist daher zunächst, ob die Frage nach der Aus-

609 *Dürrschmidt*, in: Vogel/Lehner, Art. 3 OECD-MA Rn. 101; *Musil*, in: Hübschmann/Hepp/Spitaler, § 2 AO Rn. 92 (Stand 11/2017).

610 *Lehner*, in: Vogel/Lehner, Grundlagen Rn. 109d.

611 Vgl. *Wassermeyer/Drüen*, in: Wassermeyer, DBA, Art. 3 OECD-MA Rn. 77 (Stand 12/2018).

612 *Dürrschmidt*, in: Vogel/Lehner, Art. 3 OECD-MA Rn. 107; *Musil*, in: Hübschmann/Hepp/Spitaler, § 2 AO Rn. 92 (Stand 11/2017).

613 Zum Beispiel Art. 6 Abs. 2 OECD-MA hinsichtlich des unbeweglichen Vermögens, Art. 10 Abs. 3, Alt. 3 OECD-MA hinsichtlich der Dividenden.

614 *Lehner*, in: Vogel/Lehner, Grundlagen Rn. 151.

615 *Reimer*, ET 1999, 458 (473); *Lehner*, in: Vogel/Lehner, Grundlagen Rn. 151a.

616 BFH v. 13.12.1989 – I R 39/87, BStBl. II 1990, 379 juris Rn. 14; *Lehner*, in: Vogel/Lehner, Grundlagen, Rn. 151c; *Schaumburg/Häck*, in: Internationales Steuerrecht, Rn. 19.60.

617 *Debatin*, in: FS Scherpf, 305 (312); *Schaumburg/Häck*, in: Internationales Steuerrecht, Rn. 19.59.

legung überhaupt in den Anwendungsbereich des Abkommens fällt bzw. aus diesem ausdrücklich ausgenommen wird.[618]

(b) Abkommensimmanente Definitionen

Liegt eine ausdrückliche Verweisung auf das innerstaatliche Recht nicht vor, ist erster Anknüpfungspunkt der Abkommensauslegung die Begriffsbestimmungen der Abkommen selbst. Von besonderer Bedeutung ist dabei der Art. 3 Abs. 1 OECD-MA. Dieser enthält den abkommensrechtlichen Begriffskatalog, in dem die wichtigsten Definitionen festgelegt sind. Auch dieser ist vorrangig vor Art. 3 Abs. 2 OECD-MA anzuwenden. Die Definitionen der einzelnen Begriffe in diesem Katalog werden gewissermaßen „vor die Klammer gezogen", da sie Geltung für alle Vorschriften des Abkommens entfalten.[619] Neben dem Begriffskatalog in Art. 3 Abs. 1 OECD-MA, werden auch in den einzelnen Verteilungsartikeln Begriffe abkommensimmanent definiert.[620]

(c) Abkommensrechtlicher Sinnzusammenhang

Dem Art. 3 Abs. 2 OECD-MA kann hinsichtlich der Auslegungsmethoden Wortlaut, Systematik, Ziel und Zweck sowie Historie keine Rangfolge entnommen werden.[621] Sie sind gleichrangig anzuwenden und gleichwohl darauf gerichtet, den Sinn der abkommensrechtlichen Bestimmungen für beide Vertragsstaaten verbindlich zu ermitteln.[622] Der Wortlaut bietet naturgemäß den ersten Anhaltspunkt einer Auslegung. Er darf jedoch nicht als entscheidender Faktor gesehen werden. In der Regel bildet der Wortlaut die Auslegungs-

---

618 BFH v. 04.06.1975 – I R 250/73, BStBl. II 1975, 708 juris Rn. 13; v. 24.03.1999 – I R 114/97, BStBl. II 2000, 399 juris Rn. 42; *Lehner*, in: Vogel/Lehner, Grundlagen Rn. 113e. Vgl. auch *Debatin*, DStR 1992, Beihefter zu Heft 23, 1 (6).

619 *Dürrschmidt*, in: Vogel/Lehner, Vor Art. 3 OECD-MA Rn. 1a. S. dazu auch *OECD*, Model Tax Convention on Income and on Capital: Condensed Version 2014, Kommentar zu Art. 3 MA Ziff. 1.

620 Zum Beispiel ist der Ausdruck „Zinsen" in Art. 11 Abs. 3 OECD-MA für Abkommenszwecke definiert. Ebenso ist der Ausdruck „Lizenzgebühren" in Art. 12 Abs. 2 OECD-MA definiert.

621 Vgl. *Schaumburg/Häck*, in: Internationales Steuerrecht, Rn. 19.62.

622 *Schaumburg/Häck*, in: Internationales Steuerrecht, Rn. 19.62; *Lang, M.*, in: FS BFH, S. 983 (1007); *Wassermeyer/Drüen*, in: Wassermeyer, DBA, Art. 3 OECD-MA Rn. 78 (Stand 12/2018).

grenze.[623] Der BFH geht sogar so weit, dass er eine Auslegung gegen den Regelungswortlaut als unvereinbar mit den allgemeinen Grundsätzen für die Auslegung völkerrechtlicher Verträge ansieht, selbst wenn sich diese mit den abkommensrechtlichen Regelungszwecken besser vereinbaren ließe.[624] Der Wortlaut kann zumeist nicht abstrakt ausgelegt werden, sondern ist in dem konkreten Sinnzusammenhang zu sehen, in den er gesetzt wurde.[625]

Das Abkommen ist objektiv auszulegen.[626] Der subjektive Wille der Vertragsparteien kann nur Berücksichtigung finden, wenn er im Wortlaut des Abkommens Anklang findet.[627] Für die Auslegung des Wortlautes ist auf die gewöhnliche Bedeutung der Worte abzustellen, wie sie in vergleichbaren Kontexten genutzt wird.[628] Daher können auch das OECD-Musterabkommen sowie der OECD-Musterkommentar für die Auslegung von entscheidender Bedeutung sein.[629]

Der Wortlaut ist auch im Sinne des Zwecks der Doppelbesteuerungsabkommen auszulegen.[630] Primäres Ziel eines Doppelbesteuerungsabkommens ist die Vermeidung der doppelten Besteuerung eines Sachverhaltes. Dieses Ziel darf hingegen nicht primär auslegungssteuernd sein.[631] Denn schon die Aufnahme eines Verständigungsverfahrens in ein Abkommen zeigt, dass die Vertragsparteien bei Abschluss des Abkommens nicht davon ausgegangen sind, jede Form von doppelter Besteuerung durch die abkommensrechtlichen Vorschriften vermeiden zu können.[632]

---

623 *Wassermeyer/Drüen*, in: Wassermeyer, DBA, Art. 3 OECD-MA Rn. 78 (Stand 12/2018).

624 BFH v. 20.08.2008 – I R 39/07, BStBl. II 2009, 234 juris Rn. 18. Hierzu kritisch *Lang, M.*, in: FS BFH, S. 983 (1007).

625 *Wassermeyer/Drüen*, in: Wassermeyer, DBA, Art. 3 OECD-MA Rn. 78 (Stand 12/2018). S. auch *Lehner*, in: Vogel/Lehner, Grundlagen Rn. 106.

626 *Wassermeyer/Drüen*, in: Wassermeyer, DBA, Art. 3 OECD-MA Rn. 78 (Stand 12/2018).

627 *Lehner*, in: Vogel/Lehner, Grundlagen Rn. 107; *Wassermeyer/Drüen*, in: Wassermeyer, DBA, Art. 3 OECD-MA Rn. 78 (Stand 12/2018). Vgl. auch *Schönfeld/Häck*, in: Schönfeld/Ditz, DBA, Systematik Rn. 107.

628 *Wassermeyer/Drüen*, in: Wassermeyer, DBA, Art. 3 OECD-MA Rn. 78 (Stand 12/2018).

629 *Lang, M.*, IStR 2011, 403 (407); *Lang, M.*, in: FS BFH, S. 983 (988 ff.); *Wassermeyer/Drüen*, in: Wassermeyer, DBA, Art. 3 OECD-MA Rn. 78 (Stand 12/2018).

630 Vgl. *Schönfeld/Häck*, in: Schönfeld/Ditz, DBA, Systematik Rn. 107.

631 *Wassermeyer/Drüen*, in: Wassermeyer, DBA, Art. 3 OECD-MA Rn. 78 (Stand 12/2018); vgl. auch *Lehner*, in: Vogel/Lehner, Grundlagen Rn. 107b („Ein allgemeiner Zweck von Doppelbesteuerungsabkommen, Doppelbesteuerung zu vermeiden, [...] kann deshalb nur von sekundärer Bedeutung sein.").

632 *Debatin*, in: FS Scherpf, 305 (309); *Lampert*, Doppelbesteuerungsrecht und Lastengleichheit, S. 73; *Marquardsen*, Hybride Gesellschaften im Internationalen Steuerrecht der Bundesrepublik Deutschland, S. 82; *Gosch*, in: Kirchhof/Seer, § 34c EStG Rn. 12.

Zu beachten ist insbesondere der Anknüpfungsmechanismus der Doppelbesteuerungsabkommen.[633] Das Abkommen begründet keinen eigenständigen Steueranspruch sondern knüpft vielmehr an den nach rein innerstaatlichem Recht entstandenen Anspruch an.[634] Die im Grunde vorrangige „abkommensautonome“[635] Auslegung kommt daher nicht gänzlich ohne Bezug zum nationalen Recht aus. Das Abkommen muss gewährleisten, dass die innerstaatlichen Begrifflichkeiten, die einen Steueranspruch begründen, unter das Abkommen subsumiert werden können.[636]

Ein bedeutender Unterschied zur Auslegung von anderweitigen völkerrechtlichen Verträgen besteht für Doppelbesteuerungsabkommen zudem darin, dass im Zweifel nicht der Auslegung der Vorzug zu geben ist, die die Souveränität der Vertragsstaaten möglichst gering einschränkt.[637] Im steuerbezogenen Abkommensrecht kommt es gerade auf die Einschränkung der souveränen Steueransprüche der Vertragsstaaten an.

(d) Lex-Fori-Klausel des Art. 3 Abs. 2 OECD-MA

Erst, wenn der Sinngehalt einer Regelung des Abkommens nicht aus dem Abkommen selbst erschlossen werden kann, darf der Rückgriff auf nationales Recht erfolgen.[638] Hierbei ist zu beachten, dass lediglich einzelne Begriffe des Abkommens nach innerstaatlichem Recht ausgelegt werden dürfen.[639]

633 S. hierzu oben § 3 IV. 3. a. cc. (1).

634 *Lehner*, in: FS Frotscher, S. 383 (384).

635 BFH v. 20.7.2016 – I R 50/15, BStBl. II 2017, 230 juris Rn. 16; v. 11.12.2013 – I R 4/13, BStBl. II 2014, 791 juris Rn. 38; *Gosch*, ISR 2013, 87 (90). Vgl. auch *Strobl*, in: FS Döllerer, S. 635 (642).

636 *Debatin*, AWD 1969, 477 (479); *Lehner*, in: FS Frotscher, S. 383 (384); *Marquardsen*, Hybride Gesellschaften im Internationalen Steuerrecht der Bundesrepublik Deutschland, S. 81.

637 *Von Poser und Groß-Naedlitz*, Der Qualifikationskonflikt bei DBA, S. 76 f.; *Pott*, Die Kollision unterschiedlicher Formen der Gesellschaftsbesteuerung im Internationalen Steuerrecht, S. 148; *Gloria*, Das steuerliche Verständigungsverfahren und das Recht auf diplomatischen Schutz, S. 81; *Schaumburg/Häck*, in: Internationales Steuerrecht, Rn. 19.52; *Wassermeyer/Drüen*, in: Wassermeyer, DBA, Art. 3 OECD-MA Rn. 77 (Stand 12/2018).

638 *Schaumburg/Häck*, in: Internationales Steuerrecht, Rn. 19.64. A. A. *Musil*, in: Hübschmann/Hepp/Spitaler, § 2 AO Rn. 93 (Stand 11/2017), der nicht von einem absoluten Vorrang des Auslegungsergebnisses nach dem Sinnzusammenhang des Abkommens ausgeht, obwohl er die Reihenfolge der Auslegungsmethoden der völkerrechtlichen Theorie durchaus befürwortet.

639 *Schaumburg/Häck*, in: Internationales Steuerrecht, Rn. 19.64.

Etwaige Vertragslücken dürfen nicht unter Rückgriff auf nationales Recht geschlossen werden.[640]

Der Rückgriff auf das innerstaatliche Recht ist auch hier dynamisch ausgestaltet. Er nimmt jeweils auf das innerstaatlich zum Anwendungszeitpunkt geltende Steuerrecht Bezug.[641] Dazu gehört bei Mitgliedstaaten der Europäischen Union auch das geltende Unionsrecht.[642] Der abkommensrechtliche Begriff muss im nationalen Recht überhaupt eine Bedeutung haben, ohne dass eine konkrete Definition des Begriffs nach nationalem Recht erforderlich wäre.[643] Entscheidend ist vielmehr die sachliche Übereinstimmung der Ausdrücke im Begriffskern.[644] Allein die wörtliche Übereinstimmung eines Begriffs im Abkommen mit einem innerstaatlichen Begriff kann freilich nicht alleine zur Heranziehung der Auslegung nach innerstaatlichem Recht führen, insbesondere dann nicht, wenn das Abkommen selbst eine Definition enthält.[645]

(2) Mehrsprachigkeit der Doppelbesteuerungsabkommen

Doppelbesteuerungsabkommen, die zwischen zwei Staaten abgeschlossen werden, bedürfen in der Regel einer Abfassung in mindestens zwei Sprachen. Ist das der Fall, darf sich die Auslegung der Abkommensbegriffe dann aber

640 *Dürrschmidt*, in: Vogel/Lehner, Art. 3 OECD-MA Rn. 102; *Schaumburg/Häck*, in: Internationales Steuerrecht, Rn. 19.64. A.A. *Kluge*, RIW/AWD 1975, 90 (96); *Diehl*, FR 1978, 517. S. auch *Vogel/Prokisch*, CDFI LXXVIIIa (1993), 19 (41 f.).

641 BFH v. 13.12.1989 – I R 39/87, BStBl. II 1990, 379 juris Rn. 14; v. 02.02.1994 – I R 66/92, BStBl. II 1994, 727 juris Rn. 28; *Widmann*, DStJG 1985, 235 (242 ff.); *Lang, M.*, Hybride Finanzierungen im internationalen Steuerrecht, S. 87; *Lampert*, IStR 2012, 513 (515); *Leisner-Egensperger*, IStR 2014, 10 (14 f.); *Dürrschmidt*, in: Vogel/Lehner, Art. 3 OECD-MA Rn. 124; *Erhard*, in: Flick/Wassermeyer/Kempermann, DBA Schweiz, Art. 3 DBA-Schweiz Rn. 198 (Stand 07/2017); *Schaumburg/Häck*, in: Internationales Steuerrecht, Rn. 19.66; *Wassermeyer/Drüen*, in: Wassermeyer, DBA, Art. 3 OECD-MA Rn. 92 (Stand 12/2018); s. auch *OECD*, Model Tax Convention on Income and on Capital: Condensed Version 2014, Kommentar zu Art. 3 MA Ziff. 11.

642 *Dürrschmidt*, in: Vogel/Lehner, Art. 3 OECD-MA Rn. 111e; *Schaumburg/Häck*, in: Internationales Steuerrecht, Rn. 19.66; *Pohl*, in: Schönfeld/Ditz, DBA, Art. 3 OECD-MA Rn. 94.

643 *Wassermeyer/Drüen*, in: Wassermeyer, DBA, Art. 3 OECD-MA Rn. 74 (Stand 12/2018).

644 *Dürrschmidt*, in: Vogel/Lehner, Art. 3 OECD-MA Rn. 111b. S. auch *Wattel/Marres*, ET 2003, 66 (71).

645 *Dürrschmidt*, in: Vogel/Lehner, Art. 3 OECD-MA Rn. 111b; *Wassermeyer/Drüen*, in: Wassermeyer, DBA, Art. 3 OECD-MA Rn. 71 (Stand 12/2018): „Insoweit darf Art. 3 Abs. 2 nicht zu einem vorschnellen Rückgriff auf das innerstaatl. Recht verleiten […]".

nicht auf eine der beiden Sprachfassungen beschränken.[646] Vielmehr ist der Sinngehalt der Begriffe auch unter Berücksichtigung beider Vertragssprachen zu erforschen.[647]

Hinzu kommt, dass vielfach das Musterabkommen der OECD als Grundlage für ein individuell verhandeltes Abkommen dient. Dabei nehmen folglich auch die autorisierten Sprachen der OECD – Englisch und Französisch – Einfluss auf den Inhalt des Abkommens.[648] Liegt ein solches dem OECD-Musterabkommen nachgebildetes Abkommen vor, kann bei der Auslegung einzelner Abkommensbegriffe auch die Bedeutung herangezogen werden, die ihnen in der englischen bzw. französischen Originalfassung zukommt.[649]

(3) Auslegungshilfsmittel: OECD-Musterabkommen, -Musterkommentar und Partnership Report

(a) Heranziehung des OECD-Musterabkommens

Als Auslegungshilfsmittel im Sinne des Art. 32 WÜRV können auch die Mustervorlagen der OECD dienen.[650] Im Grunde kann also in Fällen, in denen ein zwischen zwei Staaten ausgehandeltes Abkommen im Wortlaut mit dem OECD-Musterabkommen übereinstimmt, dieses jedenfalls als Auslegungshilfsmittel zur Auslegung herangezogen werden.[651] Zu beachten ist dabei, dass die Auslegung des OECD-Musterabkommens grundsätzlich nur am englischen bzw. französischen Originaltext ansetzen darf, da nur diese Fassungen „authentisch" sind.[652] Verwendet ein nicht in der Originalsprache des OECD-Musterabkommens verfasstes Abkommen Begriffe, die zumindest

646 *Gosch*, ISR 2013, 87 (90).

647 *Lehner*, in: Vogel/Lehner, Grundlagen Rn. 111. Vgl. auch *Gosch*, ISR 2013, 87 (95).

648 *Lang, M.*, IStR 2011, 403 (404).

649 *Marquardsen*, Hybride Gesellschaften im Internationalen Steuerrecht der Bundesrepublik Deutschland, S. 86 f.

650 Vgl. *Lehner*, in: FS Frotscher, S. 383 (389 f.). Ist das jeweilige Abkommen im Wortlaut dem Musterabkommen der OECD nachgebildet, sollen das Musterabkommen und der Musterkommentar der OECD auch über Art. 31 WÜRV Anwendung finden. S. *Lang, M.*, IStR 2011, 403 (407 f.); *Marquardsen*, Hybride Gesellschaften im Internationalen Steuerrecht der Bundesrepublik Deutschland, S. 85 f.

651 Vgl. *Debatin*, DStR 1992, Beihefter zu Heft 23, 1 (5 f.); *Czakert*, IStR 2012, 703 (705); *Gosch*, ISR 2013, 87 (91); *Schaumburg/Häck*, in: Internationales Steuerrecht, Rn. 19.75.

652 *Wassermeyer/Schwenke*, in: Wassermeyer, DBA, Vor Art. 1 OECD-MA Rn. 51 (Stand 01/2008); *Lehner*, in: Vogel/Lehner, Grundlagen Rn. 124a; *Lang, M.*, in: Maisto/Nikolakakis/Ulmer, Essays on Tax Treaties: A Tribute to David A. Ward, S. 15 (17); *Lang,*

ähnlich sind, kann im Rahmen der Auslegung auch auf die Originalfassungen zurückgegriffen werden.[653] Ein Abweichen von Bestimmungen des OECD-Musterabkommens oder auch einzelnen Begrifflichkeiten kann als Ausschluss dieser interpretiert werden.[654]

Der BFH schränkt die Heranziehung des OECD-Musterabkommens zudem in zeitlicher Hinsicht ein: Für die Auslegung eines Doppelbesteuerungsabkommens darf das OECD-Musterabkommen nur herangezogen werden, soweit es vor Abschluss des auslegungsbedürftigen Doppelbesteuerungsabkommens erlassen wurde. Anderenfalls könne nicht davon ausgegangen werden, dass die Parteien im Zeitpunkt des Abschlusses das spätere OECD-Musterabkommen im Sinn hatten.[655] Dem ist zu folgen. Nur die Wortwahl eines bereits bestehenden Musterabkommens kann von den Parteien bei Abschluss ihres Abkommens zugrunde gelegt worden sein.[656]

(b) Heranziehung des OECD-Musterkommentars

Ebenso wie das OECD-Musterabkommen selbst wurde auch der Kommentar zum OECD-Musterabkommen als Empfehlung des Rates der OECD

M., IStR 2011, 403 (404, 408). Vgl. auch *Schönfeld/Häck*, in: Schönfeld/Ditz, DBA, Systematik Rn. 114.

653 BFH v. 10.07.1996 – I R 4/96, BStBl. II 1997, 15 juris Rn. 12; *Lehner*, in: Vogel/Lehner, Grundlagen Rn. 124a. *Wassermeyer/Schwenke*, in: Wassermeyer, DBA, Vor Art. 1 OECD-MA Rn. 51 (Stand 01/2008) sprechen von einer „widerlegbare[n] Vermutung".

654 S. *Wassermeyer/Schwenke*, in: Wassermeyer, DBA, Vor Art. 1 OECD-MA Rn. 51 (Stand 01/2008); *Lehner*, in: Vogel/Lehner, Grundlagen Rn. 124a.

655 BFH v. 15.09.1971 – I R 202/67, BStBl. II 1972, 281 juris Rn. 26; v. 09.02.2011 – I R 54, 55/10, BStBl. II 2012, 106 juris Rn. 21; v. 25.05.2011 – I R 95/10, BStBl. II 2014, 760 juris Rn. 19; v. 16.01.2014 – I R 30/12, BStBl. II 2014, 721 juris Rn. 19; speziell zum Partnership Report: BFH v. 11.12.2013 – I R 4/13, BStBl. II 2014, 791 juris Rn. 15. Dem folgend *Heger*, SWI 2011, 95 (100 f.); *Gosch*, ISR 2013, 87 (92); *Roser*, Ubg 2013, 37 (41); *Lang, M.*, ÖStZ 2006, 203 (207 ff.); *Lehner*, in: Vogel/Lehner, Grundlagen Rn. 127; *Schaumburg/Häck*, in: Internationales Steuerrecht, Rn. 19.77; *Schönfeld/Häck*, in: Schönfeld/Ditz, DBA, Systematik Rn. 115. Vgl. auch *Vogel*, IStR 2003, 523 (527 f.) zur parallelen Problematik bei Heranziehung des OECD-Musterkommentars. Anders der Rat der OECD, der sich für eine „dynamische" Auslegung ausspricht; s. OECD, Recommendation concerning the Model Tax Convention on Income and on Capital (1997), Tz. I. 3. Kritisch auch *Czakert*, IStR 2012, 703 (705); differenzierend *Lampert*, IStR 2012, 513 (515 ff.). Die deutsche Finanzverwaltung folgt ebenfalls einer dynamischen Auslegungsweise, s. hierzu *Wichmann*, FR 2011, 1082 (1083).

656 So auch *Lehner*, in: Vogel/Lehner, Grundlagen Rn. 127c. Vgl. auch *Lang, M.*, SWI 1996, 427; *Drüen*, in: Tipke/Kruse, § 2 AO Rn. 42 (Stand 04/2017); *Wassermeyer/Drüen*, in: Wassermeyer, DBA, Art. 3 OECD-MA Rn. 78 (Stand 12/2018).

erlassen. Empfehlungen sind anders als Entscheidungen des Rates nicht bindend.[657] Gleichwohl kommt dem OECD-Musterkommentar im Rahmen der Auslegung nach den Regeln des WÜRV Bedeutung zu.[658] Bei Doppelbesteuerungsabkommen, die den Wortlaut des OECD-Musterabkommens übernommen haben, kann (widerlegbar) davon ausgegangen werden, dass die Vertragsstaaten den musterkonformen Bestimmungen, die Bedeutung zugrundgelegt haben, die sich aus dem OECD-Musterabkommen und aus dem Musterkommentar ergeben.[659]

(c) Heranziehung des Partnership Reports der OECD

Ferner enthält der im Jahr 2000 von der OECD veröffentlichte Partnership Report spezielle Vorschläge zum Umgang mit Personengesellschaften auf Abkommensebene.[660] Anhand von Beispielsfällen werden zentrale Fragen der abkommensrechtlichen Behandlung von Personengesellschaften – und damit auch hybriden Personengesellschaften – erläutert und ein Lösungsvorschlag unterbreitet. Dem OECD-Partnership Report kommt indes ebenfalls keine Bindungswirkung für die Auslegung eines Doppelbesteuerungsabkom-

---

657 *Lehner*, in: Vogel/Lehner, Grundlagen Rn. 124b; *Mellinghoff*, in: FG Wassermeyer, Nr. 6 Rn. 3 ff.; *Drüen*, in: Tipke/Kruse, § 2 AO Rn. 42 (Stand 04/2017).

658 *Lehner*, in: Vogel/Lehner, Grundlagen Rn. 125; *Wassermeyer/Drüen*, in: Wassermeyer, DBA, Art. 3 OECD-MA Rn. 78 (Stand 12/2018). Letztlich lassen sich die Kommentare zumindest unter die ergänzenden Auslegungsmittel i.S.d. Art. 32 WÜRV fassen, da die dortige Aufzählung nicht abschließend ist („insbesondere"); so *Oesterhelt*, ASA 80 (2011/2012), S. 373 (379). Für die Anwendung als „in 2. Linie zu berücksichtigende Auslegungshilfe i.S.v. Art. 32 WÜRV": *Drüen*, in: Tipke/Kruse, § 2 AO Rn. 42 (Stand 04/2017); ebenso *Pott*, Die Kollision unterschiedlicher Formen der Gesellschafterbesteuerung im Internationalen Steuerrecht, S. 142 f.; *Gloria*, Das steuerliche Verständigungsverfahren und das Recht auf diplomatischen Schutz, S. 91; *Gosch*, ISR 2013, 87 (91); *Pohl*, RIW 2012, 677 (678). Für die Anwendung als primäre Auslegungshilfe hingegen: *Ditz*, IStR 2005, 37 (41); *Wassermeyer*, in: Wassermeyer, DBA, Vor Art. 1 OECD-MA Rn. 44 (Stand 01/2008); *Lehner*, in: Vogel/Lehner, Grundlagen Rn. 125b; *Mellinghoff*, in: FG Wassermeyer, Nr. 6 Rn. 3 ff.; *Schaumburg/Häck*, in: Internationales Steuerrecht, Rn. 19.76.

659 *Ault*, Intertax 1994, 144 (146 f.); *Lehner*, in: Vogel/Lehner, Grundlagen Rn. 126; *Wassermeyer*, in: Wassermeyer, DBA, Vor Art. 1 OECD-MA Rn. 34 (Stand 10/2016), Rn. 44 (Stand 01/2008); *Schönfeld/Häck*, in: Schönfeld/Ditz, DBA, Systematik Rn. 114. Auch bei Heranziehung des OECD-Musterkommentars zur Auslegung eines Doppelbesteuerungsabkommens stellt sich die Frage nach der anwendbaren Fassung. S. hierzu *Vogel*, IStR 2003, 523 (527 f.); *Lampert*, IStR 2012, 513 (515 ff.).

660 *Lampert*, in: Mössner/Baumhoff/Greif, Steuerrecht international tätiger Unternehmen, Rn. 1.257.

mens zu.[661] Eine Ausnahme gilt nur dort, wo die Parteien des fraglichen Abkommens den Partnership Report ausdrücklich in ihren Willen mit aufgenommen haben.[662] Ansonsten bleibt es bei der bloßen Hilfsfunktion des Partnership Reports für die abkommensrechtliche Auslegung.[663]

Zu beachten ist aber, dass sich das Bundesfinanzministerium in seinem Schreiben zur Behandlung von Personengesellschaften im Abkommensrecht am Partnership Report der OECD orientiert hat und weitestgehend deren Vorschläge übernommen hat.[664] Indes stellt auch die Auffassung der Finanzverwaltung nur eine Orientierungshilfe dar.[665]

dd. Zwischenfazit

Die Auslegung von Doppelbesteuerungsabkommen richtet sich zwar im Grunde nach den für völkerrechtliche Verträge geltenden allgemeinen Vorschriften (insbesondere WÜRV). Allerdings ist stets die Besonderheit der Doppelbesteuerungsabkommen zu beachten: Es ist gerade Sinn und Zweck der Abkommen, die Steueransprüche der Staaten zu begrenzen. Die Bewahrung der Souveränität der Staaten im Regelungsbereich des Abkommens muss daher – im Gegensatz zu anderen Arten völkerrechtlicher Verträge – gerade nicht Maxime der Auslegung sein. Enthält das Abkommen abkommensimmanente Auslegungsregeln, sind diese vorrangig. Dabei ist immer der Grundsatz der abkommensautonomen Auslegung zu beachten. Ist die Bedeutung eines Begriffs autonom anhand des Abkommens bestimmbar, darf nicht auf innerstaatliches Recht zurückgegriffen werden. Insoweit ist Art. 3 Abs. 2 OECD-MA eindeutig. Auch der Zusammenhang des Abkommens ist

661 S. BFH v. 25.05.2011 – I R 95/10, BStBl. II 2014, 760: „Empfehlungen der OECD, wie sie sich im sogenannten Partnership Report niederschlagen, stellen lediglich eine Hilfe für die Abkommensauslegung dar […].“

662 *Marquardsen*, Hybride Gesellschaften im Internationalen Steuerrecht der Bundesrepublik Deutschland, S. 86.

663 *Gosch*, ISR 2013, 87 (92); *Weggenmann*, in: Wassermeyer/Richter/Schnittker, Personengesellschaften im Internationalen Steuerrecht, Rn. 6.48; *Marquardsen*, Hybride Gesellschaften im Internationalen Steuerrecht der Bundesrepublik Deutschland, S. 86. Vgl. auch BFH v. 25.05.2011 – I R 95/10, BStBl. II 2014, 760; *Pohl*, RIW 2012, 677 (680).

664 *Weggenmann*, in: Wassermeyer/Richter/Schnittker, Personengesellschaften im Internationalen Steuerrecht, Rn. 6.49.

665 Der Rechtsnatur der Schreiben des Bundesfinanzministeriums geschuldet, entfalten diese Wirkung nur als verwaltungsinterne Weisungen (Art. 108 Abs. 3 S. 2, Art. 85 Abs. 3 GG). Eine Bindungswirkung für den Steuerpflichtigen besteht nicht.

vorrangig zu betrachten. Kann die Bedeutung eines Begriffes aus dem Abkommen heraus nicht bestimmt werden, darf subsidiär auf innerstaatliches Recht zurückgegriffen werden. Bei der Auslegung ist – insbesondere unter Rückgriff auf nationales Recht – immer das Ziel der Entscheidungsharmonie im Blick zu behalten. Zur Erreichung dieses Ziels hilft es auch, auf Mustervorlagen der OECD zurückzugreifen. Diese stoßen – insbesondere unter den OECD-Staaten – auf eine breite Zustimmung. Letztlich ist die Anwendung von Doppelbesteuerungsabkommen und eben auch deren Auslegung immer vor allem eins: Ein Zusammenspiel der beiden innerstaatlich geltenden Rechtsordnungen und dem auf Abkommensebene gefundenen Konsens der jeweiligen Vertragsstaaten.

c. Verhältnis innerstaatliches Recht zum Abkommensrecht

aa. Innerstaatliche Einkünftezurechnung und abkommensrechtliche Einkünftequalifikation

Nach deutschem Recht ist das Verhältnis von innerstaatlichem Steuerrecht zum Abkommensrecht einfachgesetzlich geregelt durch § 2 Abs. 1 AO. Die Verträge mit anderen Staaten im Sinne von Art. 59 Abs. 2 S. 1 GG sollen nach entsprechender Umsetzung durch ein Zustimmungsgesetz den nationalen steuerrechtlichen Regelungen vorgehen. Freilich kann dieser Vorrang nur dort gelten, wo der Anwendungsbereich des Doppelbesteuerungsabkommens eröffnet ist. Hierbei ist stets im Blick zu halten, welche Materien dem abkommensrechtlichen Regelungsumfang unterfallen und welche nicht. Ein Doppelbesteuerungsabkommen knüpft an einen innerstaatlichen Steueranspruch an. Einkünfteermittlung sowie Einkünftezurechnung finden auf nationaler Ebene statt.[666] Ein staatlicher Steueranspruch kann nur dann ent-

---

666 BFH v. 25.02.1976 – I R 150/73, BStBl. II 1976, 454 juris Rn. 9; v. 24.03.1999 – I R 114/97, BStBl. II 2000, 399 juris Rn. 42; v. 25.05.2011 – I R 95/10, BFH/NV 2011, 1602 juris Rn. 16; *Lehner*, in: Vogel/Lehner, Grundlagen Rn. 113e, 152g, 181 ff.; *Schaumburg*, in: Internationales Steuerrecht, Rn. 21.8. In der Regel enthalten Abkommen keine Regelungen zur Einkünfteermittlung und -zurechnung; s. *Wassermeyer/Drüen*, in: Wassermeyer, DBA, Art. 3 OECD-MA Rn. 80 (Stand 12/2018), *Drüen*, in: Wassermeyer, DBA, Vor 6–22 OECD-MA Rn. 55 (Stand 10/2019). Zur Einkünftezurechnung nach nationalem Recht s. auch *Lüdicke*, IStR 2011, 91 (93).

stehen, wenn die Einkünfte einer Person zugerechnet werden können.[667] Die Abkommen können lediglich an den entstandenen Steueranspruch anknüpfen, seine Voraussetzungen können sie aber nicht ändern. Die Einkünftequalifikation für Zwecke des Doppelbesteuerungsabkommens richtet sich hingegen nach den in den Verteilungsartikeln des Abkommens enthaltenen Einkunftsarten.[668]

Dabei besteht zwischen den auf innerstaatlicher Ebene zu treffenden Zurechnungsentscheidungen und den auf abkommensrechtlicher Ebene zu treffenden Qualifikationsentscheidungen ein innerer Zusammenhang. Die nationale Zurechnungsentscheidung beeinflusst bis zu einem gewissen Grad die Qualifikationsentscheidung auf Abkommensebene, da für die Qualifikation auch entscheidend ist, wem die Einkünfte zuzurechnen sind.[669] Daneben hat die innerstaatliche Zurechnungsentscheidung auch Einfluss auf die Frage der Abkommensberechtigung sowie die Anwendung des Methodenartikels.[670]

Aufgrund ihres *lex-specialis*-Charakters gegenüber den innerstaatlichen Vorschriften können sich Doppelbesteuerungsabkommen aber auch über die im Grunde innerstaatlich zu treffenden Fragen der Einkünftezurechnung und -ermittlung abkommensspezifisch hinwegsetzen.[671] Hierzu bedarf es aber einer ausdrücklichen Regelung im Abkommen selbst.[672]

---

667 Es handelt sich um ein konstitutives Merkmal: *Lehner*, in: Vogel/Lehner, Grundlagen Rn. 181b.

668 S. oben § 3 IV. 3. a. cc. (1).

669 *Lehner*, in: Vogel/Lehner, Grundlagen Rn. 181e, der als Beispiel die Qualifikation von Einkünften eines Gesellschafters einer Personengesellschaft anführt. Hier ist für die Qualifikation entscheidend, ob der Anwenderstaat die Personengesellschaft als intransparentes Gebilde anerkennt und somit die Einkünfte des Gesellschafters aus seiner Sicht zu den Einkünften aus Dividenden zählen (Art. 10 OECD-MA) oder es sich bei der Personengesellschaft aus Sicht des Anwenderstaates um ein transparentes Gebilde handelt und daher Einkünfte aus Unternehmensgewinnen (Art. 7 OECD-MA) vorliegen.

670 *Lehner*, in: Vogel/Lehner, Grundlagen Rn. 181c. Die Zurechnungsentscheidung wird für die Abkommensberechtigung insbesondere im Zusammenhang mit der Frage nach der Steuersubjekteigenschaft der Personengesellschaft relevant. S. hierzu auch *Wassermeyer*, in: Wassermeyer, DBA, Art. 1 OECD-MA Rn. 27a (Stand 01/2008). A.A. *Lüdicke*, IStR 2011, 91 (93): „Die Abkommensberechtigung bezieht sich auf eine bestimmte Person und besteht losgelöst von dem Bezug irgendwelcher Einkünfte."

671 Vgl. BFH v. 19.05.2010 – I R 62/09, BFH/NV 2010, 1919 juris Rn. 25.

672 Die Zurechnungsentscheidungen des nationalen Rechts können unter engen Voraussetzungen modifiziert werden. So *Lehner*, in: Vogel/Lehner, Grundlagen Rn. 181b; *Marquardsen*, Hybride Gesellschaften im Internationalen Steuerrecht der Bundesrepublik Deutschland, S. 110.

bb. Treaty Override

Ebenso wie sich das Abkommen als *lex specialis* über innerstaatliche Zuordnungsentscheidungen hinwegsetzen kann, kann auch das innerstaatliche Recht wiederum als *lex specialis* gegenüber dem Abkommen Geltungsvorrang beanspruchen. Der grundsätzliche Vorrang völkerrechtlicher, vertraglicher Vereinbarungen kann im Abkommensrecht durch das innerstaatliche Recht durchbrochen werden, denn grundsätzlich stehen das nationale Steuerrecht und die durch Zustimmungsgesetz in nationales Recht umgewandelten Doppelbesteuerungsabkommen auf einer Normenhierarchieebene.[673] Das innerstaatliche Steuerrecht kann sich wiederum über das Abkommensrecht bzw. über die Anordnung in § 2 Abs. 1 AO, die den Vorrang völkerrechtlicher Verträge vor den Steuergesetzen statuiert, hinwegsetzen, indem es sich des sogenannten *Treaty Override* bedient. Diesem *Treaty Override* kann Anwendungsvorrang über den *lex specialis*-Grundsatz oder (zumindest bis zum Erlass neuerer Zustimmungsgesetze) über den *lex posterior*-Grundsatz eingeräumt werden. Der Verweis „ungeachtet des Abkommens" im Rahmen einer *Treaty Override*-Klausel führt indes dazu, dass – entgegen § 2 Abs. 1 AO – das innerstaatliche Recht wiederum zum *lex specialis* wird und sowohl dem geltenden völkerrechtlichen Vertrag als auch diesem zeitlich nachfolgenden völkervertraglichen Regelungen vorgeht.[674]

Dabei umfasst der Begriff des *Treaty Override* alle Rechtssetzungsakte eines Vertragsstaates, durch die den Regelungen des Doppelbesteuerungsabkommens widersprochen wird, unabhängig von ihrer Zielsetzung.[675] Die Ziel-

---

673 S. ausführlich zu der Frage, ob die Normenkonkurrenz zwischen dem Doppelbesteuerungsabkommen in Gestalt des Zustimmungsgesetzes und dem übrigen einfachen Gesetzesrecht über den *lex specialis* oder den *lex posterior* Grundsatz zu lösen ist: *Musil*, in: Hübschmann/Hepp/Spitaler, § 2 AO Rn. 194 ff. (Stand 11/2017).

674 BFH v. 25.05.2016 – I R 64/13, BStBl. II 2017, 1185 juris Rn. 19; *Krumm*, AöR 138 (2013), S. 363 (390); *Frotscher*, IStR 2016, 561 (565 ff.); *Kempermann*, ISR 2016, 360 (362); *Schwarz*, Treaty Overriding und § 50d EStG, S. 287 f.; *Trinks/Frau*, IWB 2016, 308 (311); *Schaumburg/Häck*, in: Internationales Steuerrecht, Rn. 3.24.; a.A. *Gosch*, DB 2016, M5; *Stöber*, DStR 2016, 1889 (1891 ff.); *Drüen*, in: Tipke/Kruse, § 2 AO Rn. 6c (Stand 04/2017).

675 *Gosch*, IStR 2008, 413; *Gosch*, ISR 2013, 87 (95); *Pohl*, in: Blümich, Vorbemerkungen zu § 1 AStG Rn. 22 (Stand 05/2019). Die OECD definiert den Begriff des *Treaty Override* ebenfalls in diesem Sinne als „the enactment of domestic legislation intended by the legislature to have effects in clear contradiction to international treaty obligations"; OECD Commitee on Fiscal Affairs, Tax treaty Override, 1989, in Model Tax Convention on Income and on Capital, Vol. II, R (8)-4)).

setzungen eines *Treaty Override* können grob zusammengefasst werden in Missbrauchsvermeidung, Verhinderung einer doppelten Nichtbesteuerung und Sicherstellung von Besteuerungssubstrat.[676]

Die Möglichkeit eines *Treaty Override* ist aufgrund der Normenhierarchie grundsätzlich allgemein anerkannt.[677] Der BFH fordert für die Wirksamkeit deutscher *Treaty Override*-Klauseln, dass sich der gesetzgeberische Wille zur Abkommensverdrängung aus dem Wortlaut des Gesetzes ergeben muss.[678] Die Verfassungsmäßigkeit eines *Treaty Override* wurde lange diskutiert. Das BVerfG hat sich mit Urteil vom 15.12.2015 für die grundsätzliche Verfassungsmäßigkeit eines *Treaty Override* ausgesprochen.[679] Aus Art. 59 Abs. 2 S. 1 GG folge, dass völkerrechtlichen Verträgen, soweit sie nicht in den Anwendungsbereich einer anderen, spezielleren Öffnungsklausel – Art. 23 bis 25 GG – fallen, innerstaatlich der Rang eines einfachen Bundesgesetzes zukommt, für das ebenfalls der *lex specialis*- sowie *lex posterior*-Grundsatz gilt.[680] Die Entscheidung ist zu § 50d Abs. 8 EStG ergangen, entfaltet jedoch grundsätzlich für sämtliche Fälle eines *Treaty Override* Wirkung.[681]

Ein *Treaty Override* ist auch die vom Gesetzgeber bevorzugte Methode, dem unerwünschten Effekt einer doppelten Nichtbesteuerung entgegenzuwirken, der durch die unterschiedliche Anwendung eines Doppelbesteuerungsabkommens durch die beiden Vertragsstaaten verursacht wird.[682]

4. Maßnahmen im Zuge des BEPS-Projektes zum Umgang mit hybriden Gesellschaften

a. Das BEPS-Projekt und seine Umsetzung

Die Vielfalt der unterschiedlichen Steuerregime in Bezug auf Gesellschaften und dabei insbesondere Personengesellschaften hat dazu geführt, dass sich die Steuerpraktiken global tätiger Konzerne bewusst diesen Qualifikationskonflikten aussetzen, um ein für sie günstiges (in aller Regel aber legales[683])

---

676 *Gosch*, IStR 2008, 413 (414 ff.); *Pohl*, in: Blümich, Vorbemerkungen zu § 1 AStG Rn. 22 (Stand 05/2019).
677 *Pohl*, in: Blümich, Vorbemerkungen zu § 1 AStG Rn. 23 (Stand 05/2019).
678 Vgl. BFH v. 20.03.2002 – I R 38/00, BStBl. II 2002, 819 juris Rn. 23.
679 BVerfG v. 15.12.2015 – 2 BvL 1/12, BVerfGE 141, 1.
680 BVerfG v. 15.12.2015 – 2 BvL 1/12, BVerfGE 141, 1.
681 *Pohl*, in: Blümich, Vorbemerkungen zu § 1 AStG Rn. 27 (Stand 05/2019).
682 Beispielhaft sei hier auf § 50d Abs. 8, Abs. 9 und Abs. 11 EStG verwiesen.
683 *Proß/Radmanesh*, in: FG Wassermeyer, Nr. 72 Rn. 4; *Oppel*, ISR 2019, 321.

Steuermodell zu schaffen.[684] Im Rahmen des sogenannten BEPS-Projektes, durch welches die G20-Staaten in Zusammenarbeit mit der OECD global abgestimmte Maßnahmen entwickelt haben, die der Aushöhlung steuerlicher Bemessungsgrundlagen („base erosion") und der Gewinnverlagerung in Niedrigsteuerländern („profit shifting") entgegenwirken sollen, lag ein Schwerpunkt der Arbeit auch auf dem Umgang mit hybriden Gesellschaften.[685] Ziel des Aktionspunkts 2 des BEPS-Maßnahmenkataloges ist die Vermeidung von Nicht- bzw. Niedrigbesteuerungen, die sich im Zusammenhang mit sogenannten hybriden Gesellschaften, hybriden Finanzierungen sowie hybriden Betriebsstätten ergeben.[686] Hierzu empfiehlt der Bericht Regelungen, die einen mehrfachen Betriebsausgabenabzug für einen wirtschaftlichen Aufwand, abzugsfähigen Aufwand ohne korrespondierende Besteuerung sowie eine mehrfache Quellensteueranrechnung ausländischer Steuern verhindern sollen.[687]

Der BEPS-Maßnahmenkatalog besteht aus insgesamt 15 Aktionspunkten. Die rechtliche Umsetzung des BEPS-Berichts ist mit erheblichem, gesetzgeberischem Aufwand verbunden, denn die BEPS-Berichte selbst setzen kein Recht. Vielmehr bedürfen sie der Umsetzung durch uni-, bi- oder multilaterale Regelungen oder Vereinbarungen.[688] Der BEPS-Bericht empfiehlt in Aktionspunkt 15 zu diesem Zwecke eine Umsetzung durch ein sogenanntes Multilaterales Instrument. Dieses Vehikel soll eine flexible Rahmenordnung zur Anpassung bestehender Doppelbesteuerungsabkommen schaffen.[689] Es handelt sich um einen multilateralen, völkerrechtlichen Vertrag, dessen

---

684 *Proß/Radmanesh*, in: FG Wassermeyer, Nr. 72 Rn. 7; *Schaumburg*, in: Internationales Steuerrecht, Rn. 5.17, 5.23; *Schönfeld/Häck*, in: Schönfeld/Ditz, DBA, Systematik Rn. 84.

685 Aktionspunkt 2 des BEPS-Maßnahmenkataloges; s. *OECD*, Limiting base erosion involving interest deductions and other financial payments, Action 2: 2015 final report.

686 In seiner ursprünglichen Fassung zielte Aktionspunkt 2 auf die Vermeidung von Nicht- bzw. Niedrigbesteuerungen, die sich im Zusammenhang mit hybriden Gesellschaften und hybriden Finanzierungen ergeben, ab. In einem weiteren Bericht in 2017 wurde der Aktionspunkt 2 auch auf die steuerliche Behandlung hybrider Betriebsstätten erweitert.

687 *OECD*, Limiting base erosion involving interest deductions and other financial payments, Action 2: 2015 final report; s. hierzu auch *Proß/Radmanesh*, in: FG Wassermeyer, Nr. 72 Rn. 25.

688 *Schaumburg*, in: Internationales Steuerrecht, Rn. 5.18; *Schönfeld/Häck*, in: Schönfeld/Ditz, DBA, Systematik Rn. 84. Vgl. auch *Fehling/Kampermann*, IStR 2017, 638 (639).

689 *OECD*, Limiting base erosion involving interest deductions and other financial payments, Action 15: 2015 final report. S. hierzu *Reimer*, IStR 2015, 1 (8); *Schönfeld/Häck*, in: Schönfeld/Ditz, DBA, Systematik Rn. 87.

Ziel die Modifikation der bestehenden Doppelbesteuerungsabkommen ist und der zudem Empfehlungen und Mindeststandards zur Vermeidung der Doppelbesteuerung und doppelter Nichtbesteuerung enthält.[690] Die OECD begann 2013 unmittelbar nach Veröffentlichung des Entwurfs eines BEPS-Aktionsplans mit den Vorarbeiten zur Entwicklung eines multilateralen Übereinkommens. Am 24.11.2016 wurden die ausgefertigten Vertragstexte in englischer und französischer Sprache von der OECD veröffentlicht. Bisweilen wurde das Multilaterale Instrument von 95 Staaten unterzeichnet.[691]

Ebenso wie bilaterale Abkommen bedarf auch das Multilaterale Instrument einer Umsetzung in deutsches Recht.[692] Es ist erklärtes Ziel des Multilateralen Instruments, die bilaterale Umsetzung der abkommensrechtlich relevanten Empfehlungen aus dem BEPS-Projekt durch Änderung der bilateralen Doppelbesteuerungsabkommen zu gewährleisten.[693] Dabei ändert es – in technischer Hinsicht – nicht den eigentlichen Vertragstext der Doppelbesteuerungsabkommen, sondern überlagert diese stellenweise.[694] Es hat ein Abgleich der bestehenden deutschen Doppelbesteuerungsabkommen mit dem Multilateralen Instrument zu erfolgen, um anhand dieses Abgleichs zu beurteilen, ob für die einzelnen Doppelbesteuerungsabkommen Anpassungsbedarf besteht.[695] In Deutschland bedarf die innerstaatliche Umsetzung des Multilateralen Instruments demnach eines zweistufigen Verfahrens: Das Multilaterale Instrument muss erstens im deutschen Recht durch Zustimmungsgesetz nach Art. 59 Abs. 2 GG umgesetzt werden[696] und zweitens ist ein innerstaatliches Verfahren mit Blick auf die einzelnen Doppelbesteue-

---

690 *Drüen*, in: Wassermeyer, DBA, Vor Art. 1 OECD-MA Rn. 178 (Stand 03/2018).

691 Eine Liste der Unterzeichner ist einsehbar unter http://www.oecd.org/tax/treaties/beps-mli-signatories-and-parties.pdf (abgerufen am 12.03.2021).

692 Vgl. *Benz/Böhmer*, ISR 2017, 27 (32); *Reimer*, IStR 2017, 1 (5); *Drüen*, in: Wassermeyer, DBA, Vor Art. 1 OECD-MA Rn. 178 (Stand 03/2018); *Oppel*, ISR 2019, 321 (327); *Schönfeld/Häck*, in: Schönfeld/Ditz, DBA, Systematik Rn. 89.

693 *Schönfeld/Häck*, in: Schönfeld/Ditz, DBA, Systematik Rn. 89; s. auch *Drüen*, in: Wassermeyer, DBA, Vor Art. 1 OECD-MA Rn. 178 (Stand 03/2018).

694 *Oppel*, ISR 2019, 321 (322).

695 *Schönfeld/Häck*, in: Schönfeld/Ditz, DBA, Systematik Rn. 89. Inwieweit das Multilaterale Instrument die einzelnen Doppelbesteuerungsabkommen modifizieren soll, obliegt der Entscheidung des jeweiligen Staates; s. *Reimer*, IStR 2017, 1 (2); *Oppel*, ISR 2019, 321 (322).

696 S. Gesetz zu dem Mehrseitigen Übereinkommen vom 24. November 2016 zur Umsetzung steuerabkommensbezogener Maßnahmen zur Verhinderung der Gewinnverkürzung und Gewinnverlagerung vom 22. November 2022, BGBl. I 2020, 946.

rungsabkommen sowie die Notifizierung der OECD über den Abschluss dieses Verfahrens erforderlich.[697]

Die materiell-rechtlichen Empfehlungen des Aktionspunktes 2 des BEPS-Berichtes zu hybriden Gestaltungen finden ihre Entsprechung im Teil II des Multilateralen Instruments. Diesbezüglich hat Deutschland jedoch von der Möglichkeit der Nichtanwendung auf die nach Art. 1 und 2 des Multilateralen Instruments notifizierten Doppelbesteuerungsabkommen Gebrauch gemacht.[698]

b. Die Anti Tax Avoidance Directive als europäische Antwort auf die BEPS-Initiative

aa. Inhalt und Umsetzung der Anti Tax Avoidance Directive

Im Zuge der BEPS-Initiative hat die Europäische Union einige Richtlinien angepasst,[699] um auf unionsrechtlicher Ebene die Umsetzung des BEPS-Berichts zu sichern. Von besonderer Relevanz im Hinblick auf hybride Gesellschaften ist die Richtlinie (EU) 2016/1164 des Rates vom 12.07.2016 (ATAD I) sowie die Richtlinie (EU) 2017/952 des Rates vom 29.05.2017 zur Änderung der Richtlinie (EU) 2016/1164 bezüglich hybrider Gestaltungen mit Drittländern (ATAD II).

Die Mitgliedstaaten sind verpflichtet, die Richtlinie in nationales Recht umzusetzen. Weit nach Ablauf der Umsetzungsfrist[700] ist schließlich am

697 *Drüen*, in: Wassermeyer, DBA, Vor Art. 1 OECD-MA Rn. 185 (Stand 03/2018); *Schönfeld/Häck*, in: Schönfeld/Ditz, DBA, Systematik Rn. 89. Überwiegend wird wegen Art. 59 Abs. 2 GG auch auf der zweiten Stufe ein Zustimmungsgesetz in Form eines das jeweilige Abkommen ändernde Umsetzungsgesetzes für erforderlich gehalten. S. *Reimer*, IStR 2015, 1 (5); *Reimer*, IStR 2017, 1 (5 f.); *Polatzky/Balliet/Steinau*, IStR 2017, 226 (227); *Haase*, StuB 2017, 351 (353); *Benz/Böhmer*, ISR 2017, 27 (32). *Schön*, IStR 2017, 681 (683) hält hingegen eine dem Art. 59 Abs. 2 GG materiell parallel geschaltete Verständigung zwischen dem Bundesministerium der Finanzen und den Gesetzgebungsorganen für ausreichend.

698 *Schönfeld/Häck*, in: Schönfeld/Ditz, DBA, Systematik Rn. 91.

699 Neben der hier dargestellten ATAD (Anti Tax Avoidance Directive) war von großer Relevanz auch die Anpassung der EU-Amtshilferichtlinie in Bezug auf das Country-by-Country-Reporting. S. hierzu ausführlich *Kraft/Heider*, DStR 2017, 1353.

700 Diese lief am 31.12.2019 aus. S. zur verspäteten Umsetzung der Richtlinie durch Deutschland: *Linn*, IStR 2020, 77; *Kraft*, FR 2020, 105; *Greinert/Siebing*, Ubg 2020, 589.

25. Juni 2021 das Gesetz zur Umsetzung der Anti-Steuervermeidungsrichtlinie (ATAD-Umsetzungsgesetz) in Kraft getreten.[701]

bb. § 4k EStG als unilaterale Maßnahme zur Vermeidung doppelter (Nicht-)Besteuerung bei hybriden Gestaltungen

Zur Umsetzung der Art. 9 und 9b ATAD wurde die neue Vorschrift des § 4k EStG geschaffen, die Regelungen für den Betriebsausgabenabzug bei hybriden Gestaltungen normiert.[702] Bei hybriden Gestaltungen soll nach der Norm für bestimmte Aufwendungen der Abzug versagt werden, soweit die den Aufwendungen entsprechenden Erträge beim Gläubiger nicht besteuert werden oder diese Aufwendungen auch in einem anderen Staat abgezogen werden können, ohne dass den Aufwendungen Erträge gegenüberstehen, die in beiden Staaten besteuert werden. Gleiches gilt bei importierten Besteuerungsinkongruenzen.[703] § 4k Abs. 2 EStG enthält eine Regelung zur Erfassung hybrider Rechtsträger:

> *„§ 4k Betriebsausgabenabzug bei Besteuerungsinkongruenzen.*
>
> *[...]*
>
> *(2) Soweit nicht bereits die Voraussetzungen für die Versagung des Betriebsausgabenabzugs nach Absatz 1 vorliegen, sind Aufwendungen auch insoweit nicht als Betriebsausgaben abziehbar, als die den Aufwendungen entsprechenden Erträge auf Grund einer vom deutschen Recht abweichenden steuerlichen Behandlung des Steuerpflichtigen oder auf Grund einer vom deutschen Recht abweichenden steuerlichen Beurteilung von anzunehmenden schuldrechtlichen Beziehungen im Sinne des § 1 Absatz 4 Satz 1 Nummer 2 des Außensteuergesetzes in keinem Staat einer tatsächlichen Besteuerung unterliegen. [...]“*

Voraussetzung ist das Vorliegen von Aufwendungen. Zudem muss ein Qualifikations- oder Zurechnungskonflikt („einer vom deutschen Recht abweichenden steuerlichen Behandlung “) hinsichtlich des inländischen Steuerpflichtigen, der die Betriebsausgaben geltend macht,[704] oder hinsichtlich der

701 BGBl. I 2021, 2035 ff.

702 Zu Gesetzesentwürfen der Regelung s. *Marquardsen*, IStR 2020, 623; *Rüsch*, DStZ 2020, 274 (275). S. ausführlich auch *Benz/Böhmer*, Der Konzern 2020, 240.

703 *Greinert/Siebing*, Ubg 2020, 589.

704 *Benz/Böhmer*, Der Konzern 2020, 240 (243).

schuldrechtlichen Beziehung bestehen. Im Ergebnis muss dieser Qualifikations- oder Zurechnungskonflikt dazu führen, dass die Erträge, die den Aufwendungen entsprechen, nicht der Besteuerung unterfallen. Im Gegensatz zu § 4k Abs. 1 EStG erfasst § 4k Abs. 2 EStG nicht die Niedrigbesteuerung der Erträge. Es reicht aus, wenn überhaupt eine Besteuerung der Erträge erfolgt.[705]

§ 4k Abs. 6 EStG beschränkt den Anwendungsbereich des § 4k Abs. 1 bis 5 EStG. Die Regelungen finden demnach nur Anwendung, wenn der jeweilige Tatbestand zwischen nahestehenden Personen im Sinne des § 1 Abs. 2 AStG oder zwischen einem Unternehmen und seiner Betriebsstätte verwirklicht wird oder wenn eine strukturierte Gestaltung anzunehmen ist. Zudem ist zu beachten, dass obwohl die Vorschrift im Einkommensteuergesetz verortet ist, sie vornehmlich auf alle Körperschaftsteuerpflichtigen Anwendung findet, denn die ATAD-Richtlinie bezeichnet in Art. 1 Abs. 1 Körperschaftsteuerpflichtige als primäre Adressaten der Regelung.[706] § 4k Abs. 7 EStG enthält zudem ausdrücklich ein *Treaty Override*, sodass die Norm auch ungeachtet der Vorschriften eines Abkommens zur Vermeidung der Doppelbesteuerung anzuwenden ist.

c. Änderung des OECD-Musterabkommens in Bezug auf hybride Gesellschaften

aa. Neuregelung der Abkommensberechtigung für hybride Strukturen

Neben der Anpassung europäischer Richtlinien durch die Europäische Union hat auch die OECD aufgrund des BEPS-Projektes ihr OECD-Musterabkommen unter Berücksichtigung der Ergebnisse des BEPS-Projektes angepasst. Freilich sind solche Anpassungen für die von Deutschland abgeschlossenen oder abzuschließenden Doppelbesteuerungsabkommen nicht bindend. Das OECD-Musterabkommen stellt letztlich nur einen Vorschlag zur Ausgestaltung von Doppelbesteuerungsabkommen dar.[707] Angelehnt an den Wortlaut des Art. 3 Abs. 1 des Mulitlateralen Instruments wurde in dem neuen

705 *Rüsch*, DStZ 2020, 274 (280); *Schnitger/Oskamp*, IStR 2020, 909 (915 f.). S. auch Regierungsentwurf zum ATAD-Umsetzungsgesetz vom 24.03.2021, S. 40.
706 Richtlinie Erwägungsgrund (4); *Frase*, in: EStG – eKommentar, § 4k EStG Rn. 9 (Stand 07/2020).
707 S. oben § 3 IV. 3. b. bb.

Musterabkommen der OECD von 2017 in Art. 1 Abs. 2 eine Regelung betreffend die Abkommensberechtigung für hybride Gesellschaften aufgenommen. Art. 1 Abs. 2 OECD-MA orientiert sich an den Ergebnissen des OECD-Partnership-Reports von 1999 zur Besteuerung von hybriden Personengesellschaften im OECD-Musterabkommen und setzt diese um.[708] Die Vorschrift lautet:

„Artikel 1 Unter das Abkommen fallende Personen

[...]

(2) Für Zwecke dieses Abkommens gelten Einkünfte, die von oder über einen Rechtsträger oder ein Gebilde erzielt werden, die nach dem Steuerrecht eines der Vertragsstaaten ganz oder teilweise steuerlich transparent behandelt werden, als Einkünfte einer in einem Vertragsstaat ansässigen Person, jedoch nur insoweit, als diese Einkünfte für die Zwecke der Besteuerung durch diesen Staat als Einkünfte einer in diesem Vertragsstaat ansässigen Person behandelt werden.

[...]“

Zum einen erfasst Art. 1 Abs. 2 OECD-MA damit über den OECD-Partnership-Report hinaus nicht nur Personengesellschaften, sondern jegliche Sachverhalte, in denen die Vertragsstaaten für steuerliche Zwecke eine unterschiedliche Behandlung von Personen als vollständig oder teilweise transparent vornehmen.[709] Zum anderen richtet sich die Vorschrift ausschließlich an den Quellenstaat.[710] Die Vorschrift zielt darauf ab, eine möglichst umfassende Lösung für Qualifikationskonflikte bei hybriden Strukturen bereitzustellen.[711] Zudem sollen Abkommensvorteile nicht gewährt werden, sofern die Einkünfte von keinem der beiden Vertragsstaaten als Einkünfte einer dort ansässigen Person behandelt werden.[712] Das Abkommen soll entsprechend

708 *Ditz/Bärsch/Quilitzsch*, DB 2018, 1171 (1172); *Dremel*, in: Schönfeld/Ditz, DBA, Art. 1 OECD-MA Rn. 94. So auch *OECD*, Model Tax Convention on Income and on Capital: Condensed Version 2014, Kommentar zu Art. 1 MA Ziff. 2. S. auch *Valta*, ISR 2014, 249 (254). Vgl. auch *Schnitger/Oskamp*, IStR 2014, 385 (388).

709 *Schnitger/Oskamp*, IStR 2014, 385 (388); *Dremel*, in: Schönfeld/Ditz, DBA, Art. 1 OECD-MA Rn. 94.

710 *Schnitger/Oskamp*, IStR 2014, 385 (387); *Valta*, ISR 2014, 249 (254); *Loukota*, SWI 2015, 102 (105); *Dremel*, in: Schönfeld/Ditz, DBA, Art. 1 OECD-MA Rn. 94.

711 Vgl. *Dremel*, in: Schönfeld/Ditz, DBA, Art. 1 OECD-MA Rn. 96.

712 *OECD*, Neutralising the Effects of Hybrid Mismatch Arrangements, Action 2: 2015 Final Report, S. 139.

nur dann angewendet werden, wenn eine Doppelbesteuerung tatsächlich droht.[713]

Die Einbeziehung der neuen Vorschrift in die jeweilige Abkommenspraxis der einzelnen Staaten obliegt diesen selbst. Deutschland hat sich diesbezüglich das Recht vorbehalten, Art. 1 Abs. 2 OECD-MA nicht in seine Abkommen aufzunehmen.[714] Überdies hat Deutschland auch hinsichtlich der entsprechenden Regelung im Multilateralen Instrument (Art. 3 Abs. 1) von der Möglichkeit der Nichtanwendung Gebrauch gemacht.[715] In die deutsche Verhandlungsgrundlage wurde Art. 1 Abs. 2 OECD-MA bisher nicht aufgenommen. Jedoch bestehen einige von Deutschland abgeschlossene Doppelbesteuerungsabkommen, die eine dem Art. 1 Abs. 2 OECD-MA entsprechende Regelung bereits enthalten.[716] Dennoch ist angesichts der erklärten Vorbehalte nicht davon auszugehen, dass Deutschland in Zukunft auf die Einbeziehung des Art. 1 Abs. 2 OECD-MA in seinen Abkommen bestehen wird.[717]

bb. Voraussetzungen des Art. 1 Abs. 2 OECD-MA

Art. 1 Abs. 2 OECD-MA erfordert, dass mindestens einer der beteiligten Vertragsstaaten einen Rechtsträger steuerlich transparent einordnet.[718] Die Einkünfte müssen zudem von oder über einen Rechtsträger erzielt werden. Das ist dann der Fall, wenn der Rechtsträger nach dem Recht des Anwenderstaats selbst das steuerliche Zuordnungssubjekt der Einkünfte ist.[719] Art. 1 Abs. 2 OECD-MA ist insoweit ein Novum. Die Abkommensberechtigung wird hier nicht über die Ansässigkeit der Gesellschaft vermittelt, sondern über

713 Vgl. *Schnitger/Oskamp*, IStR 2014, 385 (387); *Valta*, ISR 2014, 249 (254); *Kahlenberg/Kudert*, SWI 2015, 59.

714 *Ditz/Bärsch/Quilitzsch*, DB 2018, 1171 (1172); *Dremel*, in: Schönfeld/Ditz, DBA, Art. 1 OECD-MA Rn. 95. S. auch *OECD*, Model Tax Convention on Income and on Capital: Condensed Version 2014, Kommentar zu Art. 1 MA Ziff. 114.

715 *Dremel*, in: Schönfeld/Ditz, DBA, Art. 1 OECD-MA Rn. 95.

716 *Dremel*, in: Schönfeld/Ditz, DBA, Art. 1 OECD-MA Rn. 95, der als Beispiele Art. 1 Abs. 2 DBA Australien, Art. 4 Abs. 3 DBA Bulgarien, Art. 1 Abs. 7 DBA USA und Art. 1 Abs. 2 DBA Japan nennt.

717 *Dremel*, in: Schönfeld/Ditz, DBA, Art. 1 OECD-MA Rn. 95. So auch *Ditz/Bärsch/Quilitzsch*, DB 2018, 1171 (1172).

718 *Kahlenberg*, IStR 2016, 834.

719 *Dremel*, in: Schönfeld/Ditz, DBA, Art. 1 OECD-MA Rn. 96.

die Einkünfte selbst.[720] Rechtsfolge der Vorschrift ist, dass die Einkünfte als von einer in einem Vertragsstaat ansässigen Person gelten. Es handelt sich um eine Fiktion.[721]

Vom Anwendungsbereich nicht erfasst werden Leistungen des Rechtsträgers oder Gebildes selbst an die im anderen Staat ansässige Person. Darunter fallen etwa Ausschüttungen einer Gesellschaft an ihre Gesellschafter.[722] Damit dürften indes auch Sondervergütungen einer Personengesellschaft an ihre Gesellschafter nicht unter den Anwendungsbereich der Vorschrift fallen.

V. Fazit

Die Bedeutung des internationalen Steuerrechts ist in der globalisierten Welt nicht zu unterschätzen. Sie wird in Zukunft – wie auch in den vergangenen Jahrzehnten – weiterhin stetig zunehmen. Das zeigen schon allein die Dimension des BEPS-Projektes und seine Auswirkungen auf nationaler und internationaler Ebene. Das internationale Steuerrecht ist dabei so vielfältig und problembelastet wie wohl kein zweites „Teilgebiet" des Steuerrechts.[723] Das Grundproblem der Komplexität des internationalen Steuerrechts besteht dabei in dem Aufeinandertreffen mehrerer legitimer Steueransprüche verschiedener Staaten mit unterschiedlichen Rechtsordnungen. Dabei besteht jedoch auf einer Ebene grundlegend Konsens: Ein konfiskatorisch wirkender doppelter Steuerzugriff bei ein und demselben Steuerpflichtigen für ein und dasselbe Steuersubstrat soll möglichst vermieden werden. Die Normen, die hierzu geschaffen wurden, sind so vielfältig wie die Rechtsordnungen der Länder selbst. Die bilateral geschaffenen Abkommen tragen ihren Anteil dazu bei, dass grenzüberschreitendes Wirtschaften überhaupt aus ökonomischer Perspektive zumutbar ist. Dennoch stoßen auch sie in ihrer Anwendung regelmäßig an ihre Grenzen. Besonders problembehaftet ist dabei die steuerliche Behandlung der Personengesellschaften, die je nach

720 S. *Marquardsen*, Hybride Gesellschaften im Internationalen Steuerrecht der Bundesrepublik Deutschland, S. 180. Vgl. *Jochum*, Grenzüberschreitende Unternehmen nach dem neuen DBA D-NL, S. 34 f.; *Jochum*, IStR 2014, 1 (2); *Kahlenberg*, SWI 2015, 382.

721 *Dremel*, in: Schönfeld/Ditz, DBA, Art. 1 OECD-MA Rn. 99.

722 *Dremel*, in: Schönfeld/Ditz, DBA, Art. 1 OECD-MA Rn. 96. Vgl. auch *Kestler*, in: Haase, Multilaterales Instrument, Art. 3 Rn. 21.

723 Wobei der Begriff Teilgebiet nicht ganz treffend ist. Das internationale Steuerrecht ist keine eigenständige Steuerart, sondern spielt vielmehr bei jeder der national bestehenden Steuerarten eine Rolle.

Rechtsordnung zwischen intransparenter und transparenter Besteuerung schwankt. Es entstehen sogenannte (umgekehrt) hybride Gesellschaften. Deren Behandlung gilt als eines der komplexesten und meistdiskutiertesten Probleme des internationalen Steuerrechts.[724] Eine einheitliche Lösung lässt sich bisher nicht ausmachen.

An dieses grundlegende Problem knüpft die Behandlung der grenzüberschreitend tätigen KGaA gewissermaßen an. Sie ist bereits rein innerstaatlich als hybride Gesellschaftsform ausgestaltet. Ihre steuerliche Behandlung nach deutschem Recht ist seit je her umstritten und bis heute nicht abschließend geklärt. Dennoch zeichnet sich auf innerstaatlicher Ebene mittlerweile ein vorwiegend teiltransparentes Besteuerungskonzept der KGaA als dominante Ansicht im Meinungsspektrum ab. Auf internationaler Ebene scheint sich hingegen noch kein Meinungsbild verfestigt zu haben. Dennoch zeigen mehrere nationale Gerichtsentscheidungen, dass es sie durchaus gibt: Die grenzüberschreitend tätige KGaA.

724 S. für eine grundlegende Auseinandersetzung mit der Thematik: *Marquardsen*, Hybride Gesellschaften im Internationalen Steuerrecht der Bundesrepublik Deutschland.

§ 4 Die grenzüberschreitende Tätigkeit des Komplementärs einer KGaA und das Entstehen einer Doppelbesteuerung

I. Grenzüberschreitende Tätigkeiten

Grenzüberschreitende Tätigkeiten können in einer Vielzahl von Fällen auftreten. Bei Beteiligungen an Gesellschaften lassen sie sich gewissermaßen systematisieren und in Inbound- und Outbound-Fälle sowie Fälle, in denen lediglich die Betriebsstätte in einem anderen Staat liegt, unterteilen.[725] Je nach Konstellation stellen sich bereits auf rein nationaler Ebene Fragen der unbeschränkten und beschränkten Steuerpflicht, der Zurechnung von Betriebsstätten(-gewinnen) sowie der Anrechnung von im Ausland bereits gezahlten Steuern. Im Folgenden sollen zunächst die sich im jeweiligen Fall stellenden wesentlichen Kernfragen beleuchtet werden, um sodann die möglichen Konstellationen – zunächst unabhängig von etwaigen abkommensrechtlichen Fragestellungen – aufzuzeigen und auf rein nationalrechtlicher Ebene steuerrechtlich zu prüfen.

II. Inbound-Fälle

1. Entstehung des Inbound-Falls und mögliche Konstellationen

Der Inbound-Fall erfasst die Beteiligung von im Ausland ansässigen Personen an inländischen Gesellschaften. In Bezug auf die KGaA bedeutet das für den Grundfall: Eine im Ausland ansässige Person ist persönlich haftender Gesellschafter einer inländischen KGaA. Dabei kommt es im Rahmen der Steuerpflicht eines im Ausland ansässigen Gesellschafters wesentlich darauf an, ob die gewerblichen Einkünfte im Inland durch eine Betriebsstätte erzielt werden.[726] Es ergeben sich für den Inbound-Fall unter Beteiligung einer KGaA folgende Konstellationen:

> *Beispiel 1 (Inbound I):* Eine in Deutschland ansässige KGaA verfügt über eine in Deutschland belegene Betriebsstätte. Der persönlich haftende Gesellschafter der KGaA ist im Ausland ansässig.

---

725 Die nachfolgenden Konstellationen werden in Anlehnung an *Wassermeyer*, in: Wassermeyer/Andresen/Ditz, Betriebsstätten Handbuch, Rn. 9.21 ff. gebildet.

726 Vgl. *Schaumburg*, in: Internationales Steuerrecht, Rn. 6.163; *Hagemann*, StuW 2019, 280 (285); *Frotscher*, Internationales Steuerrecht, Rn. 366.

Beispiel 2 (Inbound II): Eine in Deutschland ansässige KGaA verfügt über eine im Ausland belegene Betriebsstätte. Der persönlich haftende Gesellschafter der KGaA ist ebenfalls im Ausland ansässig. Er führt die Geschäfte der KGaA von seinem ausländischen Wohnsitz aus. Eine in Deutschland belegene Betriebsstätte der KGaA existiert nicht.

2. Beschränkte Steuerpflicht des persönlich haftenden Gesellschafters nach § 49 Abs. 1 Nr. 2 Buchst. a) EStG

Der im Ausland ansässige persönlich haftende Gesellschafter einer KGaA fällt, sofern er nicht Wohnsitz (§ 8 AO) oder gewöhnlichen Aufenthalt (§ 9 AO) im Inland hat, nicht unter die unbeschränkte Steuerpflicht im Sinne des § 1 Abs. 1 S. 1 EStG. Vielmehr kommt für diesen Gesellschafter nur eine beschränkte Steuerpflicht in Bezug auf seine inländischen Einkünfte in Betracht (§ 1 Abs. 4 i.V.m. § 49 EStG). Ausgehend von der nationalen Einordnung der Einkünfte des persönlich haftenden Gesellschafters einer KGaA als gewerbliche Einkünfte (§ 15 Abs. 1 S. 1 Nr. 3 EStG) liegt die Überlegung nahe, auch bei einem beschränkt steuerpflichtigen Komplementär einer KGaA von inländischen Einkünften aus Gewerbebetrieb im Sinne des § 49 Abs. 1 Nr. 2 EStG auszugehen. Solche Einkünfte aus Gewerbebetrieb liegen vor, sofern sie eine der weiteren in § 49 Abs. 1 Nr. 2 Buchst. a) bis g) EStG genannten Tatbestandsmerkmale erfüllen. Schließlich kommt für den im Ausland ansässigen persönlich haftenden Gesellschafter einer KGaA eine beschränkte Steuerpflicht nur in Betracht, soweit Einkünfte aus Gewerbebetrieb vorliegen und für diesen Gewerbebetrieb im Inland eine Betriebsstätte unterhalten wird oder ein ständiger Vertreter bestellt ist (§ 49 Abs. 1 Nr. 2 Buchst. a) EStG).

Dabei erfasst der Tatbestand des § 49 Abs. 1 Nr. 2 Buchst. a) EStG zunächst jegliche in § 15 EStG genannten Tatbestände gewerblicher Einkünfte. Das ergibt sich bereits aus dem im ersten Satz der Nr. 2 aufgeführten Klammerzusatz, der den gesamten § 15 EStG einbezieht und nicht auf einzelne Nummern des § 15 EStG beschränkt ist. Grundsätzlich gilt damit § 49 Abs. 1 Nr. 2 EStG auch für den persönlich haftenden Gesellschafter einer KGaA[727] und dies unabhängig davon, ob für die Besteuerung des Komplementärs die intransparente oder die transparente Sichtweise zugrunde gelegt wird. Der Verweis des § 49 Abs. 1 Nr. 2 EStG ist eindeutig. Er knüpft an die innerstaatliche Einkunftsart der gewerblichen Einkünfte nach § 15 EStG an. Trotz seiner Eigenschaft als Gesellschafter einer Kapitalgesellschaft können auch die Ein-

727 *Reimer*, in: Blümich, § 49 EStG Rn. 81, 84 (Stand 03/2018).

künfte des im Ausland ansässigen Komplementärs nicht als Einkünfte aus Kapitalvermögen (§ 49 Abs. 1 Nr. 5 EStG) qualifiziert werden. Insoweit bildet der eindeutige Gesetzeswortlaut die Grenze.

Schließlich besteht eine beschränkte Steuerpflicht des ausländischen persönlich haftenden Gesellschafters einer KGaA nur, sofern für den Gewerbebetrieb im Inland eine Betriebsstätte unterhalten wird oder ein ständiger Vertreter bestellt ist, wobei letzteres der Ausnahmefall sein dürfte. Die Betriebsstätte ist damit wesentlicher Anknüpfungspunkt für eine Besteuerung der Einkünfte des im Ausland ansässigen Komplementärs einer KGaA im Inland (sogenanntes Betriebsstättenprinzip).[728]

3. Zurechnung der Betriebsstätte der KGaA

a. Nationaler Betriebsstätten-Begriff

Entscheidend für die Anwendung des § 49 Abs. 1 Nr. 2 Buchst. a) EStG ist damit das Vorliegen einer Betriebsstätte. Für die beschränkte Steuerpflicht im Sinne des Einkommensteuergesetzes gilt die Betriebsstättendefinition in § 12 AO.[729] Betriebsstätte ist nach § 12 S. 1 AO jede feste Geschäftseinrichtung oder Anlage, die der Tätigkeit eines Unternehmens dient. Daneben enthält § 12 S. 2 AO eine Aufzählung an möglichen Betriebsstätten.[730] Dabei kann eine Betriebsstätte nur von einem „Unternehmen" unterhalten werden, was die Erzielung von Einkünften nach § 2 Abs. 2 Nr. 1 EStG voraussetzt.[731]

728 Vgl. *Schaumburg*, in: Internationales Steuerrecht, Rn. 6.163; *Hagemann*, StuW 2019, 280 (285); *Frotscher*, Internationales Steuerrecht, Rn. 407.

729 Neben dieser abgabenrechtlichen Betriebsstättendefinition findet sich in den Doppelbesteuerungsabkommen zumeist eine eigenständige, abkommensrechtliche und -autonome Definition des Betriebsstättenbegriffes. Im OECD-Musterabkommen findet sich diese Definition in Art. 5 OECD-MA. Die abkommensrechtliche Definition ist strikt von der nationalen Regelung des § 12 AO zu trennen und auf Fragen des rein nationalen Steuerrechts nicht anwendbar.

730 Es ist umstritten, ob diese beispielhafte Aufzählung eine Konkretisierung des Grundtatbestandes darstellt oder ob diese eine Tatbestandserweiterung enthält. In letzterem Fall lägen bereits Betriebsstätten vor, auch ohne dass die Tatbestandsmerkmale des Satz 1 erfüllt sind, sobald eine der „Katalogbetriebsstätten" vorläge. Dieser Ansicht folgt der BFH. § 12 S. 2 AO sei als Definitionserweiterung zu betrachten. S. BFH v. 28.07.1993 – I R 15/93, BStBl. II 1994, 148 juris Rn. 16. Kritisch hierzu *Puls*, in: Wassermeyer/Andresen/Ditz, Betriebsstätten Handbuch, Rn. 2.121, der für einen bloß beispielhaften Charakter der Aufzählung plädiert.

731 *Wassermeyer*, in: Wassermeyer/Andresen/Ditz, Betriebsstätten Handbuch, Rn. 9.3.

b. Eigene Betriebsstätte des persönlich haftenden Gesellschafters im Sinne einer festen Geschäftseinrichtung (§ 12 S. 1 AO)

aa. Voraussetzungen des Vorliegens einer Betriebsstätte im Sinne des § 12 S. 1 AO

Betriebsstätte ist eine Geschäftseinrichtung oder Anlage. Darunter fallen jegliche Räumlichkeiten sowie abgegrenzte oder abgrenzbare Flächen.[732] Die Einrichtung muss „fest" sein. Neben einer räumlichen sowie zeitlichen Komponente, muss der Unternehmer auch eine eigene, nicht nur vorübergehende Verfügungsmacht über diese Einrichtung besitzen.[733] Nach Ansicht des BFH ist ausreichend, aber auch erforderlich, dass der Unternehmer eine Rechtsposition inne hat, die ihm ohne seine Mitwirkung nicht ohne Weiteres entzogen oder die ohne seine Mitwirkung nicht ohne Weiteres geändert werden kann.[734] Dabei reichen tatsächliche Gründe für die Annahme aus, dass dem Steuerpflichtigen ein bestimmter Raum zur ständigen Nutzung zur Verfügung gestellt und seine Verfügungsmacht darüber nicht bestritten wird.[735]

Aus zivilrechtlicher Warte betrachtet, steht der juristischen Person KGaA die Verfügungsmacht über etwaige Räume zu. Ein Mietvertrag – als Beispiel für eine sogar rechtlich abgesicherte Nutzungsbefugnis der KGaA – würde

---

732 *Musil*, in: Hübschmann/Hepp/Spitaler, § 12 AO Rn. 8 (Stand 08/2018); *Werth*, in: Kühn/v. Wedelstädt, § 12 AO Rn. 3 f.

733 *Musil*, in: Hübschmann/Hepp/Spitaler, § 12 AO Rn. 16 (Stand 08/2018). Ausführlich hierzu *Möller*, StuB 2005, 350 (352). Kritisch hingegen *Wassermeyer*, in: FS Kruse, S. 589 (595 f.), der insoweit auf die „Ständigkeit der von einem bestimmten Ort aus ausgeübten unternehmerischen Tätigkeit" abstellen möchte; ähnlich auch *Buciek*, DStZ 2003, 139.

734 BFH v. 17.03.1982 – I R 189/79, BStBl. II 1982, 624 juris Rn. 15; v. 11.10.1989 – I R 77/88, BStBl. II 1990, 166 juris Rn. 12; v. 10.11.1998 – I B 80/97, BFH/NV 1999, 665 juris Rn. 10; v. 23.05.2002 – III R 8/00, BStBl. II 2002, 512 juris Rn. 15; v. 14.07.2004 – I R 106/03, BFH/NV 2005, 154 juris Rn. 11; v. 04.06.2008 – I R 30/07, BStBl. II 2008, 922 juris Rn. 14; v. 18.03.2009 – III R 2/06, BFH/NV 2009, 1457 juris Rn. 14; v. 04.07.2012 – II R 38/10, BStBl. II 2012, 782 juris Rn. 47. So auch die Literatur: *Drüen*, in: Tipke/Kruse, § 12 AO Rn. 12 (Stand 10/2019); *Werth*, in: Kühn/v. Wedelstädt, § 12 AO Rn. 6; *Musil*, in: Hübschmann/Hepp/Spitaler, § 12 AO Rn. 16 (Stand 08/2018).

735 BFH v. 03.02.1993 – I R 80–81/91, BStBl. II 1993, 462 juris Rn. 60; v. 10.11.1998 – I B 80/97, BFH/NV 1999, 665 juris Rn. 10; v. 23.05.2002 – III R 8/00, BStBl. II 2002, 512 juris Rn. 15; v. 30.06.2005 – III R 47/03, BStBl. II 2006, 78; juris Rn. 47; v. 18.03.2009 – III R 2/06, BFH/NV 2009, 145 juris Rn. 14; *Musil*, in: Hübschmann/Hepp/Spitaler, § 12 AO Rn. 16a (Stand 08/2018).

mit der Gesellschaft als solcher geschlossen werden und nicht mit dem persönlich haftenden Gesellschafter. Freilich kann die juristische Person die Verfügungsmacht nicht tatsächlich ausüben, sondern handelt vielmehr durch ihre Organe – im Falle der KGaA durch den persönlich haftenden Gesellschafter als geborenem Geschäftsführer. Bei einem Wechsel des persönlich haftenden Gesellschafters bliebe die Verfügungsmacht allerdings auch weiterhin unverändert bei der KGaA. Da die Hürden für das Vorliegen von Verfügungsmacht als Voraussetzung für eine Betriebsstätte nicht sonderlich hoch gesetzt werden und auch die Diskussion auf OECD-Ebene über die Relativierung bzw. Aufgabe dieses Kriteriums sich auf § 12 S. 1 AO auswirkt,[736] scheint es vertretbar, die tatsächliche Verfügungsmacht des Komplementärs im Rahmen seiner Geschäftsführungsbefugnis ausreichen zu lassen.

Entscheidendes Kriterium, welches sich auch aus dem Wortlaut des § 12 S. 1 AO ergibt, ist indes der Unternehmensbezug der Betriebsstätte. Die Einrichtung muss dem Unternehmen unmittelbar dienen.[737] Der Betriebsinhaber muss in der Einrichtung eine eigene unternehmerische Tätigkeit entfalten; die Einrichtung also zu eigenbetrieblichen Zwecke verwenden.[738] Letztlich ist eine Betriebsstätte in der Regel ein unselbständiger Teil eines Unternehmens.[739] Grundvoraussetzung für das Begründen einer Betriebsstätte ist folglich dem Wortlaut nach das Bestehen eines Unternehmens. § 12 AO stellt – im Unterschied zu seiner Vorgängernorm (§ 16 StAnpG), die noch die Ausübung eines stehenden Gewerbes forderte – auf die Tätigkeit eines Unternehmens ab.[740] Damit erfasst § 12 S. 1 AO neben dem Gewerbebetrieb auch die Tätigkeit von Freiberuflern und Land- und Forstwirten.[741] Der BFH hat zudem jüngst entschieden, dass auch eine gewerblich geprägte (inländische) KG ihren (ausländischen) Gesellschaftern eine Betriebsstätte vermittelt.[742]

736 *Drüen*, in: Tipke/Kruse, § 12 AO Rn. 11 (Stand 10/2019). S. auch *Bürkle/Ullmann*, DStR 2013, 994 (949).

737 *Koenig*, in Koenig: AO, § 12 Rn. 19.

738 BFH v. 10.02.1988 – VIII R 159/84, BStBl. II 1988, 653 juris Rn. 20; *Koenig*, in: Koenig, AO, § 12 Rn. 19.

739 *Wassermeyer*, in: Wassermeyer/Richter/Schnittker, Personengesellschaften im Internationalen Steuerrecht, Rn. 2.31.

740 S. *Drüen*, in: Tipke/Kruse, § 12 AO Rn. 17 (Stand 10/2019); *Valta/Lemm*, in: Kirchhof/Söhn/Mellinghoff, § 49 EStG Rn. D 165 (Stand 02/2020).

741 BFH v. 02.04.2014 – I R 68/12, BFH/NV 2014, 1248 juris Rn. 16 ff.; *Drüen*, in: Tipke/Kruse, § 12 AO Rn. 17 (Stand 10/2019).

742 BFH v. 29.11.2017 – I R 58/15, BFH/NV 2018, 684. A.A. *Drüen*, in: Tipke/Kruse, § 12 AO Rn. 17 (Stand 10/2019).

Der Begriff des Unternehmens ist also weiter zu verstehen als der des Gewerbebetriebs.

Einen eigenen Gewerbebetrieb begründet der persönlich haftende Gesellschafter allein durch das Halten der Komplementärsbeteiligung nicht.[743] Er ist lediglich am Gewinn des Gewerbebetriebs der KGaA beteiligt. Bei natürlicher Betrachtung betreibt die KGaA selbst das Unternehmen und ist auch steuerlich betrachtet dessen alleinige Trägerin. Der Komplementär ist nicht Unternehmer, denn nicht er sondern die KGaA übt die originär gewerbliche Tätigkeit aus. Dem entspricht auch die Erweiterung des Unternehmensbegriffes auf gewerblich geprägte Personengesellschaften durch die Rechtsprechung. Die Einordnung als Unternehmenstätigkeit war hier insbesondere auch mit Blick auf die mit der Tätigkeit einer gewerblich geprägten Personengesellschaft ausgelöste Gewerbesteuerpflicht erforderlich.[744] Eine solche besteht beim persönlich haftenden Gesellschafter aber schon gar nicht.[745] Mangels einer eigenen unternehmerischen Tätigkeit des persönlich haftenden Gesellschafters einer KGaA ist es mit dem Wortlaut des § 12 S. 1 AO nicht vereinbar, ihm die Betriebsstätte der KGaA als eigene Betriebsstätte zuzugestehen.[746] Das gilt freilich nicht, wenn der Komplementär neben dem Halten seiner Beteiligung an der KGaA eine eigene unternehmerische Tätigkeit ausübt. Dann begründet er insoweit eine eigene Betriebesstätte unabhängig von der KGaA.

bb. Grundsätze der Zurechnung von Betriebsstätten bei Personengesellschaften

Ein ähnliches Problem besteht im Grunde bei Personengesellschaften. Diese sind im zivilrechtlichen Sinne – wie die KGaA auch – rechtsfähig und werden damit zivilrechtlich betrachtet nach außen hin tätig. Bei natürlicher Betrachtung betreiben Personengesellschaften ihr Unternehmen damit selbst.[747] Werden sie gewerblich tätig, verfügen sie in der Regel auch über eine Betriebsstätte im Sinne einer festen Geschäftseinrichtung, in der das Unterneh-

743 S. oben unter § 2 III. 6. d. bb. (3) (b) (aa).

744 BFH v. 29.11.2017 – I R 58/15, BFH/NV 2018, 684 juris Rn. 20.

745 S. oben § 2 III. 6. b. bb. (3).

746 So auch *Wassermeyer*, in: FS Streck, S. 259 (268).

747 *Wassermeyer*, in: Wassermeyer/Richter/Schnittker, Personengesellschaften im Internationalen Steuerrecht, Rn. 2.33.

men seine Tätigkeit entfaltet (zum Beispiel eine Produktionsbetriebsstätte). Es stellt sich korrespondierend zur KGaA die Frage, ob es sich um eine Betriebsstätte der Personengesellschaft oder um eine Betriebsstätte der Mitunternehmer handelt. Für eine Betriebsstätte der Personengesellschaft spricht auch hier der Wortlaut des § 12 S. 1 AO, demzufolge die Betriebsstätte dem „Unternehmen“ und nicht dem „Unternehmer“ dienen muss. Auch wenn das Unternehmen letztlich in gesamthänderischer Verbundenheit von den Mitunternehmern betrieben wird, ist das Unternehmen bei natürlicher Betrachtung ein solches der Personengesellschaft selbst. Dafür spricht auch, dass nach § 5 Abs. 1 S. 3 i.V.m. § 2 Abs. 1 S. 2 GewStG die Tätigkeit der Personengesellschaft selbst Gewerbetrieb ist und nicht etwa die der Mitunternehmer.[748] Zudem sind auch die Personengesellschaften aufgrund ihrer zivilrechtlichen Rechtsfähigkeit als Inhaber der Verfügungsmacht über die jeweiligen Geschäftseinrichtungen anzusehen. Sie werden Vertragspartner eines etwaigen Vertrages über Nutzungsrechte. Es kann nicht immer jeder Mitunternehmer zu jeder Zeit tatsächliche Verfügungsmacht über sämtliche Geschäftseinrichtungen ausüben. Vielmehr werden nicht selten einzelne Mitunternehmer keine Verfügungsmacht über Betriebsstätten der Personengesellschaft haben.[749] Letztlich handelt es sich originär also um Betriebsstätten der Personengesellschaft selbst und nicht um solche der Mitunternehmer.

Bei Personengesellschaften besteht allerdings die Besonderheit, dass sie nach nationalem Recht weder Einkommen- noch Körperschaftsteuersubjekt sind. Nach dem Transparenzprinzip sind daher einkommensteuerrechtlich betrachtet die Mitunternehmer Träger des Unternehmens und des Gesellschaftsvermögens.[750] Ihnen werden die Gewinne der Personengesellschaft anteilig unmittelbar zugerechnet. Sie sind nach dem Wortlaut des § 15 Abs. 1 S. 1 Nr. 2 EStG „als Unternehmer (Mitunternehmer) anzusehen“, sofern sie die Voraussetzungen einer Mitunternehmerstellung erfüllen. Ihnen werden also nicht nur die Gewinnanteile der Personengesellschaft zugerechnet, sondern – mangels Subjektfähigkeit der Personengesellschaft selbst – auch das Unternehmen der Personengesellschaft. Selbiges gilt für die Betriebsstätten

748 So auch *Wassermeyer*, in: Wassermeyer/Richter/Schnittker, Personengesellschaften im Internationalen Steuerrecht, Rn. 2.32.

749 *Wassermeyer*, in: Wassermeyer/Richter/Schnittker, Personengesellschaften im Internationalen Steuerrecht, Rn. 2.32.

750 *Tiede*, in: Hermann/Heuer/Raupach, § 15 EStG Rn. 450 (Stand 08/2017).

der Personengesellschaft.[751] Auch diese werden nach nationalem Steuerrecht aufgrund des geltenden Transparenzprinzips fiktiv anteilig den Mitunternehmern zugerechnet.[752] Daneben kann freilich jeder Mitunternehmer neben den durch die Personengesellschaft vermittelten Betriebsstätten auch eigene Betriebsstätten begründen.[753]

cc. Übertragbarkeit der Grundsätze auf die KGaA im Verhältnis zu ihrem Komplementär

Die Frage, die sich bei der beschränkten Steuerpflicht des persönlich haftenden Gesellschafters einer KGaA nun stellt, ist, ob die Grundsätze der Besteuerung „*wie* ein Mitunternehmer" auch im Rahmen des § 49 Abs. 1 Nr. 2 Buchst. a) EStG gelten. Die oben genannten Überlegungen zur Zurechnung von Betriebsstätten einer Personengesellschaft an ihre Gesellschafter könnten auf die KGaA und ihren persönlich haftenden Gesellschafter übertragen werden.

Einer solchen Übertragung entspricht die vom BFH und von großen Teilen der Literatur vertretene Besteuerung des persönlich haftenden Gesellschafters einer KGaA „*wie* einen Mitunternehmer" und die damit einhergehende (teilweise) Geltung des Transparenzprinzips.[754] Die gemeinsame Einkunftsquelle des persönlich haftenden Gesellschafters und der KGaA mache entsprechende Aufteilungen notwendig, erlaube aber auch gewisse Zurechnungen. Ein Zurechnungsbeispiel sei die dem persönlich haftenden Gesellschafter vermittelte Betriebsstätte.[755] Wassermeyer merkt hier allerdings zu Recht an, dass der persönlich haftende Gesellschafter einer KGaA nach dieser Sicht-

---

751 BFH v. 29.01.1964 – I 153/61 S, BStBl. III 1964, 165; v. 18.12.2002 – I R 92/01, BFH/NV 2003, 964 juris Rn. 19; *Wassermeyer*, in: Wassermeyer/Andresen/Ditz, Betriebsstätten Handbuch, Rn. 9.4; *Reimer*, in: Blümich, § 49 EStG Rn. 90 (Stand 02/2019).

752 BFH v. 29.01.1964 – I 153/61 S, BStBl. III 1964, 165 juris Rn. 12; v. 24.02.1988 – I R 95/84, BStBl. II 1988, 663; v. 18.12.2002 – I R 92/01, BFH/NV 2003, 964 juris Rn. 19; *Schaumburg*, in: Internationales Steuerrecht, Rn. 6.173; *Wassermeyer*, in: Wassermeyer/Andresen/Ditz, Betriebsstätten Handbuch, Rn. 9.4.

753 *Schaumburg*, in: Internationales Steuerrecht, Rn. 6.173.

754 So die überwiegende Meinung in der Literatur, jedoch meist ohne nähere Begründung: *Schaumburg*, DStZ 1998, 525 (537 Fn. 146); *Engel*, in: Die Kommanditgesellschaft auf Aktien, § 9 Rn. 178; *Hageböke*, in: Rödder/Herlinghaus/Neumann, § 9 KStG Rn. 108; *Reimer*, in: Blümich, § 49 EStG Rn. 84 (Stand 03/2018); *Krumm*, in: Kirchhof/Seer, § 15 EStG Rn. 401.

755 *Krumm*, in: Kirchhof/Seer, § 15 EStG Rn. 401.

weise zwar keinen Gewerbebetrieb betreiben würde (denn darin ist sich die überwiegende Ansicht einig[756]), letztlich aber Inhaber von Betriebsstätten sein soll. Dem Wortlaut des § 12 S. 1 AO folgend ist aber das Betreiben eines Unternehmens Grundvoraussetzung für das Innehaben von Betriebsstätten. Die bloße Zurechnung der Betriebsstätten ohne korrespondierende Zurechnung des Unternehmens, wie es der BFH und große Teile der Literatur befürworten, steht mit der Betriebsstättendefinition nicht im Einklang. Wassermeyer attestiert hier in Bezug auf die beschränkte Steuerpflicht des Komplementärs einer KGaA eine Gesetzeslücke, die nur vom Gesetzgeber geschlossen werden könne.[757]

Gegen die Übertragung der Überlegungen zur Zurechnung von Betriebsstätten einer Personengesellschaft an ihre Gesellschafter auf die KGaA und ihren Komplementär spricht zudem die Steuersubjektfähigkeit der KGaA selbst. Die Überlegungen zur Zurechnung von Betriebsstätten einer Personengesellschaft an ihre Gesellschafter gründen vor allem auf der fehlenden Steuersubjektqualität der Personengesellschaft selbst.[758] Es gilt das Transparenzprinzip. Mangels Steuersubjektfähigkeit kann die Personengesellschaft steuerlich betrachtet nicht Inhaberin des Betriebs und damit auch nicht Inhaberin der Betriebsstätten sein. Sie ist steuerlich transparent. Damit gelten einkommensteuerlich betrachtet die Mitunternehmer selbst als Inhaber des Betriebs. Die KGaA ist jedoch eigenständiges Steuersubjekt. Die Notwendigkeit einer steuerlichen Zurechnung ihrer Betriebsstätten an die hinter ihr stehenden Gesellschafter, ist grundsätzlich nicht gegeben. Die Betriebsstätten der KGaA (inländische wie ausländische) können dieser aus steuerlicher Sicht problemlos selbst zugerechnet werden.[759] Der persönlich haftende Gesellschafter ist auch einkommensteuerlich betrachtet nicht als Inhaber des Betriebes anzusehen.

756 *Schaumburg*, DStZ 1998, 525 (536); *Engel*, in: Die Kommanditgesellschaft auf Aktien, § 9 Rn. 113; *Hageböke*, in: Rödder/Herlinghaus/Neumann, § 9 KStG Rn. 15; *Brandl*, in: Blümich, § 9 KStG Rn. 11 (Stand 05/2020); *Krumm*, in: Kirchhof/Seer, § 15 EStG Rn. 401.

757 *Wassermeyer*, in: FS Streck, S. 259 (263, 271).

758 *Raupach*, StuW 1991, 278 (281); *Schaumburg*, in: Internationales Steuerrecht, Rn. 6.173.

759 Vgl. *Hagemann*, StuW 2019, 280 (285).

dd. Unterscheidung zwischen der Zurechnung einer Betriebsstätte und der Zurechnung von Betriebsstättengewinnen

Da der persönlich haftende Gesellschafter nicht Träger eines eigenständigen Unternehmens ist, sondern vielmehr am „Gewerbebetrieb der KGaA" und damit an ihrem Unternehmen beteiligt ist, bedarf es für eine Zurechnung der Betriebsstätte der KGaA zum persönlich haftenden Gesellschafter einer Rechtsgrundlage. Für die Gewinnanteile der persönlich haftenden Gesellschafter fungiert § 15 Abs. 1 S. 1 Nr. 3 EStG im Einkommensteuergesetz als Zurechnungsvorschrift. Eine mit dieser Vorschrift vergleichbare Norm speziell für die Zurechnung von Betriebsstätten enthält das Einkommensteuergesetz hingegen nicht.[760] § 15 Abs. 1 S. 1 Nr. 3 EStG müsste also auch die Zurechnung von Betriebsstätten erfassen. Der Wortlaut der Norm beschränkt sich aber auf „die Gewinnanteile der persönlich haftenden Gesellschafter einer KGaA". Im Gegensatz zu § 15 Abs. 1 S. 1 Nr. 2 EStG enthält Nr. 3 auch nicht den Zusatz, dass der Gesellschafter als Unternehmer der Gesellschaft anzusehen ist. Der Wortlaut beschränkt sich auf die Gewinnanteile. Die Zurechnung des Unternehmens an den persönlich haftenden Gesellschafter würde eine unzulässige Überdehnung der Wortlautgrenze des § 15 Abs. 1 S. 1 Nr. 3 EStG bedeuten. Letztlich gehören zu dem Gewerbebetrieb der KGaA allerdings auch – als unselbständige Einheiten – sämtliche Betriebsstätten im Sinne des § 12 AO. Ebenso wie die Gewinne der KGaA anteilig dem Komplementär zugeordnet werden, werden ihm auch die Betriebsstättengewinne der KGaA (samt Einordnung als solche) zugerechnet.[761] Diese sind Teil des Gewinnanteils des Komplementärs. § 15 Abs. 1 S. 1 Nr. 3 EStG differenziert insoweit nicht nach der Herkunft des Gewinnanteils.

---

760 Hierauf stützt *Hagemann*, StuW 2019, 280 (285 f.) seine Argumentation und folgert, dass dem persönlich haftenden Gesellschafter einer KGaA deren Betriebsstätten eben nicht zugerechnet werden. Im Ergebnis kommt jedoch auch *Hagemann* zu einer beschränkten Steuerpflicht des ausländischen persönlich haftenden Gesellschafters einer KGaA nach § 49 Abs. 1 Nr. 2 Buchst. a) EStG.

761 Für eine Zurechnung von Betriebsstätten der KGaA an den persönlich haftenden Gesellschafter einer KGaA: BFH v. 17.10.1990 – I R 16/89, BStBl. II 1991, 211 juris Rn. 14; *Schaumburg*, DStZ 1998, 525 (537 Fn. 146); *Engel*, in: Die Kommanditgesellschaft auf Aktien, § 9 Rn. 178; *Krumm*, in: Kirchhof/Seer, § 15 EStG Rn. 401; *Reimer*, in: Blümich, § 49 EStG Rn. 84 (Stand 03/2018) geht von einer beschränkten Steuerpflicht des persönlich haftenden Gesellschafters aus, nimmt jedoch nicht explizit Bezug auf das Vorliegen einer Betriebsstätte. Die Zurechnung von Betriebsstätten an den persönlich haftenden Gesellschafter ablehnend hingegen *Wassermeyer*, in: FS Streck, S. 259 (271); *Hagemann*, StuW 2019, 280 (285).

Schließlich füllt sich damit auch die von Wassermeyer attestierte Gesetzeslücke. Dem persönlich haftenden Gesellschafter werden nicht anteilig Betriebsstätten zugerechnet. Ebenso wie er nicht anteilig einen Gewerbebetrieb betreibt, ist er auch nicht anteilig Inhaber von Betriebsstätten. Ihm werden lediglich Gewinnanteile des Gewerbebtriebs der KGaA zugerechnet, für den durch die KGaA Betriebsstätten unterhalten werden. Es besteht ein begrifflicher sowie inhaltlicher Unterschied, zwischen dem eigenständigen *Betreiben* eines Gewerbebetriebes samt Betriebsstätte und der bloßen *Zurechnung* von Gewinnanteilen eines Gewerbebetriebes samt Gewinnen aus der Betriebsstätte. Bei letzterem fehlt es an einer originären gewerblichen Tätigkeit. Der persönlich haftende Gesellschafter einer KGaA ist eben nicht im Sinne des Einkommensteuergesetzes originär gewerblich tätig. Er ist lediglich am Gewinn des Gewerbebetriebs der KGaA beteiligt und im Rahmen dessen auch an ihren Gewinnen aus Betriebsstätten.

ee. Zurechnung von Betriebsstättengewinnen ausreichend für beschränkte Steuerpflicht

Dem persönlich haftenden Gesellschafter einer KGaA werden folglich Betriebsstätten*gewinne* als Teile des Gewinnanteils im Sinne des § 15 Abs. 1 S. 1 Nr. 3 EStG und keine Betriebsstätten als solche zugerechnet. Es stellt sich die Frage, ob eine solche Zurechnung von Betriebsstättengewinnen ausreichend für das Vorliegen einer beschränkten Steuerpflicht nach § 49 Abs. 1 Nr. 2 Buchst. a) EStG ist oder ob die Norm das eigenständige Unterhalten einer Betriebsstätte als Betriebsstätteninhaber erfordert.

Der Wortlaut des § 49 Abs. 1 Nr. 2 Buchst. a) EStG steht Ersterem jedenfalls nicht entgegen. Er erfordert Einkünfte aus Gewerbebetrieb, *für den* im Inland eine Betriebsstätte unterhalten wird. Die Einkünfte des persönlich haftenden Gesellschafters erfüllen dieses Kriterium. Der persönlich haftende Gesellschafter bezieht Einkünfte aus Gewerbebetrieb (wenn auch aus einem fremden Gewerbebetrieb der KGaA) und für diesen Gewerbebetrieb wird im Inland eine Betriebsstätte unterhalten. Der Wortlaut fordert hingegen nicht, dass Einkünfte aus Gewerbebetrieb vorliegen, die der Unternehmer aus einer Betriebsstätte erzielt. Vielmehr ist es ausreichend, dass für den Gewerbebetrieb, aus dem der Steuerpflichtige seine Einkünfte bezieht, eine Betriebsstätte unterhalten wird. Andernfalls wäre die fehlende Unternehmereigenschaft des Komplementärs ein Hinderungsgrund für die beschränkte Steuerpflicht nach § 49 Abs. 1 Nr. 2 Buchst. a) EStG. Dem Wortlaut nach ist also die „Herkunft" der Einkünfte entscheidend. Handelt es sich hierbei um gewerbliche Einkünfte, die aus einer Betriebsstätte stammen, unterfallen diese der beschränkten Steuerpflicht.

Auch die systematische Auslegung lässt erkennen, dass der Gesetzgeber das eigenständige Betreiben eines Unternehmens und das Unterhalten einer Betriebsstätte nicht als Voraussetzung für die beschränkte Steuerpflicht nach § 49 Abs. 1 Nr. 2 Buchst. a) EStG vorgesehen hat. In § 49 Abs. 1 Nr. 2 Buchst. c) EStG heißt es „Einkünfte aus Gewerbebetrieb, die *von einem Unternehmen* im Rahmen einer internationalen Betriebsgemeinschaft [...] erzielt werden". Auch hier hätte der Gesetzgeber auf den Gewerbebetrieb als Ganzes abstellen können und beispielweise formulieren können „Einkünfte aus Gewerbebetrieb, die im Rahmen einer internationalen Betriebsgemeinschaft [...] erzielt werden". Durch Einfügung des Zusatzes „von einem Unternehmen" wird deutlich, dass der Gesetzgeber die Unternehmenseigenschaft des Steuerpflichtigen hier ausdrücklich fordert.

Der verbleibende Unterschied zur steuerlichen Behandlung eines Mitunternehmers ist durch die eigenständige Steuersubjektfähigkeit der KGaA sowie deren abgeschirmte Vermögenssphäre auch gerechtfertigt. Letztlich würde es bei Personengesellschaften – zumindest im Rahmen der beschränkten Steuerpflicht des Mitunternehmers – auch ausreichen, die Zurechnung der Betriebsstättengewinne nach § 15 Abs. 1 S. 1 Nr. 2 EStG zu bemühen. Da Personengesellschaften als solche aber einkommensteuerlich betrachtet nicht existent sind, geht es um mehr als die Zurechnung von bloßen Gewinnen. Vielmehr muss bei Personengesellschaften dem Transparenzprinzip entsprechend einkommensteuerlich betrachtet das „Unternehmen" als solches zugerechnet werden. Anderfalls lägen schon gar keine Einkünfte aus § 15 Abs. 1 S. 1 Nr. 2 EStG vor, denn dieser setzt – anders als Nr. 3 – die (Mit-)Unternehmereigenschaft des Gesellschafters voraus. Wird das Unternehmen anteilig den Gesellschaftern zugerechnet, gilt dies entsprechend auch für die Betriebsstätten des Unternehmens. Letztlich muss dem Gesellschafter einer Personengesellschaft ein „Mehr" zugerechnet werden als dem persönlich haftenden Gesellschafter einer KGaA. Denn die Personengesellschaft selbst kann – anders als die KGaA – einkommensteuerlich betrachtet nicht Trägerin des Unternehmens sein. In Bezug auf den persönlich haftenden Gesellschafter ist es ausreichend, ihm die Gewinnanteile aber nicht das Unternehmen als solches zuzurechnen. Das gilt alles jedenfalls dann, wenn die KGaA über eine eigenständige Betriebsstätte im Sinne einer festen Geschäftseinrichtung (zum Beispiel eine Produktionsbetriebsstätte) verfügt. Die durch diese Betriebsstätte erzielten Gewinne sind dem Komplementär bzw. den Komplementären einer KGaA im Rahmen der Zurechnung ihres Gewinnanteils nach § 15 Abs. 1 S. 1 Nr. 3 EStG anteilig zuzurechnen.[762]

c. Persönlich haftender Gesellschafter als Stätte der Geschäftsleitung

Unter Berücksichtigung dieses Ergebnisses ist auch der Fall zu betrachten, in dem die KGaA nicht über eine Produktionsbetriebsstätte verfügt, sondern einzige Betriebsstätte der KGaA eine Geschäftsleitungsbetriebsstätte ist, die durch die Tätigkeit des persönlich haftenden Gesellschafters selbst begründet wird.[763] Denn für die Tätigkeit als „geborener Geschäftsführer" kommt aus der Aufzählung der möglichen Betriebsstätten in § 12 S. 2 AO insbesondere die Stätte der Geschäftsleitung als Anknüpfungspunkt für eine Betriebsstätte in Betracht.

Wird § 12 S. 2 AO als beispielhafte Aufzählung von Betriebsstätten verstanden, so ist die Stätte der Geschäftsleitung *per definitionem* Betriebsstätte.[764] Der Begriff der Geschäftsleitungsbetriebsstätte knüpft an die Geschäftsleitung nach § 10 AO als Mittelpunkt der geschäftlichen Oberleitung eines Unternehmens an.[765] Dieser ist dort, wo der für die Geschäftsführung maßgebende Wille gebildet wird.[766] Nach dem Gesamtbild der Verhältnisse ist entscheidend, wo alle für die Geschäftsführung notwendigen Maßnahmen von einiger Wichtigkeit mit einer gewissen Regelmäßigkeit angeordnet wer-

---

762 So auch *Hagemann*, StuW 2019, 280 (286).

763 *Engel* nimmt grundsätzlich an, dass eine Betriebsstätte des persönlich haftenden Gesellschafters vorliegt, sofern er die Geschäfte im Inland führt. Die KGaA vermittle ihrem Komplementär in der Regel eine Betriebsstätte. Problematisch seien die Fälle, in denen der persönlich haftende Gesellschafter lediglich die persönliche Haftung übernehme oder die Geschäfte der KGaA aus dem Ausland führe; *Engel*, in: Die Kommanditgesellschaft auf Aktien, § 9 Rn. 178.

764 *Puls*, in: Wassermeyer/Andresen/Ditz, Betriebsstätten Handbuch, Rn. 2.122.

765 Vgl. BFH v. 03.07.1997 – IV R 58/95, BStBl. II 1998, 86 juris Rn. 20 f.; v. 25.08.1999 – VIII R 76/95, BFH/NV 2000, 300 juris Rn. 17; v. 12.02.2004 – IV R 29/02, BStBl. II 2004, 602 juris Rn. 51; *Gersch*, in: Klein, AO, § 12 AO Rn. 10.

766 RFH v. 23.06.1938 – III 40/38, RStBl. 1938, 949; BFH v. 29.04.1987 – X R 6/81, BFH/NV 1988, 63 (64) juris Rn. 17; v. 23.01.1991 – I R 22/90, BStBl. II 1991, 554; v. 07.12.1994 – I K 1/93, BStBl. II 1995, 175 (178) juris Rn. 30; v. 03.07.1997 – IV R 58/95, BStBl. II 1998, 86 juris Rn. 21; v. 16.12.1998 – I R 138/97, BStBl. II 1999, 437 juris Rn. 12; *Drüen*, in: Tipke/Kruse, § 10 AO Rn. 1 (Stand 01/2016); *Musil*, in: Hübschmann/Hepp/Spitaler, § 10 AO Rn. 14 (Stand 01/2016).

den.[767] Es kommt allein auf die faktische, tatsächliche Geschäftsführung an. Auch die grundsätzliche zivilrechtliche Unübertragbarkeit der gesellschaftlichen Geschäftsführungsbefugnis bei Personengesellschaften ist irrelevant.[768] Bei Kapitalgesellschaften gilt, dass jede Kapitalgesellschaft eine eigene Geschäftsleitungsbetriebsstätte hat.[769] Es kann dabei grundsätzlich nur einen Ort der Geschäftsleitung geben.[770] Dieser ist dort, wo alle wichtigen Entscheidungen der laufenden Geschäftsführung getroffen werden. Sind mehrere Personen für die Geschäftsleitung zuständig, so hat eine Gewichtung zu erfolgen.[771] Ist eine Gewichtung nicht möglich, weil mehrere Personen an verschiedenen Orten durch gleichwertige Tätigkeiten Geschäftsführungsaufgaben wahrnehmen, können im Einzelfall ausnahmsweise auch mehrere Geschäftsleitungsbetriebsstätten vorliegen.[772] Bei Personengesellschaften findet sich der Mittelpunkt der Geschäftsleitung regelmäßig dort, wo die zur Geschäftsführung befugten Personen ihre Geschäftsführertätigkeit entfalten.[773] Selbst wenn sich die Tätigkeit des Mitunternehmers auf die Geltendmachung seiner Gesellschafterrechte beschränkt, ist diese Tätigkeit der Geschäftsleitungsbetriebsstätte der Personengesellschaft zuzuordnen.[774] Mangels eigenständiger Steuersubjektqualität der Personengesellschaften wird

767 RFH v. 25.07.1935 – III A 98/35, RStBl. 1935, 1366; BFH v. 17.07.1968, BStBl. II 1968, 695 (697) juris Rn. 25; v. 23.01.1991 – I R 22/90, BStBl. II 1991, 554 juris Rn. 18; v. 07.12.1994 – I K 1/93, BStBl. II 1995, 175 (178) juris Rn. 30; v. 16.12.1998 – I R 138/97, BStBl. II 1999, 437 juris Rn. 12; v. 09.07.2003 – I R 4/02, BFH/NV 2004, 83 juris Rn. 18; v. 12.02.2004 – IV R 29/02, BStBl. II 2004, 602 juris Rn. 51; v. 03.04.2008 – I B 77/07, BFH/NV 2008, 1445 juris Rn. 14; *Drüen*, in: Tipke/Kruse, § 10 AO Rn. 1 (Stand 01/2016); *Musil*, in: Hübschmann/Hepp/Spitaler, § 10 AO Rn. 14 (Stand 01/2016); in diesem Sinne auch *Puls*, in: Wassermeyer/Andresen/Ditz, Betriebsstätten Handbuch, Rn. 2.122: „Der Mittelpunkt der geschäftlichen Oberleitung ist in der Regel dort anzutreffen, wo diejenigen Unternehmensentscheidungen getroffen werden, die in ihren wirtschaftlichen wie auch organisatorischen Ausmaßen für das Unternehmen am weitreichendsten sind."

768 *Drüen*, in: Tipke/Kruse, § 10 AO Rn. 1 (Stand 01/2016). Ebenso *Musil*, in: Hübschmann/Hepp/Spitaler, § 10 AO Rn. 24 (Stand 01/2016). A.A. offenbar FG Hamburg v. 24.10.1986 – I 170/83, EFG 1987, 413.

769 BFH v. 07.12.1994 – I K 1/93, BStBl. II 1995, 175; *Gersch*, in: Klein, AO, § 12 AO Rn. 10.

770 *Reimer*, in: Blümich, § 49 EStG Rn. 90 (Stand 02/2019).

771 BFH v. 03.07.1997 – IV R 58/95, BStBl. II 1998, 86 juris Rn. 52; v. 25.08.1999 – VIII R 76/95, BFH/NV 2000, 300 juris Rn. 18; *Gersch*, in: Klein, AO, § 12 AO Rn. 10.

772 BFH v. 05.11.2014 – IV R 30/11, BStBl. II 2015, 601.

773 BFH v. 29.11.2017 – I R 58/15, BFH/NV 2018, 684 juris Rn. 21.

774 *Wassermeyer*, in: Wassermeyer/Andresen/Ditz, Betriebsstätten Handbuch, Rn. 9.5.

auch die Stätte der Geschäftsleitung als gemeinsame Betriebsstätte der Mitunternehmer angesehen.[775]

Kommt der persönlich haftende Gesellschafter also seiner Stellung als „geborener Geschäftsführer" auch tatsächlich nach, besteht an dem Ort, an dem er die Geschäftsführung tatsächlich ausführt, eine Geschäftsleitungsbetriebsstätte. Es handelt sich allerdings um die Geschäftsführung der KGaA als eigenständiges Körperschaftsteuersubjekt. Es liegt demnach ausschließlich eine Betriebsstätte der KGaA vor und nicht eine eigenständige Betriebsstätte des persönlich haftenden Gesellschafters. Der Ort der Geschäftsleitungsbetriebsstätte dürfte sich dabei auch bei der KGaA anhand einer Gewichtung ermitteln lassen. Der Mittelpunkt der Geschäftsleitung ist grundsätzlich dort, wo der persönlich haftende Gesellschafter seine Geschäftsführertätigkeit entfaltet. Tut er dies nicht in eigens dafür vorgesehenen Räumen, ist im Zweifel dort die Geschäftsleitungsbetriebsstätte der KGaA, wo der persönlich haftende Gesellschafter seinen Wohnsitz hat.[776] Führt er die Geschäfte dementsprechend im Ausland (wie im Fall Inbound II (Beispiel 2)), ist neben der Geschäftsleitungsbetriebsstätte für eine beschränkte Steuerpflicht des persönlich haftenden Gesellschafters im Inland eine weitere, daneben bestehende inländische Betriebsstätte der KGaA notwendig, deren Gewinne dem persönlich haftenden Geschäftsführer (anteilig) zugerechnet werden.

d. Zwischenfazit

Festzuhalten bleibt, dass die Beteiligung an der KGaA selbst noch keine Betriebsstätte vermittelt. Auch der bloße Sitz der KGaA begründet keine Betriebsstätte.[777] Sind an einer KGaA mehrere persönlich haftende Gesellschafter beteiligt und üben diese ihre Geschäftsführertätigkeit gleichwertig aus, bestehen mehrere Geschäftsleitungsbetriebsstätten der KGaA. Werden in diesen Betriebsstätten Gewinne erzielt, sind diese Gewinne auch Teil des Gewerbebetriebs der KGaA. Im Rahmen der Zurechnung des Gewinnanteils an den persönlich haftenden Gesellschafter werden ihm folglich auch die Gewinne aus den (Geschäftsleitungs-)Betriebsstätten (anteilig) zugerechnet. Befindet sich die Geschäftsleitungsbetriebsstätte im Ausland und verfügt die KGaA nicht über eine Betriebsstätte im Inland, scheidet

775 *Schaumburg*, in: Internationales Steuerrecht, Rn. 6.173.

776 Vgl. BFH v. 29.11.2017 – I R 58/15, BFH/NV 2018, 684 juris Rn. 21.

777 So der Grundsatz bei Kapitalgesellschaften; s. *Puls*, in: Wassermeyer/Andresen/Ditz, Betriebsstätten Handbuch, Rn. 2.122.

eine beschränkte Steuerpflicht des Komplementärs aus. In der Regel kann aber davon ausgegangen werden, dass die KGaA im Inland auch über eine feste Geschäftseinrichtung verfügt und somit eine Betriebsstätte im Inland gegeben ist, deren Gewinne dem persönlich haftenden Gesellschafter im Ausland (anteilig) zuzurechnen sind.

Eine solche Zurechnung genügt für eine beschränkte Steuerpflicht nach § 49 Abs. 1 Nr. 2 Buchst. a) EStG. Der Wortlaut der Norm erfordert kein eigenständiges „Unterhalten“ einer Betriebsstätte, sondern vielmehr, dass Einkünfte aus einem Gewerbebetrieb erzielt werden, für den eine Betriebsstätte unterhalten wird.[778] Solche gewerblichen Einkünfte liegen beim persönlich haftenden Gesellschafter vor. Für den Gewerbebetrieb der KGaA – aus dem der persönlich haftende Gesellschafter seine Einkünfte erzielt – wird auch eine Betriebsstätte unterhalten, wenngleich dies nicht durch originäre Tätigkeit des Komplementärs geschieht. Für die oben dargestellten Inbound-Fälle bedeutet das Folgendes:

Beispiel 1[779]*:* Der im Ausland ansässige Komplementär ist gem. § 1 Abs. 4 i.V.m. § 49 Abs. 1 Nr. 2 Buchst. a) EStG in Deutschland mit dem ihm anteilig zuzurechnenden Gewinnen aus der inländischen Betriebsstätte der KGaA beschränkt steuerpflichtig. Das gilt aber nur für die Gewinne, die durch die inländische Betriebsstätte erzielt werden. Sind in dem dem Komplementär zuzurechnenden Gewinnanteil weitere, durch eine ausländische Betriebsstätte erwirtschaftete Gewinne der KGaA enthalten, unterliegen diese mangels Anknüpfungspunkt im Inland nicht der beschränkten Steuerpflicht.

Beispiel 2[780]*:* Der im Ausland ansässige Komplementär ist weder unbeschränkt noch beschränkt steuerpflichtig. Die Beteiligung an der KGaA allein reicht nicht aus, um eine Betriebsstätte zu begründen. Auch die Geschäftsleitung erfolgt aus dem Ausland heraus, sodass eine Geschäftsleitungsbetriebsstätte in Deutschland nicht in Betracht kommt. Mangels Betriebsstätte im Inland ist der Komplementär in Deutschland nicht steuerpflichtig.

---

778 So auch *Hagemann*, StuW 2019, 280 (286 f.).

779 Eine in Deutschland ansässige KGaA verfügt über eine in Deutschland belegene Betriebsstätte. Der persönlich haftende Gesellschafter der KGaA ist im Ausland ansässig.

780 Eine in Deutschland ansässige KGaA verfügt über eine im Ausland belegene Betriebsstätte. Der persönlich haftende Gesellschafter der KGaA ist ebenfalls im Ausland ansässig. Er führt die Geschäfte der KGaA von seinem ausländischen Wohnsitz aus. Eine in Deutschland belegene Betriebsstätte der KGaA existiert nicht.

Letztlich entscheidet eben auch bei dem im Ausland ansässigen Komplementär einer inländischen KGaA die Herkunft der Gewinnanteile über das Bestehen einer beschränkten Steuerpflicht. Insofern ist auch der im Ausland ansässige persönlich haftende Gesellschafter einer KGaA *wie* ein ausländischer Mitunternehmer einer inländischen Personengesellschaft zu besteuern.

4. Sondervergütungen im Inbound-Fall

a. Grenzüberschreitende Leistungsbeziehungen zwischen dem persönlich haftenden Gesellschafter einer KGaA und der KGaA selbst

Ein im Ausland ansässiger Komplementär einer inländischen KGaA kann freilich auch in grenzüberschreitende Leistungsaustauschverhältnisse mit der KGaA treten. Anders gesagt: Er kann aus deutscher Sicht Empfänger von Sondervergütungen sein. Es stellt sich korresponiderend zu den Gewinnanteilen eines persönlich haftenden Gesellschafters einer KGaA die Frage, ob der Empfang der Sondervergütungen in Deutschland der beschränkten Steuerpflicht unterliegt. Da es sich aus deutscher Sicht gem. § 15 Abs. 1 S. 1 Nr. 3 EStG um gewerbliche Einkünfte handelt, kommt aus der Aufzählung der in Deutschland der beschränkten Steuerpflicht unterliegenden Einkünfte aus § 49 Abs. 1 EStG auch hier nur § 49 Abs. 1 Nr. 2 EStG in Betracht. Die Norm sieht ihrem Wortlaut nach keine Einschränkung hinsichtlich der Einkünfte aus § 15 EStG vor, sodass Sondervergütungen im Grunde ebenfalls der beschränkten Steuerpflicht unterfallen können. Der Inbound-Fall bei der KGaA würde sich wie folgt darstellen:

> *Abwandlung zu Beispiel 1*[781]: Der im Ausland ansässige Komplementär überlässt der im Inland ansässigen KGaA ein Darlehen zum Zwecke der Anschaffung einer Maschine für ihre inländische Betriebsstätte. Die KGaA zahlt an ihren Komplementär für die Überlassung des Darlehens einen marktüblichen Zinssatz.

781 Eine in Deutschland ansässige KGaA verfügt über eine in Deutschland belegene Betriebsstätte. Der persönlich haftende Gesellschafter der KGaA ist im Ausland ansässig.

b. Sondervergütungen als beschränkt steuerpflichtige Einkünfte im Inbound-Fall

aa. Vorliegen eines Gewerbebetriebs, für den im Inland eine Betriebsstätte unterhalten wird

Im Grunde werden die Einkünfte aus Sondervergütungen des persönlich haftenden Gesellschafters als gewerbliche Einkünfte im Sinne des § 15 EStG von § 49 Abs. 1 Nr. 2 Buchst. a) EStG erfasst.[782] Da es sich bei den Sondervergütungen nicht um von der KGaA erzielte und dem Komplementär zugerechnete Gewinne handelt, sondern diese Vergütungen aus einer originären Tätigkeit des Komplementärs selbst stammen[783], ist fraglich, inwiefern diese Vergütungen aus einem Gewerbebetrieb stammen, „für den im Inland eine Betriebsstätte unterhalten wird" (vgl. § 49 Abs. 1 Nr. 2 Buchst. a) EStG). Der Komplementär selbst betreibt in der Regel keinen eigenen Gewerbebetrieb.[784]

Dem Wortlaut des § 49 Abs. 1 Nr. 2 Buchst. a) EStG nach müssen die Einkünfte, die der beschränkten Steuerpflicht unterliegen, aus einer gewerblichen Einkunftsquelle stammen, für die eine Betriebsstätte im Inland unterhalten wird. Entscheidend ist damit, aus welcher Einkunftsquelle die Sondervergütungen stammen. Da die Sondervergütungen aus einer eigenständigen Leistungsbeziehung des persönlich haftenden Gesellschafters zu der KGaA resultieren, ist nicht der Gewerbebetrieb der KGaA die Einkunftsquelle, sondern eben die eigenständige Leistungsbeziehung.[785] Zwar handelt es sich aufgrund der Anordnung in § 15 Abs. 1 S. 1 Nr. 3 EStG um gewerbliche Einkünfte, allerdings liegt ein originärer Gewerbebetrieb nicht vor. Mangels eigenen Gewerbebetriebs kann auch keine Betriebsstätte bestehen. Das Erfordernis des § 49 Abs. 1 Nr. 2 Buchst. a) EStG kann mithin nicht erfüllt werden.[786]

---

782 BFH v. 11.12.2013 – I R 4/13, BStBl. II 2014, 791 juris Rn. 10; BFH v. 12.10.2016 – I R 92/12, BFH/NV 2017, 685 juris Rn. 34; *Loschelder*, in: Schmidt, § 49 EStG Rn. 28.

783 So auch *Hagemann*, StuW 2019, 280 (287).

784 S. oben § 2 III. 6. d. bb. (3) (b) (aa).

785 S. oben § 2 III. 6. d. bb. (3) (b) (bb).

786 Freilich gilt das nicht für den Fall, in dem der persönlich haftende Gesellschafter neben der Beteiligung an der KGaA auch eigenständig gewerblich tätig wird. Dann kann er als Gewerbetreibender auch Inhaber von Betriebsstätten sein, die seinem Gewerbebetrieb zuzuordnen sind. Gehört die Beteiligung an der KGaA zu diesem Betriebsvermögen, können auch die Sondervergütungen diesem zugeordnet werden.

bb. Übertragbarkeit der Überlegungen zur beschränkten Steuerpflicht von Sondervergütungen eines Mitunternehmers einer Personengesellschaft

(1) Sondervergütungen des Mitunternehmers als beschränkt steuerpflichtige Einkünfte

Im Grunde stellt sich dasselbe Problem zunächt auch bei im Ausland wohnhaften Gesellschaftern einer in Deutschland ansässigen Personengesellschaft.[787] Auch die Sondervergütungen eines Mitunternehmers stammen nicht aus der „gemeinsamen Tätigkeit" der Mitunternehmerschaft, sondern resultieren aus einer eigenständigen schuldrechtlichen Beziehung des Mitunternehmers zu seiner Personengesellschaft. In der Rechtsprechung wird – oft ohne nähere Erläuterung – die beschränkte Steuerpflicht auch in Bezug auf die Sondervergütungen angenommen.[788] Die Finanzverwaltung geht ebenfalls davon aus, dass Sondervergütungen mit von der beschränkten Steuerpflicht eines ausländischen Mitunternehmers erfasst werden.[789]

Die Voraussetzungen des § 49 Abs. 1 Nr. 2 Buchst. a) EStG und damit die Zurechnung der Sondervergütungen zu einer Betriebsstätte müssen allerdings auch in diesem Fall vorliegen. Bei näherer Betrachtung zeigt sich, dass die dogmatische Herleitung der beschränkten Steuerpflicht von Sondervergütungen nicht einheitlich vorgenommen wird. Grundsätzlich gilt bei Mitunternehmerschaften, dass das Sonderbetriebsvermögen der Mitunternehmer bei der Ermittlung des Gesamthandsgewinns berücksichtigt wird (soge-

787 Die Behandlung grenzüberschreitender Sondervergütungen bei Mitunternehmerschaften ist ein komplexes Themenfeld, dessen vollständige Bearbeitung im Rahmen dieser Untersuchung nicht möglich ist. Die bestehenden und gefestigten Sichtweisen sollen dennoch in dem Umfang dargestellt werden, dass eine Prüfung der Übertragbarkeit der Überlegungen auf den persönlich haftenden Gesellschafter einer KGaA möglich ist. Für eine ausführliche Darstellung (insbesondere auch der sich anschließenden abkommensrechtlichen Problematik) s. *Bresgen*, Qualifikationskonflikte bei Personengesellschaften im Internationalen Steuerrecht.

788 BFH v. 08.09.2010 – I R 74/09, BStBl. II 2014, 788 juris Rn. 11. Der BFH bejaht in diesem Urteil die beschränkte Steuerpflicht in Bezug auf die Sondervergütungen ohne diese näher zu erläutern. Im Folgenden verneint er jedoch auf Abkommensebene die Zurechnung zur inländischen Betriebsstätte. Ebenso BFH v. 17.10.2007 – I R 5/06, BStBl. II 2009, 356 juris Rn. 11; v. 12.06.2013 – I R 47/12, BStBl. II 2014, 770 juris Rn. 9. Ähnlich auch die Literatur: *Reimer*, in: Blümich, § 49 EStG Rn. 136 (Stand 03/2018); *Krumm*, in: Kirchhof/Seer, § 15 EStG Rn. 312; *Loschelder*, in: Schmidt, § 49 EStG Rn. 28.

789 Mit Fallbeispielen hierzu BMF v. 26.09.2014 – IV B 5-S 1300/09/10003, BStBl. I 2014, 1258 Tz. 5.1.

nannte additive Gewinnermittlung[790]). Das gilt folglich auch für das Sonderbetriebsvermögen ausländischer Mitunternehmer.[791] § 15 Abs. 1 S. 1 Nr. 2 S. 1, 2. Halbsatz EStG führt damit zu einer rechtlichen Zurechnung des Sonderbereichs der einzelnen Mitunternehmer zur Mitunternehmerschaft.[792] Die Sondervergütungen sind Teil des Gewinns der Personengesellschaft.[793] Insoweit herrscht Einigkeit. Damit ist aber noch nicht die Frage geklärt, ob die Sondervergütungen, die zwar grundsätzlich zum Gesamthandsgewinn der Mitunternehmerschaft gehören, auch einer Betriebsstätte der Mitunternehmerschaft zuzurechnen sind. Das wird in der Literatur und der Rechtsprechung unterschiedlich beantwortet.

Vielfach wird davon ausgegangen, dass Folge der additiven Gewinnermittlung auch die Zurechnung der Sonderbetriebseinnahmen eines Mitunternehmers zu einer der von der Mitunternehmerschaft unterhaltenen Betriebsstätten ist.[794] Im Fall des Sonderbetriebsvermögens I wird dabei insbesondere darauf hingewiesen, dass dieses eben tatsächlich von der Mitunternehmerschaft genutzt wird und damit eine Zuordnung auch nur zur Betriebsstätte der Mitunternehmerschaft erfolgen kann.[795]

Andererseits wird auf den Ort der Einkünfteverwaltung abgestellt. Bei Überlassung eines Wirtschaftsguts an die Personengesellschaft wäre das die Betriebsstätte der Personengesellschaft, es sei denn, der Mitunternehmer verwaltet das Wirtschaftsgut in einer eigenen Betriebsstätte.[796] Teilweise wird sogar angenommen, eine Verwaltung des Sonderbereiches erfolge

790 *Bode*, in: Blümich, § 15 EStG Rn. 444 (Stand 07/2020).

791 Vgl. *Rosenberg*, in: Wassermeyer/Richter/Schnittker, Personengesellschaften im Internationalen Steuerrecht, Rn. 11.15.

792 *Rosenberg*, in: Wassermeyer/Richter/Schnittker, Personengesellschaften im Internationalen Steuerrecht, Rn. 11.15. Diese rechtliche Zuordnung ist auf Abkommensebene indes nicht ausreichend. Hier wird eine tatsächlich-funktionale Zugehörigkeit zu einer Betriebsstätte gefordert, vgl. BFH v. 19.12.2007 – I R 66/06, BStBl. II 2008, 510. Ausführlich hierzu s. unten § 6 V. 2. b. Teilweise wird auch angedacht, die auf Abkommensebene geltenden Zuordnungskriterien auf das innerstaatliche Recht zu übertragen. So zum Beispiel *Kramer*, IStR 2010, 239 f.

793 *Bode*, in: Blümich, § 15 EStG Rn. 497 (Stand 12/2018).

794 Vgl. BFH v. 08.09.2010 – I R 74/09, BStBl. II 2014, 788 juris Rn. 14; *Rosenberg*, in: Wassermeyer/Richter/Schnittker, Personengesellschaften im Internationalen Steuerrecht, Rn. 11.15.

795 Vgl. BMF v. 26.09.2014 – IV B 5-S 1300/09/10003, BStBl. I 2014, 1258 Tz. 5.1.; *Hruschka*, DStR 2010, 1357 (1361); *Pohl*, IWB 2012, 120 (122); *Vees*, DB 2010, 1422 (1428); *Liebchen*, Beteiligungen an ausländischen Personengesellschaften, S. 88 ff.

796 BFH v. 08.09.2010 – I R 74/09, BStBl. II 2014, 788 juris Rn. 21; *Blumers/Zillmer*, BB 2010, 1375 (1380 f.); *Wassermeyer*, IStR 2011, 85 (89); *Kramer*, DB 2011, 1882 (1884 f.).

immer nur in einer Mitunternehmerbetriebsstätte.[797] Liegt abgesehen von der Beteiligung an der Mitunternehmerschaft keine gewerbliche Tätigkeit des Gesellschafters vor, begründe die Verwaltung des Sonderbetriebsbereichs eine eigenständige Mitunternehmerbetriebsstätte.[798]

Für die hiesige Untersuchung ist es zunächst nicht entscheidend, welcher Ansicht der Vorzug zu gewähren ist, denn letztlich erfolgt jeweils zumindest eine Zuordnung der Sondervergütungen zu einer Betriebsstätte. Liegt diese im Inland, ist eine beschränkte Steuerpflicht des Mitunternehmers in Deutschland gegeben.

(2) Übertragbarkeit auf die KGaA

(a) Keine Vermittlung der Betriebsstätten der KGaA an ihre persönlich haftenden Gesellschafter

Es stellt sich bei beiden Möglichkeiten die Frage, ob diese Überlegungen auf die KGaA und ihren persönlich haftenden Gesellschafter übertragen werden können. Wie oben festgestellt, wird dem persönlich haftenden Gesellschafter nicht der Gewerbebetrieb als solcher, sondern lediglich der Gewinn aus dem Gewerbebetrieb der KGaA zugerechnet.[799] Selbiges gilt für Betriebsstätten. Auch hier beschränkt sich die Zurechnung auf die Betriebsstättengewinne.[800] Eine Betriebsstätte als solche wird dem persönlich haftenden Gesellschafter nicht vermittelt. Die Einkünfte, die der persönlich haftende Gesellschafter aus einer eigenständigen schuldrechtlichen Leistungsbeziehung zur KGaA erzielt, nehmen an dieser Gewinnzurechnung nicht Teil.

Zudem wird bei der KGaA das Sonderbetriebsergebnis des persönlich haftenden Gesellschafters im Gegensatz zur Personengesellschaft nicht auf Ebene der Gesellschaft berücksichtigt.[801] Zwar mindern die Vergütungen, die die KGaA an ihren persönlich haftenden Gesellschafter aufgrund schuldrechtli-

797 *Wassermeyer*, IStR 2011, 85 (89). Diese Ansicht als Regelfall bejahend auch *Bresgen*, Qualifikationskonflikte bei Personengesellschaften im Internationalen Steuerrecht, S. 36.

798 Vgl. *Wassermeyer*, IStR 2011, 85 (89).

799 S. oben § 2 III. 6. d. bb. (3) (b) (aa).

800 S. oben § 4 II 3.

801 BFH v. 21.06.1989 – X R 14/88, BStBl. II 1989, 881 juris Rn. 31; *Menzel*, StuW 1971, 204 (209); *Hölzl*, Die Besteuerung der KGaA, S. 168; *Hageböke*, in: Rödder/Herlinghaus/Neumann, § 9 KStG Rn. 14; *Krämer*, in: Dötsch/Pung/Möhlenbrock, § 9 KStG Rn. 55 (Stand 02/2019); *Drüen*, in: Hermann/Heuer/Raupach, § 9 KStG Rn. 31 (Stand

cher Leistungsbeziehung zahlt, den Gewinn der KGaA als Aufwand. Eine erfolgserhöhende Hinzurechnung der Sondervergütung des Komplementärs und damit in der Folge eine Neutralisierung des zuvor mindernd berücksichtigten Aufwands erfolgt auf Ebene der KGaA hingegen nicht.[802] Anders als bei Personengesellschaften ist eine Zuordnung der Sondervergütungen zu einer Betriebsstätte der KGaA daher schon rechtlich nicht möglich.[803]

Vergütungen, die nicht originär durch die KGaA erzielt werden, können ihren Betriebsstätten nicht zugeordnet werden. Die Überlegung bezüglich der Mitunternehmerschaft, bei der die Sondervergütungen nach der additiven Gewinnermittlung Teil des Gesamthandsgewinns sind, können für die KGaA und ihren persönlich haftenden Gesellschafter nicht fruchtbar gemacht werden. Denn für den Gewinn der KGaA hat das Sonderbetriebsergebnis des Komplementärs keine Bedeutung.[804] Insoweit trägt die Gleichstellungsthese nicht. Eine Zuordnung der Sondervergütungen des Komplementär zu den Betriebsstätten der KGaA findet mithin nicht statt.

(b) Keine eigene Betriebsstätte für den Sonderbereich des persönlich haftenden Gesellschafters

Die Sondervergütungen des persönlich haftenden Gesellschafters einer KGaA könnten schließlich aber einer eigenen Betriebsstätte des Gesellschafters zugerechnet werden. Wie bei der Mitunternehmerschaft könnte der Gedanke fruchtbar gemacht werden, dass der persönlich haftende Gesellschafter durch die Verwaltung seines Sonderbereiches eine eigene (Sonderbereichs-)Betriebsstätte begründet. Der Ort der Betriebsstätte läge dort, wo die wesentlichen Entscheidungen bezüglich des Sonderbereichs getroffen werden.

Dagegen spricht jedoch, dass die Tätigkeiten, die den in § 15 Abs. 1 S. 1 Nr. 3 EStG genannten Arten von Sondervergütungen (Tätigkeit im Dienste

---

01/2019); *Hagemann*, StuW 2019, 280 (287). A.A. *Wehrheim/Gehrke*, StuW 2005, 234 (242) „SBV I des Komplementärs bei der KGaA".

802 Vgl. *Drüen*, in: Hermann/Heuer/Raupach, § 9 KStG Rn. 31 (Stand 01/2019).

803 *Hagemann*, StuW 2019, 280 (287). *Wassermeyer*, Ubg 2011, 47 (51) sieht hier „erhebliche Gesetzeslücken", die der Gesetzgeber durch eine vernünftige Erweiterung des § 49 Abs. 1 Nr. 2 EStG zu schließen habe.

804 *Hölzl*, Die Besteuerung der KGaA, S. 151; *Krämer*, in: Dötsch/Pung/Möhlenbrock, § 9 KStG Rn. 55 (Stand 02/2019); *Drüen*, in: Hermann/Heuer/Raupach, § 9 KStG Rn. 31 (Stand 01/2019).

der Gesellschaft, Hingabe für Darlehen, Überlassung von Wirtschaftsgütern) in der Regel vermögensverwaltende Tätigkeiten sind, deren alleinige Qualifikation als gewerbliche Einkünfte noch nicht ausreichen kann, um eine Betriebsstätte zu begründen.[805] Anders als dem Mitunternehmer wird dem persönlich haftenden Gesellschafter einer KGaA der Gewerbebetrieb auch nicht anteilig zugerechnet. Er ist nicht anteilig Träger des Unternehmens. Das ist allein die KGaA. Es fehlt an einer eigenen unternehmerischen Tätigkeit des Komplementärs.

Das zeigt auch ein Vergleich mit der Behandlung von Sondervergütungen bei gewerblich geprägten Personengesellschaften. Die Sondervergütungen ausländischer Gesellschafter einer gewerblich geprägten inländischen Personengesellschaft unterliegen der beschränkten Steuerpflicht in Deutschland gem. § 49 Abs. 1 Nr. 2 Buchst. a) EStG, sind also der Betriebsstätte der gewerblich geprägten Personengesellschaft zuzuordnen. Allein der Wortlaut des § 15 EStG zeigt indes bereits, dass ein gewichtiger Unterschied zwischen der „Umqualifizierung" der Sondervergütungen des persönlich haftenden Gesellschafters einer KGaA und der Tätigkeit einer gewerblich geprägten Personengesellschaft besteht. Im Einleitungssatz des § 15 Abs. 1 S. 1 EStG heißt es „Einkünfte aus Gewerbebetrieb sind", wohingegen es im Einleitungssatz des § 15 Abs. 3 EStG lautet „Als Gewerbebetrieb gilt im vollem Umfang die [...] Tätigkeit". Es zeigt sich, dass § 15 Abs. 1 S. 1 EStG Einkünfte qualifiziert und § 15 Abs. 3 EStG hingegen eine Tätigkeit, die eigentlich vermögensverwaltende Tätigkeit ist, als Gewerbebetrieb fingiert. § 15 Abs. 1 S. 1 Nr. 3 EStG fingiert hingegen – schon ausweislich des anderslautenden Wortlautes – keinen Gewerbebetrieb.

Schließlich kann allein aus der Beteiligung an der KGaA nicht auf eine (Sonderbereichs-)Betriebsstätte des persönlich haftenden Gesellschafters geschlossen werden. Dieser ist schlichtweg nicht Inhaber eines Gewerbebetriebes und damit auch nicht in der Lage Inhaber von Betriebsstätten zu sein, denen die Sondervergütungen zugeordnet werden könnten. Auch dieser Gedanke aus den Überlegungen zur Zuordnung von Sondervergütungen bei Mitunternehmerschaften ist nicht auf die KGaA übertragbar.

805 Vgl. zur Diskussion bei Mitunternehmerschaften BFH v. 12.06.2013 – I R 47/12, BFH/NV 2013, 1999, juris Rn. 16; v. 11.12.2013 – I R 4/13, BStBl. 2014, 791. A.A. *Meretzki*, IStR 2009, 217 (219); *Hagemann/Kahlenberg*, IStR 2014, 233 (235).

(c) Kein unzulässiges „floating income" des persönlich haftenden Gesellschafters

Die Nicht-Zuordnung der Sondervergütungen des persönlich haftenden Gesellschafters einer KGaA zu einer Betriebsstätte würde letztlich zum Vorliegen betriebsstättenloser, (nach innerstaatlichem Recht) gewerblicher Einkünfte führen (sogenanntes *floating income*). Anders als die Finanzverwaltung[806] halten die Rechtsprechung[807] und der überwiegenden Teil in der Literatur[808] dieses nicht für zulässig. Es handele sich um einen „Fundamentalgrundsatz", dass gewerbliche Einkünfte stets einer Betriebsstätte zugeordnet werden müssen.[809] Da jeder Gewerbebetrieb auch über eine Geschäftsleitung verfüge und diese nach § 12 S. 2 Nr. 1 AO eine Geschäftsleitungsbetriebsstätte begründe, müssten im Zweifel jegliche Einkünfte dieser Betriebsstätte zuzurechnen sein, sofern keine anderweitige Betriebsstätte bestehe.[810] Damit seien betriebsstättenlose Einkünfte nicht möglich.

Die Unzulässigkeit von *floating income* erscheint unter dem Blickwinkel der Gewerbesteuer auch plausibel, denn die Notwendigkeit der Zuordnung von Einkünften zu einer Betriebsstätte resultiert gerade auch aus der bestehenden Gewerbesteuerpflicht. Das Zusammenspiel der Normen des Gewerbesteuergesetzes (§§ 2 Abs. 1, 7 Abs. 1, 9 Nr. 3 GewStG) gebiete es, jegliche Gewinne einer Betriebsstätte zuzuordnen.[811] Die Gewerbesteuer werde nach § 2 Abs. 1 GewStG nur von dem auf inländische Betriebsstätten entfallenden Gewerbesteuermessbetrag erhoben. § 7 Abs. 1 GewStG lege der Gewerbesteuer aber grundsätzlich zunächst den nach den Vorschriften des Einkommen- und Körperschaftsteuergesetzes ermittelten Gewinn zugrunde.

---

806 Vgl. BMF v. 14.05.2004 – IV B 4 – S 1340 – 11/04, BStBl. I 2004, Sondernummer 1/2004, 3 Tz. 2.5.0.1. 1. a. Ebenso ein Teil der Literatur: *Kramer*, IStR 2010, 239; *Kramer*, DB 2011, 1882; *Kraft*, in: Kraft, AStG, § 2 AStG Rn. 144 f.

807 BFH v. 19.12.2007 – I R 19/06, BStBl. II 2010, 398 juris Rn. 47; v.19.01.2017 – IV R 50/14, BStBl. II 2017, 456 juris Rn. 48; FG Baden-Würrtemberg v. 30.06.2020 – 5 K 3305/17, juris Rn. 73.

808 *Schauhoff/Idler*, IStR 2008, 341 (342); *Prinz*, JbFfSt 2009/2010, 457 (465); *Meretzki*, IStR 2009, 217 (220); *Karla*, IStR 2012, 52 (56); *Haase/Brändel*, StuW 2011, 49; *Gosch*, BFH/PR 2008, 234; *Frotscher*, in: GS Krüger, S. 95 (109 ff.); *Wassermeyer*, in: Wassermeyer/Richter/Schnittker, Personengesellschaften im Internationalen Steuerrecht, Rn. 2.14.

809 *Gosch*, BFH/PR 2014, 36 (38).

810 BFH v. 19.12.2007 – I R 19/06, BStBl. II 2010, 398 juris Rn. 47.

811 *Wassermeyer*, in: Wassermeyer/Richter/Schnittker, Personengesellschaften im Internationalen Steuerrecht, Rn. 2.14.

Erst dieser Gewinn erfahre nach Hinzurechnungen die Kürzung um den Teil des auf ausländische Betriebsstätten entfallenden Gewinns nach § 9 Nr. 3 GewStG. Daraus folge die Vorstellung des Gesetzgebers, dass jeder Teil eines Gewerbesteuermessbetrages einer Betriebsstätte zuzurechnen sei.[812]

Diese Notwendigkeit der Zuordnung von Einkünften zu einer Betriebsstätte für Zwecke der Gewerbesteuer bestätigt letztlich aber auch die Zulässigkeit von betriebsstättenlosen Einkünften aus Gewerbebetrieb in Form der Sondervergütungen eines persönlich haftenden Gesellschafters einer KGaA. Denn diese unterliegen nämlich (mit Ausnahme der Vergütungen für die Geschäftsführung im Sinne der §§ 9 Abs. 1 Nr. 1 KStG, 8 Nr. 4 GewStG[813]) gerade nicht der Gewerbesteuer, da der persönlich haftende Gesellschafter allein aufgrund seiner Beteiligung an der KGaA nicht als Betreiber eines Gewerbebetriebes gilt. Sein Gewinnanteil sowie die Vergütungen für die Geschäftsführung werden indes auf Ebene der KGaA mit Gewerbesteuer belastet (§ 8 Nr. 4 GewStG). Eine entsprechende Hinzurechnung für die Sondervergütungen findet nicht statt. Eine Zuordnung der Sondervergütungen zu einer Betriebsstätte ist im Fall des persönlich haftenden Gesellschafters einer KGaA nicht schon aus gewerbesteuerrechtlichen Gründen notwendig.

Zudem bestätigt sich auch hier wieder das oben gefundene Ergebnis. § 15 Abs. 1 S. 1 EStG führt eben nicht zwingend zum Vorliegen eines eigenen Gewerbebetriebes. Vielmehr definiert die Norm, was Einkünfte aus Gewerbebetrieb im Sinne des Einkommensteuergesetzes sind. Eine originär gewerbliche Tätigkeit ist dafür nur in den Fällen des § 15 Abs. 1 S. 1 Nr. 1 und Nr. 2 EStG notwendig. In § 15 Abs. 3 EStG wird sie zudem fingiert. Anders verhält es sich im Falle der Sondervergütungen des Komplementärs einer KGaA. Hier werden Einkünfte aus eigentlich vermögensverwaltender Tätigkeit in gewerbliche Einkünfte umqualifiziert. Ein Gewerbebtrieb wird indessen nicht fingiert. Im Falle der Sondervergütungen aus § 15 Abs. 1 S. 1 Nr. 3, 2. Halbsatz EStG sind daher betriebsstättenlose Einkünfte aus Gewerbebetrieb möglich.

812 *Wassermeyer*, in: Wassermeyer/Richter/Schnittker, Personengesellschaften im Internationalen Steuerrecht, Rn. 2.14.

813 S. hierzu oben § 2 III. 6. d. (3) (b) (cc).

(3) Zwischenergebnis

Es bleibt festzuhalten, dass der persönlich haftende Gesellschafter einer KGaA allein durch die Beteiligung an der KGaA keinen eigenen Gewerbebetrieb unterhält. Folglich kann der Komplementär auch nicht Inhaber einer Betriebsstätte sein. Eine solche wird ihm auch nicht durch die KGaA vermittelt. Allein durch das Vorhandensein von Sonderbetriebsvermögen lässt sich nicht auf die Existenz einer „Mitunternehmerbetriebsstätte" schließen. Es liegen gewissermaßen betriebsstättenlose, gewerbliche Einkünfte vor. Deren Zulässigkeit wird von der überwiegenden Meinung bestritten. Die Argumente der herrschenden Ansicht verfangen jedoch auf Ebene des Komplementärs nicht. Das resultiert insbesondere aus der mangelnden Gewerbesteuerpflicht des persönlich haftenden Gesellschafters in Bezug auf die Sondervergütungen. Letztlich ist das Ergebnis konsequent. Der Komplementär betreibt mit der Verwaltung seines Sonderbetriebsvermögens und dem Erbringen von schuldrechtlichen Leistungen gegenüber seiner KGaA kein eigenständiges Unternehmen. § 15 Abs. 1 S. 1 Nr. 3, 2. Halbsatz EStG fingiert letztlich keinen Gewerbebetrieb des persönlich haftenden Gesellschafters, sondern qualifiziert Einkünfte, die eigentlich aus nicht-gewerblichen Tätigkeiten stammen, um. Nach alldem unterfallen die Sondervergütungen des persönlich haftenden Gesellschafters nicht der beschränkten Steuerpflicht nach § 49 Abs. 1 Nr. 2 Buchst. a) EStG.[814]

(4) Kein Widerspruch zu § 50d Abs. 10 EStG

(a) Vorstellung des Gesetzgebers von einer beschränkten Steuerpflicht des persönlich haftenden Gesellschafters einer KGaA in Ansehung seiner Sondervergütungen

Die Vorstellung des Gesetzgebers scheint dem jedoch zu widersprechen.[815] § 50d Abs. 10 EStG enthält eine *Treaty Override*-Klausel[816] für die abkommensrechtliche Behandlung von grenzüberschreitenden Sondervergütungen

814 Im Ergebnis so wohl auch *Wassermeyer*, Ubg 2011, 47 (51), der dem Gesetz in Bezug auf die Sondervergütungen diesbezüglich Lücken attestiert und den Gesetzgeber auffordert, § 49 Abs. 1 Nr. 2 EStG „vernünftig zu erweitern".

815 *Hagemann*, StuW 2019, 280 (287) sieht die Gesetzeslage als Widerspruch zur nach seiner Ansicht im Übrigen geltenden Besteuerungskonzeption der KGaA an.

816 Zu den Voraussetzungen und der Zulässigkeit eines *Treaty Override* s. oben § 3 IV. 3. c. bb.

eines Mitunternehmers als auch explizit für die des persönlich haftenden Gesellschafters einer KGaA. Die abkommensrechtliche Erfassung der Sondervergütungen setzt jedoch eine bestehende Steuerpflicht in Deutschland voraus. Im Inbound-Fall kann das nur eine beschränkte Steuerpflicht sein. Angesichts des ausdrücklichen Wortlauts des § 50d Abs. 10 EStG geht der Gesetzgeber mithin von einer beschränkten Steuerpflicht des persönlich haftenden Gesellschafters auch in Ansehung seiner Sondervergütungen aus. Andersfalls hätte der Gesetzgeber bewusst eine Norm geschaffen, die – zumindest mit Blick auf die Sondervergütungen des Komplementärs einer KGaA – leerläuft.

(b) § 50d Abs. 10 EStG als Überreaktion des Gesetzgebers auf die Rechtsprechung des Bundesfinanzhofes

Bei der Betrachtung des § 50d Abs. 10 EStG kann indes nicht außer Acht gelassen werden, dass die Norm seit Einfügung in das Gesetz erheblicher Kritik[817] ausgesetzt ist und auch bereits nachgebessert werden musste. Die Norm erweckte von Beginn an den Eindruck, dass sie wohl „mit heißer Nadel gestrickt" worden war, um den zwischen Finanzverwaltung und Rechtsprechung langjährig geführten Streit um die abkommensrechtliche Behandlung von Sondervergütungen zu beenden. In ständiger Rechtsprechung hat der BFH vertreten, dass Sondervergütungen, die von einer inländischen Personengesellschaft an ihren im Ausland ansässigen, beschränkt steuerpflichtigen Mitunternehmer gezahlt werden, abkommensrechtlich nicht Unternehmensgewinne im Sinne des Art. 7 OECD-MA darstellen, sondern jeweils unter die speziellen Verteilungsartikel zu subsumieren seien.[818] In der Folge wären Sondervergütungen – sofern ein Doppelbesteuerungsabkommen keine spezielle Vorschrift für diese enthält – jeweils den speziellen Verteilungsartikeln zuzuordnen. Bei einer inländischen Personengesellschaft mit ausländischem Gesellschafter (Inbound-Fall) würde das dazu führen, dass, obwohl innerstaatlich betrachtet, die Sondervergütungen zum Gewerbeertrag gehören, abkommensrechtlich dieser Teil des Gewerbeertrages nicht in Deutschland besteuert werden kann, da die speziellen Verteilungsartikel in der Regel

817 S. zum Beispiel *Schmidt, C.*, DStR 2013, 1704; *Kramer*, IStR 2014, 21; *Kollruss*, FR 2015, 351; *Kudert/Kahlenberg*, IStR 2015, 918; *Hagemann*, IStR 2016, 608; *Scherer*, IStR 2016, 741.

818 BFH v. 27.02.1991 – I R 15/89, BStBl. II 1991, 444 juris Rn. 26; v. 10.08.2006 – II R 59/05, BStBl. II 2009, 758; v. 17.10.2007 – I R 5/06, BStBl. II 2009, 356 juris Rn. 13 f.

dem Ansässigkeitsstaat des Empfängers (hier also des persönlich haftenden Gesellschafters) das Besteuerungsrecht zuweisen.[819] Nachdem der BFH letztlich so auch im Inbound-Fall zulasten des deutschen Besteuerungsrechts entschieden hatte[820], führte der Gesetzgeber durch das Jahressteuergesetz von 2009 § 50d Abs. 10 EStG ein.[821] Die Norm verhindert eine Beschneidung des deutschen Besteuerungsrechts im Inbound-Fall, indem sie die Sondervergütungen auch abkommensrechtlich aus Sicht Deutschlands als Unternehmensgewinne qualifiziert. Nach der Gesetzesbegründung handelt es sich insoweit um eine „unumgängliche" DBA-Anwendungsregelung.[822]

Die Fassung des § 50d Abs. 10 EStG aus dem Jahressteuergesetz von 2009 wurde insbesondere in drei Punkten maßgeblich kritisiert: Erstens sei der gesetzliche Tatbestand unzureichend, da der Wortlaut der Norm zwar die Sondervergütungen in Unternehmensgewinne umqualifziere, er jedoch nicht die gewünschte Zuordnung der Sondervergütungen als Teilmenge des Betriebsstättengewinns bei der Personengesellschaft erreichen könne. Zweitens handele es sich um eine unzulässige Rückwirkung soweit Veranlassungszeiträume vor 2009 betroffen sind und drittens läge ein verfassungswidriges *Treaty Override* vor.[823] Letzteres liegt derzeit zur Entscheidung dem BVerfG vor.

Die erste Fassung der Norm enthielt noch nicht die Zurechnungsklausel in § 50d Abs. 10 S. 3 EStG. Diese wurde erst nach erheblicher Kritik an der Funktionstauglichkeit der Norm[824] und schließlich nach dem Urteil des BFH vom 08.09.2010 neu gefasst. Der BFH ging zutreffend davon aus, dass die Qualifikation der Sondervergütungen als Unternehmensgewinne nur dann zum Tragen kommen könne, wenn auch die Zurechnung zu einer Betriebsstätte erfolge. Er griff damit den ersten der drei wesentlichen Kritikpunkte der Literatur an der neuen Norm auf und bestätigte diesen. Da § 50d Abs. 10 EStG a.F. diesbezüglich keine Regelung enthielte, richte sich die Zurechnung der Einkünfte weiter nach Abkommensrecht. Betriebsstätten könnten danach aber nur Gewinne zugerechnet werden, die durch sie verursacht wurden, die also durch die Tätigkeit der Betriebsstätte oder durch ihre Ver-

---

819 S. zum Beispiel Art. 10 Abs. 1 OECD-MA bezüglich Dividenden und Art. 11 Abs. 1 OECD-MA bezüglich Zinsen. S. auch *Wagner*, in Blümich, § 50d EStG Rn. 125 (Stand 05/2019).

820 BFH v. 17.10.2007 – I R 5/06, BStBl. II 2009, 356.

821 BGBl. I 2008, 2794.

822 BT-Drs. 16/11108, S. 23.

823 S. hierzu *Schmidt, C.*, DStR 2013, 1704 (1709).

824 S. hierzu beispielhaft *Günkel/Lieber*, Ubg 2009, 301.

mögenswerte erzielt wurden. Könne eine solche Zurechnung der Einkünfte zu einer inländischen Betriebsstätte nicht erfolgen, laufe die fingierte Qualifikation der Sondervergütungen als Unternehmenseinkünfte ins Leere.[825] Durch die Neufassung der Vorschrift wird nunmehr gem. § 50d Abs. 10 S. 3 EStG auch die Zurechnung der Sondervergütungen zu der inländischen Betriebsstätte für Abkommenszwecke fingiert.

Neben der Funktionstauglichkeit der Vorschrift war auch die Kritik an der beabsichtigten Rückwirkung der Norm berechtigt.[826] Die Norm sollte nach ihrer Einfügung durch das Jahressteuergesetz 2009 auch für Veranlagungszeiträume vor 2009 gelten (§ 52 Abs. 59a S. 8 EStG i.d.F. des JStG 2009). Trotz vehementer Kritik an dieser Rückwirkung, sah der Gesetzgeber sich auch bei Neufassung der Vorschrift nicht dazu genötigt, die Rückwirkung zu überdenken. Vielmehr heißt es in der Gesetzbegründung zum Entwurf des Jahressteuergesetzes 2013: „Das Verbot der Rückwirkung greift nicht, da kein schutzwürdiges Vertrauen auf den Bestand des geltenden Rechts für vergangene Zeiträume entstanden war. Die Verwaltungsauffassung war im BMF-Schreiben vom 12.11.2008 (BStBl I 2008, 988) klar zum Ausdruck gekommen.“[827] Der Gesetzgeber scheint hier zu missachten, dass die Verwaltung eben nicht mit dem Gesetzgeber gleichzusetzen ist. Es gilt der Vorbehalt des Gesetzes. Schutzwürdiges Vertrauen kann gerade nicht durch ein BMF-Schreiben zerstört werden. Das gebietet der Gewaltenteilungsgrundsatz.[828] Vielmehr hatte der BFH in ständiger Rechtsprechung Sondervergütungen nicht den Unternehmensgewinnen zugeordnet. Zwar war die Entscheidung des BFH vom 17.10.2007 die erste, die den Inbound-Fall betraf.[829] Der BFH hatte allerdings nie Zweifel daran aufkommen lassen, dass er Inbound-Fälle ebenso wie die bereits entschiedenen Outbound-Fälle behandeln würde.[830] Die Norm stellt letztlich ein „rechtsprechungsbrechendes“ Gesetz dar und führt damit zu einer echten Rückwirkung, die nicht gerechtfertigt ist.[831] Allein

---

825 BFH v. 08.09.2010 – I R 74/09, BFH/NV 2011, 138 juris Rn. 15 ff.; s. auch BFH v. 07.12.2011 – I R 5/11, BFH/NV 2012, 556 juris Rn. 15.

826 Auch diese Frage ist Teil der Vorlage vor dem BVerfG, Az. BVerfG 2 BvL 15/14. Der BFH erachtet die angeordnete Rückwirkung für verfassungswidrig, BFH v. 11.12.2013 – I R 4/13, BStBl. II 2014, 791 juris Rn. 51.

827 BR-Drs. 139/13, S. 148.

828 Vgl. *Schmidt, C.*, DStR 2013, 1704 (1709).

829 BFH v. 17.10.2007 – I R 5/06, BStBl. II 2009, 356.

830 Vgl. *Gosch*, BFH/PR 2008, 237.

831 *Kempermann*, in: Wassermeyer/Richter/Schnittker, Personengesellschaften im Internationalen Steuerrecht, Rn. 2.74; *Loschelder*, in: Schmidt, § 50d EStG Rn. 60.

der Umstand, dass Finanzverwaltung und Rechtsprechung divergierende Ansichten vertreten, führt noch nicht zu einer „verworrenen Rechtslage“, die das Eintreten von Vertrauensschutz verhindern würde.[832] Letztlich verstößt auch die Neufassung des § 50d Abs. 10 EStG gegen das Rückwirkungsverbot.[833]

(c) Leerlaufen der Norm in Anbetracht der Sondervergütungen des persönlich haftenden Gesellschafters einer KGaA

Die ausdrückliche Erfassung der Sondervergütungen eines persönlich haftenden Gesellschafters einer KGaA in § 50d Abs. 10 S. 1 EStG wirft ebenfalls gewichtige Fragen auf. Bei genauerer Betrachtung der Vorschrift, scheint diese ihrem Sinn und Zweck nach für den Mitunternehmer einer Personengesellschaft gemacht zu sein, nicht aber für den persönlich haftenden Gesellschafter einer KGaA. Das zeigt sich sowohl an verschiedenen Stellen der Norm selbst als auch an der Formulierung des Sinn und Zwecks der Norm in der Gesetzesbegründung.

§ 50d Abs. 10 S. 1 EStG enthält zum einen eine Vorbehaltsklausel für das durch die Vorschrift angeordnete *Treaty Override*. Demnach gelten für Zwecke des Abkommens zur Vermeidung einer Doppelbesteuerung Sondervergütungen ausschließlich als Teil des Unternehmensgewinns des Gesellschafters, wenn „das Abkommen keine solche Vergütungen betreffende ausdrückliche Regelung“ enthält. Eine solche *ausdrückliche* Regelung findet sich zum Beispiel im DBA-Schweiz. Dort heißt es in Art. 7 Abs. 7 DBA-Schweiz:

> *„Dieser Artikel gilt auch für Einkünfte aus der Beteiligung an einer Personengesellschaft. Er erstreckt sich auch auf Vergütungen, die ein Gesellschafter einer Personengesellschaft von der Gesellschaft für seine Tätigkeit im Dienst der Gesellschaft, für die Gewährung von Darlehen oder für die Überlassung von Wirtschaftsgütern bezieht, wenn diese Vergütungen nach dem Steuer-*

---

832 *Kempermann*, in: Wassermeyer/Richter/Schnittker, Personengesellschaften im Internationalen Steuerrecht, Rn. 2.74.

833 So auch *Rosenthal*, IStR 2007, 610 (615); *Loschelder*, in: Schmidt, § 50d EStG Rn. 60. Die herrschende Meinung hat zumindest Zweifel an der Verfassungsmäßigkeit der Norm: *Pohl*, DB 2013, 1572 (1578); *Schmidt, C.*, DStR 2010, 2436 (2438); *Gosch*, in: Kirchhof/Seer, § 50d EStG Rn. 49; in Bezug auf die alte Fassung der Vorschrift: *Salzmann*, IWB 2007, Gruppe 3, Fach 3, 1465 (1477); *Hahn-Joecks*, in: Kirchhof/Söhn/Mellinghoff, § 50d EStG Rn. L 26 (Stand 03/2014) nimmt eine echte Rückwirkung an, die verfassungsrechtlich zumindest bedenklich erscheine.

recht des Vertragstaates, in dem die Betriebstätte gelegen ist, den Einkünften des Gesellschafters aus dieser Betriebstätte zugerechnet werden.“

Die Regelung bezieht sich *ausdrücklich* also nur auf Personengesellschaften. Eine solche ist die KGaA nicht. Eine vergleichbare spezielle Regelung zur KGaA findet sich in den von Deutschland abgeschlossenen Doppelbesteuerungsabkommen nicht. Der Verweis in § 50d Abs. 10 S. 1 EStG läuft damit für die KGaA leer.

Auch die Zurechnung der Sondervergütungen zu einer „Betriebsstätte der Gesellschaft“ in § 50d Abs. 10 S. 3 EStG lässt sich mit dem zuvor gefundenen Ergebnis, dass die KGaA – anders als eine Personengesellschaft ihren Mitunternehmern – ihrem persönlich haftenden Gesellschafter keine Betriebsstätte als solche vermittelt, sondern lediglich Betriebsstättengewinne zugerechnet werden, schwer vereinbaren.

Letztlich spricht auch die Betrachtung der Gesetzesbegründung dafür, dass hier eine Norm offensichtlich für den Fall eines Mitunternehmers einer Personengesellschaft geschaffen wurde, aber nicht für den Komplementär einer KGaA. Es perpetuiert sich der Eindruck, dass der persönlich haftende Gesellschafter einer KGaA lediglich als Beiwerk mitgeregelt wurde, da dieser – nach der Vorstellung des Gesetzgebers – eben *wie* ein Mitunternehmer zu besteuern ist. Dass diese Schlussfolgerung des Gesetzgebers in der Konsequenz nicht vollständig durchdacht ist, zeigt sich an dem in der Gesetzesbegründung niedergeschriebenen Sinn und Zweck der Regelung. Dort heißt es:

„Die Behandlung der Sondervergütungen als gewerbliche Einkünfte ist ein tragender Grundsatz der Besteuerung von Mitunternehmerschaften im deutschen Steuerrecht und führt zur Gleichbehandlung von Einzelunternehmern und Gesellschaftern von Mitunternehmerschaften. Das Ergebnis der Anwendung dieses Grundsatzes ist, dass der Mitunternehmer nicht nur in Bezug auf seinen Gewinnanteil, sondern auch in Bezug auf die Sondervergütungen einheitlich gewerbliche Einkünfte erzielt und die Sondervergütungen damit Teil des Gewerbeertrages sind. Zur Wahrung der Einheitlichkeit der Besteuerung inländischer und ausländischer Gesellschafter ist es daher unumgänglich, eine DBA-Anwendungsregelung zu schaffen, die anordnet, dass die genannten Vergütungen für Zwecke der DBA-Anwendung den Unternehmensgewinnen zuzuordnen sind.“[834]

---

834 BT-Drs. 16/11108, S. 23.

Das mag für den Mitunternehmer einer Personengesellschaft zutreffend sein.[835] Auf den persönlich haftenden Gesellschafter einer KGaA trifft diese Begründung indessen nicht zu. Denn der Gewerbesteuer unterliegt bei der KGaA nur der Gewerbebetrieb der KGaA selbst. Der Komplementär betreibt durch seine Beteiligung an der KGaA keinen eigenen der Gewerbesteuerpflicht unterfallenden Gewerbebetrieb.[836] Die Sondervergütungen eines Komplementärs werden – anders als bei Mitunternehmerschaften – nicht auf Ebene der KGaA erfasst und unterliegen damit im Grunde auch im rein innerstaatlichen Fall schon nicht der Gewerbesteuer.[837] Die Nichterfassung der grenzüberschreitenden Sondervergütungen würde folglich gewerbesteuerrechtlich überhaupt nicht zu einer Ungleichbehandlung eines inländischen und eines ausländischen Komplementärs einer KGaA führen.

Die Norm bezweckt durch die Erfassung der Sondervergütungen als Unternehmensgewinne die Verwirklichung der dem Mitunternehmerkonzept insgesamt zugrunde liegende Vorstellung, dass der Mitunternehmer steuerlich dem Einzelunternehmer gleichzustellen ist. Der ausländische Mitunternehmer soll wie der inländische Mitunternehmer die von der Gesellschaft erhaltenen Sondervergütungen im Inland besteuern und somit dem Einzelunternehmer gleichgestellt werden.[838] Der persönlich haftende Gesellschafter einer KGaA soll hingegen nicht *wie* ein Einzelunternehmer besteuert werden, sondern *wie* ein Mitunternehmer. Die Gleichstellung auch mit dem Einzelunternehmer ginge zu weit und lässt sich dem Gesetz auch nicht entnehmen. Die Gleichstellungsthese kann immer nur dort greifen, wo die Verhältnisse auch vergleichbar sind. Das sind sie im Fall der grenzüberschreitenden Sondervergütungen aber gerade nicht. Dafür spricht auch, dass gewerbesteuerlich betrachtet, der persönlich haftende Gesellschafter eher mit einem Kapitalgesellschafter als mit einem Mitunternehmer vergleichbar ist.[839]

835 Vgl. auch *Hagemann*, IStR 2016, 608 (610); *Hennrichs*, in: Tipke/Lang, § 10 Rn. 103.

836 S. oben § 2 III. 6. d. bb. (3) (b) (aa).

837 Eine Ausnahme gilt freilich, wenn der Komplementär die Beteiligung im Betriebsvermögen hält und damit unabhängig von der bloßen Beteiligung an der KGaA einen Gewerbebetrieb unterhält. S. auch *Hagemann*, IStR 2016, 608 (609 f.).

838 So die Begründung der Notwendigkeit der Vorschrift im Rahmen des Berichts des Finanzausschusses des Bundestages zum JStG 2009, BT-Drs. 16/11108, S. 23 f.; *Kempermann*, in: Wassermeyer/Richter/Schnittker, Personengesellschaften im Internationalen Steuerrecht, Rn. 2.73.

839 BFH v. 28.11.2007 – X R 6/05, BStBl. II 2008, 363 juris Rn. 28 ff.; *Hagemann*, IStR 2016, 608 (609). Vgl. auch *Hempe/Siebels/Uhl*, DB 2001, 2268 (2270).

Nach alldem ist davon auszugehen, dass die Anwendung der Norm letztlich in Bezug auf den persönlich haftenden Gesellschafter vom Gesetzgeber nicht vollends durchdacht wurde.[840] Gerade im Inbound-Fall tun sich erhebliche Ungereimtheiten auf. Die auf den ersten Blick augescheinlich der Einführung des § 50d Abs. 10 EStG zugrunde liegende Vorstellung des Gesetzgebers von einer beschränkten Steuerpflicht des persönlich haftenden Gesellschafters in Ansehung seiner Sondervergütungen scheint nicht mehr als eine bloße „Überreaktion" zu sein. Die Erfassung der Sondervergütungen auch des Komplementärs einer KGaA in der Vorschrift entspricht weder der Systematik des Einkommensteuergesetzes noch ist es – insbesondere im Hinblick auf die Gewerbesteuer – mit dem Sinn und Zweck der Regelung des § 50d Abs. 10 EStG zu vereinbaren.

(d) Teleologische Reduktion des § 50d Abs. 10 S. 1 EStG

Dennoch will der ausdrückliche Wortlaut der Norm den Fall des Komplementärs einer KGaA erfasst wissen. In Anbetracht des für den persönlich haftenden Gesellschafter einer KGaA offensichtlich verfehlten Sinn und Zwecks der Regelung, ist diese entsprechend teleologisch zu reduzieren. Im Inbound-Fall liegen nach hier vertretener Ansicht die Voraussetzungen für die Norm schon gar nicht vor, denn der im Ausland ansässige persönlich haftende Gesellschafter ist mit seinen Einkünften aus Sondervergütungen in Deutschland nicht beschränkt steuerpflichtig. Im Outbound-Fall entspricht die Erfassung der Sondervergütungen – jedenfalls im Hinblick auf die Vergütungen für die Hingabe eines Darlehens oder die Überlassung von Wirtschaftsgütern – des inländischen Komplementärs einer KGaA nicht dem Sinn und Zweck der Regelung, da diese nach der Gesetzeskonzeption im Regelfall nicht der Gewerbesteuerpflicht unterliegen.

c. Ergebnis

De lege lata kann im Inbound-Fall in Ansehung der Sondervergütungen des Komplementärs einer KGaA eine beschränkte Steuerpflicht im Sinne des

840 Zu Zweifelsfragen hinsichtlich der Anwendung des § 50d Abs. 10 EStG beim Komplementär einer KGaA s. *Hagemann*, IStR 2016, 608, der im Ergebnis die Streichung der Sondervergütungen des persönlich haftenden Gesellschafters einer KGaA aus § 50d Abs. 10 EStG fordert.

§ 49 Abs. 1 Nr. 2 Buchst. a) EStG nicht angenommen werden. Die Sondervergütungen sind nicht Teil des durch die KGaA in ihren Betriebsstätten erwirtschafteten gewerblichen Gewinns, der dem persönlich haftenden Gesellschafter über § 15 Abs. 1 S. 1 Nr. 3 EStG zugerechnet wird. Vielmehr erzielt der Komplementär die Sondervergütungen eigenständig aus einer eigenen Einkunftsquelle. Eine Betriebsstätte wird dabei allein durch die Beteiligung an der KGaA nicht begründet. Es fehlt damit an einer wesentlichen Voraussetzung des § 49 Abs. 1 Nr. 2 Buchst. a) EStG. Nach alldem wäre in der Abwandlung der im Ausland ansässige Komplementär mit den von der KGaA gezahlten Zinsen in Deutschland nicht beschränkt steuerpflichtig, da es sich zwar um Sondervergütungen handelt, diese aber mangels Zuordnung zu einer Betriebsstätte nicht gem. § 49 Abs. 1 Nr. 2 Buchst. a) EStG der beschränkten Steuerpflicht in Deutschland unterliegen.

5. Fazit

Im Inbound-Fall unterliegt der im Ausland ansässige Komplementär folglich in der Regel nur mit seinen Anteilen am Gewinn der KGaA der beschränkten Steuerpflicht, wenn die Voraussetzungen des § 49 Abs. 1 Nr. 2 Buchst. a) EStG erfüllt sind. Dazu ist vor allem das Vorliegen einer Betriebsstätte maßgebend. Solange eine solche im Inland belegen ist und die Gewinne dieser zuzurechnen sind, kann eine beschränkte Steuerpflicht angenommen werden. Dem ausländischen Komplementär sind die Betriebsstättengewinne der KGaA im Sinne einer teiltransparenten Sichtweise zuzurechnen. Für die Sondervergütungen des Komplementärs gilt das indes nicht. Diese erzielt er selbständig aus eigener Einkunftsquelle. Eine Zurechnung fremder Gewinne erfolgt nicht. Mithin können diese Sondervergütungen auch nicht einer Betriebsstätte der KGaA zugeordnet werden. *De lege lata* ist der ausländische persönlich haftende Gesellschafter im Inbound-Fall mit seinen Sondervergütungen nicht beschränkt steuerpflichtig. Die Gefahr einer juristischen Doppelbesteuerung besteht mithin nur in Bezug auf die Gewinnanteile des Komplementärs einer KGaA, soweit er mit diesen im Ausland der unbeschränkten Steuerpflicht unterliegt. Besteht hingegen im Ausland keine Steuerpflicht des Komplementärs (zum Beispiel weil die Einkünfte dort als steuerfreie Dividenden qualifiziert werden) und mangelt es auch in Deutschland aufgrund einer fehlenden inländischen Betriebsstätte an einer beschränkten Steuerpflicht des Komplementärs nach § 49 Abs. 1 Nr. 2 Buchst. a) EStG[841], kann es sogar zu einer doppelten Nichtbesteuerung in Ansehung des Gewinnanteils des Komplementärs kommen. Es entstünden sogenannte „weiße Einkünfte", denn auf Ebene der KGaA wird der Gewinnanteil nach § 9 Abs. 1 Nr. 1 KStG aus der Bemessungsgrundlage für die deutsche Steuer ausgenommen.

III. Outbound-Fälle

1. Entstehung des Outbound-Falls und mögliche Konstellationen

Der Outbound-Fall erfasst im Gegensatz zum Inbound-Fall die umgekehrte Konstellation: Die Beteiligung von Inländern an ausländischen Gesellschaften. Übertragen auf die KGaA bedeutet das, dass eine inländische Person bei einer ausländischen KGaA persönlich haftender Gesellschafter ist. Dabei kann eine ausländische KGaA in diesem Sinne nur eine nach ausländischem Recht gegründete Gesellschaft sein. Im Gegensatz zu Personengesellschaften, bei denen eine Sitzverlegung in einen anderen Staat mit der Folge, dass sie ab der Sitzverlegung diesem Staat zugeordnet wird, identitätswahrend möglich ist[842], gelten für die KGaA die strengeren aktienrechtlichen Vorschriften. Wegen § 278 Abs. 3 i.V.m. § 5 AktG ist eine identitätswahrende Verlegung des statutarischen Sitzes ins Ausland mithin nicht möglich.[843] Der Outbound-Fall kann daher nur Konstellationen erfassen, in denen sich Inländer an Gesellschaften beteiligen, die nach dem Typenvergleich[844] als nach ausländischem Recht gegründete „KGaA" zu qualifizieren sind (zum Beispiel eine nach französischem Recht gegründete *société en commandite par actions*[845]).

Liegt eine solche Konstellation vor, ist die persönliche Steuerpflicht des Komplementärs unproblematisch. Dieser wird entweder aufgrund seines

841 S. hierzu *Beispiel 2* unter § 4 II. 3. d.

842 S. hierzu *Wassermeyer*, in: Wassermeyer/Andresen/Ditz, Betriebsstätten Handbuch, Rn. 9.2.

843 Anderes gilt für den Verwaltungssitz. Dieser muss nicht zwingend im Inland sein. S. *Reger*, in: Die Kommanditgesellschaft auf Aktien, § 4 Rn. 97, 102; *Habersack*, in: Emmerich/Habersack, Aktien- und GmbH-Konzernrecht, § 311 AktG Rn. 21.

844 S. oben § 3 III. 2. b. cc. (1).

845 Die deutsche KGaA basiert ursprünglich ebenfalls auf dem französischen Modell der *société en commandite par actions*. Auch bei der *société en commandite par actions* wird nach französischem Steuerrecht der geschäftsführende Komplementär steuerrechtlich als Unternehmer behandelt. Siehe hierzu und zu einem ausführlichen Rechtsvergleich *Sethe*, Die personalistische Kapitalgesellschaft mit Börsenzugang, S. 319, S. 295 ff.

Wohnsitzes oder seines gewöhnlichen Aufenthalts in Deutschland unbeschränkt steuerpflichtig sein. Fraglich könnte in diesen Fällen auf Ebene des Komplementärs allenfalls die Qualifikation der Einkünfte sein. Auf Ebene der KGaA stellt sich hingegen – korrespondierend zu den oben beschriebenen Problematiken des Inbound-Falles – die Frage nach der persönlichen Steuerpflicht der KGaA selbst. Hier wird erneut das Vorliegen einer Betriebsstätte zum wesentlichen Anknüpfungspunkt. Daneben ist insbesondere bei der KGaA als hybrider Gesellschaftsform zunächst auch die nationale Einordnung der ausländischen KGaA entscheidend. Zu differenzieren ist jedenfalls zwischen solchen ausländischen Gesellschaften, die im Inland der beschränkten Steuerpflicht unterliegen und solchen, die in Deutschland nicht steuerpflichtig sind. Letztlich gilt es, folgende zwei Grundkonstellationen zu unterscheiden:

Beispiel 3 (Outbound I): Eine im Ausland ansässige KGaA verfügt über eine in Deutschland belegene Betriebsstätte. Der persönlich haftende Gesellschafter ist ebenfalls in Deutschland ansässig.

Beispiel 4 (Outbound II): Eine im Ausland ansässige KGaA verfügt über eine im Ausland belegene Betriebsstätte. Der persönlich haftende Gesellschafter ist in Deutschland ansässig. Eine in Deutschland belegene Betriebsstätte existiert nicht.

2. Nationale Einordnung einer ausländischen KGaA

Unter dem Begriff „ausländische KGaA“ sind gemeinhin solche ausländischen Gesellschaften zu verstehen, deren Rechtsform sich im Wege eines Vergleichs der inländischen Form der KGaA zuordnen lassen.[846] Die Besteuerung des inländischen Komplementärs einer solchen ausländischen KGaA richtet sich zunächst nach der Form der Gesellschaft, an der er beteiligt ist. Auf Grundlage des Rechtstypenvergleichs ist festzustellen, ob es sich aus deutscher Sicht bei der ausländischen Gesellschaft um eine Personen- oder Kapitalgesellschaft handelt. Die *société en commandite par actions* ist zum Beispiel nach dem Rechtstypenvergleich aus deutscher Sicht der KGaA gleichzustellen.[847] Dementsprechend erzielt der inländische Komplementär einer solchen vergleichbaren, ausländischen KGaA Einkünfte aus Gewerbebetrieb

846 *Krafka*, in: Münchener Kommentar zum HGB, Band 1, § 13f HGB Rn. 1.
847 S. BMF v. 24.12.1999 – IV B 4-S 1300–111/99, BStBl. I 2000, 1076, Tabelle 1.

gem. § 15 Abs. 1 S. 1 Nr. 3 EStG. Das gilt auch für Sondervergütungen und zwar im Grunde unabhängig davon, wie der ausländische Staat diese Zahlungen an den persönlich haftenden Gesellschafter für die gegenüber der Gesellschaft erbrachten Dienstleistungen oder für das Überlassen von Wirtschaftsgütern an die ausländische KGaA einordnet.[848]

3. Persönliche Steuerpflicht einer ausländischen KGaA

Die inländische, unbeschränkte Körperschaftsteuerpflicht für Kapitalgesellschaften richtet sich nach § 1 Abs. 1 Nr. 1 KStG. Dem Wortlaut nach („insbesondere") ist die im Klammerzusatz aufgeführte Aufzählung nicht abschließend sondern vielmehr beispielhaft.[849] Auch ausländische Kapitalgesellschaften können in Deutschland unbeschränkt körperschaftsteuerpflichtig sein, sofern sie ihre Geschäftsleitung oder ihren Sitz im Inland haben. Das gilt jedenfalls für Gebilde mit statutarischem Sitz im Ausland und effektivem Verwaltungssitz im Inland, die nach einem Typenvergleich einem Körperschaftsteuersubjekt im Sinne des § 1 Abs. 1 KStG entsprechen.[850] Der Begriff des Verwaltungssitzes im Zivilrecht entspricht im Wesentlichen dem Begriff der Geschäftsleitung.[851] Damit ist eine ausländische KGaA im Inland unbeschränkt steuerpflichtig, wenn ihre Geschäftsleitung – diese dürfte in der Regel durch den inländischen persönlich haftenden Gesellschafter ausgeübt werden – im Inland liegt. Führt der inländische Komplementär die Geschäfte der KGaA allerdings tatsächlich in den Räumen der KGaA im Ausland aus, kommt allenfalls eine beschränkte Steuerpflicht der KGaA in Betracht.

Die beschränkte Steuerpflicht von Kapitalgesellschaften richtet sich nach § 2 Nr. 1 KStG. Auch hier kommt es auf das Vorliegen inländischer Einkünfte an. Eine ausländische KGaA ist daher dann und nur insoweit beschränkt steuerpflichtig, als sie inländische Einkünfte nach § 2 Nr. 1 i.V.m. § 8 Abs. 1 S. 1 KStG i.V.m. § 49 Abs. 1 Nr. 2 Buchst. a) EStG erzielt. Erforderlich ist erneut das Vorliegen einer Betriebsstätte im Inland, wobei insoweit nicht auf die Geschäftsleitungsbetriebsstätte abgestellt werden kann, die aufgrund der Tätigkeit des persönlich haftenden Gesellschafters im Inland besteht. Denn die-

---

848 Vgl. *Schwahn/Vogel, M.*, in: Lüdicke/Sistermann, Unternehmensteuerrecht, § 5 Rn. 86.

849 *Rengers*, in: Blümich, § 1 KStG Rn. 142 (Stand 10/2018); *Klein*, in: Hermann/Heuer/Raupach, § 1 KStG Rn. 19 (Stand 02/2020).

850 *Rengers*, in: Blümich, § 1 KStG Rn. 142 (Stand 10/2018); *Lampert*, in: Gosch, KStG, § 1 Rn. 107; *Klein*, in: Hermann/Heuer/Raupach, § 1 KStG Rn. 26 (Stand 02/2020).

851 BFH v. 23.06.1992 – IX R 182/87, BStBl. II 1992, 972 juris Rn. 12; *Rengers*, in: Blümich, § 1 KStG Rn. 141 (Stand 10/2018).

se Tätigkeit führt bereits zum Vorliegen der inländischen Geschäftsleitung und damit zu einer unbeschränkten Steuerpflicht der KGaA. Führt der Komplementär hingegen die Geschäfte der KGaA aus dem Ausland, bedarf es einer Betriebsstätte im Inland, damit die KGaA der beschränkten Steuerpflicht unterfällt.

4. Anwendbarkeit der nationalen Regelungen zur KGaA – insbesondere § 9 Abs. 1 Nr. 1 KStG

Besteht eine beschränkte oder sogar unbeschränkte Steuerpflicht einer ausländischen KGaA findet grundsätzlich auch § 9 Abs. 1 Nr. 1 KStG bei dieser Anwendung. Der steuerwirksame Abzug begrenzt sich in diesem Fall allerdings auf den an den Komplementär verteilten Gewinnanteil der steuerbaren inländischen Einkünfte der KGaA.[852] Liegt eine beschränkte Steuerpflicht nicht vor, ist das deutsche Steuerrecht und damit auch § 9 Abs. 1 Nr. 1 KStG bei einer ausländischen KGaA nicht anzuwenden.[853] Kennt das ausländische Recht in diesem Fall keine dem § 9 Abs. 1 Nr. 1 KStG vergleichbare Vorschrift, die den Abzug des Gewinnanteils des Komplementärs auf Ebene der KGaA vorsieht, kommt es unweigerlich zu einer Doppelbesteuerung desselben Gewinnanteils: Einmal auf Ebene der KGaA im Ausland und erneut auf Ebene des Komplementärs in Deutschland.[854] Das gilt selbst dann, wenn das Ausland die KGaA gleichfalls als hybride Gesellschaftsform anerkennt und besteuert und nur die Rechtssystematik eine andere ist. Ursache dieser Besteuerungsproblematik ist neben den unterschiedlichen Rechtsordnungen vor allem das Fehlen einer Betriebsstätte im Inland und die daran anknüpfende beschränkte Steuerpflicht der KGaA. Bestünde eine beschränkte Steuerpflicht auch ohne eine Betriebsstätte im Inland, wäre § 9 Abs. 1 Nr. 1 KStG anwendbar und eine Doppelbesteuerung würde vermieden.

Gleichsam entsteht Doppelbesteuerung im Fall von hybriden Gesellschaften, bei denen der Sitzstaat die Gesellschaft als intransparent und der Ansässigkeitsstaat des Gesellschafters die Gesellschaft als transparent betrachtet.[855] Das ist jedoch Folge der divergierenden Einordnung der Gesellschaftsform in das jeweilige Besteuerungssystem. Bei der KGaA muss sich diese Einordnung

852 *Kollruss*, IStR 2018, 224 (232).
853 *Kollruss*, IStR 2018, 224 (231 f.).
854 S. hierzu auch *Wassermeyer*, in: FS Streck, S. 259 (266).
855 S. *Marquardsen*, Hybride Gesellschaften im Internationalen Steuerrecht der Bundesrepublik Deutschland, S. 45 f.

nicht einmal unterscheiden. Die Ursache liegt bereits in der Sonderbehandlung der KGaA nach nationalem Recht begründet.

5. Gewerbesteuerrechtliche Fragestellungen

Ebenso wie die beschränkte Steuerpflicht der KGaA hängt auch die Gewerbesteuerpflicht einer KGaA maßgeblich vom Bestehen einer inländischen Betriebsstätte ab. Ist eine solche nicht vorhanden, unterliegt die KGaA nicht der Gewerbesteuerpflicht. Denn gewerbesteuerpflichtig ist nur der Gewerbebetrieb, der im Inland betrieben wird (§ 2 Abs. 1 S. 1 GewStG). Ausgehend von dieser Erkenntnis stellt sich im Outbound-Fall eine gesonderte gewerbesteuerrechtliche Problematik, die ihre Ursache in dem Zusammenspiel der körperschaftsteuerlichen wie gewerbesteuerlichen Normen betreffend die KGaA und ihres Komplementärs hat. Anschaulich zeigt Kollruss im Rahmen des Outbound-Falls auf, wie die gewerbesteuerrechtliche Beurteilung zu erfolgen hätte, wenn der KGaA-Komplementär – außerhalb des Regelfalls – neben der Beteiligung an der KGaA noch einen eigenen Gewerbebetrieb unterhält und die Beteiligung an der KGaA zu dessen Betriebsvermögen zählt.[856] Denn dann unterliegt der – von dem Gewerbebetrieb der KGaA unabhängige – Gewerbebetrieb des persönlich haftende Gesellschafters selbst als stehendes Gewerbe der Gewerbesteuerpflicht (§ 2 Abs. 1 GewStG). Ist die Beteiligung an der ausländischen KGaA Teil des Betriebsvermögens dieses Gewerbebetriebes, gehören die Einkünfte auch zu dem Gewerbeertrag eben dieses Betriebes.

Probleme ergeben sich in der Folge insoweit, als dass die ausländische KGaA eben nicht der deutschen Gewerbesteuer unterliegt. Dem BFH folgend wäre für die gewerbesteuerliche Kürzung nach § 9 Nr. 2b GewStG beim persönlich haftenden Gesellschafter einer KGaA grundsätzlich die tatsächliche Hinzurechnung nach § 8 Nr. 4 GewStG auf der Ebene der KGaA erforderlich.[857] Eine solche ist bei einer ausländischen KGaA mangels inländischer Gewerbesteuerpflicht aber gerade nicht möglich. Auch ist § 9 Abs. 1 Nr. 1 KStG mangels inländischer Steuerpflicht der KGaA nicht anwendbar. Konsequenz wäre die Nichtanwendung des § 9 Nr. 2b GewStG beim persönlich haftenden Gesellschafter trotz bestehender Gewerbesteuerpflicht.

Das führt im Einzelfall zu einer doppelten Besteuerung. Der Gewinnanteil des Komplementärs kann mangels Anwendbarkeit des § 9 Abs. 1 Nr. 1 KStG

856 *Kollruss*, IStR 2018, 224 (231 f.).

857 BFH v. 04.12.2012 – I R 42/11, BFH/NV 2013, 589 juris Rn. 14.

nicht von dem Gewinn der ausländischen KGaA abgezogen werden. Diese Möglichkeit bestünde nur, wenn das Ausland eine dem § 9 Abs. 1 Nr. 1 KStG vergleichbare Vorschrift kennt. Gegebenenfalls wird der Gewinn der KGaA samt Gewinnanteil des Komplementärs im Ausland einer der Gewerbesteuer entsprechenden Steuer unterworfen. Auf Ebene des Komplementärs kann der Gewinnanteil jedoch nicht gekürzt werden, da es an der Hinzurechnung nach § 8 Nr. 4 GewStG mangels Gewerbesteuerpflicht der ausländischen KGaA fehlt. Folge dessen wäre eine wirtschaftliche Doppelbesteuerung.

Kollruss fordert zur Vermeidung einer solchen doppelten Besteuerung im Umkehrschluss erst recht eine Anwendung des § 9 Nr. 2b GewStG auf den geschilderten Fall. Wenn der Gewinn der KGaA nicht nach § 9 Abs. 1 Nr. 1 KStG gemindert wird, bedürfe es keiner Hinzurechnung nach § 8 Nr. 4 GewStG. Folglich wäre eine Kürzung des Gewerbeertrags des persönlich haftenden Gesellschafters um den bei der KGaA bereits erfassten Gewinnanteil nur konsequent.[858] Dem steht jedoch der Wortlaut des § 9 Nr. 2b GewStG entgegen, der sich explizit auf „die nach § 8 Nr. 4 dem Gewerbeertrag einer Kommanditgesellschaft auf Aktien hinzugerechneten Gewinnanteile" bezieht. Voraussetzung für die Anwendung des § 9 Nr. 2b GewStG ist die vorangegangene Anwendung des § 8 Nr. 4 GewStG.[859] Eine Anwendung des § 9 Nr. 2b GewStG beim persönlich haftenden Gesellschafter einer ausländischen KGaA kommt angesichts des eindeutigen Wortlautes nicht in Betracht. Hätte § 9 Nr. 2b GewStG auch diesen Fall erfassen wollen, hätte der Gesetzgeber auf den ausdrücklichen Bezug auf § 8 Nr. 4 GewStG schlicht verzichten können.

6. Fazit

Selbst wenn im Outbound-Fall die Besteuerung des persönlich haftenden Gesellschafters auf den ersten Blick zumindest im einkommen- sowie körperschaftsteuerrechtlichen Rahmen auf rein nationalrechtlicher Ebene nachvollziehbar erscheint, tun sich bereits auf gewerbesteuerrechtlicher Ebene Probleme auf, die *de lege lata* nicht lösbar sind. Auch das Zusammenspiel der im Regelungsgefüge der steuerlichen Behandlung der KGaA so relevanten Normen des Körperschaftsteuer-, Einkommensteuer- und Gewerbesteuergesetzes stößt bei Vorliegen einer ausländischen Kapitalgesellschaft ohne Betriebsstätte im Inland an seine Grenzen. Es liegt dann allein an der im jewei-

858 *Kollruss*, IStR 2018, 224 (232).

859 So auch BFH v. 04.12.2012 – I R 42/11, BFH/NV 2013, 589 juris Rn. 14.

ligen Ansässigkeitsstaat bestehenden inländischen Steuerpflicht zweier Rechtssubjekte (KGaA und Komplementär) für ein und denselben Gewinn, dass eine doppelte Belastung entsteht. Und das sogar dann, wenn das Ausland die KGaA im Grunde ebenfalls als hybride Gesellschaftsstruktur einordnet, aber eine Norm entsprechend dem § 9 Abs. 1 Nr. 1 KStG nicht kennt. Die Normen des deutschen Steuerrechts betreffend die KGaA scheinen nicht für eine Anwendung im grenzüberschreitenden Kontext gemacht. Das Regelungsgefüge gerät ins Wanken, sobald eine Grenzüberschreitung erfolgt. Dennoch sind die Normen auch in diesen Fällen anzuwenden. Für die oben aufgezeigten Outbound-Fälle ergibt sich daher Folgendes:

Beispiel 3[860]*:* Die KGaA kann in diesem Fall sowohl unbeschränkt als auch beschränkt steuerpflichtig sein. Führt der Komplementär die Geschäfte der KGaA aus Deutschland heraus, liegt die Geschäftsleitung der KGaA im Inland. Die KGaA ist unbeschränkt steuerpflichtig. Ein Unterschied zum reinen Inlandsfall existiert nicht. Führt der Komplementär die Geschäfte hingegen vom Sitz der KGaA im Ausland aus, ist das Vorliegen einer Betriebsstätte im Inland entscheidend. Aufgrund der inländischen Betriebsstätte ist die KGaA mit den hierauf entfallenden Einkünften beschränkt steuerpflichtig. Auch hier ergeben sich keine Unterschiede zum reinen Inlandsfall. Lediglich der Abzug des Gewinnanteils des persönlich haftenden Gesellschafters nach § 9 Abs. 1 Nr. 1 KStG ist auf den aus der inländischen Betriebsstätte erzielten Gewinn begrenzt.

Beispiel 4[861]*:* In einem derart gelagerten Fall liegt entweder eine unbeschränkte oder gar keine Steuerpflicht der KGaA vor. Maßgebend ist der Ort, von dem aus der persönlich haftende Gesellschafter die Geschäfte der KGaA führt. Liegt im Ergebnis keine inländische Steuerpflicht der KGaA vor, führt dies insbesondere zur mangelnden Anwendbarkeit des § 9 Abs. 1 Nr. 1 KStG und den damit zusammenhängenden (auch gewerbesteuerrechtlichen) Problemen. Die Doppelbesteuerung resultiert in diesem Fall letztlich daraus, dass Deutschland den Gewinnanteil im Rahmen der unbeschränkten Steuerpflicht des persönlich haftenden Gesellschafters der KGaA besteuert, das Ausland jedoch – mangels einer der Vorschrift

---

860 Eine im Ausland ansässige KGaA verfügt über eine in Deutschland belegene Betriebsstätte. Der persönlich haftende Gesellschafter ist ebenfalls in Deutschland ansässig.

861 Eine im Ausland ansässige KGaA verfügt über eine im Ausland belegene Betriebsstätte. Der persönlich haftende Gesellschafter ist in Deutschland ansässig. Eine in Deutschland belegene Betriebsstätte existiert nicht.

des § 9 Abs. 1 Nr. 1 KStG entsprechenden Abzugsvorschrift – den Gewinnanteil auf Ebene der KGaA als deren Gewinn besteuert.

Beide Beispiele zeigen, dass im Falle einer ausländischen KGaA dem Ort der Geschäftsleitung erhebliche Bedeutung zukommt.[862] Daneben ist für das Vorliegen einer beschränkten Steuerpflicht erneut die Betriebsstätte wesentlich. Zurechnungsprobleme ergeben sich aufgrund der Körperschaftsteuersubjekteigenschaft der KGaA im Outbound-Fall hingegen nicht.

IV. Betriebstätten im anderen Staat

Grenzüberschreitende Tätigkeiten können letztlich neben dem Inbound- und Outbound-Fall auch dann vorliegen, wenn lediglich eine Betriebsstätte im Ausland unterhalten wird. Bei einer KGaA sind folgende Konstellationen denkbar:

Beispiel 5 (Betriebsstätte I): Eine in Deutschland ansässige KGaA verfügt über eine im Ausland belegene Betriebsstätte. Der persönlich haftende Gesellschafter ist in Deutschland ansässig.

Beispiel 6 (Betriebsstätte II): Eine im Ausland ansässige KGaA verfügt über eine in Deutschland belegene Betriebsstätte. Der persönlich haftende Gesellschafter ist ebenfalls im Ausland ansässig.

Auch in diesen Fällen stellt sich jeweils zuvorderst die Frage nach der unbeschränkten oder beschränkten Steuerpflicht der beteiligten Personen. Letztlich können auf diese Fälle die oben gefundenen Ergebnisse angewendet werden:

Beispiel 5: Ein Unterschied zum reinen Inlandsfall besteht nicht. Sowohl die KGaA als auch der persönlich haftende Gesellschafter sind unbeschränkt steuerpflichtig. Es gilt das Welteinkommensprinzip, sodass die inländische unbeschränkte Steuerpflicht in sachlicher Hinsicht auch die Einkünfte aus der ausländischen Betriebsstätte erfasst. Besteuert der Belegenheitsort der Betriebsstätte Gewinne, die aus dieser stammen, im Rah-

862 Der Abgrenzung zwischen „normaler" und Geschäftsleitungsbetriebsstätte kommt bei allen ausländischen Körperschaften eine erhebliche Bedeutung zu. Bei Mitunternehmerschaften hat eine Abgrenzung zwar ebenfalls zu erfolgen, letztlich bestimmt die Unterscheidung aber nicht über das Vorliegen einer unbeschränkten oder beschränkten Steuerpflicht der Mitunternehmer. Vgl. *Wassermeyer*, in: Wassermeyer/Andresen/Ditz, Betriebsstätten Handbuch, Rn. 11.2.

men einer beschränkten Steuerpflicht (ebenso wie Deutschland nach § 49 Abs. 1 Nr. 2 Buchst. a) EStG), käme es zu einer juristischen Doppelbesteuerung sowohl bei der KGaA als auch bei ihrem Komplementär.

Beispiel 6: Die KGaA ist in diesem Fall zunächst beschränkt steuerpflichtig mit ihren aus der Betriebsstätte stammenden Einkünften. Auch der persönlich haftende Gesellschafter wäre nach der hier vertretenen Ansicht mit den ihm aus der Betriebsstätte zuzurechnenden Gewinnen beschränkt steuerpflichtig. In diesem Fall kommt es ebenfalls zu einer juristischen Doppelbesteuerung, da sowohl KGaA als auch Komplementär aufgrund ihrer Geschäftsleitung bzw. ihres Wohnsitzes im Ausland unbeschränkt steuerpflichtig sind. Im Sinne des Welteinkommensprinzips werden von dieser Steuerpflicht auch die deutschen Betriebsstättengewinne erfasst.

V. Ergebnis

Ein grenzüberschreitendes Agieren von Steuersubjekten birgt immer die Gefahr einer doppelten Besteuerung, sei es im Sinne einer juristischen oder wirtschaftlichen Doppelbesteuerung. Bei der KGaA kommt noch der Umstand hinzu, dass die national geltenden Vorschriften nicht immer *de lege lata* zu widerspruchsfreien Lösungen führen. Vielmehr scheint § 49 Abs. 1 Nr. 2 Buchst. a) EStG nicht für den persönlich haftenden Gesellschafter einer KGaA gemacht und fügt sich daher nur schwerlich in das im Grunde systemkonforme teiltransparente Besteuerungskonzept der KGaA ein. Gleiches gilt für die gewerbesteuerlichen Vorschriften, die bei einem inländischen Komplementär einer ausländischen KGaA an ihre Grenzen stoßen. Zudem kommt es bei nicht in Deutschland steuerpflichtigen KGaA zwangsweise zu einem Fall wirtschaftlicher Doppelbesteuerung ein und desselben Gewinns, wenn das Besteuerungssystem des Auslandes eine dem § 9 Abs. 1 Nr. 1 KStG vergleichbare Vorschrift nicht kennt.

Für die KGaA und ihre persönlich haftenden Gesellschafter birgt damit ein grenzüberschreitendes Tätigwerden immer die Gefahr einer doppelten Besteuerung. Erschwert wird das durch die bereits bestehenden Unsicherheiten auf rein nationaler Ebene in Bezug auf die „richtige“ steuerliche Behandlung der KGaA. Wird die KGaA nunmehr auch grenzüberschreitend tätig, setzen sich die Probleme auf internationaler Ebene fort. Für die KGaA bestehen dabei im internationalen Recht keine Sonderregelungen. Vielmehr müssen die bestehenden Regelungen zur Vermeidung von doppelter Besteuerung auf unilateraler und bilateraler Ebene bei der KGaA Anwendung finden. Denn auch bei der KGaA gilt es – wie bei jedem anderen Steuersubjekt – eine Doppelbesteuerung zu vermeiden, damit ihr der Zutritt zu internationalen Märkten nicht durch konfiskatorisch wirkende Steuerzugriffe mehrerer Staaten verwehrt wird.

§ 5 Die Anwendung unilateraler Maßnahmen zur Vermeidung einer Doppelbesteuerung bei der KGaA und ihrem persönlich haftenden Gesellschafter

I. Unilaterale Maßnahmen zur Steueranrechnung bei der KGaA

1. Steueranrechnung bei der KGaA

Jedwede grenzüberschreitende Aktivität der KGaA oder ihres persönlich haftenden Gesellschafters birgt die Gefahr der Entstehung einer doppelten Besteuerung mit ausländischer und inländischer Steuer. Diese doppelte Besteuerung wird auf unilateraler Ebene vorwiegend durch Anwendung der Anrechnungsmethode gemildert. Für die KGaA gilt als Körperschaft die Norm des § 26 KStG. Bei ihrem persönlich haftenden Gesellschafter ist zu differenzieren: Handelt es sich um eine natürliche Person, findet § 34c EStG Anwendung. Liegt hingegen eine Kapitalgesellschaft & Co. KGaA vor, ist der Komplementär als Kapitalgesellschaft ebenfalls Körperschaftsteuersubjekt, sodass § 26 KStG Anwendung findet. Die Voraussetzungen der Anrechnungsnormen stimmen im Grunde überein. Entscheidend ist, dass der Steuerpflichtige selbst mit seinen aus einem ausländischen Staat stammenden Einkünften dort zu einer der deutschen Steuer entsprechenden Steuer herangezogen wird. Erforderlich ist eine sogenannte Steuersubjektidentität.[863] Die Gesellschaftsstruktur der KGaA stellt die nationalen Regelungen zur Steueranrechnung vor Probleme, die mit dem Gesetzeswortlaut der Anrechnungsnormen *de lege lata* nicht eindeutig zu lösen sind.

2. Steuersubjektidentität als Voraussetzung einer Steueranrechnung

a. Steuersubjektidentität als Problem bei der KGaA

Das Problem der Steuersubjektidentität stellt sich bei der KGaA in Bezug auf den Anteil, der gem. § 9 Abs. 1 Nr. 1 KStG nicht auf Ebene der KGaA, sondern auf Ebene des persönlich haftenden Gesellschafters besteuert wird. Im oben

863 *Schaumburg*, in: Internationales Steuerrecht, Rn. 18.52; *Wagner*, in: Blümich, § 34c EStG Rn. 32 (Stand 08/2018); *Roser*, in: Gosch, KStG, § 26 Rn. 26.

angeführten *Beispiel 5*[864] können für Anrechnungsfragen zwei Fälle unterschieden werden. So ist zunächst der Fall denkbar, dass das Ausland die KGaA ebenso wie Deutschland besteuert und den Gewinnanteil aus der Bemessungsgrundlage für die Steuerpflicht der KGaA ausgliedert, um ihn sodann dem persönlich haftenden Gesellschafter zuzurechnen. In einem solchen Fall wäre die im Ausland von der KGaA gezahlte Steuer bei dieser auch gem. § 26 KStG anrechenbar (soweit die neben der Steuersubjektidentität erforderlichen Voraussetzungen erfüllt sind) und zum anderen könnte der persönlich haftende Gesellschafter gem. § 34c EStG die im Ausland entrichtete Steuer anrechnen (vorausgesetzt, es handelt sich um eine natürliche Person, ansonsten gilt § 26 KStG).

Andererseits könnte das Ausland die KGaA auch insgesamt intransparent und den persönlich haftenden Gesellschafter nicht mitunternehmerähnlich besteuern. Es läge ein subjektiver Qualifikationskonflikt vor.[865] Das Ausland würde dann eine Steuer auf die Einkünfte der KGaA aus der Betriebsstätte erheben (Quellenbesteuerung bei Einordnung der KGaA als intransparentes Steuersubjekt). Im Inland wäre die KGaA mit ihrem Welteinkommen unbeschränkt steuerpflichtig. Von der Bemessungsgrundlage wäre der Teil auszunehmen, der auf den persönlich haftenden Gesellschafter entfällt. Auch dieser ist unbeschränkt steuerpflichtig. Sein aus der Betriebsstätte stammender Gewinnanteil wurde im Ausland bereits besteuert. Im Grunde ist dies ebenfalls ein Fall für die Steueranrechnung nach § 34c EStG. Da aber im Ausland die KGaA alleiniges Steuersubjekt ist und nur von dieser die Steuer erhoben wurde, stellt sich die Frage, inwiefern für den persönlich haftenden Gesellschafter die erforderliche Subjektidentität nach § 34c Abs. 1 S. 1 EStG gegeben ist. Letztlich trifft die Steuerlast nicht dasselbe Steuersubjekt, sondern dasselbe Steuerobjekt in Form des Gewinnanteils des persönlich haftenden Gesellschafters der KGaA, der aus der Betriebsstätte stammt. Es liegt ein Fall wirtschaftlicher Doppelbesteuerung vor.[866]

---

864 Eine in Deutschland ansässige KGaA verfügt über eine im Ausland belegene Betriebsstätte. Der persönlich haftende Gesellschafter ist in Deutschland ansässig. S. oben § 4 IV.

865 Das ist zum Beispiel der Fall, wenn die Betriebsstätte in Italien liegt. Italien qualifiziert ausländische Gesellschaften grundsätzlich als intransparent, sodass auch eine deutsche KGaA dort insgesamt als intransparent besteuert werden würde. S. hierzu bereits oben § 3 III. 2. b. cc. (3) (c).

866 Zur Abgrenzung der juristischen von der wirtschaftlichen Doppelbesteuerung s. oben § 3 III. 1. a.

b. Steuersubjektidentität im Sinne des § 34c EStG

aa. Wortlaut des § 34c EStG

Dem Wortlaut nach findet § 34c Abs. 1 S. 1 EStG nur Anwendung bei „unbeschränkt Steuerpflichtigen, die mit ausländischen Einkünften in dem Staat, aus dem die Einkünfte stammen, zu einer der deutschen Einkommensteuer entsprechenden Steuer herangezogen werden". Der unbeschränkt Steuerpflichtige in Deutschland muss mithin mit dem Steuerpflichtigen übereinstimmen, der im Ausland zu der Steuer herangezogen wurde. Der inländische Steuerpflichtige muss dem Wortlaut nach also Schuldner der ausländischen Steuer sein.[867] Ausgangspunkt ist demnach das inländische Steuerschuldverhältnis nach § 38 AO.[868] Entscheidend ist, auf wessen Rechnung die Steuer gezahlt wird.[869] Dem entspricht auch die Rechtsfolge des § 34c Abs. 1 S. 1, 2. Halbsatz EStG, wonach Anrechnungsobjekt die „festgesetzte und gezahlte" ausländische Steuer ist, also die gegen den Steuerschuldner festgesetzte und vom Steuerschuldner geleistete Steuer. Dem Wortlaut nach ist eine Steuersubjektidentiät demnach zwingend erforderlich.

bb. Gesetzessystematik

Die korrespondierende Vorschrift zu § 34c EStG im Körperschaftsteuergesetz § 26 KStG geht durch den direkten Verweis auf § 34c Abs. 1 S. 1 EStG ebenfalls von dem Erfordernis der Steuersubjektidentität aus. Gleiches gilt für die Anrechnungsnorm für beschränkt Steuerpflichtige in § 50 Abs. 3 EStG. Auch diese verweist auf § 34c Abs. 1 S. 1 EStG. Durch den direkten Verweis auf § 34c EStG ist die Aussagekraft der Voraussetzungen dieser Anrechnungsnormen für die Auslegung von § 34c EStG von geringer Bedeutung, denn das Erfordernis der Steuersubjektidentität ergibt sich gerade erst aus dem Verweis auf § 34c Abs. 1 S. 1 EStG.

Allerdings findet sich im Körperschaftsteuergesetz mit § 19 KStG eine Ausnahmevorschrift für das Subjektidentitätserfordernis einer Steueranrech-

867 Vgl. auch BFH v. 04.06.1991 – X R 35/88, BStBl. II 1992, 187 juris Rn. 25; *Wagner*, in: Blümich, § 34c EStG Rn. 32 (Stand 08/2018).

868 *Roser*, in: Gosch, KStG, § 26 Rn. 26.

869 *Lieber*, in: Hermann/Heuer/Raupach, § 26 KStG Rn. 19 (Stand 09/2020).

nung bei der Organschaft.[870] Demzufolge darf der Organträger die von der Organgesellschaft im Ausland gezahlte Steuer anrechnen. Diese gesetzlich kodifizierte Ausnahme vom Erfordernis der Steuersubjektidentität spricht dafür, dass die Steuersubjektidentität von den Anrechnungsnormen vorausgesetzt wird und im Regelfall, wenn nicht eine gesetzliche Ausnahme existiert, auch anzuwenden ist.

cc. Teleologische Auslegung

(1) Sinn und Zweck: Vermeidung einer juristischen Doppelbesteuerung

§ 34c EStG soll die aufgrund des Zusammenspiels von Welteinkommensprinzip und Territorialitätsprinzip entstehende Doppelbesteuerung vermeiden.[871] Verhindert werden soll demnach die juristische Doppelbesteuerung.[872] Für die Vermeidung einer wirtschaftlichen Doppelbesteuerung enthält § 34c EStG keine Regeln.[873]

Die Norm des § 34c EStG findet überdies überhaupt nur dann Anwendung, wenn kein Doppelbesteuerungsabkommen greift. Sie hat insoweit Auffangcharakter.[874] Vorrangiger Sinn und Zweck eines Doppelbesteuerungsabkommens ist es, den Steuerpflichtigen vor einem konfiskatorisch wirkenden Steuerzugriff zu schützen, also die juristische Doppelbesteuerung zu vermeiden. Der Charakter des § 34c EStG als Auffangtatbestand spricht dafür, dass die Norm eben auch nur diesem Zweck dient und nicht weiter geht als ein ansonsten vorrangig anzuwendendes Doppelbesteuerungsabkommen. Sinn und Zweck des § 34c EStG ist mithin die Vermeidung der juristischen Doppelbesteuerung.

870 Vgl. *Wagner*, in: Blümich, § 34c EStG Rn. 39 (Stand 08/2018).
871 Vgl. auch *Kuhn*, in: Hermann/Heuer/Raupach, § 34c EStG Rn. 6 (Stand 10/2019); *Gosch*, in: Kirchhof/Seer, § 34c EStG Rn. 1.
872 BFH v. 15.02.1992 – I R 9/90, BStBl. II 1992, 607 juris Rn. 24; v. 02.03.2016 – I R 73/14, BStBl. II 2016, 887 juris Rn. 16; *Prokisch*, in: Kirchhof/Söhn/Mellinghoff, § 34c EStG Rn. B 19 ff. (Stand 04/2011); *Wagner*, in: Blümich, § 34c EStG Rn. 8 (Stand 03/2020).
873 *Kuhn*, in: Hermann/Heuer/Raupach, § 34c EStG Rn. 1 (Stand 10/2019).
874 *Wagner*, in: Blümich, § 34c EStG Rn. 8 (Stand 08/2018).

(2) Ausnahme im Falle eines subjektiven Qualifikationskonfliktes bei Personengesellschaften

(a) Steuersubjektidentität als Problem bei hybriden Personengesellschaften

Allerdings ergeben sich bei strenger Auslegung des Steuersubjektidentitätserfordernisses erhebliche Probleme, sofern das Ausland einer von der deutschen Rechtsordnung divergierenden Steuerrechtsordnung folgt. Denn das Steuersubjekt der ausländischen Steuer muss mit dem Subjekt der deutschen Einkommensteuer identisch sein.[875] Für eine natürliche Person, die als solche zum Beispiel als Arbeitnehmer im Ausland tätig wird, ist diese Voraussetzung in der Regel erfüllt. Wenn aber eine natürliche Person an einer ausländischen Personengesellschaft beteiligt ist und mittels dieser im Ausland tätig wird, kann das Erfordernis der Steuersubjektidentität bei § 34c Abs. 1 S. 1 EStG zu Problemen führen. Im Falle einer Beteiligung an ausländischen Personengesellschaften ist maßgebend, wie die Staaten die Personengesellschaft steuerlich einordnen.[876] Es ist zwischen zwei Szenarien zu differenzieren: Entweder die Einordnung des Zurechnungssubjektes nach den jeweiligen nationalen Rechtsordnungen erfolgt einheitlich oder es kommt zu einem Qualifikationskonflikt.[877] Im ersteren Fall ist die erforderliche Subjektidentität für eine Steueranrechnung zweifelsfrei gegeben, da jeweils dieselbe Person sowohl im In- als auch Ausland Steuerschuldner ist. Liegt ein Qualifikationskonflikt vor, zum Beispiel in der Form, dass das Ausland die Personengesellschaft als intransparent qualifiziert (sogenannte umgekehrt hybride Gesellschaft[878]), so wäre die Personengesellschaft im Ausland selbst Steuersubjekt und nicht der Mitunternehmer, der in Deutschland Subjekt der Einkommensteuer ist. Eine Steuersubjektidentität wäre in diesem Fall grundsätzlich zu verneinen. Im Rahmen solcher Qualifikationskonflikte käme es dann immer zu einer zu-

875 BFH v. 04.06.1991 – X R 35/88, BStBl. II 1992, 187 juris Rn. 25; *Schaumburg*, in: Internationales Steuerrecht, Rn. 18.52.

876 S. hierzu oben § 3 III. 2. b. cc.

877 Vgl. *Weggenmann*, Wassermeyer/Richter/Schnittker: Personengesellschaften im Internationalen Steuerrecht, Rn. 6.37 f.

878 Deutschland als Sitzstaat der Personengesellschaft qualifiziert diese als transparent. Qualifiziert das Ausland die Gesellschaft hingegen als intransparent, liegt ein Fall einer sogenannten umgekehrt hybriden Gesellschaft vor. Von einer hybriden Gesellschaft spricht man hingegen, wenn der Sitzstaat eine Gesellschaft als intransparent besteuert (im Fall Deutschlands wäre das eine Kapitalgesellschaft), der ausländische Staat diese Gesellschaft hingegen transparent besteuert. S. zu den Begrifflichkeiten bereits oben § 3 III. 2. b. aa.

mindest wirtschaftlichen Doppelbesteuerung, die mangels Anwendbarkeit der Anrechnungsnormen nicht gemildert werden könnte.[879]

(b) Lösung unter wirtschaftlichen Gesichtspunkten

Dieses Ergebnis wird in der Literatur als nicht sachgerecht empfunden.[880] Eine am Sinn und Zweck des § 34c EStG – Vermeidung einer Doppelbesteuerung – orientierte Auslegung soll die Anwendung der Norm auch in solchen Fällen sichern. Teilweise wird argumentiert, unter wirtschaftlichen Gesichtspunkten sei eine Steuersubjektidentität anzunehmen.[881] Teilweise wird vorgeschlagen, der deutschen Steuerrechtswertung sei hier generell der Vorrang zu gewähren.[882] Die ausländische Gesellschaft sei für steuerliche Zwecke nach dem Rechtstypenvergleich als Personengesellschaft einzustufen und damit nach inländischem Recht als Steuersubjekt nicht existent.[883] Einem solchen, nicht existenten Steuersubjekt könne aber auch keine ausländische Steuer zugerechnet werden. Die Divergenz zwischen der ausländischen und der inländischen Einordnung der Personengesellschaft dürfe nicht zum Nachteil der nationalen Rechtsordnung gelöst werden[884], sondern es müsse der nationalen Einordnung der Vorrang gewährt werden.[885] Die ausländische Steuer müsse also für Zwecke der Anrechnung den Gesellschaftern zuge-

879 Die möglichen Fallgestaltungen bei denen eine wirtschaftliche Doppelbesteuerung aufgrund eines Qualifikationskonfliktes und der daraus resultierenden Unanwendbarkeit der Anrechnungsnormen entsteht, umfassen auch Fälle der Organschaft, der Treuhand, des Nießbrauches sowie des Investmentfonds; *Mössner*, in: Mössner/Baumhoff/Greif, Steuerrecht international tätiger Unternehmen, Rn. 2.281. Vgl. hierzu *Lüdicke*, in: Flick/Wassermeyer/Baumhoff/Schönfeld, Außensteuerrecht, § 34c EStG Rn. 132 (Stand 11/2015); *Prokisch*, in: Kirchhof/Söhn/Mellinghoff, § 34c EStG Rn. B 35 f. (Stand 04/2011).

880 *Geurts*, in: Frotscher/Geurts, § 34c EStG Rn. 13 (Stand 06/2020); *Lieber*, in: Herrmann/Heuer/Raupach, § 26 KStG Rn. 19 (Stand 09/2020). Vgl. auch BMF v. 26.09.2014 – IV B 5-S 1300/09/10003, BStBl. I 2014, 1258 Tz. 4.1.4.1.

881 So schon RFH v. 12.02.1930 – VI A 899/27, RStBl. 1930, 444. S. *Schaumburg*, in: Internationales Steuerrecht, Rn. 18.52.

882 *Wagner*, in: Blümich, § 34c EStG Rn. 35 (Stand 07/2020).

883 *Geurts*, in: Frotscher/Geurts, § 34c EStG Rn. 13 (Stand 06/2020). Ebenso BMF v. 26.09.2014 – IV B 5-S 1300/09/10003, BStBl. I 2014, 1258 Tz. 4.1.4.1 als auch The Application of the OECD Model Tax Convention to Partnerships (1999), Rn. 139.

884 *Schulz-Trieglaff*, IStR 2016, 865 (867).

885 BFH v. 25.05.2011 – I R 95/10, BStBl. II 2014, 760 juris Rn. 16; BMF v. 26.09.2014- IV B 5-S 1300/09/10003, BStBl. I 2014, 1258 Rn. 4.1.4.1; *Roser*, in: Gosch, KStG, § 26 Rn. 31 (dieser schließt allerdings eine Orientierung an der wirtschaftlichen Betrachtungs-

rechnet werden.[886] Das sonst als „strenge“[887] Voraussetzung ausgelegte Tatbestandsmerkmal der Steuersubjektidentität wird damit bei hybriden Personengesellschaften[888] auf Grundlage von wirtschaftlichen[889] oder teils sogar reinen Billigkeitserwägungen[890] als Ausnahme verstanden.[891]

Die Beweggründe der herrschenden Meinung sind nachvollziehbar. Es kann nicht Sinn und Zweck des § 34c EStG und der von diesem geforderten Subjektidentität sein, dass bei im Ausland intransparent besteuerten Personengesellschaften (nach inländischem Recht) eine erhobene Steuer im Inland bei deren Gesellschaftern nicht angerechnet werden kann und eine Anrechnung bei der Personengesellschaft mangels steuerlicher Existenz ebenfalls scheitert, insbesondere weil wirtschaftlich betrachtet dieselben Einkünfte besteuert werden.[892] Es kommt zu einer wirtschaftlichen Doppelbesteuerung.[893] Abgesehen von den Fällen der Qualifikationskonflikte, soll nach dem Telos des § 34c EStG aber gerade nicht die wirtschaftliche Doppelbesteuerung sondern die juristische Doppelbesteuerung vermieden werden.[894] Mit diesem Zweck wäre eine auf wirtschaftlichen Argumenten gründende Ausnahme indes nicht zu vereinbaren.

---

weise aus); *Endert*, in: Frotscher/Drüen, § 26 KStG Rn. 59 (Stand 07/2018); *Pohl*, in: Blümich, § 26 KStG Rn. 25 (Stand 08/2019).

886 *Weggenmann*, Wassermeyer/Richter/Schnittker: Personengesellschaften im Internationalen Steuerrecht, Rn. 6.38.

887 Vgl. auch *Schaumburg*, in: Internationales Steuerrecht, Rn. 18.52; *Kuhn*, in: Hermann/Heuer/Raupach, § 34c EStG Rn. 61 (Stand 10/2019); *Gosch*, in: Kirchhof/Seer, § 34c EStG Rn. 2.

888 Gemeint ist eine in Deutschland ansässige Personengesellschaft, die in Deutschland transparent, im Ausland jedoch intransparent besteuert wird. Es liegt dann eine umgekehrt hybride Gesellschaft vor. Um zu verdeutlichen, dass es sich im Folgenden um eine Personengesellschaft handelt, wird die Bezeichnung „hybride Personengesellschaft“ verwendet.

889 *Schaumburg*, in: Internationales Steuerrecht, Rn. 18.52; *Kuhn*, in: Hermann/Heuer/Raupach, § 34c EStG Rn. 61 (Stand 10/2019).

890 *Wassermeyer*, IStR 1995, 49 (51); *Wassermeyer*, IStR 1998, 489 (492 f.).

891 Für eine Einschränkung des Erfordernisses s. auch *Pohl*, in: Blümich, § 26 KStG Rn. 25 (Stand 08/2019).

892 So eben auch *Schaumburg*, in: Internationales Steuerrecht, Rn. 18.52; *Kuhn*, in: Hermann/Heuer/Raupach, § 34c EStG Rn. 61 (Stand 10/2019).

893 *Marquardsen*, Hybride Gesellschaften im Internationalen Steuerrecht der Bundesrepublik Deutschland, S. 49.

894 BFH v. 15.02.1992 – I R 9/90, BStBl. II 1992, 607 juris Rn. 24; v. 02.03.2016 – I R 73/14, BStBl. II 2016, 887 juris Rn. 16; *Prokisch*, in: Kirchhof/Söhn/Mellinghoff, § 34c EStG Rn. B 19 ff. (Stand 04/2011); *Wagner*, in: Blümich, § 34c EStG Rn. 8 (Stand 03/2020); *Kuhn*, in: Hermann/Heuer/Raupach, § 34c EStG Rn. 1 (Stand 10/2019).

Der Wortlaut des § 34c Abs. 1 S. 1 EStG fordert klar Steuersubjektidentität. Nach deutscher Sichtweise ist die Personengesellschaft allerdings steuerlich nicht existent, eine Anrechnung bei dieser demnach schlichtweg nicht möglich. Aus deutscher Sicht leisten mithin die Gesellschafter im Ausland in gesamthänderischer Verbundenheit die Steuer. Eine im Ausland von der Personengesellschaft erhobene Steuer ist – unabhängig von der Begründung – damit jedenfalls im Ergebnis im Inland bei ihren Gesellschaftern als ausländische Steuer nach § 34c EStG bzw. § 26 KStG anzurechnen.[895] Das Ergebnis ist konsequent. Rechtsdogmatisch erscheint es angesichts des klaren Wortlauts in § 34c Abs. 1 S. 1 EStG allerdings fragwürdig. Dennoch lässt sich unter Zugrundelegung der genannten Aspekte eine Ausnahme vom Erfordernis der strengen Steuersubjektidentität des § 34c Abs. 1 S. 1 EStG für die Gesellschafter einer im Ausland intransparent besteuerten Personengesellschaft rechtfertigen.

c. Übertragbarkeit der zu hybriden Personengesellschaften entwickelten Grundsätze auf die KGaA

Die Ausnahmeregelung, die für hybride Personengesellschaften überwiegend anerkannt wird, könnte sich im Rahmen der Gleichstellungsthese auf die KGaA übertragen lassen, denn die Situationen sind auf den ersten Blick vergleichbar: Im Ausland wird die Personengesellschaft oder die KGaA als intransparentes Steuersubjekt zu einer der Einkommensteuer oder Körperschaftsteuer vergleichbaren Steuer herangezogen, im Inland ist der Gesellschafter der Personengesellschaft oder mit seinem Gewinnanteil der persönlich haftende Gesellschafter der KGaA Steuersubjekt der Einkommen- bzw. Körperschaftsteuer. Eine echte Steuersubjektidentität, wie sie der Wortlaut des § 34c Abs. 1 S. 1 EStG fordert, besteht nicht.

Im Gegensatz zu Personengesellschaften, die im Ausland als intransparent betrachtet werden, im Inland allerdings kein eigenständiges Steuersubjekt sind, ist die KGaA auch im Inland ein eigenständiges Steuersubjekt der Körperschaftsteuer. Das Argument, es existiere im Inland kein Steuersubjekt für die im Ausland erhobene Steuer und deswegen müsse auf den Mitunternehmer bzw. im Fall der KGaA auf den persönlich haftenden Gesellschafter zu-

895 So auch BMF v. 26.09.2014 – IV B 5-S 1300/09/10003, BStBl. I 2014, 1258 Tz. 4.1.4.1; *Schaumburg*, in: Internationales Steuerrecht, Rn. 18.52; *Kuhn*, in: Hermann/Heuer/Raupach, § 34c EStG Rn. 61 (Stand 10/2019); *Lieber*, in: Herrmann/Heuer/Raupach, § 26 KStG Rn. 19 (Stand 09/2020).

rückgegriffen werden, verfängt nicht. Richtig ist, dass sich die Steuerpflicht aufgrund des § 9 Abs. 1 Nr. 1 KStG gegebenenfalls nicht auf den Betrag erstreckt, der als Bemessungsgrundlage für die ausländische Steuer gedient hat. Wirtschaftlich betrachtet trifft die im Ausland erhobene Steuer zu einem Anteil den persönlich haftenden Gesellschafter und eben nicht die KGaA.

WASSERMEYER will daher die Überlegungen zu Mitunternehmerschaften auch auf den persönlich haftenden Gesellschafter einer KGaA übertragen. Mit Blick auf die Besteuerung *wie* ein Mitunternehmer sei es folgerichtig, auf die auf den Gewinnanteil des unbeschränkt steuerpflichtigen Komplementärs entfallende inländische Steuer, die im Ausland zu Lasten der anteiligen Betriebsstätteneinkünfte der KGaA erhobene Steuer anteilig anzurechnen.[896] Überdies könne als Grundsatz festgehalten werden, „dass immer dann, wenn das deutsche Steuerrecht bei der Qualifikation des Steuersubjektes andere Regelungen als das maßgebende ausländische Recht vorsieht bzw. wenn das deutsche Steuerrecht aus guten Gründen Einkünfte einer anderen Person zurechnet als der, die die Einkünfte tatsächlich erzielt hat, Konsequenzen auch bei der Steueranrechnung gezogen werden“.[897]

Diese Auslegung geht jedoch zu weit und ist mit dem nach herrschender Ansicht als „streng“ zu interpretierenden Tatbestandsmerkmal der Subjektidentität nicht zu vereinbaren. Die Anwendung des § 34c EStG auf den persönlich haftenden Gesellschafter einer KGaA in Bezug auf eine ausländische Steuer, die allein von der KGaA als Steuerpflichtige im Ausland erhoben wurde, würde eine noch weitergehendere Dehnung des Wortlauts der Anrechnungsnormen bedeuten, als es für hybride Personengesellschaften sowieso schon der Fall ist. Das maßgebende Hauptargument dieser weiten Wortlautauslegung bei hybriden Personengesellschaften die fehlende Steuersubjekteigenschaft der Personengesellschaft im Inland entfällt bei Fällen, die eine KGaA betreffen. Auch wenn es folgerichtig erscheinen mag, auf die beim Komplementär im Inland erhobene Steuer die im Ausland auf den Gewinnanteil des Komplementärs von der KGaA entrichtete Steuer anteilig anzurechnen, entspricht diese Auslegung nicht dem geltenden Recht. Der Fall der KGaA erscheint zwar auf den ersten Blick vergleichbar mit Fällen hybrider Personengesellschaften. Es besteht jedoch der entscheidende Unterschied, dass die KGaA nach nationalem Recht selbst Steuersubjekt ist und damit die Anrechnungsnorm des § 26 KStG selbst in Anspruch nehmen kann. Die ausländische Steuer wird damit anders als bei der Personengesellschaft bei einem

896 *Wassermeyer*, IStR 2016, 825 (826).

897 *Wassermeyer*, IStR 2016, 825 (827).

auch nach nationalem Recht existenten Steuersubjekt erhoben, bei dem die ausländische Steuer im Grunde auf die im Inland zu zahlende Steuer gem. § 26 KStG angerechnet werden kann. Lediglich die Norm des § 9 Abs. 1 Nr. 1 KStG führt dazu, dass nach nationalem Recht der Gewinnanteil nicht bei der KGaA selbst besteuert wird, sondern bei ihrem Komplementär. Für eine Steueranrechnung der im Ausland von der KGaA erhobenen Steuer beim persönlich haftenden Gesellschafter fehlt es *de lege lata* an einer ausdrücklichen gesetzlichen Regelung. Der Wortlaut des § 34c Abs. 1 S. 1 EStG setzt hier eine Grenze.

Eine folgende Nichtanwendung der Steueranrechnung auf Ebene des persönlich haftenden Gesellschafters würde im Kern der intransparenten Sichtweise entsprechen. Denn nach dieser entfaltet die KGaA uneingeschränkte Abschwirmwirkung gegenüber ihrem Komplementär. Aber auch eine transparente Sichtweise kann sich nicht davor verschließen, dass *de lege lata* auch für die Anrechnung von ausländischen Steuern beim persönlich haftenden Gesellschafter die Subjektidentität erforderlich ist und diese im vorliegenden Fall eben nur für die KGaA besteht.[898] Es zeigt sich also auch hier, dass eine streng transparente Sichtweise an ihre Grenzen stößt.

3. Höhe des Anrechnungsbetrags i.S.d. § 26 Abs. 1 Nr. 1 KStG i.V.m. § 34c Abs. 1 S. 1 EStG bei der KGaA

Die fehlende Steuersubjektidentität des persönlich haftenden Gesellschafters der KGaA mit dem Schuldner der ausländischen Steuer führt auf Rechtsfolgenebene des § 34c Abs. 1 S. 1 EStG jedoch zu offenkundig unbilligen Ergebnissen. Als Beispiel sei erneut das *Beispiel 5*[899] herangezogen und zur Veranschaulichung leicht abgewandelt bzw. ergänzt:

> *Beispiel 5:* Eine in Deutschland ansässige KGaA verfügt über eine im Ausland belegene Betriebsstätte. Der persönlich haftende Gesellschafter (eine natürliche Person, die zu 50 % an der KGaA mit einer Vermögenseinlage [Sondereinlage] beteiligt ist) ist in Deutschland ansässig. Die KGaA erzielt mit ihrer ausländischen Betriebsstätte Einkünfte in Höhe von 200.000 Euro. Auf diese Einkünfte hat das Ausland bereits eine Ertragsteuer in Höhe

---

898 Zu diesem Ergebnis kommen auch *Wassermeyer*, in: FS Streck, S. 259 (271); *Krebbers-van Heek*, Die mitunternehmerische Besteuerung der Komplementäre der Kommanditgesellschaft auf Aktien, S. 272.

899 Eine in Deutschland ansässige KGaA verfügt über eine im Ausland belegene Betriebsstätte. Der persönlich haftende Gesellschafter ist in Deutschland ansässig.

von 20 % erhoben und dabei die KGaA als alleiniges Steuersubjekt qualifiziert. Die ausländische Ertragsteuer entspricht der deutschen Körperschaftsteuer. Ein Doppelbesteuerungsabkommen besteht zwischen Deutschland und dem besteuernden Ausland nicht.

Die im Ausland von der KGaA erhobene Steuer geht vollständig zulasten derselben, da nur sie Steuersubjekt im Ausland ist. Das Ausland besteuert den persönlich haftenden Gesellschafter nicht. Nach dem Wortlaut des § 26 Abs. 1 S. 1 Nr. 1 KStG i.V.m. § 34c Abs. 1 S. 1 EStG ist die im Ausland festgesetzte und gezahlte Steuer bei der KGaA anzurechnen. Das würde den vollen Betrag umfassen. Die Anrechnung ist allerdings insoweit beschränkt, als die ausländische Steuer auf die im Veranlagungszeitraum bezogenen Einkünfte entfällt (§ 34c Abs. 1 S. 5 EStG). Entsteht schon gar keine deutsche Einkommensteuer, scheidet eine Anrechnung vollständig aus.[900] Wird das Vorliegen der Voraussetzungen für eine Steueranrechnung bei der KGaA angenommen, stellt sich in der Folge die Frage nach der Höhe der Steueranrechnung. Letztlich würde der KGaA der Anrechnungsbetrag gem. § 26 Abs. 1 Nr. 1 KStG i.V.m. § 34c Abs. 1 S. 1 EStG alleine zustehen. Das entspräche der intransparenten Sichtweise zur Besteuerung der KGaA und ihres persönlich haftenden Gesellschafters.[901] Dies hat im vorliegenden Beispiel zur Folge, dass die KGaA zunächst in Höhe der in Deutschland anfallenden Steuer die im Ausland bereits gezahlte Steuer (insgesamt 40.000 Euro) in Höhe von 15.000 Euro anrechnen kann. Auf Ebene der KGaA bleibt ein Anrechnungsbetrag in Höhe von 25.000 Euro ungenutzt. Auf Ebene des persönlich haftenden Gesellschafters ist § 34c Abs. 1 S. 1 EStG mangels Steuersubjektidentität nicht anwendbar. Er kann daher den Anrechnungsbetrag auch selbst nicht geltend machen. Die 25.000 Euro können somit auch auf Ebene des Komplementärs nicht für eine Anrechnung genutzt werden. Folge ist eine echte Doppelbesteuerung auf Ebene des Komplementärs, denn sein Gewinnanteil wurde bereits mit der ausländischen Steuer belastet und wird in Deutschland erneut mit der Einkommensteuer belastet. Die steuerliche Belastung auf Ebene der KGaA stellt sich wie folgt dar:

900 *Gosch*, in: Kirchhof/Seer, § 34c EStG Rn. 23.

901 Vgl. *Hoppe*, Die Besteuerung der Kommanditgesellschaft auf Aktien zwischen Trennungs- und Transparenzprinzip, S. 137 ff. Die Lösung des Beispiels orientiert sich an der dort dargestellten Lösung eines ähnlich gelagerten Falles.

Jahresüberschuss	200.000 €
Gewinnanteil des Komplementärs § 9 Abs. 1 Nr. 1 KStG	./. 100.000 €
Zu versteuerndes Einkommen der KGaA	100.000 €
Körperschaftsteuer § 23 Abs. 1 KStG	15.000 €
Anrechenbare Steuer § 26 Abs. 1 Nr. 1 KStG, § 34c Abs. 1 S. 1 EStG	15.000 €
Tatsächlich gezahlte Steuer im Ausland	40.000 €
Zu zahlende Körperschaftsteuer	0 €

Für den Komplementär kommt es hingegen zu keiner Anrechnung der ausländischen Steuer:

Gewinnanteil des Komplementärs § 15 Abs. 1 S. 1 Nr. 3 EStG	100.000 €
Einkommensteuer § 32a EStG[902]	25.000 €
Anrechenbare Steuer	0 €
Zu zahlende Einkommensteuer	25.000 €

Die Nichtanwendung des § 34c Abs. 1 S. 1 EStG auf Ebene des persönlich haftenden Gesellschafters führt offensichtlich zu unbilligen Ergebnissen. Die entstehende doppelte Belastung auf Ebene des Komplementärs ist systemwidrig und kann vom Gesetzgeber so nicht gewollt sein. Es liegt offenkundig ein Fall vor, für den eine Ausnahme vom Erfordernis der Steuersubjektidentität notwendig ist, da sich die doppelte steuerliche Belastung beim persönlich haftenden Gesellschafter einer KGaA insbesondere auch aus der innerstaatlich geltenden besonderen Besteuerungssystematik für die KGaA ergibt. Dennoch erlaubt es der Wortlaut des § 34c Abs. 1 S. 1 EStG nicht, den Anwendungsbereich der Norm auch auf Fälle zu erstrecken, in denen die ausländische Steuer von einem nach innerstaatlichen Recht existenten Steuersubjekt erhoben wird. Hierzu bedarf es einer gesetzlichen Regelung. Das zeigt ins-

902 Zu Vereinfachungszwecken wird von einem persönlichen Steuersatz von 25 % ausgegangen.

besondere die Existenz einer solchen Norm für den mit der KGaA vergleichbaren Fall der Organschaft in § 19 KStG. Eine solche Norm existiert für die KGaA nicht. *De lege lata* käme jedoch eine analoge Anwendung der gesetzlich kodifizierten Ausnahmevorschrift für Fälle der KGaA in Betracht.

4. Analoge Anwendung des § 19 KStG bei der KGaA

a. Voraussetzungen einer analogen Anwendung des § 19 KStG

aa. Anwendung des § 19 KStG auf Ebene des Organträgers

Bei der Organschaft führt die vorzunehmende steuerliche Trennung von Organgesellschaft und Organträger dazu, dass für beide die Steueranrechnung getrennt zu prüfen ist. Soweit die Organgesellschaft mit ausländischen Einkünften auch der deutschen Steuer unterfällt, stellt sich die Frage, ob das Merkmal der Subjektidentität für eine Anrechnung der Steuer bei der Organgesellschaft erfüllt ist. Organträger und Organgesellschaft ermitteln ihre Einkünfte in einem ersten Schritt getrennt.[903] Das Einkommen der Organgesellschaft wird aber letztlich dem Organträger zugerechnet und bei diesem der Besteuerung unterworfen.[904] Die von § 26 Abs. 1 KStG geforderte Subjektidentität besteht damit nicht.[905] Diesem Ergebnis trägt § 19 KStG Rechnung, indem er die Anwendung des § 26 Abs. 1 KStG beim Organträger vorschreibt, wenn die Norm bei der Organgesellschaft anwendbar ist. Der Organträger kann die auf die ausländischen Einkünfte der Organgesellschaft entfallende ausländische Steuer vom Einkommen nach § 34c Abs. 1 S. 1 EStG selbst anrechnen (§ 19 Abs. 1 und 2 KStG). Handelt es sich bei dem Organträger um eine Personengesellschaft, sind die Gesellschafter anrechnungsbefugt (§ 19 Abs. 3 KStG). Voraussetzung für eine Anwendung des § 26 KStG auf Ebene des Organträgers ist jeweils, dass die Organgesellschaft die ausländischen Einkünfte, auf die die anrechenbaren Steuern entfallen, bezogen hat und sie auch im Ausland zu der Steuer herangezogen bzw. die Steuer für ihre Rechnung einbehalten wurde.[906] Eine dem § 19 KStG entsprechende Sonderregelung fehlt für die KGaA.

---

903 *Siegers*, in: Dötsch/Pung/Möhlenbrock, § 26 KStG Rn. 51 (Stand 11/2019).

904 *Neumann*, in: Gosch, KStG, § 14 Rn. 1.

905 *Roser*, in: Gosch, KStG, § 26 Rn. 29.

906 *Krumm*, in: Blümich, § 19 KStG Rn. 12 (Stand 08/2018).

bb. Planwidrige Regelungslücke und vergleichbare Interessenlage bei der KGaA

Es käme eine analoge Anwendung des § 19 KStG[907] in Betracht, wenn insoweit eine planwidrige Regelungslücke besteht und die Interessenlage vergleichbar ist.[908] Eine Regelungslücke besteht. Die Anrechnungsnormen können selbst bei weiter Auslegung den Fall der grenzüberschreitend tätigen KGaA nicht gänzlich erfassen. Die wirtschaftlich orientierte Auslegung des § 34c EStG, die für Qualifikationskonflikte bei hybriden Personengesellschaften entwickelt wurde, kann aus den oben genannten Gründen nicht herangezogen werden. Das Erfordernis der Subjektidentität ist schlichtweg in diesen Fällen nicht erfüllt. Die Regelungslücke ist auch planwidrig. Es ist nicht ersichtlich, dass der Gesetzgeber den Fall eines Qualifikationskonfliktes bei der KGaA bedacht und bewusst nicht geregelt hat. Gerade die Besteuerung der KGaA zeichnet sich durch ein nur rudimentäres Geflecht an Gesetzesgrundlagen aus. Es stellen sich mehrere grundlegende Fragen, die ebenfalls nicht ausdrücklich vom Gesetzgeber geregelt wurden.[909] Dafür, dass er gerade den Fall der Steueranrechnung bei einem subjektiven Qualifikationskonflikt in Bezug auf eine grenzüberschreitend tätige KGaA bewusst nicht geregelt hat, existieren keine Anhaltspunkte.

Die Interessenlage bei der Organschaft ist auch mit der bei der KGaA vergleichbar. Nach der hier vertretenen im Grunde teiltransparenten Sichtweise wird dem persönlich haftenden Gesellschafter ein Anteil des Gewinns der KGaA zugerechnet. Der Gewinn wird eigenständig auf Ebene der KGaA

907 So bereits angedacht von *Hoppe*, Die Besteuerung der Kommanditgesellschaft auf Aktien zwischen Trennungs- und Transparenzprinzip, S. 139, die aufgrund ihrer im Grunde intransparenten Sichtweise eine Analogie mit dem Argument verneint, bei der KGaA erfolge keine Einkommenszurechnung an den persönlich haftenden Gesellschafter nach den §§ 9 Abs. 1 Nr. 1 KStG, 15 Abs. 1 S. 1 Nr. 3 EStG. Der Gesetzgeber müsse erst eine geeignete Rechtsgrundlage für die Einkommenszurechnung beim persönlich haftenden Gesellschafter einer KGaA schaffen, damit einer analogen Anwendung des § 19 Abs. 1 KStG im Verhältnis der KGaA zu ihrem persönlich haftenden Gesellschafter nichts mehr im Wege stünde. Auch *Fischer*, in: FS Gosch, S. 69 (72) hält eine Analogie zu § 19 KStG für überlegenswert, führt den Gedanken allerdings nicht weiter fort.

908 Vgl. zu den Voraussetzungen der Analogie und ihrer Zulässigkeit im Steuerrecht *Gersch*, in: Klein, AO, § 4 AO Rn. 37.

909 S. hierzu oben § 2 III. 5. zum Betriebsausgabenabzug sowie unter § 2 III. 7. b. zur Frage der Anwendung des § 8b KStG bei der KGaA und ihrem pesönlich haftenden Gesellschafter sowie unter § 2 III. 7. c. zur Anwendung der Vorschriften über die verdeckte Gewinnausschüttung bei der KGaA und ihrem persönlich haftenden Gesellschafter.

ermittelt. Der Gesellschafter ist insoweit an fremden Einkünften beteiligt. Etwas anderes gilt nur im Falle der Sondervergütungen.

Ebenso stellt sich die Lage bei der Organschaft dar: Der Gewinn der Organgesellschaft wird eigenständig auf Ebene der Organgesellschaft ermittelt.[910] Das folgt bereits aus der Existenz der §§ 15, 16 KStG. Aus § 15 KStG folgt, dass im Grunde für die Ermittlung des Einkommens der Organgesellschaft die allgemeinen Regelungen (§ 8 KStG) gelten, jedoch unter Beachtung der in § 15 KStG enthaltenen Modifizierungen.[911] § 16 KStG bestimmt, welche Teile ihres Einkommens die Organgesellschaft selbst zu versteuern hat. Das belegt zudem die eigenständige Existenz der Organgesellschaft als Steuersubjekt.[912] Erst nach der eigenständigen Ermittlung des Einkommens der Organgesellschaft wird dieses dem Organträger zugerechnet (mit Ausnahme des Teils, den die Organgesellschaft gegebenenfalls nach § 16 KStG selbst zu versteuern hat).[913] Letztlich wird dem Organträger damit fremdes Einkommen zugerechnet.[914] In der Folge findet dann dort auf Ebene des Organträgers die Besteuerung insgesamt unter Einschluss des fremden Einkommens eines anderen Steuerpflichtigen (der Organgesellschaft) statt.[915]

Das ansonsten im deutschen Steuerrecht geltende Steuersubjektprinzip, wonach jeder Steuerpflichtige sein eigenes Einkommen entsprechend seiner Leistungsfähigkeit zu versteuern hat, wird bewusst durchbrochen.[916] Folge dieser Durchbrechung im innerstaatlichen Recht ist sodann das Problem der Anrechnung von im Ausland von der Organgesellschaft selbst gezahlten Steuern. Denn mangels eigenem zu versteuernden Einkommen (mit Ausnahme des § 16 KStG) besteht auf Ebene der Organgesellschaft kein Raum für eine Anrechnung der im Ausland gezahlten Steuer. Vielmehr müsste die im Ausland zu lasten der Organgesellschaft erhobene Steuer auf der Ebene

---

910 *Rödder/Liekenbrock*, in: Rödder/Herlinghaus/Neumann, § 14 KStG Rn. 477; *Kolbe*, in: Hermann/Heuer/Raupach, § 14 KStG Rn. 80 (Stand 09/2016); *Krumm*, in: Blümich, § 14 KStG Rn. 201 (Stand 07/2020).

911 *Kolbe*, in: Hermann/Heuer/Raupach, § 14 KStG Rn. 81 (Stand 09/2016); *Krumm*, in: Blümich, § 14 KStG Rn. 204 (Stand 07/2020).

912 BFH v. 01.08.1984 – I R 99/80, BStBl. II 1985, 18 juris Rn. 9; *Kolbe*, in: Hermann/Heuer/Raupach, § 14 KStG Rn. 80 (Stand 09/2016).

913 *Kolbe*, in: Hermann/Heuer/Raupach, § 14 KStG Rn. 80 (Stand 09/2016); *Krumm*, in: Blümich, § 14 KStG Rn. 204 (Stand 07/2020).

914 *Rödder/Liekenbrock*, in: Rödder/Herlinghaus/Neumann, § 14 KStG Rn. 478.

915 *Neumann*, in: Gosch, KStG § 14 Rn. 1. Vgl. auch *Krumm*, in: Blümich, § 14 KStG Rn. 204 (Stand 07/2020).

916 BFH v. 03.03.2010 – I R 68/09, BFH/NV 2010, 1132 juris Rn. 19; v. 28.07.2010 – I R 111/09, BFH/NV 2011, 67 juris Rn. 12; *Neumann*, in: Gosch, KStG § 14 Rn. 1.

angerechnet werden, auf der dieselben Einkünfte der deutschen Ertragsteuer unterworfen werden. Das ist im Falle der Organschaft die Ebene des Organträgers.

Bevor es die Regelung in § 19 KStG gab, wurden Steuerabzugsermäßigungen auch ohne Gesetzesgrundlage nach herrschender Meinung und Verwaltungspraxis von der Organgesellschaft an den Organträger durchgeleitet, soweit bei Nichtbestehen einer Organschaft die Voraussetzung dem Grunde und der Höhe nach bei der Organgesellschaft vorgelegen hätten.[917] Ähnliches wird derzeit für die KGaA angedacht.[918] Eine explizite Rechtsgrundlage fehlt jedoch. Letztlich spricht damit auch die Gesetzeshistorie des § 19 KStG für eine analoge Anwendung bei einem subjektiven Qualifikationskonflikt bei der KGaA.

Schließlich besteht sowohl bei der Organgesellschaft als auch bei der KGaA das Problem, dass sie mit Einkünften der Besteuerung zu einer ausländischen Steuer herangezogen werden, für die im Inland eine andere Person steuerpflichtig ist. Die Anrechnung bei dieser steuerpflichtigen Person scheitert in der Folge in beiden Fällen an der Subjektidentität (angenommen es gäbe § 19 KStG für den Organträger nicht). Die Interessenlagen des Organträgers und des persönlich haftenden Gesellschafters einer KGaA sind insoweit vergleichbar. § 19 KStG muss die bei der KGaA und der Besteuerung ihres persönlich haftenden Gesellschafters bestehende Lücke schließen. Die Norm sollte für die Fälle eines subjektiven Qualifikationskonfliktes bei einer grenzüberschreitend tätigen KGaA analoge Anwendung finden. Das gilt jedenfalls solange, wie der Gesetzgeber eine entsprechende Norm für die KGaA nicht erlassen hat.

b. Analoge Anwendung des § 19 KStG führt bei der KGaA zu sachgerechten Ergebnissen

Die analoge Anwendung des § 19 KStG führt auch bei der KGaA und ihrem persönlich haftenden Gesellschafter zu sachgerechten Ergebnissen und löst das eingangs dargestellte Problem der nicht vollständigen Nutzungsmöglichkeit des Anrechnungsbetrages.[919] Die analoge Anwendung des § 19 KStG bei der KGaA ermöglicht es dem persönlich haftenden Gesellschafter, die

917 Durch die Körperschaftsteuerreform vom 31.08.1976 wurde § 19 KStG dann eingeführt, BGBl. I 1976, 2596; *Krumm*, in: Blümich, § 19 KStG Rn. 2 (Stand 08/2018).

918 So ausdrücklich *Wassermeyer*, IStR 2016, 825 (826).

919 S. oben § 5 III.

Anrechnungsnorm des § 34c Abs. 1 S. 1 EStG in Anspruch zu nehmen (sofern es sich um eine natürliche Person handelt, ansonsten findet § 26 KStG Anwendung). Das kann allerdings nur für den Teil des Gewinns gelten, der auf den persönlich haftenden Gesellschafter entfällt. Der Steueranrechnungsbetrag ist folglich nur anteilig dem Komplementär zuzuweisen. Die KGaA ist diesbezüglich nicht anrechnungsbefugt.

Für das oben dargestellte *Beispiel 5*[920] bedeutet das Folgendes: Die von der KGaA gezahlte ausländische Körperschaftsteuer ist anteilig dem persönlich haftenden Gesellschafter zuzurechnen.[921] Die KGaA kann mithin lediglich einen anteiligen Anrechnungsbetrag in Höhe von 20.000 Euro geltend machen, der allerdings auf die tatsächlich anfallende deutsche Körperschaftsteuer in Höhe von 15.000 Euro begrenzt ist. Dem Komplementär steht ebenfalls ein Anrechnungsbetrag in Höhe von 20.000 Euro zu. Auch dieser ist begrenzt auf die tatsächlich anfallende deutsche Einkommensteuer. Eine steuerliche Doppelbelastung wird sowohl auf Ebene der KGaA als auch auf Ebene des Komplementärs vermieden bzw. deutlich gemildert. Dem Sinn und Zweck der §§ 34c EStG, 26 KStG wird entsprochen.

Auf Ebene der KGaA ergibt sich die Belastung mit Körperschaftsteuer demnach wie folgt:

Jahresüberschuss	200.000 €
Gewinnanteil des Komplementärs § 9 Abs. 1 Nr. 1 KStG	./. 100.000 €
Zu versteuerndes Einkommen der KGaA	100.000 €
Körperschaftsteuer § 23 Abs. 1 KStG	15.000 €

920 Eine in Deutschland ansässige KGaA verfügt über eine im Ausland belegene Betriebsstätte. Der persönlich haftende Gesellschafter (eine natürliche Person, die zu 50 % an der KGaA mit einer Vermögenseinlage [Sondereinlage] beteiligt ist) ist in Deutschland ansässig. Die KGaA erzielt mit ihrer ausländischen Betriebsstätte Einkünfte in Höhe von 200.000 Euro. Auf diese Einkünfte hat das Ausland bereits eine Ertragsteuer in Höhe von 20 % erhoben und dabei die KGaA als alleiniges Steuersubjekt qualifiziert. Die ausländische Ertragsteuer entspricht der deutschen Körperschaftsteuer. Ein Doppelbesteuerungsabkommen besteht zwischen Deutschland und dem besteuernden Ausland nicht. S. oben § 5 III.

921 Vgl. im Ergebnis auch *Schaumburg*, DStZ 1998, 525 (538); *Kusterer*, FR 2003, 502 (504); *Zehnpfennig*, in: Beck'sches Handbuch der AG, § 16 Rn. 113; *Engel*, in: Die Kommanditgesellschaft auf Aktien, § 9 Rn. 185.

Anrechenbare Steuer § 26 Abs. 1 Nr. 1 KStG, § 34c Abs. 1 S. 1 EStG	15.000 €
Tatsächlich gezahlte Steuer im Ausland	40.000 €
Zu zahlende Körperschaftsteuer	0 €

Dem Komplementär wird die Anrechnung ebenfalls anteilig gewährt. Seine Einkommensteuerbelastung berechnet sich wie folgt:

Gewinnanteil des Komplementärs § 15 Abs. 1 S. 1 Nr. 3 EStG	100.000 €
Einkommensteuer § 32a EStG[922]	25.000 €
Anrechenbare Steuer § 34c Abs. 1 S. 1 EStG i.V.m. § 19 Abs. 2 KStG analog	20.000 €
Zu zahlende Einkommensteuer	5.000 €

Letztlich wird durch die analoge Anwendung des § 19 KStG die Anrechnung der im Ausland bei der KGaA erhobenen Steuer im Inland sachgerecht auf den jeweiligen Steuerpflichtigen verteilt.

4. Fazit

Sinn und Zweck einer Steueranrechnung und die damit einhergehende Abmilderung oder gar Vermeidung einer Doppelbelastung ist die Herstellung eines wettbewerbsneutralen internationalen Wirtschaftsverkehrs.[923] Im Hinblick auf die KGaA trägt § 26 KStG dem nicht hinreichend Rechnung. Je nach Qualifikation der KGaA im Ausland besteht eine Subjektidentität oder mangelt es an einer solchen. Bei einer innerstaatlichen Norm zur Vermeidung einer Doppelbesteuerung wie § 26 KStG kann es indes für deren Anwendbarkeit nicht auf die Qualifikation einer Gesellschaft im Ausland ankommen. Vom Gesetzgeber kann eine solche Lücke nicht gewollt sein. Es bleibt letztlich nur die analoge Anwendung des § 19 KStG, um *de lege lata* das Erfordernis der Subjektidentität für eine Steueranrechnung zu überwinden.

922 Zu Vereinfachungszwecken wird von einem persönlichen Steuersatz von 25 % ausgegangen.

923 *Siegers*, in: Dötsch/Pung/Möhlenbrock, § 26 KStG Rn. 1 (Stand 04/2016).

Im Rahmen der Durchführung der Steueranrechnung bestätigt sich schließlich auch das auf rein nationalrechtlicher Ebene gefundene Ergebnis: Im Grunde ist bei der KGaA und ihrem persönlich haftenden Gesellschafter von einer transparenten Besteuerung *wie* ein Mitunternehmer auszugehen. Das geltende Recht setzt dem jedoch Grenzen. Durch Auslegung der jeweiligen Normen ist über deren Anwendbarkeit auf die KGaA und ihren persönlich haftenden Gesellschafter im Einzelfall zu entscheiden, selbst wenn das zu einer mehr intransparenten Besteuerungsweise führt.

II. § 4k EStG als unilaterale Maßnahme zur Umsetzung der Anti Tax Avoidance Directive

1. Anwendbarkeit des § 4k EStG auf die KGaA und ihren persönlich haftenden Gesellschafter

a. Aufwendungsabzug nach § 9 Abs. 1 Nr. 1 KStG als Besonderheit bei der KGaA

Im Grunde gilt die neue Vorschrift des § 4k EStG[924] auch für die KGaA, denn diese ist Körperschaftsteuersubjekt im Sinne des § 1 KStG. Wird sie grenzüberschreitend tätig, kann aufgrund divergierender Steuerregime eine hybride Gesellschaft entstehen.[925] Insoweit bestehen keine Unterschiede zu anderweitigen Körperschaftsteuersubjekten, die grenzüberschreitend tätig werden.

Bei der KGaA besteht allerdings die Besonderheit, dass der Gewinnanteil, der dem persönlich haftenden Gesellschafter zugewiesen wird, auf Ebene der KGaA nicht der Besteuerung unterliegt. Er wird als abziehbare Aufwendung von der Körperschaftsteuerbemessungsgrundlage auf Ebene der KGaA ausgenommen.[926] Das *Beispiel* 2[927] hat gezeigt, dass im Inbound-Fall der persönlich haftende Gesellschafter einer deutschen KGaA nicht zwingend be-

924 S. hierzu oben § 3 IV. 4. b. bb.
925 S. hierzu die Tabelle unter § 3 III. 2. b. bb.
926 S. oben § 2 III. 2. b.
927 Eine in Deutschland ansässige KGaA verfügt über eine im Ausland belegene Betriebsstätte. Der persönlich haftende Gesellschafter der KGaA ist ebenfalls im Ausland ansässig. Er führt die Geschäfte der KGaA von seinem ausländischen Wohnsitz aus. Eine in Deutschland belegene Betriebsstätte der KGaA existiert nicht. S. oben § 4 II. 1. sowie zur Lösung des Beispiels § 4 II. 3. d.

schränkt steuerpflichtig ist und zwar dann, wenn eine Betriebsstätte in Deutschland nicht besteht und der persönlich haftende Gesellschafter auch die Geschäftsleitung aus dem Ausland heraus tätigt. Der Gewinnanteil wird auf Ebene der Gesellschaft von der Besteuerung ausgenommen und wie bei einer Mitunternehmerschaft dem persönlich haftenden Gesellschafter zugewiesen und bei diesem besteuert. Insoweit gilt nach überzeugender Auffassung das mitunternehmerische Transparenzprinzip auch bei der KGaA.[928] Gleichwohl kann der Ansässigkeitsstaat des persönlich haftenden Gesellschafters die KGaA vollständig als intransparente Gesellschaft einordnen, sodass er die erzielten Gewinne vollständig der KGaA zuweisen würde und nicht anteilig – wie es das deutsche Steuerrecht vorsieht – dem persönlich haftenden Gesellschafter. Es läge eine Nichtbesteuerung vor, die darauf beruht, dass die mit den in Deutschland abziehbaren Aufwendungen (§ 9 Abs. 1 Nr. 1 KStG) korrespondierenden Erträge im Ausland nicht besteuert würden (zum Beispiel weil es sich dort um steuerfreie Dividendeneinkünfte handelt). Die Situation ist auf den ersten Blick mit der des § 4k Abs. 2 EStG vergleichbar.

b. Persönlicher Anwendungsbereich nach § 4k Abs. 6 EStG

Unzweifelhaft können die KGaA und ihr persönlich haftender Gesellschafter nahestehende Personen im Sinne des § 1 Abs. 2 AStG sein, sofern der persönlich haftende Gesellschafter an der KGaA wesentlich beteiligt ist oder einen beherrschenden Einfluss ausüben kann. Das ist in der Regel der Fall.

Eine strukturierte Gestaltung ist anzunehmen, wenn der steuerliche Vorteil, der sich ohne die Anwendung des § 4k EStG ergeben würde, ganz oder zum Teil in die Bedingungen der vertraglichen Vereinbarungen eingerechnet wurde oder die Bedingungen der vertraglichen Vereinbarungen oder die den vertraglichen Vereinbarungen zugrunde liegenden Umstände darauf schließen lassen, dass die an der Gestaltung Beteiligten den steuerlichen Vorteil erwarten konnten (§ 4k Abs. 6 S. 3 EStG). Diese Variante wird vor allem Beteiligungsverhältnisse von kleiner 25 % erfassen, die nicht schon unter die Variante 1 („nahestehende Personen“) fallen.[929] In der Gesetzesbegründung wird insbesondere ein besonders attraktiver Preis einer Kapitalanlage für einen eingepreisten Steuervorteil als Indiz für eine strukturierte Gestaltung

928 S. hierzu ausführlich oben § 2 III. 6.
929 *Rüsch*, DStZ 2020, 274 (277).

genannt.[930] Eine solche strukturierte Gestaltung ist auch bei einer KGaA und ihrem persönlich haftenden Gesellschafter denkbar.

c. Betriebsausgabenabzug bei der KGaA

aa. Abzug des Gewinnanteils des persönlich haftenden Gesellschafters nach § 9 Abs. 1 Nr. 1 KStG

Der Anwendungsbereich des § 4k EStG erfasst jegliche steuerwirksame „Aufwendungen". Nach § 9 Abs. 1 Nr. 1 KStG ist auch der an den persönlich haftenden Gesellschafter verteilte Teil des Gewinns sowie die an diesen verteilte Vergütung für die Geschäftsführung als Aufwendung bei der KGaA abziehbar. Indes handelt es sich nicht originär um eine Betriebsausgabe im Sinne des § 4 Abs. 4 EStG, also Aufwendungen, die durch den Betrieb veranlasst sind, sondern um Gewinnverteilung.[931] Der Gewinn sowie auch die Vergütung werden dem persönlich haftenden Gesellschafter nicht auf Grundlage einer schuldrechtlichen Leistungsbeziehung ausgezahlt, sondern beruhen auf dem Gesellschaftsverhältnis zwischen der KGaA und ihrem Gesellschafter.[932]

Der Wortlaut des § 4k Abs. 2 EStG spricht lediglich von „Aufwendungen". Der bloße Vergleich des Wortlautes „Aufwendungen" mit der Vorschrift des § 9 Abs. 1 Nr. 1 KStG „Abziehbare Aufwendungen sind auch" legt es nahe, auch die an den persönlich haftenden Gesellschafter verteilten Gewinnanteile sowie Vergütungen für die Geschäftsführung als von der Vorschrift des § 4k Abs. 2 EStG erfasst zu betrachten. Sie sind bei der KGaA als Körperschaftsteuersubjekt als Aufwendungen abzuziehen. Diesen Sachverhalt erfasst der Tatbestand des § 4k Abs. 2 EStG im Grunde seinem Wortlaut nach.

Der Begriff Aufwendungen soll außerdem neben originären Betriebsausgaben auch fiktive Aufwendungen im Sinne des § 1 Abs. 4 bis 5 AStG erfassen.[933] Die Gesetzesbegründung nennt zudem als Beispiele für Aufwendungen Zinsen, Lizenz-, Miet- und Dienstleistungsentgelte sowie AfA und fiktive Aufwendungen (zum Beispiel nach § 16 Abs. 2 S. 2 BsGaV) und bringt hierdurch den gewollten weiten Anwendungsbereich der Vorschrift zum Aus-

---

930 Regierungsentwurf zum ATAD-Umsetzungsgesetz vom 24.03.2021, S. 46.

931 S. oben § 2 III. 2. b.

932 Vgl. oben § 2 III. 6. d. bb. (3) (b) (bb).

933 *Rüsch*, DStZ 2020, 274 (280). So auch Regierungsentwurf zum ATAD-Umsetzungsgesetz vom 24.03.2021, S. 40.

druck.[934] Dieser vom Gesetzgeber intendierte weite Anwendungsbereich des § 4k Abs. 2 EStG spricht für die Erfassung der Aufwendungen nach § 9 Abs. 1 Nr. 1 KStG. Unterstützt wird diese Auslegung zudem durch den Sinn und Zweck der Vorschrift. § 4k Abs. 2 EStG wurde gerade für Fälle geschaffen, in denen es aufgrund eines Abzugs von Aufwendungen zu einer Nichtbesteuerung, also zu weißen Einkünften kommt.[935]

Allerdings ist zu berücksichtigen, dass offenbar davon ausgegangen wurde, dass es sich um Betriebsausgaben handelt, denen eine schuldrechtliche Beziehung zugrunde liegt. Denn die Erweiterung des Tatbestandes auf die „anzunehmenden schuldrechtlichen Beziehungen im Sinne des § 1 Abs. 4 S. 1 Nr. 2 AStG" spricht dafür, dass es sich im ersten Fall um originär auf schuldrechtlichen Beziehungen beruhende Aufwendungen handelt. Andernfalls hätte es der Aufnahme dieser Variante nicht bedurft, denn auch diese fiktiven Aufwendungen würden der ersten Variante unterfallen. Zudem sollen vom Anwendungsbereich der Vorschrift auch die fiktiven Aufwendungen des § 1 Abs. 4 bis 5 AStG erfasst werden.[936] Hier darf indes nicht außer Acht gelassen werden, dass § 1 Abs. 4 Nr. 1 Buchst. b) AStG Geschäftsvorfälle, denen eine gesellschaftsvertragliche Vereinbarung zugrunde liegt, ausdrücklich aus dem Anwendungsbereich der Vorschrift ausnimmt.

Ferner sprechen auch die Erwägungsgründe der ATAD II, deren Umsetzung § 4k EStG dient, von „Zahlungen eines hybriden Unternehmens an seinen Gesellschafter".[937] Die Richtlinie scheint damit ebenfalls von der klassischen schuldrechtlichen Beziehung zwischen Gesellschaft und Gesellschafter auszugehen. Der Gewinnanteil des persönlich haftenden Gesellschafters wird nicht an diesen „gezahlt". Vielmehr wird ihm der Gewinnanteil unmittelbar zugewiesen. Es handelt sich um Gewinnverteilung aufgrund des gesellschaftsrechtlichen Beteiligungsverhältnisses (in Form der Sondereinlage) des persönlich haftenden Gesellschafters an der KGaA. Eine Zahlung könnte höchstens in Bezug auf die Vergütungen für die Geschäftsführung vorliegen.[938]

---

934 Regierungsentwurf zum ATAD-Umsetzungsgesetz vom 24.03.2021, S. 40.

935 Vgl. Regierungsentwurf zum ATAD-Umsetzungsgesetz vom 24.03.2021, S. 40.

936 *Rüsch*, DStZ 2020, 274 (280).

937 Richtlinie (EU) 2017/952 des Rates vom 29.05.2017 zur Änderung der Richtlinie (EU) 2016/1164 bezüglich hybrider Gestaltungen mit Drittländern (ATAD II), Erwägungsgrund (20).

938 Diese sind nach hier vertretener Ansicht wie auch der Gewinnanteil gesellschaftsrechtlich veranlasst und damit auf Ebene der KGaA nicht als originäre Betriebsausgaben abzuziehen. S. oben § 2 III. 6. d. bb. (3) (b) (cc).

Zudem beruhen die Vorschrift und die Richtlinie auf dem BEPS-Aktionspunkt 2. Die OECD legaldefiniert in ihrem Abschlussbericht zu Aktionspunkt 2 eine Besteuerungsinkongruenz hauptsächlich als solche Ergebnisse, die zu einem Betriebsausgabenabzug in einem Staat ohne eine korrespondierende Betriebseinnahmenbesteuerung in einem anderen Staat (Deduction/No Inclusion-Ergebnis) oder zu einem gleichzeitigen Betriebsausgabenabzug in zwei Staaten (Double Deduction-Ergebnis) führen.[939] Betriebsausgaben sind jedoch – jedenfalls nach deutschem Verständnis – nur Aufwendungen, die durch den Betrieb veranlasst sind. Die Verteilung des Gewinns ist hingegen gesellschaftsrechtlich verursacht.

Trotz des wohl intendierten weiten Anwendungsbereichs des § 4k Abs. 2 EStG sowie der Abziehbarkeit des Gewinnanteils des persönlich haftenden Gesellschafters als Aufwendung nach § 9 Abs. 1 Nr. 1 KStG bestehen erhebliche Zweifel, ob dieser Fall von der Vorschrift des § 4k Abs. 2 EStG erfasst wird. Es handelt sich bei dem Gewinnanteil des persönlich haftenden Gesellschafters eben nicht um originäre Betriebsausgaben, sondern vielmehr um eine Verteilung des Gewinns, die grundsätzlich das zu versteuernde Einkommen einer Kapitalgesellschaft wie der KGaA nicht mindern soll (§ 8 Abs. 3 S. 1 KStG), dies aber aufgrund der besonderen hybriden Ausgestaltung der KGaA dennoch tut (§ 9 Abs. 1 Nr. 1 KStG).

bb. Abzug von Sondervergütungen des persönlich haftenden Gesellschafters

Die an den persönlich haftenden Gesellschafter aufgrund schuldrechtlicher Leistungsbeziehung geleisteten Sondervergütungen sind indes als Betriebsausgabe auf Ebene der KGaA abziehbar.[940] Insoweit ergibt sich im Grunde kein Unterschied zu einer Kapitalgesellschaft, die in Deutschland intransparent besteuert und im Gesellschafterstaat als transparent behandelt wird.[941] Die Vorschrift des § 4k Abs. 2 EStG dürfte in diesem Fall Anwendung finden.

939 Vgl. *OECD*, Neutralisierung der Effekte hybrider Gestaltungen, Aktionspunkt 2 – Abschlussbericht 2015, S. 20 Rn. 10.

940 S. oben § 2 III. 2. b.

941 Vgl. hierzu *Müller-Gatermann/Strüder/Ludwig*, FR 2020, 303 (307).

2. Fazit

Die KGaA kann – auch unabhängig von ihrer bereits innerstaatlichen hybriden Ausgestaltung – eine hybride bzw. umgekehrt hybride Gesellschaft im Sinne des internationalen Steuerrechts sein.[942] Damit unterfällt sie grundsätzlich dem Anwendungsbereich der ATAD-Richtlinien sowie in der Folge dem § 4k EStG. Zahlt die KGaA an ihren im Ausland ansässigen persönlich haftenden Gesellschafter zum Beispiel auf Grundlage einer schuldrechtlichen Beziehung Zinsen und werden diese im Ausland nicht besteuert (zum Beispiel weil das ausländische Steuerrecht die KGaA insgesamt als transparent behandelt und aufgrund dessen die schuldrechtliche Beziehung nicht anerkennt), ist der Betriebsausgabenabzug nach § 4 Abs. 4 EStG i.V.m. § 8 Abs. 1 KStG auf Ebene der KGaA nach § 4k Abs. 2 S. 1 EStG zu versagen.[943] Gleiches gilt für Zinszahlungen an im Ausland ansässige Kommanditaktionäre. Auch hier kann es aufgrund der divergierenden Steuerregime zu einer Nichtbesteuerung kommen.

Der Besonderheit der KGaA im deutschen Steuerrecht ist es geschuldet, dass die Norm des § 4k Abs. 2 EStG auch für einen Fall der Gewinnverteilung augenscheinlich in Betracht kommt, denn die steuerliche Doppelbelastung des Gewinnanteils des persönlich haftenden Gesellschafters einer KGaA auf Ebene der KGaA einerseits und auf Ebene des Gesellschafters andererseits wird durch den Abzug als Aufwendung gem. § 9 Abs. 1 Nr. 1 KStG vermieden. Bei näherer Betrachtung zeigt sich indes, dass es nicht die Intention der Vorschrift ist, die Fälle der abziehbaren Aufwendungen nach § 9 Abs. 1 Nr. 1 KStG zu erfassen.

III. Ergebnis

Die Anwendung unilateraler Maßnahmen zur Vermeidung einer Doppelbesteuerung bei der KGaA und ihrem persönlich haftenden Gesellschafter gelingt nicht ohne Schwierigkeiten. Die Vorschriften scheinen jeweils nur für die klassischen Fälle der Kapitalgesellschaft oder Personengesellschaft konzipiert zu sein, nicht hingegen für einen innerstaatlichen Hybrid wie die KGaA. Zudem stoßen die Anrechnungsnormen bei Qualifikationskonflikten im grenzüberschreitenden Kontext an ihre Grenzen und das sowohl bei den

942 Zu den Begrifflichkeiten s. oben § 3 III. 2. b.

943 Ein ähnliches Beispiel hinsichtlich einer deutschen GmbH findet sich bei *Benz/Böhmer*, Der Konzern 2020, 240 (243).

„klassischen" Gesellschaften als auch bei der KGaA. § 4k EStG wurde hingegen eben für diese Qualifikationskonflikte geschaffen. Allerdings scheint auch hier der Sonderfall der KGaA nicht berücksichtigt worden zu sein. Insgesamt lässt sich der Fall einer grenzüberschreitend tätigen KGaA nicht ohne Weiteres unter die bestehenden Normen subsumieren. Bei der Steueranrechnung gelingt es jedenfalls im Ergebnis über die analoge Anwendung des § 19 KStG zu sachgerechten Ergebnissen zu gelangen. § 4k Abs. 2 EStG ist hingegen schlichtweg bei Lichte betrachtet nicht anwendbar.

§ 6 *Die Anwendung bilateraler Maßnahmen zur Vermeidung einer Doppelbesteuerung bei der KGaA und ihrem persönlich haftenden Gesellschafter*

I. Übertragung der nationalen Grundsätze zur steuerlichen Behandlung der KGaA auf Abkommensebene

Die Anwendung der nationalen Regelungen zeigt, dass eine im Grunde transparente steuerliche Behandlung in Bezug auf die KGaA und ihren persönlich haftenden Gesellschafter auf rein innerstaatlicher Ebene zu sachgerechten und konsequenten Ergebnissen führt.[944] Im grenzüberschreitenden Kontext weist das innerstaatliche Recht in Bezug auf die KGaA zwar einige Unstimmigkeiten auf,[945] letztlich führt aber auch hier eine im Grunde teiltransparente Besteuerung zu überwiegend sachgerechten Ergebnissen.[946] Die Übertragung der innerstaatlichen Grundsätze auf die Behandlung der KGaA auf Abkommensebene ist indes nicht ohne Weiteres möglich. Zwar besteht zwischen Abkommensrecht und innerstaatlichem Recht ein gewisser innerer Zusammenhang, da das Abkommensrecht erst an den nach innerstaatlichem Recht entstandenen Steueranspruch anknüpft. Dennoch verfügen die Abkommen über eine eigene Begriffswelt. Doppelbesteuerungsabkommen kommt die schwierige Aufgabe zu, eine Doppelbesteuerung durch eine konsensbasierte Lösung für zwei unterschiedlich ausgestaltete Rechtsordnungen mit zumeist auch verschiedenen zugrundeliegenden Sprachen zu vermeiden. Ein Rückgriff auf nationales Recht ist dabei nur innerhalb der engen Grenzen der *lex-fori*-Klausel des Art. 3 Abs. 2 OECD-MA oder durch ausdrückliche Anordnung im Abkommen selbst zulässig. Dementsprechend darf die steuerliche Einstufung der KGaA nach innerstaatlichen Grundsätzen auf Abkommensebene nicht primär maßgebend sein. Vielmehr ist abkommensautonom zu prüfen, wie die KGaA abkommensrechtlich einzuordnen ist. Sekundär darf letztlich innerhalb der Grenzen des Abkommens auch in Bezug auf die KGaA ein Rückgriff auf innerstaatliches Recht erfolgen.[947]

944 S. oben § 2 III. 7.

945 S. beispielsweise die Anwendung des § 49 Abs. 1 Nr. 2 Buchst. a) EStG im Inbound-Fall oben § 4 II. 2. und 3.

946 S. oben § 4 und § 5.

947 So auch *Krebbers-van Heek*, Die mitunternehmerische Besteuerung der Komplementäre der Kommanditgesellschaft auf Aktien, S. 267.

II. Abkommensberechtigung der KGaA und ihrer Gesellschafter

1. Voraussetzungen für eine Abkommensberechtigung

Die Anwendung eines Doppelbesteuerungsabkommens auf die KGaA und ihre Gesellschafter erfordert in einem ersten Schritt die Eröffnung des persönlichen Anwendungsbereichs des Abkommens. Dieser definiert sich über die regelmäßig in Art. 1 des jeweiligen Abkommens enthaltene Abkommensberechtigung. Voraussetzung für eine Abkommensberechtigung ist die Ansässigkeit einer Person in einem Vertragsstaat oder in beiden Vertragsstaaten (Art. 1 Abs. 1 OECD-MA). Es muss mindestens zu einem der beiden Vertragsstaaten eine persönliche Beziehung bestehen.[948] Unter den Begriff der Person im Sinne des OECD-Musterabkommens fallen natürliche Personen, Gesellschaften, die steuerlich wie juristische Personen behandelt werden und alle anderen Personenvereinigungen (Art. 3 Abs. 1 Buchst. a) und b) OECD-MA). Die genannten Begriffe bestimmen sich durch das Zusammenwirken von Abkommensrecht und dem jeweiligen innerstaatlichen Recht des Anwenderstaates.[949] Die Ansässigkeit einer Person ist in Art. 4 OECD-MA näher definiert. Eine Person ist als in einem Staat ansässig zu betrachten, wenn sie dort aufgrund ihres Wohnsitzes, ihres ständigen Aufenthalts, des Ortes ihrer Geschäftsleitung oder eines anderen ähnlichen Merkmals steuerpflichtig ist (Art. 4 Abs. 1 S. 1 OECD-MA).

Die KGaA setzt sich aus drei Gruppen von Steuerpflichtigen und damit potentiell abkommensberechtigten Personen zusammen: Die KGaA als juristische Person selbst, die Kommanditaktionäre als Anteilseigner und die persönlich haftenden Gesellschafter. Die Beteiligten können jeweils für sich sowohl der deutschen Steuerpflicht als auch einer ausländischen Steuerpflicht unterfallen, sodass die Staaten grundsätzlich gegen jeden der Beteiligten einen Steueranspruch geltend machen können. Damit dieser Steueranspruch durch ein Doppelbesteuerungsabkommen begrenzt werden kann, muss der jeweilige Steuerpflichtige abkommensberechtigt im Sinne des Abkommens sein.

948 *Schaumburg/Häck*, in: Internationales Steuerrecht, Rn. 19.170.

949 *Wassermeyer/Drüen*, in: Wassermeyer, DBA, Art. 3 OECD-MA Rn. 11 (Stand 12/2018).

2. Abkommensberechtigung der Beteiligten bei einer KGaA aus Sicht Deutschlands als Anwenderstaat

Sowohl die Kommanditaktionäre als auch die persönlich haftenden Gesellschafter einer KGaA können als juristische oder natürliche Person „Personen“ im Sinne des Abkommens sein (Art. 3 Abs. 1 Buchst. a) OECD-MA). Sie sind abkommensberechtigt, wenn sie in einem der Vertragsstaaten im Sinne des Art. 4 Abs. 1 OECD-MA ansässig also in diesem Vertragsstaat unbeschränkt steuerpflichtig sind. Aus Sicht Deutschlands als Anwenderstaat können mithin sowohl die Kommanditaktionäre als auch die persönlich haftenden Gesellschafter ansässig und damit abkommensberechtigt sein, wenn sie die Voraussetzungen für eine unbeschränkte Steuerpflicht im Inland erfüllen.

Die KGaA selbst ist ebenfalls juristische Person im Sinne des Art. 3 Abs. 1 Buchst. b) OECD-MA und damit als Gesellschaft eine Person nach Art. 3 Abs. 1 Buchst. a) OECD-MA. Hat sie ihren Sitz oder ihre Geschäftsleitung in einem der Vertragsstaaten und ist sie aufgrund dessen dort steuerpflichtig, so ist sie in diesem Staat ansässig gem. Art. 4 Abs. 1 S. 1 OECD-MA und mithin abkommensberechtigt. Die Grundannahme, dass eine KGaA aus deutscher Sicht als juristische Person und Körperschaftsteuersubjekt abkommensberechtigt sein kann, ist unbestritten. Aufgrund ihrer hybriden Struktur stellt sich allerdings die Frage, ob auch eine abkommensrechtliche Behandlung der KGaA als Personengesellschaft im Verhältnis zu ihrem persönlich haftenden Gesellschafter im Sinne einer nur teilweise bestehenden Abkommensberechtigung erforderlich ist.[950] Personengesellschaften sind, jedenfalls nach deutschem Recht, keine juristischen Personen und keine Steuersubjekte. Aus nationaler Sicht sind sie daher nicht abkommensberechtigt.[951] Eine teilweise abkommensrechtliche Einordnung der KGaA als Personengesellschaft könnte dazu führen, dass die KGaA nur mit dem Gewinnanteil, der nicht auf die Komplementäre entfällt, als abkommensberechtigt anzusehen ist.

950 Der BFH ist davon ausgegangen, dass der Zusammenhang im Sinne des Art. 3 Abs. 2 DBA-Schweiz es jedenfalls erfordert, für die Anwendung des DBA-Schweiz in der Bundesrepublik bei der KGaA von einer Personengesellschaft auszugehen, soweit das Verhältnis des persönlich haftenden Gesellschafters zu der KGaA maßgebend ist. Entscheidend sei dabei, dass die KGaA insoweit für die Besteuerung nicht wie eine juristische Person behandelt werde. S. BFH v. 17.10.1990 – I R 16/89, BStBl. II 1991, 211 juris Rn. 12. Der BFH geht in seinem Urteil hier jedoch nicht explizit auf die Abkommensberechtigung der KGaA ein. Eine uneingeschränkte Abkommensberechtigung der KGaA auf Grund ihrer Eigenschaft als juristische Person dürfte mit dieser Ansicht indes nicht vereinbar sein.

951 Vgl. BMF v. 26.09.2014 – IV B 5-S 1300/09/10003, BStBl. I 2014, 1258 Tz. 2.1.1.

Wassermeyer führt hierzu aus, dass eine Abkommensberechtigung der KGaA in Bezug auf den Gewinnanteil ihres Komplementärs schon allein aufgrund der bei Abkommensfragen nach nationalem Recht maßgebenden Prüfungsreihenfolge nicht in Betracht käme. Es müsse in einem ersten Schritt festgestellt werden, welche Person nach innerstaatlichem Recht steuerpflichtig ist und welche Einkünfte ihr zuzurechnen sind. Erst im Anschluss stelle sich die Frage, ob die Person bezogen auf diese Einkünfte abkommensberechtigt ist.[952] Daher könne der persönlich haftende Gesellschafter nur hinsichtlich seines Gewinnanteils im Sinne des § 15 Abs. 1 S. 1 Nr. 3 EStG und die KGaA hinsichtlich des ihr nach Anwendung des § 9 Abs. 1 Nr. 1 KStG verbleibenden Gewinnanteils abkommensberechtigt sein. Letztlich folge die Abkommensberechtigung der persönlichen *und* sachlichen Steuerpflicht.[953]

Dem ist insoweit zuzustimmen, als dass grundsätzlich vor Prüfung eines Abkommens eine inländische Steuerpflicht bestehen muss. Deutschland muss zunächst einmal überhaupt ein Besteuerungsanspruch auf das Besteuerungssubstrat zustehen. Liegt eine innerstaatliche Steuerpflicht für den Gewinnanteil des persönlich haftenden Gesellschafters nach § 15 Abs. 1 S. 1 Nr. 3 EStG vor, ist die Freistellung bzw. Anrechnung nach einem Doppelbesteuerungsabkommen zu prüfen. Erst dann stellt sich die Frage der Abkommensberechtigung. Gleiches gilt für die KGaA. Ihr Gewinn wird auf innerstaatlicher Ebene ermittelt. Der Gewinnanteil des persönlich haftenden Gesellschafters wird dabei nach § 9 Abs. 1 Nr. 1 KStG auf innerstaatlicher Ebene abgezogen. Die KGaA ist mit dem ihr nach innerstaatlichem Recht verbleibenden Gewinn in Deutschland unbeschränkt steuerpflichtig. In einem nächsten Schritt ist sodann die Freistellung bzw. Anrechnung nach Abkommensrecht zu prüfen. Auch hier stellt sich die Frage der Abkommensberechtigung.

Aufgrund dieser maßgebenden innerstaatlichen Prüfungsreihenfolge von einer bloß „teilweisen"Abkommensberechtigung der KGaA auszugehen, verkennt jedoch die Funktion der Abkommensberechtigung. Diese begrenzt den persönlichen Anwendungsbereich eines Abkommens. Nur Personen, die abkommensberechtigt sind, sollen sich auf dessen Schutz berufen können.[954] Sie regelt, auf wen das Abkommen Anwendung findet und wer sich darauf

952 *Wassermeyer*, in: FS Herzig, S. 897 (902).
953 *Wassermeyer*, in: FS Herzig, S. 897 (905).
954 So auch *Wassermeyer*, in: Wassermeyer, DBA, Art. 1 OECD-MA Rn. 18 (Stand 10/2010) hinsichtlich der persönlichen Abkommensberechtigung.

berufen kann.[955] Art. 4 Abs. 1 OECD-MA stellt seinem Wortlaut nach auf die Steuerpflicht ab, die bei einer Person aufgrund ihres Wohnsitzes, ihres ständigen Aufenthaltes, des Ortes ihrer Geschäftsleitung oder eines anderen ähnlichen Merkmals besteht. Eine Einschränkung auf Einkünfte, die ihr nach innerstaatlichem Recht auch zugerechnet werden, enthält der Wortlaut nicht.[956] Abgestellt wird lediglich auf die persönliche Steuerpflicht.[957] Bei Personengesellschaften besteht der Unterschied, dass hier schon keine nach nationalem Recht bestehende persönliche Steuerpflicht vorliegt. Die Einkünftezurechnung an ihre Gesellschafter hat zur Folge, dass die Gesellschaft selbst als Steuersubjekt nicht existiert. Als steuerlich nicht existentes Rechtsgebilde kann sie aus Sicht Deutschlands als Anwenderstaat auch nicht ansässig sein, da bereits keine eigenständige Steuerpflicht besteht.[958]

Auch auf Abkommensebene lässt sich der Fall der Organschaft zum Vergleich mit der KGaA heranziehen. Das Einkommen der Organgesellschaft wird dem Organträger zugerechnet.[959] Gegebenenfalls verbleibt bei der Organgesellschaft ein selbst zu versteuerndes Einkommen nach § 16 KStG, sofern Ausgleichszahlungen an Minderheitsgesellschafter geleistet werden.[960] Dennoch ist die Organgesellschaft uneingeschränkt Körperschaftsteuersubjekt. Auch hier wird nicht von einer bloß teilweisen Abkommensberechtigung gesprochen.[961] Vielmehr bleibt die Organgesellschaft trotz Zurechnung ihres Einkommens an den Organträger Körperschaftsteuersubjekt und damit uneingeschränkt abkommensberechtigt. Die innerstaatliche Einkommenszurechnung vermag hieran nichts zu ändern.[962] Allein die persönliche Steuerpflicht ist für die Abkommensberechtigung maßgebend. Ebenso liegt der Fall bei der KGaA. Auch hier ändert die innerstaatliche Gewinnzurechnung nichts

---

955 *Dremel*, in: Schönfeld/Ditz, DBA, Art. 1 OECD-MA Rn. 1.

956 So auch *Gündisch*, Personengesellschaften im DBA-Recht, S. 332; *Lang, M.*, A Critical Analysis of the Report, S. 38; *Lang, M.*, IStR 2000, 129 (131); *Marquardsen*, Hybride Gesellschaften im Internationalen Steuerrecht der Bundesrepublik Deutschland, S. 120 ff. S. auch *Kollruss*, IStR 2018, 224 (226).

957 Vgl. auch *Manke*, DStJG 8, 195 (200).

958 Etwas anderes gilt bei Personengesellschaften nur für die Gewerbesteuer, da sie diesbezüglich Schuldner der Objektsteuer Gewerbesteuer sind.

959 S. zum Zurechnungskonzept bei der Organschaft oben § 5 IV. 1.

960 S. zur Verpflichtung zu Ausgleichszahlungen auch § 304 AktG.

961 *Lüdicke*, IStR 2011, 740 (743 f.); *Wassermeyer/Kaeser*, in: Wassermeyer, DBA, Art. 4 OECD-MA Rn. 30 (Stand 08/2014).

962 *Lüdicke*, IStR 2011, 740 (743 f.); so auch *Wassermeyer/Drüen*, in: Wassermeyer, DBA, Art. 3 OECD-MA Rn. 18c (Stand 12/2018).

an der im Grunde bestehenden Abkommensberechtigung der KGaA als unbeschränkt steuerpflichtige und damit abkommensberechtigte Person.

Dieses Ergebnis wird auch dadurch bestätigt, dass das Abkommen sich über die innerstaatliche Einkünftezurechnung hinwegsetzen kann, wenn es eine entsprechende Regelung enthält.[963] In der Regel schweigen die Abkommen zur Einkünftezurechnung (anders aber in Art. 10 und 11 OECD-MA mit dem Begriff „Nutzungsberechtigter").[964] Die Ansicht WASSERMEYERS würde dazu führen, dass eine solche abkommensrechtliche Einkünftezurechnung bei der KGaA ins Leere liefe. Denn diese wäre in Ansehung des Gewinnanteils, der nach nationalem Recht dem persönlich haftenden Gesellschafter zugerechnet wird, schon gar nicht abkommensberechtigt. Das Doppelbesteuerungsabkommen würde diesbezüglich keine Anwendung finden. Eine abkommensrechtliche Einkünftezurechnung wäre in der Folge nicht möglich. Dem steht auch das Urteil des BFH vom 19.05.2010 zum DBA-Schachtelprivileg[965] entgegen. Der BFH gewährt der abkommensrechtlichen Einkünftezurechnung der gesamten Dividende bei der KGaA den Vorrang gegenüber der rein innerstaatlichen Einkünftezurechnung. Zur Begründung führt der BFH an, dass zwar im Grunde das Abkommensrecht aus methodischer Sicht erst an die nationale Einkünftezurechnung anknüpfe, sich ein Abkommen aber auch „über diese materielle Zurechnung abkommensspezifisch" hinwegsetzen könne.[966] Dieses Ergebnis wäre nicht möglich, wäre die KGaA nur teilweise abkommensberechtigt.[967]

---

963 BFH v. 19.05.2010 – I R 62/09, BFH/NV 2010, 1919 juris Rn. 25; *Drüen*, in: Wassermeyer, DBA, Vor Art. 6–22 OECD-MA Rn. 13 (Stand 10/2019).

964 *Drüen*, in: Wassermeyer, DBA, Vor Art. 6–22 OECD-MA Rn. 13 (Stand 10/2019). S. zum Begriff des „Nutzungsberechtigten" unten § 6 IV. 2. b. cc. (3).

965 BFH v. 19.05.2010 – I R 62/09, BFH/NV 2010, 1919.

966 BFH v. 19.05.2010 – I R 62/09, BFH/NV 2010, 1919 juris Rn. 25.

967 Soweit ersichtlich geht die herrschende Meinung von einer uneingeschränkten Abkommensberechtigung aus, denn die Möglichkeit einer nur teilweise bestehenden Abkommensberechtigung wird nicht diskutiert. S. *Schaumburg/Schulte*, Die KGaA, Rn. 177; *Engel*, in: Die Kommanditgesellschaft auf Aktien, § 9 Rn. 187. *Fischer*, in: FS Gosch, S. 69 (72, 80) spricht ausdrücklich von einer „umfassenden" Abkommensberechtigung der KGaA. Eine bloß teilweise Abkommensberechtigung könne nur dann angedacht werden, wenn bereits die Steuerrechtsubjektivität der KGaA nach § 1 Abs. 1 KStG als „hybrid" verstanden werde. Eine solche Einordnung entbehre indessen jeglicher, gesetzlicher Grundlage. Das habe auch der BFH erkannt, als er die Mitunternehmerthese aufgegeben habe. Ebenso führt auch *Kollruss*, IStR 2018, 224 (226) aus, die KGaA sei „abkommensrechtlich vollumfänglich juristische sowie ansässige Person".

Letztlich zeigt der im OECD-Musterabkommen von 2017 neu eingeführte Art. 1 Abs. 2, dass die Abkommensberechtigung im Sinne des Art. 1 Abs. 1 OECD-MA – die der überwiegenden Anzahl deutscher Abkommen entspricht – nicht an die Einkünftezurechnung anknüpft. Art. 1 Abs. 2 OECD-MA regelt speziell die Abkommensberechtigung hybrider Gesellschaften im Falle eines Qualifiaktionskonfliktes. Für diese Zwecke knüpft Art. 1 Abs. 2 OECD-MA explizit an die Einkünftezurechnung an. Rechtsträger, die in einem der Vertragsstaaten (teilweise) transparent besteuert werden, sind selbst nicht abkommensberechtigt, soweit ihre Einkünfte anderen Personen steuerlich zugerechnet werden.[968] Wäre das schon – wie Wassermeyer annimmt – auf Grundlage des Art. 1 Abs. 1 OECD-MA der Fall, wäre die Einführung einer Vorschrift wie Art. 1 Abs. 2 OECD-MA obsolet gewesen. Letztlich ordnet Art. 1 Abs. 2 OECD-MA für den Fall eines Qualifikationskonfliktes eine Qualifikationsverkettung an.[969] Diese findet freilich auch Anwendung bei einer unterschiedlichen steuerlichen Beurteilung zweier Staaten hinsichtlich der KGaA.[970] Für die Frage der generellen Abkommensberechtigung der Beteiligten einer KGaA sowie nachfolgend der abkommensrechtlichen Qualifikation der Einkünfte dieser Personen ist Art. 1 Abs. 2 OECD-MA nicht maßgebend. Überdies hat Deutschland sich vorbehalten, diese Regelung nicht als Bestandteil seiner gängigen Abkommenspraxis aufzunehmen.[971]

Grundsätzlich können damit alle Beteiligten bei der KGaA, einschließlich der KGaA selbst, Abkommensberechtigte im Sinne des Art. 1 OECD-MA sein.[972]

III. Abkommensrechtliche Qualifikation der Einkünfte

1. Innerstaatliche Einkünftequalifikation als erster Anhaltspunkt

Sind sowohl die KGaA als auch ihre Gesellschafter abkommensberechtigt, stellt sich die Frage, welche Einkünfte im Sinne des Abkommens die Betei-

---

968 Vgl *Valta*, ISR 2014, 249 (254).

969 *Schnitger/Oskamp*, IStR 2014, 385 (387); *Valta*, ISR 2014, 249 (254).

970 *Dremel*, in: Schönfeld/Ditz, DBA, Art. 1 OECD-MA Rn. 97.

971 S. oben § 3 IV. 4. c. aa.

972 So auch *Schaumburg/Schulte*, Die KGaA, Rn. 177; *Zehnpfennig*, in: Beck'sches Handbuch der AG, § 16 Rn. 113; *Hoppe*, Die Besteuerung der Kommanditgesellschaft auf Aktien zwischen Trennungs- und Transparenzprinzip, S. 140; *Engel*, in: Die Kommanditgesellschaft auf Aktien, § 9 Rn. 187 ff.; *Kollruss*, IStR 2018, 224 (226).

ligten erzielen. Nach innerstaatlichem Recht betrachtet erzielen sowohl die KGaA (§ 8 Abs. 2 KStG) als auch der persönlich haftende Gesellschafter (§ 15 Abs. 1 S. 1 Nr. 3 EStG) Einkünfte aus Gewerbebetrieb. Die Kommanditaktionäre erzielen hingegen Dividendeneinkünfte (§ 20 Abs. 1 Nr. 1 S. 1 EStG). Da es sich bei den Doppelbesteuerungsabkommen allerdings um völkerrechtliche Verträge mit einer gegenüber der innerstaatlichen Rechtsordnung eigenständigen Begriffswelt handelt, darf die rein innerstaatliche Qualifizierung der Einkünfte nicht mit der abkommensrechtlichen gleichgesetzt werden. Vielmehr ist abkommensrechtlich unabhängig vom innerstaatlichen Recht zu bestimmen, unter welche Einkunftsart des Abkommens die betreffenden Einkünfte zu subsumieren sind. Für die Einordnung der Einkünfte nach abkommensrechtlichen Kriterien ist die Ursache, auf die die Entstehung der Einkünfte zurückzuführen ist, entscheidend.[973] Um zu bestimmen, welche Art von Einkünften die Beteiligten bei der KGaA im Sinne des Abkommens erzielen, ist zu untersuchen, was nach abkommensrechtlichen Kriterien die Ursache für die Einkünfte der KGaA, ihres persönlich haftenden Gesellschafters und ihrer Kommanditaktionäre ist.

Zwar hat die abkommensrechtliche Einkunftsqualifikation unabhängig vom innerstaatlichen Recht zu erfolgen, dennoch könnte die innerstaatliche Qualifikation zumindest einen ersten Anhaltspunkt zur Identifikation der Ursache der Einkünfte bieten. Sowohl die KGaA als auch der persönlich haftende Gesellschafter erzielen nach innerstaatlichem Recht Einkünfte aus Gewerbebetrieb. Ihre gemeinsame Einkunftsquelle ist der Gewerbebetrieb der KGaA.[974] Es liegt daher nahe, auf Abkommensebene zunächst das Vorliegen von Unternehmensgewinnen im Sinne des Art. 7 OECD-MA zu prüfen, die den innerstaatlichen gewerblichen Einkünften am nächsten kommen.

2. Unternehmensgewinne im Sinne des Art. 7 OECD-MA

a. „Unternehmensgewinne" im Abkommensrecht

Unternehmensgewinne im Sinne des Art. 7 Abs. 1 OECD-MA sind die Gewinne eines Unternehmens eines Vertragsstaates. Im Grunde können diese auch nur in diesem Vertragsstaat besteuert werden (Wohnsitzprinzip).[975] Ein

---

973 S. hierzu bereits oben § 3 IV. 3. a. cc. (1).
974 S. oben § 2 III. 6. d. bb. (3) (b) (aa).
975 *Schaumburg/Häck*, in: Internationales Steuerrecht, Rn. 19.229.

Besteuerungsrecht steht aber ausnahmsweise dem Quellenstaat zu, soweit das Unternehmen seine Geschäftstätigkeit im anderen Staat durch eine dort belegene Betriebsstätte ausübt und die Gewinne dieser Betriebsstätte zuzurechnen sind (sogenanntes Betriebsstättenprinzip, Art. 7 Abs. 1 S. 2 OECD-MA). Erneut kommt der Betriebsstätte im internationalen Steuerrecht eine zentrale Bedeutung zu.[976] Ziel der Regelung ist es, eine unternehmerische Tätigkeit erst dann von einem ausländischen Staat besteuern zu lassen, wenn eine intensive Beziehung zu diesem Staat geführt wird.[977] Dabei ist der abkommensrechtliche Betriebsstättenbegriff nicht mit dem innerstaatlichen Betriebsstättenbegriff nach § 12 AO gleichzusetzen. Die Abkommen enthalten vielmehr eine eigenständige Begriffsdefinition in Art. 5 OECD-MA, sodass der Rückgriff auf nationales Recht unzulässig ist.[978] Betriebsstätte im Sinne des Art. 5 Abs. 1 OECD-MA ist eine feste Geschäftseinrichtung, durch die die Geschäftstätigkeit eines Unternehmens ganz oder teilweise ausgeübt wird. Ähnlich dem § 12 AO enthält auch Art. 5 Abs. 2 OECD-MA einen Positivkatalog an Beispielen für eine Betriebsstätte. Daneben enthält Art. 5 Abs. 4 OECD-MA – anders als § 12 AO – auch einen Negativkatalog. Letztlich ist der abkommensrechtliche Betriebsstättenbegriff im Gegensatz zum innerstaatlichen Begriff enger gefasst.[979] Nicht jede Betriebsstätte im Sinne des § 12 AO ist auch eine solche im Sinne des Abkommens.[980]

Für Unternehmensgewinne im Abkommensrecht gilt zudem das Subsidiaritätsprinzip.[981] Soweit die Voraussetzungen anderer Verteilungsartikel

976 Siehe zur Bedeutung der Betriebsstätte für das Vorliegen einer beschränkten Steuerpflicht nach deutschem Recht oben § 4 II. 2. und 3.

977 *Görl*, in: Vogel/Lehner, Art. 5 OECD-MA Rn. 2. Vgl. auch BFH v. 21.04.1999 – I R 99/97, BStBl. II 1999, 694 juris Rn. 17 zu § 12 AO.

978 *Görl*, in: Vogel/Lehner, Art. 5 OECD-MA Rn. 8; *Schaumburg/Häck*, in: Internationales Steuerrecht, Rn. 19.241; *Wassermeyer/Kaeser*, in: Wassermeyer, DBA, Art. 5 OECD-MA Rn. 9 (Stand 05/2017); *Hruschka*, in: Schönfeld/Ditz, DBA, Art. 5 OECD-MA Rn. 34 f.

979 *Görl*, in: Vogel/Lehner, Art. 5 OECD-MA Rn. 3; *Wassermeyer/Kaeser*, in: Wassermeyer, DBA, Art. 5 OECD-MA Rn. 9 (Stand 05/2017).

980 *Wassermeyer/Kaeser*, in: Wassermeyer, DBA, Art. 5 OECD-MA Rn. 9 (Stand 05/2017). Die Diskussion um die Erweiterung des Betriebsstättenbegriffs im Rahmen des BEPS-Projektes hat auf die in dieser Untersuchung behandelten Grundfragen der Besteuerung der KGaA und ihres persönlich haftenden Gesellschafters keinen Einfluss. Es wird daher vom derzeit geltenden abkommensrechtlichen Betriebsstättenverständnis im OECD-Musterabkommen ausgegangen. S. zu den aktuellen Entwicklungen des Betirebsstättenbegriffs in den letzten Jahren beispielhaft *Kahle/Braun*, Ubg 2018, 365.

981 *Schaumburg/Häck*, in: Internationales Steuerrecht, Rn. 19.233 spricht im Vergleich zum nationalen Recht von einem „umgekehrten Subsidiaritätsprinzip“.

erfüllt sind, gehen diese den Unternehmensgewinnen nach Art. 7 OECD-MA vor (Art. 7 Abs. 4 OECD-MA). Das führt dazu, dass auch hier in einigen Fällen das Besteuerungsrecht dem Quellenstaat zugewiesen wird. Allerdings enthalten diese speziellen Verteilungsartikel zumeist einen Betriebsstättenvorbehalt (zum Beispiel Art. 10 Abs. 4, Art. 11 Abs. 4, Art. 12 Abs. 3 OECD-MA). Greift ein solcher, sind die aus dem Betriebsstättenstaat stammenden Einkünfte als Betriebsstättengewinne wiederum der Besteuerung des Betriebsstättenstaates zugewiesen. Auch hier ist erneut die Betriebsstätte das wesentliche Anknüpfungsmerkmal für die Zuweisung des Besteuerungsrechts.

b. Begriff des „Unternehmens"

Sowohl für das Vorliegen von Einkünften im Sinne des Art. 7 Abs. 1 OECD-MA als auch für das Vorliegen einer Betriebsstätte ist der Begriff des Unternehmens entscheidend. Art. 7 Abs. 1 OECD-MA erfasst die Gewinne eines „Unternehmens". Eine Betriebsstätte im Sinne des Art. 5 Abs. 1 OECD-MA liegt nur vor, sofern diese der Geschäftstätigkeit eines „Unternehmens" dient. Abkommensrechtlich bezieht sich der Begriff des Unternehmens, wenn der Zusammenhang nichts anderes fordert, gem. Art. 3 Abs. 1 Buchst. c) OECD-MA auf die Ausübung einer Geschäftstätigkeit. Diese abkommensrechtliche Begriffsdefinition ist freilich wenig aussagekräftig.[982] Eine nähere Erläuterung findet sich in den Abkommen selbst nicht (abgesehen von Art. 3 Abs. 1 Buchst. h) OECD-MA, der klarstellt, dass auch die freiberufliche oder sonstige selbständige Tätigkeit eine Geschäftstätigkeit ist). Ein Rückgriff auf das nationale Recht des Anwenderstaates über Art. 3 Abs. 2 OECD-MA ist daher zulässig.[983] Nach deutschem Steuerrechtsverständnis ist unter einer

---

982 So auch *Wassermeyer/Drüen*, in: Wassermeyer, DBA, Art. 3 OECD-MA Rn. 23 (Stand 12/2018); *Pohl*, in: Schönfeld/Ditz, DBA, Art. 3 OECD-MA Rn. 31.

983 So auch *Wassermeyer*, in: Wassermeyer, DBA, Art. 7 OECD-MA Rn. 16 (Stand 10/2013); *Pohl*, in: Schönfeld/Ditz, DBA, Art. 5 OECD-MA Rn. 37. A.A. *Hemmelrath*, in: Vogel/Lehner, Art. 7 OECD-MA Rn. 29; *Schaumburg/Häck*, in: Internationales Steuerrecht, Rn. 19.234, die den Begriff des Unternehmens abkommensautonom auslegen wollen. Letztlich erfolgt die Auslegung aber auch unter Rückgriff auf das innerstaatliche Verständnis nach § 15 Abs. 2 EStG. *Schaumburg/Häck*, in: Internationales Steuerrecht, Rn. 19.236. Teilweise wird eine gänzlich abkommensautonome Auslegung gefordert: *Dürrschmidt*, in: Vogel/Lehner, Art. 3 OECD-MA Rn. 41a. S. *Pohl*, in: Schönfeld/Ditz, Art. 3 OECD-MA Rn. 32 ff. mit einer ausführlichen Darstellung des Meinungsstreits. Letztlich kommt allerdings auch eine abkommensautonome Auslegung zu einer Definition, die der des Gewerbebetriebes in § 15 Abs. 2 EStG gleicht.

Geschäftstätigkeit eine selbständige und mit Gewinnerzielungsabsicht ausgeübte Tätigkeit zu verstehen, die weder Vermögensverwaltung im engeren Sinne noch Land- und Forstwirtschaft ist.[984] Diese Definition entspricht der der gewerblichen Tätigkeit im Sinne des § 15 Abs. 2 EStG. Ein direkter Rückgriff auf dessen Tatbestandsmerkmale oder deren Auslegung ist zwar grundsätzlich nicht zulässig.[985] Dennoch kann es der Anweisung in Art. 3 Abs. 2 OECD-MA entsprechen, für Zwecke der deutschen Besteuerung an die Definition der Einkünfte aus Gewerbebetrieb im Sinne des § 15 Abs. 2 EStG anzuknüpfen.[986] Im Zweifel kann daher davon ausgegangen werden, dass nach deutschem Steuerrechtsverständnis eine Geschäftstätigkeit im Sinne der Abkommen gegeben ist, wenn die Voraussetzungen für eine gewerbliche Tätigkeit im Sinne des § 15 Abs. 2 EStG vorliegen.[987] Eine Ausnahme gilt dann, wenn der Abkommenszusammenhang etwas anderes erfordert. Es muss sich daher um eine originär gewerbliche Tätigkeit handeln. Eine gewerbliche Prägung oder eine gewerbliche Tätigkeit aufgrund der Abfärbewirkung (§ 15 Abs. 3 Nr. 1 und 2 EStG) schlägt nicht auf Abkommensebene durch.[988] Eine entscheidende Besonderheit ergibt sich daher für (teilweise) vermögensverwaltende Personengesellschaften. Nach innerstaatlichem Recht würde das gewerbliche Tätigwerden der Personengesellschaft auf ihre vermögensverwaltende Tätigkeit abfärben. Es lägen insgesamt Einkünfte aus Gewerbebetrieb vor. Auf Abkommensebene ist hingegen zwischen der gewerblichen und der vermögensverwaltenden Tätigkeit strikt zu trennen. Eine Abfärbewir-

---

984 *Wassermeyer/Drüen*, in: Wassermeyer, DBA, Art. 3 OECD-MA Rn. 23 (Stand 12/2018). Zur Abgrenzung des Unternehmensbegriffs von der Land- und Forstwirtschaft s. BFH v. 27.10.2011 – I R 26/11, BStBl. II 2012, 457 juris Rn. 16.

985 BFH v. 17.10.2007 – I R 5/06, BStBl. II 2009, 356 juris Rn. 16; v. 27.10.2011 – I R 26/11, BStBl. II 2012, 457 juris Rn. 16; *Wassermeyer/Drüen*, in: Wassermeyer, DBA, Art. 3 OECD-MA Rn. 23 (Stand 12/2018). A.A. *Pohl*, in: Schönfeld/Ditz, DBA, Art. 3 OECD-MA Rn. 37.

986 BFH v. 28.04.2010 – I R 81/09, BStBl. II 2014, 754 juris Rn. 23; v. 24.08.2011 – I R 46/10, BStBl. II 2014, 764 juris Rn. 16, 18. *Fischer* spricht insoweit davon, dass die Begriffe „Unternehmensgewinne" bzw. „Geschäftstätigkeit" abkommensautonom in faktischer Anlehnung an die Definition in § 15 Abs. 2 EStG auszulegen seien; *Fischer*, in: FS Gosch, S. 69 (81).

987 *Dürrschmidt*, in: Vogel/Lehner, Art. 3 OECD-MA Rn. 41; *Wassermeyer/Drüen*, in: Wassermeyer, DBA, Art. 3 OECD-MA Rn. 23 (Stand 12/2018).

988 Zur gewerblich geprägten Personengesellschaft s. BFH v. 28.04.2010 – I R 81/09, BFH/NV 2010, 1550 juris Rn. 21 ff.; v. 25.05.2011 – I R 95/10, BFH/NV 2011, 1602 juris Rn. 22 m.w.N. Zur gewerblichen Abfärbewirkung nach § 15 Abs. 3 Nr. 1 EStG auf Abkommensebene s. auch die Finanzverwaltung: BMF v. 26.09.2014 – IV B 5-S 1300/09/10003, BStBl. I 2014, 1258, Tz. 2.2.1.

kung existiert nicht. Zudem ergibt sich für Kapitalgesellschaften auf Abkommensebene ein wesentlicher Unterschied. Sie müssen ebenfalls einer originär gewerblichen Tätigkeit nachgehen. Der Gewerbebetrieb kraft Rechtsform nach innerstaatlichem Recht (§ 8 Abs. 2 KStG) reicht für das abkommensrechtliche Verständnis eines Unternehmens nicht aus.[989] Vielmehr können abkommensrechtlich auch Kapitalgesellschaften teilweise oder auch rein vermögensverwaltend tätig sein und Einkünfte aus Dividenden (Art. 10 OECD-MA) oder aus unbeweglichem Vermögen (Art. 6 OECD-MA) erzielen.

Liegt eine Personenmehrheit vor und agieren die Personen aus verschiedenen Staaten, wirft das immer die Frage auf, welchem Vertragsstaat das Unternehmen angehört. Die Zugehörigkeit richtet sich dabei nach der Ansässigkeit der Person, von der das Unternehmen betrieben wird, Art. 3 Abs. 1 Buchst. d) OECD-MA. Nach deutschem Steuerrechtsverständnis, wird das Unternehmen von der Person betrieben, für deren Rechnung die Geschäftstätigkeit ausgeübt wird. Diese Person ist Unternehmer im abkommensrechtlichen Sinne.[990]

In Bezug auf Gesellschafter ist nach deutschem Steuerrechtsverständnis zwischen Personengesellschaften und Kapitalgesellschaften zu unterscheiden. Bei Personengesellschaften betreibt jeder Gesellschafter ein eigenständiges Unternehmen im Sinne des Abkommens.[991] Es existieren entsprechend der Zahl an Gesellschaftern auch ebenso viele Unternehmen.[992] Das Besteuerungsrecht für die Unternehmensgewinne wird folglich gem. Art. 7 Abs. 1 OECD-MA dem Vertragsstaat zugewiesen, in welchem der Gesellschafter ansässig ist.[993] Nur soweit in dem anderen Vertragsstaat eine Betriebsstätte besteht, wird das Besteuerungsrecht dem Betriebsstättenstaat zugewiesen.[994]

989 Vgl. *Liebchen*, in: Flick/Wassermeyer/Kempermann, DBA Schweiz, Art. 9 Rn. 25 (Stand 07/2017): Vermögensverwaltende Kapitalgesellschaften fallen – ebenso wie vermögensverwaltende Personengesellschaften – nicht unter den Unternehmensbegriff.

990 *Wassermeyer/Drüen*, in: Wassermeyer, DBA, Art. 3 OECD-MA Rn. 24 (Stand 12/2018). Teilweise wird auch auf das Vorliegen von Mitunternehmerinitiative und -risiko abgestellt. So etwa *Pohl*, in: Schönfeld/Ditz, DBA, Art. 3 OECD-MA Rn. 41. Ähnlich auch *Spengel/Schaden/Wehrße*, StuW 2012, 105 (109).

991 BFH v. 26.02.1992 – I R 85/91, BStBl. II 1992, 937 juris Rn. 18; *Wassermeyer*, in: Wassermeyer, DBA, Art. 7 OECD-MA Rn. 63 (Stand 10/2013); *Schaumburg/Häck*, in: Internationales Steuerrecht, Rn. 19.243.

992 *Wassermeyer*, in: Wassermeyer, DBA, Art. 7 OECD-MA Rn. 63 (Stand 10/2013).

993 *Wassermeyer*, in: Wassermeyer, DBA, Art. 7 OECD-MA Rn. 63 (Stand 10/2013).

994 *Wassermeyer*, in: Wassermeyer, DBA, Art. 7 OECD-MA Rn. 175 (Stand 10/2013).

Daraus folgt auch, dass eine Personengesellschaft nach deutschem Recht mangels Steuersubjektfähigkeit nicht abkommensberechtigt sein kann.[995]

Bei Kapitalgesellschaften werden die Unternehmensgewinne diesen hingegen selbst zugerechnet. Ihnen ist als selbständiges Steuersubjekt nach deutschem Steuerrecht auch das Unternehmen zuzurechnen. Dem Ansässigkeitsstaat der Kapitalgesellschaft steht mithin das Besteuerungsrecht im Sinne des Art. 7 OECD-MA zu. Auch hier gilt das Betriebsstättenprinzip.[996] Die Gesellschafter einer Kapitalgesellschaft erzielen wiederum keine Unternehmensgewinne sondern – ebenso wie nach deutschem Recht – Dividenden im Sinne des Art. 10 OECD-MA.

c. Unternehmensgewinne auf Ebene der KGaA

Die KGaA erzielt als Körperschaft zwar nach innerstaatlichem Recht bereits kraft Rechtsform Einkünfte aus Gewerbebetrieb (§ 8 Abs. 2 KStG), auf abkommensrechtlicher Ebene ist jedoch erforderlich, dass sie eine eigene Geschäftstätigkeit ausübt. Ist das der Fall, liegen grundsätzlich Unternehmensgewinne im Sinne des Art. 7 Abs. 1 OECD-MA vor. Ist die KGaA hingegen zum Beispiel Bezieherin von Dividenden, Zinsen oder Lizenzen, finden die spezielleren Verteilungsartikel Anwendung, soweit wiederum nicht ein Betriebsstättenvorbehalt greift. Im Grunde unterscheidet sich die Einkunftsqualifikation auf Ebene der KGaA nicht von der Einkunftsqualifikation anderer Kapitalgesellschaften nach Abkommensrecht.

Wäre die KGaA nun vollständig – so wie es teilweise nach innerstaatlichem Recht gefordert wird – als Körperschaft intransparent zu besteuern, dürften ihre Gesellschafter abkommensrechtlich ebenfalls Einkünfte aus Dividenden beziehen (Art. 10 OECD-MA).[997] Für die Kommanditaktionäre gilt diese Einkünftequalifikation ohne jeden Zweifel, denn im Verhältnis zu ihnen ist die KGaA aus deutscher Sicht als intransparent zu behandeln. Etwas anderes könnte sich nur für die persönlich haftenden Gesellschafter der KGaA ergeben. Insoweit ist fraglich, ob ebenso wie auf nationaler Ebene eine transparente, mitunternehmerähnliche Besteuerung auf Abkommensebene möglich und vor allem systemkonform ist oder ob nicht doch abkommensrechtlich

995 *Lüdicke*, StbJb 1997/1998, 449 (455); *Manke*, DStJG 8, 195 (200); *Wassermeyer*, in: Wassermeyer, DBA, Art. 7 OECD-MA Rn. 63 (Stand 10/2013).

996 *Wassermeyer*, in: Wassermeyer, DBA, Art. 7 OECD-MA Rn. 175 (Stand 10/2013).

997 So *Fischer*, in: FS Gosch, S. 69 (81 f.).

die KGaA vollständig als steuerlich intransparente Gesellschaft einzuordnen ist.

d. Unternehmensgewinne des persönlich haftenden Gesellschafters

aa. Keine Übertragung der für Mitunternehmerschaften geltenden Grundsätze

Aus der innerstaaatlichen steuerlichen Behandlung des persönlich haftenden Gesellschafters einer KGaA *wie* einen Mitunternehmer wird teilweise gefolgert, diese Gleichstellung müsse sich auf Abkommensebene fortsetzen.[998] So hat sich auch der BFH bereits 1990 zur Übertragung der für Personengesellschaften geltenden Grundsätze auf die KGaA im Abkommensrecht geäußert: „[Die] nach deutschem Recht gebildete KGaA ist, soweit es das Verhältnis des persönlich Haftenden zu der KGaA betrifft, für die Anwendung des DBA-Schweiz in der Bundesrepublik eine Personengesellschaft und der persönlich haftende Gesellschafter damit Unternehmer im Sinne des Abkommens [...], dem die Gewinne aus der Betriebsstätte im Inland zuzurechnen sind."[999] In seiner Begründung stützt sich der BFH darauf, dass der Begriff der Personengesellschaft im DBA-Schweiz nicht definiert sei und er daher bei Anwendung des Abkommens durch die Bundesrepublik, wenn der Zusammenhang nichts anderes erfordere, die Bedeutung habe, die ihm nach dem Recht der Bundesrepublik über die Steuern zukommt, welche Gegenstand des Abkommens sind (Art. 3 Abs. 2 DBA-Schweiz). Die KGaA sei, soweit es das Verhältnis zu ihrem persönlich haftenden Gesellschafter betrifft, steuerlich nicht wie eine juristische Person zu behandeln und sei daher insoweit nicht als juristische Person im Sinne des Abkommens anzusehen (Art. 3 Abs. 1 Buchst. e DBA-Schweiz). Das Einkommen der KGaA mindere sich vielmehr um den

998 S. zum Beispiel *Hageböke*, in: Rödder/Herlinghaus/Neumann, § 9 KStG Rn. 108.

999 BFH v. 17.10.1990 – I R 16/89, BStBl. II 1991, 211. Dem Urteil lag ein grenzüberschreitender Sachverhalt zugrunde: Der persönlich haftende Gesellschafter der KGaA hatte seinen Wohnsitz in der Schweiz und war gem. § 49 Abs. 1 Nr. 2 Buchst. a) EStG in Deutschland beschränkt steuerpflichtig. Der BFH kam zu dem Schluss, dass die Zinsen, die der persönlich haftende Gesellschafter von der KGaA für ein Verrechnungskonto erhielt, gewerbliche Einkünfte gem. § 15 Abs. 1 Nr. 3 EStG darstellen. Das Besteuerungsrecht stehe Deutschland auch zu als *„Gewinn eines schweizerischen Unternehmens, das seine Tätigkeit in der Bundesrepublik durch eine dort gelegene Betriebsstätte ausübt."*

Gewinnanteil des persönlich haftenden Gesellschafters. Das entspreche nicht der steuerlichen Behandlung bei juristischen Personen, bei denen normalerweise für die Ermittlung des steuerpflichtigen Einkommens ohne Bedeutung sei, ob das Einkommen verteilt wird. Der Zusammenhang im Sinne des Art. 3 Abs. 2 DBA-Schweiz erfordere es daher, für die Anwendung des DBA-Schweiz in der Bundesrepublik bei der KGaA von einer Personengesellschaft auszugehen, soweit das Verhältnis des persönlich haftenden Gesellschafters zu der KGaA maßgebend ist. Mithin gelten die Grundsätze für Mitunternehmerschaften, nach denen jeder Mitunternehmer ein eigenes Unternehmen betreibe und für die Frage, ob es sich um ein deutsches oder schweizerisches Unternehmen handelt, die Ansässigkeit des Mitunternehmers entscheidend sei.[1000]

Eine solche uneingeschränkte Übertragung der für die KGaA und ihre persönlich haftenden Gesellschafter auf innerstaatlicher Ebene entwickelten Grundsätze ins Abkommensrecht ist indes unter dem Blickwinkel einer vorrangigen abkommensautonomen Auslegung wohl nicht haltbar. Die Übertragung der für Personengesellschaften auf Abkommensebene entwickelten Grundsätze ist schon allein deswegen nicht ohne Weiteres möglich, weil neben dem Komplementär aus deutscher Sicht die KGaA als Steuersubjekt und abkommensberechtigte Person steht. Auch wenn der Rechtsprechung im Ergebnis jedenfalls insoweit zuzustimmen ist, dass die hybride Ausgestaltung der KGaA auf Abkommensebene ihren Niederschlag finden muss, ist Kritik an der uneingeschränkten Übertragung der für Mitunternehmerschaften geltenden Grundsätze dennoch angezeigt. Die vollständige Übertragung der für Personengesellschaften geltenden Grundsätze auf Abkommensebene würde bedeuten, dass jeder persönlich haftende Gesellschafter neben der KGaA ein eigenes Unternehmen betreibt. Das ist aber nach der hier vertretenen Auffassung nicht möglich, denn die KGaA ist alleinige Betreiberin des Unternehmens und der Komplementär übt allein als solcher keine eigene geschäftliche Tätigkeit aus.[1001] Im Gegensatz zu Personengesellschaften kann die KGaA auch alleinige Betreiberin des Unternehmens sein, denn sie ist steuerlich als juristische Person sowohl innerstaatlich als auch auf Abkommensebene existent. Der Komplementär kann demnach nicht „neben" der

1000 BFH v. 17.10.1990 – I R 16/89, BStBl. II 1991, 211 Rn. 12.

1001 S. oben § 2 III. 6. d. bb. (3) (b) (aa).

KGaA gleichzeitig – wenn auch nur anteilig – dasselbe Unternehmen betreiben.[1002]

Auch lässt sich die vollständige Behandlung der KGaA nicht – wie es der BFH versucht[1003] – aus dem Wortlaut des Art. 3 Abs. 1 Buchst. e DBA-Schweiz (entspricht Art. 3 Abs. 1 Buchst. b) OECD-MA) herleiten. Der Zusatz „die für die Besteuerung wie juristische Personen behandelt werden" bezieht sich erkennbar nicht auf die juristischen Personen selbst, sondern vielmehr die anderen „Rechtsträger".[1004] Die Schlussfolgerung des BFH, die KGaA sei zwar eine juristische Person, allerdings steuerlich teilweise nicht wie eine solche zu behandeln und daher für Abkommenszwecke eine Personengesellschaft, vermag nicht zu überzeugen. Allein die Einordnung als juristische Person nach deutschem Recht genügt, um vollumfänglich als juristische Person und damit Gesellschaft im Sinne des Abkommens angesehen zu werden. Die innerstaatliche Zurechnungsentscheidung vermag hieran nichts zu ändern.

Die Rechtsprechung des BFH ist auch in der Literatur auf Kritik gestoßen. So führt Debatin aus, dass die abkommensrechtliche teilweise Einstufung der KGaA als Personengesellschaft der Auslegungsklausel des Art. 3 Abs. 2 DBA-Schweiz widerspreche. Die KGaA sei nach ihrer ausdrücklichen Nennung in § 1 Abs. 1 Nr. 1 KStG Körperschaftsteuersubjekt und daher eben keine Personengesellschaft. Diese Einstufung könne nach Debatin überhaupt nur dann durchbrochen werden, wenn dies im Abkommen selbst geregelt sei.[1005] Eine solche Regelung existiere im relevanten DBA-Schweiz nicht.[1006] Demnach sei die streitgegenständliche Zahlung der KGaA an ihren persönlich haftenden Gesellschafter nach dem Doppelbesteuerungsabkommen wie eine Zahlung „einer eigenständigen Abkommensperson an ihren von ihr getrennt stehenden Gesellschafter" zu behandeln.[1007] Dem ist zumindest insoweit zuzustimmen, als dass die KGaA nicht als teilweise „abkommensrechtliche Personengesellschaft" anzusehen ist. Das widerspricht ihrem uneingeschränkten Status als Körperschaftsteuersubjekt. Letztlich geht Debatin jedoch zu weit, wenn er auch die Gleichbehandlung des Komplementärs mit einem Gesell-

1002 So auch *Kollruss*, IStR 2018, 224 (227). Vgl. auch *Wassermeyer*, in: Wassermeyer, DBA, Art. 7 OECD-MA Rn. 143 (Stand 10/2013): „Die Komplementäre betreiben an sich nicht das Unternehmen der KGaA"; *Wassermeyer*, Ubg 2011, 47 (50).

1003 BFH v. 17.10.1990 – I R 16/89, BStBl. II 1991, 211 juris Rn. 12.

1004 So auch *Dürrschmidt*, in: Vogel/Lehner, Art. 3 OECD-MA Rn. 11, 15; *Kollruss*, IStR 2018, 224 (226) mit Verweis auf OECD-Musterkommentar zu Art. 3 Rn. 1, 2.

1005 *Debatin*, RIW 1991, 355 (356).

1006 *Debatin*, RIW 1991, 355 (356).

1007 *Debatin*, RIW 1991, 355 (356).

schafter einer Kapitalgesellschaft fordert. Das wiederum widerspricht erkennbar dem hybriden Charakter der KGaA und der Gesellschafterstellung des Komplementärs, denn diesen trifft zum einen die persönliche und unbeschränkte Haftung und zum anderen erzielt er auch keine Dividenden, sondern wird an dem Gewinn der KGaA unmittelbar beteiligt.

Der BFH hat es zuletzt selbst offen gelassen, inwiefern er an seiner Rechtsprechung von 1990 festhält.[1008] Ausdrücklich hat er hingegen festgestellt, dass die KGaA für Abkommenszwecke eine Kapitalgesellschaft ist und sich Einschränkungen nach der Gesellschafterstruktur dem Abkommen nicht entnehmen lassen.[1009] Der persönlich haftende Gesellschafter einer KGaA sei zudem nicht originär (mit-)unternehmerisch tätig.[1010] Dementsprechend sollte eine uneingeschränkte Übertragung der für Mitunternehmerschaften geltenden Grundsätze – wie schon auf rein innerstaatlicher Ebene[1011] – auch auf Abkommensebene nicht erfolgen. Die KGaA ist Gesellschaft im Sinne des Abkommens. Eine teilweise Behandlung als Personengesellschaft findet im Abkommen keinen Niederschlag. Vielmehr ist entscheidend, was auf Abkommensebene nach sachlichen Kriterien als Ursache der Einkünfte des persönlich haftenden Gesellschafters identifiziert werden kann. Danach richtet sich die Einordnung der Einkünfte des persönlich haftenden Gesellschafters unter die Verteilungsnormen des Abkommens.

bb. Nationale Einordnung auf Abkommensebene irrelevant

Das Vorliegen gewerblicher Einkünfte nach innerstaatlichem Recht indiziert in der Regel das Vorliegen von Unternehmensgewinnen im Sinne des Abkommens.[1012] Nach innerstaatlichem Recht können allerdings auch Einkünfte, die die Voraussetzungen des § 15 Abs. 2 EStG nicht erfüllen, als gewerbliche

1008 Dazu heißt es im Urteil vom 19.05.2010 mit Verweis auf seine frühere Rechtsprechung nur: „Um die abkommensrechtliche Behandlung der KGaA und des persönlich haftenden Gesellschafters als „Person“ (vgl. dazu Senatsurteil vom 17. Oktober 1990 I R 16/89 […]) geht es in jenem Zusammenhang indes nicht.“, BFH v. 19.05.2010 – I R 62/09, BFH/NV 2010, 1919 juris Rn. 25. Dagegen ist er im Urteil BFH v. 07.12.2011 – I R 5/11, BFH/NV 2012, 556 juris Rn. 13 ausdrücklich von seiner früheren Rechtsprechung abgewichen.

1009 BFH v. 19.05.2010 – I R 62/09, BFH/NV 2010, 1919 juris Rn. 25.

1010 BFH v. 07.12.2011 – I R 5/11, BFH/NV 2012, 556 juris Rn. 12.

1011 S. hierzu bereits oben § 2 III. 7. sowie in grenzüberschreitenden Konstellationen § 4 II 3. b. cc. und 4. b. bb. sowie § 5 II. 3.

1012 S. oben § 6 III. 2. b.

Einkünfte zu qualifizieren sein (zum Beispiel durch gewerbliche Prägung nach § 15 Abs. 3 Nr. 2 EStG oder durch Abfärbung nach § 15 Abs. 3 Nr. 1 EStG). Liegen solche Einkünfte vor, kann deren innerstaatliche Qualifikation als gewerbliche Einkünfte allenfalls ein Anhaltspunkt für das Vorliegen einer Geschäftstätigkeit im Abkommenssinne sein.[1013] Eine abkommensrechtliche Bindung an diese innerstaatliche Qualifikation besteht nicht. Die Einkünfte des persönlich haftenden Gesellschafters einer KGaA sind sowohl nach der transparenten als auch nach der intransparenten Sichtweise aufgrund der speziellen Anordnung des § 15 Abs. 1 S. 1 Nr. 3 EStG im Ergebnis nach innerstaatlichem Recht gewerbliche Einkünfte. Eine originär gewerbliche Tätigkeit im Sinne des § 15 Abs. 2 EStG übt der persönlich haftende Gesellschafter einer KGaA hingegen nicht aus.[1014] Ob die innerstaatliche Qualifikation als gewerbliche Einkünfte für abkommensrechtliche Zwecke ausreichend ist, eine Geschäftstätigkeit im Sinne des Art. 3 Abs. 1 Buchst. c) OECD-MA anzunehmen, darf bezweifelt werden.

Auch auf abkommensrechtlicher Ebene wird indes argumentiert, aus der Behandlung des persönlich haftenden Gesellschafters als *fiktiven* Mitunternehmer ergebe sich, dass dieser auch abkommensrechtlich Unternehmensgewinne erziele.[1015] Dem ist entgegenzuhalten, dass innerstaatliche Fiktionen grundsätzlich nicht auf Abkommensebene übertragen werden können. Für den Fall einer gewerblichen Prägung hat der BFH ein solches Durchschlagen bereits verneint.[1016] Die gewerbliche Prägung einer Gesellschaft gem. § 15 Abs. 3 Nr. 2 S. 1 EStG reiche nicht aus, um auf den Betrieb eines Unternehmens zu schließen, denn „die internrechtlich-fiktive Umqualifikation schlägt auf die abkommensrechtliche Einkunftsqualifikation […] nicht durch".[1017] Eine bloße Fiktion der Gewerblichkeit im innerstaatlichen Recht reicht mithin nicht aus, um eine abkommensrechtliche Geschäftstätigkeit anzunehmen.[1018] Vielmehr ist eine „vom nationalen Recht losgelöste Einordnung" erforderlich.[1019] Der BFH begründet dies zum einen mit dem Vorrang der abkommensrechtlichen Einordnung der Art der Einkunftserzielung und

1013 S. oben § 6 III. 2. b.

1014 S. oben § 2 III. 6. d. bb. (3) (b) (aa).

1015 *Engel*, in: Die Kommanditgesellschaft auf Aktien, § 9 Rn. 191.

1016 BFH v. 24.08.2011 – I R 46/10, BStBl. II 2014, 764.

1017 BFH v. 24.08.2011 – I R 46/10, BStBl. II 2014, 764 juris Rn. 16.

1018 BFH v. 28.04.2010 – I R 81/09, BStBl. II 2014, 754 juris Rn. 23.

1019 BFH v. 28.04.2010 – I R 81/09, BStBl. II 2014, 754 juris Rn. 23. In diesem Sinne auch BFH v. 09.12.2010 – I R 49/09, BStBl. II 2011, 482; v. 25.05.2011 – I R 95/10, BStBl. II 2014, 760 juris Rn. 22; v. 24.08.2011 – I R 46/10, BStBl. II 2014, 764 juris Rn. 16.

der „Hilfsfunktion" der nationalen Einordnung.[1020] Zum anderen stellt der BFH auf die prinzipielle Subsidiarität von Art. 7 OECD-MA gegenüber den Artt. 10, 11 und 12 OECD-MA ab.[1021] Grundsätzlich gingen die spezielleren Einkunftsarten denen aus Art. 7 OECD-MA vor, es sei denn, die Einkünfte unterfielen infolge ihrer tatsächlichen Zugehörigkeit zu einer im anderen Vertragsstaat belegenen Betriebsstätte den Unternehmensgewinnen.[1022] Dies sei bei fiktiven gewerblichen Einkünften aufgrund gewerblicher Prägung aber gerade nicht der Fall.[1023] Gleiches dürfte für den persönlich haftenden Gesellschafter einer KGaA gelten. Die innerstaatliche Einordnung der Einkünfte des persönlich haftenden Gesellschafters als gewerbliche Gewinne ist daher für die abkommensrechtliche Qualifikation der Einkünfte des persönlich haftenden Gesellschafters als Unternehmensgewinne nicht maßgebend. Es müssen vielmehr originär gewerbliche Einkünfte vorliegen.[1024] Der Komplementär müsste also *tatsächlich* eine eigene unternehmerische Geschäftstätigkeit ausüben, um eigene Unternehmensgewinne im Sinne des Abkommens zu erzielen.

cc. „Eigene" unternehmerische Tätigkeit des persönlich haftenden Gesellschafters?

Eine eigene unternehmerische Tätigkeit des persönlich haftenden Gesellschafters kann indes nur dann vorliegen, wenn diese überhaupt neben der von der KGaA ausgeübten Tätigkeit existieren kann. Die KGaA übt als juristische Person ihre Geschäftstätigkeit selber aus und die aus dieser Tätigkeit erzielten Einkünfte sind ihr auch grundsätzlich zuzurechnen. Steuerlich ist sie – anders als Personengesellschaften – aus deutscher Sicht auf Abkommensebene existent.

Teilweise wird daher auch im Rahmen von Doppelbesteuerungsabkommen auf die Eigenschaft der KGaA als alleiniges Steuersubjekt als wesentliches Merkmal abgestellt. Die Unternehmensgewinne im Sinne des Art. 7 OECD-MA seien allein der KGaA zuzurechnen.[1025] Mithin stände auch nur dem

1020 BFH v. 28.04.2010 – I R 81/09, BStBl. II 2014, 754 juris Rn. 23.
1021 Vgl. zum DBA USA: BFH v. 28.04.2010 – I R 81/09, BStBl. II 2014, 754 juris Rn. 23.
1022 Vgl. BFH v. 28.04.2010 – I R 81/09, BStBl. II 2014, 754 juris Rn. 23.
1023 Vgl. BFH v. 28.04.2010 – I R 81/09, BStBl. II 2014, 754 juris Rn. 23.
1024 *Hagemann*, StuW 2019, 280 (288); ähnlich auch *Fischer*, in: FS Gosch, S. 69 (81).
1025 Vgl. *Debatin*, RIW 1991, 355 f.; *Kramer*, IStR 2010, 57 ff.; *Fischer*, in: FS Gosch, S. 69 (81).

Vertragsstaat das Besteuerungsrecht an diesen Gewinnen zu, der Ansässigkeitsstaat der KGaA im Sinne des Art. 4 Abs. 1 OECD-MA ist. Das Betriebsstättenprinzip gelte folglich auch nur für die KGaA. Der persönlich haftende Gesellschafter müsse sich eine Betriebsstätte der KGaA nicht zurechnen lassen. Er erziele vielmehr wie jeder Gesellschafter einer Kapitalgesellschaft Dividendeneinkünfte aus Art. 10 OECD-MA.[1026]

Kollruss stellt ebenfalls die Eigenschaft der KGaA als alleiniges Einkünfteerzielungssubjekt auch im Sinne des Doppelbesteuerungsabkommens in den Vordergrund. Der Methodenartikel (Art. 23 A oder Art. 23 B OECD-MA) stelle jeweils auf den Begriff des „Beziehers" der Einkünfte ab.[1027] Dieser sei das originäre Einkünfteerzielungssubjekt im Sinne des Doppelbesteuerungsabkommens. Eine weitere nachgelagerte steuerliche Zurechnung ändere hieran nichts.[1028] Ausschließlich die KGaA selbst sei abkommensrechtlich originäre Bezieherin der Unternehmenseinkünfte. Im Rahmen einer „ersten DBA-Anwendung" auf Ebene der KGaA sei daher allein auf diese abzustellen. Erst auf Ebene einer „zweiten DBA-Anwendung" sei das Verhältnis der KGaA zu ihrem persönlich haftenden Gesellschafter abkommensrechtlich zu berücksichtigen und insoweit sei die KGaA nach personengesellschaftsrechtlichen Grundsätzen zu behandeln.[1029] Allerdings könne der KGaA-Komplementär abkommensrechtlich nicht gleichzeitig das Unternehmen einer juristischen Person (partiell) betreiben und daneben etwaige Betriebsstättengewinne einer juristischen Person originär erzielen.[1030] Letztlich qualifiziert Kollruss die Einkünfte des Komplementärs als „Andere Einkünfte" im Sinne des Auffangstatbestandes des Art. 21 OECD-MA.[1031]

Diese Ansätze berücksichtigen nicht zureichend, dass letztlich nicht die Steuersubjekteigenschaft der KGaA in diesem Punkt entscheidend ist, sondern zunächst der Umstand, dass der persönlich haftende Gesellschafter tatsächlich keinen eigenen Gewerbebetrieb betreibt, also keine eigene Geschäftstätigkeit im Sinne des Abkommens ausübt. Dem Wortlaut des Art. 3 Abs. 1 Buchst. c) OECD-MA nach ist aber die Ausübung einer Geschäftstätigkeit für das Vorliegen eines Unternehmens unabdingbar. Der persönlich haftende Gesellschafter einer KGaA wird aber unbeschadet seiner haftungs-

1026 *Fischer*, in: FS Gosch, S. 69 (81 f.).
1027 *Kollruss*, IStR 2018, 224 (225).
1028 *Kollruss*, IStR 2018, 224 (225)
1029 *Kollruss*, IStR 2018, 224 (227).
1030 *Kollruss*, IStR 2018, 224 (227).
1031 *Kollruss*, IStR 2018, 224 (229 ff.).

rechtlichen Stellung als Komplementär der KGaA nicht „originär" (mit-)unternehmerisch tätig.[1032] Zwar ist das Vorhandensein eines eigenen Gewerbebetriebs für das Erzielen von Unternehmensgewinnen im Sinne des Art. 7 OECD-MA nicht zwingend notwendig, denn es gilt der Grundsatz der abkommensautonomen Auslegung.[1033] Aber das Vorliegen der Voraussetzungen des § 15 Abs. 2 EStG indiziert jedenfalls auch auf Abkommensebene das Vorliegen einer eigenen Geschäftstätigkeit im Sinne eines Unternehmens. Der Begriff des „Unternehmensgewinns" ist abkommensautonom in faktischer Anlehnung an § 15 Abs. 2 EStG auszulegen.[1034] Eine solche eigene Geschäftstätigkeit übt der Komplementär neben der KGaA hingegen nicht aus.[1035] Dazu fehlt es an der nach § 15 Abs. 2 EStG erforderlichen Teilnahme am wirtschaftlichen Verkehr.[1036] Steuerlich betrachtet existiert die KGaA nach nationaler Sichtweise (anders als eine Personengesellschaft). Die KGaA kann daher auch aus steuerlicher Sicht Betreiberin des Unternehmens sein.[1037] Sie betreibt dieses auch alleine, denn eine Mitunternehmerschaft mit dem persönlich haftenden Gesellschafter besteht nicht.[1038] Vielmehr ist dieser an der Einkunftsquelle der KGaA beteiligt. Der Gewerbebetrieb der KGaA ist als Ursache der Einkünfte des persönlich haftenden Gesellschafters zu identifizieren. In seiner Eigenschaft als Komplementär der KGaA unterhält der persönlich haftende Gesellschafter selbst keinen eigenen Gewerbebetrieb im Sinne des § 15 Abs. 2 EStG. Der Komplementär kann folglich auch abkommensrechtlich nicht teilweise als Betreiber des Unternehmens der KGaA angesehen werden. Durch die bloße Beteiligung an der KGaA als Komplementär

---

1032 BFH v. 07.12.2011 – I R 5/11, BFH/NV 2012, 556 juris Rn. 12. Vgl. auch BFH v. 23.10.1985 – I R 235/81, BStBl. II 1986, 72 juris Rn. 11; v. 28.11.2007 – X R 6/05, BStBl. II 2008, 363 juris Rn. 26.

1033 Zur Auslegung von Doppelbesteuerungsabkommen s. oben unter § 3 IV. 3. b.

1034 S. auch *Fischer*, in: FS Gosch, S. 69 (81).

1035 Im Ergebnis so auch *Fischer*, in: FS Gosch, S. 69 (81); *Hagemann*, StuW 2019, 280 (288). Auch der BFH geht davon aus, dass der persönlich haftende Gesellschafter nicht originär (mit-)unternehmerisch tätig wird; BFH v. 07.12.2011 – I R 5/11, BFH/NV 2012, 556 juris Rn. 12.

1036 S. hierzu oben § 2 III. 6. d. bb. (3) (b) (aa).

1037 Vgl. auch *Wassermeyer*, in: Wassermeyer, DBA, Art. 7 OECD-MA Rn. 143 (Stand 10/2013). Ebenso *Schaumburg/Schulte*, Die KGaA, Rn. 177. Anders noch *Wassermeyer*, in: FS Herzig, S. 897 (904): „Die KGaA betreibt nur insoweit selbst ein Unternehmen i.S.d. Art. 3 Abs. 1 Buchst. d OECD-MA, als Einkünfte von ihr nach dem innerstaatlichen Steuerrecht des Anwenderstaates (§ 1 Abs. 1 Nr. 1 i.V.mit § 9 Abs. 1 Satz 1 Nr. 1 KStG) zu versteuern sind."

1038 S. oben unter § 2 III. 6. d. bb. (3) (b) (aa).

übt dieser keine eigene unternehmerische Tätigkeit im Sinne des Abkommens aus.

dd. Zurechnung der Einkünftequalifikation auf Ebene der KGaA an ihren persönlich haftenden Gesellschafter

(1) Gemeinsame Einkunftsquelle der KGaA und ihres persönlich haftenden Gesellschafters

Eine eigene unternehmerische Tätigkeit des Komplementärs liegt demnach nicht vor, sodass *eigene* Unternehmensgewinne des Komplementärs im Sinne des Abkommens nicht angenommen werden können. Die Ursache der Einkünfte des persönlich haftenden Gesellschafters ist folglich auch abkommensrechtlich keine eigene Geschäftstätigkeit. Wie im innerstaatlichen Recht kommt auch hier als abkommensrechtliche Ursache für die Einkünfte des Komplementärs das Unternehmen der KGaA in Betracht. Über die innerstaatlich erfolgte Einkünftezurechnung setzt sich das OECD-Musterabkommen nicht hinweg.[1039] Diese ist weiterhin Sache des innerstaatlichen Rechts. Folglich bleibt es dabei, dass dem persönlich haftenden Gesellschafter unmittelbar die Einkünfte der KGaA entsprechend seines Gewinnanteils zugerechnet werden. Auch abkommensrechlich verfügen KGaA und ihr persönlich haftender Gesellschafter über eine gemeinsame Einkunftsquelle aus der ein gewisser Anteil dem persönlich haftenden Gesellschafter zugerechnet wird. Insoweit ist die Situation mit der einer Mitunternehmerschaft vergleichbar. Auch dort erzielen die Mitunternehmer ihre Gewinne aus einer gemeinsamen Einkunftsquelle, allerdings mit dem gewichtigen Unterschied, dass steuerlich betrachtet die Mitunternehmerschaft nicht Inhaberin des Unternehmens ist sondern vielmehr die einzelnen Mitunternehmer. Die KGaA ist hingegen auch abkommensrechtlich betrachtet als juristische Person alleinige Betreiberin des Unternehmens.

1039 S. oben § 3 IV. 3. c. aa.

(2) Das Zurechnungsmodell als systemkonforme Anwendung der Abkommen bei der hybriden KGaA

(a) Trennung von Einkünftequalifikation und Einkünftezurechnung

Ebenso wie die vollständige abkommensrechtliche Gleichstellung der KGaA mit einer Mitunternehmerschaft auszuschließen ist, kann die KGaA auch abkommensrechtlich nicht gänzlich uneingeschränkt als Kapitalgesellschaft behandelt werden. Zumindest dann nicht, wenn das Verhältnis zwischen der KGaA und ihrem persönlich haftenden Gesellschafter betroffen ist. Anders als im Verhältnis zu ihren Kommanditaktionären wird der Unternehmensgewinn der KGaA den Komplementären unmittelbar zugerechnet. Die abkommensrechtliche Einordnung der KGaA als Kapitalgesellschaft kann mithin nicht zu der Annahme führen, dass der persönlich haftende Gesellschafter wie die Kommanditaktionäre aus Abkommenssicht Dividenden bezieht. Die Ursache der Einkünfte des Komplementärs ist insoweit nicht eine Gewinnausschüttung der KGaA aufgrund eines Gewinnverteilungsbeschlusses, sondern vielmehr die Geschäftstätigkeit der KGaA selbst.

Der strikten Trennung zwischen Einkünftequalifikation und Einkünftezurechnung kommt hier eine wesentliche Bedeutung zu. Die Einkünftezurechnung hat nach innerstaatlichem Recht zu erfolgen.[1040] Sie ist in der Regel nicht Gegenstand der Doppelbesteuerungsabkommen.[1041] Maßgebend ist das Recht des Anwenderstaates. Die KGaA ist im Verhältnis zu ihrem persönlich haftenden Gesellschafter unter Zurechnungsgesichtspunkten nach innerstaatlichem Recht wie eine Mitunternehmerschaft zu behandeln. Dem persönlich haftenden Gesellschafter sind die Gewinne der KGaA unmittelbar anteilig zuzurechnen. Daraus folgt auf innerstaatlicher Ebene, dass die Qualifikation eines Geschäftsvorfalls auf Ebene der KGaA auch für die Ebene des persönlich haftenden Gesellschafters maßgebend ist, denn sie stammen aus derselben Einkunftsquelle – dem Gewerbebetrieb der KGaA.[1042] Nichts an-

1040 BFH v. 29.10.1997 – I R 35/96, BStBl. 1998, 235 juris Rn. 18; v. 24.03.1999 – I R 114/97, BStBl. 2000, 399 juris Rn. 42. In Bezug auf die Einkünftezurechnung bei der KGaA: BFH v. 19.05.2010 – I R 62/09, BFH/NV 2010, 1919 juris Rn. 25.

1041 BFH v. 29.10.1997 – I R 35/96, BStBl. 1998, 235 juris Rn. 18; v. 24.03.1999 – I R 114-97, BStBl. 2000, 399 juris Rn. 42; *Lüdicke*, IStR 2011, 91 (93); *Drüen*, in: Blümich, § 4 EStG Rn. 26 (Stand 05/2020).

1042 So auch FG München v. 25.10.2018 – 13 K 1241/17, EFG 2019, 267. Im Grunde entspricht das auf innerstaatlicher Ebene der sogenannten Wurzeltheorie. Diese Theorie wird auch auf Abkommensebene fruchtbar gemacht. Aus der Zusammenschau

deres kann im Abkommensrecht gelten. Als Ursache der Einkünfte sowohl der KGaA als auch ihres Komplementärs ist aufgrund der unmittelbar erfolgenden innerstaatlichen Zurechnung der Gewinne an den Komplementär das Unternehmen der KGaA – also deren Geschäftstätigkeit – zu identifizieren. Da den Einkünften dieselbe Ursache zugrunde liegt, können diese abkommensrechtlich auch nur einheitlich qualifiziert werden. Wenn die KGaA also zum Beispiel im abkommensrechtlichen Sinne Zinsen erzielt, stellen diese auch Zinseinkünfte beim persönlich haftenden Gesellschafter dar (die allerdings innerstaatlich auf Grund der besonderen Anordnung in § 15 Abs. 1 S. 1 Nr. 3 EStG zu gewerblichen Einkünften führen). Erzielt die KGaA im abkommensrechtlichen Sinne Unternehmensgewinne, erzielt auch der persönlich haftende Gesellschafter Unternehmensgewinne. Zwar erzielt er selbst keine *eigenen* Unternehmensgewinne durch den Betrieb eines *eigenen* Unternehmens. Er ist aber anteilig an den Unternehmensgewinnen der KGaA beteiligt, da die KGaA im Rahmen der Einkünftezurechnung bezogen auf den persönlich haftenden Gesellschafter nach innerstaatlichem Recht wie eine Mitunternehmerschaft zu behandeln ist. Das ergibt sich nicht aus der innerstaatlichen Qualifikation der Einkünfte des persönlich haftenden Gesellschafters als Einkünfte aus Gewerbebetrieb, sondern aus der hybriden Rechtsform der KGaA und der damit einhergehenden teilweisen Behandlung als Personengesellschaft im Sinne einer „Teiltransparenz"[1043]. Da sich die Einkünftezurechnung nach innerstaatlichem Recht richtet, erfolgt sie entsprechend unter teiltransparenten Gesichtspunkten. Sofern die KGaA Unternehmensgewinne durch Geschäftstätigkeit erzielt, gilt diese Einordnung demnach auch für den persönlich haftenden Gesellschafter.

---

von § 15 Abs. 1 S. 1 Nr. 3 EStG und § 9 Abs. 1 Nr. 1 KStG ergebe sich, dass jegliche Einnahmen und Ausgaben der KGaA an „der Wurzel" aufzuspalten und jeweils der KGaA sowie ihrem persönlich haftenden Gesellschafter anteilig zuzuweisen seien. In Bezug auf Art. 7 OECD-MA könne sich nichts anderes ergeben. Der „Unternehmensgewinn" sei anteilig aufzuspalten. So BFH v. 17.10.1990 – I R 16/89, BStBl. II 1991, 211; *Schaumburg/Schulte*, Die KGaA, Rn. 177; *Wassermeyer*, in: FS Herzig, S. 897 (905); *Wassermeyer*, in: Wassermeyer, DBA, Art. 7 OECD-MA Rn. 143 (Stand 10/2013); *Engel*, in: Die Kommanditgesellschaft auf Aktien, § 9 Rn. 191 ff. Dem ist auch insoweit zuzustimmen, als der Unternehmensgewinn anteilig dem Komplementär zuzurechnen ist und das auch auf Abkommensebene – mangels abweichender, spezieller Zurechnungsregelung – gelten muss. Der Schlussfolgerung, die überwiegend hieraus gezogen wird, dass der Komplementär daher als Unternehmer im Sinne des Abkommens anzusehen ist, kann hingegen aus den oben genannten Gründen nicht gefolgt werden.

1043 S. oben § 2 III. 6.

Überdies erfordert der Wortlaut des Art. 7 Abs. 1 OECD-MA auch nur das Vorliegen von „Gewinnen eines Unternehmens". Diese erzielt der persönlich haftende Gesellschafter, denn die Gewinne aus der Geschäftstätigkeit und damit dem Unternehmen der KGaA werden ihm unmittelbar zugerechnet. Die Verteilungsnorm des Art. 7 Abs. 1 OECD-MA selbst erfordert hingegen nicht das Vorliegen einer Geschäftstätigkeit. Diese wird erst in Art. 3 Abs. 1 Buchst. c) OECD-MA erforderlich und ist Bestandteil der abkommensimmanenten Definition des Begriffs „Unternehmen". Art. 7 OECD-MA knüpft hingegen an das Objekt „Unternehmen" und nicht an ein Subjekt „Unternehmer" an.[1044] Der Wortlaut des Art. 7 OECD-MA müsste andernfalls lauten „Gewinne eines *Unternehmers* eines Vertragsstaates können nur in diesem Staat besteuert werden, es sei denn, der *Unternehmer* übt seine Geschäftstätigkeit im anderen Staat durch eine dort belegene Betriebsstätte aus." Ähnlich wie die deutsche Gewerbesteuer hat Art. 7 OECD-MA damit objektsteuerähnlichen Charakter. Letztlich ist demnach die abkommensrechtliche Qualifikation der Einkünfte auf Ebene der KGaA mitentscheidend für die Qualifikation der Einkünfte des persönlich haftenden Gesellschafters.

(b) Keine Zurechnung des Unternehmens der KGaA an den einzelnen persönlich haftenden Gesellschafter

Der Unterschied zu Mitunternehmerschaften liegt in der Zurechnung des Unternehmens selbst. Da Personengesellschaften nach deutscher Sichtweise steuerlich nicht existent sind, erwirtschaften die Mitunternehmer die Unternehmensgewinne in gesamthänderischer Verbundenheit. Anders liegt der Fall bei der KGaA. Zwischen der KGaA und ihrem persönlich haftenden Gesellschafter existiert weder Gesamthandsvermögen noch besteht eine Mitunternehmerschaft.[1045] Die KGaA betreibt allein ihr Unternehmen. Der Komplementär partizipiert lediglich an den Unternehmensgewinnen. Das Unternehmen ist folglich aus deutscher Sicht auch dem Staat zuzurechnen, in dem die KGaA ansässig ist. Das führt zu der für Doppelbesteuerungsabkommen ungewöhnlichen Situation, dass der persönlich haftende Gesellschafter Unternehmensgewinne erzielt, ohne dass er ein eigenes Unternehmen betreibt. Dieses Ergebnis relativiert sich jedoch durch die nach Art. 3 Abs. 1 Buchst. d) OECD-MA vorgeschriebene Zurechnung des Unternehmens zu dem Ver-

---

1044 S. auch *Wassermeyer*, in: Wassermeyer/Richter/Schnittker, Personengesellschaften im Internationalen Steuerrecht, Rn. 2.32.

1045 Zur Vermögensstruktur der KGaA s. oben unter § 2 III. 6. b. aa. (2).

tragsstaat, in dem der Unternehmer ansässig ist. Unternehmer ist vorliegend die KGaA. Das Besteuerungsrecht an den Unternehmensgewinnen des persönlich haftenden Gesellschafters stünde im Ergebnis dem Ansässigkeitsstaat der KGaA zu. Die Ansässigkeit der KGaA verdrängt damit in gewisser Weise die Ansässigkeit des persönlich haftenden Gesellschafters im anderen Staat. Obwohl dieser dort ansässig ist und Unternehmensgewinne erzielt, steht diesem Staat das Besteuerungsrecht nicht zu, denn er ist nicht Ansässigkeitsstaat des Unternehmers (hier der KGaA) im Sinne des Art. 3 Abs. 1 Buchst. d) OECD-MA.

(3) Zwischenfazit

Der persönlich haftende Gesellschafter einer KGaA erzielt damit aus abkommensrechtlicher Sicht Unternehmensgewinne im Sinne des Art. 7 Abs. 1 OECD-MA, soweit die Einkünfte nicht den speziellen Verteilungsartikeln des Abkommens unterfallen. Das Besteuerungsrecht an diesen Einkünften steht in der Regel aber dem Sitzstaat der KGaA als Unternehmensstaat im Sinne des Art. 3 Abs. 1 Buchst. d) OECD-MA zu. Der Rückgriff auf Art. 21 OECD-MA (Andere Einkünfte) als Auffangtatbestand – wie von einigen Autoren jüngst angenommen[1046] – ist mithin nicht zulässig. Dieser greift nur in Ausnahmefällen, wenn kein anderer Verteilungsartikel einschlägig ist. Die Einkünfte des persönlich haftenden Gesellschafters können aber – wie auch die der KGaA – als Unternehmensgewinne im Sinne des Art. 7 Abs. 1 OECD-MA qualifiziert werden.

ee. Zurechnung der Betriebsstättengewinne der KGaA an den persönlich haftenden Gesellschafter auf Abkommensebene

Der vermeintliche Widerspruch, dass Unternehmensgewinne durch eine ansässige Person erzielt werden, ohne dass diese das Unternehmen im Ansässigkeitsstaat betreibt, relativiert sich weiter in Anbetracht des Vorrangs der Betriebsstättenbesteuerung. Liegen Unternehmensgewinne im Sinne des Abkommens vor, steht das Besteuerungsrecht grundsätzlich dem Staat des Unternehmens zu (Art. 7 Abs. 1 S. 1, 1. Halbsatz OECD-MA). Etwas anderes gilt dann, wenn das Unternehmen seine Geschäftstätigkeit im anderen Staat

---

1046 *Wassermeyer*, IStR 2012, 222 (225); Kollruss, IStR 2018, 224 (229 ff.); *Hagemann*, StuW 2019, 280 (290).

durch eine dort belegene Betriebsstätte ausübt (Art. 7 Abs. 1 S. 1, 2. Halbsatz OECD-MA). Die Betriebsstättengewinne können im anderen Staat (Betriebsstättenstaat) besteuert werden (Art. 7 Abs. 1 S. 2 OECD-MA). Im Gegenzug stellt der Unternehmensstaat die Betriebsstättengewinne von der Besteuerung frei (Art. 23 A Abs. 1 OECD-MA). Bei den Einkünften des persönlich haftenden Gesellschafters stellt sich die Frage, ob auch Betriebsstätteneinkünfte der KGaA als solche dem persönlich haftenden Gesellschafter zugerechnet werden und ob in der Folge auch die Steuerfreistellung der Betriebsstätteneinkünfte für ihn gilt. Dem könnte erneut entgegenstehen, dass der persönlich haftende Gesellschafter nicht selbst Betreiber des Unternehmens ist und dementsprechend auch nicht „seine Geschäftstätigkeit im anderen Staat durch eine dort belegene Betriebsstätte ausübt".

Allerdings ist auch hier die Trennung zwischen Einkünftequalifikation und Einkünftezurechnung zu beachten. Die KGaA erzielt „Betriebsstättengewinne". Diese sind dem Komplementär anteilig zuzurechnen. Die Anknüpfung des Abkommens an den Betriebsstättenbegriff hat objektsteuerähnlichen Charakter. Es wird nicht an die Person der Einkünfteerzielung angeknüpft, sondern an die Unternehmensgewinne als Gewinne aus einer Betriebsstätte. Die Zurechnung der Betriebsstättengewinne an den persönlich haftenden Gesellschafter ist damit möglich. Entscheidend ist, dass Betriebsstättengewinne vorliegen. Diese Einordnung wird auf Ebene der KGaA getroffen. Werden diese in der Folge nach innerstaatlichem Recht einer abkommensberechtigten Person zugerechnet und unterliegen bei dieser der Besteuerung, finden Artt. 7 und 23 A OECD-MA auch bei dieser Person Anwendung. Letztlich sind damit auch auf Ebene des Komplementärs die Betriebsstätteneinkünfte steuerfrei zu stellen. Das freilich nur, sofern der Komplementär auch dem Anwendungsbereich des Abkommens unterfällt.

An diesen Zurechnungsgedanken knüpfen im Grunde auch die Ansätze von Wassermeyer und Kollruss an. Auch sie ordnen die KGaA als alleinige Betreiberin eines Unternehmens im Sinne des Art. 7 OECD-MA ein.[1047] Allerdings gehen sie davon aus, dass Steuerbefreiungen auf Ebene der KGaA vollständig zur Anwendung und erst über die nachgelagerte Zurechnung auch dem persönlich haftenden Gesellschafter zugute kommen. Zwar könne nur die KGaA selbst die Merkmale einer Unternehmenstätigkeit erfüllen und

1047 *Wassermeyer*, in: Wassermeyer, DBA, Art. 7 OECD-MA Rn. 141 (Stand 10/2013); Kollruss, IStR 2018, 224 (227).

auch nur sie sei in der Lage, eine Betriebsstätte zu betreiben, dennoch partizipiere der Komplementär an einer etwaigen Steuerbefreiung der KGaA.[1048]

Wassermeyer stellt dabei auf die innerstaatliche Zurechnung der Einkünfte ab. Die Einkünfte erziele zwar die KGaA, diese würden dem Komplementär jedoch als eigene steuerrechtlich zugerechnet.[1049] Abkommensrechtliche Vorteile, die bei der KGaA ansetzen, seien auf den persönlich haftenden Gesellschafter ebenfalls anzuwenden.[1050] Die Steuerfreistellung habe vollständig auf Ebene der KGaA zu erfolgen und dem Komplementär sei erst in einem nächsten Schritt der Anteil des um diese Steuerfreistellung gekürzten Gewinns zuzurechnen.[1051] Kollruss stützt seine These hingegen überwiegend auf den Wortlaut des Methodenartikels (Art. 23 A oder Art. 23 B OECD-MA), der auf den Begriff des „Beziehers" der Einkünfte abstelle.[1052] Die KGaA als Bezieherin der Einkünfte sei das originäre Einkünfteerzielungssubjekt im Sinne des Doppelbesteuerungsabkommens. Eine weitere nachgelagerte steuerliche Zurechnung ändere hieran nichts.[1053] Ausschließlich die KGaA selbst sei abkommensrechtlich originäre Bezieherin der Unternehmenseinkünfte. Folglich sei auch ihr die vollständige Steuerfreistellung zu gewähren. Nur der danach verbleibende Gewinn sei anteilig dem Komplementär zuzuweisen.[1054]

Diese Sichtweise bewirkt letztlich faktisch ebenfalls eine Steuerfreistellung der Einkünfte auch auf Ebene des Komplementärs. Der Unterschied zwischen den Ansätzen Wassermeyers und Kollruss sowie dem hier vertretenen Ansatz besteht in der Zurechnung bereits „steuerbefreiter" Gewinne. Nach dem hier aufgezeigten Zurechnungsmodell erfolgt keine Zurechnung „steuerbefreiter" Gewinne, sondern die Steuerbefreiung findet auf Ebene des persönlich haftenden Gesellschafters – als neben der KGaA abkommensberechtigten Person – selbst statt. Die KGaA kann die jeweilige Steuerfreistellung nur insoweit in Anspruch nehmen, als der inländische Steueranspruch reicht. Die Voraussetzungen für eine Steuerbefreiung muss der Komplementär sodann grundsätzlich selbst erfüllen, es sei denn, dass Abkommen ordnet anderweitiges an. Das ist auch konsequent, denn der Komplementär ist neben der KGaA ebenfalls eine abkommensberechtigte Person.

1048 *Wassermeyer*, Ubg 2011, 47 (51); Kollruss, IStR 2018, 224 (227).
1049 *Wassermeyer*, Ubg 2011, 47 (51).
1050 *Wassermeyer*, Ubg 2011, 47 (51).
1051 *Wassermeyer*, Ubg 2011, 47 (51).
1052 *Kollruss*, IStR 2018, 224 (225).
1053 *Kollruss*, IStR 2018, 224 (225)
1054 *Kollruss*, IStR 2018, 224 (227).

e. Ergebnis

Die abkommensrechtliche Einkünftequalifikation für die KGaA und ihren persönlich haftenden Gesellschafter hat einheitlich auf Ebene der Einkunftsquelle zu erfolgen. Abkommensrechtlich erzielen die KGaA und der persönlich haftende Gesellschafter – ähnlich einer Mitunternehmerschaft – dieselbe Art von Einkünften. Die Zurechnung der jeweiligen Anteile an diesen Einkünften richtet sich – vorbehaltlich etwaiger abkommensrechtlicher Spezialregelungen – nach innerstaatlichem Recht. Da die abkommensrechtliche Steuerbefreiung der Einkünfte durch einen der Vertragstaaten nach Sinn und Zweck der Doppelbesteuerungsabkommen immer der Person zugute kommen sollte, die letztlich mit den erzielten Einkünften der Besteuerung unterliegt, ist die Steuerfreistellung auch jeweils für diese Person zu prüfen. Bei der KGaA führt das dazu, dass zwar sowohl die KGaA als auch der Komplementär die Einkünfte aus ein und derselben Einkunftsquelle beziehen und damit auch der Art nach dieselben Einkünfte erzielen. Die Steuerbefreiung ist jedoch für die beteiligten abkommensberechtigten Personen jeweils gesondert zu prüfen. Sie müssen die Voraussetzungen der Methodenartikel (Artt. 23 A, 23 B OECD-MA) *in persona* erfüllen.

3. Abkommensrechtliche Lösung der Beispielsfälle aus § 4 anhand des OECD-Musterabkommens und der gewonnenen Erkenntnisse

Im Folgenden soll anhand der in § 4 bereits dargestellten Inbound-, Outbound- und Betriebsstätten-Konstellationen gezeigt werden, dass das gefundene Ergebnis auf Abkommensebene zu systemgerechten Ergebnissen führt. Es soll dabei davon ausgegangen werden, dass beide Vertragsstaaten die KGaA einerseits als Steuersubjekt einstufen und andererseits ihren persönlich haftenden Gesellschafter mitunternehmerähnlich besteuern. Kurz gesagt: Es soll kein Qualifikationskonflikt vorliegen. Zudem entspricht das von den Vertragsstaaten geschlossene Abkommen dem OECD-Musterabkommen. Zum Vergleich sollen zudem den Lösungen nach dem hier vertretenen Zurechnungsmodell die Lösungen vergleichbarer Fälle – soweit vorhanden – in Literatur und Rechtsprechung gegenübergestellt werden.

a. Inbound-Konstellationen

Beispiel 1 (Inbound I): Eine in Deutschland ansässige KGaA verfügt über eine in Deutschland belegene Betriebsstätte. Der persönlich haftende Gesellschafter der KGaA ist im Ausland ansässig.

Im vorstehenden Beispiel ist die KGaA in Deutschland gem. § 1 Abs. 1 S. 1 KStG unbeschränkt steuerpflichtig. Sie ist damit in Deutschland ansässig und somit abkommensberechtigt (Art. 4 Abs. 1 OECD-MA). Als Betreiberin des Unternehmens in Deutschland erzielt sie Unternehmensgewinne im Sinne des Art. 7 OECD-MA. Soweit die Unternehmensgewinne bei der KGaA der Besteuerung unterfallen (also abzüglich des auf den Komplementär entfallenden Gewinnanteils), steht Deutschland das Besteuerungsrecht als Unternehmensstaat gem. Art. 7 OECD-MA auch zu.

Der Komplementär der KGaA ist in Deutschland mit den in der Betriebsstätte erwirtschafteten Gewinnen beschränkt steuerpflichtig nach § 49 Abs. 1 Nr. 2 Buchst. a) EStG. Er ist aufgrund seines Wohnsitzes im Ausland in diesem Staat ansässig und somit abkommensberechtigt (Art. 4 Abs. 1 OECD-MA). Zwar betreibt er selbst kein Unternehmen, aus Sicht Deutschlands sind ihm jedoch Anteile an den Unternehmensgewinnen der KGaA unmittelbar zuzurechnen. Er erzielt folglich ebenfalls Unternehmensgewinne im Sinne des Abkommens. Unternehmensstaat ist jedoch nicht das Ausland (mangels *eigenen* Unternehmens des Komplementärs) sondern Deutschland als Ansässigkeitsstaat der Unternehmerin (KGaA). Folglich steht Deutschland auch an diesen Gewinnen das Besteuerungsrecht zu.

Würde man stattdessen der Sichtweise des BFH von 1990 folgen und dem Komplementär ein eigenes Unternehmen zugestehen, ergebe sich im Ergebnis kein Unterschied.[1055] Denn der Gewinn stammt aus einer deutschen Betriebsstätte. Zwar wäre das Ausland Unternehmensstaat des Komplementärs, dennoch hätte der Betriebsstättenstaat das Besteuerungsrecht. Folglich stünde auch hier Deutschland als Betriebsstättenstaat das Besteuerungsrecht zu.

Beispiel 2 (Inbound II): Eine in Deutschland ansässige KGaA verfügt über eine im Ausland belegene Betriebsstätte. Der persönlich haftende Gesellschafter der KGaA ist ebenfalls in diesem Ausland ansässig. Er führt

1055 Dem Urteil lag ein dem Beispiel 1 entsprechender Fall zugrunde. S. BFH v. 17.10.1990 – I R 16/89, BStBl. II 1991, 211.

die Geschäfte der KGaA von seinem ausländischen Wohnsitz aus. Eine in Deutschland belegene Betriebsstätte der KGaA existiert nicht.

Für die KGaA ergibt sich zunächst kein Unterschied zur Lösung von Beispiel 1. Sie ist auch hier in Deutschland unbeschränkt steuerpflichtig, ansässig und damit abkommensberechtigt. Sie erzielt Unternehmensgewinne. Allerdings stammen diese aus einer im Ausland belegenen Betriebsstätte, sodass gem. Art. 7 Abs. 1 S. 1, 2. Halbsatz und S. 2 OECD-MA dem Betriebsstättenstaat das Besteuerungsrecht zusteht. Deutschland stellt insoweit die Einkünfte frei (Art. 23 A Abs. 1 OECD-MA). Für den persönlich haftenden Gesellschafter der KGaA besteht der Unterschied zum Beispiel 1 darin, dass mangels deutscher Betriebsstätte eine beschränkte Steuerpflicht in Deutschland gar nicht erst besteht. Damit stehen sich insoweit keine Steueransprüche zweier Staaten gegenüber. Der Anwendung eines Doppelbesteuerungsabkommens bedarf es in diesem Fall nicht. Folglich ist auch die bloß teilweise Freistellung der Betriebsstättengewinne auf Ebene der KGaA konsequent. Denn der Anteil an den Gewinnen, der über § 9 Abs. 1 Nr. 1 KStG dem persönlich haftenden Gesellschafter im Ausland zuzurechnen ist, unterfällt mangels beschränkter Steuerpflicht des Komplementärs in Deutschland schon gar nicht der deutschen Besteuerung.

Anders geht Kollruss vor.[1056] Ihm zufolge ist die KGaA auf Abkommensebene als juristische Person das originäre Einkünfteerzielungssubjekt. Das soll zur Folge haben, dass nur sie sich damit abkommensrechtlich als Bezieherin der ausländischen Betriebsstätteneinkünfte qualifiziert und nicht daneben auch der Komplementär. Auf Ebene der „ersten DBA-Anwendung" in Bezug auf die KGaA käme es zu einer Freistellung der Betriebsstätteneinkünfte durch Deutschland in voller Höhe. Über die nachgelagerte Gewinnzurechnung an den KGaA-Komplementär wirke sich die von der KGaA realisierte DBA-Freistellung im Rahmen der Gewinnermittlung grundsätzlich aus.[1057] Allerdings sei hier zu beachten, dass mangels inländischer Betriebsstätte schon gar keine beschränkte Steuerpflicht des Komplementärs vorliege. Die von der KGaA realisierte DBA-Freistellung wirke sich daher nicht „tatsächlich" beim KGaA-Komplementär aus.

1056 Vgl. Kollruss, IStR 2018, 224 (229), 4.3 Fall 3: Ausländische Betriebsstätte der KGaA im Ansässigkeitsstaat des KGaA-Komplementärs.

1057 Kollruss, IStR 2018, 224 (228 f.).

Abwandlung Beispiel 2: Die KGaA verfügt nunmehr nur über eine Betriebsstätte in einem anderen Ausland (Ausland B), in dem der persönlich haftende Gesellschafter (wohnhaft in Ausland A) nicht ansässig ist.

Für Deutschland ergibt sich in der Abwandlung zur im Grundfall aufgezeigten Lösung kein Unterschied. Lediglich das anwendbare Doppelbesteuerungsabkommen bei der KGaA ist nunmehr das Abkommen zwischen Deutschland und dem Ausland B. In Bezug auf den Komplementär der KGaA fehlt es aus deutscher Sicht weiter an einem für die beschränkte Steuerpflicht erforderlichen Anknüpfungspunkt (*genuine link*). Allerdings stünden sich in Bezug auf den Komplementär nun die Steueransprüche des Auslands A und des Auslands B gegenüber (sofern Ausland B für eine beschränkte Steuerpflicht an das Vorhandensein einer Betriebsstätte anknüpft und diese auch dem Komplementär anteilig zurechnet). Das zwischen diesen beiden Staaten geschlossene Abkommen wäre anzuwenden.[1058] Damit bedarf es aber für die Qualifikation der Einkünfte des persönlich haftenden Gesellschafters des Rückgriffs auf die KGaA als Unternehmen. Das ist insoweit zunächst verwunderlich, als die KGaA gar keine abkommensberechtigte Person des Doppelbesteuerungsabkommens zwischen Ausland A und Ausland B ist. Die Einkunftsquelle (Unternehmen der KGaA) liegt damit aus Sicht der Anwenderstaaten Ausland A und Ausland B in einem Drittstaat (Deutschland). Allerdings wird dieses Unternehmen eben teilweise durch die Betriebsstätte im Ausland B betrieben, sodass hier letztlich die originäre Einkunftsquelle der betreffenden Einkünfte liegt. Betriebsstättengewinne sind aber immer als Unternehmensgewinne zu erfassen. Das belegen schon die in den speziellen Verteilungsartikeln enthaltenen Betriebsstättenvorbehalte. Letztlich schlägt also auch die Qualifikation als Betriebsstättengewinne im vorliegenden Beispiel auf den persönlich haftenden Gesellschafter der KGaA durch. Dem Betriebsstättenstaat (Ausland B) ist das Besteuerungsrecht zuzuordnen. Ausland A würde die Einkünfte freistellen. Nach Kollruss erfolgt die Lösung dieses Falls[1059] analog zu seiner Lösung zum Grundfall (Beispiel 2).

1058 Für die Lösung des Beispiels ist auch bei diesem Abkommen davon auszugehen, dass es dem OECD-MA entspricht.

1059 Vgl. Kollruss, IStR 2018, 224 (228), 4.2 Fall 2: Ausländischer KGaA-Komplementär/ausländische DBA-Betriebsstätte der KGaA.

b. Outbound-Konstellationen

Beispiel 3 (Outbound I): Eine im Ausland ansässige KGaA verfügt über eine in Deutschland belegene Betriebsstätte. Der persönlich haftende Gesellschafter ist ebenfalls in Deutschland ansässig.

In Outbound-Konstellationen ändert sich die Ausgangslage insoweit, als dass nunmehr die KGaA sowohl unbeschränkt als auch beschränkt steuerpflichtig sein kann. Entscheidend ist dabei, aus welchem Staat die Geschäftsleitung der KGaA tatsächlich erfolgt. Ist die KGaA nach dem Abkommen aber im Ausland ansässig, steht grundsätzlich dem Ausland als Unternehmensstaat das Besteuerungsrecht an den Unternehmensgewinnen zu (Art. 7 Abs. 1 S. 1, 1. Halbsatz OECD-MA). Da die Gewinne aber durch eine in Deutschland belegene Betriebsstätte erzielt werden, steht wiederum Deutschland das Besteuerungsrecht zu (Art. 7 Abs. 1 S. 1, 2. Halbsatz und S. 2 OECD-MA). Der Komplementär ist im vorliegenden Fall unbeschränkt steuerpflichtig in Deutschland. Damit ist er auch in Deutschland ansässig und somit abkommensberechtigt. Er erzielt ebenso wie die KGaA im Sinne des Abkommens Unternehmensgewinne. Das Besteuerungsrecht an den Unternehmensgewinnen stünde im Grunde dem Ausland als Unternehmensstaat zu. Aufgrund der Betriebsstätte in Deutschland gilt jedoch auch hier der Vorrang des Betriebsstättenstaates. Deutschland stünde mithin das Besteuerungsrecht an den Einkünften des Komplementärs zu.

Erneut ergibt sich kein Unterschied zu der Sichtweise des BFH von 1990. Denn dieser hätte dem persönlich haftenden Gesellschafter ein eigenes Unternehmen zugesprochen. Der Betriebsstättenvorbehalt wäre nicht zur Anwendung gelangt, da die Betriebsstätte und das hiernach anzunehmende Unternehmen des Komplementärs beide im selben Staat liegen. Im Ergebnis stände auch hier Deutschland das Besteuerungsrecht zu.

Auch Kollruss kommt unter Anwendung seines Lösungsansatzes[1060] zu dem Ergebnis, dass Deutschland das Besteuerungsrecht sowohl an den Einkünften der KGaA als auch an dem Gewinnanteil des Komplementärs zusteht. Auf Ebene der KGaA ergibt sich bis auf die vollständige Gewährung der Freistellung der Betriebsstätteneinkünfte kein Unterschied zum Ansatz des hier vertretenen Zurechnungsmodells. Auf Ebene des Komplementärs besteht jedoch der Unterschied, dass Kollruss hier vom Vorliegen „Anderer Einkünfte“ im Sinne des Art. 21 Abs. 1 OECD-MA ausgeht. Im Ergebnis steht jedoch

1060 Vgl. Kollruss, IStR 2018, 224 (232), 4.5 Fall 5: Beschränkt steuerpflichtige ausländische KGaA mit inländischem KGaA-Komplementär.

ebenfalls Deutschland als Ansässigkeitsstaat das Besteuerungsrecht zu. Allerdings läuft auch hier letztlich die Anwendung des Abkommens auf den Komplementär ins Leere, da bereits vollumfänglich auf Ebene der KGaA freigestellt wurde.

Beispiel 4 (Outbound II): Eine im Ausland ansässige KGaA verfügt über eine im Ausland belegene Betriebsstätte. Der persönlich haftende Gesellschafter ist in Deutschland ansässig. Eine in Deutschland belegene Betriebsstätte existiert nicht.

Die KGaA kann in einem solchen Fall nur unbeschränkt steuerpflichtig sein, wenn der persönlich haftende Gesellschafter die tatsächliche Geschäftsleitung in Deutschland ausübt. Tut er das nicht, sondern führt die Geschäfte der KGaA aus deren Sitzstaat heraus, liegt keine unbeschränkte Steuerpflicht der ausländischen KGaA vor. Mangels inländischer Betriebsstätte kann sie auch nicht der beschränkten Steuerpflicht unterfallen. Es entstünde bezogen auf die KGaA keine doppelte Besteuerung, sodass das Abkommen insoweit nicht anwendbar wäre. Der Komplementär ist hingegen in Deutschland unbeschränkt steuerpflichtig. Die deutsche Steuerpflicht umfasst auch die ausländischen anteiligen Betriebsstätteneinkünfte aus dem Unternehmen der ausländischen KGaA. Diese Einkünfte stellen abkommensrechtlich beim persönlich haftenden Gesellschafter Unternehmensgewinne dar, die in der Folge vom Unternehmensstaat zu besteuern sind. Unternehmensstaat ist der Sitzstaat der KGaA. Diesem kommt das Besteuerungsrecht zu. Zu keinem anderen Ergebnis käme der BFH mit seiner Sichtweise von 1990.[1061] Demnach lägen ausländische Betriebsstätteneinkünfte eines inländischen Unternehmens vor. Das Besteuerungsrecht stünde dem Betriebsstättenstaat – also ebenfalls dem Ausland – zu.

Kollruss verneint in diesem Fall[1062] bereits das Vorliegen einer Steuerpflicht der KGaA in Deutschland. Auf die Möglichkeit einer unbeschränkten Steuerpflicht geht er nicht ein. Als Folge der mangelnden Steuerpflicht fände konsequenterweise auch kein Abkommen bei der KGaA Anwendung. Ein „Durchschlagen“ etwaiger Steuerbefreiungen der KGaA käme folglich ebenfalls nicht in Betracht. An dem Gewinnanteil des persönlich haftenden Ge-

1061 Dem Urteil lag eben dieser Fall in umgekehrter Konstellation vor. Dort war Sitzstaat der KGaA Deutschland und auch die Betriebsstätte war in Deutschland belegen. Lediglich der Komplementär war in der Schweiz ansässig. S. BFH v. 17.10.1990 – I R 16/89, BStBl. II 1991, 211.

1062 Vgl. Kollruss, IStR 2018, 224 (230), 4.4 Fall 4: Ausländische KGaA mit inländischem KGaA-Komplementär.

sellschafters stehe nach Art. 21 Abs. 1 OECD-MA grundsätzlich Deutschland als Ansässigkeitsstaat das Besteuerungsrecht zu. Da allerdings dieser Gewinnanteil einer Betriebsstätte entstammt, soll auch hier dem Betriebsstättenstaat das Besteuerungsrecht zustehen (Art. 21 Abs. 2 OECD-MA). Deutschland würde folglich die Einkünfte freistellen (Art. 23A Abs. 1 OECD-MA).

c. Betriebsstätten-Fälle

Beispiel 5 (Betriebsstätte I): Eine in Deutschland ansässige KGaA verfügt über eine im Ausland belegene Betriebsstätte. Der persönlich haftende Gesellschafter ist in Deutschland ansässig.

Die KGaA ist in diesem Fall wie auch in Beispiel 1 und 2 in Deutschland unbeschränkt steuerpflichtig, ansässig und damit abkommensberechtigt. Durch ihre Betriebsstätte erwirtschaftet die KGaA Unternehmensgewinne im Sinne des Art. 7 Abs. 1 OECD-MA im Ausland. Das Besteuerungsrecht steht nach dem Betriebsstättenprinzip dem Belegenheitsstaat der Betriebsstätte zu (Art. 7 Abs. 1 S. 1, 2. Halbsatz und S. 2 OECD-MA). Deutschland stellt diese Betriebsstättengewinne von der Besteuerung nach Art. 23A Abs. 1 OECD-MA frei, soweit sie der Besteuerung auf Ebene der KGaA unterliegen. Insoweit ergibt sich kein Unterschied zur Lösung der Beispiele 1 und 2.

Der Komplementär ist ebenfalls in Deutschland unbeschränkt steuerpflichtig, ansässig und damit abkommensberechtigt. Er erzielt Unternehmensgewinne, die im Unternehmensstaat Deutschland (Ansässigkeitsstaat der KGaA) zu besteuern sind (Art. 7 Abs. 1 S. 1, 1. Halbsatz OECD-MA). Allerdings gilt die „Qualifikation" als Betriebsstättengewinne auch für den persönlich haftenden Gesellschafter, sodass im Ergebnis dem Betriebsstättenstaat auch an diesem Gewinnanteil das Besteuerungsrecht zusteht. Zu keinem anderen Ergebnis würde wohl auch die Sichtweise des BFH von 1990 führen.

Kollruss hingegen stellt in einem derart gelagerten Fall die Betriebsstätteneinkünfte auf Ebene der KGaA vollständig steuerfrei. Dem Komplementär würden „steuerfreie DBA-Einkünfte" zugerechnet. Da diese bereits steuerbefreit seien, käme es auf die Anwendung des Doppelbesteuerungsabkommens auf Ebene des Komplementärs nicht mehr an.

Beispiel 6 (Betriebsstätte II): Eine im Ausland ansässige KGaA verfügt über eine in Deutschland belegene Betriebsstätte. Der persönlich haftende Gesellschafter ist ebenfalls im Ausland ansässig.

Die KGaA ist aufgrund ihrer Betriebsstätte mit den dort erzielten Einkünften in Deutschland beschränkt steuerpflichtig. Gleiches gilt für den persönlich haftenden Gesellschafter (§ 49 Abs. 1 Nr. 2 Buchst. a) EStG). Das Besteuerungsrecht an den Betriebsstättengewinnen steht im Ergebnis vollumfänglich Deutschland als Belegenheitsort der Betriebsstätte zu.

Abwandlung Beispiel 6: Auch dieser Fall lässt sich zu einem Drittstaaten-Fall abwandeln. Der persönlich haftende Gesellschafter ist nunmehr nicht im selben Ausland (Ausland A) wie die KGaA ansässig sondern in Ausland B.

Für die Lösung der Abwandlung auf Ebene der KGaA ergeben sich zum Ausgangsfall keine Unterschiede. In Bezug auf den Komplementär ändert sich das anwendbare Doppelbesteuerungsabkommen. Nunmehr ist nicht das Abkommen zwischen Deutschland und Ausland A anwendbar, sondern vielmehr das Abkommen zwischen Deutschland und Ausland B. Auch dieses dürfte jedoch dem Betriebsstättenprinzip folgen, sodass in der Konsequenz auch hier Deutschland als Belegenheitsort der Betriebsstätte das Besteuerungsrecht zusteht.

4. Fazit

Knüpft die Freistellung der Einkünfte – wie die Freistellung von Betriebsstätteneinkünften – an die Art der Einkünfte an (zum Beispiel „Betriebsstättengewinne"), kommen die Ansätze jeweils über ihre Wege zu demselben Ergebnis: Betriebsstätteneinkünfte sind in dem Staat zu besteuern, der Belegenheitsort der Betriebsstätte ist. Das scheint jedoch eher Ausfluss des Betriebsstättenprinzips zu sein und nicht Folge einer systemkonformen Umsetzung der KGaA-Besteuerung auf Abkommensebene. Die vorstehenden Beispiele bestätigen damit weniger die systemgerechte Funktionalität des Zurechnungsmodells, als vielmehr die des geltende Betriebsstättenprinzips. Liegt eine Betriebsstätte vor, wird – wenn auch über Umwege – immer dem Belegenheitsstaat der Betriebsstätte das Besteuerungsrecht an den Gewinnen aus dieser zustehen. Der andere Vertragsstaat hat in der Folge freizustellen.

Dass das Zurechnungsmodell die im Grunde systemgerechte Umsetzung der KGaA-Besteuerung auf Abkommensebene darstellt, zeigt sich dann, wenn die Steuerfreistellung durch einen Staat nicht nur das Vorliegen einer bestimmten „Art" an Einkünften voraussetzt, sondern zusätzlich auch die abkommensberechtigte Person gewisse Eigenschaften erfüllen muss. Ein Beispiel hierfür ist die Besteuerung von Dividendeneinkünften der KGaA durch den Quellenstaat und die damit korrespondierende Freistellung durch den Sitzstaat der KGaA.

IV. Grenzüberschreitende Dividendeneinkünfte einer KGaA

1. Abkommensrechtliche Steuerbefreiungen bei sogenannten Schachteldividenden

Ein ähnlich gelagertes Problem wie die Steuerbefreiung von Betriebsstätteneinkünften durch Deutschland auf Ebene der KGaA ergibt sich im Rahmen von Dividendeneinkünften der KGaA aus einer ausländischen Tochtergesellschaft.[1063] Es stellt sich ebenfalls die Frage, inwieweit Deutschland als Sitzstaat aufgrund des Besteuerungsrechts des Quellenstaates die Dividenen-einkünfte freistellt. Ähnlich dem innerstaatlichen Schachtelprivileg[1064] ist fraglich, ob eine solche Steuerfreistellung angesichts der innerstaatlich teiltransparenten Besteuerung der KGaA vollständig auf Ebene der KGaA gewährt werden kann oder nur anteilig gewährt wird. Der Grundfall soll dabei die inländische KGaA mit einer Beteiligung an einer ausländischen Gesellschaft erfassen. Im Grundfall sei der persönlich haftende Gesellschafter als natürliche Person ebenfalls im Inland ansässig.[1065] Eine Ausschüttung der ausländischen Tochtergesellschaft führt bei der KGaA zu Dividendeneinkünften. Abkommensrechtlich gilt als Verteilungsartikel für Dividendeneinkünfte Art. 10 OECD-MA.

1063 Die Beteiligung an ausländischen Gesellschaften stellt eine Grundform der Teilnahme am grenzüberschreitenden Wirtschaftsleben dar. Es liegt der klassische Outbound-Fall vor. Das mag der Grund sein, warum vor allem Art. 10 OECD-MA in Bezug auf die KGaA die erstinstanzliche sowie auch die bundesgerichtliche Rechtsprechung mehrfach beschäftigt hat bzw. noch beschäftigt. S. näher hierzu unten § 6 IV. 2. b. bb.

1064 S. oben § 2 III. 7. b.

1065 Der persönlich haftende Gesellschafter kann vom Grundfall abweichend zum einen auch in dem Staat der ausländischen Tochtergesellschaft ansässig sein (Staat A) oder in einem weiteren Staat (Staat B). In letzterem Fall käme ein weiteres Doppelbesteuerungsabkommen (nämlich das DBA Deutschland – Staat B) zur Anwendung, denn die Abkommen wirken grundsätzlich nur bilateral *inter partes*. Hier stellt sich dann zusätzlich die Frage, ob eine Steuerfreistellung auf eine Person „durchschlagen" kann, die nicht einmal vom Anwendungsbereich des Doppelbesteuerungsabkommens (DBA Deutschland – Staat A) erfasst ist.

2. Grenzüberschreitende Dividendeneinkünfte der KGaA

a. Behandlung grenzüberschreitender Dividendeneinkünfte im Allgemeinen

aa. Das internationale Schachtelprivileg

Art. 10 Abs. 1 OECD-MA weist das Besteuerungsrecht an Dividenden, die eine in einem Vertragsstaat ansässige Gesellschaft an eine im anderen Vertragsstaat ansässige Person zahlt, grundsätzlich zunächst dem anderen Staat zu. Zeitgleich darf unter den Voraussetzungen des Art. 10 Abs. 2 OECD-MA auch der Quellenstaat selbst besteuern. Es käme so zu einer Doppelbesteuerung. Der Verteilungsartikel enthält allerdings bereits eine Begrenzung der Quellensteuer, um eine wirtschaftliche Doppelbesteuerung einzuschränken.[1066] Konkret lautet Art. 10 OECD-MA wie folgt:

> *„Art. 10 OECD-MA*
>
> *(1) Dividenden, die eine in einem Vertragsstaat ansässige Gesellschaft an eine im anderen Vertragsstaat ansässige Person zahlt, können im anderen Staat besteuert werden.*
>
> *(2) [1]Dividenden, die von einer in einem Vertragsstaat ansässigen Gesellschaft gezahlt werden, können jedoch auch von diesem Vertragsstaat nach dem Recht dieses Staates besteuert werden; die Steuer darf aber, wenn der Nutzungsberechtigte der Dividenden eine in dem anderen Vertragsstaat ansässige Person ist, nicht übersteigen:*
>
> *a) 5 v.H. des Bruttobetrages der Dividenden, wenn der Nutzungsberechtigte eine Gesellschaft (jedoch keine Personengesellschaft) ist, die unmittelbar über mindestens 25 v.H. des Kapitals der die Dividenden zahlenden Gesellschaft verfügt;*
>
> *b) 15 v.H. des Bruttobetrags in allen anderen Fällen.*
>
> *[…]“.*

Art. 10 OECD-MA begrenzt als Verteilungsartikel somit bereits das Besteuerungsrecht des Quellenstaates und bestätigt zugleich in Abs. 1 das Besteuerungsrecht des Wohnsitzstaates des Dividendenempfängers.[1067]

1066 Vgl. *Schaumburg/Häck*, in: Internationales Steuerrecht, Rn. 19.350.
1067 *Schönfeld*, in: Schönfeld/Ditz, DBA, Art. 10 OECD-MA Rn. 1.

Das sogenannte internationale Schachtelprivileg ergibt sich sodann in Kombination mit der Freistellungsmethode in Bezug auf die Dividendeneinkünfte, die in der Regel in dem Methodenartikel des Abkommens geregelt ist (zum Beispiel Art. 22 Abs. 1 Nr. 1 D-VG). Der Wohnsitzstaat des Dividendenempfängers stellt im Sinne der Freistellungsmethode die ausländischen Schachteldividenden frei.[1068] Dieses Schachtelprivileg wird überwiegend für Konzerndividenden gewährt, bei denen eine Mehrfachbelastung mit ausländischer und inländischer Körperschaftsteuer vermieden werden soll.[1069] Ziel dieser abkommensrechtlichen Sonderbehandlung von Schachteldividenden ist es auch, direkte Auslandsinvestitionen zu fördern.[1070] Das OECD-Musterabkommen enthält in seinem Art. 23A Abs. 2 für Dividenden die Anrechnungsmethode und damit letztlich nicht das internationale Schachtelprivileg.[1071] Dennoch ist das Schachtelprivileg Bestandteil vieler – insbesondere auch deutscher – Doppelbesteuerungsabkommen.[1072] In der deutschen Verhandlungsgrundlage (D-VG) heißt es im Methodenartikel:

„*Art. 22 Beseitigung der Doppelbesteuerung im Ansässigkeitsstaat*

(1) […]

1. […] die Einkünfte [werden] von der Bemessungsgrundlage der deutschen Steuer ausgenommen. Für Dividenden gilt dies nur, wenn die Dividenden an eine in der Bundesrepublik Deutschland ansässige Gesellschaft (jedoch nicht an eine Personengesellschaft) von einer in [anderer Vertragsstaat] ansässigen Gesellschaft gezahlt werden, deren Kapital zu mindestens 10 Prozent unmittelbar der in der Bundesrepublik Deutschland ansässigen Gesellschaft gehört. […] Die in Satz 1 vorgesehene Ausnahme von der Bemessungsgrundlage gilt nicht für Dividenden […], die nach dem Recht der Bundesrepublik Deutschland einer Person zugerechnet werden, die keine in der Bundesrepublik Deutschland ansässige Gesellschaft ist.

[…]“.

1068 *Schaumburg/Häck*, in: Internationales Steuerrecht, Rn. 19.324.

1069 *Wassermeyer/Kaeser*, in: Wassermeyer, DBA, Art. 10 OECD-MA Rn. 9 (Stand 08/2014); *Schaumburg/Häck*, in: Internationales Steuerrecht, Rn. 19.350.

1070 *Schaumburg/Häck*, in: Internationales Steuerrecht, Rn. 19.324.

1071 Vgl. *Wassermeyer*, in: Wassermeyer, DBA, Art. 23A OECD-MA Rn. 80 (Stand 01/2015).

1072 Der Dividendenartikel Art. 10 der deutschen Verhandlungsgrundlage entspricht weitestgehend dem Art. 10 OECD-MA, senkt jedoch die Mindestbeteiligungsgrenze in Art. 10 Abs. 2 Nr. 1 auf 10 %.

Im Übrigen können sowohl nach dem OECD-Musterabkommen als auch nach der deutschen Verhandlungsgrundlage Streubesitzdividenden (Anteil unter 10 %) im Quellenstaat in Höhe von 15 % besteuert werden. Die hierauf im Quellenstaat entrichtete Steuer wird nach beiden Abkommen angerechnet.[1073]

bb. Empfänger der Dividende ist eine Kapitalgesellschaft

Entscheidend für die Anwendung des internationalen Schachtelprivilegs ist die Rechtsform des Dividendenempfängers. Im Falle einer Kapitalgesellschaft als Empfängerin der Dividende würde zum einen im Ausland auf Ebene der ausländischen Kapitalgesellschaft und zum anderen auf Ebene der inländischen Kapitalgesellschaft besteuert. Zum anderen träfe den Anteilseigner der inländischen Kapitalgesellschaft ebenfalls noch eine Steuerpflicht aufgrund seiner Dividendeneinkünfte. Um diese Doppelbesteuerung abzumildern, beschränkt Art. 10 Abs. 2 S. 1 Buchst. a) OECD-MA[1074] zunächst das Besteuerungsrecht des Quellenstaates auf 5 % der Dividenden, sofern der Empfänger zu mindestens 25 % (OECD-MA) bzw. 10 % (D-VG) an der ausschüttenden Kapitalgesellschaft unmittelbar beteiligt ist, und stellt im Übrigen die Schachteldividenden von der Besteuerung im Quellenstaat frei. Findet das internationale Schachtelprivileg Anwendung (Art. 22 Abs. 1 Nr. 1 S. 2 D-VG) werden die Dividenden insgesamt aus der Bemessungsgrundlage für die deutsche Körperschaftsteuer ausgenommen. Deutschland stellt die ausländischen Dividendeneinkünfte steuerfrei.

Freilich ist zu berücksichtigen, dass in Deutschland seit dem Veranlagungszeitraum 2001[1075] Ausschüttungen einer Kapitalgesellschaft an eine andere Kapitalgesellschaft bei der Ermittlung des Einkommens der empfangenden Körperschaft außer Ansatz bleiben, sofern die Beteiligung zu Beginn des Kalenderjahres unmittelbar mindestens 10 % des Grund- oder Stammkapitals betragen hat (§ 8b Abs. 1 S. 1 und Abs. 4 S. 1 KStG). Neben diesem innerstaatlichen Privileg für Schachteldividenden ist nach herrschender Mei-

---

1073 Vgl. Art. 23A Abs. 2 OECD-MA und Art. 22 Nr. 3 Buchst. a) D-VG.

1074 Bzw. Art. 10 Abs. 2 S. 1 Nr. 1 D-VG.

1075 Vollständige Neu-Fassung des § 8b KStG mit dem Gesetz zu Änderung des Investitionszulagengesetzes 1999 vom 20.12.2000, BGBl. I 2000, 1850 (1854). Zum zeitlichen Anwendungsbereich *Rengers*, in: Blümich § 8b KStG Rn. 60 (Stand 07/2019).

nung[1076] das internationale Schachtelprivileg zwar anwendbar, hat in seiner Bedeutung jedoch eingebüßt, denn § 8b Abs. 1 KStG ist sowohl auf Ausschüttungen einer inländischen Tochtergesellschaft als auch auf Ausschüttungen einer ausländischen Tochtergesellschaft anwendbar.[1077] In der Regel geht die Reichweite des innerstaatlichen Schachtelprivilegs über die des internationalen Schachtelprivilegs hinaus, sodass § 8b Abs. 1 KStG vorrangig anzuwenden ist.[1078] Ist § 8b Abs. 1 KStG anwendbar, fingiert § 8b Abs. 5 KStG als sogenannte Schachtelstrafe Betriebsausgaben in Höhe von 5 % der Dividendenausschüttung.[1079] Diese Schachtelstrafe findet gleichfalls Anwendung bei einer Steuerfreistellung nach dem DBA-Schachtelprivileg, denn § 8b Abs. 5 S. 1 KStG erfasst jegliche „Bezüge" im Sinne des § 8b Abs. 1 S. 1 KStG.[1080] Eine Begrenzung auf rein innerstaatlich bezogene Dividenden enthält der Tatbestand nicht. Vielmehr unterfallen auch von einer ausländischen Gesellschaft gezahlte Dividenden dem Begriff der „Bezüge" und das auch dann, wenn die Dividenden nach dem Abkommen in Deutschland steuerfrei zu stellen sind.[1081]

Trotz der nach innerstaatlichem Recht vorrangig anwendbaren Regelung des § 8b Abs. 1 KStG können auch weiterhin Fälle vorliegen, in denen das internationale Schachtelprivileg anzuwenden ist. Das ist zum Beispiel der Fall, wenn Einkünfte aus der Beteiligung eines stillen Gesellschafters vorliegen oder § 8b Abs. 7 und 8 KStG die Anwendung des § 8b Abs. 1 KStG ausschließen.[1082]

1076 *Watermeyer*, in: Hermann/Heuer/Raupach, § 8b KStG Rn. 30 (Stand 06/2014); *Gosch*, in: Gosch, KStG, § 8b Rn. 40, 143; *Herlinghaus*, in: Rödder/Herlinghaus/Neumann, § 8b KStG Rn. 79; *Schaumburg*, in: Internationales Steuerrecht, Rn. 18.145.

1077 *Rengers*, in: Blümich, § 8b KStG Rn. 111 (Stand 07/2019).

1078 Das ist zum Beispiel der Fall, wenn das internationale Schachtelprivileg nur unter einem Aktivitätsvorbehalt gewährt wird oder aber eine Mindestbeteiligung von 25 % (OECD-MA) erforderlich ist. S. *Schaumburg*, in: Internationales Steuerrecht, Rn. 18.145.

1079 Zur Anwendung des innerstaatlichen Schachtelprivilegs s. oben § 2 III. 7. b.

1080 So die herrschende Meinung: BFH v. 29.08.2012 – I R 7/12, BStBl. II 2013, 89 juris Rn. 16; *Gosch*, in: Gosch, KStG, § 8b Rn. 483; *Pung*, in: Dötsch/Pung/Möhlenbrock, § 8b KStG Rn. 16; *Gosch*, in: FS Herzig, 63 (85 ff.); *Schaumburg*, in: Internationales Steuerrecht, Rn. 18.145. A.A. *Hageböke*, IStR 2009, 473 ff.

1081 Vgl. *Gosch*, in: Gosch, KStG, § 8b Rn. 483.

1082 *Schaumburg*, in: Internationales Steuerrecht, Rn. 18.145.

cc. Empfänger der Dividende ist eine Personengesellschaft

Anders stellt sich die Ausgangslage bei einer Personengesellschaft, deren Gesellschafter natürliche Personen sind, als Empfängerin der ausländischen Dividenden dar. Grundsätzlich ließe es der eher weite Personenbegriff des Art. 3 Abs. 1 Buchst. a) OECD-MA zu, Personengesellschaften unter den Begriff der „Person" in Art. 10 Abs. 2 OECD-MA zu fassen. Entscheidend für die Subsumtion unter den Personenbegriff ist jedoch, dass die Dividenden nach dem innerstaatlichen Recht des Anwenderstaates als von der Personengesellschaft erzielt angesehen werden.[1083] In Deutschland gilt allerdings das Transparenzprinzip. Die Dividenden werden grundsätzlich den Gesellschaftern der Personengesellschaft anteilig zugerechnet. Die Personengesellschaft selbst ist nicht Steuersubjekt. Auf ihrer Ebene findet keine Besteuerung statt. Stattdessen wird direkt bei den Mitunternehmern besteuert. Für die einzelnen Mitunternehmer gilt sodann Art. 10 Abs. 2 S. 1 Buchst. b) OECD-MA, der die Besteuerung des Quellenstaates auf 15 % der Dividendeneinkünfte beschränkt. Im Übrigen kommt in von Deutschland abgeschlossenen Doppelbesteuerungsabkommen in der Regel die Anrechnungsmethode im Sinne des Art. 23B OECD-MA zum Zuge.[1084]

Die Gesellschafter einer Personengesellschaft können jedoch auch Kapitalgesellschaften sein. Die Personengesellschaft kann wiederrum zu 25 % (OECD-MA) bzw. 10 % (D-VG) an einer ausländischen Kapitalgesellschaft beteiligt sein, sodass die Mindestbeteiligungsgrenze des Art. 10 Abs. 2 S. 1 Buchst. a) OECD-MA erreicht wäre. Allerdings erfordert die Norm eine unmittelbare Beteiligung. Das Unmittelbarkeitserfordernis führt hier zu Schwierigkeiten. Es erscheint fraglich, ob noch von einer unmittelbaren Beteiligung der hinter der Personengesellschaft stehenden Kapitalgesellschaft gesprochen werden kann.[1085] Früher hat der BFH eine solche Beteiligung als bloß mittelbar eingestuft und die Voraussetzungen des Art. 10 Abs. 2 S. 1

1083 *Schönfeld*, in: Schönfeld/Ditz, DBA, Art. 10 OECD-MA Rn. 50; *Wassermeyer/Kaeser*, in: Wassermeyer, DBA, Art. 10 OECD-MA Rn. 40 (Stand 08/2014).

1084 So sieht es auch die deutsche Verhandlungsgrundlage für Doppelbesteuerungsabkommen vor. Art. 22 Abs. 1 Nr. 3 D-VG: „Auf die deutsche Steuer vom Einkommen für die folgenden Einkünfte wird unter Beachtung der Vorschriften des deutschen Steuerrechts über die Anrechnung ausländischer Steuern die *[anderer Vertragsstaat]* Steuer angerechnet, die nach *[anderer Vertragsstaat]* Recht und in Übereinstimmung mit diesem Abkommen für diese Einkünfte gezahlt wurde: a) Dividenden im Sinne des Artikels 10, auf die Nummer 1 nicht anzuwenden ist [...]".

1085 *Schönfeld*, in: Schönfeld/Ditz, DBA, Art. 10 OECD-MA Rn. 96.

Buchst. a) OECD-MA verneint.[1086] Mittlerweile scheint der erste Senat des BFH eine andere Linie zu verfolgen.[1087] Die Literatur tut dies jedenfalls mehrheitlich.[1088] Die Annahme einer unmittelbaren Beteiligung erscheint unter Zugrundelegung des Transparenzprinzips auch konsequent. Es kann keinen Unterschied machen, ob die Beteiligung „direkt" gehalten wird oder über eine Personengesellschaft, die steuerlich als transparent und damit in diesem Zusammenhang als nicht existent behandelt wird.[1089] In diesem Fall würde über Art. 10 Abs. 2 S. 1 Buchst. a) OECD-MA eine Besteuerung durch den Quellenstaat nur in Höhe von 5 % erfolgen und im Übrigen im Quellenstaat eine Steuerfreistellung der Dividenden.

b. Anwendung des DBA-Schachtelprivilegs bei der KGaA und ihrem persönlich haftenden Gesellschafter

aa. Vollständige Gewährung des DBA-Schachtelprivilegs oder Aufspaltung der Dividendeneinkünfte „an der Wurzel"?

Bei der KGaA erweist sich die hybride Struktur erneut als problematisch. Die KGaA ist gem. § 1 Abs. 1 Nr. 1 KStG als Kapitalgesellschaft eigenständiges Steuersubjekt. Damit ist sie auch diejenige, die die ausländischen Dividenden erzielt. Diese werden folglich auch bei ihr besteuert. Allerdings ist ihr Gewinn um den Gewinnanteil des persönlich haftenden Gesellschafters gem. § 9 Abs. 1 Nr. 1 KStG zu kürzen. Der Gewinnanteil unterfällt auf Ebene der KGaA nicht der Körperschaftsteuer, sondern wird beim persönlich haftenden Gesellschafter selbst besteuert. Sofern es sich bei dem persönlich haftenden Gesellschafter um eine natürliche Person handelt, entsteht eine Doppelbelastung hinsichtlich des auf ihn entfallenden Dividendenanteils mit ausländischer sowie inländischer Körperschaftsteuer faktisch nicht. Ebenso wie auf

---

1086 BFH v. 04.04.1974 – I R 73/72, BStBl. II 1974, 645; v. 15.06.1988 – II R 224/84, BStBl. II 1988, 761 juris Rn. 14 ff.

1087 BFH v. 17.05.2000 – I R 31/99, BStBl. II 2001, 685 zum gewerbesteuerlichen Schachtelprivileg.

1088 *Grützner*, in: Gosch/Kroppen/Grotherr/Kraft, DBA, Art. 10 OECD-MA Rn. 104 (Stand 17. Erg.Lfg. 2005); *Tischbirek/Specker*, in: Vogel/Lehner, Art. 10 OECD-MA Rn. 74; *Schönfeld*, in: Schönfeld/Ditz, DBA, Art. 10 OECD-MA Rn. 96; *Gradel/Klaeren*, in: Strunk/Kaminski/Köhler, Art. 10 OECD-MA Rn. 42 (Stand 07/2020). A.A. *Gaffron*, in: Haase, Außensteuergesetz/Doppelbesteuerungsabkommen, II MA, Art. 10 OECD-MA Rn. 71.

1089 Ähnlich auch *Schönfeld*, in: Schönfeld/Ditz, DBA, Art. 10 OECD-MA Rn. 96.

rein innerstaatlicher Ebene[1090] stellt sich daher die Frage, ob das Schachtelprivileg für Dividenden vollständig oder nur teilweise gekürzt um den Anteil des persönlich haftenden Gesellschafters gewährt werden sollte. Die rein innerstaatliche Lösung des Problems kann freilich nicht ohne Weiteres auf Abkommensebene übertragen werden. Dennoch sind sowohl Vertreter der intransparenten als auch der transparenten Sichtweise versucht, ihre auf innerstaatlichem Recht beruhende Argumentation auf die Abkommensebene zu heben.

Würde mit der intransparenten Sichtweise die Abschirmwirkung der KGaA gegenüber dem persönlich haftenden Gesellschafter auf Abkommensebene übertragen, wären auch die ausländischen Dividendeneinkünfte im Sinne des Art. 10 OECD-MA allein der KGaA zuzurechnen.[1091] Eine Steuerfreistellung im Rahmen des DBA-Schachtelprivilegs würde sich somit vollständig auf Ebene der KGaA auswirken.[1092] Die innerstaatliche Zuteilung des Gewinnanteils an den Komplementär würde auf abkommensrechtlicher Ebene keine Folgen auslösen.[1093]

Hingegen nehmen die Vertreter einer transparenten Sichtweise auch auf abkommensrechtlicher Ebene eine Spaltung der Dividendeneinkünfte „an der Wurzel" vor. Die KGaA könne die Steuerfreistellung nach dem DBA-Schachtelprivileg nur auf den ihr nach Anwendung des § 9 Abs. 1 Nr. 1 KStG verbleibenden Teil anwenden.[1094] Für eine Steuerfreistellung hinsichtlich des auf den Komplementär entfallenden Dividendenanteils müsste der Komplementär selbst die Tatbestandsvoraussetzungen des Schachtelprivilegs erfüllen. Handelt es sich bei dem Komplementär um eine Kapitalgesellschaft, könnte das DBA-Schachtelprivileg zur Anwendung kommen. Voraussetzung für eine Steuerfreistellung nach dem DBA-Schachtelprivileg sei eine unmittelbare Beteiligung zu mindestens 25 % (OECD-MA). Eine solche kann nach der neueren Rechtsprechung auch bei einer Personengesellschaft vorliegen.[1095] Da die transparente Sichtweise darauf beruht, die KGaA im Verhältnis zu ihrem Komplementär wie eine Personengesellschaft zu behandeln, läge

1090 Hierzu s. oben § 2 III. 7. b.

1091 So *Kramer*, IStR 2010, 57 (59). Zur Anwendung der intransparenten Sichtweise im Rahmen des DBA-Schachtelprivilegs s. *Ebling*, in: FS Jakob, S. 67.

1092 Vgl. hierzu *Lühn*, in: Mössner/Seeger/Oellerich, § 9 KStG Rn. 169 ff.

1093 Hessisches FG v. 23.06.2009 – 12 K 3439/01, EFG 2010, 1418 juris Rn. 59; *Kopec/Kudert*, IStR 2013, 498 (501).

1094 *Engel*, in: Die Kommanditgesellschaft auf Aktien, § 9 Rn. 196.

1095 Eine unmittelbare Beteiligung noch verneinend: BFH v. 04.04.1974 – I R 73/72, BStBl. II 1974, 645; v. 15.06.1988 – II R 224/84, BStBl. II 1988, 761 juris Rn. 14 ff.; *Ismer*, in:

hier zwar eine „zwischengeschaltete" Personengesellschaft vor, eine unmittelbare Beteiligung wäre dennoch gegeben.[1096] Im Falle einer natürlichen Person als Komplementär wäre Art. 10 Abs. 2 Buchst. b) OECD-MA anzuwenden und die Steuer anzurechnen.[1097]

bb. Rechtsprechung zum DBA-Schachtelprivileg

(1) Bundesfinanzhof vom 19.05.2010 zum DBA-Schachtelprivileg bei der KGaA

Die Rechtsprechung hat sich mehrfach mit der Anwendung des Schachtelprivilegs verschiedener Doppelbesteuerungsabkommen bei der KGaA befasst. In einem insoweit wegweisenden Urteil hat sich der BFH 2010 zur Anwendung des in Art. 20 DBA-Frankreich enthaltenen Schachtelprivilegs bei der KGaA geäußert.[1098] Im Leitsatz der Entscheidung heißt es:

> *„Für Dividenden, die eine in Frankreich ansässige Kapitalgesellschaft an eine in Deutschland ansässige KGaA zahlt, ist das sog. Schachtelprivileg des [...] Art. 20 Abs. 1 Buchst. a Satz 1 i.V.m. Buchst. b Satz 1 DBA-Frankreich n.F. [...] auch dann in voller Höhe zu gewähren, wenn persönlich haftende Gesellschafterin der KGaA eine Personengesellschaft ist."*[1099]

Der BFH gewährt der KGaA das Schachtelprivileg in voller Höhe und folgt damit im Ergebnis auf Ebene der KGaA der intransparenten Sichtweise.

Dem Fall lag folgender Sachverhalt zu Grunde: An der KGaA war eine KG als persönlich haftende Gesellschafterin mit einem Anteil in Höhe von etwa 74 % beteiligt. Die übrigen Anteile wurden von Kommanditaktionären gehalten. Die KGaA hielt Anteile (ca. 99 bzw. 100 %) an zwei französischen Kapitalgesellschaften. Von diesen erhielt sie Dividenden. Für diese Dividenden beanspruchte die KG für die KGaA die Anwendung des Schachtelprivilegs in voller Höhe. Das Finanzamt gewährte dieses hingegen nur in Bezug auf die den Kommanditaktionären zufließenden Anteile, nicht auf die der KG als persönlich haftende Gesellschafterin zufließenden Anteile.

Vogel/Lehner, Art. 23 OECD-MA Rn. 97. A.A. *Schönfeld*, in: Schönfeld/Ditz, DBA, Art. 10 OECD-MA Rn. 96.

1096 Vgl. die Diskussion zum Kriterium der unmittelbaren Beteiligung bei Personengesellschaften; s. oben § 6 IV. 2. a. cc.

1097 Vgl. *Schaumburg/Schulte*, Die KGaA, Rn. 181.

1098 BFH v. 19.05.2010 – I R 62/09, BFH/NV 2010, 1919.

1099 BFH v. 19.05.2010 – I R 62/09, BFH/NV 2010, 1919.

Das Hessische FG[1100] als Vorinstanz gab der Klage der KG statt, der BFH bestätigte diese Entscheidung in seiner Revision. Das Besteuerungsrecht für die Dividenden stehe Frankreich nach dem Doppelbesteuerungsabkommen zu. Der BFH stellte zudem fest, dass sämtliche Tatbestandsvoraussetzungen des Schachtelprivilegs des DBA-Frankreich erfüllt seien.[1101] Unter das Schachtelprivileg fielen grundsätzlich alle Kapitalgesellschaften, die in Deutschland ansässig seien. Der BFH betont dabei, dass das Abkommen „Einschränkungen nach der Gesellschafterstruktur jener Kapitalgesellschaften" nicht enthalte.[1102] Auch würden solche Einschränkungen innerstaatlich nicht getroffen. Der BFH hält hierzu fest, dass

> *„es im Ausgangspunkt Sache des innerstaatlichen und nicht des Abkommensrechts [ist], wem eine Einkunft [...] zuzurechnen ist. (Erst) an diese Zurechnung knüpft aus methodischer Sicht das Abkommensrecht --über die Abkommensberechtigung-- an und hiernach ist die sich hieraus ergebende Steuerfreistellung zu gewähren. Doch setzt sich Art. 20 Abs. 1 Buchst. b Doppelbuchst. aa Satz 1 DBA-Frankreich a.F. über diese materielle Zurechnung abkommensspezifisch hinweg und begünstigt die KGaA als solche, und zwar auch dann, wenn die zu gewährende Freistellung aufgrund der innerstaatlichen Zurechnung [...] (auch) einer Person zugute kommt, der die Freistellung an sich nicht zusteht; die (Teil-)Transparenz der „hybriden" KGaA wirkt sich nicht aus."*[1103]

Bewusst offen gelassen hat der BFH die Frage, wie der Fall zu lösen wäre, wenn ein Doppelbesteuerungsabkommen sich näher an dem OECD-Musterabkommen orientiert und den Begriff des „Nutzungsberechtigten" als desjenigen verwendet, welcher die betreffenden Einkünfte bezieht.[1104] Der BFH folgt in seinem Urteil einer abkommensrechtlichen Lösung. Er stellt auf den Wortlaut der Abkommensvorschrift ab. Insbesondere der ausdrückliche Hinweis, dass es gegebenenfalls bei der Formulierung des „Nutzungsberechtigten" zu einem anderen Ergebnis kommen könnte, lässt darauf schließen, dass sich die Gewährung des Schachtelprivilegs vorrangig am Wortlaut des Abkommens orientiert.

1100 Hessisches FG v. 23.06.2009 – 12 K 3439/01, EFG 2010, 1418.
1101 BFH v. 19.05.2010 – I R 62/09, BFH/NV 2010, 1919 juris Rn. 23.
1102 BFH v. 19.05.2010 – I R 62/09, BFH/NV 2010, 1919 juris Rn. 24.
1103 BFH v. 19.05.2010 – I R 62/09, BFH/NV 2010, 1919 juris Rn. 25.
1104 BFH v. 19.05.2010 – I R 62/09, BFH/NV 2010, 1919 juris Rn. 26.

Jedenfalls bestätigt das Urteil den Vorrang der innerstaatlichen Einkünftezurechnung. Auch der BFH stellt fest, dass das Abkommensrecht erst an diese innerstaatlich zu treffende Zuordnung anknüpft. Allerdings geht er davon aus, dass sich die Vertragsstaaten in ihrem Abkommen über die materiellrechtliche innerstaatliche Zurechnung mittels abkommensrechtlicher Vorschriften hinwegsetzen können. Eine solche Vorschrift sieht der BFH in dem Schachtelprivileg des DBA-Frankreich. Das Abstellen auf den „Leistungsempfänger" überlagere die nationale Zurechnung der Dividendeneinkünfte an den persönlich haftenden Gesellschafter der KGaA.[1105]

(2) Erstinstanzliche Rechtsprechung zum DBA-Schachtelprivileg

(a) Hessisches Finanzgericht vom 23.06.2009 zum DBA-Schachtelprivileg bei der KGaA (Vorinstanz zu BFH I R 62/09)

Das Hessische FG hatte in seinem Urteil vom 23.06.2009 als Vorinstanz im Ergebnis entschieden wie auch der BFH später und der KGaA die volle Privilegierung durch das Schachtelprivileg des DBA-Frankreich gewährt.[1106] Die Argumentation des Hessischen FG stützte sich jedoch überwiegend auf den Charakter der KGaA als Kapitalgesellschaft und weniger auf die Auslegung des konkreten Wortlauts des DBA-Schachtelprivilegs. Ausdrücklich schloss sich das Hessische FG hinsichtlich der abkommensrechtlich ausschließlichen Stellung der KGaA als juristische Person der intransparenten Sichtweise von Ebling[1107] an.[1108] Dennoch hebt auch das Hessische FG den Vorrang der Doppelbesteuerungsabkommen gem. § 2 Abs. 1 AO hervor. Die Abkommensregelung bilde gegenüber der innerstaatlichen rechtlichen Einordnung *lex specialis* und verbiete es daher, die nationale Einkünfteeinstufung zum Maßstab der Abkommensauslegung zu machen.[1109] Ein Rechtsgebilde könne zudem unter dem Abkommen nicht teilweise die Eigenschaften einer Personengesellschaft besitzen und teilweise nicht. Die Einstufung der KGaA als eigenständige Person im Sinne des Abkommens könne – wenn überhaupt – nur durch eine Vorschrift auf gleicher Vorschriftenebene – also im Abkom-

1105 BFH v. 19.05.2010 – I R 62/09, BFH/NV 2010, 1919 juris Rn. 26.
1106 Hessisches FG v. 23.06.2009 – 12 K 3439/01, EFG 2010, 1418.
1107 *Ebling*, in: FS Jakob, S. 67 (68).
1108 Hessisches FG v. 23.06.2009 – 12 K 3439/01, EFG 2010, 1418 juris Rn. 59.
1109 Hessisches FG v. 23.06.2009 – 12 K 3439/01, EFG 2010, 1418 juris Rn. 60.

men selbst – durchbrochen werden.[1110] Letztlich stützt sich auch das Hessische FG auf eine abkommensrechtliche Argumentation. Auf das Verhältnis von innerstaatlicher Einkünftezurechnung zu abkommensrechtlicher Einkünftequalifikation und abkommensautonomer Auslegung stellt das Hessische FG indes nicht ab. Insbesondere wird nicht darauf hingewiesen, dass es letztlich um die Verwendung des Begriffs der Zahlung gehen könnte im Gegensatz zu dem – im OECD-Musterabkommen verwendeten – Begriff des Nutzungsberechtigten. Das zeigt sich an dem Umstand, dass das Hessische FG trotz der Formulierung im Wortlaut des DBA-Schachtelprivilegs davon spricht, dass die Dividenden „bezogen" werden.[1111] Der BFH hebt hingegen hervor, dass es einen Unterschied macht, ob Dividenden „gezahlt" oder „bezogen" werden.[1112]

(b) Finanzgericht München vom 25.10.2018 zum DBA-Schachtelprivileg bei der KGaA

Mit Hinweis auf die aus seiner Sicht methodisch richtige Begründung des BFH hat sich das FG München in seinem Urteil vom 25.10.2018 der Rechtsprechung des BFH angeschlossen.[1113] Die im vorliegenden Fall anwendbaren DBA-Schweiz und DBA-Luxemburg gewähren das Schachtelprivileg – wie auch das DBA-Frankreich – auf Dividendenausschüttungen, die an die in Deutschland ansässige Gesellschaft geleistet bzw. gezahlt werden. Entscheidend sei mithin, wer Leistungssubjekt im Sinne des Abkommens ist. Im Falle einer Kapitalgesellschaft sei es diese selbst. Ohne nähere, ausführliche Begründung folgt das FG München der Rechtsprechung des BFH und gewährt das DBA-Schachtelprivileg in voller Höhe. Dennoch hält auch das FG München auf nationaler Ebene an der Wurzeltheorie fest. Es stützt sich

1110 Hessisches FG v. 23.06.2009 – 12 K 3439/01, EFG 2010, 1418 juris Rn. 60.

1111 Hessisches FG v. 23.06.2009 – 12 K 3439/01, EFG 2010, 1418 juris Rn. 58. So auch schon *Ebling*, in: FS Jakob, S. 67 (82), der ebenfalls nicht zwischen „zahlen" und „beziehen" differenziert.

1112 BFH v. 19.05.2010 – I R 62/09, BFH/NV 2010, 1919 juris Rn. 26: „Ausschlaggebend ist hiernach vielmehr allein die Zahlung an eine in der Bundesrepublik ansässige Kapitalgesellschaft („...*gezahlt*..."). Letzteres ist unter den Gegebenheiten des Streitfalls die KGaA, nicht deren persönlich haftender Gesellschafter. Ob dies nach Maßgabe eines Abkommens zur Vermeidung der Doppelbesteuerung, das sich enger [...] an das [OECD-Musterabkommen] anlehnt und wie dort die Begriffe des „Nutzungsberechtigten" als desjenigen verwendet, welcher die betroffenen Einkünfte „*bezieht*" [...], anders ist, mag dahinstehen [...]." (Hervorhebungen durch Verfasserin).

1113 FG München v. 25.10.2018 – 13 K 1241/17, EFG 2019, 267 juris Rn. 42.

allein auf die abkommensrechtliche Argumentation, dass die entscheidenden Doppelbesteuerungsabkommen auf den Leistungs-/Zahlungsempfänger abstellen und dies sei zweifelsohne die KGaA:

> *„Die für den Streitfall in Betracht zu nehmenden Schachtelprivilegierungen des Art. 24 Abs. 1 Nr. 1 b DBA Schweiz und des Art. 20 Abs. 2 Satz 3 DBA Lux (in der bis 31.12.2013 geltenden Fassung) stellen – wie im entschiedenen Fall des BFH – auf die Dividendenausschüttung ab, die an die in der Bundesrepublik ansässige „Gesellschaft" ([...] DBA Schweiz) respektive „Kapitalgesellschaft" ([...] DBA Lux) geleistet wird. Leistungssubjekt ist im Streitfall die KGaA. [...] Sachverhaltsidentisch wie im Urteil des BFH in der Sache I R 62/09 erhält in der Folge die KGaA auch im Streitfall hinsichtlich der gesamten Dividendenbezüge die gewährte Steuerfreistellung, sodass die handelsrechtliche Abspaltung eines Gewinnanteils ohne bereits erfolgte Steuerfreistellung nach DBA an den phG methodisch nicht in Betracht gezogen werden kann."*[1114]

Erneut bleibt somit die Frage offen, wie der Fall zu behandeln gewesen wäre, wenn die relevanten Doppelbesteuerungsabkommen auf den Nutzungsberechtigten abgestellt hätten.[1115]

(c) Finanzgericht Düsseldorf vom 17.12.2018 zum DBA-Schachtelprivileg bei der KGaA

Nur zwei Monate nach dem Urteil des FG München entschied auch das FG Düsseldorf über die vollständige Beanspruchung des DBA-Schachtelprivilegs durch eine KGaA.[1116] Dem Sachverhalt lag ebenfalls die alte Fassung des DBA-Luxemburg zugrunde, die im Rahmen des Schachtelprivilegs auf den Empfänger der Zahlung abstellt.[1117] Der rechtliche Fokus dieser Entscheidung lag zwar überwiegend auf anderen Rechtsfragen (insbesondere zum sogenannten Bond-Stripping), hinsichtlich des DBA-Schachtelprivilegs bei der

---

1114 FG München v. 25.10.2018 – 13 K 1241/17, EFG 2019, 267 juris Rn. 41.

1115 Über die gegen das Urteil eingelegte Revision hat der BFH zwischenzeitlich entschieden: BFH v. 01.06.2022 – I R 44/18, DStR 2022, 2047. S. hierzu unten § 8.

1116 FG Düsseldorf v. 17.12.2018 – 2 K 3874/15 F, EFG 2019, 505.

1117 Die heutige Fassung gewährt das Schachtelprivileg indes nur dem Nutzungsberechtigten, s. Art. 10 Abs. 2 Buchst. a) DBA Luxemburg. Das Abkommen wurde 2012 zwischen Luxemburg und Deutschland neu verhandelt und umfassend geändert. S. hierzu ausführlich *Jacob*, IStR 2012, 749.

KGaA bezog sich allerdings auch das FG Düsseldorf auf die Entscheidung des BFH vom 19.05.2010. In Anlehnung an den BFH führt das FG Düsseldorf aus:

> *„Die nationalen Besonderheiten bei der Besteuerung der KGaA stehen [der Einordnung dieser nach ausschlaggebendem deutschen Recht als eine in Deutschland ansässige Kapitalgesellschaft] nicht entgegen. Es handelt sich um eine Einkommenszuordnung zwischen der KGaA und ihrem persönlich haftenden Gesellschafter, die die Subjekteigenschaft und abkommensrechtliche Behandlung der KGaA unberührt lässt. Das DBA Luxemburg a.F. enthält keine Einschränkungen nach der Gesellschafterstruktur. Für die abkommensrechtliche Behandlung der KGaA als Kapitalgesellschaft ist es unbeachtlich, dass das Einkommen der KGaA teilweise unmittelbar dem persönlich haftenden Gesellschafter zugeordnet wird (vgl. zum DBA-Frankreich: BFH-Urteil vom 19.05.2010 I R 62/09 […]).“*[1118]

Insoweit deckt sich das Urteil des FG Düsseldorf mit dem des FG München. Das FG Düsseldorf geht letztlich jedoch einen Schritt weiter als zuvor das FG München und auch der BFH es für nötig erachtet haben. Es führt aus:

> *„Für die Gewährung des abkommensrechtlichen Schachtelprivilegs ist es unbeachtlich, in welcher Weise die Gesellschaft in ihrem Sitzstaat besteuert wird. Es ist daher auch unschädlich, wenn der Nutzungsberechtigte der Dividenden eine Gesellschaft ist, die nach dem Recht des Sitzstaates steuerlich transparent behandelt wird und bei deren Gesellschaftern es sich ausschließlich um natürliche Personen handelt (vgl. zum DBA USA: BFH-Urteil vom 20.08.2008 I R 39/07 […]).“*[1119]

Das ist insoweit bemerkenswert, als sich das FG Düsseldorf weitgehender äußert, als es der Wortlaut des anwendbaren Abkommens erfordert hätte. Das FG Düsseldorf beantwortet damit die Frage, die der BFH 2010 bewusst offen gelassen hat. Nach dem FG Düsseldorf kommt es mithin nicht darauf an, dass es sich letztlich bei dem Nutzungsberechtigten um hinter der Gesellschaft als Gesellschafter stehende natürliche Personen handelt. Auch in solchen Fällen sei das DBA-Schachtelprivileg vollständig auf Ebene der KGaA zu gewähren.[1120]

1118 FG Düsseldorf v. 17.12.2018 – 2 K 3874/15 F, EFG 2019, 505 juris Rn. 165.

1119 FG Düsseldorf v. 17.12.2018 – 2 K 3874/15 F, EFG 2019, 505 juris Rn. 166.

1120 Gegen die Entscheidung des FG Düsseldorf wurde Revision eingelegt. Das Verfahren ist beim BFH unter dem Aktenzeichen I R 8/19 anhängig.

(3) Zwischenfazit

Eine Stellungnahme zur Systematik der abkommensrechtlichen Behandlung der KGaA lässt sich den Urteilen nicht entnehmen. Vielmehr beschränken sich die Gerichte auf die Anwendung des DBA-Schachtelprivilegs. Die diesbezüglichen Aussagen der Entscheidungen beschränken sich überdies auf solche Schachtelprivilegien, die auf den Leistungsempfänger abstellen (mit Ausnahme des FG Düsseldorf). Dennoch lassen sich den vorstehenden Urteilen zumindest in zwei Punkten Erkenntnisgewinne in genereller Hinsicht für die abkommensrechtliche Behandlung der KGaA entnehmen. Erstens geht die Rechtsprechung offensichtlich von einer umfassenden Abkommensberechtigung der KGaA aus, denn ansonsten wäre die vollständige Steuerfreistellung schon gar nicht möglich. Für eine teilweise Abkommensberechtigung besteht mithin kein Raum.[1121] Zweitens verfolgt die Rechtsprechung eine streng abkommensautonome Herangehensweise in Bezug auf die Auslegung des DBA-Schachtelprivilegs. Angesichts der gleichlautenden Urteile scheint zumindest auf Rechtsprechungsebene gesichert, dass der KGaA das DBA-Schachtelprivileg vollständig zu gewähren ist, sofern dieses auf den „Zahlungsempfänger“ abstellt. Den hier vertretenen Ansatz eines Zurechnungsmodells konterkariert diese Rechtsprechung nicht. Vielmehr ist es – wie der BFH ausdrücklich festgestellt hat – möglich, sich durch ausdrückliche Regelung im Doppelbesteuerungsabkommen selbst über die innerstaatlich materiell-rechtlich getroffene Zurechnungsentscheidung hinwegzusetzen. Ob das auch für die Formulierung des Nutzungsberechtigten gilt oder nicht oder ob es sich doch tatsächlich um einen allgemeinen Grundsatz handelt, dass DBA-Steuerfreistellungen vollständig auf Ebene der KGaA Anwendung finden und nur über die nachgelagerte Zurechnung Wirkung auch für den Komplementär entfalten[1122], lässt sich den Urteilen indessen nicht entnehmen. Lediglich das Urteil des FG Düsseldorf scheint für Letzteres zu sprechen. Ob dieses Ergebnis mit einer abkommensautonomen Auslegung und den Grundsätzen des Abkommensrechts vereinbar ist, soll im Folgenden untersucht werden.

1121 S. hierzu oben § 6 II. 2.

1122 So etwa *Kollruss*, IStR 2018, 224 (226).

cc. Auslegung des DBA-Schachtelprivilegs

(1) Überlagerung der innerstaatlichen materiell-rechtlichen Zurechnungsentscheidung auf Abkommensebene

Der BFH geht in seinem Urteil vom 19.05.2010 im Grunde davon aus, dass die innerstaatliche, materiell-rechtlich getroffene Zurechnungsentscheidung durch ein Abkommen überlagert werden kann.[1123] Als bilaterale, völkerrechtliche Verträge steht es den Abkommen offen, auch von innerstaatlich auf einfachgesetzlicher Ebene geltenden Normen abzuweichen. Es ist zwar in der Regel Sache der Vertragsstaaten, wem eine Einkunft zuzurechnen ist und erst an diese Zurechnung knüpft aus methodischer Sicht das Abkommen an. Allerdings können sich abkommensspezifische Regelungen als *lex specialis* über diese innerstaatliche Zurechnung hinwegsetzen, denn den abkommensspezifischen Regelungen kommt über das Zustimmungsgesetz zum Abkommen der Rang eines einfachen Bundesgesetzes zu (vgl. § 2 Abs. 1 AO).[1124]

Ein Doppelbesteuerungsabkommen kann sich demnach über die innerstaatliche, materiell-rechtlich getroffene Zurechnungsentscheidung hinwegsetzen. Dazu bedarf es einer entsprechenden Formulierung im Abkommen. Die rein auf Abkommensrecht gestützten Begründungen der Urteile des BFH sowie des FG München legen den Schluss nahe, dass die innerstaatliche Zurechnung vom Begriff des „Leistungs- oder Zahlungsempfängers" überlagert wird, der Begriff des „Nutzungsberechtigten" hingegen an die innerstaatliche Zurechnung anknüpfen könnte. Da sich die Abkommen nicht ausdrücklich über die innerstaatlich getroffene Zurechnungsentscheidung hinwegsetzen, kommt es entscheidend darauf an, wie die verwendeten Begriffe abkommensspezifisch auszulegen sind. Letztlich müssen sie geeignet sein, sich über die innerstaatlich für die KGaA und ihren persönlich haftenden Gesellschafter getroffene Zurechnungsentscheidung in § 9 Abs. 1 Nr. 1 KStG und § 15 Abs. 1 S. 1 Nr. 3 EStG hinwegzusetzen.

1123 BFH v. 19.05.2010 – I R 62/09, BFH/NV 2010, 1919 juris Rn. 25.

1124 Zum *lex specialis*-Charakter der Abkommen s. auch *Debatin*, DStZ 1987, 211.

(2) Das DBA-Schachtelprivileg stellt auf den „Leistungs-/Zahlungsempfänger" ab

(a) Ausgestaltung des Schachtelprivilegs bei Abstellen auf den Leistungs-/Zahlungsempfänger

Nach Ansicht des BFH ist der Begriff des Leistungs- bzw. Zahlungsempfängers geeignet, sich über die innerstaatliche Zurechnungsentscheidung hinwegzusetzen.[1125] Dieser Begriff ist im DBA-Frankreich im Rahmen des Schachtelprivilegs enthalten. Dieses stellt im Unterschied zur deutschen Verhandlungsgrundlage und zum OECD-Musterabkommen auf den Zahlungsempfänger statt auf den Nutzungsberechtigten ab[1126]:

„Art. 9 DBA-Frankreich

(1) Dividenden, die eine in einem Vertragsstaat ansässige Gesellschaft an eine in dem anderen Vertragsstaat ansässige Person zahlt, können in dem anderen Staat besteuert werden.

(2) Jeder der Vertragsstaaten behält das Recht, die Steuer von Dividenden nach seinen Rechtsvorschriften im Abzugsweg (an der Quelle) zu erheben. Der Steuerabzug darf jedoch 15 vom Hundert des Bruttobetrages der Dividenden nicht übersteigen.

[...]"

Korrespondierend hierzu enthält Art. 20 Abs. 1 DBA-Frankreich die Steuerfreistellung durch Deutschland.

„Art. 20 DBA-Frankreich

(1) Bei Personen, die in der Bundesrepublik ansässig sind, wird die Doppelbesteuerung wie folgt vermieden:

a) Von der Bemessungsgrundlage der deutschen Steuer werden vorbehaltlich der Buchstaben b, c und d die Einkünfte aus Frankreich sowie die in Frankreich gelegenen Vermögenswerte ausgenommen, die nach diesem Abkommen in Frankreich besteuert werden können. [...]

b) Bei Dividenden ist Buchstabe a nur auf die Nettoeinkünfte anzuwenden, die den Dividenden entsprechen, die von einer in Frankreich ansässigen Ka-

1125 BFH v. 19.05.2010 – I R 62/09, BFH/NV 2010, 1919 juris Rn. 25 f.

1126 Ebenso stellt das DBA Belgien nicht auf den Nutzungsberechtigten sondern auf den Zahlungsempfänger der Dividende ab.

pitalgesellschaft an eine in der Bundesrepublik ansässige Kapitalgesellschaft gezahlt werden, der mindestens 10 vom Hundert des Gesellschaftskapitals der erstgenannten Gesellschaft gehören.

[…]".

(b) Auslegung des Begriffs des Leistungs-/Zahlungsempfängers

Der Begriff der Zahlung ist aus dem Abkommen heraus auszulegen. Er findet sich in den diversen Einkunftsartikeln des DBA-Frankreich wieder und beschreibt jeweils eine Leistung im Rahmen eines Leistungsaustauschverhältnisses (siehe zum Beispiel Einkünfte aus nichtselbständiger Tätigkeit „Gehälter […] gezahlt", Art. 13 Abs. 1 DBA-Frankreich). Ebenso verhält es sich beim Dividendenbezug. Auch hier wird die Dividende im Rahmen des Beteiligungsverhältnisses als Gegenleistung für die Überlassung des Kapitals gezahlt.[1127] Zahlungsempfänger ist damit die Person, der der Anspruch auf die Zahlung zusteht. Zudem entspricht Art. 9 Abs. 1 DBA-Frankreich der Formulierung in Art. 10 Abs. 1 OECD-MA, sodass auch das OECD-Musterabkommen diesbezüglich zur Auslegung herangezogen werden kann.[1128] Auch hier wird der Begriff des „Zahlens" weit ausgelegt und umfasst sämtliche Formen der Erfüllung des Dividendenanspruchs.[1129] Der OECD-Musterkommentar spricht sich ebenfalls dafür aus, dem Begriff „gezahlt" im Sinne des Art. 10 Abs. 1 OECD-MA eine „sehr weite Bedeutung" beizumessen. Der Begriff „zahlen" beinhaltet letztlich die Erfüllung der Verpflichtung, dem Aktionär auf die vertragsmäßige oder die übliche Weise Geldmittel zur Verfügung zu stellen.[1130] Auch hieraus ergibt sich, dass Zahlungsempfänger der Anspruchsinhaber ist.

1127 Vgl. *Ratschow*, in: Blümich, § 20 EStG Rn. 68 (Stand 05/2019).

1128 Vgl. *Hageböke*, IStR 2010, 59 (60).

1129 BFH v. 12.06.2013 – I R 109–111/10, BStBl. II 2013, 1024 juris Rn. 21; *Lang, M.*, IStR 2002, 717 (721); *Aigner*, SWI 2004, 187 (197); *Wassermeyer/Kaeser*, in: Wassermeyer, DBA, Art. 10 OECD-MA Rn. 45 (Stand 08/2014); *Tischbirek/Specker*, in: Vogel/Lehner, Art. 10 OECD-MA Rn. 22.

1130 *OECD*, Model Tax Convention on Income and on Capital: Condensed Version 2014, Kommentar zu Art. 10 MA Ziff. 7.

(c) KGaA als Zahlungsempfängerin im Abkommenssinne

Stellt das jeweilige DBA-Schachtelprivileg auf den „Leistungs- oder Zahlungsempfänger“ der Dividenden ab, ist dies allein die KGaA. Ihr steht der Anspruch aus dem Beteiligungsverhältnis mit der ausschüttenden Kapitalgesellschaft zu und nicht dem persönlich haftenden Gesellschafter. Diesem werden auch innerstaatlich nur die Einkünfte zugerechnet, nicht aber der Anspruch auf die Dividende selbst.[1131] Der persönlich haftende Gesellschafter bezieht seine Einkünfte von der KGaA aus seinem Gewinnanteil. Die KGaA allein ist Inhaberin der Beteiligung. Das Schachtelprivileg kommt der KGaA in voller Höhe zugute, denn sie ist alleinige Zahlungsempfängerin der Dividende. Die innerstaatliche Zurechnung kommt hier nicht zur Geltung. Vielmehr überlagert die Anknüpfung an den Zahlungsempfänger durch das DBA die innerstaatliche Zurechnung. Die Kürzung der ausländischen Schachteldividende findet vor Anwendung des § 9 Abs. 1 Nr. 1 KStG auf der zweiten Gewinnermittlungsstufe statt, sodass auch der Gewinnanteil des persönlich haftenden Gesellschafters die steuerfreie Dividende nicht enthält.[1132]

(3) Das DBA-Schachtelprivileg stellt auf den „Nutzungsberechtigten“ der Dividende ab

(a) Ausgestaltung des DBA-Schachtelprivilegs bei Abstellen auf den Nutzungsberechtigten

Die neueren von Deutschland abgeschlossenen Doppelbesteuerungsabkommen stellen in ihren Dividendenartikeln – wie auch das OECD-Musterabkommen und die deutsche Verhandlungsgrundlage – auf den Nutzungsberechtigten ab.[1133] Dabei steht das Besteuerungsrecht an den Dividenden dem Quellenstaat nur zu, sofern der Nutzungsberechtigte der Dividende eine in dem anderen Staat ansässige Person ist.[1134] Besteht ein solches Besteuerungs-

---

1131 Insbesondere ist er nicht Anteilseigner nach § 20 Abs. 5 S. 2 EStG. S. oben § 2 III. 7. b. aa.

1132 *Hageböke*, IStR 2010, 59 (60).

1133 Zum Beispiel Art. 10 Abs. 2 DBA Luxemburg und Art. 10 Abs. 2 DBA Niederlande. Beide Abkommen wurden erst 2012 neu verhandelt und unterzeichnet.

1134 *Tischbirek/Specker*, in: Vogel/Lehner, Art. 10 OECD-MA Rn. 42; *Schaumburg/Häck*, in: Internationales Steuerrecht, Rn. 19.347.

recht des Quellenstaates, werden die Einkünfte in Deutschland insoweit von der Bemessungsgrundlage der deutschen Steuer ausgenommen.[1135]

(b) Abkommensautonome Auslegung des Begriffs des Nutzungsberechtigten

Der Begriff des Nutzungsberechtigten ist ein abkommensrechtlicher Begriff.[1136] Er wird indes im OECD-Musterabkommen nicht legaldefiniert.[1137] Der Begriff ist daher anhand des Abkommens selbst auszulegen (abkommensautonome Auslegung).[1138] Dem Wortlaut nach muss es sich um eine Person handeln, die zur Nutzung der Beteiligung an der Kapitalgesellschaft berechtigt ist. Daraus lässt sich zunächst schließen, dass die Person des Nutzungsberechtigten nicht identisch sein muss mit dem Eigentümer der Beteiligung.[1139] Es kann sich vielmehr auch um ein von dem Eigentümer abgeleitetes Recht zur Nutzung handeln. Zudem bezieht sich die Nutzungsberechtigung sowohl in Art. 10 II OECD-MA als auch in Art. 11 II und 12 I OECD-MA auf die Dividenden bzw. die Zinsen oder Lizenzgebühren und nicht auf die zugrundeliegende Gesellschaftsbeteiligung bzw. Forderung. Das legt nahe, dass sich die Berechtigung zur Nutzung auf die „Früchte" des jeweiligen Wirtschaftsgutes bezieht und nicht auf das Wirtschaftsgut selbst. Letztlich ist also entscheidend, wem die Einkünfte zustehen. Innerstaatlich wird das durch die Einkünftezurechnung abgebildet. Nutzungsberechtigter wäre damit derjenige, dem die Einkünfte zuzurechnen sind. Da die Abkommen in der Regel zur Einkünftezurechnung schweigen, kann nur die innerstaatliche Einkünftezurechnung maßgebend sein.[1140]

1135 S. hinsichtlich des Wortlautes einer solchen Regelung Art. 10 OECD-MA und Art. 22 D-VG. S. auch oben § 6 IV.2. a. aa.

1136 *Tischbirek*, in: Vogel/Lehner, Vor Art. 10–12 OECD-MA Rn. 15. Eine ausführliche Behandlung der Thematik der Auslegung des Begriffs „Nutzungsberechtigter" findet sich bei *Milanin*, Die Bedeutung des OECD-Musterkommentars, S. 185 ff.

1137 *Wassermeyer/Kaeser*, in: Wassermeyer, DBA, Art. 10 OECD-MA Rn. 68 (Stand 08/2014).

1138 Für eine abkommensautonome Auslegung: *Tischbirek*, in: Vogel/Lehner, Vor Art. 10–12 OECD-MA Rn. 15. A.A. *Wassermeyer/Kaeser*, in: Wassermeyer, DBA, Art. 10 OECD-MA Rn. 68 (Stand 08/2014). Zu den verschiedenen Auslegungsmöglichkeiten des Begriffs im Einzelnen: *Wassermeyer*, in: Wassermeyer, DBA, Art. 12 OECD-MA Rn. 33 (Stand 01/2011).

1139 Vgl. auch *Milanin*, Die Bedeutung des OECD-Musterkommentars, S. 191.

1140 S. oben § 3 IV. 3. c. aa.

Dafür sprechen auch Sinn und Zweck der Regelung zum Nutzungsberechtigten. Es soll die ungerechtfertigte Nutzung von Abkommensvorteilen ausgeschlossen werden.[1141] Gerade das Erzielen von passiven Einkünften wie Dividendeneinkünfte, Zinsen oder Lizenzgebühren ist jedoch in erheblichem Maße dazu geeignet, durch Einsatz einer Mittelsperson, die den Abkommensschutz geltend macht, Abkommensvorteile in Anspruch zu nehmen. Aus diesem Grund wurde gerade bei den passiven Einkünften das Konzept des Nutzungsberechtigten implementiert.[1142]

Die Auslegung des Nutzungsberechtigten als demjenigen, dem die Einkünfte zugerechnet werden, wird auch durch die historische Auslegung gestützt. Im OECD-MA von 1963 war der Begriff des Nutzungsberechtigten noch nicht enthalten. Vielmehr stellte das Abkommen bloß auf die „Zahlung" ab. Die spätere Einfügung des Begriffs des Nutzungsberechtigten erfolgte, um den Missbrauch eines Doppelbesteuerungsabkommens durch Einschaltung von Mittelspersonen zu vermeiden.[1143] Zudem fällt auf, dass bei Änderung des Art. 10 OECD-MA nur dessen Abs. 2 in Bezug auf den Nutzungsberechtigten geändert wurde. Art. 10 Abs. 1 OECD-MA, der das Besteuerungsrecht an Dividenden, die eine in einem Vertragsstaat ansässige Gesellschaft an eine im anderen Vertragsstaat ansässige Person *zahlt*, dem Wohnsitzstaat zuweist, wurde hingegen nicht geändert. Angesichts der Tatsache, dass die OECD diese Änderung bewusst vorgenommen hat, Art. 10 Abs. 1 OECD-MA allerdings weiterhin auf die bloße Zahlung abstellt, muss davon ausgegangen werden, dass zwischen Zahlungsempfänger und Nutzungsberechtigtem ein Unterschied besteht. Auf den bloßen Zufluss der Dividende ohne Berechtigung zu Nutzung der zufließenden Mittel kann es bei Auslegung des Begriffs „Nutzungsberechtigter" daher nicht ankommen.

Die Definition des Nutzungsberechtigten als demjenigen, dem die Einkünfte zuzurechnen sind, entspricht auch der im OECD-Musterkommentar. Demnach soll Nutzungsberechtigter sein, wer das Recht hat, in den Genuss der Dividenden, Zinsen oder Lizenzgebühren zu gelangen bzw. über ihre

1141 *Schaumburg/Häck*, in: Internationales Steuerrecht, Rn. 19.368; *Bozza*, in: Schönfeld/Ditz, DBA, Art. 10 OECD-MA Rn. 49.

1142 *Milanin*, Die Bedeutung des OECD-Musterkommentars, S. 192.

1143 *OECD*, Model Tax Convention on Income and on Capital: Condensed Version 2014, Kommentar zu Art. 10 MA Ziff. 12.

Verwendung zu entscheiden, ohne rechtlich dazu verpflichtet zu sein, die empfangene Zahlung an eine andere Person weiterzureichen.[1144]

Des Weiteren gibt es von Deutschland abgeschlossene Doppelbesteuerungsabkommen, die eine Definition enthalten. Auch diese können zur Orientierung herangezogen werden. Jedoch sind sie in keinem Fall bindend für andere Doppelbesteuerungsabkommen. Art. 43 des DBA-Schweden definiert den Nutzungsberechtigten als eine in einem Vertragsstaat ansässige Person, der die Dividenden nach der Gesetzgebung des Ansässigkeitsstaates steuerlich zuzurechnen sind. Sie ist jedoch nicht Nutzungsberechtigter, wenn nach dem Recht des anderen Staates diese Einkünfte steuerlich anderen Personen zuzurechnen sind, denen die Nutzung für diese Einkünfte zusteht und die nicht in dem erstgenannten Staat ansässig sind.[1145] Auch wenn man diese Definition nicht auf andere Doppelbesteuerungsabkommen ausweiten darf, lässt sich zumindest die Erkenntnis gewinnen, dass es für die Bezeichnung als Nutzungsberechtigter auf die steuerliche Zurechnung der Erzielung von Dividenden ankommen könnte.[1146]

Zu diesem Ergebnis kommt letztlich auch der BFH allerdings unter Rückgriff auf Art. 3 Abs. 2 OECD-MA. Für die Bestimmung des Nutzungsberechtigten sei gem. Art. 3 Abs. 2 OECD-MA die innerstaatliche steuerliche Zurechnung des Quellenstaates maßgebend.[1147] Qualifiziert Deutschland eine im Ausland ansässige Gesellschaft, die Empfängerin der Dividende ist, als

1144 *Tischbirek*, in: Vogel/Lehner, Vor Art. 10–12 OECD-MA Rn. 19. *OECD*, Model Tax Convention on Income and on Capital: Condensed Version 2014, Kommentar zu Art. 10 Ziff. 12.4.

1145 *Wassermeyer/Kaeser*, in: Wassermeyer, DBA, Art. 10 OECD-MA Rn. 71 (Stand 08/2014).

1146 *Wassermeyer/Kaeser*, in: Wassermeyer, DBA, Art. 10 OECD-MA Rn. 71 (Stand 08/2014).

1147 *Wassermeyer/Kaeser*, in: Wassermeyer, DBA, Art. 10 OECD-MA Rn. 40 (Stand 08/2014); *Schönfeld*, in: Schönfeld/Ditz, DBA, Art. 10 OECD-MA Rn. 49. Vgl. hierzu BFH v. 20.08.2008 – I R 39/07, BStBl. II 2009, 234: Hier war Empfänger der Dividende einer deutschen GmbH eine US-amerikanische S-Corporation, die nach dem dortigen Wahlrecht zur Besteuerung nach Personengesellschaftssteuerrecht optiert hatte. Der BFH stellte entgegen der Ansicht der Vorinstanz fest, dass sich die Frage, wer Nutzungsberechtigter i.S.d. Art. 10 Abs. 2 DBA-USA sei, nach dem nationalen Steuerrecht des Ansässigkeitsstaates der ausschüttenden Kapitalgesellschaft bestimme. Die Einordnung der S-Corporation als Personengesellschaft aus US-amerikanischer Sicht war mithin irrelevant. Allein entscheidend war die deutsche Einordnung der S-Corporation als Körperschaft. Das DBA-Schachtelprivileg war dementsprechend auch der S-Corporation in vollem Umfang zu gewähren. Dieser Sichtweise folgt der BFH auch weiterhin; s. BFH v. 26.06.2013 – I R 48/12, BStBl. II 2014, 367.

transparente Personengesellschaft, so werden die Dividenden steuerlich den Gesellschaftern der Personengesellschaft zugerechnet.[1148] Qualifiziert Deutschland die Gesellschaft hingegen als Kapitalgesellschaft, ist diese damit auch Nutzungsberechtigte der Dividenden.[1149] Des Rückgriffs auf die *lex-fori*-Klausel – wie der BFH es hier befürwortet – bedarf es hingegen nicht, da bereits die abkommensautonome Auslegung zu einem Ergebnis kommt.

Schließlich lässt sich festhalten, dass nach deutschem Verständnis Nutzungsberechtigter der Dividenden derjenige ist, dem die Dividendeneinkünfte letztlich steuerlich zugerechnet werden, sodass im Ergebnis wieder der allgemeine Grundsatz Anwendung findet, dass sich die Einkünftezurechnung nach innerstaatlichem Recht richtet.

(c) Persönlich haftender Gesellschafter als abkommensrechtlich anteilig Nutzungsberechtigter der von der KGaA bezogenen Dividenden

Eine abkommensautonome Auslegung des Begriffs des Nutzungsberechtigten würde letztlich dazu führen, dass der Begriff die Person erfasst, der die Einkünfte innerstaatlich zugerechnet werden. Bei der KGaA wäre das nach deutschem Recht anteilig der persönlich haftende Gesellschafter. Die KGaA wäre dementsprechend nur mit dem auf ihre Kommanditaktionäre entfallenden Anteil Nutzungsberechtigte der Dividendenausschüttung. Der persönlich haftende Gesellschafter müsste seinerseits die Tatbestandsvoraussetzungen des DBA-Schachtelprivilegs erfüllen – also selbst eine Kapitalgesellschaft sein.

(4) Sonderfall: Deutsche Verhandlungsgrundlage

Neben dem OECD-Musterabkommen ist wichtigste Grundlage für die Verhandlungen deutscher Abkommen die deutsche Verhandlungsgrundlage. Die deutsche Verhandlungsgrundlage enthält das internationale Schachtelprivileg. Dieses enthält jedoch einen Zusatz, der als explizite Antwort auf das

---

1148 S. *Wassermeyer/Kaeser*, in: Wassermeyer, DBA, Art. 10 OECD-MA Rn. 40 (Stand 08/2014); *Schönfeld*, in: Schönfeld/Ditz, DBA, Art. 10 OECD-MA Rn. 50.

1149 BFH v. 20.08.2008 – I R 39/07, BStBl. II 2009, 234; v. 26.06.2013 – I R 48/12, BStBl. II 2014, 367.

BFH-Urteil vom 19.05.2010 zur Anwendung des DBA-Schachtelprivilegs bei der KGaA verstanden werden kann[1150]:

> *„Art. 22. Beseitigung der Doppelbesteuerung im Ansässigkeitsstaat*
>
> *(1) […]*
>
> *1. […] die Einkünfte [werden] von der Bemessungsgrundlage der deutschen Steuer ausgenommen. Für Dividenden gilt dies nur, wenn die Dividenden an eine in der Bundesrepublik Deutschland ansässige Gesellschaft (jedoch nicht an eine Personengesellschaft) von einer in [anderer Vertragsstaat] ansässigen Gesellschaft gezahlt werden, deren Kapital zu mindestens 10 Prozent unmittelbar der in der Bundesrepublik Deutschland ansässigen Gesellschaft gehört. […] Die in Satz 1 vorgesehene Ausnahme von der Bemessungsgrundlage gilt nicht für Dividenden […], die nach dem Recht der Bundesrepublik Deutschland einer Person zugerechnet werden, die keine in der Bundesrepublik Deutschland ansässige Gesellschaft ist.“*

Art. 22 Abs. 1 Nr. 1 S. 3 D-VG versteht sich als Sicherungsmaßnahme gegen doppelte Nichtbesteuerung. Das Schachtelprivileg wird nicht gewährt, obwohl eine Zahlung der Dividende an eine im Inland ansässige und qualifiziert beteiligte Gesellschaft vorliegt, wenn die Dividendeneinkünfte nach deutschem Recht einer Person zugerechnet werden, die diese Voraussetzungen nicht erfüllt. Das ist zum einen der persönlich haftende Gesellschafter einer KGaA und zum anderen der atypisch an einer Kapitalgesellschaft Beteiligte.[1151] Abkommensrechtlich wird durch eine derart ausgestaltete Regelung die innerstaatliche materiell-rechtliche Zurechnung für maßgebend erklärt. Deutschland will auf diese Weise einer doppelten Nichtbesteuerung des persönlich haftenden Gesellschafters auch auf Abkommensebene entgegenwirken. Innerstaatlich hatte der Gesetzgeber bereits zuvor mit der Einführung des § 50d Abs. 11 EStG auf die Rechtsprechung des BFH zum DBA-Schachtelprivileg bei der KGaA reagiert.

1150 So auch *Lüdicke*, IStR-Beihefter 2013, 26 (35), der an der Ausgestaltung der Regelung allerdings berechtigte Kritik übt.

1151 *Lüdicke*, IStR-Beihefter 2013, 26 (35).

dd. § 50d Abs. 11 EStG – Reaktion des Gesetzgebers

(1) Erlass eines „Nichtanwendungsgesetzes"

Die Entscheidung des BFH zum Schachtelprivileg des DBA-Frankreich[1152] hat nicht nur im Rahmen der Literatur zu zahlreichen Diskussionen geführt. Auch der Gesetzgeber hat sich auf Initiative des Finanzausschusses hin mit der Thematik beschäftigt.[1153] Das Ergebnis ist ein sogenanntes „Nichtanwendungsgesetz", um zu verhindern, dass dem persönlich haftenden Gesellschafter einer KGaA oder vergleichbaren hybriden Gesellschaftsformen[1154] das Schachtelprivileg zugutekommt.[1155] Solche Gestaltungsformen hätten sonst genutzt werden können, um natürlichen Personen die steuerfreie Vereinnahmung von Dividendeneinkünften ohne Anwendung des Teileinkünfteverfahrens zu ermöglichen, indem die hybride Gesellschaft gezielt als Dividendenempfängerin eingesetzt wird.[1156] § 50d Abs. 11 EStG schließt hierzu in den Fällen das Schachtelprivileg aus, in denen die Dividende einer natürlichen Person zuzurechnen ist. Die Norm lautet:

> *„§ 50d EStG*
>
> *[...]*
>
> *(11) [1]Sind Dividenden beim Zahlungsempfänger nach einem Abkommen zur Vermeidung der Doppelbesteuerung von der Bemessungsgrundlage der deutschen Steuer auszunehmen, wird die Freistellung ungeachtet des Abkommens nur insoweit gewährt, als die Dividenden nach deutschem Steuerrecht nicht einer anderen Person zuzurechnen sind. [2]Soweit die Dividenden nach deutschem Steuerrecht einer anderen Person zuzurechnen sind, werden sie*

1152 BFH v. 19.05.2010 – I R 62/09, BFH/NV 2010, 1919; s. hierzu ausführlich oben § 6 IV. 2. b. bb. (1).

1153 *Wagner*, in: Blümich, § 50d EStG Rn. 136 (Stand 05/2019).

1154 Hierzu gehören etwa die GmbH & atypisch still oder ähnliche Gesellschaften, bei denen die Dividenden im Ergebnis einem persönlich haftenden Gesellschafter zuzurechnen sind. Auch ausländische Gesellschaften mit Geschäftsleitung im Inland, die nach dem sogenannten Typenvergleich eine „hybride" Rechtsform aufweisen wie die KGaA, werden erfasst, so zum Beispiel die italienische *societa in accomandita per azioni*; *Hoppe*, Die Besteuerung der Kommanditgesellschaft auf Aktien zwischen Trennungs- und Transparenzprinzip, S. 157; *Wagner*, in: Blümich, § 50d EStG Rn. 136 (Stand 05/2019).

1155 *Wagner*, in: Blümich, § 50d EStG Rn. 136 f. (Stand 05/2019); *Gosch*, in: Kirchhof/ Seer, § 50d EStG Rn. 50; *Loschelder*, in: Schmidt, § 50d EStG Rn. 68.

1156 *Hoppe*, Die Besteuerung der Kommanditgesellschaft auf Aktien zwischen Trennungs- und Transparenzprinzip, S. 157.

bei dieser Person freigestellt, wenn sie bei ihr als Zahlungsempfänger nach Maßgabe des Abkommens freigestellt würden.

[…]".

Entscheidend für die Anwendung des § 50d Abs. 11 EStG ist die Freistellung des Zahlungsempfängers.[1157] Knüpft das DBA-Schachtelprivileg hingegen an die Zurechnung der Dividende an, ist der Anwendungsbereich von § 50d Abs. 11 EStG nicht eröffnet.[1158] Eine Ausnahme gilt für den Fall, dass Bezieher der Dividende und Zahlungsempfänger identisch sind.[1159] Die Freistellung durch das Doppelbesteuerungsabkommen wird nur insoweit eingeschränkt, als die Beträge nicht dem Zahlungsempfänger zuzurechnen sind. Auf Ebene der KGaA bleibt die Freistellung also anteilig bestehen.[1160] „Zahlungsempfänger" im Sinne des § 50d Abs. 11 EStG ist derjenige, der die Dividende tatsächlich vereinnahmt.[1161] Hier zeigt sich, dass die oben gefundene Auslegung des Begriffs des Zahlungsempfängers mit dem Willen des nationalen Gesetzgebers übereinstimmt.

Bei Schaffung der Norm war sich der Gesetzgeber bereits bewusst, dass § 50d Abs. 11 EStG die Voraussetzungen eines *Treaty Override* erfüllen könnte.[1162] Die Norm löste auch deswegen erhebliche Meinungsverschiedenheiten aus. Mit der Entscheidung des BVerfG zur generellen verfassungsrechtlichen Zulässigkeit eines *Treaty Override* dürfte sich diese Debatte entschärft haben. Vereinzelt wird noch die unechte Rückwirkung der Norm bis zum Beginn des Veranlagungszeitraums 2012 kritisch beurteilt.[1163] Eine verfassungswidrige Rückwirkung stellt das hingegen nicht dar.[1164]

1157 *Gosch*, in: Kirchhof/Seer, § 50d EStG Rn. 50

1158 *Wagner*, in: Blümich, § 50d EStG Rn. 139 (Stand 05/2019).

1159 *Klein/Hagena*, in: Hermann/Heuer/Raupach, § 50d EStG Rn. 142 (Stand 08/2019). Vgl. auch *Kollruss*, DStZ 2012, 702 (705).

1160 Vgl. *Wagner*, in: Blümich, § 50d EStG Rn. 139 (Stand 05/2019).

1161 *Wagner*, in: Blümich, § 50d EStG Rn. 139 (Stand 05/2019); *Klein/Hagena*, in: Hermann/Heuer/Raupach, § 50d EStG Rn. 142 (Stand 08/2019): „Zahlungsempfänger ist die am Zahlungsvorgang als Empfängerin der Beträge beteiligte Person.".

1162 BT-Drs. 17/8867, S. 9.

1163 *Cloer/Hagemann*, in: Bordewin/Brandt/Bode, § 50d EStG Rn. 407 (Stand 04/2018); *Frotscher*, in: Frotscher/Geurts, § 50d EStG Rn. 305 (Stand 04/2017).

1164 Zur grundsätzlichen verfassungsrechtlichen Zulässigkeit unechter Rückwirkung: BVerfG v. 23.03.1971 – 2 BvL 17/69, BVerfGE 30, 392 (404); v. 03.04.2001 – 1 BvR 1681/94, BVerfGE 103, 271 (288 f.); v. 09.12.2003 – 1 BvR 558/99, BVerfGE 109, 96 (122) juris Rn. 67.

(2) Gesetzesbegründung zu § 50d Abs. 11 EStG – Transparente Besteuerung nach dem Willen des Gesetzgebers?

Mit der Einführung des § 50d Abs. 11 EStG durch das Gesetz zur Änderung des Gemeindereformgesetzes hat der Gesetzgeber sich zumindest insoweit mit der Besteuerung der KGaA befasst, dass er eine seiner Ansicht nach bestehende Besteuerungslücke schließen wollte.[1165] Da sich die Norm als „Nichtanwendungsgesetz"[1166] versteht, liegt der Schluss nahe, dass der Gesetzgeber grundsätzlich von einer innerstaatlichen Zurechnung der Dividendeneinkünfte an den persönlich haftenden Gesellschafter ausgeht und damit dem transparenten Besteuerungskonzept folgt.[1167] Diesen Anschein erweckt vor allem die Begründung der gesetzesvorschlagenden Parteien:

> *„Zu einer dem Sinn und Zweck des Schachtelprivilegs widersprechenden Begünstigung von natürlichen Personen könne es jedoch kommen, wenn der Empfänger der Dividende eine „hybride" Rechtsform hat (z. B. KGaA, GmbH & atypisch still Beteiligte) und die Dividende innerstaatlich einer natürlichen Person zugerechnet werde. Vor diesem Hintergrund sei es geboten, zur Verhinderung von Steuerausfällen die Freistellung der Dividenden aus Schachtelbeteiligungen auszuschließen, soweit die Dividenden unabhängig von der Qualifizierung des Empfängers als Kapitalgesellschaft nach innerstaatlichem Recht einer natürlichen Person zugerechnet würden."*[1168]

Durch das alleinige Abstellen auf den Zahlungsempfänger in § 50d Abs. 11 EStG hat der Gesetzgeber bewusst den Fall des „Nutzungsberechtigten" ausgeschlossen. Stellt ein Doppelbesteuerungsabkommen also statt auf den Zahlungsempfänger der Dividende auf den Nutzungsberechtigten ab, so ist § 50d Abs. 11 EStG nicht einschlägig, weil dann eine anteilige Zurechnung an den persönlich haftenden Gesellschafter vorgenommen werden muss, dass Schachtelprivileg also bereits nach dem Doppelbesteuerungsabkommen nur für den Anteil anzuwenden ist, der der KGaA verbleibt.[1169] Der Gesetzgeber geht demnach anscheinend davon aus, dass dem persönlich haftenden Gesellschafter die Dividenden anteilig zuzurechnen sind. Dem entspricht das transparente Besteuerungskonzept.

1165 BT-Drs. 17/8867, S. 13.
1166 *Kollruss*, DStZ 2012, 702 (703).
1167 So zum Beispiel *Kollruss*, DStZ 2012, 702 (703).
1168 BT-Drs. 17/8867, S. 8.
1169 So auch *Breuninger*, JbFfStR 2012/2013, 361 (369 Fn. 275).

Auch wird teilweise angedacht, die „intransparente“ Rechtsprechung des BFH auf innerstaatliche Schachtelprivilegien (namentlich § 8b Abs. 1 KStG) zu übertragen.[1170] Dem wird ebenso mit Verweis auf § 50d Abs. 11 EStG entgegengehalten, dass der Gesetzgeber die Regelung dann auch über die abkommensrechtlichen Schachtelprivilegien hinaus auf die innerstaatlichen ausgeweitet hätte. Dies ist aber gerade nicht der Fall, was für eine transparente Sichtweise des Gesetzgebers sprechen könnte.

Allerdings weist der Gesetzgeber selbst in der Gesetzesbegründung auf die unterschiedlichen Besteuerungskonzepte hin.[1171] Sinn und Zweck des § 50d Abs. 11 EStG sei insbesondere, eine solche Auslegung, die zur Steuerfreistellung der gesamten Schachteldividende nach dem Doppelbesteuerungsabkommen führt, zu unterbinden.[1172] Auch der Bundesrat stellt in seinem Beschluss klar, dass die Einführung des § 50d Abs. 11 EStG lediglich eine Zwischenlösung auf dem Weg zur grundlegenden Klärung der Besteuerung hybrider Rechtsformen darstelle. Insbesondere könne in § 50d Abs. 11 EStG keine Vorabfestlegung eines intransparenten oder teiltransparenten Besteuerungssystems bezüglich der KGaA gesehen werden.[1173] Primäre Funktion des § 50d Abs. 11 EStG ist damit nach dem Willen des Gesetzgebers zunächst allein und ausschließlich die Vermeidung von Besteuerungsausfällen. Eine – in welche Richtung auch immer geartete – Vorabfestlegung auf eines der beiden Besteuerungskonzepte kann der Norm nicht entnommen werden.

ee. Zwischenfazit

Die Vielfältigkeit der Abkommen macht es schlicht unmöglich, eine pauschale Aussage zur Anwendung des DBA-Schachtelprivilegs bei der KGaA zu treffen. Letztlich ist immer die abkommensautonome Auslegung der Begriffe maßgebend, die die Voraussetzungen für die Gewährung des DBA-Schachtelprivilegs definieren. Im Grunde gilt jedoch auch hier das Zurechnungsmodell: Erzielt die KGaA Dividendeneinkünfte von einer im Ausland ansässigen Tochtergesellschaft, ist diese Qualifikation auch für die Ebene des persönlich haftenden Gesellschafters maßgebend. Das Besteuerungsrecht steht dem Wohnsitzstaat des Komplementärs zu. Eine dem nachgelagerte Frage ist, wem die Dividendeneinkünfte abkommensrechtlich zuzurechnen sind

1170 So *Wassermeyer*, FR 2010, 809 (813).
1171 BT-Drs. 17/8867, S. 13.
1172 BT-Drs. 17/8867, S. 13.
1173 BR-Drs. 114/12 (B), S. 2.

und wem entsprechend die Steuerfreistellung zugute kommen soll. Eine solche Steuerfreistellung ergibt sich dabei überhaupt nur dann, wenn der Quellenstaat besteuern darf. Das ist bei Dividendeneinkünften allerdings regelmäßig der Fall. Für die anschließende Steuerfreistellung durch den Wohnsitzstaat ist die begriffliche Ausgestaltung des DBA-Schachtelprivilegs dann maßgebend. Setzt sie sich über die innerstaatliche Einkünftezurechnung abkommensspezifisch hinweg, kann das DBA-Schachtelprivileg auf Ebene der KGaA vollständig zu gewähren sein und käme folglich auch dem Komplementär zugute, der die Voraussetzungen eigentlich nicht erfüllt. Für diesen Fall hat der Gesetzgeber § 50d Abs. 11 EStG geschaffen. Eine „unberechtigte" Steuerfreistellung soll vermieden werden. Setzt sich das Abkommen hingegen seinem Wortlaut nach nicht über die innerstaatliche Einkünftezurechnung hinweg, sondern knüpft es – wie im Regelfall – an diese an, ist das DBA-Schachtelprivileg auf Ebene der KGaA nur anteilig zu gewähren und auf Ebene des Komplementärs nur dann, wenn dieser die Voraussetzung hierzu erfüllt.

ff. Anwendungsfälle des Art. 10 OECD-MA bei der KGaA und ihrem persönlich haftenden Gesellschafter – Belastungsunterschiede

Im Folgenden soll aufgezeigt werden, dass die dargelegte abkommensautonome Interpretation der jeweiligen Abkommensnormen auch im Anwendungsfall zu sachgerechten Ergebnissen (auch auf Belastungsebene) führt. Es wird der bereits oben in seinen Grundzügen beschriebene Fall[1174] herangezogen und modifiziert.

Beispiel 7 (Grundfall)[1175]: Eine in Deutschland ansässige KGaA mit ebenfalls in Deutschland ansässiger natürlicher Person als persönlich haftenden Gesellschafter erzielt Dividendeneinkünfte in Höhe von 50.000 € an einer im DBA-Ausland ansässigen Kapitalgesellschaft. Der persönlich haftenden Gesellschafter ist satzungsmäßig über seine Sondereinlage zu 50 % gewinnbeteiligt an der KGaA. Der Jahresüberschuss der KGaA beträgt 200.000 € und wird durch eine inländische Betriebsstätte erwirtschaftet. Das Doppelbesteuerungsabkommen zwischen Deutschland und dem Ausland (im Folgenden „DBA-A") sieht für Schachteldividenden im Metho-

1174 S. oben § 6 IV 1.

1175 Der Fall entspricht in seinen Grundzügen hinsichtlich der Gesellschafterstruktur dem vom BFH entschiedenen Fall: BFH v. 19.05.2010 – I R 62/09, BFH/NV 2010, 1919.

denartikel die Freistellungsmethode vor (vgl. Art. 22 Abs. 1 Buchst. a) S. 2 D-VG). Im Übrigen stimmt es mit dem OECD-MA überein. Die Voraussetzungen des § 8b Abs. 7 KStG in Bezug auf die im DBA-Ausland ansässige Kapitalgesellschaft liegen hier vor, sodass die Anwendung von § 8b Abs. 1 KStG nicht in Betracht kommt.

Sowohl die KGaA als auch der persönlich haftende Gesellschafter sind in Deutschland unbeschränkt steuerpflichtig und damit gem. Art. 4 Abs. 1 DBA-A in Deutschland ansässig. Mit ihrer Beteiligung an der ausländischen Kapitalgesellschaft erzielt die KGaA Dividendeneinkünfte im Sinne des Art. 10 Abs. 1 DBA-A. Da die Qualifikation an der Einkunftsquelle der KGaA auch für den persönlich haftenden Gesellschafter maßgebend ist, erzielt dieser im Abkommenssinne ebenfalls anteilig Dividendeneinkünfte. Diese können nach dem DBA-Schachtelprivileg im Quellenstaat besteuert werden, sofern der Empfänger der Dividende der Nutzungsberechtigte ist. Nutzungsberechtigter der Dividende ist die Person, der die Einkünfte nach innerstaatlichen Grundsätzen steuerlich zuzurechnen sind. Zum einen ist das die KGaA und zum anderen der persönlich haftende Gesellschafter. Dem Ausland als Quellenstaat steht gem. Art. 10 Abs. 2 Nr. 1 und 2 DBA-A das Besteuerungsrecht sowohl an den Dividenden, die der KGaA zuzurechnen sind, als auch an den Dividenden, die letztlich dem Komplementär zuzurechnen sind, zu. Lediglich in der Begrenzung der Höhe der Quellensteuer unterscheiden sich die Besteuerungsrechte (bei der KGaA als Kapitalgesellschaft gilt eine Höchstgrenze von 5 %, beim Komplementär als natürliche Person eine Höchstgrenze von 15 %). Im Methodenartikel werden folgend die Dividenden, die im Quellenstaat besteuert werden und an eine Kapitalgesellschaft gezahlt werden, steuerfrei gestellt.[1176] Die Steuerfreistellung ist mithin nur in Höhe des Anteils zu gewähren, der letztlich der KGaA nach innerstaatlichen Grundsätzen zuzurechnen ist. Die im Ausland vom persönlich haftenden Gesellschafter zu leistende Steuer ist bei diesem anzurechnen. Im Übrigen gilt auch hier das Teileinkünfteverfahren. Die Berechnung des zu versteuernden Einkommens der Beteiligten ergibt sich wie folgt:

1176 Nach Ansicht der herrschenden Meinung käme nach innerstaatlichem Recht noch die Schachtelstrafe des § 8b Abs. 5 KStG zur Anwendung. Die KGaA hätte im Ergebnis trotz abkommensrechtlicher Steuerfreistellung 5 % der Dividendeneinkünfte in Deutschland zu versteuern. Aus Vereinfachungsgründen wird dieser Aspekt hier außer Acht gelassen.

Jahresüberschuss der KGaA	200.000 €
Gewinnanteil des Komplementärs § 9 Abs. 1 Nr. 1 KStG	./. 100.000 €
anteilige Gewinne aus ausländischer Beteiligung steuerfrei nach DBA-A	./. 25.000 €
Zu versteuerndes Einkommen der KGaA	75.000 €

Gewinnanteil des Komplementärs § 15 Abs. 1 S. 1 Nr. 3 EStG	100.000 €
Anwendung TEV auf Dividenden § 3 Nr. 40 S. 1 Buchst. d) EStG	./. 10.000 €
Zu versteuerndes Einkommen des Komplementärs	90.000 €

Würde der relevante Dividendenartikel hingegen nicht auf den Nutzungsberechtigten abstellen, sondern – wie in Art. 9 Abs. 2 DBA-Frankreich – auf den Zahlungsempfänger, wäre die Steuerfreistellung auf Ebene der KGaA vollständig zu gewähren. Dem persönlich haftenden Gesellschafter wäre dann der um die steuerfreien Dividendeneinkünfte gekürzte Gewinnanteil zuzurechnen. Im Ergebnis würde die Steuerbefreiung auf den persönlich haftenden Gesellschafter „durchschlagen", obwohl dieser die Voraussetzungen des Schachtelprivilegs nicht erfüllt. In dem Gewinnanteil des persönlich haftenden Gesellschafters wären keine steuerpflichtigen Dividendeneinkünfte mehr enthalten, sodass auch für das Teileinkünfteverfahren in einem solchen Fall kein Raum besteht.

Jahresüberschuss der KGaA	200.000 €
Gewinne aus ausländischer Beteiligung steuerfrei nach Art. 22 D-VG	./. 50.000 €
Gewinnanteil des Komplementärs § 9 Abs. 1 Nr. 1 KStG	./. 75.000 €
Zu versteuerndes Einkommen der KGaA	75.000 €

Gewinnanteil des Komplementärs § 15 Abs. 1 S. 1 Nr. 3 EStG	75.000 €
Zu versteuerndes Einkommen des Komplementärs	75.000 €

Das „Durchschlagen“ der Steuerbefreiung ist dabei aber kein allgemeiner Grundsatz der Abkommensanwendung bei der KGaA[1177], sondern Folge der abkommensspezifischen Formulierung, die sich – wie der BFH zurecht festgestellt hat – über die materiell-rechtlich getroffene innerstaatliche Zurechnungsentscheidung hinwegsetzt. Nur aus diesem Grund ist auf Ebene der KGaA die vollständige Steuerbefreiung zu gewähren.

Zudem käme in diesem Fall für Dividenden, die nach dem 01.01.2012 gezahlt wurden, nach deutschem Recht § 50d Abs. 11 EStG zur Anwendung. Die Steuerfreistellung auf Ebene der KGaA wäre nur auf den ihr auch nach deutschem Recht zuzurechnenden Dividendenanteil zu gewähren. Die abkommensrechtliche Steuerfreistellung käme dem Komplementär nicht zugute. Stattdessen fände das Teileinkünfteverfahren Anwendung.

Jahresüberschuss der KGaA	200.000 €
Gewinne aus ausländischer Beteiligung steuerfrei nach Art. 20 DBA-Frankreich	./. 50.000 €
§ 50d Abs. 11 EStG	+ 25.000 €
Gewinnanteil des Komplementärs § 9 Abs. 1 Nr. 1 KStG	./. 100.000 €
Zu versteuerndes Einkommen der KGaA	75.000 €

Gewinnanteil des Komplementärs § 15 Abs. 1 S. 1 Nr. 3 EStG	100.000 €
Anwendung TEV auf Dividenden § 3 Nr. 40 S. 1 Buchst. d) EStG	./. 10.000 €
Zu versteuerndes Einkommen des Komplementärs	90.000 €

Schließlich führt die Anwendung des § 50d Abs. 11 EStG zu demselben Ergebnis wie in dem Fall, in dem das DBA-Schachtelprivileg auf den Nutzungsberechtigten abstellt. Das entspricht Sinn und Zweck der Norm.[1178]

1177 So aber Kollruss, IStR 2018, 224 (226), der davon ausgeht, dass das Durschlagen von DBA-Befreiungen allgemein gilt und im Grundsatz auch sämtliche DBA-Befreiungen wie DBA-Betriebsstättengewinne, Schachteldividenden und Quellensteuerreduktion betrifft.

1178 Vgl. BT-Drs. 17/8867, S. 13.

3. Ergebnis

Letztlich offenbart die abkommensautonome Auslegung der jeweiligen Vorschriften die Schwäche eines Ansatzes, der die vollständige Steuerfreistellung als allgemeingültig für die Abkommensanwendung bei der KGaA begreift.[1179] Das Ergebnis, welches sich unter Anwendung eines Doppelbesteuerungsabkommens ergibt, dass die Steuerfreistellung nur dem Nutzungsberechtigten gewährt, würde sich nach einem solchen Ansatz nicht von dem Ergebnis unterscheiden, welches sich im Falle des Zahlungsempfängers ergeben würde. Auch bei Abstellen auf den Nutzungsberechtigten wäre eine vollständige Steuerfreistellung auf Ebene der KGaA zu gewähren und diese würde in der Folge auf den Gewinnanteil des Komplementärs „durchschlagen". Zum einen lässt sich das nicht mit einer abkommensautonomen Auslegung vereinbaren, nach der zwischen dem Zahlungsempfänger und dem Nutzungsberechtigten ein Unterschied besteht. Zum anderen steht dieses Ergebnis auch im Widerspruch zu dem Willen des Gesetzgebers, der bewusst nur den Fall des Zahlungsempfängers in § 50d Abs. 11 EStG aufgenommen hat, weil er davon ausging, dass sofern ein Abkommen auf den Nutzungsberechtigten abstellt, eine Steuerbefreiung nicht vollständig zum Zuge kommt.

Das hier vertretene Zurechnungsmodell führt hingegen auch im Falle der Dividendeneinkünfte zu sachgerechten Ergebnissen: Dort, wo das Abkommen an die innerstaatliche Einkünftezurechnung anknüpft, kann eine Steuerfreistellung auch nur der Person gewährt werden, der die Einkünfte zuzurechnen sind. Denn nur diese Person wird insoweit durch eine doppelte Besteuerung belastet. Dennoch besteht abkommensrechtlich die Möglichkeit, sich über diese innerstaatliche Zurechnungsentscheidung hinwegzusetzen.

Das Zurechnungsmodell stellt sich damit als systemkonforme Umsetzung der Behandlung der KGaA und ihres persönlich haftenden Gesellschafters dar. Das gilt jedenfalls dann, wenn dem persönlich haftenden Gesellschafter Einkünfte der KGaA zugerechnet werden, er also nicht eigene Einkünfte durch originäre Tätigkeit erzielt.

1179 So etwa *Kollruss*, IStR 2018, 224 (226).

V. Grenzüberschreitende Sondervergütungen des persönlich haftenden Gesellschafters

1. Schuldrechtliche Beziehungen zwischen der KGaA und ihrem persönlich haftenden Gesellschafter

Der persönlich haftende Gesellschafter und die KGaA können auch grenzüberschreitend schuldrechtliche Beziehungen miteinander eingehen (zum Beispiel Mietvertrag, Darlehensvertrag etc.).[1180] Die Vergütungen, die der Komplementär im Rahmen dieser Schuldverhältnisse erhält, zählen rein innerstaatlich betrachtet zu den Sondervergütungen und folglich zu den gewerblichen Einkünften des Komplementärs im Sinne des § 15 Abs. 1 S. 1 Nr. 3, 2. Halbsatz EStG.[1181] Bereits bei Personengesellschaften besteht jedoch keine einheitliche Linie, wie Sondervergütungen an ihre Gesellschafter abkommensrechtlich einzuordnen sind.[1182] Die Einordnung nach Abkommensrecht ist aber gerade entscheidend für ein etwaiges Besteuerungsrecht Deutschlands. Im Inbound-Fall (Beteiligung eines ausländischen Mitunternehmers an einer inländischen Personengesellschaft) stünde Deutschland ein Besteuerungsrecht (im Rahmen der beschränkten Steuerpflicht des ausländischen Mitunternehmers, sofern eine solche überhaupt angenommen werden kann[1183]) nur dann zu, wenn die Sondervergütungen zu den Betriebsstättengewinnen der in Deutschland belegenen Betriebsstätte der Personengesellschaft zählen würden. Die Sondervergütungen müssten demnach als Unternehmensgewinne (Art. 7 Abs. 1 OECD-MA) einer deutschen Betriebsstätte zu qualifizieren sein. Wären stattdessen die jeweiligen speziellen Verteilungsartikel maßgebend, hinge ein Besteuerungsrecht Deutschlands von weiteren Tatbestandsmerkmalen ab (zum Beispiel Belegenheitsort des an die Gesellschaft entgeltlich überlassenen Grundstücks bei Art. 6 OECD-MA) oder das Besteuerungsrecht stünde dem Ansässigkeitsstaat des Empfängers grundsätzlich zu (zum Beispiel bei Zinseinkünften nach Art. 11 OECD-MA).[1184] Im Outbound-Fall (Beteiligung eines in Deutschland ansässigen Mitunternehmers an einer ausländischen Personengesellschaft) stellt sich

1180 S. zu den Anwendungsfällen bei der KGaA ausführlich oben § 4 II. 4.

1181 S. oben § 2 III. 6. d. bb. (3) (b) (bb).

1182 S. hierzu ausführlich *Kempermann*, in: Wassermeyer/Richter/Schnittker, Personengesellschaften im Internationalen Steuerrecht, Rn. 2.66 ff.

1183 Zu der Problematik oben § 4 II. 2.

1184 Vgl. Begründung zur Einführung des § 50d Abs. 10 EStG, der genau diese Steuerausfälle zu vermeiden versucht: BT-Drs. 16/11108, S. 23.

ebenfalls die Frage, ob Deutschland als Ansässigkeitsstaat des Mitunternehmers das Besteuerungsrecht an den nach innerstaatlichem Recht als Sondervergütungen zu qualifizierenden Einnahmen zusteht.[1185]

Auf abkommensrechtlicher Ebene fehlt in der Regel eine Norm, die eine Zuweisung der Sondervergütungen zu den unternehmerischen Einkünften vornimmt.[1186] Das lässt sich auch dadurch erklären, dass einer Vielzahl von Staaten das Konstrukt der Sondervergütungen fremd ist.[1187] In Bezug auf die KGaA stellt sich damit auf abkommensrechtlicher Ebene ebenso wie bei Mitunternehmerschaften die Frage, wie die Einkünfte des persönlich haftenden Gesellschafters aus einer schuldrechtlichen Beziehung zur KGaA zu qualifizieren sind und welchem Staat in der Folge das Besteuerungsrecht zusteht.

2. Grenzüberschreitende Sondervergütungen bei Mitunternehmerschaften unter Anwendung eines Doppelbesteuerungsabkommens

a. Einordnung als Bestandteile der Unternehmensgewinne eines Mitunternehmers (Art. 7 Abs. 1 OECD-MA)

Es liegt zunächst nahe aufgrund der innerstaatlichen Qualifikation der Einkünfte eines Mitunternehmers als gewerbliche Einkünfte[1188] auch hier das Vorliegen von Unternehmensgewinnen zu prüfen. Über den Rückgriff auf nationales Recht kann der Begriff der „Unternehmensgewinne" mit einer originär gewerblichen Tätigkeit im Sinne des § 15 Abs. 2 EStG zumindest im

1185 Vgl. zu Inbound- und Outbound-Fällen *Rosenberg*, in: Wassermeyer/Richter/Schnittker, Personengesellschaften im Internationalen Steuerrecht, Rn. 11.22 ff. mit einer ausführlichen Darstellung des Problems, das im internationalen Steuerrecht als eine der am meist diskutiertesten Fragen gilt.

1186 Anders hingegen Art. 7 Abs. 7 DBA Schweiz.

1187 Zum einen behandeln viele Staaten Personengesellschaften als intransparent, sodass die Möglichkeit von Sondervergütungen schon gar nicht in Betracht kommt; s. hierzu *Spengel/Schaden/Wehrße*, StuW 2010, 44; *Schmidt, C.*, DStR 2010, 2436. Zum anderen müssen auch Staaten, die Personengesellschaften grundsätzlich als transparent einstufen, nicht zwingend das Konzept der Sondervergütungen kennen. S. hierzu *Krabbe*, IWB 1998, F. 3 Deutschland Gr. 2, 768; *Schmidt, C.*, DStR 2010, 2436; vgl. auch *Storck/Selent*, RIW/AWD 1980, 332 mit einem Länderüberblick zur Behandlung von Sondervergütungen. Für einen Überblick über die Ausgestaltung der transparenten Besteuerung in verschiedenen Ländern s. BMF v. 26.09.2014 – IV B 5-S 1300/09/10003, BStBl. I 2014, 1258, Anlage.

1188 S. hierzu oben § 6 III. 2. b.

Grundsatz gleichgestellt werden.[1189] Bei Personengesellschaften existieren dabei – soweit die Personengesellschaft eine originär gewerbliche Tätigkeit im Sinne des § 15 Abs. 2 EStG ausübt – so viele Unternehmen wie Mitunternehmer vorhanden sind. Jeder Mitunternehmer betreibt ein eigenes Unternehmen im Sinne des Abkommens. Sondervergütungen, die aufgrund der Beteiligung an einer originär gewerblich tätigen Personengesellschaft entstehen, könnten damit grundsätzlich den Unternehmensgewinnen zuzuordnen sein.[1190] Allerdings beruhen diese Sondervergütungen auf schuldrechtlichen Vereinbarungen zwischen der Personengesellschaft und den einzelnen Gesellschaftern. Diese sind auch zivilrechtlich anzuerkennen.[1191] Soweit spezielle Verteilungsartikel die aus diesen schuldrechtlichen Beziehungen resultierenden Einkünfte abkommensrechtlich erfassen, sind die speziellen Artikel auch im Falle von Sondervergütungen vorrangig anwendbar.[1192] Etwas anderes gilt nur, soweit die Sondervergütungen einer Betriebsstätte zuzuordnen sind, denn dann greift gegebenenfalls ein Betriebsstättenvorbehalt.[1193]

Die Finanzverwaltung versteht den Rückgriff auf nationales Recht nach Art. 3 Abs. 2 OECD-MA indes weiter und will Sondervergütungen aufgrund der Anordnung in § 15 Abs. 1 S. 1 Nr. 2, 2. Halbsatz EStG *ausschließlich* als Unternehmensgewinne einstufen.[1194] Andere Einkunftsartikel kämen gar nicht erst in Betracht. Die Zuordnung der Sondervergütungen zu einer Betriebsstätte erfolge ebenfalls anhand innerstaatlichen Rechts. Regelmäßig stehe daher dem Betriebsstättenstaat die Besteuerung an den Einkünften aus Sondervergütungen zu. Aus Sicht der Finanzverwaltung können damit Sondervergütungen, die eine inländische Personengesellschaft an einen ausländischen Gesellschafter zahlt, stets in Deutschland in vollem Umfang besteuert

1189 S. oben ausführlich § 6 III. 2. b. S. auch BFH v. 17.10.2007 – I R 5/06, BStBl. II 2009, 356 juris Rn. 16.

1190 *Rosenberg*, in: Wassermeyer/Richter/Schnittker, Personengesellschaften im Internationalen Steuerrecht, Rn. 11.25.

1191 *Wassermeyer*, in: Wassermeyer, DBA, Art. 7 OECD-MA Rn. 101 f. (Stand 10/2013).

1192 Insoweit hat der BFH in grundlegenden Urteilen einen Rechtsprechungswandel vollzogen: BFH v. 27.02.1991 – I R 15/89, BStBl. II 1991, 444 juris Rn. 27; v. 27.02.1991 – I R 96/89, BFH/NV 1992, 385 juris Rn. 24. Zuvor hatte auch der BFH die Sondervergütungen den Unternehmensgewinnen nach Art. 7 OECD-MA zugeordnet. S. zum Beispiel BFH v. 10.11.1983 – IV R 62/82, BStBl. II 1984, 605 juris Rn. 17. S. auch *Wassermeyer*, in: Wassermeyer, DBA, Art. 7 OECD-MA Rn. 100 f. (Stand 10/2013) mit einer ausführlichen Darstellung der neuen Rechtsprechung.

1193 *Wassermeyer*, in: Wassermeyer, DBA, Art. 7 OECD-MA Rn. 101 (Stand 10/2013).

1194 BMF v. 26.09.2014 – IV B 5-S 1300/09/10003, BStBl. I 2014, 1258 Tz. 5.1.1.

werden. Diesem Ansatz ist auch die OECD in ihrem OECD-Partnership-Report gefolgt.[1195]

Die Auffassungen der Finanzverwaltung und der OECD stehen dabei jedoch in klarem Widerspruch zu dem den Abkommen immanenten Grundsatz der Subsidiarität der Unternehmensgewinne und dem damit einhergehenden Vorrang der speziellen Verteilungsartikel.[1196] Richtig ist, dass die Einordnung als gewerbliche Einkünfte im Sinne des § 15 Abs. 1 S. 1 Nr. 2 EStG für das Vorliegen von Unternehmensgewinnen spricht und bei einer Personengesellschaft daher im Grunde jeder Mitunternehmer ein Unternehmen im Sinne des Abkommens betreibt. Das schließt jedoch nicht die Möglichkeit aus, dass ein weiterer Verteilungsartikel einschlägig und aufgrund des *lex specialis*-Grundsatzes vorrangig ist. Sondervergütungen sind damit zwar nach deutschem Recht als Einkünfte aus Gewerbebetrieb zu qualifizieren und können abkommensrechtlich auch Unternehmensgewinne darstellen, auf Abkommensebene ist jedoch gleichfalls Art. 7 Abs. 4 OECD-MA einschlägig und damit die spezielleren Verteilungsartikel. Entscheidend kommt es daher auf die zivilrechtliche Ausgestaltung als Ursache der Vergütung an.[1197]

b. Vorrang spezieller Verteilungsartikel mangels Zurechnung der Sondervergütungen zu einer Betriebsstätte

Zumeist erfüllen Sondervergütungen die Voraussetzungen der spezielleren Verteilungsartikel (zum Beispiel Mieteinnahmen, Zinseinnahmen). Im Regelfall enthalten diese Artikel jedoch Betriebsstättenvorbehalte, sodass Art. 7 Abs. 2 OECD-MA zur Anwendung gelangen würde. Hierbei ist allerdings fraglich, ob die jeweiligen Sondervergütungen dem Betriebsvermögen der Betriebsstätte zuzuordnen sind. In der Regel wird das nicht der Fall sein, denn nach den Grundsätzen des BFH ist auf Abkommensebene dafür ein tatsächlicher, funktionaler Zusammenhang mit der in der Betriebsstätte ausgeübten Tätigkeit erforderlich.[1198]

1195 The Application of the OECD Model Tax Convention to Partnerships (1999), Rn. 94 ff.

1196 S. oben unter § 3 IV. 3. a. cc. (1). Vgl. zu einer ausdrücklichen Regelung des Spezialitätsgrundsatzes Art. 7 Abs. 4 OECD-MA.

1197 Vgl. BFH v. 27.02.1991 – I R 15/89, BStBl. II 1991, 444 juris Rn. 26 f.; v. 27.02.1991 – I R 96/89, BFH/NV 1992, 385 juris Rn. 23 f.

1198 BFH v. 19.12.2007 – I R 66/06, BStBl. II 2008, 510.

Der BFH hat diesbezüglich in ständiger Rechtsprechung entschieden, dass zwischen einer „rechtlichen" und einer „tatsächlichen" Zugehörigkeit einer zivilrechtlichen Forderung zur Betriebsstätte zu unterscheiden ist. Grundsätzlich begründe eine nach § 15 Abs. 1 S. 1 Nr. 2 EStG einzuordnende Sondervergütung bloß eine rechtliche, aber keine tatsächliche Zugehörigkeit. Eine Forderung gehöre abkommensrechtlich nur dann „tatsächlich" zu einer Betriebsstätte, wenn sie aus Sicht der Betriebsstätte einen Aktivposten bildet.[1199] Der BFH stützt seine Überlegungen auf den Fremdvergleichsgrundsatz. Dieser führe dazu, dass das Abkommensrecht die Anwendung der Bestimmungen über Unternehmensgewinne davon abhängig mache, dass ein Gewinn nur dann abkommensrechtlich zum (Betriebs-)Vermögen einer Betriebsstätte gehöre, wenn dies bei einem der Betriebsstätte vergleichbaren selbständigen Unternehmen auch der Fall wäre. Eine solche Auslegung müsse in der Konsequenz auch für Forderungen des Gesellschafters gegen seine Personengesellschaft gelten. Eine Forderung gehöre dann nicht zum Betriebsvermögen einer Betriebsstätte, wenn bei einem vergleichbaren selbständigen Unternehmen ein Passivposten auszuweisen wäre. Dies sei bei solchen Forderungen regelmäßig der Fall.[1200] Daraus folge, dass Sondervergütungen immer dann, wenn sie auch die Voraussetzungen eines anderen abkommensrechtlichen Verteilungsartikels erfüllen, diesem unterfallen und die Gewinne nicht zu den Unternehmensgewinnen nach Art. 7 OECD-MA zählen. Regelmäßig bliebe es daher bei der Zuordnung der Sondervergütungen nach den spezielleren Verteilungsartikeln.[1201]

Die Vorgehensweise des BFH bei der Zuordnung von Sondervergütungen zum Betriebsvermögen einer Betriebsstätte überzeugt. Der Fremdvergleichsgrundsatz gebietet es, eine Betriebsstätte wie ein eigenständiges Unternehmen zu behandeln und ihr dementsprechend Gewinne nur dann zuzurechnen, wenn dies bei einem eigenständigen Unternehmen ebenfalls erfolgen würde. Ein Passivposten mindert den Gewinn vielmehr. Handelt es sich bei der „Sondervergütung" um eine Forderung des Gesellschafters, die bei

1199 BFH v. 27.02.1991 – I R 15/89, BStBl. II 1991, 444 juris Rn. 33; v. 27.02.1991 – I R 96/89, BFH/NV 1992, 385 (387) juris Rn. 30; v. 26.02.1992 – I R 85/91, BStBl. II 1992, 937; v. 31.05.1995 – I R 74/93, BStBl. II 1995, 683 (685) juris Rn. 27; v. 21.07.1999 – I R 110/98, BStBl. II 1999, 812 (815) juris Rn. 22; v. 17.10.2007 – I R 5/06, BStBl. II 2009, 356 juris Rn. 22 ff.; v. 08.09.2010 – I R 74/09, BStBl. II 2014, 788 juris Rn. 14.

1200 S. BFH v. 17.10.2007 – I R 5/06, BStBl. II 2009, 356 juris Rn. 23. Vgl. auch v. 20.12.2006 – I B 47/05, BStBl. II 2009, 766 juris Rn. 38.

1201 Vgl. BFH v. 17.10.2007 – I R 5/06, BStBl. II 2009, 356 juris Rn. 24; *Schaumburg/Häck*, in: Internationales Steuerrecht, Rn. 19.237.

einem Unternehmen als Verbindlichkeit zu passivieren wäre, kann diese nicht zum Gewinn der Betriebsstätte zählen. Mangels Zugehörigkeit zu einer Betriebsstätte greift der Betriebsstättenvorbehalt der spezielleren Verteilungsartikel regelmäßig nicht. Die Sondervergütungen unterfallen daher den speziellen Verteilungsartikeln und stellen abkommensrechtlich keine Unternehmensgewinne der Mitunternehmer dar.

c. Treaty Override des § 50d Abs. 10 EStG

Indes greift bei Mitunternehmern nach nationalem Recht die Vorschrift des § 50d Abs. 10 S. 1 EStG, die der Gesetzgeber aufgrund eben dieser Rechtsprechung des BFH geschaffen hat.[1202] Demnach gehören Sondervergütungen für Zwecke der von Deutschland abgeschlossenen Doppelbesteuerungsabkommen aus deutscher Sicht stets zu den Unternehmenseinkünften aus Art. 7 Abs. 1 OECD-MA. Überdies fingiert § 50d Abs. 10 S. 3 EStG die Zugehörigkeit dieser Sondervergütungen zu einer in Deutschland belegenen Betriebsstätte. Deutschland steht damit bei Vorliegen einer Betriebsstätte im Inland das Besteuerungsrecht an diesen Einkünften immer zu. Damit sichert sich Deutschland auf unilateraler Ebene im Inbound-Fall das Besteuerungsrecht an den Sondervergütungen, die von der inländischen Personengesellschaft an ihren ausländischen Mitunternehmer gezahlt werden, denn im Regelfall wird in Deutschland eine Betriebsstätte der Personengesellschaft vorhanden sein, der die Vergütungen dann über § 50d Abs. 10 S. 3 EStG zuzurechnen sind.[1203]

Aus Sicht Deutschlands als Anwenderstaat eines Abkommens stellen Sondervergütungen an einen Mitunternehmer einer originär gewerblich tätigen Personengesellschaft nach Einführung des § 50d Abs. 10 EStG folglich immer Unternehmensgewinne dar.

1202 S. hierzu ausführlich § 4 II. 4. b. (4) (b).

1203 Den Inbound-Fall hatte der Gesetzgeber bei Schaffung der Norm vor Augen. S. BT-Drs. 16/11108, S. 23.

3. Grenzüberschreitende Sondervergütungen des persönlich haftenden Gesellschafters einer KGaA

a. Problematik der Sondervergütungen als Grenze des „Zurechnungsmodells"

Das Problem der abkommensrechtlichen Qualifikation von Sondervergütungen stellt sich gleichermaßen für den persönlich haftenden Gesellschafter einer KGaA, denn auch dieser erzielt aus innerstaatlicher Sicht mit seinen Sondervergütungen gewerbliche Einkünfte (§ 15 Abs. 1 S. 1 Nr. 3, 2. Halbsatz EStG). Korrespondierend zu den Fallgestaltungen bei grenzüberschreitenden Sondervergütungen bei Personengesellschaften, kann auch der persönlich haftende Gesellschafter zum einen als Ausländer an einer inländischen KGaA beteiligt sein (Inbound-Fall) und zum anderen als Inländer an einer ausländischen KGaA (Outbound-Fall).[1204] Wobei im Inbound-Fall bereits das Anknüpfungsmerkmal (*genuine link*) für eine beschränkte Steuerpflicht des ausländischen Komplementärs fraglich ist.[1205]

Das eingangs erläuterte „Zurechnungsmodell" zur Qualifikation der im Gewinnanteil des persönlich haftenden Gesellschafters enthaltenen Einkünfte stößt im Fall der Sondervergütungen an seine Grenzen. Es handelt es sich bei den Sondervergütungen eben nicht um durch die KGaA selbst erzielte Einkünfte, die in der Folge dem Komplementär zugerechnet werden. Vielmehr erzielt der Komplementär diese Einkünfte originär durch eine eigene Tätigkeit. Auf Ebene der KGaA findet in Bezug auf die Sondervergütungen keine Einkünftequalifikation statt. Es stellt sich mithin die Frage, wie solche Sondervergütungen beim Komplementär einer KGaA zu qualifizieren sind. Es könnte auch hier angedacht werden, die Grundsätze für Mitunternehmerschaften (jedenfalls teilweise) zu übertragen. Aufgrund der zivilrechtlichen hybriden Ausgestaltung der KGaA sollen daher auch diese Grundsätze den Ausgangspunkt der Überlegungen darstellen.

1204 S. zu den Fällen ausführlich § 4 II. und III. Insbesondere wird dort ausführlich auf die Problematik der beschränkten Steuerpflicht eines im Ausland wohnhaften Komplementärs einer inländischen KGaA in Bezug auf seine Sondervergütungen eingegangen.

1205 S. oben § 4 II. 4. Dennoch wird im Folgenden – im Sinne der Vollständigkeit – auch dieser Fall untersucht, zumal gewichtige Stimmen auch für das Vorliegen einer beschränkten Steuerpflicht des persönlich haftenden Gesellschafters in Bezug auf seine Sondervergütungen plädieren.

b. Rechtsprechung des Bundesfinanzhofes zur Qualifikation der Sondervergütungen eines KGaA-Komplementärs

aa. Urteil vom 17.10.1990 zur abkommensrechtlichen Behandlung von innerstaatlich als Sondervergütungen zu qualifizierenden Zinseinkünften eines persönlich haftenden Gesellschafters einer KGaA nach dem DBA-Schweiz

Erneut ist dabei auf das Urteil des BFH von 1990[1206] abzustellen, in dem der BFH die KGaA, soweit es das Verhältnis zu ihrem persönlich haftenden Gesellschafter betrifft, abkommensrechtlich als Personengesellschaft einordnet.[1207] Der Schwerpunkt der Entscheidung lag jedoch auf der abkommensrechtlichen Behandlung grenzüberschreitender Sondervergütungen eines in der Schweiz ansässigen Komplementärs einer deutschen KGaA. Der persönlich haftende Gesellschafter in der Schweiz hatte aus einem Darlehen mit der in Deutschland ansässigen KGaA Zinsen bezogen. Die schweizer Steuerbehörden gingen aufgrund des Art. 11 DBA-Schweiz davon aus, dass der Schweiz als Ansässigkeitsstaat des Empfängers das Besteuerungsrecht an den Zinseinkünften zustände. Der BFH folgerte ein deutsches Besteuerungsrecht hingegen aus Art. 7 Abs. 1 i.V.m. Abs. 7 DBA-Schweiz. Die Zinsen seien Teil des Gewinns eines schweizerischen Unternehmens des persönlich haftenden Gesellschafters, das seine Tätigkeit in Deutschland durch eine dort belegene Betriebsstätte ausübe. Wie bei Personengesellschaften sei die KGaA hinsichtlich des Komplementäranteils ein schweizerisches Unternehmen. Die KGaA sei insoweit für die Besteuerung nicht wie eine juristische Person zu behandeln. Es handele sich um Unternehmenseinkünfte im Sinne des Art. 7 Abs. 1 i.V.m. Abs. 7 DBA-Schweiz. Eine vorrangige Anwendung des spezielleren Art. 11 DBA-Schweiz käme nicht in Betracht.[1208]

Das Urteil des BFH erscheint widersprüchlich zu den vom BFH dargelegten Grundsätzen zu Sondervergütungen bei Mitunternehmern[1209], die in der Regel den spezielleren Verteilungsartikeln unterfallen und eben nicht Unternehmensgewinne darstellen. Sind diese Grundsätze – wie der BFH es in seinem Urteil fordert – auch auf die KGaA anwendbar, müsste selbiges gelten. Entscheidend ist in dem vorliegenden Fall aber, dass der BFH seine Argu-

1206 BFH v. 17.10.1990 – I R 16/89, BStBl. II 1991, 211.
1207 S. hierzu bereits oben § 6 III. 2. d. aa.
1208 BFH v. 17.10.1990 – I R 16/89, BStBl. II 1991, 211 juris Rn. 15 f.
1209 S. oben § 6 V. 2. a.

mentation insbesondere auf Art. 7 Abs. 7 DBA-Schweiz stützt, der eine Sonderregelung für die steuerliche Einordnung von Sondervergütungen enthält. Zu den Unternehmenseinkünften gehören demnach auch die Vergütungen, die ein Gesellschafter einer Personengesellschaft von der Gesellschaft für die Gewährung von Darlehen bezieht, wenn diese Vergütungen nach dem Steuerrecht des Vertragsstaates, in dem die Betriebsstätte belegen ist, den Einkünften des Gesellschafters aus dieser Betriebsstätte zugerechnet werden. Es sei ausgeschlossen, dass das Abkommen diese einmal getroffene Entscheidung im folgenden Absatz (Art. 7 Abs. 8 DBA-Schweiz, der die vorrangige Anwendung spezieller Einkunftsartikel normiert) wieder aufhebe.[1210] Das überzeugt. Der abkommensrechtliche Zusammenhang ist bei der Auslegung von Doppelbesteuerungsabkommen (auch) nach Art. 3 Abs. 2 DBA-Schweiz (ebenso OECD-MA) zu berücksichtigen. Die Ausgestaltung der Art. 7 Abs. 7 und 8 DBA-Schweiz legt nahe, dass die Vorrangigkeit der speziellen Einkunftsartikel nach dem Willen der Vertragsparteien nicht für die Fälle der Sondervergütungen gelten soll. Die Regelung würde ansonsten ins Leere laufen. Für Sondervergütungen ist es gerade charakteristisch, dass sie wie Vergütungen unter fremden Dritten in schuldrechtlichen Leistungsaustauschbeziehungen ausgestaltet sind, die dementsprechend von den spezielleren Einkunftsartikeln erfasst werden. Das Urteil darf mithin nicht zur Begründung einer generellen Einordnung der Sondervergütungen eines Komplementärs als Unternehmensgewinne herangezogen werden. Vielmehr bedarf es dazu eines entsprechend ausgestalteten Abkommens.

Dennoch ist die Entscheidung des BFH insoweit zu kritisieren, als dass die uneingeschränkte Anwendung des Art. 7 Abs. 7 DBA-Schweiz auf die KGaA im Ergebnis nicht überzeugt. Denn diese ist auch abkommensrechtlich eine juristische Person. Art. 7 Abs. 7 DBA-Schweiz gilt aber explizit nur für Personengesellschaften.[1211] Der Wortlaut müsste vielmehr jegliche, nach innerstaatlichem Recht transparent zu besteuernde Gebilde erfassen, um auch auf die KGaA anwendbar zu sein. Art. 7 Abs. 7 DBA-Schweiz beschränkt sich hingegen ausdrücklich auf „Personengesellschaften". Der BFH hätte die Norm auf Sondervergütungen, die die KGaA an ihren Komplementär zahlt, folglich nicht anwenden dürfen.

1210 BFH v. 17.10.1990 – I R 16/89, BStBl. II 1991, 211 juris Rn. 15.

1211 In diesem Sinne auch Hagemann, StuW 2019, 280 (292).

bb. Urteil vom 07.12.2011 zur abkommensrechtlichen Behandlung von nachträglich von der KGaA gezahlten Ruhegehältern an ihren ehemaligen persönlich haftenden Gesellschafter

Von seiner Rechtsprechung aus 1990 ist der BFH nach eigener Aussage mit Urteil vom 07.12.2011 abgewichen.[1212] Der BFH hatte die Frage zu beantworten, ob Deutschland hinsichtlich an von der KGaA nachträglich gezahlten Ruhegehältern an ihren in den USA ansässigen persönlich haftenden Gesellschafter das Besteuerungsrecht zusteht. Im Ergebnis ordnete der BFH diese Ruhegehälter dem speziellen Einkunftsartikel 18 Abs. 1 DBA-USA 1989 a.F. (Ruhegehälter, Renten und Unterhaltszahlungen) zu und verneinte damit das Besteuerungsrecht Deutschlands. Der persönlich haftende Gesellschafter einer KGaA werde unbeschadet seiner haftungsrechtlichen Stellung nicht „originär" (mit-)unternehmerisch tätig und könne daher ohne Weiteres Einkünfte aus nichtselbständiger Tätigkeit erzielen. Eine vorrangige Annahme gewerblicher Gewinne eines Unternehmens im Sinne von Art. 7 Abs. 1 DBA-USA 1989 a.F. scheide aus. Hier beschränkt sich der BFH auf einen Verweis auf seine Rechtsprechung zu Sondervergütungen bei Personengesellschaften. Die abkommensrechtliche Qualifizierung von Sondervergütungen im Sinne des § 15 Abs. 1 S. 1 Nr. 2 EStG sei eine im Kern gleichgelagerte Frage.[1213] Dass der ehemalige Komplementär zum Zeitpunkt der Leistung kein solcher mehr war, spielt angesichts des § 15 Abs. 1 S. 2 EStG keine Rolle. Auch Vergütungen, die als nachträgliche Einkünfte (§ 24 Nr. 2 EStG) bezogen werden, sind den Einkünften aus Gewerbebetrieb gem. § 15 Abs. 1 S. 1 Nr. 3 EStG zuzuordnen.[1214]

Warum der BFH seine neuerliche Rechtsprechung als Abweichung von der früheren Spruchpraxis des Senates ansieht, ist nicht ersichtlich. Er verweist auf das Urteil vom 17.10.1990. Allerdings bestand hier die Besonderheit der speziellen Regelung für Sondervergütungen nach Art. 7 Abs. 7 DBA-Schweiz. Eine solche existiert in Art. 7 DBA-USA 1989 a.F. nicht. Der Vorrang der speziellen Einkunftsartikel gilt damit uneingeschränkt. Zudem scheint der BFH auch in seinem Urteil von 2011 von einer abkommensrechtlichen Gleichstellung der KGaA mit der Personengesellschaft auszugehen, denn er überträgt uneingeschränkt und ohne nähere Begründung seine Rechtsprechung zu grenzüberschreitenden Sondervergütungen bei Personengesellschaften. Es

1212 BFH v. 07.12.2011 – I R 5/11, BFH/NV 2012, 556 juris Rn. 13: „entgegen der früheren Spruchpraxis des Senats".

1213 BFH v. 07.12.2011 – I R 5/11, BFH/NV 2012, 556 juris Rn. 13.

1214 BFH v. 07.12.2011 – I R 5/11, BFH/NV 2012, 556 juris Rn. 15.

mag sein, dass der BFH nun in einem dem Urteil von 1990 gleichgelagerten Fall die Anwendbarkeit der Sonderregelung für Sondervergütungen bei Personengesellschaften auf die KGaA verneint hätte. Eine gesicherte Aussage lässt sich dem Urteil von 2011 diesbezüglich jedoch nicht entnehmen.

WASSERMEYER legt die Aussage des BFH, der persönlich haftende Gesellschafter sei nicht originär (mit-)unternehmerisch tätig, dahingehend aus, dass der Gewinnanteil des Komplementärs nie zu den Unternehmenseinkünften gehören könne, sondern stets zu den Einkünften aus Art. 21 OECD-MA zählen müsse.[1215] Dem ist nicht zuzustimmen. Wie bereits gezeigt, ist auch auf Abkommensebene entscheidend, was als Einkunftsquelle der Einkünfte identifiziert werden kann.[1216] Sofern es sich bei den Einkünften des persönlich haftenden Gesellschafters um Einkünfte handelt, die ihm von der KGaA zugerechnet werden (und damit zu dem Gewinnanteil des Komplementärs gehören), ist die Einkunftsqualifikation auf Ebene der KGaA maßgebend. Erzielt diese Unternehmensgewinne, erzielt auch der persönlich haftende Gesellschafter abkommensrechtlich Unternehmensgewinne. Sondervergütungen werden jedoch nicht von der KGaA erzielt.[1217] Vielmehr handelt es sich hierbei um Einkünfte, die der persönlich haftende Gesellschafter unabhängig von seinem Gewinnanteil erzielt. Das Zurechnungsmodell greift insoweit nicht. Sondervergütungen, die auf schuldrechtlichen Beziehungen basieren, fallen in der Regel damit unter die speziellen Verteilungssartikel des Abkommens.

Festzuhalten ist, dass der BFH offenbar – zumindest im Hinblick auf grenzüberschreitende Sondervergütungen – von einer abkommensrechtlichen Gleichstellung der Personengesellschaften mit der KGaA ausgeht, sofern das Verhältnis der KGaA zu ihrem persönlich haftenden Gesellschafter betroffen ist.

c. Abkommensrechtliche Qualifikation der Sondervergütungen des persönlich haftenden Gesellschafter einer KGaA

Einer solchen „vollständigen" Gleichstellung kann abermals nicht gefolgt werden. Die Eigenschaft der KGaA als Kapitalgesellschaft gilt abkommensrechtlich uneingeschränkt. Der persönlich haftende Gesellschafter übt nach hier vertretener Ansicht keine eigene unternehmerische Tätigkeit aus und

1215 *Wassermeyer*, IStR 2012, 222 (225).
1216 S. § 6 III. d. dd. sowie auf rein nationaler Ebene § 2 III. 6. d. bb. (3).
1217 S. hierzu § 2 III. 6. d. bb. (3) (b) (bb).

erzielt folglich auch keine „eigenen" Unternehmensgewinne im Abkommenssinne, sondern ihm werden Unternehmensgewinne der KGaA innerstaatlich zugerechnet. Die innerstaatliche Qualifikation der Einkünfte des persönlich haftenden Gesellschafters als gewerbliche Einkünfte sowie die Umqualifizierung der Vergütungen zu Sondervergütungen nach § 15 Abs. 1 S. 1 Nr. 3, 2. Halbsatz EStG schlägt auf Abkommensebene im Grunde nicht durch. Dazu bedarf es entweder einer Regelung im Abkommens selbst (wie zum Beispiel in Art. 7 Abs. 7 DBA-Schweiz, wobei auch hier weiter fraglich bleibt, ob diese überhaupt auf die KGaA Anwendung findet) oder einer innerstaatlichen Regelung in Form eines Treaty-Override (wie eben § 50d Abs. 10 EStG).

Die Sondervergütungen, die auf einem schuldrechtlichen Vertrag zwischen der KGaA und ihrem Gesellschafter beruhen, unterfallen dem Anwendungsbereich des hier vertretenen „Zurechnungsmodells" schlichtweg nicht. Dem persönlich haftenden Gesellschafter werden hier gerade keine Einkünfte zugerechnet, sondern er erzielt diese Einkünfte eigenständig. Die KGaA und der persönlich haftende Gesellschafter stehen sich im Grunde wie fremde Dritte gegenüber. Eine Besonderheit besteht bloß innerstaatlich insoweit, als dass die Vergütungen als Sondervergütungen unter die Einkünfte aus Gewerbebetrieb gefasst werden. Es handelt sich hierbei jedoch nicht um eine innerstaatliche Zurechnung von Einkünften (wie sie für den Gewinnanteil erfolgt), sondern um eine bloße Einkünftequalifikation. Diese innerstaatliche Qualifikation schlägt nicht auf Abkommensebene durch. Auf abkommensrechtlicher Ebene hat vielmehr eine eigenständige Einkünftequalifikation zu erfolgen. Sondervergütungen werden im OECD-Musterabkommen nicht explizit unter einen Einkunftsartikel gefasst. Da eine Qualifikation als Unternehmensgewinne nur subsidiär erfolgt, ist zunächst zu prüfen, ob die Einkünfte, die der persönlich haftende Gesellschafter erzielt, unter einen speziellen Einkunftsartikel zu subsumieren sind. Das ist in der Regel der Fall.

Die Vorgehensweise entspricht im Ergebnis der Rechtsprechung des BFH[1218] zur Einkünftequalifikation der Sondervergütungen eines Gesellschafters einer Personengesellschaft. Allerdings mit dem entscheidenden Unterschied, dass der persönlich haftende Gesellschafter neben der KGaA kein eigenes Unternehmen betreibt und die Qualifikation als Unternehmensgewinne schon deshalb nicht in Betracht kommt. Freilich gilt etwas anderes, sofern der persönlich haftende Gesellschafter eigenständig gewerblich tätig

1218 S. oben § 6 V. 2. a.

wird im Sinne des § 15 Abs. 2 EStG und die Beteiligung der KGaA zu seinem Betriebsvermögen gehört.

d. Anwendung des § 50d Abs. 10 EStG auf grenzüberschreitende Sondervergütungen des persönlich haftenden Gesellschafters einer KGaA

Dem ausdrücklichen Wortlaut nach gilt zwar auch für den Komplementär einer KGaA § 50d Abs. 10 EStG, sodass im Grunde unabhängig von der abkommensautonomen Beurteilung für Zwecke der Anwendung des Abkommens durch Deutschland nach deutschem Recht Unternehmensgewinne vorlägen. Allerdings ist die Vorschrift nach hier vertretener Ansicht im Inbound-Fall mangels beschränkter Steuerpflicht des im Ausland ansässigen persönlich haftenden Gesellschafters im Hinblick auf die von der deutschen KGaA bezogenen Sondervergütungen nicht anwendbar.[1219] Es bleibt mithin bei der Einordnung der Sondervergütungen unter die speziellen Verteilungsartikel.

4. Sonderfall: Vergütungen des persönlich haftenden Gesellschafters für die Geschäftsführung

Eine Besonderheit ergibt sich bei den Vergütungen, die ein persönlich haftender Gesellschafter in einem grenzüberschreitenden Fall für die Geschäftsführung erhält. Der Ursprung der Geschäftsführungsvergütungen des persönlich haftenden Gesellschafters einer KGaA ist für die abkommensrechtliche Einordnung dieser Vergütungen entscheidend. Nach der hier vertretenen Ansicht haben die Geschäftsführungsvergütungen ihren Ursprung nicht in einer schuldrechtlichen Leistungsbeziehung zwischen KGaA und Komplementär, sondern resultieren vielmehr aus der gesellschaftsrechtlichen Stellung des persönlich haftenden Gesellschafters als geborenem Geschäftsführer der KGaA.[1220] Anders als der Gewinnanteil des Gesellschafters beruhen die Geschäftsführungsvergütungen jedoch nicht auf einer Tätigkeit der KGaA. Ursache der Vergütung ist vielmehr die Geschäftsführertätigkeit des persönlich haftenden Gesellschafters selbst. Trotz seiner haftungsrechtlichen Sonderstellung wird der persönlich haftende Gesellschafter auch in Ausübung

1219 S. § 4 II. 4. b. bb. (4) (c).
1220 S. oben § 2 III. 6. d. bb. (3) (b) (cc).

dieser Tätigkeit nicht originär (mit-)unternehmerisch tätig.[1221] Er bietet seine Leistung nur und ausschließlich gegenüber der KGaA und nicht gegenüber fremden Dritten am Markt an. Unternehmensgewinne stellen die Geschäftsführungsvergütungen mithin nicht dar. Eine Umqualifizierungsnorm wie § 15 Abs. 1 S. 1 Nr. 3 EStG im innerstaatlichen Kontext existiert im OECD-Musterabkommen nicht. Es handelt sich aber auch nicht um von der KGaA erzielte und dem persönlich haftenden Gesellschafter zugerechnete Einkünfte.[1222] Da Ursache der Vergütungen aber auch nicht eine schuldrechtliche Leistungsbeziehung ist, kommen Einkünfte der spezielleren Verteilungsartikel zum Beispiel aus nichtselbständiger Tätigkeit nach Art. 15 OECD-MA nicht in Betracht. Letztlich verbleibt hier nur der Auffangtatbestand des Art. 21 OECD-MA.[1223] Das Besteuerungsrecht stünde dem Ansässigkeitsstaat des Komplementärs zu. Abkommensrechtlich würde das im Inbound-Fall zu einem Besteuerungsrecht des Auslandes und im Outbound-Fall zu einem Besteuerungsrecht Deutschlands führen. Allerdings ist auch hier aus Sicht Deutschlands als Anwenderstaat § 50d Abs. 10 EStG zu beachten, da es sich innerstaatlich um Sondervergütungen im Sinne des § 15 Abs. 1 S. 1 Nr. 3 EStG handelt.

5. Fazit

Sowohl im Inbound- als auch im Outbound-Fall kann es zusätzlich zur gesellschaftsrechtlichen Beziehung zwischen KGaA und ihrem Komplementär auch zu schuldrechtlichen Leistungsbeziehungen kommen. Rein innerstaatlich betrachtet stellen die Vergütungen im Rahmen solcher schuldrechtlichen Leistungsbeziehungen Sondervergütungen und damit gewerbliche Einkünfte des Komplementärs dar. Im Inbound-Fall ist jedoch bereits fraglich, inwiefern diese Sondervergütungen einer inländischen Betriebsstätte zuzurechnen sind und damit eine beschränkte Steuerpflicht des persönlich haftenden Gesellschafters überhaupt gegeben ist. Bejaht man die beschränkte Steuerpflicht in Deutschland, stellt sich im Inbound- wie auch im Outbound-Fall (in dem der Komplementär unbeschränkt steuerpflichtig ist) die Frage nach der abkommensrechtlichen Behandlung dieser grenzüberschreitenden Sondervergütungen. Diese Problematik ist aus der abkommensrechtlichen Be-

1221 Vgl. BFH 07.12.2011 – I R 5/11, BFH/NV 2012, 556 juris Rn. 12.
1222 Vgl. die Ausführungen zu Sondervergütungen oben unter § 2 III. 6. d. bb. (3) (b) (bb).
1223 So auch *Wassermeyer*, IStR 2012, 222 (225).

handlung von Mitunternehmerschaften in ähnlicher Form bereits bekannt. In Bezug auf Mitunternehmerschaften ist dem BFH in seiner Einschätzung zu folgen, dass der schuldrechtliche Charakter der Leistungsbeziehung auf Abkommensebene für die Einkünftequalifikation maßgebend ist und mithin die speziellen Verteilungsartikel zur Anwendung kommen. Die schuldrechtlichen Leistungsbeziehungen sind anzuerkennen und in den Vordergrund zu stellen. Bei der KGaA kommt zudem hinzu, dass sie selbst Steuersubjekt ist. Schuldrechtliche Beziehungen zwischen ihr und ihren Gesellschaftern sind daher auch steuerlich ohne Einschränkung anzuerkennen.[1224] Wenn für einen Gesellschafter einer Personengesellschaft diesbezüglich bereits die Grundsätze gelten, die auch für einen Gesellschafter einer „normalen" Kapitalgesellschaft gelten, muss das für den persönlich haftenden Gesellschafter einer hybriden Gesellschaftsform wie der KGaA erst recht gelten. Dennoch ergibt sich für den Komplementär einer KGaA ein entscheidender Unterschied zu einem Mitunternehmer. Nach der hier vertretenen Ansicht betreibt der persönlich haftende Gesellschafter einer KGaA kein eigenes Unternehmen im Sinne des Abkommens. In Bezug auf die Sondervergütungen können damit schon gar keine Unternehmensgewinne vorliegen. Die speziellen Verteilungsartikel sind ausschließlich anwendbar.

Daraus folgt dann aber für Vergütungen, die nicht auf schuldrechtlicher Basis gezahlt werden, sondern ihren Ursprung im Gesellschaftsverhältnis haben, dass diese nicht unter die speziellen Einkunftsartikel der Abkommen fallen. Da es sich aber auch insoweit nicht um von der KGaA erzielte und dem Komplementär zugerechnete Unternehmensgewinne handelt, kommt nur der Auffangtatbestand des Art. 21 OECD-MA in Betracht.

1224 Bei Zinseinkünften eines Gesellschafters einer Personengesellschaft musste sich der BFH zusätzlich dazu äußern, ob solche Zinseinkünfte überhaupt Forderungen i.S.d. Abkommens darstellen. Das Bestehen einer Forderung setzt nämlich das Vorhandensein eines Gläubigers und eines Schuldners voraus. Eine Personengesellschaft könne aber weder Gläubiger noch Schuldner sein. Letztlich stellt der BFH auf die Sicht des deutschen Ertragsteuerrechts ab. Dieses erkenne Verträge zwischen Personengesellschaften und ihren Gesellschaftern an; BFH v. 25.02.1991 – GrS 7/89, BStBl. II 1991, 691 juris Rn. 79 f.; BFH v. 17.10.2007 – I R 5/06, BStBl. II 2009, 356 juris Rn. 14. Die KGaA ist hingegen juristische Person auch i.S.d. Abkommens. Schuldrechtliche Beziehungen zwischen ihr und ihren Gesellschaftern sind demnach möglich.

VI. Grenzüberschreitende verdeckte Gewinnausschüttungen bei der KGaA

1. Gesellschaftsrechtlich veranlasste Vergütungen

Gleichsam gesellschaftsrechtlich veranlasst sind die sogenannten verdeckten Gewinnausschüttungen.[1225] Ebenso wie auf innerstaatlicher Ebene können auch die grenzüberschreitend an einen im anderen Staat ansässigen persönlich haftenden Gesellschafter von der KGaA gezahlten Sondervergütungen oder Geschäftsführungsvergütungen unangemessen sein. Mit anderen Worten: auch grenzüberschreitend kann es zu verdeckten Gewinnausschüttungen kommen. Zugleich besteht auch in diesen Fällen das Problem, dass es sich nicht um von der KGaA erzielte und in der Folge dem Komplementär zugerechnete Einkünfte handelt. Vielmehr bezieht der Komplementär diese „unangemessenen" Vergütungen – vergleichbar mit den Geschäftsführungsvergütungen[1226] – aus seiner gesellschaftsrechtlichen Beziehung zur KGaA. Ursache dieser Vergütungen ist kein schuldrechtlicher Vertrag sondern das Gesellschaftsverhältnis zwischen der KGaA und ihrem Komplementär. Auch diese Einkünfte des Komplementärs müssen abkommensautonom qualifiziert werden.

2. Abkommensrechtliche Behandlung von verdeckten Gewinnausschüttungen im Allgemeinen

Dabei erfolgt die Einordnung für Gesellschafter einer Kapitalgesellschaft im Grunde nach Art. 10 Abs. 3 OECD-MA. Denn nach dieser Vorschrift umfasst der Ausdruck „Dividenden" im Sinne des Abkommens auch aus sonstigen Gesellschaftsanteilen stammende Einkünfte, die nach dem Recht des Staates, in dem die ausschüttende Gesellschaft ansässig ist, den Einkünften aus Aktien steuerlich gleichgestellt sind. Dieser Verweis auf das innerstaatliche Recht umfasst die Einkünftequalifikation, sodass ausnahmsweise die Qualifikation der Einkünfte nach nationalem Recht für das Doppelbesteuerungsabkommen maßgeblich ist.[1227] Ist Deutschland Ansässigkeitsstaat der Gesellschaft,

1225 Zur innerstaatlichen Behandlung bei der KGaA s. oben § 2 III. 7. c.

1226 S. oben § 6 V. 4.

1227 S. hierzu *Schaumburg/Häck*, in: Internationales Steuerrecht, Rn. 19.331. Teilweise wird erwogen, die Bindung an die Einkünftequalifikation von Dividenden durch den Quellenstaat auf alle Fallgruppen des Art. 10 Abs. 3 OECD-MA auszudehnen (sogenannte Qualfikationsverkettung); s. *Schönfeld*, in: Schönfeld/Ditz, DBA, Art. 10

sind die verdeckten Gewinnausschüttungen gem. § 20 Abs. 1 Nr. 1 S. 1 und 2 EStG als sonstige Bezüge aus Aktien zu qualifizieren. Sofern Deutschland der Quellenstaat ist, erfasst der abkommensrechtliche Dividendenbegriff also auch verdeckte Gewinnausschüttungen.[1228] Ist Deutschland der Wohnsitzstaat des Empfängers der verdeckten Gewinnausschüttung, richtet sich die Einordnung nach dem Recht des ausländischen Quellenstaates.[1229] Abkommensrechtlich ist dabei unerheblich, ob die verdeckte Gewinnausschüttung den Gewinn der ausschüttenden Körperschaft gemindert hat.[1230] Allerdings entfaltet dann die Steuerbefreiung auf Ebene des Empfängers gem. § 8b Abs. 1 S. 2 KStG bzw. § 3 Nr. 40 S. 1 Buchst. d) S. 2 EStG keine Wirkung.[1231]

Daneben bestehen für verdeckte Gewinnausschüttungen teilweise auch ausdrückliche abkommensrechtliche Sonderregelungen hinsichtlich des überhöhten Teils einer Vergütung. Als Beispiel ist hier Art. 11 Abs. 4 DBA-USA (Zinsartikel) zu nennen, der den Anwendungsbereich des Zinsartikels auf den angemessenen Teil der Darlehensvergütung zwischen der Gesellschaft als Darlehensnehmer und dem Gesellschafter als Darlehensgeber begrenzt. Eine Einordnung des unangemessenen Teils nimmt allerdings auch diese Vorschrift nicht vor.[1232] Im Fall des DBA-USA wäre auch hier Art. 10 Abs. 5 S. 1 DBA-USA (Dividendenartikel) einschlägig und die Einordnung würde sich nach innerstaatlichem Recht richten.[1233]

Es stellt sich die Frage, inwiefern diese nunmehr für Kapitalgesellschaften entwickelten Grundsätze bei der KGaA und ihrem persönlich haftenden Gesellschafter anzuwenden sind. Die Grundannahme, dass die KGaA im Abkommenssinne uneingeschränktes Körperschaftsteuersubjekt ist, wird gewissermaßen auf die Probe gestellt.

OECD-MA Rn. 114 ff. spricht von einer „eingeschränkten Qualifikationsverkettung"; *Tischbirek/Specker*, in: Vogel/Lehner, Art. 10 OECD-MA Rn. 186.

1228 *Schönfeld*, in: Schönfeld/Ditz, DBA, Art. 10 OECD-MA Rn. 136; *Wassermeyer/Kaeser*, in: Wassermeyer, DBA, Art. 10 OECD-MA Rn. 114 (Stand 03/2013); *Tischbirek/Specker*, in: Vogel/Lehner, Art. 10 OECD-MA Rn. 202 f.

1229 *Schönfeld*, in: Schönfeld/Ditz, DBA, Art. 10 OECD-MA Rn. 115, 137. Der BFH erachtet eine solche Qualifikationsverkettung nur für Art. 10 Abs. 3 Fallgruppe 3 OECD-MA für anwendbar; BFH v. 06.06.2012 – I R 6, 8/11, BStBl. II 2013, 111 juris Rn. 22 f.

1230 *Schönfeld*, in: Schönfeld/Ditz, DBA, Art. 10 OECD-MA Rn. 137.

1231 *Schönfeld*, in: Schönfeld/Ditz, DBA, Art. 10 OECD-MA Rn. 137.

1232 *Linn*, in: Wassermeyer, DBA, Art. 11 DBA USA Rn. 111 (Stand 12/2018).

1233 *Linn*, in: Wassermeyer, DBA, Art. 11 DBA USA Rn. 101 (Stand 12/2018).

3. Möglichkeit grenzüberschreitender verdeckter Gewinnausschüttungen bei der KGaA

a. Maßgeblichkeit der innerstaatlichen Einkünftequalifikation

Die Einordnung grenzüberschreitender verdeckter Gewinnausschüttungen bei der KGaA könnte damit aufgrund der Anordnung in Art. 10 Abs. 3 OECD-MA von der Qualifikation solcher Vorgänge in Deutschland abhängen. Dies wäre aber nur dann der Fall, wenn die Einkünfte des Empfängers innerstaatlich den Einkünften aus Aktien gleichgestellt werden würden. Bei nicht-hybriden Kapitalgesellschaften ist das für ihre Gesellschafter wegen § 20 Abs. 1 Nr. 1 S. 2 EStG der Fall. Diese Norm gilt ebenfalls bei der KGaA, soweit das Verhältnis zu ihren Kommanditaktionären betroffen ist. Diese erzielen – sofern es sich um natürliche Personen handelt – Dividendeneinkünfte gem. § 20 Abs. 1 Nr. 1 S. 1 EStG. Sind sie im Ausland ansässig und an einer inländischen KGaA beteiligt, unterliegen sie insoweit auch der beschränkten Steuerpflicht nach § 49 Abs. 1 Nr. 5 Buchst. a) Doppelbuchst. aa) EStG. Die persönlich haftenden Gesellschafter einer KGaA erzielen hingegen aus innerstaatlicher Sicht Einkünfte aus Gewerbebetrieb gem. § 15 Abs. 1 S. 1 Nr. 3 EStG und eben keine Dividendeneinkünfte nach § 20 Abs. 1 Nr. 1 EStG. Es fehlt damit an der für Art. 10 Abs. 3 OECD-MA geforderten innerstaatlichen Gleichstellung der Einkünfte mit Einkünften aus Aktien. Art. 10 Abs. 3 OECD-MA, der die abkommensrechtliche Beurteilung der Einkünfte ausnahmsweise an der innerstaatlichen Einkünftequalifikation ausrichtet, ist nicht anwendbar. Der abkommensrechtliche Grundsatz, dass die Einkünftequalifikation abkommensautonom zu erfolgen hat, während die Einkünftezurechnung nach Maßgabe des innerstaatlichen Rechts zu beurteilen ist, entfaltet auch hier seine Wirkung.

b. Grundsatz der abkommensautonomen Auslegung

Eine verdeckte Gewinnausschüttung kann sich sowohl im Inbound (ausländischer Komplementär beteiligt an inländischer KGaA) als auch im Outbound-Fall (inländischer Komplementär beteiligt an ausländischer KGaA) ergeben.[1234] Die KGaA kann ihrem Komplementär jeweils überhöhte Vergütungen zahlen oder ihm unentgeltlich einen Vermögensvorteil zuwenden.

1234 S. zur beschränkten Steuerpflicht im Inbound-Fall oben § 4 II. 2.

Im Falle der überhöhten Vergütung speist diese sich jedoch aus einer Beziehung des Komplementärs zur KGaA und nicht aus einer Einkunftsquelle der KGaA. Das Zurechnungsmodell ist folglich nicht anwendbar. Die Einkünftequalifikation muss sich demnach nach dem der Vergütung zugrunde liegenden Rechtsverhältnis richten.[1235] Der angemessene Teil der Vergütung ist dem jeweiligen speziellen Einkunftsartikel zuzuordnen. Der unangemessene Teil hat jedoch seine Veranlassung nicht in einer schuldrechtlichen Beziehung zu der Gesellschaft, die einem speziellen Einkunftsartikel unterfallen würde, sondern seine Ursache liegt vielmehr in der gesellschaftsrechtlichen Beziehung des Komplementärs zur KGaA. Der Fall ist damit vergleichbar mit dem der Geschäftsführungsvergütungen.[1236] Auch hier liegt eine Veranlassung rein im gesellschaftsrechtlichen Verhältnis vor. Mangels Einschlägigkeit spezieller Einkunftsartikel kommt folglich auch hier Art. 21 OECD-MA zur Anwendung.

Gleiches gilt für den Fall einer verhinderten Vermögensmehrung bei der KGaA. Auch hier liegt der Zuwendung in Höhe des unentgeltlich überlassenen Vermögensvorteils keine schuldrechtliche Beziehung zugrunde, sondern sie basiert allein auf dem gesellschaftsrechtlichen Verhältnis des Komplementärs zur KGaA. Es liegt ebenfalls eine verdeckte Gewinnverteilung vor, die abkommensrechtlich im Falle des Komplementärs einer KGaA nur über Art. 21 Abs. 1 OECD-MA erfasst werden kann.

4. Fazit

Das Zurechnungsmodell findet mangels Zurechnung von Einkünften keine Anwendung. Der Dividendenartikel (insbesondere Art. 10 Abs. 3 OECD-MA) ist auf „reguläre" Kapitalgesellschaften mit der klassischen Form von Anteilseignern zugeschnitten und findet bei der KGaA und ihrem Komplementär letztlich ebenfalls keine Anwendung. Entsprechend ist abkommensrechtlich entscheidend, was Ursache der betreffenden Einkünfte ist. Überhöhte Zahlungen an den Komplementär oder verhinderte Vermögensmehrungen auf Ebene der KGaA zugunsten des Komplementärs haben ihre Ursache allein im Gesellschaftsverhältnis. Ein spezieller Verteilungsartikel besteht für diese Art der Verursachung nicht. Letztlich unterfallen damit auch verdeckte Gewinnausschüttungen an den Komplementär einer KGaA den „Anderen Einkünften" im Sinne des Art. 21 Abs. 1 OECD-MA.

1235 Vgl. oben § 3 IV 3. a. cc. (1).

1236 S. oben § 6 V. 4.

VII. Abkommensrechtliche Behandlung der KGaA und ihres persönlich haftenden Gesellschafters (thesenförmige Zusammenfassung)

Die abkommensrechtliche Behandlung der KGaA und ihres persönlich haftenden Gesellschafters ist aufgrund der Komplexität der Sachverhalte, der involvierten unterschiedlichen Rechtsordnungen und -ansichten und letztlich insbesondere auch der weiterhin ungeklärten innerstaatlichen Rechtslage betreffend die Besteuerung der KGaA ein Themenkomplex, welcher bisher nur spärlich betrachtet wurde. Eine einheitliche Linie lässt sich den bisher erschienenen Ausführungen nicht entnehmen. Auch die Rechtsprechung tut sich schwer, ein in sich geschlossenes System zur abkommensrechtlichen Behandlung der KGaA aufzuzeigen. Die Ergebnisse, die die Rechtsprechung jüngst erzielt hat, lassen sich durch das Zurechnungsmodell durchaus begründen. Die anhängigen Verfahren beim BFH werden zeigen, ob dieser sich berufen fühlt, weitere Aussagen bezüglich der abkommensrechtlichen Behandlung der KGaA und ihres Komplementärs zu tätigen oder ob er sich abermals damit begnügt auf die „Nichtentscheidungserheblichkeit" der Rechtsfragen zu verweisen.

Das hier vertretene Zurechnungsmodell vermag es, ein in sich konsistentes und zu sachgerechten Lösungen führendes Besteuerungssystem für die KGaA auf Abkommensebene abzubilden. Entscheidend ist dabei vor allem, die Abgrenzung der abkommensrechtlichen Einkünftequalifikation und der innerstaatlichen Einkünftezurechnung nach allgemeinen abkommensrechtlichen Grundsätzen. Das Zurechnungsmodell stößt erst im Falle der Leistungen zwischen KGaA und persönlich haftenden Gesellschafter gewissermaßen an seine Grenzen. Die KGaA erzielt hier keine eigenen Einkünfte. Vielmehr liegen eigenständige Einkünfte des Komplementärs vor, die er selbst erwirtschaftet, indem er Leistungsbeziehungen mit der KGaA eingeht. Daneben kann die Ursache auch in dem Gesellschaftsverhältnis zwischen der KGaA und ihrem persönlich haftenden Gesellschafter begründet liegen. Die Grundsätze, die auf Abkommensebene bei der KGaA gelten, sind die Folgenden:

1. Die KGaA sowie auch ihre Kommanditaktionäre und persönlich haftenden Gesellschafter sind jeweils für sich eigenständig und vollumfänglich abkommensberechtigt.
2. Die KGaA erzielt aus abkommensrechtlicher Sicht, sofern sie einer geschäftlichen Tätigkeit nachgeht, Unternehmensgewinne im Sinne des Art. 7 Abs. 1 OECD-MA. Der bloße Gewerbebetrieb kraft Rechtsform (§ 8 Abs. 2 KStG), der auf innerstaatlicher Ebene vorliegt, führt abkommensrechtlich nicht bereits zu Unternehmensgewinnen. Erzielt die KGaA hin-

gegen zum Beispiel Zinsen, Lizensgebühren oder Mieteinnahmen gehen die speziellen Verteilungsartikel des Abkommens vor. Es können dann nur noch Unternehmensgewinne vorliegen, soweit die Einkünfte einer Betriebsstätte zuzuordnen sind.

3. Die Kommanditaktionäre erzielen auch auf abkommensrechtlicher Ebene als Gesellschafter einer Kapitalgesellschaft Dividendeneinkünfte im Sinne des Art. 10 Abs. 1 OECD-MA.
4. Für das Verhältnis der KGaA zu ihrem persönlich haftenden Gesellschafter gilt auf Abkommensebene das Zurechnungsmodell. Wie bei einer Personengesellschaft erfolgt die Einkünftequalifikation auf Ebene der KGaA. Diese Einkünftequalifikation gilt auch für die dem Komplementär innerstaatlich zugerechneten Einkünfte. Erzielt die KGaA Unternehmensgewinne, erzielt auch der Komplementär Unternehmensgewinne. Erzielt die KGaA Zinseinkünfte, gilt diese Qualifikation ebenfalls für den Komplementär.
5. Liegt die Ursache für die Einkünfte des Komplementärs nicht in der Einkunftsquelle der KGaA sondern in einer eigenständigen Leistungsbeziehung des Komplementärs zur KGaA begründet, finden die speziellen Verteilungsartikel Anwendung.
6. Kommt es zwischen der KGaA und ihrem persönlich haftenden Gesellschafter zu Zahlungen, die innerstaatlich als verdeckte Gewinnausschüttungen qualifizieren, liegt die Ursache der Vergütung im Gesellschaftsverhältnis begründet. Mangels Einschlägigkeit der speziellen Verteilungsartikel findet insoweit Art. 21 OECD-MA Anwendung.

Teil 3: Gesamtfazit, jüngste Entwicklung und Ausblick

§ 7 Gesamtfazit

Die grundlegenden, im Rahmen der vorliegenden Untersuchung herausgearbeiteten Erkenntnisse betreffend die KGaA und ihre Gesellschafter sowohl im innerstaatlichen (Steuer-)Recht als auch im internationalen Steuerrecht sollen im Folgenden noch einmal gebündelt und thesenförmig dargelegt werden.

Anders als ihre zahlenmäßig weiterhin geringe Verbreitung anmutet, ist die KGaA eine Gesellschaftsform, die in Deutschland bereits seit dem neunzehnten Jahrhundert existiert und ihre rechtliche Einordnung ist auch seither kodifiziert. Von den zahlreichen Änderungen und Fortentwicklungen durch die Legislative als auch die Judikative ist wohl die Anerkennung der Kapitalgesellschaft & Co. KGaA durch den BGH in 1997 wirtschaftlich betrachtet eine der Bedeutendsten. Das zeigt sich bereits an der verhältnismäßig großen Anzahl der wirtschaftlichen Schwergewichte, die in der Form der Kapitalgesellschaft & Co. KGaA organisiert sind. Darunter drei der vier im deutschen Leitindex DAX vertretenen Unternehmen in der Rechtsform der KGaA.

Seit der ersten Kodifizierung der KGaA als Gesellschaftsform hat sich die zivilrechtliche Behandlung der KGaA weiterentwickelt. Heute ist die KGaA keine bloße Abart der AG oder der KG, sondern eine eigenständige Gesellschaftsform. Für sie finden grundsätzlich die Regelungen des Aktiengesetzes (§§ 278 ff. AktG) Anwendung. Dem entspricht es auch, dass die KGaA juristische Person ist. Die KGaA verfügt – anders als eine AG oder GmbH – über zwei Gruppen von Gesellschaftern: Kommanditaktionäre und persönlich haftende Gesellschafter. Sie ähnelt insoweit einer KG. Das mag auch erklären, warum für das Verhältnis der KGaA zu ihrem persönlich haftenden Gesellschafter nicht das Aktienrecht Anwendung findet, sondern die Vorschriften des Handelsgesetzbuches über die KG (§ 278 Abs. 2 AktG). Die Rechtsstellung der Kommanditaktionäre unterscheidet sich in vielfacher Hinsicht von der der persönlich haftenden Gesellschafter. Die wesentlichen Punkte sind dabei zum einen die persönliche und unbeschränkte Außenhaftung des Komplementärs und zum anderen dessen Geschäftsleitungsbefugnis bzw. -pflicht.

Entsprechend der besonderen zivilrechtlichen Ausgestaltung der KGaA zwischen Aktien- und Personengesellschaftsrecht stellt sich die Frage, wie eine solche hybride Rechtsform in den geltenden Dualismus der Unternehmensbesteuerung einzuordnen ist. Dieser kennt im Grunde nur zwei Formen von Gesellschaften: Kapitalgesellschaften und Personengesellschaften. An dieser Differenzierung orientiert sich das deutsche Unternehmensteuerrecht. Kapitalgesellschaften werden intransparent besteuert. Personengesellschaften werden transparent besteuert. Die Einordnung der KGaA als Hybrid in dieses duale System bereitet seit je her Probleme.

Einigkeit besteht insoweit, als dass die KGaA Körperschaftsteuersubjekt ist und als solches der deutschen Körperschaftsteuer unterfällt, sofern sie Sitz oder Geschäftsleitung im Inland hat. Des Weiteren sind die Kommanditaktionäre wie Gesellschafter einer Kapitalgesellschaft nach dem Intransparenzgedanken zu besteuern. Sie erzielen Dividendeneinkünfte.

Probleme bereitet das Verhältnis der KGaA zu ihrem persönlich haftenden Gesellschafter. Dabei zeigt sich anhand einer Analyse der geltenden Vorschriften, dass diese überwiegend im Sinne des Transparenzgedankens ausgestaltet sind und für eine Besteuerung des persönlich haftenden Gesellschafters *wie* einen Mitunternehmer sprechen. Im Grunde ist die KGaA – soweit es die Besteuerung des persönlich haftenden Gesellschafters betrifft – daher als teiltransparente Gesellschaft zu behandeln. Es ist jedoch stets zu beachten, dass die KGaA ein zivilrechtlicher Hybrid ist und sich damit nicht der ein oder der anderen Seite zuordnen lässt. Das kann sich auch in der Steuergesetzgebung niederschlagen. Daher ist bei Anwendung der geltenden Normen auf die KGaA immer zu berücksichtigen, ob der Gesetzgeber methodische Grundentscheidungen getroffen hat, die eine anderweitige (also intransparente steuerliche Behandlung) der KGaA rechtfertigen.[1237]

Die KGaA ist – schon aufgrund ihrer wirtschaftlichen Relevanz – keine Gesellschaftsform, die sich dem internationalen Markt verschließen könnte. Dennoch besteht auf internationaler Ebene eine Vielzahl offener Fragen in Bezug auf die Besteuerung der KGaA. Die grenzüberschreitenden Tätigkeiten der KGaA erfolgen sowohl in Inbound- und Outbound-Konstellationen als auch durch den bloßen Einsatz einer in einem anderen Staat gelegenen Betriebsstätte. Es stellt sich jeweils die Frage nach der deutschen Steuerpflicht

1237 Zu Detailfragen bezüglich der innerstaatlichen steuerlichen Behandlung der KGaA und ihrer Gesellschafter s. bereits die ausführliche, thesenförmige Zusammenfassung in Teil 1, § 2 IV.

der Beteiligten. Dabei kommt dem Vorliegen einer deutschen Betriebsstätte für die beschränkte Steuerpflicht eine besondere Bedeutung zu.

In Inbound-Konstellationen ist die KGaA mit Sitz in Deutschland immer unbeschränkt körperschaftsteuerpflichtig. Der persönlich haftende Gesellschafter der KGaA ist hingegen nur dann beschränkt steuerpflichtig, wenn die KGaA über eine Betriebsstätte im Inland verfügt. Die Betriebsstättengewinne sind dem Komplementär dann innerstaatlich zuzurechnen.

Im Outbound-Fall kann eine ausländische KGaA unbeschränkt steuerpflichtig sein, wenn sie ihre Geschäftsleitung im Inland hat. Es ist daher entscheidend, von welchem Ort aus der Komplementär die Geschäfte *tatsächlich* führt. Der Komplementär ist in Outbound-Konstellationen immer unbeschränkt steuerpflichtig.

Wird die KGaA grenzüberschreitend durch eine im Ausland belegene Betriebsstätte tätig, sind sowohl die KGaA als auch der im Inland ansässige Komplementär in Deutschland unbeschränkt steuerpflichtig. Handelt es sich hingegen um eine ausländische KGaA mit im Ausland ansässigem Komplementär, die in Deutschland lediglich durch eine Betriebsstätte tätig wird, sind sowohl KGaA als auch Komplementär mit ihren Betriebsstättengewinnen in Deutschland beschränkt steuerpflichtig. Die ausländische KGaA kann überdies auch unbeschränkt steuerpflichtig sein, sofern sie ihre Geschäftsleitung im Inland hat.

Durch das Zusammentreffen der deutschen Steueransprüche mit den in der Regel vorliegenden Steueransprüchen des Auslandes entsteht unweigerlich eine Doppelbesteuerung, die es zu vermeiden respektive zu vermindern gilt. Auf unilateraler Ebene werden im Ausland gezahlte Steuern auf die deutsche Steuer angerechnet (§ 34c EStG, § 26 KStG). Für die KGaA als Körperschaft findet § 26 KStG Anwendung. Auf Ebene des persönlich haftenden Gesellschafters gilt § 34c EStG, sofern es sich um eine natürliche Person handelt oder im Falle einer Kapitalgesellschaft & Co. KGaA ebenfalls § 26 KStG. Wird die KGaA vom Ausland als vollständig intransparent zu besteuernde Gesellschaft eingeordnet, kann eine für die Anrechnung der ausländischen Steuer beim Komplementär erforderliche Subjektidentität nur über eine analoge Anwendung des § 19 KStG *de lege lata* angenommen werden. Die Steueranrechnung ist zudem jeweils anteilig der KGaA und dem Komplementär im Verhältnis der ihnen jeweils im Ergebnis zuzurechnenden Einkünfte zu gewähren. Nur so wird dem Sinn und Zweck der Anrechnungsnormen, eine doppelte Belastung mit in- wie ausländischer Steuer zu vermeiden, entsprochen.

Auf bilateraler Ebene wirft die Anwendung der Doppelbesteuerungsabkommen bei der KGaA weitere, zahlreiche Fragen auf. Die Vielfältigkeit der bilateralen Abkommen, die jeweils das Ergebnis von Verhandlungen zwischen zwei Staaten mit unterschiedlichen Rechtsordnungen sind, macht es nahezu unmöglich, ein allgemeingültiges System für die Besteuerung der KGaA zu skizzieren. Aus Sicht Deutschlands als Anwenderstaat lassen sich jedoch Grundsätze festlegen, die in ihrer Gültigkeit allerdings durch abkommensspezifische Regelungen begrenzt werden (Grundsatz der abkommensautonomen Auslegung). Sofern die Abkommen nicht Anderweitiges regeln, gilt Folgendes: Die KGaA selbst, die Kommanditaktionäre und die persönlich haftenden Gesellschafter sind abkommensberechtigte Personen. Im Rahmen der Einkünftequalifikation kann die innerstaatliche Einordnung der Einkünfte der Beteiligten nicht ohne Weiteres übernommen werden. Vielmehr hat die Einkünftequalifikation abkommensautonom zu erfolgen. Die Einkünftezurechnung richtet sich hingegen nach innerstaatlichem Recht (ebenfalls vorbehaltlich einer abkommensspezifischen Regelung). Wie bei einer Mitunternehmerschaft ist die Einkünftequalifikation auf Ebene der KGaA maßgebend für die Einkünftequalfikation des Komplementärs, denn diesem werden die Einkünfte aus der Einkunftsquelle der KGaA zugerechnet. Es liegt insoweit eine gemeinsame Einkunftsquelle vor, für die die Einkünftequalifikation auch einheitlich zu erfolgen hat. Dieses im Rahmen der Untersuchung als Zurechnungsmodell bezeichnete Besteuerungskonzept stellt eine systemkonforme Umsetzung der zivilrechtlichen Ausgestaltung der KGaA auf steuerrechtlicher Abkommensebene dar. Folge des Zurechnungsmodells ist aufgrund der einheitlichen Einkünftequalifikation die Anwendung desselben Einkunftsartikels auf Ebene der KGaA wie des Komplementärs. Werden diese Einkünfte von einem Staat freigestellt, gilt das sowohl für die Einkünfte auf Ebene der KGaA als auch für die des Komplementärs. Etwas anderes ergibt sich nur, wenn die Steuerfreistellung an Voraussetzungen geknüpft wird, die in der abkommensberechtigten Person selbst vorliegen müssen. Dann muss jeder für sich – die KGaA auf der einen und der persönlich haftende Gesellschafter auf der anderen Seite – die Voraussetzung für die Steuerfreistellung *in persona* erfüllen.[1238]

Freilich endet der Anwendungsbereich des Zurechnungsmodells dort, wo keine von der KGaA erzielten und dem Komplementär zugerechneten

1238 Zu Detailfragen bezüglich der abkommensrechtlichen steuerlichen Behandlung der KGaA und ihrer Gesellschafter s. bereits die ausführliche, thesenförmige Zusammenfassung in Teil 2, § 6 VII.

Einkünfte vorliegen. Das ist zum einen der Fall bei Sondervergütungen und zum anderen bei Vergütungen oder Zahlungen, die ihre Ursache im Gesellschaftsverhältnis des Komplementärs zur KGaA haben. Hier richtet sich die Einordnung nach den Verteilungsartikeln des Abkommens nach der jeweiligen zugrundeliegenden rechtlichen Beziehung des Komplementärs zur KGaA.

§ 8 Jüngste Entwicklung

I. Das Urteil des Bundesfinanzhofs vom 01.06.2022 (I R 44/18)

1. Zentrale Bedeutung des Urteils für die Rechtsfortbildung

Die Frage nach dem systemgerechten Besteuerungsregime für die KGaA und ihre Gesellschafter beschäftigt die Steuer- und Rechtswissenschaft kontinuierlich. Kurz vor der geplanten Veröffentlichung dieser Arbeit hat der BFH sich in einem bemerkenswerten Urteil (I R 44/18) erneut mit der Besteuerung der KGaA und ihres persönlich haftenden Gesellschafters auseinandergesetzt. Dieses Urteil steht im Einklang mit den Ausführungen in dieser Arbeit. Aufgrund der Bedeutung des Urteils für die Fortentwicklung der Diskussion wurden das vorliegende Kapitel sowie der diesem nachfolgende Ausblick im Nachgang zur Fertigstellung der Arbeit mit aufgenommen bzw. umgestaltet.

Mit dem Urteil vom 01.06.2022[1239] hat der BFH über die Revision gegen das Urteil des FG München vom 25.10.2018[1240] entschieden. Die Revision wurde als unbegründet zurückgewiesen. Das Urteil ist bemerkenswert. Der BFH hätte sich auf die Klärung der dem Verfahren zugrundliegenden Rechtsfragen beschränken können.[1241] Stattdessen hat der BFH das Verfahren zum Anlass genommen, im Anschluss an das *Herstatt*-Urteil von 1989[1242] sich erstmals wieder ausführlich und konzeptionell sowie unter Bezugnahme der in der Literatur vorherrschenden unterschiedlichen Ansichten mit der Besteuerung der KGaA und ihres persönlich haftenden Gesellschafters auf nationaler Ebene auseinanderzusetzen. Erst im Anschluss an diese grundlegenden Ausführungen folgen die Ausführungen zu den eigentlichen Rechtsfragen des Verfahrens.

1239 BFH v. 01.06.2022 – I R 44/18, DStR 2022, 2047.

1240 FG München v. 25.10.2018 – 13 K 1241/17, EFG 2019, 267. S. hierzu oben § 2 III. 7. b. aa. und § 6 IV. 2. b. bb. (2) (b). Eine ausführliche Besprechung dieses Urteils findet sich zudem bei *Gieshoidt*, FR 2019, 543.

1241 Insbesondere der Vergleich mit dem Urteil des BFH v. 19.05.2010 – I R 62/09, BFH/NV 2010, 1919, indem sich der BFH in einer ähnlichen Konstellation auf die Darlegung der Anwendbarkeit des DBA-Schachtelprivilegs beschränkte, zeigt die Relevanz des jüngsten Urteils.

1242 BFH v. 21.06.1989 – X R 14/88, BStBl. II 1989, 881. S. hierzu auch oben § 2 III. 4.

2. Besteuerungsregime auf nationaler Ebene

a. Systematik der Vorschriften des § 15 Abs. 1 S. 1 Nr. 3 EStG und § 9 Abs. 1 Nr. 1 KStG

Der BFH hebt in seinem Urteil insbesondere die Systematik der gesetzlichen Regelungen hervor.[1243] § 9 Abs. 1 Nr. 1 KStG und § 15 Abs. 1 S. 1 Nr. 3 EStG seien als „systematische Regelungseinheit" zu verstehen, deren Zweck es sei, die Doppelbelastung mit Körperschaft- und Einkommensteuer zu beseitigen und auf eine im Ergebnis einfache Belastung mit Einkommensteuer zu reduzieren.[1244] Der BFH knüpft mit seinen Ausführungen ausdrücklich an seine „Wurzeltheorie" an.[1245] Es sei im Wesentlichen von einer Gleichstellung des persönlich haftenden Gesellschafters mit einem Mitunternehmer auszugehen, soweit dem nicht besondere gesetzgeberische Grundentscheidungen entgegenstünden.[1246] Der BFH stützt seine Argumentation auch ganz wesentlich auf den engen systematischen Zusammenhang der Nr. 2 und Nr. 3 des § 15 Abs. 1 S. 1 EStG und dem Vergleich mit der aufbaugleichen Vorschrift des § 16 Abs. 1 S. 1 Nr. 1 und 2 EStG.[1247] Aus der Systematik der gesetzlichen Regelungen folge auch, dass betriebliche Kapitaleinkünfte beim persönlich haftenden Gesellschafter nicht per se ausgeschlossen seien.[1248] Entgegen der Ansicht des FG München ließe sich das nicht mit einer wirtschaftlichen Betrachtungsweise begründen.[1249]

Einkunftsquelle des persönlich haftenden Gesellschafters sei der Gewerbebetrieb der KGaA und nicht etwa ein daneben bestehender eigener Gewerbebetrieb.[1250] Dem persönlich haftenden Gesellschafter werde ein

1243 BFH v. 01.06.2022 – I R 44/18, DStR 2022, 2047 juris Rn. 14 ff.

1244 BFH v. 01.06.2022 – I R 44/18, DStR 2022, 2047 juris Rn. 14.

1245 S. hierzu oben § 2 III. 4.

1246 BFH v. 01.06.2022 – I R 44/18, DStR 2022, 2047 juris Rn. 15.

1247 BFH v. 01.06.2022 – I R 44/18, DStR 2022, 2047 juris Rn. 16.

1248 BFH v. 01.06.2022 – I R 44/18, DStR 2022, 2047 juris Rn. 13.

1249 BFH v. 01.06.2022 – I R 44/18, DStR 2022, 2047 juris Rn. 13. Mit den Argumenten des FG München zur wirtschaftlichen Betrachtungsweise setzt sich der BFH hingegen nicht auseinander, sondern verweist insoweit auf *Gieshoidt*, FR 2019, 543, 546 ff. Für eine ausführliche Auseinandersetzung mit den vom FG München vorgebrachten Argumenten im Sinne einer wirtschaftlichen Betrachtungsweise s. oben § 2 III. 7. b. aa.

1250 BFH v. 01.06.2022 – I R 44/18, DStR 2022, 2047 juris Rn. 17. S. ebenso oben § 2 III. 6. d. bb. (3).

Anteil an einem fremden Gewinn zugerechnet.[1251] Die Einkünfte der KGaA würden dem persönlich haftenden Gesellschafter im Sinne einer Zurechnung „weitergeleitet".[1252] Ausdrücklich lässt der BFH hingegen offen, ob der persönlich haftende Gesellschafter „Unternehmer" des Betriebs der KGaA ist.[1253] Auf diese Frage komme es für die steuerrechtliche Zurechnung originärer gewerblicher Einkünfte nicht an.[1254]

Der BFH äußert sich überdies zu der technischen Vorgehensweise bei der Besteuerung der KGaA. Die Weiterleitung der Einkünfte geschehe „technisch" durch den nach § 9 Abs. 1 Nr. 1 KStG außerbilanziell abzuziehenden Gewinnanteil des persönlich haftenden Gesellschafters und damit durch Abzug des „Teils des Gewinns" der KGaA, der an den persönlich haftenden Gesellschafter „verteilt" werde.[1255] Die KGaA unterläge nach § 1 Abs. 1 Nr. 1, Abs. 2 KStG mit ihren gesamten Einkünften der Körperschaftsteuer.[1256] Die körperschaftsteuerliche Bemessungsgrundlage sei aber um die nach § 9 Abs. 1 Nr. 1 KStG außerbilanziell abzuziehenden Gewinnanteile des persönlich haftenden Gesellschafters gemindert.[1257] Die Besteuerung der KGaA als juristische Person und Körperschaftsteuersubjekt erfolge daher in vollem Umfang und nicht nur hinsichtlich des die Kommanditaktionäre betreffenden Grundkapitalbereichs nach körperschaftsteuerrechtlichen Grundsätzen.[1258] § 9 Abs. 1 Nr. 1 KStG spalte den KGaA-Gewinn in einen der Körperschaftsteuer unterliegenden Teil sowie einen der Einkommensteuer unterliegenden Teil auf.[1259] Während die Besteuerung der KGaA als juristische Person durch das für Kapitalgesellschaften geltende Trennungsprinzip gekennzeichnet sei, gelte für die Besteuerung des persönlich haftenden Gesell-

---

1251 Diesbezüglich verweist der BFH auf die Regelungen zur Organschaft, die belegten, dass eine Zurechnung fremder Gewinne im Steuerrecht möglich sei; BFH v. 01.06.2022 – I R 44/18, DStR 2022, 2047 juris Rn. 18. S. ebenso oben § 2 III. 6. d. bb. (3) (c).

1252 BFH v. 01.06.2022 – I R 44/18, DStR 2022, 2047 juris Rn. 19.

1253 BFH v. 01.06.2022 – I R 44/18, DStR 2022, 2047 juris Rn. 18.

1254 BFH v. 01.06.2022 – I R 44/18, DStR 2022, 2047 juris Rn. 18. S. zu der Frage der „Unternehmereigenschaft" des persönlich haftenden Gesellschafters oben § 2 III. 6. d. bb. (3) (b) (aa).

1255 BFH v. 01.06.2022 – I R 44/18, DStR 2022, 2047 juris Rn. 19.

1256 BFH v. 01.06.2022 – I R 44/18, DStR 2022, 2047 juris Rn. 19.

1257 BFH v. 01.06.2022 – I R 44/18, DStR 2022, 2047 juris Rn. 19.

1258 BFH v. 01.06.2022 – I R 44/18, DStR 2022, 2047 juris Rn. 19.

1259 BFH v. 01.06.2022 – I R 44/18, DStR 2022, 2047 juris Rn. 19.

schafters das für die Besteuerung von Mitunternehmerschaften maßgebliche Transparenzprinzip.[1260]

In dieser Deutlichkeit hat sich der BFH selbst bei Begründung seiner „Wurzeltheorie" nicht zu der technischen Vorgehensweise bei der Besteuerung der KGaA und ihrem persönlich haftenden Gesellschafter geäußert und ließ dadurch nach dem Urteil von 1989 Raum für Spekulationen. Das mag auch ein Grund gewesen sein für die sich seitdem in der Literatur herausgebildeten verschiedenen Sichtweisen.

b. Ablehnung der sogenannten intransparenten sowie der modifizierten intransparenten Sichtweise

Ungewohnt ausführlich setzt sich der BFH mit eben diesen Sichtweisen auseinander und begründet seine transparente Sichtweise auf Grundlage der Wurzeltheorie unter Einbeziehung der in der Literatur geäußerten Kritik. Zur sogenannten intransparenten Betrachtungsweise[1261] führt der BFH aus:

> *„Soweit vertreten wird […], bei § 15 Abs. 1 Satz 1 Nr. 3 EStG handele es sich bezüglich aller dort genannten Einkunftsvarianten um eine reine „(Um-)Qualifikationsnorm" und nicht (auch) um eine Zurechnungsnorm […], ist der BFH dem im Sinne einer transparenten Betrachtung nicht gefolgt […]. Dieser Befund auf der Grundlage des Gesetzeswortlauts wird auch durch das systematische Verhältnis von § 15 Abs. 1 Satz 1 Nr. 2 und 3 EStG bestätigt: § 15 Abs. 1 Satz 1 Nr. 2 EStG ist nicht nur als reine (Um-)Qualifikationsnorm, sondern zugleich als Zurechnungsnorm zu interpretieren […]. Gleiches gilt für § 15 Abs. 1 Satz 1 Nr. 3 EStG […]. Auch ein behaupteter „dogmatischer Vorrang der Besteuerung der KGaA" ist dem Gesetz nicht zu entnehmen […]. Das Bild einer Abspaltung „an der Wurzel" verdeutlicht vielmehr, dass von Beginn an, d.h. direkt nach Übernahme der handelsbilanziellen Gewinnanteile der phG als Grundlage ihrer steuerlichen Einkommensermittlung, zwischen der kapitalistischen Sphäre der Kommanditaktionäre/KGaA und der transparenten Sphäre der phG zu unterscheiden ist. Nur auf diese Weise lässt sich die Intention des Gesetzgebers, die hybride gesellschaftsrechtliche Struk-*

1260 BFH v. 01.06.2022 – I R 44/18, DStR 2022, 2047 juris Rn. 19.
1261 S. oben § 2 III. 3.

tur der KGaA auch steuerlich nachzuvollziehen, widerspruchsfrei umsetzen […]."[1262]

Weiter führt der BFH aus, die Trennung zwischen der einkommensteuerlichen (transparenten) Einkommensermittlung bei den persönlich haftenden Gesellschaftern und der körperschaftsteuerlichen Einkommensermittlung bei der KGaA ließe sich aus dem systematischen Zusammenhang von § 15 Abs. 1 S. 1 Nr. 3 und Nr. 2 EStG herleiten, auch wenn die technische Umsetzung auf Ebene der KGaA durch einen Betriebsausgabenabzug erfolge und die KGaA ein eigenständiges Körperschaftsteuersubjekt darstelle.[1263] Zur Begründung zieht der BFH erneut die Systematik des § 16 Abs. 1 S. 1 Nr. 2 und Nr. 3 i.V.m. Abs. 2 S. 1 EStG sowie die Regelung des § 3 Nr. 40 S. 1 Buchst. b) EStG heran, deren Anwendung ausdrücklich nur mit dem Transparenzprinzip zu vereinbaren sei.[1264] Aus der Zusammenschau ergebe sich daher auch nach geltendem Recht eine ausreichende gesetzliche Grundlage für die transparente Besteuerung der persönlich haftenden Gesellschafter einer KGaA.[1265] Zudem sei der seit 2012 geltende § 50d Abs. 11 EStG ein Beleg dafür, dass der Gesetzgeber in seinen Strukturüberlegungen zur KGaA „voraussichtlich nicht von einer intransparenten Betrachtungsweise ausgeht".[1266]

Von Wassermeyer wird zudem eine sogenannte modifizierte intransparente Betrachtungsweise befürwortet.[1267] Dabei geht es insbesondere um die Frage, auf welcher Stufe der Betriebsausgabenabzug des § 9 Abs. 1 Nr. 1 KStG stattfindet. Wassermeyer ist der Ansicht, § 9 Abs. 1 Nr. 1 KStG gliedere nur den zuvor nach Körperschaftsteuerrecht ermittelten Gewinnanteil des persönlich haftenden Gesellschafters aus.[1268] Dieser „Anteil am Gewinn" werde dem persönlich haftenden Gesellschafter „netto", also nach Anwendung der

---

1262 BFH v. 01.06.2022 – I R 44/18, DStR 2022, 2047 juris Rn. 21. S. zur Qualifikation von § 15 Abs. 1 S. 1 Nr. 3 EStG als Zurechnungsnorm auch oben § 2 III. 6. d. bb. (3) (c).

1263 BFH v. 01.06.2022 – I R 44/18, DStR 2022, 2047 juris Rn. 22.

1264 BFH v. 01.06.2022 – I R 44/18, DStR 2022, 2047 juris Rn. 22.

1265 BFH v. 01.06.2022 – I R 44/18, DStR 2022, 2047 juris Rn. 22.

1266 BFH v. 01.06.2022 – I R 44/18, DStR 2022, 2047 juris Rn. 25.

1267 *Wassermeyer*, Ubg 2011, 47; *Wassermeyer*, in: FS Streck, S. 259. Die Ansicht Wassermeyers wird in der Literatur und Rechtsprechung als „modifiziert intransparent" bezeichnet; s. zum Beispiel BFH v. 01.06.2022 – I R 44/18, DStR 2022, 2047 juris Rn. 23; *Drüen/van Heek*, DStR 2012, 541 (545). Für eine ausführliche kritische Auseinandersetzung mit dieser Sichtweise s. *Hageböke*, in: Rödder/Herlinghaus/Neumann, § 9 KStG Rn. 37 ff.

1268 *Wassermeyer*, Ubg 2011, 47 (51); *Wassermeyer*, in: FS Streck, S. 259 (268).

körperschaftsteuerlich geltenden Vorschriften (wie insbesondere § 8b KStG) zugerechnet.[1269] Der BFH führt aus:

> „*[Dies ist] mit der gesetzlichen Konzeption des Halb-/Teileinkünfteverfahrens nicht vereinbar [...]. Systemleitender Gedanke des Halbeinkünfteverfahren ist insoweit, die Gewinne einer Kapitalgesellschaft jeweils zur Hälfte auf der Ebene der sie erwirtschaftenden körperschaftsteuerpflichtigen Gesellschaft und zur Hälfte auf der Ebene des einkommensteuerpflichtigen Gesellschafters zu erfassen. Die genannte Konzeption wäre insoweit auch nur auf laufende Beteiligungserträge (Dividenden, verdeckte Gewinnausschüttungen) der KGaA anwendbar, nicht hingegen auf eine Veräußerung des Komplementäranteils an der KGaA durch den phG, die nach § 3 Nr. 40 Satz 1 Buchst. b i.V.m. § 16 Abs. 1 Satz 1 Nr. 3, Abs. 2 Satz 1 EStG dem Halbeinkünfteverfahren unterliegt, soweit der Veräußerungsgewinn auf Kapitalgesellschaftsbeteiligungen entfällt. Der Gesetzgeber wollte indessen bei Einführung des Halbeinkünfteverfahrens laufende Beteiligungseinkünfte und Veräußerungsgewinne bei Veräußerung des Mitunternehmer- bzw. Komplementäranteils nach § 16 Abs. 1 Satz 1 Nr. 2 und 3 EStG, geregelt in § 3 Nr. 40 Satz 1 Buchst. b EStG, einheitlich dem Halb-/Teileinkünfteverfahren unterwerfen, was auch dem Gebot der Folgerichtigkeit entspricht [...].*“[1270]

Der BFH gesteht der Ansicht zwar zu, dass sich die „Gewinnanteile“ im Wortlaut des § 15 Abs. 1 S. 1 Nr. 3 EStG auf die steuerlichen Gewinnanteile beziehen.[1271] Zudem finde auch im Rahmen der zweistufigen Gewinnermittlung von Mitunternehmerschaften auf der ersten Stufe eine Anknüpfung an die einheitliche Steuerbilanz der Gesellschaft statt.[1272] Daraus folge aber nicht, dass die „Wurzeltheorie“ auf den nach körperschaftsteuerlichen Grundsätzen ermittelten Gewinn der KGaA einwirke.[1273] Die hybride Struktur der KGaA erfordere vielmehr, dass nach Abspaltung des handelsbilanziellen Gewinnanteils jeweils getrennte steuerliche Einkommensermittlungen für den transparenten Bereich der persönlich haftenden Gesellschafter und den körperschaftsteuerlichen Bereich der KGaA vorgenommen werden.[1274] § 9 Abs. 1

1269 *Wassermeyer*, Ubg 2011, 47 (51); *Wassermeyer*, in: FS Streck, S. 259 (268).
1270 BFH v. 01.06.2022 – I R 44/18, DStR 2022, 2047 juris Rn. 23.
1271 BFH v. 01.06.2022 – I R 44/18, DStR 2022, 2047 juris Rn. 24 mit Verweis auf *Wassermeyer*, in: FS Streck, S. 259 (264).
1272 BFH v. 01.06.2022 – I R 44/18, DStR 2022, 2047 juris Rn. 24.
1273 BFH v. 01.06.2022 – I R 44/18, DStR 2022, 2047 juris Rn. 24.
1274 BFH v. 01.06.2022 – I R 44/18, DStR 2022, 2047 juris Rn. 24.

Nr. 1 KStG habe "Vorrang vor sämtlichen anderen körperschaftsteuerrechtlichen Einkommensermittlungsvorschriften".[1275]

c. Zwischenfazit

Dem BFH ist zum einen uneingeschränkt zuzustimmen, dass § 15 Abs. 1 Satz 1 Nr. 3 EStG eine Zurechnungsnorm darstellt.[1276] Zum anderen spricht die Systematik der Vorschriften im EStG im Grunde für eine transparente Sichtweise.[1277] Die Trennung, die der BFH vornimmt, zwischen der einkommensteuerlichen transparenten Ebene beim persönlich haftenden Gesellschafter und der körperschaftsteuerlichen intransparenten Einkommensermittlung bei der KGaA entspricht dem in dieser Untersuchung vertretenen teiltransparenten Besteuerungsregime. Die KGaA ist als hybride Gesellschaftsstruktur in das Nebeneinander von transparenter und intransparenter Besteuerung einzuordnen.[1278] Der BFH nimmt diese Einordnung vor, indem er klar zwischen den beiden Einkommensermittlungsebenen trennt. Technisch wird dies aus seiner Sicht durch den Betriebsausgabenabzug nach § 9 Abs. 1 Nr. 1 KStG umgesetzt.[1279]

Der BFH folgt auf der transparenten Ebene einer grundsätzlichen Gleichstellung des persönlich haftenden Gesellschafters und des Mitunternehmers.[1280] Ebenso wie das FG München schränkt er diese Gleichstellung jedoch ein unter Verweis auf anderweitige methodische gesetzgeberische Grundentscheidungen und lässt sich damit auch diese „Hintertür"[1281] offen. Das deutet auf eine teiltransparente Sichtweise des BFH hin und fügt sich in das zu Beginn dieser Untersuchung auf nationaler Ebene konstatierte Ergebnis ein, dass das Transparenzprinzip im Grunde die konsequente und systemgerechte Umsetzung der zivilrechtlichen Anordnung im Steuerrecht darstellt,

1275 BFH v. 01.06.2022 – I R 44/18, DStR 2022, 2047 juris Rn. 24.

1276 S. hierzu ausführlich oben § 2 III. 6. d. bb. (3) (c).

1277 S. hierzu oben § 2 III. 6. b. bb. (2).

1278 S. oben § 2 III. 6. d. aa.

1279 BFH v. 01.06.2022 – I R 44/18, DStR 2022, 2047 juris Rn. 19.

1280 Das FG München führt hierzu aus: „[…] im Wesentlichen [ist] von einer Gleichstellung des persönlich haftenden Gesellschafters mit dem Mitunternehmer auszugehen […], eine solche [kann] aber dann nicht zum Tragen kommen, wenn methodische gesetzgeberische Grundentscheidungen dem entgegenstehen.", FG München v. 25.10.2018 – 13 K 1241/17, EFG 2019, 267 (268).

1281 *Gieshoidt*, FR 2019, 543 (547).

diesem aber dennoch aufgrund der hybriden Ausgestaltung der KGaA zwischen Kapital- und Personengesellschaft Grenzen zu setzen sind.[1282]

Dem BFH ist weiter zuzustimmen, dass sich die Frage nach der Unternehmereigenschaft des persönlich haftenden Gesellschafters auf nationaler Ebene – ertragsteuerlich betrachtet – nicht stellt. Aufgrund der Existenz des § 15 Abs. 1 S. 1 Nr. 3 EStG erzielt der persönlich haftende Gesellschafter auf nationaler Ebene immer originäre gewerbliche Einkünfte.[1283] Der ihm von dem Gewinn der KGaA zuzurechnende Anteil wird stets als gewerbliche Einkünfte qualifiziert. Allerdings wird die Frage nach der Unternehmereigenschaft des persönlich haftenden Gesellschafters auf internationaler Ebene unter Anwendung eines Doppelbesteuerungsabkommens relevant.[1284] Hierzu äußert sich der BFH hingegen nicht.

Der Verweis des BFH auf den durch § 50d Abs. 11 EStG zu Tage getretenen Willen des Gesetzgebers im Sinne einer transparenten Besteuerung überzeugt nur in Teilen. Der BFH würdigt nicht hinreichend, dass im Rahmen des Gesetzgebungsverfahrens ausdrücklich klargestellt wurde, dass die Einführung der Norm lediglich eine Zwischenlösung darstelle und eben keine Vorabfestlegung eines intransparenten oder teiltransparenten Besteuerungssystems.[1285] Dem BFH ist insoweit zuzustimmen, dass die Funktionsweise der Vorschrift gegen eine intransparente Sichtweise spricht, da sie die steuerliche Zurechnung der im Gewinnanteil des persönlich haftenden Gesellschafters enthaltenen Dividendeneinkünfte der KGaA voraussetzt.[1286] Hieraus jedoch den Willen des Gesetzgebers im Sinne eines klar transparenten Besteuerungsregimes herzuleiten, ginge ausweislich der ausdrücklichen Feststellung im Gesetzgebungsverfahren zu weit.[1287]

1282 S. oben § 2 III. 6. d. cc.

1283 S. oben § 2 III. 2. a.

1284 S. oben § 6 III. 2. d. cc.

1285 BR-Drs. 114/12 (B), S. 2. S. auch oben § 2 III. 6. b. bb. (4) sowie ausführlich zu § 50d Abs. 11 EStG oben § 6 IV. 2. b. dd. (2).

1286 So auch *Hageböke*, in: Rödder/Herlinghaus/Neumann, § 9 KStG Rn. 24.

1287 S. auch *Hageböke*, in: Rödder/Herlinghaus/Neumann, § 9 KStG Rn. 24; *Gosch*, in: Kirchhof/Seer (2022), § 50d EStG Rn. 50. So weit geht indes auch der BFH nicht, wenn er ausführt, § 50d Abs. 11 EStG zeige, dass „der Gesetzgeber in seinen Strukturüberlegungen zur KGaA voraussichtlich nicht von einer intransparenten Betrachtungsweise ausgeht"; BFH v. 01.06.2022 – I R 44/18, DStR 2022, 2047 juris Rn. 25.

d. Anwendung des Halbeinkünfteverfahrens

Der BFH stimmt mit dem FG München überein, dass Einkünftebestandteile des persönlich haftenden Gesellschafters dem für die Streitjahre geltenden Halbeinkünfteverfahren (nunmehr Teileinkünfteverfahren) unterfallen, sofern sie auf Dividendeneinkünften der KGaA beruhen, die bei dieser nach § 8b KStG von der Besteuerung befreit sind.[1288] Der BFH führt aus:

> „*[…] § 3 Nr. 40 Satz 1 Buchst. b EStG [sieht] für diesen sachlichen Anwendungsbereich explizit die Anwendung des Halb-/Teileinkünfteverfahrens beim phG vor. Danach ist bei der Ermittlung des Veräußerungsgewinns i.S. von § 16 Abs. 1 Satz 1 Nr. 3 i.V.m. Abs. 2 Satz 1 EStG das Halb-/Teileinkünfteverfahren anzuwenden, soweit der Veräußerungsgewinn des phG anteilig auf von der KGaA gehaltene Kapitalgesellschaftsbeteiligungen entfällt und phG (unmittelbar oder mittelbar) eine natürliche Person ist. Ist der phG eine von § 8b KStG begünstigte Körperschaft, ist § 8b KStG anzuwenden. Das Gesetz geht dabei typisierend von der Vorstellung aus, beim Veräußerungsgewinn handele es sich um komprimierte (laufende) Gewinne […]. Die konsequente Gleichbehandlung von laufenden Bezügen und Veräußerungsgewinnen auch beim phG einer KGaA folgt insoweit aus dem verfassungsrechtlichen Gebot der Folgerichtigkeit. Es ist nicht erkennbar, dass der Gesetzgeber den phG nur in § 3 Nr. 40 Satz 1 Buchst. b EStG hat einbeziehen wollen, nicht aber in die Besteuerung laufender Bezüge und Veräußerungsgewinne nach § 3 Nr. 40 Satz 1 Buchst. d i.V.m. § 3c Abs. 2 EStG […].*“[1289]

Die Anwendung des Teileinkünfteverfahrens auf Ebene des persönlich haftenden Gesellschafters auch im Falle der Besteuerung laufender Bezüge folgt bereits aus der Behandlung des persönlich haftenden Gesellschafters *wie* ein Mitunternehmer. Anderenfalls käme es zu nicht sachgerechten Ergebnissen und wäre im Sinne einer (teil-)transparenten Besteuerung inkonsequent.[1290] Die ausdrückliche Anordnung der Anwendung des Teileinkünfteverfahrens im Falle eines Veräußerungsgewinns nach § 3 Nr. 40 S. 1 Buchst. b) EStG unterstreicht zum einen das Ergebnis der (teil-)transparenten Besteuerung als das systemkonforme Besteuerungsregime[1291] und zum anderen – wie der BFH richtig ausführt – folgt insoweit aus dem Gebot der Folgerichtigkeit, dass auch

1288 BFH v. 01.06.2022 – I R 44/18, DStR 2022, 2047 juris Rn. 29.

1289 BFH v. 01.06.2022 – I R 44/18, DStR 2022, 2047 juris Rn. 30.

1290 Vgl. oben § 2 III. 7. b.

1291 S. hierzu auch oben § 2 III. 6. b. bb. (2) und § 2 III. 7. b. cc.

für die Besteuerung von laufenden Bezügen beim persönlich haftenden Gesellschafter, sofern dieser eine natürliche Person ist, das Teileinkünfteverfahren zur Anwendung kommen muss.[1292] Auf dieser Grundlage lässt sich zugleich die sogenannte modifizierte intransparente Betrachtungsweise als systemwidrig entlarven, deren Folge es wäre, dass auf den Anteil des persönlich haftenden Gesellschafters § 8b KStG Anwendung findet, selbst wenn es sich bei diesem um eine nichtkörperschaftsteuerpflichtige natürliche Person handelt.[1293] Das ist mit dem Zweck des § 8b KStG, eine Doppelbelastung mit Körperschaftsteuer zu vermeiden, schlichtweg nicht vereinbar.[1294]

3. Besteuerungsregime auf internationaler Ebene

Unter Bezugnahme auf sein Urteil vom 19.5.2010[1295] bejaht der BFH auch in diesem Fall die Anwendung des DBA-Schachtelprivilegs in voller Höhe bei einer KGaA, deren persönlich haftende Gesellschafterin eine Personengesellschaft ist.[1296] Die (Teil-)Transparenz der „hybriden" KGaA wirke sich nicht aus.[1297] Das DBA-Schachtelprivileg schlage im Ergebnis auf den persönlich haftenden Gesellschafter durch, auch wenn diesem die Freistellung „an sich" nicht zustehe.[1298] Auch das im Streitfall einschlägige Schachtelprivileg stelle auf die Dividendenausschüttung bzw. -zahlung ab, die an eine „Kapitalgesellschaft" geleistet/gezahlt wird.[1299] Damit folgt der BFH seiner abkommensspezifischen Auslegung aus dem Urteil von 2010 und knüpft an dieses an.[1300] Eine weitergehende Befassung mit dem Besteuerungsregime auf internationaler Ebene bleibt aus. Die Frage, wie der BFH einen Fall entscheiden würde, wenn das Schachtelprivileg auf den Nutzungsberechtigten abstellen würde, bleibt weiter offen.[1301]

1292 So *Hageböke*, in: Rödder/Herlinghaus/Neumann, § 9 KStG Rn. 40. Vgl. auch *Krumm*, in: Kirchhof/Seer (2022), § 15 EStG Rn. 405.

1293 S. auch *Drüen/van Heek*, DStR 2012, 541 (546); *Hageböke*, in: Rödder/Herlinghaus/Neumann, § 9 KStG Rn. 40.

1294 S. oben § 2 III. 7. b. aa. Ebenso *Drüen/van Heek*, DStR 2012, 541 (546)

1295 BFH v. 19.05.2010 – I R 62/09, BFH/NV 2010, 1919. S. hierzu oben § 6 IV. 2. b. bb. (1).

1296 BFH v. 01.06.2022 – I R 44/18, DStR 2022, 2047 juris Rn. 27.

1297 BFH v. 01.06.2022 – I R 44/18, DStR 2022, 2047 juris Rn. 27 mit Verweis auf *Gieshoidt*, FR 2019, 543, 544 f. und *Märtens*, in: Gosch, KStG, § 9 Rn. 15c.

1298 BFH v. 01.06.2022 – I R 44/18, DStR 2022, 2047 juris Rn. 27.

1299 BFH v. 01.06.2022 – I R 44/18, DStR 2022, 2047 juris Rn. 28.

1300 BFH v. 01.06.2022 – I R 44/18, DStR 2022, 2047 juris Rn. 27.

1301 S. hierzu ausführlich oben § 6 IV. 2. b. cc. (3).

II. Fazit

Das Urteil ist ein Meilenstein hin zu einem rechtssicheren Umgang mit dem Einsatz der KGaA als Gesellschaftsform und deren Besteuerung. Der BFH hat in ungewohnter Deutlichkeit herausgearbeitet und klargestellt, wie seine 1989 entwickelte Wurzeltheorie zu verstehen und auf nationaler Ebene anzuwenden ist. Dabei überrascht es auch, dass sich der erste (für internationale Besteuerungssachverhalte zuständige) Senat nicht näher mit der internationalen Ebene beschäftigt hat. Vielleicht zeigt aber auch gerade dieser Umstand die Dringlichkeit der Klärung der offenen Fragen auf rein innerstaatlicher Ebene. Denn der Senat hat es für notwendig erachtet, die Wurzeltheorie von 1989 ausführlich und eingehend zu erläutern.

§ 9 *Ausblick*

Die Bezeichnung der abkommensrechtlichen Behandlung der KGaA als „terra incognita“[1302] ist angesichts der geringen Anzahl bereits veröffentlichter, grundlegender Abhandlungen treffend. Insbesondere im Vergleich zu den zahlreichen Veröffentlichungen zu der rein innerstaatlichen Besteuerung der KGaA überrascht die spärliche Behandlung im internationalen Steuerrecht. Die KGaA ist eine Rechtsform, die aus Deutschland heraus auch grenzüberschreitend tätig wird. Dass diese Tätigkeiten zu steuerrechtlichen Problemen und Streitigkeiten führen, belegen die hierzu bereits ergangenen Urteile des BFH.[1303] Es herrscht Rechtsunsicherheit sowohl auf Ebene der Steuerpflichtigen als auch auf Ebene der Finanzämter. Zudem konnte auch die erstinstanzliche Rechtsprechung bisher keine einheitliche Linie finden.[1304] Die Apelle nach einer „Reform“ der KGaA-Besteuerung scheinen nicht zu verstummen.[1305] Eine grundlegende Überarbeitung der Normen ist allerdings weiterhin nicht in Sicht. Vielmehr begnügt sich der Gesetzgeber offenbar mit einer Erweiterung des ohnehin schon bestehenden Flickenteppichs der KGaA-Besteuerung. Dabei sind ihm die bestehenden Probleme durchaus bewusst.[1306]

Auf internationaler Ebene verschärfen sich die bereits rein innerstaatlich bestehenden Unsicherheiten aufgrund der komplexen und vielfältigen Sachverhaltsvarianten sowie dem Zusammentreffen unterschiedlichster Rechtsordnungen.[1307] Es muss jedoch auch der Rechtsform der KGaA möglich sein, grenzüberschreitend zu agieren, um auf dem globalen Markt wettbewerbsfähig zu bleiben. Eine innerstaatliche Reform der Besteuerung der KGaA könnte zwar den Grundstein zur Klärung der Besteuerung der KGaA auch auf internationaler Ebene legen. Gerade auf Abkommensebene wären die Wirkungsmöglichkeiten hier aber wohl limitiert. Denn der Vorrang der

---

1302 *Kollruss*, IStR 2018, 224.

1303 BFH-Urteile zur Besteuerung der KGaA mit internationalem Bezug: BFH v. 17.10.1990 – I R 16/89, BStBl. II 1991, 211; v. 19.05.2010 – I R 62/09, BFH/NV 2010, 1919; BFH v. 07.12.2011 – I R 5/11, BFH/NV 2012, 556; BFH v. 01.06.2022 – I R 44/18, DStR 2022, 2047 sowie das derzeit noch anhängige Verfahren: BFH I R 8/19.

1304 Vgl. zum Beispiel Hessisches FG v. 23.06.2009 – 12 K 3439/01, EFG 2010, 1418; FG München v. 25.10.2018 – 13 K 1241/17, EFG 2019, 267; FG Düsseldorf v. 17.12.2018 – 2 K 3874/15 F, EFG 2019, 505.

1305 Ein Ergebnis der Bund-Länder-Arbeitsgruppe steht weiterhin aus.

1306 S. zur Gesetzesbegründung zu § 50d Abs. 11 EStG oben § 2 III 6. b. bb. (4).

1307 Vgl. auch *Krebbers-van Heek*, Die mitunternehmerische Besteuerung der Komplementäre der Kommanditgesellschaft auf Aktien, S. 265.

abkommensautonomen Auslegung gilt auch für die Besteuerung der KGaA. Solange die KGaA als bereits rein innerstaatlich hybride Rechtsform besteht, muss auf Abkommensebene mit diesem Sonderfall der Gesellschaftsformen umgegangen werden.

Vor Veröffentlichung des jüngsten Urteils des BFH zur Besteuerung der KGaA schloss dieser Ausblick mit den Worten, es bliebe abzuwarten, ob sich der BFH im Rahmen der anhängigen Verfahren grundsätzlich zur Besteuerung der KGaA äußern oder ob er es bei einem Verweis auf seine frühere Rechtsprechung belassen würde. Beides ist letztlich eingetreten. Der BFH hat sich ausführlich zu Besteuerung der KGaA geäußert. Allerdings nur auf nationaler Ebene. Er hat die Lücke, die er mit seinem Grundsatzurteil 1989 hinterließ und die seitdem auf unterschiedlichste Weise ausgefüllt wurde, geschlossen und sein Verständnis der Vorschriften und des auf nationaler Ebene geltenden Besteuerungsregimes der KGaA eingehend erläutert. Insoweit darf das jüngste Urteil als wegweisend aufgefasst werden und es bleibt zu erwarten, dass es in erheblichem Umfang zur Rechtssicherheit auf nationaler Ebene beitragen wird.

Anderes gilt für die Besteuerung der KGaA auf internationaler Ebene. Die gewünschte grundsätzliche Befassung mit dieser Dimension ist ausgeblieben. Der BFH hat sich erneut auf einen Verweis beschränkt, ohne näher zu erläutern, wie die Wurzeltheorie auf internationaler Ebene weiterzudenken ist. Im internationalen Kontext besteht daher weiterhin erhebliche Rechtsunsicherheit.

Der Gesetzgeber ist aufgerufen, sich bei einer Überarbeitung der Vorschriften an den Ausführungen des BFH zur Besteuerung der KGaA auf nationaler Ebene zu orientieren, denn eine vollständige Neufassung der Normen und Überarbeitung der Besteuerung der KGaA würde letztlich auch zunichtemachen, was über Jahre herausgearbeitet wurde. Der Gesetzgeber sollte daher in Erwägung ziehen, an die bereits erzielten Forschungsergebnisse anzuknüpfen. Dabei ist eine teiltransparente Besteuerung der KGaA – wie sie auch der BFH vertritt – im Grunde systemkonform. Aufgrund der hybriden Struktur müssen allerdings auch Ausnahmen hin zu einer mehr intransparenten Besteuerung möglich sein. Auf internationaler Ebene gilt selbiges. Auch hier ist der Charakter der KGaA als Hybrid der Gesellschaftsformen anzuerkennen und entsprechend einzuordnen. Das im Rahmen dieser Untersuchung erarbeitete Zurechnungsmodell stellt dafür eine geeignete und systemkonforme Umsetzung dar. Es ergibt sich zudem aus den bereits bestehenden Grundsätzen des internationalen Steuerrechts.

Die KGaA ist nach ihrer zivilrechtlichen Struktur eine äußert attraktive Rechtsform. Es ist Aufgabe der Legislativen, diese Attraktivität durch bloße Schaffung von Rechtssicherheit auch steuerrechtlich herauszustellen. Ein erster Schritt zur Klärung der dringendsten Rechtsfragen könnte bereits durch die Exekutive erfolgen. Ein Schreiben des Bundesministeriums der Finanzen zur grenzüberschreitenden steuerlichen Behandlung würde den Einsatz der Rechtsform der KGaA auf internationaler Ebene zumindest einstweilen steuerlich planbarer und damit attraktiver machen. Weiterhin ruhen die Hoffnungen nicht zuletzt auch auf der Judikative. Es bleibt abzuwarten, ob sich der BFH in dem noch anhängigen Verfahren endlich auch grundsätzlich zur Besteuerung der KGaA auf internationaler Ebene äußern wird oder ob er es erneut bei einem Verweis auf seine frühere Rechtsprechung belässt.[1308] Ersteres würde zur steuerlichen Planbarkeit des grenzüberschreitenden Einsatzes der Rechtsform der KGaA beitragen.

1308 So wie BFH v. 19.05.2010 – I R 62/09, BFH/NV 2010, 1919 und BFH v. 01.06.2022 – I R 44/18, DStR 2022, 2047.

Literaturverzeichnis

Adler, Hans/Düring, Walther/Schmaltz, Kurt: Rechnungslegung und Prüfung der Unternehmen, Band 4, 6. Auflage, Stuttgart 1997; zitiert: *Bearbeiter*, in: Adler/Düring/Schmaltz, Rechnungslegung und Prüfung der Unternehmen.

Aigner, Hans-Jörgen: Die abkommensrechtlichen Rahmenbedingungen für eine internationale Konzernbesteuerung, SWI 2004, Seite 187 bis 199.

Ammenwerth, Michael: Die Kommanditgesellschaft auf Aktien (KGaA) – Eine Rechtsformalternative für personenbezogene Unternehmen?, Frankfurt am Main 1997; zitiert: *Ammenwerth*, Die KGaA.

Arnold, Arnd: Die GmbH & Co. KGaA, Köln 2001; zitiert: *Arnold*, Die GmbH & Co. KGaA

Ault, Hugh J.: The Role of the OECD Commentaries in the Interpretation of Tax Treaties, Intertax 1994, Seite 144 bis 148.

Avery Jones, John F. et al.: Characterisation of Other States' Partnerships for Income Tax, BTR 2002, Seite 375 bis 436.

Bacher, Hanns: Die Stellung des persönlich haftenden Gesellschafters einer Kommanditgesellschaft auf Aktien (KGaA) im Steuerrecht, DB 1985, Seite 2117 bis 2119.

Balmes, Frank: Rechtsformneutralität der Unternehmensbesteuerung, in: Unternehmenssteuerreform, Sonderband der Deutschen Steuerjuristischen Gesellschaft, Köln 2001; zitiert: *Balmes*, DStJG Sonderband (2001).

Bareis, Peter: Änderungen der Verfügungsrechte bei Mitunternehmerschaften ohne oder mit Gewinnrealisierung? Zur Diskussion zwischen I. und IV. Senat des BFH, FR 2011, Seite 153 bis 165.

Baumbach, Adolf/Hopt, Klaus: Handelsgesetzbuch, 39. Auflage, München 2020; zitiert: *Bearbeiter*, in: Baumbach/Hopt, HGB.

Baumbach, Adolf/Hueck, Alfred: Gesetz betreffend die Gesellschaften mit beschränkter Haftung: GmbHG, 22. Auflage, München 2019; zitiert: *Bearbeiter*, in: Baumbach/Hueck, GmbH-Gesetz.

Bauschatz, Peter: Die Einpersonen-GmbH und Co. KGaA als Holdinggesellschaft, DStZ 2007, Seite 39 bis 44.

v. Beckerath, Hans-Jochem: Der Durchgriff im deutschen Außensteuerrecht, Berlin 1978; zitiert: *v. Beckerath*, Der Durchgriff im Außensteuerrecht.

Becker, Enno: Erläuterungen zur Rechtsprechung Allgemeines Steuerrecht – Einkommensteuergesetz, StuW 1936, Seite 79 bis 110.

Benz, Sebastian/Böhmer, Julian: ATAD-Umsetzungsgesetz: Der Gesetzentwurf zur Vermeidung steuerlich hybrider Gestaltungen, Der Konzern 2020, Seite 240 bis 249.

Benz, Sebastian/Böhmer, Julian: BEPS: Das Multilaterale Instrument zur Umsetzung der abkommensrechtlichen Änderungsvorschläge der BEPS-Abschlussberichte, ISR 2017, Seite 27 bis 32.

Betten, Rijkele: Netherlands, in: The international Guide to Partnerships, hrsg. v. van Raad, Kees/Betten, Rijkele, Band 2, Amsterdam; zitiert: *Bearbeiter*, in: van Raad/Betten, The international Guide to Partnerships, Netherlands.

Biagosch, Patrick: Die Kommanditgesellschaft auf Aktien, NWB 1996, Seite 1073 bis 1080 (Fach 18, Seite 3453 bis 3460).

Bielinis, Andrius: Die Besteuerung der KGaA, Berlin 2013; zitiert: *Bielinis*, Die Besteuerung der KGaA.

Bielinis, Andrius: Vorschläge zur Reform der KGaA-Besteuerung, DStR 2014, Seite 769 bis 776.

Birk, Dieter: Liebhaberei im Ertragssteuerrecht, BB 2009, Seite 860 bis 867.

Blumers, Wolfgang/Zillmer, Inga-Kristin: Das neue BMF-Schreiben zur Anwendung der DBA auf Personengesellschaften, BB 2010, Seite 1375 bis 1382.

Blümich, Walter: Einkommensteuergesetz, Körperschaftsteuergesetz, Gewerbesteuergesetz, Kommentar, hrsg. v. Heuermann, Bernd/Brandis, Peter, München, Loseblattsammlung, Stand: 155. Ergänzungslieferung, November 2020; zitiert: *Bearbeiter*, in: Blümich.

Bodden, Guido: Einkünftequalifikation bei Mitunternehmern, Aachen 2001; zitiert: *Bodden*, Einkünftequalifikation bei Mitunternehmern.

Bödefeld, Axel: Die steuerliche Behandlung von Mischformen des europäischen Gesellschaftsrechts am Beispiel der Plc. & Co. KGaA, in: Festschrift für Albert J. Rädler zum 65. Geburtstag, hrsg. v. Breuninger, Gottfried E./Müller, Welf/Strobl-Haarmann, Elisabeth, München 1999, Seite 33 bis 78; zitiert: *Bödefeld*, in: FS Rädler.

Bordewin, Arno/Brandt, Jürgen/Bode, Walter: Einkommensteuergesetz, Heidelberg, Loseblattsammlung, Stand: 433. Ergänzungslieferung Dezember 2020; zitiert: *Bearbeiter*, in: Bordewin/Brandt/Bode.

Boujong, Karlheinz/Ebenroth, Thomas/Joost, Detlev/Strohn, Lutz: Handelsgesetzbuch: Kommentar, Band 1: §§ 1–342e, hrsg. v. Joost, Detlev/Strohn, Lutz, 4. Auflage, München 2020; zitiert: *Bearbeiter*, in: Boujong/Ebenroth/Joost/Strohn, HGB.

Breuninger, Gottfried: Die Besteuerung der KGaA im Lichte von § 50d Abs. 11 EStG, in: Jahrbuch der Fachanwälte für Steuerrecht 2012/2013, Herne 2012, Seite 361 bis 376; zitiert: *Breuninger*, JbFfStR 2012/2013.

Bresgen, Ariane: Qualifikationskonflikte bei Personengesellschaften im Internationalen Steuerrecht, Frankfurt am Main 2016; zitiert: *Bresgen*, Qualifikationskonflikte bei Personengesellschaften im Internationalen Steuerrecht.

Buciek, Klaus: Aktuelle Entwicklungen zur Betriebsstättenbesteuerung, DStZ 2003, Seite 139 bis 147.

Bühler, Ottmar: Prinzipien des Internationalen Steuerrechts: Ein systematischer Versuch, Amsterdam 1964; zitiert: *Bühler*, Prinzipien des Internationalen Steuerrechts.

Bürgers, Tobias/Fett, Torsten: Die Kommanditgesellschaft auf Aktien, Handbuch mit Mustern, 2. Auflage, München 2015; zitiert: *Bearbeiter*, in: Die Kommanditgesellschaft auf Aktien.

Bürkle, Franziska/Ullmann, Robert: Die Betriebsstättendefinition des Art. 5 OECD-Musterabkommen: Aktuelle Änderungen bei Bau- und Montage- sowie Dienstleistungsbetriebsstätten, DStR 2013, Seite 944 bis 949.

Burmester, Gabriele: Zur Systematik internationaler Minderbesteuerung und ihrer Vermeidung, in: Aussensteuerrecht Doppelbesteuerungsabkommen und EU-Recht im Spannungsverhältnis, Festschrift für Helmut Debatin zum 70. Geburtstag, hrsg. v. Burmester, Gabriele/Endres, Dieter, München 1997, Seite 55 bis 79; zitiert: *Burmester*, in: FS Debatin.

Clausen, Uwe: Die Auslegung von Doppelbesteuerungsabkommen unter Berufung auf die Zweifelfallsregelung – Dargestellt am Schachtelprivileg des DBA-Irland, DB 2001, Seite 2515 bis 2520.

Claussen, Carsten P.: Perspektiven für die Kommanditgesellschaft auf Aktien, in: Festschrift für Theodor Heinsius zum 65. Geburtstag am 25. September 1991, hrsg. v. *Kübler, Friedrich/Mertens, Hans-Joachim/Werner, Winfried*, Berlin 1991, Seite 61 bis 77; zitiert als: *Claussen*, in: FS Heinsius.

Claussen, Carsten P.: Überlegungen zur Rechtsform der GmbH – Ist die KGaA eine Alternative?, GmbHR 1996, Seite 73 bis 80.

Crezelius, Georg: Komplementärbesteuerung bei der KGaA, in: Jahrbuch der Fachanwälte für Steuerrecht 1998/1999, Herne/Berlin 1999, Seite 318 bis 326; zitiert: *Crezelius*, JbFfStR 1998/1999.

Czakert, Ernst: Seminar D: Artikel 3 Abs. 2 OECD-MA und die Anwendung des innerstaatlichen Rechts, IStR 2012, Seite 703 bis 706.

Debatin, Helmut: Auslegungsmaximen zum internationalen Steuerrecht, AWD 1969, Seite 477 bis 486.

Debatin, Helmut: DBA-Schweiz: Vergütungen des persönlich haftenden Gesellschafters einer KGaA, Anm. zum BFH Urteil v. 17.10.1990 – I R 16/89, RIW 1991, Seite 355 bis 356.

Debatin, Helmut: Die stille Gesellschaft im internationalen Steuerrecht, DStZA 1966, Seite 369 bis 375.

Debatin, Helmut: Doppelbesteuerungsabkommen und innerstaatliches Recht, DStR 1992, Beihefter zu Heft 23, Seite 1 bis 8.

Debatin, Helmut: Entwicklungstendenzen im Internationalen Steuerrecht und nationalen Außensteuerrecht im Lichte der neueren höchstrichterlichen Rechtsprechung, DStZ 1987, Seite 211 bis 217.

Debatin, Helmut: System und Auslegung der Doppelbesteuerungsabkommen, DB 1985, Beilage Nr. 23 zu Heft 39, Seite 1 bis 8.

Debatin, Helmut: Zur Auslegung von Doppelbesteuerungsabkommen, in: Unternehmung und Steuer, Festschrift zur Vollendung des 80. Lebensjahres von Peter Scherpf, hrsg. v. Fischer, Lutz, Wiesbaden 1983, Seite 305 bis 317; zitiert: *Debatin*, in: FS Scherpf.

Debatin, Helmut: Zweifelhafte Auslegungstendenzen zum internationalen Steuerrecht in der BFH-Rechtsprechung, DB 1987, Seite 1607 bis 1611.

Deloitte: Gewerbesteuergesetz: Kommentar, Herne 2009; zitiert: *Bearbeiter*, in: Deloitte, GewStG.

Deutschländer, Andre: Die Besteuerung des Komplementärs einer Kommanditgesellschaft auf Aktien (KGaA) – Eine ertragsteuerliche und verfahrensrechtliche Analyse, dargestellt am Beispiel einer natürlichen Person – – Teil I –, StBp 2013, Seite 283 bis 287.

Deutschländer, Andre: Die Besteuerung des Komplementärs einer Kommanditgesellschaft auf Aktien (KGaA) – Eine ertragsteuerliche und verfahrensrechtliche Analyse, dargestellt am Beispiel einer natürlichen Person – – Teil II –, StBp 2013, Seite 307 bis 314.

Di Nunzio, Luca/Grandinetti, Mario/Muratore, Marco/Selicato, Pietro: ITALY, in: EATLP 2013 Congress, Corporate income tax subjects, hrsg. v. Gutmann, Daniel, Amsterdam 2016, Seite 329 bis 350 ; zitiert: *Di Nunzio/Grandinetti/Selicato* in: EATLP 2013 Congress, Corporate income tax subjects ITALY.

Diehl, Wolfram: Qualifikationskonflikte im Außensteuerrecht, FR 1978, Seite 517 bis 526.

Ditz, Xaver: Internationale Gewinnabgrenzung bei Betriebsstätten und nationale Gewinnermittlungsvorschriften im Lichte aktueller Entwicklungen bei der OECD, IStR 2005, Seite 37 bis 43.

Ditz, Xaver/Bärsch, Sven-Eric/Quilitzsch, Carsten: Das neue OECD-Musterabkommen 2017 – Konsequenzen für die deutsche Abkommenspolitik, DB 2018, Seite 1171 bis 1178.

Döllerer, Georg: Die atypisch stille Gesellschaft – gelöste und ungelöste Probleme, DStR 1985, Seite 295 bis 303.

Dötsch, Ewald/Pung, Alexandra/Möhlenbrock, Rolf: Die Körperschaftsteuer: Kommentar zum Körperschaftsteuergesetz, Umwandlungssteuergesetz und zu den einkommensteuerrechtlichen Vorschriften der Anteilseignerbesteuerung, Stuttgart, Loseblattsammlung, Stand: 100. Ergänzungslieferung November 2020; zitiert: *Bearbeiter*, in: Dötsch/Pung/Möhlenbrock.

Drinhausen, Florian/Eckstein, Hans-Martin: Beck'sches Handbuch der AG: Gesellschaftsrecht, Steuerrecht, Börsengang, 3. Auflage, München 2018; zitiert: *Bearbeiter*, in: Beck'sches Handbuch der AG.

Drüen, Klaus-Dieter: Das Unternehmenssteuerrecht unter verfassungsgerichtlicher Kontrolle – Zur Gestaltungsfreiheit des Steuergesetzgebers zwischen Folgerichtigkeit und Systemwechsel, Ubg 2009, Seite 23 bis 29.

Drüen, Klaus-Dieter: Rechtsformneutralität der Unternehmensbesteuerung als verfassungsrechtlicher Imperativ, GmbHR 2008, Seite 393 bis 403.

Drüen, Klaus-Dieter/van Heek, Stephanie: Die Kommanditgesellschaft auf Aktien zwischen Trennungs- und Transparenzprinzip – Eine steuersystematische Bestandsaufnahme, DStR 2012, Seite 541 bis 580.

Drüen, Klaus-Dieter/van Heek, Stephanie: Sondervergütungen an den Komplementär einer KGaA – (K)eine Frage der Transparenz? Überlegungen aus Anlass des BFH-Urteils vom 7.12.2011 – I R 5/11, DB 2012, Seite 2184 bis 2187.

Ebling, Klaus: Die Auswirkungen des DBA-Schachtelprivilegs auf die Besteuerung des Gewinnanteils eines persönlich haftenden Gesellschafters einer Kommanditgesellschaft auf Aktien, in: Brennpunkte des Steuerrechts, Festschrift für Wolfgang Jakob, hrsg. v. Hörmann, Norbert, Augsburg 2001, Seite 67 bis 82; zitiert: *Ebling*, in: FS Jakob.

Elschenbroich, Manfred: Die Kommanditgesellschaft auf Aktien: Rechtliche Gestaltung und wirtschaftliche Bedeutung, 1959; zitiert: *Elschenbroich*, Die Kommanditgesellschaft auf Aktien.

Emmerich, Volker/Habersack, Mathias: Aktien- und GmbH-Konzernrecht: Kommentar, 9. Auflage, München 2019; zitiert: *Bearbeiter*, in: Emmerich/Habersack, Aktien- und GmbH-Konzernrecht.

Fehling, Daniel/Kampermann, Karoline: Generalthema I: Assessing BEPS – origins, standards and responses, IStR 2017, Seite 638 bis 644.

Fischer, Michael: Die Besteuerung der KGaA und ihrer Gesellschafter, DStR 1997, Seite 1519 bis 1526.

Fischer, Michael: Die (deutsche) KGaA im internationalen Steuerrecht, in: Nationale und internationale Unternehmensbesteuerung in der Rechtsordnung, Festschrift für Dietmar Gosch zum Ausscheiden aus dem Richteramt, hrsg. v. Lüdicke, Jürgen/Mellinghoff, Rudolf/Rödder, Thomas, München 2016, Seite 69 bis 82; zitiert: *Fischer*, in: FS Gosch.

Fischer, Michael: Gesamthandgesellschaft, juristische Person und das Steuerrecht, in: Zivilrechtliches Ordnungsgefüge und Steuerrecht, Festschrift für Georg Crezelius zum 70. Geburtstag, hrsg. v. Fischer, Michael/Geck, Reinhard/Haarmann, Wilhelm, Köln 2018, Seite 117 bis 136; zitiert: *Fischer*, in: FS Crezelius.

Flick, Hans/Wassermeyer, Franz/Kempermann, Michael: Doppelbesteuerungsabkommen Deutschland-Schweiz, Köln, Loseblattsammlung, Stand: 55. Ergänzungslieferung Dezember 2020; zitiert: *Bearbeiter*, in: Flick/Wassermeyer/Kempermann, DBA Schweiz.

Flick, Hans/Wassermeyer, Franz/Baumhoff, Hubertus/Schönfeld, Jens: Außensteuerrecht, Köln, Loseblattsammlung, Stand: 95. Ergänzungslieferung Dezember 2020; zitiert: *Bearbeiter*, in: Flick/Wassermeyer/Baumhoff/Schönfeld, Außensteuerrecht.

Flick, Hans: Wer wird zuletzt lachen? Revolutionäre Steuervereinfachung durch die US-Finanzverwaltung: Die „Check the Box" Regeln, IStR 1998, Seite 110 bis 111.

Frankenheim, Andreas: Die Ertrags- und Substanzbesteuerung der Kommanditgesellschaft auf Aktien mit natürlicher und nicht natürlicher Person als persönlich haftendem Gesellschafter, Frankfurt am Main 1994; zitiert: *Frankenheim*, Die Ertrags- und Substanzbesteuerung der KGaA.

von Freeden, Arne/Häck, Nils/Schaumburg, Harald: Internationales Steuerrecht: Außensteuerrecht, Doppelbesteuerungsrecht, hrsg. v. Schaumburg, Harald, 4. Auflage, Köln 2017; zitiert: *Bearbeiter*, in: Internationales Steuerrecht.

Friauf, Karl H.: Verfassungsrechtliche Anforderungen an die Gesetzgebung über die Steuern vom Einkommen und vom Ertrag, DStJG 1989, Band 12, Seite 3 bis 32.

Frotscher, Gerrit: Die KGaA als Organgesellschaft, Der Konzern 2005, Seite 139 bis 144.

Frotscher, Gerrit/Drüen, Klaus-Dieter: Kommentar zum Körperschaft-, Gewerbe- und Umwandlungssteuergesetz, Freiburg, Loseblattsammlung, Stand: 157. Ergänzungslieferung Januar 2021; zitiert: *Bearbeiter*, in: Frotscher/Drüen.

Frotscher, Gerrit: Gedanken zur Zentralfunktion der Geschäftsleitungs-Betriebsstätte, in: Unternehmensteuerrecht und Internationales Steuerrecht, Gedächtnisschrift für Dirk Krüger, hrsg. v. Strunk, Günther/Wassermeyer, Franz/Kaminski, Bert, Bonn/Berlin 2006, Seite 95 bis 112; zitiert: *Frotscher*, in: GS Krüger.

Frotscher, Gerrit/Geurts, Matthias: Kommentar zum Einkommensteuergesetz (EStG), Freiburg, Loseblattsammlung, Stand: 221. Ergänzungslieferung Februar 2021; zitiert: *Bearbeiter*, in: Frotscher/Geurts.

Frotscher, Gerrit: Internationales Steuerrecht, 5. Auflage, München 2020; zitiert: *Frotscher*, Internationales Steuerrecht.

Frotscher, Gerrit: Treaty Override – causa finita?, IStR 2016, Seite 561 bis 567.

Fuhrmann, Claas/Kraeusel, Jörg/Schiffers, Joachim: EStG – eKommentar, Bonn; zitiert: *Bearbeiter*, in: EStG – eKommentar.

Gehrke, Matthias: Die Stiftung & Co. KGaA im Gesellschafts- und Steuerrecht, Frankfurt am Main 2007; zitiert: *Gehrke*, Die Stiftung & Co. KGaA.

Gieshoidt, Fabienne: Die ertragsteuerliche Behandlung von Dividendeneinkünften einer KGaA bei ihrem persönlich haftenden Gesellschafter – zugleich Anmerkungen zum Urteil des FG München vom 25. Oktober 2018 (13 K 1241/17), FR 2019, Seite 543 bis 548.

Gloria, Christian: Das steuerliche Verständigungsverfahren und das Recht auf diplomatischen Schutz, Berlin 1988; zitiert: *Gloria*, Das steuerliche Verständigungsverfahren und das Recht auf diplomatischen Schutz.

Gloria, Christian: Die Doppelbesteuerungsabkommen der Bundesrepublik Deutschland und die Bedeutung der Lex-Fori-Klausel für ihre Auslegung – Ein Plädoyer für die Auslegung der DBA nach den Regeln der WVK, RIW 1986, Seite 970 bis 978.

Goette, Wulf/Habersack, Mathias: Münchener Kommentar zum Aktiengesetz: AktG, Band 4: §§ 179–277, 5. Auflage, München 2015; zitiert: *Bearbeiter*, in: Münchener Kommentar zum Aktiengesetz.

Gosch, Dietmar: Abkommensrechtliche Zuordnung notwendigen Sonderbetriebsvermögens in sog. Dreieckssachverhalt, BFH-PR 2014, Seite 36 bis 38.

Gosch, Dietmar: DBA USA Besteuerungsrecht für Sondervergütungen (Zinsen) des Mitunternehmers, BFH/PR 2008, Seite 237 bis 239.

Gosch, Dietmar: Die Kommanditgesellschaft auf Aktien und die Gewerbesteuer, FR 1991, Seite 345 bis 349.

Gosch, Dietmar: Körperschaftsteuergesetz: Kommentar, Beck'sche Steuerkommentare, 4. Auflage, München 2020; zitiert: *Bearbeiter*, in: Gosch, KStG.

Gosch, Dietmar/Kroppen, Heinz-Klaus/Grotherr, Siegfried/Kraft, Gerhard: DBA-Kommentar, Herne, Loseblattsammlung, Stand: 47. Ergänzungslieferung Juni 2020; zitiert: *Bearbeiter*, in: Gosch/Kroppen/Grotherr/Kraft, DBA.

Gosch, Dietmar: Über das Treaty Overriding Bestandsaufnahme – Verfassungsrecht – Europarecht, IStR 2008, Seite 413 bis 421.

Gosch, Dietmar: Über die Auslegung von Doppelbesteuerungsabkommen, ISR 2013, Seite 87 bis 95.

Gosch, Dietmar: Über Streu- und Schachtelbesitz, in: Unternehmensbesteuerung: Festschrift für Norbert Herzig zum 65. Geburtstag, hrsg. v. Kessler, Wolfgang/Förster, Guido/Watrin, Christoph, München 2010, Seite 63 bis 88; zitiert: *Gosch*, in: FS Herzig

Gosch, Dietmar: Treaty overriding ist willkommen!, DB 2016, Heft 15, M5.

Gosch, Dietmar: Zum Umfang der erweitert beschränkten Steuerpflicht bei Berufssportler, BFH-PR 2008, Seite 234 bis 236.

Graf, Helmut A.: Die Gewerbeertragsbesteuerung der Kapitalgesellschaft & Co. KG auf Aktien, Zugleich Anmerkung zum Urteil des BFH v 31.10.1990, I R 32/86, DStR 1991, Seite 1374 bis 1379.

Greinert, Markus/Siebing, Theresa: Hybride Gestaltungen – Ein kritischer Überblick über § 4k EStG-E, Ubg 2020, Seite 589 bis 599.

Grottel, Bernd/Schmidt, Stefan/Schubert, Wolfgang J/Winkeljohann, Norbert/Deubert, Michael/Adrian, Gerrit u. a.: Beck'scher Bilanz-Kommentar: Handels- und Steuerbilanz: §§ 238 bis 339, 342 bis 342e HGB, 12. Auflage, München 2018; zitiert: *Bearbeiter*, in: Beck'scher Bilanz-Kommentar.

Gündisch, Stephan: Personengesellschaften im DBA-Recht – Eine Analyse des OECD-Partnership-Reports, München 2004; zitiert: *Gündisch*, Personengesellschaften im DBA-Recht.

Günkel, Manfred/Lieber, Bettina: Auslegungsfragen im Zusammenhang mit § 50d Abs. 10 EStG i.d.F. des JStG 2009, Ubg 2009, Seite 301 bis 308.

Güroff, Georg/Selder, Johannes/Wagner, Ludwig: Gewerbesteuergesetz: Kommentar, 9. Auflage, München 2017; zitiert: *Bearbeiter*, in: Glanegger/Güroff, GewStG.

Haase, Florian: Außensteuergesetz/Doppelbesteuerungsabkommen, Heidelberger Kommentar, 3. Auflage, Heidelberg 2016; zitiert: *Haase*, Außensteuergesetz/DBA.

Haase, Florian: BEPS-Aktionsplan, Kritische Gedanken zum Multilateralen Instrument, StuB 2017, Seite 351 bis 354.

Haase, Florian/Brändel, Katrin: Überlegungen zur Theorie der betriebsstättenlosen Einkünfte, StuW 2011, Seite 49 bis 59.

Haase, Florian: Multilaterales Instrument, Heidelberger Kommentar, Heidelberg 2017; zitiert: *Bearbeiter*, in: Haase, Multilaterales Instrument.

Hageböke, Jens: Das „KGaA-Modell“: ein Beitrag zur Steuergestaltungssuche, Düsseldorf 2008; zitiert: Das „KGaA-Modell“.

Hageböke, Jens: Einheitliche und gesonderte Feststellung bei der KGaA und ihrem persönlich haftenden Gesellschafter – Anm. zum BFH-Beschluss vom 29.06.2016 und zum Aussetzungsbeschluss des FG München vom 28.01.2016 –, Der Konzern 2017, Seite 28 bis 32.

Hageböke, Jens: Einheitliche und gesonderte Feststellung bei der KGaA und ihrem persönlich haftenden Gesellschafter, Ubg 2015, Seite 295 bis 302.

Hageböke, Jens/Koetz, Ansgar: Die Gewinnermittlung des persönlich haftenden Gesellschafters einer KGaA durch Betriebsvermögensvergleich, DStR 2006, Seite 293 bis 297.

Hageböke, Jens: Sondervergütungen des KGaA-Komplementärs und Betriebsausgabenabzug, DB 2012, Seite 2709 bis 2714.

Hageböke, Jens: Wo ist die Ergänzungsbilanz für den phG der KGaA zu bilden? – Anm. zum BFH-Urteil I R 41/16 –, Der Konzern 2018, Seite 136 bis 150.

Hageböke, Jens: Zum Konkurrenzverhältnis von DBA-Schachtelprivileg und § 8b KStG, IStR 2009, Seite 473 bis 481.

Hageböke, Jens: Zur Anwendung des DBA-Schachtelprivilegs bei der KGaA, IStR 2010, Seite 59 bis 62.

Hagemann, Tobias: Die internationale Besteuerung der Kommanditgesellschaft auf Aktien, StuW 2019, Seite 280 bis 294.

Hagemann, Tobias/Kahlenberg, Christian: Verschärfung der Rechtsunsicherheiten bei internationalem Sonderbetriebsvermögen – Zugleich Anmerkung BFH vom 11.12.2013, I R 4/13, IStR 2014, Seite 233 bis 237

Hagemann, Tobias: Zur Anwendung von § 50d Abs. 10 EStG beim persönlich haftenden Gesellschafter der KGaA, IStR 2016, Seite 608 bis 614.

Halasz, Christian/Kloster, Lars/Kloster, Anja: Die GmbH & Co. KGaA – Eine Rechtsformalternative zur GmbH & Co. KG?, GmbHR 2002, Seite 77 bis 92.

Hartel, Ulrich: Umwandlung einer GmbH & Co. KG in eine KG auf Aktien, DB 1992, Seite 2329 bis 2335.

Heidel, Thomas: NomosKommentar – Aktienrecht und Kapitalmarktrecht, 5. Auflage, Baden-Baden 2020; zitiert: *Bearbeiter*, in: Aktienrecht und Kapitalmarktrecht.

Heger, Karin: Das Verhältnis von Abkommensrecht und nationalem Steuerrecht, SWI 2011, Seite 95 bis 104.

Hempe, Richard/Siebels, Renate/Uhl, Alexander: Zur Einkünftequalifikation von mittelbaren Gesellschaftern einer KGaA, DB 2001, Seite 2268 bis 2271.

Henke, Ulf/Lang, Michael: Qualifizierung ausländischer Rechtsgebilde am Beispiel der Delaware-LLC, IStR 2001, Seite 514 bis 520

Hennrichs, Joachim: Besteuerung von Personengesellschaften – Transparenz- oder Trennungsprinzip?, FR 2010, Seite 721 bis 731.

Henssler, Martin/Strohn, Lutz: Gesellschaftsrecht, 5. Auflage, München 2021; zitiert: *Bearbeiter*, in: Henssler/Strohn, Gesellschaftsrecht.

Herrmann, Carl/Heuer, Gerhard/Raupach, Arndt: Einkommensteuer- und Körperschaftsteuergesetz. Kommentar, hrsg. v. Hey, Johanna/Wendt, Michael, Köln, Loseblattsammlung, Stand: 301. Ergänzungslieferung Januar 2021; zitiert: *Bearbeiter*, in: Hermann/Heuer/Raupach, EStG/KStG.

Hey, Johanna/Bauersfeld, Heide: Die Besteuerung der Personen(handels)gesellschaften in den Mitgliedstaaten der Europäischen Union, der Schweiz und den USA, IStR 2005, Seite 649 bis 657.

Hey, Johanna: Besteuerung von Unternehmensgewinnen und Rechtsformneutralität, DStJG 2001, Band 24, Seite 155 bis 223.

Hirte, Heribert/Mülbert, Peter/Roth, Markus: Aktiengesetz Großkommentar, Band 8: §§ 278–310, 5. Auflage, Berlin 2021; zitiert: *Bearbeiter*, in: Aktiengesetz Großkommentar.

Hoffmann-Becking, Michael: Münchener Handbuch des Gesellschaftsrechts, Band 4 – Aktiengesellschaft, 4. Auflage, München 2015; zitiert: *Bearbeiter*, in: Münchener Handbuch des Gesellschaftsrechts, Band 4, Aktiengesellschaft.

Hölzl, Michael: Die Besteuerung der Kommanditgesellschaft auf Aktien (KGaA): eine betriebswirtschaftliche Analyse, Frankfurt am Main 2003; zitiert: Die Besteuerung der KGaA.

Hoppe, Alina: Die Besteuerung der Kommanditgesellschaft auf Aktien zwischen Trennungs- und Transparenzprinzip, Köln 2014; zitiert: *Hoppe*, Die Besteuerung der Kommanditgesellschaft auf Aktien zwischen Trennungs- und Transparenzprinzip.

Höppel, Elke: Anrechnung ohne Subjektidentität, in: Personengesellschaften im Internationalen Steuerrecht, hrsg. v. Urtz, Christoph/Züger, Mario, Wien 2001; zitiert: *Höppel*, in: Urtz/Züger, Personengesellschaften im Internationalen Steuerrecht.

Hruschka, Franz: Das BMF-Schreiben zur Anwendung der Doppelbesteuerungsabkommen (DBA) auf Personengesellschaften vom 16.4.2010, DStR 2010, Seite 1357 bis 1363.

Huber, Ulrich: Gesellschafterkonten in der Personengesellschaft, ZGR 1988, Heft 1, Seite 1 bis 103.

Hübschmann, Walter/Hepp, Ernst/Spitaler, Armin: Abgabenordnung, Finanzgerichtsordnung: Kommentar, Köln, Loseblattsammlung, Stand: 260. Ergänzungslieferung November 2020; zitiert: *Bearbeiter*, in: Hübschmann/Hepp/Spitaler.

Hüffer, Uwe/Koch, Jens: Hüffer, Aktiengesetz, Beck'sche Kurz-Kommentare, 14. Auflage, München 2020; zitiert: *Bearbeiter*, in: Hüffer/Koch, Aktiengesetz.

Hüttemann, Rainer: Liebhaberei bei Kapitalgesellschaften, in: Festschrift für Arndt Raupach zum 70. Geburtstag, hrsg. v. Kirchhof, Paul/Schmidt, Karsten/Schön, Wolfgang/Vogel, Klaus, Köln 2006, Seite 495 bis 514; zitiert als: *Hüttemann*, in: FS Raupach

Isay, Ernst: Internationales Finanzrecht: Eine Untersuchung über die äußeren Grenzen der staatlichen Finanzgewalt, Stuttgart/Berlin 1934; zitiert: *Isay*, Internationales Finanzrecht.

Jacob, Friedhelm: Das neue DBA Deutschland-Luxemburg 2012, IStR 2012, Seite 749 bis 757.

Jacobs, Otto H.: Internationale Unternehmensbesteuerung: deutsche Investitionen im Ausland, ausländische Investitionen im Inland, 8. Auflage, München 2016; zitiert: *Jacobs*, Internationale Unternehmensbesteuerung.

Jankowiak, Ingo: Doppelte Nichtbesteuerung im Internationalen Steuerrecht, Baden-Baden 2009; zitiert: *Jankowiak*, Doppelte Nichtbesteuerung im Internationalen Steuerrecht.

Janssen, Bernhard: Die Besteuerung der Kommanditgesellschaft auf Aktien und ihrer Gesellschafter, NWB 2001, Seite 2189 bis 2198 (Fach 18, S. 3811–3820).

Jochum, Heike: Die Behandlung hybrider Gesellschaften nach dem neuen DBA Deutschland – Niederlande, IStR 2014, Seite 1 bis 10.

Jochum, Heike: Grenzüberschreitende Unternehmen: Direktinvestitionen, Beteiligungen und Hybride Personengesellschaften nach dem neuen DBA Deutschland-Niederlande, Stuttgart/München 2015; zitiert: *Jochum*, Grenzüberschreitende Unternehmen nach dem neuen DBA D-NL.

Jünger, Paul: Zur Stellung des persönlich haftenden Gesellschafters einer KGaA im Steuerrecht, DB 1988, Seite 1969 bis 1973.

Kahle, Holger/Braun, Julia: Aktuelle Entwicklungen des Betriebsstättenbegriffs, Ubg 2018, Seite 365 bis 377.

Kahlenberg, Christian: Entlastungsansprüche hybrider Gesellschaften im Abkommensrecht, SWI 2015, Seite 379 bis 389.

Kahlenberg, Christian: Fallszenarien zur Steuerentlastung bei hybriden Gesellschaftsstrukturen, IStR 2016, Seite 834 bis 840.

Kahlenberg, Christian/Kudert, Stephan: Der endgültige OECD-Bericht zur Maßnahme 2 des BEPS-Aktionsplans (Hybrid Mismatch Arrangements) – der große Wurf?, SWI 2015, Seite 52 bis 64.

Karla, Benedikt: Möglichkeiten der Gesetzesauslegung am Beispiel des BFH-Urteils vom 8.9.2010 (I R 74/09), IStR 2012, Seite 52 bis 57.

Kempermann, Michael: § 50d Abs. 8 EStG 2002 (i.d.F. des StÄndG 2003) und zeitlich nachfolgendes DBA, ISR 2016, Seite 360 bis 362.

Kessler, Wolfgang: Die Kommanditgesellschaft auf Aktien im System der dualen Unternehmensbesteuerung – Konsequenzen und Inkonsequenzen einer hybriden Rechtsform, in: Gestaltungen und Abwehr im Steuerrecht, Festschrift für Klaus Korn, hrsg. v. Carlé, Dieter/Stahl, Rudolf/Strahl, Martin, Bonn/Berlin 2005, Seite 307 bis 333; zitiert: *Kessler*, in: FS Korn.

Kirchhof, Paul/Seer, Roman: Einkommensteuergesetz: Kommentar, 19. Auflage, Köln 2020; zitiert: *Bearbeiter*, in: Kirchhof/Seer.

Kirchhof, Paul/Seer, Roman: Einkommensteuergesetz: Kommentar, 21. Auflage, Köln 2022; zitiert: *Bearbeiter*, in: Kirchhof/Seer (2022).

Kirchhof, Paul/Söhn, Hartmut/Mellinghoff, Rudolf: Einkommensteuergesetz, Kommentar, Heidelberg, Loseblattsammlung, Stand: 310. Ergänzungslieferung Dezember 2020; zitiert als: *Bearbeiter*, in: Kirchhof/Söhn/Mellinghoff.

Klebau, Bodo: Einzelprobleme bei der Auslegung von Doppelbesteuerungsabkommen, RIW 1985, Seite 125 bis 134.

Klein, Franz: Abgabenordnung: AO, 15. Auflage, München 2020; zitiert: *Bearbeiter*, in: Klein, AO.

Kleineidam, Hans-Jochen: Perspektiven der internationalen Einkunftsabgrenzung im Lichte globaler Unternehmensstrategien, in: Unternehmen Steuern: Festschrift für Hans Flick zum 70. Geburtstag, hrsg. v. Klein, Franz/Stihl, Hans Peter/Wassermeyer, Franz/Piltz, Detlev J./Schaumburg, Harald, Köln 1997, Seite 857 bis 872; zitiert: *Kleineidam*, in: FS Flick.

Kluge, Volker: Das Internationale Steuerrecht: Gemeinschaftsrecht, Außensteuerrecht, Abkommensrecht, 4. Auflage, München 2000; zitiert: *Kluge*, Das Internationale Steuerrecht.

Kluge, Volker: Die Auslegung von Doppelbesteuerungsabkommen, RIW 1975, Seite 90 bis 96.

Knobbe-Keuk, Brigitte: Bilanz- und Unternehmenssteuerrecht, 9. Aufl. Köln 1993; zitiert: *Knobbe-Keuk*, Bilanz- und Unternehmenssteuerrecht.

Koenig, Ulrich: Abgabenordnung §§ 1 bis 368 Kommentar, Beck'sche Steuerkommentare, 3. Auflage, München 2014; zitiert: *Bearbeiter*, in: Koenig, AO.

Kollruss, Thomas: Analyse des deutschen Sondervergütungskonzepts bei der internationalen Personengesellschaftsbesteuerung, FR 2015, Seite 351 bis 359.

Kollruss, Thomas: KGaA-Komplementär und Gewerbesteueranrechnung: Doppelte Begünstigung durch gewinnabhängige Sondervergütungen (typisch stille Beteiligung), WPg 2005, Seite 1040 bis 1046.

Kollruss, Thomas: Terra incognita – DBA-Anwendung bei der KGaA, IStR 2018, Seite 224 bis 233.

Kollruss, Thomas: Zur Besteuerungsdogmatik der KGaA: Entwicklung des grundlegenden Besteuerungskonzepts, DStZ 2012, Seite 650 bis 668.

Kollruss, Thomas: § 50d Abs. 11 EStG: Regelungsdefizite der Norm, Funktionsweise, Gestaltungsmöglichkeiten – dargestellt anhand der KGaA-Besteuerung, DStZ 2012, Seite 702 bis 708.

Kopec, Agnieszka/Kudert, Stephan: § 50d Abs. 11 EStG – eine Analyse der steuerlichen Auswirkungen auf die Besteuerung von Schachteldividenden an eine deutsche GmbH & atypisch Still, IStR 2013, Seite 498 bis 503.

Kopec, Agnieszka/Mroz, Katarzyna: Steuersubjektqualifikation ausländischer Rechtsträger im internationalen Vergleich, Ubg 2014, Seite 164 bis 170.

Kopec, Agnieszka/Nagel, Agata: Polnische KGaA als steuerliches Gestaltungsinstrument deutscher Investoren: Von Irrungen und Wirrungen und der Zukunft eines Investitionsverhikels, IStR 2013, Seite 945 bis 950.

Kraft, Gerhard: AStG Außensteuergesetz Kommentar, 2. Auflage, München 2019; zitiert: *Bearbeiter*, in: Kraft, AStG.

Kraft, Gerhard: Der gesetzgeberische Totalausfall bei der ATAD-Umsetzung vor dem Hintergrund aktueller Einflüsse auf die künftige Hinzurechnungsbesteuerung, FR 2020, Seite 105 bis 109.

Kraft, Gerhard/Heider, Christian: Das Country-by-Country Reporting und seine innerstaatliche Umsetzung im Rahmen des „Anti-BEPS-Umsetzungsgesetzes", DStR 2017, Seite 1353 bis 1361.

Kramer, Jörg-Dietrich: „Betriebsstättenlose" Einkünfte aus Gewerbebetrieb – „betriebsstättenlose" Wirtschaftsgüter des Betriebsvermögens, DB 2011, Seite 1882 bis 1887.

Kramer, Jörg-Dietrich: Das Internationale Schachtelprivileg der KGaA – zugleich Anmerkung zum Urteil des Hessischen FG vom 23.6.2009, 12 K 3439/01, IStR 2010, Seite 57 bis 59.

Kramer, Jörg-Dietrich: Grenzüberschreitende Sondervergütungen und beschränkte Steuerpflicht, IStR 2014, Seite 21 bis 24.

Kramer, Jörg-Dietrich: Nochmal: Das Darlehen des ausländischen Mitunternehmers an seine deutsche Personengesellschaft und § 50d Abs. 10 EStG, IStR 2010, Seite 239 bis 241.

Krebbers-van Heek, Stephanie: Die mitunternehmerische Besteuerung der Komplementäre der Kommanditgesellschaft auf Aktien, Frankfurt am Main 2016; zitiert: *Krebbers-van Heek*, Die mitunternehmerische Besteuerung der Komplementäre der Kommanditgesellschaft auf Aktien.

Kroniger, Axel/Thies, Angelika, Anwendung des check the box-Systems auf die KGaA als Joint Venture-Vehikel, IStR 2002, Seite 397 bis 405.

Kudert, Stephan/Kahlenberg, Christian: § 50d Abs. 10 EStG als „Entstrickungsauslöser"?, IStR 2015, Seite 918 bis 921.

Kühn, Rolf/v. Wedelstädt, Alexander: Abgabenordnung und Finanzgerichtsordnung, Kommentar, 22. Auflage, Stuttgart 2018; zitiert: *Bearbeiter*, in: Kühn/v. Wedelstädt, AO

Kusterer, Stefan: Anteilsumwandlung bei atypisch ausgestalteter KGaA, DStR 1999, Seite 1681 bis 1683.

Kusterer, Stefan: Die Kommanditgesellschaft auf Aktien im Wandel – Wechsel von körperschaftlicher zu mitunternehmerischer Sichtweise, FR 2003, Seite 502 bis 506.

Kusterer, Stefan: Überlegungen zur Besteuerung des persönlich haftenden Gesellschafters einer Kommanditgesellschaft auf Aktien, DStR 2008, Seite 484 bis 488.

Ladwig, Peter/Motte, Frank: Die Kommanditgesellschaft auf Aktien – Eine Alternative für börsenwillige mittelständische Unternehmen?, DStR 1996, Seite 800 bis 807.

Lampert, Steffen: Die dynamische Auslegung von Doppelbesteuerungsabkommen unter besonderer Beachtung des Kommentars zum OECD-Musterabkommen, IStR 2012, Seite 513 bis 518.

Lampert, Steffen: Doppelbesteuerungsrecht und Lastengleichheit: Qualifikations- und Zurechnungskonflikt bei der Besteuerung von Personengesellschaften, Baden-Baden 2010; zitiert: *Lampert*, Doppelbesteuerungsrecht und Lastengleichheit.

Lang, Michael: Auslegung und Anwendung von Doppelbesteuerungsabkommen, in: 100 Jahre Steuerrechtsprechung in Deutschland 1918–2018, Festschrift für den Bundesfinanzhof, hrsg. v. Drüen, Klaus-Dieter/Hey, Johanna/Mellinghoff, Rudolf, Köln 2018, Seite 983 bis 1007; zitiert: *Lang, M.*, FS BFH.

Lang, Michael: Auslegung von Doppelbesteuerungsabkommen und authentische Vertragssprachen, IStR 2011, Seite 403 bis 410.

Lang, Michael: CFC-Regelungen und Doppelbesteuerungsabkommen, IStR 2002, Seite 717 bis 723.

Lang, Michael: Grundsatzerkenntnis des VwGH zur DBA-Auslegung, SWI 1996, Seite 427 bis 430.

Lang, Michael: Hybride Finanzierungen im internationalen Steuerrecht: Rechtsgrundlagen der Doppelbesteuerungsabkommen zur Beurteilung von Mischformen zwischen Eigen- und Fremdkapital, Wien 1991; zitiert: *Lang, M.*, Hybride Finanzierungen im internationalen Steuerrecht.

Lang, Michael: Qualifikationskonflikte bei Personengesellschaften, IStR 2000, Seite 129 bis 134.

Lang, Michael: Tax treaty interpretation, Schriftenreihe zum internationalen Steuerrecht, Wien 2001; zitiert: *Lang, M.*, Tax treaty interpretation.

Lang, Michael: The Interpretation of Tax Treaties and Authentic Languages, in: Essays on Tax Treaties: A Tribute to David A. Ward, hrsg. v. Maisto, Guglielmo/Nikolakakis, Angelo/Ulmer, John M., Toronto 2012, Seite 15 bis 32; zitiert: *Lang, M.*, in: Maisto/Nikolakakis/Ulmer, Essays on Tax Treaties: A Tribute to David A. Ward.

Lang, Michael: The Application of the OECD Model Tax Convention to Partnerships, A Critical Analysis of the Report Prepared by the OECD Committee on Fiscal Affairs, Wien 2000; zitiert: *Lang, M.*, A Critical Analysis of the Report.

Lang, Michael: Wer hat das Sagen im Steuerrecht? Die Bedeutung des OECD-Steuerausschusses und seiner Working Parties, ÖStZ 2006, Seite 203 bis 210.

Lang, Michael: Zeitliche Zurechnung bei der DBA-Anwendung, SWI 1999, Seite 282 bis 288.

Lauterbach, Frank: Ein neues Unternehmenssteuerrecht für Deutschland? – Fehlende Rechtsformneutralität der Unternehmensbesteuerung und allgemeiner Gleichheitssatz, Frankfurt am Main 2008; zitiert: *Lauterbach*, Ein neues Unternehmenssteuerrecht für Deutschland?.

Lehner, Moris: Die autonome Auslegung von Doppelbesteuerungsabkommen im Kontext des Art. 3 Abs. 2 OECD-MA, in: Das Steuerrecht der Unternehmen: Festschrift für Gerrit Frotscher zum 70. Geburtstag, hrsg. v. Lüdicke, Jürgen/Mössner, Jörg Manfred/ Hummel, Lars, Freiburg/München 2013, Seite 383 bis 401; zitiert: *Lehner*, in: FS Frotscher.

Leisner-Egensperger, Anna: DBA-Auslegung unter Rückgriff auf nationales Recht – zu Art. 3 Abs. 2 des OECD-MA, IStR 2014, Seite 10 bis 15.

Lenski, Edgar/Steinberg, Wilhelm: Kommentar zum Gewerbesteuergesetz, Köln, Loseblattsammlung, Stand: 134. Ergänzungslieferung Dezember 2020; zitiert: *Bearbeiter*, in: Lenski/Steinberg, GewStG.

Liebchen, Daniel: Beteiligungen an ausländischen Personengesellschaften, Berlin 2008; zitiert: *Liebchen*, Beteiligungen an ausländischen Personengesellschaften.

Linn, Alexander: Änderungen in der Hinzurechnungsbesteuerung durch das ATAD-UmsG?, IStR 2020, Seite 77 bis 83.

Loukota, Helmut: Neue DBA-Vorschrift zur Behandlung hybrider Personengesellschaften, SWI 2015, Seite 102 bis 109.

Lüdicke, Jochen/Sistermann, Christian: Unternehmensteuerrecht: Gründung, Finanzierung, Umstrukturierung, Übertragung, Liquidation, 2. Auflage, München 2018; zitiert: *Bearbeiter*, in: Lüdicke/Sistermann, Unternehmensteuerrecht.

Lüdicke, Jürgen: Anmerkungen zur deutschen Verhandlungsgrundlage für Doppelbesteuerungsabkommen, IStR-Beihefter 2013, Seite 26 bis 46.

Lüdicke, Jürgen: Beteiligung an ausländischen intransparent besteuerten Personengesellschaften, IStR 2011, Seite 91 bis 98.

Lüdicke, Jürgen: Das DBA-Gespenst bei der Organschaft, IStR 2011, Seite 740 bis 747.

Lüdicke, Jürgen: Neue Entwicklungen der Besteuerung von Personengesellschaften im internationalen Steuerrecht, StbJb 1997/1998, Seite 449 bis 492.

Mahlow, Christian: Die Kommanditgesellschaft auf Aktien und das Vorliegen einer verdeckten Gewinnausschüttung, DB 2003, Seite 1540 bis 1544.

Malzahn, David H.: Die KGaA im Ertragsteuerrecht, in: Forum Steuerrecht 2012, Baden-Baden 2012, Seite 151 bis 180; zitiert: *Mahlzahn*, in: Forum Steuerrecht (2012).

Manke, Klaus: Personengesellschaften und DBA – Abkommensberechtigung und Abkommensschutz –, DStJG 1985, Band 8, Seite 195 bis 213.

Marquardsen, Maria G.: ATADUmsG: Betriebsausgabenabzugsverbot gemäß § 4k Abs. 4 EStG-E – Was wird aus § 4i EStG?, IStR 2020, Seite 623 bis 627.

Marquardsen, Maria G.: Hybride Gesellschaften im Internationalen Steuerrecht der Bundesrepublik Deutschland – Unter besonderer Berücksichtigung abkommensrechtlicher Zurechnungs- und Qualifikationskonflikte, Baden-Baden 2019; zitiert: *Marquardsen*, Hybride Gesellschaften im Internationalen Steuerrecht der Bundesrepublik Deutschland.

Martini, Ruben: Der persönliche Körperschaftsteuertatbestand – Eine rechtsvergleichend-historische Analyse der Bestimmung von eigenständig steuerpflichtigen Personenvereinigungen, Tübingen 2016; zitiert: *Martini*, Der persönliche Körperschaftsteuertatbestand.

Mathiak, Walter: Rechtsprechung zum Bilanzsteuerrecht, DStR 1989, Seite 661 bis 668.

Maurer, Torsten: Die Besteuerung von Anleger-Kommanditgesellschaften – Zugleich ein Grundlagenbeitrag zum dualistischen System des Gesellschafts-, Bilanz- und Steuerrechts, Berlin 1999; zitiert: *Maurer*, Die Besteuerung von Anleger-Kommanditgesellschaften.

Mayr, Siegfried: Die inländische und ausländische Personengesellschaft im italienischen Steuerrecht, IStR 2013, Seite 96 bis 101.

Mellinghoff, Rudolf: Heranziehung von OECD-Musterabkommen und -Musterkommentar, in: Festgabe Zum 75. Geburtstag von Prof. Dr. Dr. h c. Franz Wassermeyer, München 2015, *Mellinghoff*, in: FG Wassermeyer, Nr. 6.

Menzel, Arno: Die Besteuerung der Entgelte der Kommanditgesellschaft auf Aktien (KGaA) an ihren persönlich haftenden Gesellschafter, StuW 1971, Seite 204 bis 214.

Meretzki, Ayk: Weshalb der neue § 50d Abs. 10 EStG sein Ziel verfehlt und neue Probleme schafft – Mitunternehmer-Betriebsstätten, floating income und weitere Streitfragen, IStR 2009, Seite 217 bis 225.

Milanin, Olga: Die Bedeutung des OECD-Musterkommentars für die Auslegung von Doppelbesteuerungsabkommen am Beispiel des Nutzungsberechtigten (Beneficial Owner), Baden-Baden 2021; zitiert: *Milanin*, Die Bedeutung des OECD-Musterkommentars.

Möller, Ralf: Der Begriff der Betriebsstätte im deutschen Steuerrecht, StuB 2005, Seite 350 bis 356.

Mössner, Jörg Manfred: Die Methoden zur Vermeidung der Doppelbesteuerung – Vorzüge, Nachteile, aktuelle Probleme –, DStJG 1985, Band 8, Seite 135 bis 169.

Mössner, Jörg Manfred/Oellerich, Ingo/Seeger, Siegbert: Körperschaftsteuergesetz: Kommentar, 4. Auflage, Herne 2019; zitiert: *Bearbeiter*, in: Mössner/Seeger/Oellerich, KStG.

Mössner, Jorg Manfred, u.a.: Steuerrecht international tätiger Unternehmen, Handbuch der Besteuerung von Auslandsaktivitäten inländischer Unternehmen und von Inlandsaktivitäten ausländischer Unternehmen, 5. Auflage, Köln 2018; zitiert: *Bearbeiter*, in: Mössner/Baumhoff/Greif, Steuerrecht international tätiger Unternehmen.

Mössner, Jörg Manfred: Zur Auslegung von Doppelbesteuerungsabkommen, in: Völkerrecht, Recht der internationalen Organisationen, Weltwirtschaft: Festschrift für Ignaz Seidl-Hohenveldern, hrsg. v. Böckstiegel, Karl-Heinz/Folz, Hans-Ernst/Mössner, Jörg Manfred/Zemanek, Karl, Köln u.a. 1988, Seite 403 bis 426; zitiert: *Mössner*, in: FS Seidl-Hohenveldern.

Müller-Gatermann, Gert/Strüder, Sabine/Ludwig, Fabian: Sieht ATAD den richtigen Abwehrmechanismus bei hybriden Rechtsträgern vor?, FR 2020, Seite 303 bis 309.

Müller, Johann: The Netherlands in international tax planning, 2. Auflage, Amsterdam 2008; zitiert: *Müller*, The Netherlands in international tax planning.

Nagel, Sibilla/Wittkowski, Ansas: Die Kommanditgesellschaft auf Aktien (KGaA): Rechtsform für Mittelstand und Familienunternehmen, Wiesbaden 2012; zitiert: *Nagel/Wittkowski*, Die Kommanditgesellschaft auf Aktien (KGaA).

Niederlag, Hans-Hermann: Juristische Person als persönlich haftender Gesellschafter, Münster 1973; zitiert: *Niederlag*, Juristische Person als persönlich haftender Gesellschafter.

Oesterhelt, Stefan: Bedeutung des OECD-Kommentars für die Auslegung von Doppelbesteuerungsabkommen, ASA 80 (2011/2012), Seite 373 bis 396.

Oppel, Florian: Die Anwendung des Multilateralen Instruments (MLI), ISR 2019, Seite 321 bis 327.

Ostendorf, Claudia: Behandlung von Sondervergütungen der Mitunternehmer im internationalen Steuerrecht – unter besonderer Berücksichtigung der deutschen und österreichischen Rechtslage, Berlin 1994; zitiert: *Ostendorf*, Behandlung von Sondervergütungen der Mitunternehmer im internationalen Steuerrecht.

Otte, Daniel: Die AG &Co. KGaA: eine Rechtsformstudie, Baden-Baden 2011; zitiert: *Otte*, Die AG & Co. KGaA.

Patt, Joachim/Rasche, Ralf: Besteuerung der Pensionszusage an den persönlich haftenden Gesellschafter einer KGaA nach den Grundsätzen der Mitunternehmerschaft?, DB 1993, Seite 2400 bis 2405.

Paus, Bernhard: Welche Einkünfte erzielt der angestellte Komplementär? Oder – Wird der Begriff des Mitunternehmers überstrapaziert? Anmerkungen zu dem BFH-Urteil vom 11.6.1985 VIII R 252/80, DStZ 1989, Seite 162 bis 166.

Philbert, Stephan: Die Kommanditgesellschaft auf Aktien zwischen Personengesellschaftsrecht und Aktienrecht, Berlin 2005; zitiert: *Philbert*, Die KGaA zwischen Personengesellschaftsrecht und Aktienrecht.

Piltz, Detlev J.: Die Personengesellschaften im internationalen Steuerrecht der Bundesrepublik Deutschland, Heidelberg 1981; zitiert: *Piltz*, Die Personengesellschaften im internationalen Steuerrecht der Bundesrepublik Deutschland.

Pinkernell, Reimar: Einkünftezurechnung bei Personengesellschaften, Berlin 2001; zitiert: *Pinkernell*, Einkünftezurechnung bei Personengesellschaften.

Pohl, Carsten: Abkommensrechtliche Sondervergütungsregelungen im Lichte aktueller Rechtsprechung – Personengesellschaften im internationalen Steuerrecht, IWB 2012, Seite 120 bis 127.

Pohl, Carsten: Besteuerung grenzüberschreitender Sondervergütungen gem. § 50d Abs. 10 EStG i.d.F. des AmtshilfeRLUmsG, DB 2013, Seite 1572 bis 1578.

Pohl, Carsten: Die Auslegung von Doppelbesteuerungsabkommen in der jüngsten Rechtsprechung des BFH, RIW 2012, Seite 677 bis 683.

Polatzky, Robert/Balliet, Dmitrij/Steinau, Nathan: Neue Hürden für die DBA-Anwendung durch das Multilaterale Instrument, IStR 2017, Seite 226 bis 233

v. Poser und Groß-Naedlitz, Arwed: Der Qualifikationskonflikt bei Doppelbesteuerungsabkommen, München 1972; zitiert: *von Poser und Groß-Naedlitz*, Der Qualifikationskonflikt bei DBA.

Pott, Hans-Michael: Die Kollision unterschiedlicher Formen der Gesellschaftsbesteuerung im Internationalen Steuerrecht, Köln 1982; zitiert: *Pott*, Die Kollision unterschiedlicher Formen der Gesellschaftsbesteuerung im Internationalen Steuerrecht.

Prinz, Ulrich: Abschied von der finalen Entnahmetheorie – 5. Generalthema: Ertragsteuerliche Entwicklungen und Gestaltungen im Leben der Personengesellschaften, Jahrbuch der Fachanwälte für Steuerrecht 2009/2010, Herne 2010, Seite 457 bis 478; zitiert: *Prinz*, JbFfSt 2009/2010.

Prinz, Ulrich/Kahle, Holger: Beck'sches Handbuch der Personengesellschaften, 5. Auflage, München 2020; zitiert: *Bearbeiter*, in: Beck'sches Handbuch der Personengesellschaften.

Proß, Achim/Radmanesh, Sandy: 72. Der Aktionsplan der OECD/G20 zu Base Erosion and Profit Shifting (BEPS) – Richtschnur für eine Überarbeitung der internationalen Besteuerungsregelungen, in: Festgabe Zum 75. Geburtstag von Prof. Dr. Dr. h.c. Franz Wassermeyer, München 2015; zitiert: *Proß/Radmanesh*, in: FG Wassermeyer, Nr. 72.

Rademakers, Roderik W. J. K./Swets, Michiel J.: New Decrees on the Classification and Tax Treatments of Foreign (Hybrid) Entities in the Netherlands, ET 2005, Seite 171 bis 180.

Raiser, Thomas/Veil, Rüdiger: Recht der Kapitalgesellschaften, 6. Auflage, München 2015; zitiert: *Raiser/Veil*, Recht der Kapitalgesellschaften.

Rau, Thomas: Verfassungsdirigierte Prinzipien für das Unternehmensteuerrecht, 2007; zitiert: *Rau*, Verfassungsdirigierte Prinzipien für das Unternehmensteuerrecht.

Raupach, Arndt: Die Frage der Zurechnung im Steuerrecht als Problem der Tatbestandsverwirklichung, in: Handelsbilanzen und Steuerbilanzen: Festschrift zum 70. Geburtstag von Prof. Dr. h.c. Heinrich Beisse, hrsg. v. Moxter, Adolf/Budde, Wolfgang D./ Offerhaus, Klaus, Düsseldorf 1997, Seite 403 bis 431; zitiert: *Raupach*, FS Beisse.

Raupach, Arndt: Gewinnanteil und Sondervergütungen der Gesellschafter von Personengesellschaften, StuW 1991, Seite 278 bis 283.

Reimer, Ekkehart: Das Multilaterale Übereinkommen (BEPS-Maßnahme 15) als Instrument einer flexiblen Anpassung der bestehenden DBA, IStR 2015, Seite 1 bis 8.

Reimer, Ekkehart: Interpretation of Tax Treaties (Germany), ET 1999, Seite 458 bis 474.

Reimer, Ekkehart: Meilenstein des BEPS-Programms: Das Multilaterale Übereinkommen zur Umsetzung der DBA-relevanten Maßnahmen, IStR 2017, Seite 1 bis 6.

Reimer, Ekkehart: Seminar F: Die sog. Entscheidungsharmonie als Maßstab für die Auslegung von Doppelbesteuerungsabkommen, IStR 2008, Seite 551 bis 555.

Reiß, Wolfram: Steuerliche Ergänzungsbilanzen für den persönlich haftenden Gesellschafter einer KGaA, Festschrift für Georg Crezelius zum 70. Geburtstag, hrsg. v. Fischer, Michael/Geck, Reinhard/Haarmann, Wilhelm, Köln 2018, Seite 371 bis 402; zitiert: *Reiß*, in: FS Crezelius.

Renz, Anette: Die Besteuerung der GmbH & Co. KGaA und ihre Eignung als Rechtsform für kleine und mittelständische Unternehmen, Frankfurt am Main 2006; zitiert: *Renz*, Die Besteuerung der GmbH & Co. KGaA.

Rödder, Thomas/Herlinghaus, Andreas/Neumann, Ralf: Körperschaftsteuergesetz: Kommentar, Köln 2015; zitiert: *Bearbeiter*, in: Rödder/Herlinghaus/Neumann.

Rohrer, Oswald/Orth, Tilmann: Anwendung des Halbeinkünfteverfahrens auf Ebene einer KGaA, BB 2007, Seite 1594 bis 1602.

Rohrer, Oswald/Orth, Tilmann: Zinsschranke: Belastungswirkungen bei der atypisch ausgeprägten KGaA, BB 2007, Seite 2266 bis 2269.

Rosenthal, Michael: Die steuerliche Beurteilung von Auslandssachverhalten im Spannungsfeld zwischen Abkommensrecht und Europarecht – zugleich Besprechung des Urteils des FG Hamburg vom 22.8.2006 zur Veräußerung von Anteilen einer spanischen Personengesellschaft –, IStR 2007, Seite 610 bis 615.

Roser, Frank: Ansatzpunkte und Fehlvorstellungen zur Dynamisierung steuerlicher Bestimmungen – unter besonderer Berücksichtigung der DBA, Ubg 2013, Seite 37 bis 45.

Rüsch, Gary: Bevorstehendes Durcheinander an korrespondierenden Besteuerungstatbeständen durch den geplanten § 4k EStG für die Erfassung hybrider Gestaltungen, Anmerkungen zum Referentenentwurf eines ATADUmsG vom 10.12.2019, DStZ 2020, Seite 274 bis 286.

Säcker, Jürgen/Rixecker, Roland/Oetker, Hartmut/Limperg, Bettina: Münchener Kommentar zum Bürgerlichen Gesetzbuch, Band 2, 8. Auflage, München 2018; zitiert: *Bearbeiter*, in: Münchener Kommentar zum BGB.

Salzmann, Stephan: Abschied vom Verbot der „virtuellen" Doppelbesteuerung, § 50d Abs. 9 EStG als nationale switch over-Klausel, IWB 2007, Seite 1465 bis 1478 (Fach 3 Gruppe 3).

Sauter, Markus: Die Gewinnverwendung in der kapitalistischen Kommanditgesellschaft auf Aktien (KGaA), Bremen 2008; zitiert: *Sauter*, Die Gewinnverwendung in der kapitalistischen KGaA.

Schauhoff, Stephan/Idler, Jesco: Änderung der BFH-Rechtsprechung zur Besteuerung von Werbeverträgen mit beschränkt Steuerpflichtigen, IStR 2008, Seite 341 bis 344.

Schaumburg, Harald: Die KGaA als Rechtsform für den Mittelstand?, DStZ 1998, Seite 525 bis 544.

Schaumburg, Harald/Schulte, Christoph: Die KGaA: Recht und Steuern in der Praxis, Köln 2000; zitiert: *Schaumburg/Schulte*, Die KGaA.

Schaumburg, Harald/Schulz, Markus: Die Kündigung des Doppelbesteuerungsabkommens Deutschland-Brasilien und ihre Konsequenzen nach nationalem deutschen Steuerrecht, IStR 2005, Seite 794 bis 798.

Scherer, Thomas B.: Treaty Override und Unionsrecht – ein Versuch, IStR 2016, Seite 741 bis 749.

Schmidt, Christian: Sondervergütungen auf Abkommensebene – Was nun, Finanzverwaltung und Gesetzgeber?, Zugleich Anmerkung zum BFH-Urteil vom 8.9.2010, I R 74/09, DStR 2010, Seite 2436 bis 2441.

Schmidt, Christian: Sondervergütungen im Abkommensrecht Der neue § 50d Abs. 10 EStG: Ein neuer Versuch – Ein neuer Irrtum?, DStR 2013, Seite 1704 bis 1711.

Schmidt, Karsten: Münchener Kommentar zum Handelsgesetzbuch, Band 1: Erstes Buch. Handelsstand §§ 1–104a, 5. Auflage, München 2021; zitiert: *Bearbeiter*, in: Münchener Kommentar zum HGB, Band 1.

Schmidt, Karsten: Münchener Kommentar zum Handelsgesetzbuch, Band 3: Zweites Buch. Handelsgesellschaften und stille Gesellschaft Zweiter Abschnitt. Kommanditgesellschaft, Dritter Abschnitt. Stille Gesellschaft, §§ 161–237, Konzernrecht der Personengesellschaft, 4. Auflage, München 2019; zitiert: *Bearbeiter*, in: Münchener Kommentar zum HGB, Band 3.

Schmidt, Karsten/Lutter, Marcus: Aktiengesetz: Kommentar, Köln, 4. Auflage 2020; zitiert: *Bearbeiter*, in: Schmidt/Lutter, Aktiengesetz.

Schmidt, Karsten: 150 Jahre Kommanditgesellschaft auf Aktien: Balanceakt eines Sonderlings, in: Aktienrecht im Wandel, Band II, Grundsatzfragen des Aktienrechts, Tübingen 2007, Seite 1188 bis 1211; zitiert als: *Schmidt, K.*, in: Aktienrecht im Wandel, Bd. II.

Schmidt, Ludwig: Einkommensteuergesetz, hrsg. v. Weber-Grellet, Heinrich, München, 39. Auflage 2020; zitiert: *Bearbeiter*, in: Schmidt.

Schnädter, Helmut: Gehören zum Gewerbeertrag auch die Sondervergütungen nach § 15 Abs. 1 Nr. 2 und 3 EStG?, FR 1985, Seite 659 bis 662.

Schnitger, Arne/Fehrenbacher, Oliver: Kommentar Körperschaftsteuer KStG, 2. Auflage, Wiesbaden 2018; zitiert: *Bearbeiter*, in: Schnitger/Fehrenbacher, KStG.

Schnitger, Arne/Oskamp, Michael: Versagung des Betriebsausgabenabzugs bei Besteuerungsinkongruenzen nach § 4k EStG-E (Teil I und Teil II), IStR 2020, Seite 909 bis 920.

Schnitger, Arne/Oskamp, Michael: Empfehlungen der OECD zur Neutralisierung von „Hybrid Mismatches" auf Abkommensebene, IStR 2014, Seite 385 bis 393.

Schön, Wolfgang: Der Große Senat des Bundesfinanzhofs und die Personengesellschaft, StuW 1996, Seite 275 bis 288.

Schön, Wolfgang: Seminar E (IFA/OECD): Das Multilaterale Instrument, IStR 2017, Seite 681 bis 688.

Schönfeld, Jens/Ditz, Xaver: Doppelbesteuerungsabkommen: Kommentar, 2. Auflage, Köln 2019; zitiert: *Bearbeiter*, in: Schönfeld/Ditz, DBA.

Schulz-Trieglaff, Kai: Kampf gegen Steuergestaltungen in der Praxis: kein Abzug ausländischer Steuern bei missbräuchlicher Rechtsgestaltung, IStR 2016, Seite 865 bis 868.

Schürmann, Walter/Groh, Elmar: KGaA und GmbH & Co. KGaA Neue Aspekte einer interessanten Gesellschaftsform, BB 1995, Seite 684 bis 688.

Schwarz, Christian: Treaty Overriding und § 50d EStG, Kritische Analyse sowie steuerliche Beurteilung der zentralen nationalen Derogationsvorschrift, Berlin 2016; zitiert: *Schwarz*, Treaty Overriding und § 50d EStG.

Sethe, Rolf: Aufsichtsratsreform mit Lücken – Die Einbeziehung der Kommanditgesellschaft auf Aktien in die gegenwärtige Reformdiskussion, AG 1996, Seite 289 bis 301.

Sethe, Rolf: Die Besonderheiten der Rechnungslegung bei der KGaA, DB 1998, Seite 1044 bis 1048.

Sethe, Rolf: Die personalistische Kapitalgesellschaft mit Börsenzugang – Die reformierte KGaA als Mittel zur Verbesserung der Eigenkapitalausstattung deutscher Unternehmen, Rechtsfragen der Handelsgesellschaften, Köln 1996; zitiert: Die personalistische Kapitalgesellschaft mit Börsenzugang.

Spengel, Christoph/Schaden, Michael/Wehrße, Martin: Grenzüberschreitende Besteuerung von Personengesellschaften im OECD-MA -- Problembereiche und Lösungsansätze, StuW 2012, Seite 105 bis 118.

Spierts, Etienne/van Helvoirt, Joost: Niederlande, in: Steuern in Europa, Amerika und Asien, hrsg. v. Mennel, Annemarie/Förster, Jutta, Herne, Loseblattsammlung, Stand: 125. Ergänzungslieferung November 2020; zitiert: *Spierts/van Helvoirt*, in: Mennel/Förster, Steuern in Europa, Amerika und Asien, Niederlande.

Spindler, Gerald/Stilz, Eberhard: Kommentar zum Aktiengesetz, Band 2: §§ 150–410, IntGesR, SpruchG, SE-VO, 4. Auflage, München 2019; zitiert: *Bearbeiter*, in: Spindler/Stilz, Aktiengesetz.

Spitaler, Armin: Das Doppelbesteuerungsproblem bei den direkten Steuern, 2. Auflage, Köln 1967; zitiert: *Spitaler*, Das Doppelbesteuerungsproblem bei den direkten Steuern.

Stöber, Michael: Zur verfassungs- und europarechtlichen (Un-)Zulässigkeit von Treaty Overrides, DStR 2016, Seite 1889 bis 1895.

Streck, Michael: Körperschaftsteuergesetz mit Nebengesetzen, hrsg. v. Binnewies, Burkhard, 9. Auflage, München 2018; zitiert: *Bearbeiter*, in: Streck.

Strobl, Jakob: Zur Auslegung von Doppelbesteuerungsabkommen unter besonderer Berücksichtigung ausländischer Rechtsordnungen, in: Handelsrecht und Steuerrecht: Festschrift für Dr. Dr. h.c. Georg Döllerer, hrsg. v. Moxter, Adolf/Knobbe-Keuk, Brigitte/Klein, Franz, Düsseldorf 1988, Seite 635 bis 659.

Strunk, Günther/Kaminski, Bert/Köhler, Stefan: Außensteuergesetz – Doppelbesteuerungsabkommen, Bonn, Loseblattsammlung, Stand: 57. Ergänzungslieferung August 2020; zitiert: *Bearbeiter*, in: Strunk/Kaminski/Köhler, Außensteuergesetz/DBA.

Tipke, Klaus: Steuergerechtigkeit in Theorie und Praxis: vom politischen Schlagwort zum Rechtsbegriff und zur praktischen Anwendung, Köln 1981; zitiert: *Tipke*, Steuergerechtigkeit.

Tipke, Klaus/Kruse, Heinrich Wilhelm: Abgabenordnung, Finanzgerichtsordnung, Kommentar, fortg. v. *Brandis, Peter/Seer, Roman/Drüen, Klaus-Dieter/Loose, Matthias/Krumm, Marcel*, Köln, Loseblattsammlung, Stand: 163. Ergänzungslieferung Dezember 2020; zitiert: *Bearbeiter*, in: Tipke/Kruse.

Tipke, Klaus/Lang, Joachim: Steuerrecht, fortg. v. *Seer*, Roman, hrsg. v. Hey, Johanna/Montag, Heinrich/Englisch, Joachim, 24. Auflage, Köln 2020; zitiert: *Bearbeiter*, in: Tipke/Lang.

Trinks, Matthias/Frau, Robert: Treaty Overrides sind verfassungsgemäß Bundesverfassungsgericht, Beschluss vom 15.12.2015 – 2 BvL 1/12, IWB 2016, Seite 308 bis 312.

Valta, Matthias: Base Erosion and Profit Shifting: Die jüngsten Diskussionsentwürfe der OECD zum BEPS Projekt (Teil 3): Hybride Gestaltungen, ISR 2014, Seite 249 bis 256.

Valta, Matthias: Das Internationale Steuerrecht zwischen Effizienz, Gerechtigkeit und Entwicklungshilfe, Tübingen 2014; zitiert: *Valta*, Das Internationale Steuerrecht zwischen Effizienz, Gerechtigkeit und Entwicklungshilfe.

Vees, Carl F.: Die Anwendung der DBA auf Personengesellschaften Zugleich Anmerkung zum BMF-Schreiben vom 16.4.2010, DB 2010, Seite 1422 bis 1429.

Vogel, Horst: Aktuelle Fragen bei der Auslegung von Doppelbesteuerungsabkommen, BB 1978, Seite 1021 bis 1025.

Vogel, Klaus: Internationales Steuerrecht, DStZ 1997, Seite 269 bis 281.

Vogel, Klaus/Lehner, Moris: Doppelbesteuerungsabkommen der Bundesrepublik Deutschland auf dem Gebiet der Steuern vom Einkommen und Vermögen: Kommentar auf der Grundlage der Musterabkommen, hrsg. v. Lehner, Moris, 6. Auflage, München 2015; zitiert: *Bearbeiter*, in: Vogel/Lehner.

Vogel, Klaus/Prokisch, Rainer G.: Generalbericht, CDFI LXXVIIIa (1993), Seite 19 bis 53.

Vogel, Klaus: Transnationale Auslegung von Doppelbesteuerungsabkommen, IStR 2003, Seite 523 bis 529.

Vogel, Klaus: Über Entscheidungsharmonie, in: Unternehmen Steuern: Festschrift für Hans Flick zum 70. Geburtstag, hrsg. v. Klein, Franz/Stihl, Hans Peter/Wassermeyer, Franz/Piltz, Detlev J./Schaumburg, Harald, Köln 1997, Seite 1043 bis 1056; zitiert: *Vogel*, in: FS Flick.

Voss, Jochen/Voss, Ursula: Steuerbelastungsrechnung bei Anwendung des Progressionsvorbehalts, DB 1992, Seite 645 bis 648.

Wassermeyer, Franz: Anmerkung zu BFH Urteil vom 19.05.2010 – I R 62/09, FR 2010, Seite 809 bis 813.

Wassermeyer, Franz: Anrechnung und Abzug ausländischer Steuern gemäß § 34c EStG in Missbrauchsfällen, Anmerkungen zum BFH-Urteil v. 2.3.2016 – I R 73/14, IStR 2016, Seite 825 bis 827.

Wassermeyer, Franz/Andresen, Ulf/Ditz, Xaver: Betriebsstätten-Handbuch: Gewinnermittlung und Besteuerung in- und ausländischer Betriebsstätten, 2. Auflage, Köln 2017; zitiert: *Bearbeiter*, in: Wassermeyer/Andresen/Ditz, Betriebsstätten Handbuch.

Wassermeyer, Franz: Die abkommensrechtliche Behandlung von Einkünften einer in einem Vertragsstaat ansässigen Personengesellschaft, IStR 2011, Seite 85 bis 90.

Wassermeyer, Franz: Die Auslegung von Doppelbesteuerungsabkommen durch den Bundesfinanzhof, StuW 1990, Seite 404 bis 412.

Wassermeyer, Franz: Die Beurteilung der Abkommensberechtigung ausländischer Personengesellschaften durch Deutschland als dem Nichtansässigkeitsstaat der Personengesellschaft, IStR 1998, Seite 489 bis 494.

Wassermeyer, Franz: Die Besteuerung des Gewinnanteils des persönlich haftenden Gesellschafters einer Kommanditgesellschaft auf Aktien, in: Festschrift für Michael Streck zum 70. Geburtstag, hrsg. v. Binnewies, Burkhard/Spatscheck, Rainer, Köln 2011, Seite 259 bis 273; zitiert: *Wassermeyer*, in: FS Streck.

Wassermeyer, Franz: Die Betriebsstätte – ein in vieler Hinsicht unbekanntes Wesen, in: Festschrift für Heinrich Wilhelm Kruse, hrsg. v. Drenseck, Walter/Seer, Roman, Köln 2001, Seite 589 bis 603; zitiert: *Wassermeyer*, in: FS Kruse.

Wassermeyer, Franz: Die Wurzeltheorie bei der Besteuerung persönlich haftender Gesellschafter einer Kommanditgesellschaft auf Aktien unter Beachtung des BFH-Urteils vom 19.05.2010 – I R 62/09, Ubg 2011, Seite 47 bis 51.

Wassermeyer, Franz: Doppelbesteuerung: DBA, hrsg. v. *Wassermeyer, Franz/Kaeser, Christian/Schwenke, Michael/Drüen, Klaus-Dieter*, München, Loseblattsammlung, Stand: 152. Ergänzungslieferung Januar 2021; zitiert: *Bearbeiter*, in: Wassermeyer, DBA.

Wassermeyer, Franz: Kein deutsches Besteuerungsrecht für in die USA gezahlte nachträgliche Sondervergütungen – Anm. Wassermeyer, IStR 2012, Seite 222 bis 226.

Wassermeyer, Franz: Merkwürdigkeiten bei der Auslegung von DBA durch die Finanzverwaltung, IStR 1995, Seite 49 bis 51.

Wassermeyer, Franz/Richter, Stefan/Schnittker, Helder: Personengesellschaften im internationalen Steuerrecht, 2. Auflage, Köln 2015; zitiert: *Bearbeiter*, in: Wassermeyer/Richter/Schnittker, Personengesellschaften im internationalen Steuerrecht.

Wassermeyer, Franz: Steuerpflicht, Einkünfteerzielung und Abkommensberechtigung, in: Unternehmensbesteuerung: Festschrift für Norbert Herzig zum 65. Geburtstag, hrsg. v. Kessler, Wolfgang/Förster, Guido/Watrin, Christoph, München 2010, Seite 897 bis 913; zitiert: *Wassermeyer*, in: FS Herzig.

Wassermeyer, Franz: Verdeckte Gewinnausschüttungen bei einer GmbH & Co. KG, GmbHR 1999, Seite 18 bis 23.

Wattel, Peter/Marres, Otto: Characterization of Fictious Income under OECD-Patterned Tax Treaties, ET 2003, Seite 66 bis 79.

Weber-Fas, Rudolf: Grundzüge des allgemeinen Steuerrechts der Bundesrepublik Deutschland, Tübingen 1979; zitiert: *Weber-Fas*, Grundzüge des allgemeinen Steuerrechts der Bundesrepublik Deutschland.

Weber-Fas, Rudolf: Staatsverträge im Internationalen Steuerrecht Zur Rechtsnatur, Geschichte und Funktion der deutschen Doppelbesteuerungsabkommen, Tübingen 1982; zitiert: *Weber-Fas*, Staatsverträge im Internationalen Steuerrecht.

Weber-Grellet, Heinrich: Die verdeckte Gewinnausschüttung als Instrument der Fehlerkorrektur, BB 2014, Seite 2263 bis 2270.

Weggenmann, Hans R.: Personengesellschaften im Lichte der Doppelbesteuerungsabkommen – Einordnungskonflikte unter besonderer Berücksichtigung des OECD-Partnership-Reports 1999, Bonn 2005; zitiert: *Weggenmann*, Personengesellschaften im Lichte der Doppelbesteuerungsabkommen.

Wehrheim, Michael/Gehrke, Matthias: Zur Qualifikation von Einkünften bei einer Stiftung & Co. KGaA, StuW 2005, Seite 234 bis 246.

Wichert, Joachim: Die Finanzen der Kommanditgesellschaft auf Aktien, Frankfurt am Main 1998; zitiert: *Wichert*, Die Finanzen der Kommanditgesellschaft auf Aktien.

Wichmann, Michael: Anmerkungen zur deutschen Abkommenspolitik, FR 2011, Seite 1082 bis 1086.

Widmann, Siegfried: Zurechnungsänderungen und Umqualifikationen durch das nationale Recht in ihrem Verhältnis zum DBA-Recht, DStJG 1985, Band 8, Seite 235 bis 257.

Wiesner, Georg: Die Enthaftung ausgeschiedener persönlich haftender Gesellschafter einer KGaA, ZHR 1984, Seite 56 bis 73.

Wolff, Ulrich: Generalthema I: Doppelte Nicht-Besteuerung, IStR 2004, Seite 542 bis 549.

Zöllner, Wolfgang/Noack, Ulrich: Kölner Kommentar zum Aktiengesetz, Band 5: §§ 241–290 AktG, 3. Auflage, Köln 2018; zitiert: *Bearbeiter*, in: Kölner Kommentar zum Aktiengesetz.

Zuber, Barbara: Anknüpfungsmerkmale und Reichweite der internationalen Besteuerung, Hamburg 1991; zitiert: *Zuber*, Anknüpfungsmerkmale und Reichweite der internationalen Besteuerung.

FSC
www.fsc.org
MIX
Papier | Fördert gute Waldnutzung
FSC® C083411

Kolibri 360 GmbH
Ferdinand-Jühlke-Straße 7
99095 Erfurt, Deutschland
produktsicherheit@kolibri360.de